Tradition and Transformation:
Egypt under Roman Rule

Culture and History of the Ancient Near East

Founding Editor

M. H. E. Weippert

Editors-in-Chief

Thomas Schneider

Editors

Eckart Frahm, W. Randall Garr, B. Halpern,
Theo P. J. van den Hout, Irene J. Winter

VOLUME 41

Tradition and Transformation: Egypt under Roman Rule

Proceedings of the International Conference,
Hildesheim, Roemer- and Pelizaeus-Museum,
3–6 July 2008

Edited by

Katja Lembke
Martina Minas-Nerpel
Stefan Pfeiffer

BRILL

LEIDEN • BOSTON
2010

This book is printed on acid-free paper.

Library of Congress Cataloging-in-Publication Data

Tradition and transformation : Egypt under Roman rule : proceedings of the international conference, Hildesheim, Roemer- and Pelizaeus-Museum, 3–6 July 2008 / edited by Katja Lembke, Martina Minas-Nerpel, Stefan Pfeiffer.
    p. cm. — (Culture and history of the ancient Near East, ISSN 1566-2055)
    Articles in English and German; one each in French and Italian
    ISBN 978-90-04-18335-3 (hard cover : alk. paper) 1. Egypt—History—30 B.C.-640 A.D.—Congresses. 2. Egypt—Civilization—332 B.C.-638 A.D.—Congresses. 3. Egypt—Antiquities, Roman—Congresses. 4. Romans—Egypt—Congresses. I. Lembke, Katja. II. Minas-Nerpel, Martina. III. Pfeiffer, Stefan. IV. Title. V. Series.

    DT93.T73 2010
    932'.022—dc22

                                                                    2010002882

ISSN 1566-2055
ISBN 978 90 04 18335 3

Copyright 2010 by Koninklijke Brill NV, Leiden, The Netherlands.
Koninklijke Brill NV incorporates the imprints Brill, Hotei Publishing, IDC Publishers, Martinus Nijhoff Publishers and VSP.

Mixed Sources
Product group from well-managed forests
and other controlled sources
www.fsc.org   Cert no. SGS-COC-006767
©1996 Forest Stewardship Council
FSC

PRINTED BY A-D DRUK BV - ZEIST, THE NETHERLANDS

CONTENTS

PREFACE

Following the victory over Marcus Antonius and Kleopatra VII in 30 BCE, Egypt became a province of the Roman Empire. The era that began for the land by the Nile was only partly new, since the Roman emperors were foreign rulers like the Ptolemies before. A fundamental change, though, was the fact that the new rulers resided not in Alexandria, but in Rome. Alongside unbroken traditions—especially of the indigenous Egyptian population, but also among the Greek elite—major changes can be observed as well as slow processes of transformation. Three cultures met in the new Roman province—the Greek, the Roman, and the Egyptian—and the multi-ethnic population was situated between new patterns of rule and traditional ways of life.

However, as Günther Hölbl recently pointed out,[1] it is almost entirely the Greek and Roman culture and organisation, including the Greek and Latin languages, that usually determine our perception of the Roman Empire and of Roman imperial history. Although the province of Egypt, with its age-old traditions, formed a significant part of the Roman Empire, and although it offers considerable insight into the Egyptian material culture, society, religion and the cult topography, it has hardly ever attracted attention from Egyptologists except for literary and linguistic research regarding the Graeco-Roman temple texts and Demotic. Historical or cultural works, such as Friedhelm Hoffmann's *Kultur und Lebenswelt in griechisch-römischer Zeit. Eine Darstellung nach demotischen Quellen* (2000) or the illustrated introductory studies like Günther Hölbl's three volumes *Altägypten im Römischen Reich* (2000–2005), are rare exceptions. Usually, mainly Classical Archaeologists, Papyrologists, or Ancient Historians investigate certain aspects of Roman Egypt. This is evident from exhibitions such as *Égypte romaine. L'autre Égypte* in Marseille (1997) and *Les empereurs du Nil* in Tongeren (1999–2000) and Amsterdam (2000–2001). The same is true for Alexandria, which primarily draws the attention of Ancient Historians like Manfred Clauss[2] and Classical

---

[1] Hölbl, G. 2000. *Altägypten im Römischen Reich. Der römische Pharao und sein Tempel I. Römische Politik und altägyptische Ideologie von Augustus bis Diocletian, Tempelbau in Oberägypten*. Zaberns Bildbände zur Archäologie. Mainz, 7.

[2] Clauss, M. 2003. *Alexandria. Schicksale einer antiken Weltstadt*. Stuttgart.

Archaeologists like Jean-Yves Empereur,[3] Günter Grimm,[4] Judith McKenzie,[5] and Michael Pfrommer.[6] As a result, the research on Roman Egypt is fragmented into numerous disciplines that analyze data according to diverging traditions and *foci*, rarely taking into account interdisciplinary questions. However, that Egypt offers an opportunity to study a Roman province not only during a period between change and permanence, but also from several perspectives all at once has recently been highlighted by the survey of the Classical Archaeologist Katja Lembke, the Coptologist Cäcilia Fluck, and the Egyptologist Günter Vittmann in the volume *Ägyptens späte Blüte. Die Römer am Nil* (2004).

In the last decade or so, the disciplines of Egyptology, Ancient History, Classical Archaeology, Epigraphy, and Papyrology have produced significant new insights into Egypt under the Romans. The conference was launched to assemble scholars from these disciplines and from institutions worldwide in order to discuss current projects carried out in Egypt and to provide a multi-disciplinary dialogue for the contextual analysis of crucial aspects of Roman Egypt. A total of twenty-six scholars presented their new and on-going research on a variety of topics, including written sources such as Greek and Demotic papyri as well as Greek, Latin, and hieroglyphic inscriptions, art, architecture, administration, society, religion, and scientific methodology. Beside theses fundamental topics, the centre of attention was directed at field and settlement archaeology, which is the only discipline that will vitally expand our knowledge of daily life and religion outside the *metropoleis*. We hope that the conference *Tradition and Transformation. Egypt under Roman Rule*, which took place from 3–6 July 2008 at the Roemer- and Pelizaeus-Museum Hildesheim, provided a useful forum for developing critical and reflexive approaches to the primary data and for exploring the wider disciplinary and cultural contexts of Roman Egypt.

---

[3] Empereur, J.-Y. 1998. *Alexandria rediscovered*. London.
[4] Grimm, G. 1998. *Alexandria. Die erste Königsstadt der hellenistischen Welt.* Zaberns Bildbände zur Archäologie. Mainz.
[5] McKenzie, J. 2007. *The architecture of Alexandria and Egypt c. 300 BC to AD 700.* New Haven.
[6] Pfrommer, M. 1999. *Alexandria im Schatten der Pyramiden.* Zaberns Bildbände zur Archäologie. Mainz.

In the course of organising the conference and preparing the publication of these proceedings we have incurred many debts of gratitude, which we are pleased to have opportunity to acknowledge here. First of all, we would like to thank the *Gerda Henkel Foundation*, the *Deutsche Forschungsgemeinschaft SFB 600: Fremdheit und Armut* at Trier University and the *Schafhausen Stiftung Hildesheim* for their generous grants. We would like to express our gratitude to Dr. Donata Schäfer (Trier), who helped us with the formatting and the publication of the volume, and Dr. Troy Sagrillo (Swansea) who read various parts of it. Our sincere thanks go to Professor Thomas Schneider (Vancouver), the editor of *Culture and History of the Ancient Near East* (CHANE) series for accepting the proceedings, to the publisher Brill and to Jennifer Pavelko, Assistant Editor at Brill. Our thanks are also due to Sabine Wehmeyer and the staff of the *Roemer- and Pelizaeus-Museum* who helped us with the logistics of the conference and the receptions. Finally, we would like to thank all the speakers and especially those colleagues, who chaired the sessions, and everyone who attended the conference and helpfully commented on various research aspects.

July 2009

Katja Lembke
Hildesheim

Martina Minas-Nerpel
Swansea

Stefan Pfeiffer
Münster

SYMPOSIUM PAPERS (ALPHABETICAL BY AUTHOR)

Hildesheim, Roemer- und Pelizaeus-Museum; 3–6 July 2008

Bergmann, M. (Göttingen)
Stile und Ikonographien im kaiserzeitlichen Ägypten.

Cuvigny, H. (Paris)
Un reçu de rations militaires contre paiement des publica.

Davoli, P. (Lecce)
Archaeological Research in Roman Soknopaiou Nesos. Results and Perspectives.

Flossmann, M., and A. Schütze (München)
Ein römerzeitliches Pyramidengrab und seine Ausstattung in Tuna el-Gebel. Ein Vorbericht zu den Grabungskampagnen 2007 und 2008.

Haensch, R. (München)
Der exercitus Aegyptiacus – *ein provinzialer Heeresverband wie andere auch?*

Helmbold-Doyé, J., and K. Lembke (Hildesheim)
Die Nekropole von Tuna el-Gebel in römischer Zeit.

Hoffmann, F. (Heidelberg)
Die Transformation eines Textes. Das Verhältnis des lateinischen und griechischen Teiles der Gallusstele zueinander.

Jördens, A. (Heidelberg)
Öffentliche Archive und römische Rechtspolitik.

Kaper, O. (Leiden)
Roman Emperor's Names in the Great Oasis: A Case of Subversion?

Kockelmann, H. (Trier)
Sobek und die Caesaren. Einige Bemerkungen zur Situation der Krokodilgötterkulte des Fayum unter römischer Herrschaft.

Leitz, C., and R. el-Sayed (Tübingen)
Athribis in römischer Zeit. Tradition und Wandel in einer oberägyptischen Provinzstadt.

Łukaszewicz, A. (Warszawa)
Memnon, his Ancient Visitors and Some Related Problems.

Majcherek, G. (Alexandria/ Warszawa)
Discovering Alexandria: Archaeological Research at the Kom el-Dikka Site.

STILE UND IKONOGRAPHIEN
IM KAISERZEITLICHEN ÄGYPTEN*

Marianne Bergmann

Die alte Auffassung, wonach Ägypten von der Zeit des Augustus bis zu den Reformen des Septimius Severus oder des Diokletian ein abgeriegelter Privatbesitz der römischen Kaiser gewesen sei, der demnach verständlicherweise vom internationalen Verkehr und Austausch abgeschlossen blieb, ist in jüngerer Zeit entschieden abgemildert worden zugunsten der Vorstellung von einer Provinz, deren Ressourcen allerdings in besonderem Maße für die Bedürfnisse Roms genutzt wurden.[1]

Dabei bleibt etwas von dem Eindruck, daß Ägypten durch seine abgeschlossene geographische Lage, aber auch politisch gegenüber anderen Provinzen des Römischen Reiches eine Sonderrolle hatte und erst in der Spätantike den anderen Provinzen weitgehend angeglichen wurde. Neben der Religion und ihren Einrichtungen und Ritualen, die natürlich immer als stärkste Besonderheit Ägyptens galten und erst mit dem Durchsetzen des Christentums internationalisiert wurden, gibt es doch eine ganze Reihe von Hinweisen auf die Sonderrolle, zu denen etwa das Fehlen munizipaler Strukturen gehört und die Münzprägung der kaiserlichen Administration von Alexandria, die nur für den Gebrauch im Lande gedacht war, während stadtrömische Prägungen anders als in anderen Provinzen kaum kursierten. Auch statistische Auswertungen von Keramik scheinen in diese Richtung zu weisen. In den Ausgrabungen in Schedia, der städtischen Siedlung am Abzweig des Süßwasserkanals, der vom Kanopischen Nil nach Alexandria führte,[2] wird anhand einer Stratigraphie vom 7. Jahrhundert

* Dem Vortragscharakter entsprechend können die Anmerkungen keine angemessenen Bibliographien zu den einzelnen Gesichtspunkten und Stücken liefern. Sie sollen lediglich Zugänge zu diesen ermöglichen. Für Diskussion, Hinweise und Abbildungsvorlagen danke ich Abd el Aziz Aldumairy, T. Espinoza, K. Lembke, A. von Lieven, C. Strube und den Abteilungen Kairo und Athen des Deutschen Archäologischen Instituts.
[1] Bowman 1986, 37–42; Bowman 1996, 680–702; Haensch 2008 mit Literatur.
[2] Bernand 1970; Arbeiten seit 2003: Bergmann und Heinzelmann 2007.

n. Chr. bis zur Zeitenwende die Möglichkeit einer vollständigen statistischen Auswertung der Fundkeramik genutzt. Für die ersten drei Jahrhunderte der römischen Herrschaft zeichnet sich dabei ein deutlich unter dem statistischen Mittel des Römischen Reiches liegender Anteil an Amphoren und an Import und Nachahmung auswärtiger Feinkeramik ab, also ein im Vergleich zu allen anderen Provinzen wesentlich geringerer Anteil an Importen. In der Spätantike dagegen normalisieren sich die Zahlen.[3]

Zum Bild einer gewissen Abgeschlossenheit paßt es gut, daß nicht nur die mit den ägyptischen Götterkulten und Jenseitsvorstellungen selbstverständlich verbundenen Bautypen, Ikonographien, Stile und Bildtechniken wie das vertiefte Relief weiterlebten, sondern daß auch die erst in der Ptolemäerzeit eingesiedelten griechischen Lebensformen und künstlerischen Ikonographien und Stile sowie die in dieser Zeit entstandenen Mischformen lange weiterlebten und nicht sogleich durch die in der römischen Kaiserzeit üblichen ersetzt wurden. Mit diesem Phänomen beschäftigt sich der folgende Beitrag. Allerdings wird es prägnanter, wenn es zu anderen zentralen Phänomenen in der Bildwelt des kaiserzeitlichen Ägypten in Beziehung gesetzt wird, auf die ich zunächst eingehe.

Diese Bildwelt zeichnet sich bekanntlich durch ihre enorme Heterogenität aus. Nicht selten vermittelt sie den Eindruck, man habe es mit zahllosen Einzelstücken zu tun. Es lassen sich wenig übergreifende und für das ganze Land kennzeichnende Standards erkennen. Aber auch regionale und lokale Traditionen scheinen anders als in anderen Teilen des Römischen Reiches nur selten näher zu definieren.

Diese Unübersichtlichkeit ist primär in der Sache selbst begründet. Aber die Erhaltung, Überlieferung und die daraus resultierende Situation der Erforschung verstärken zweifellos diesen Eindruck. Die Überlagerung der Lebensweisen und der künstlerischen Ausdrucksformen dreier Kulturen, der ägyptischen, der griechisch-hellenistischen und der römisch-kaiserzeitlichen erzeugt einerseits ein Nebeneinander von sozusagen reinen Vertretern dieser Kulturen. Sie erzeugt aber vor allem eine große Zahl variierender Verbindungen ihrer Elemente, wie dies etwa auf den Grabstelen von Terenuthis zu beobachten ist: einen ägyptischen Stelentypus, auf dem die verstorbene Frau in römischem Schema auf einem römischen Sofa beim Mahl liegt, von Anubis und dem Horusfalken begleitet, während das

---

[3] Martin 2008.

Relief selbst entweder ägyptisch in vertiefter oder griechisch-römisch in erhabener Arbeit ausgeführt ist.[4] Oder es gibt die Übertragung ägyptischer Inhalte in griechisch-römische Ikonographie, wie in den sog. Fayumterrakotten[5] oder in der kronoshaften Gestalt des Krokodilgottes Soknebtynis und der jünglingshaften des ithyphallischen Min auf einem Tafelbild aus Tebtynis,[6] das in bester griechisch-römischer Lichtschattenmalerei ausgeführt ist (Abb. 2a). Hinzu kommt, daß ein Großteil der genutzten Gegenstände und Bildwerke durch lokale und regionale Traditionen geprägt war, die die Komponenten der Kulturen auf jeweils unterschiedliche Weise verbanden, und zwar sowohl in inhaltlicher wie in formaler Hinsicht.

Diese Lokaltraditionen jedoch als solche zu erkennen, erschwert die Überlieferung. Die weitgehend aus Lehmziegeln errichteten Profan- und Wohnbauten der Siedlungen sind entweder nicht erhalten, einst ungenügend ausgegraben und noch bis zur Mitte des 20. Jahrhunderts systematisch abgetragen worden.[7] In jüngerer Zeit versucht man erneut, noch Erhaltenes zu erschließen, und die Befunde in den Oasen müssen an die Stelle des im Niltal, im Delta und im Fayum Verlorenen treten. Beispielhaft werden die Befunde aus Karanis sein, wenn sie eines Tages im Ganzen zugänglich und den Hauskontexten zugeordnet sein werden,[8] sowie in geringerem Umfang aus Tebtynis und aus Athribis im Delta.[9] Die Herkunft der zahlreichen Einzelstücke in den Museen der Welt, aber auch in den Museen Ägyptens ist vielfach unbekannt und damit auch die Möglichkeiten der Rekonstruktion der einstigen Kontexte nicht gegeben.

Mangelnde äußere Anhaltspunkte, schlichte Qualität, manchmal aber auch handwerkliche Gepflogenheiten, die zur Tradierung von Formeln über sehr lange Zeit führen, bringen es außerdem mit sich, daß Bildwerke des griechisch-römischen Ägypten oft nicht datiert werden können, Datierungsmargen von Jahrhunderten sind nicht

---

[4] Hooper 1961; Abd el Al, Grenier und Wagner 1985, passim; Schmidt 2003, 44–61 Taf. 43–49.

[5] Dunand 1990; Fischer 1994; Szymanska 2005; Lembke, Fluck und Vittmann 2004, 41–43.

[6] Rondot 2004, 37–46 Abb. 11 Taf. 72.

[7] Zum Abtrag von Lehmziegelmauerwerk s. Rostowzew 1929, 435–437; Nowicka 1969, 10–13; Bagnall 1993, 6.

[8] Gazda 1983 mit Literatur. Das Kelsey Museum of Archaeology der University of Michigan bereitet eine Datenbank vor, in der Einzelfunde und Papyri den Häusern und ihren Räumen zugeordnet sind.

[9] Z.B. Myśliwiec 1994 mit Literatur.

ungewöhnlich. Allerdings kann in den entsprechenden handwerklichen Gepflogenheiten auch bereits eine historische Aussage liegen: Manche Werkstätten müssen in genauem Kopieren geschult gewesen sein, wie es für die ägyptische Kunsttradition vorauszusetzen ist.

Schließlich stellt die Überlieferung von Gattungen, die in anderen Teilen des Römischen Reiches fehlen, wie Stoffe und Malerei auf Holz, zwar einen großen Vorzug der ägyptischen Überlieferung dar, sie macht aber den Vergleich mit den anderen Reichsteilen, der die Eigenheit Ägyptens hervortreten lassen kann, nicht einfacher.

Die Situation ist schon vor vierzig Jahren von L. Castiglione analysiert und auf ihre gesellschaftlichen Grundlagen bezogen worden.[10] Er hat versucht, die Anwendungsbereiche der ‚rein' kaiserzeitlichen Bildwerke zu analysieren, spezielle Funktionen des Militärs in diesem Zusammenhang und im Gegenteil die Tempel[11] und Gräber als Träger ägyptischer Bautypen, Bildthemen und -stile. Dabei hat er mehrere Phänomene zum ersten Mal klar benannt. Einmal wies er darauf hin, daß im Gegensatz zum religiösen Bereich das Alltagsleben und die Gebrauchsgegenstände in den Gaumetropolen Ägyptens jedenfalls vollständig internationalisiert waren. Vor allem aber bezeichnete er Mischformen als das Kennzeichnende und eigentlich Lohnende der Untersuchung, die für Bereiche von Privataufträgen bezeichnend gewesen seien, wie die Verbindung ägyptischer Statuentypen mit hellenistisch-römischen individualisierten Porträts, die ägyptischen Inhalte, die in griechische Form gekleidet werden und die von ihm als ‚Zwitterstil' oder ‚dualité du style' (man könnte statt ‚style' auch ‚iconographie' sagen) bezeichneten Darstellungsformen in Grabzusammenhängen, in denen die religiösen Riten und Gestalten ägyptisch, die Personen aber zeitgenössisch wiedergegeben waren.[12] Er bezeichnete diese und andere Mischformen und Formmischungen als direkten Niederschlag der gesellschaftlichen Nivellierung von Griechen und Ägyptern, wie sie für die kaiserzeitliche Gesellschaft typisch war.[13] Diese Einschätzung wird vielleicht zu modifizieren sein, weil viele Phänomene bereits in die ptolemäische Zeit zurückgehen.

---

[10] Castiglione 1967.
[11] Hölbl 2000.
[12] Zuerst formuliert von Castiglione 1961; vgl. dazu auch von Lieven 2004.
[13] Siehe o. Anm. 10.

Dazu hat die Forschung aber weitere übergreifende Strukturen beschrieben, die auf die den Phänomenen zugrundeliegenden Gesell-
schaftsstrukturen zurückverweisen.

Eine solche ist ein Nord-Süd-Gefälle, was das Eindringen neuer
Formen und Produkte betrifft. Dafür ist die Übernahme kaiserzeitlicher Baudekoration in sakralen und profanen Bauten griechisch-
römischen Typus ein wichtiger Gradmesser. P. Pensabene hat hierzu
systematische Beobachtungen gemacht,[14] die jetzt durch Studien von
J. McKenzie[15] ergänzt werden. Lange hielt man in Ägypten an den hellenistischen Architekturformen in ihrer spezifisch hellenistisch-alex-
andrinischen Prägung fest (s.u. und Abb. 5a–e). Erst seit dem zweiten
Jahrhundert n. Chr. wurden zögernd die inzwischen international gültigen Formen des Bauornaments übernommen, wie das kleinasiatische korinthische Kapitell. Erst mit dem Kirchenbau der Spätantike
wurden die internationalen Formen verstärkt rezipiert, jetzt nach dem
Vorbild von Konstantinopel.[16] Insgesamt wurden dabei die internationalen Formen im Süden seltener und später verwendet als im
Norden.[17]

Teils abweichende, teils aber ähnliche Erscheinungen kann man bei
der Rezeption des kaiserzeitlichen Porträts beobachten. Die Rezeption
des römischen Porträts war bekanntlich im gesamten Römischen
Reich intensiv und nachhaltig. Dies gilt in besonderem Maße für
Ägypten, wo es bereits eine einheimische Tradition in Form der
Hartsteinbildnisse gab, die aber in römischer Zeit schnell verdrängt
wurden.[18] Wie begierig die Sitte übernommen wurde, wird an den
Mumienporträts deutlich, die in tiberischer Zeit einsetzten.[19] Wieweit
und wie schnell entsprechende Sitten und spezialisierte Handwerker
bis in ferne Gegenden vordrangen, erweist die Stuckierung des Kopfes
einer Mumie in Siwa (Abb. 1a, b).[20] Die Frisur wiederholt im Typus
und im Stil ziemlich getreu eine Variante eines frühen Porträttypus

---

[14] Pensabene 1992; Pensabene 1993, passim u. 166–168.
[15] McKenzie 2007.
[16] Außer Pensabene 1992 und 1993, vgl. Grossmann 2002, 165–170.
[17] Vgl. aber u. S. 7.
[18] Zur Diskussion um die späten Hartsteinporträts Schmidt 1997, 9–22; Kaiser
1999; Lembke und Vittmann 1999; Philipp 2004.
[19] Parlasca 1966; Borg 1996; Borg 1998; Walker 1997 und 2000.
[20] Aldumairy 2005, 65 Abb. 28; für Siwa mögen allerdings auch Beziehungen zu
Kyrene und zur Nordküste eine Rolle gespielt haben.

des Kaisers Nero[21] (?) aus den fünfziger Jahren des 1. Jahrhunderts n. Chr. (Abb. 1c). Auch bei den Mumienausstattungen wurde jedoch ein Nord-Süd-Gefälle beobachtet. Gegen den Süden Ägyptens hin werden plastisch gebildete Mumienmasken häufiger, die römische Modefrisuren haben, aber auf individuelle Gesichtszüge verzichten, sich dabei aber wohl eher in den Mitteln als in der Intention unterscheiden.[22] Man hat errechnet, daß auf 100 Mumien eine Porträtmumie kam, was eine gewisse Vorstellung von der Größe der Bevölkerungsanteile gibt, die diese Möglichkeit wahrnahmen. Als Auftraggeber der Porträts hat B. Borg für das Fayum die Mitglieder der besonders privilegierten Klasse der 6574 Katöken des Arsinoites genannt, die sich als Bewahrer der griechischen Tradition verstanden, ethnisch aber ebenfalls deutlich graeco-ägyptisch waren.[23] Beispiele wie die Ausstattungen der überstuckierten Mumien in Siwa[24] oder die Mumienporträts von Marina el Alamein[25] zeigen aber, daß das Bemühen, sich internationalen Sitten anzupassen, vielleicht nicht in direktem Zusammenhang mit dem rechtlichen Status der Beteiligten stand. Demgegenüber waren rundplastische Porträts aus dem immer importierten Marmor und – wie zu vermuten – aus Bronze selten, sie werden als Grabausstattung wie drei Porträts aus Terenuthis,[26] in seltenen Fällen auch als Ehrenstatuen[27] verwendet worden sein. Auch hier ist ein Nord-Süd-Gefälle zu beobachten. Eine Göttinger Magisterarbeit von T. Espinoza hat 66 rundplastische männliche Privatporträts ergeben. Nur von 24 kennt man den Herkunftsort, davon stammt etwa die Hälfte aus Alexandria, aus Oberägypten nur zwei. Auffallend ist, daß sowohl die gemalten Mumienporträts als auch die rundplastischen Porträts die stadtrömischen Vorbilder sowohl in den Frisurenmoden als auch in den Zeitgesichtern getreu wiedergeben (z.B. Abb. 3b), tendenziell getreuer als die Porträts anderer Provinzen des Ostens, in denen abweichende Traditionen und Wertvorstellungen mit den aus

---

[21] Aus Samos: Curtius 1949, Taf. 26 links; Hiesinger 1975, 117 Anm. 6; Fittschen 1973, 56 zu Nr. 24 (Nero, 50/51 n. Chr.).
[22] Grimm 1974.
[23] Borg 1998, 40–45.
[24] S. o. Anm. 20; aus derselben Nekropole stammen auch weitere Stuckierungen mit Porträtzügen und Modefrisuren, vgl. Aldumairy 2005, 65 Abb. 27.
[25] Daszewski 1997.
[26] Graindor o.J., 52f. Nr. 12, 14, 15 Taf. 11, 13, 15; Grimm und Johannes 1975, 20–21 Nr. 23–26 Taf. 43, 46–53.
[27] Hierfür wären die Inschriften heranzuziehen.

Italien importierten konkurrieren konnten.[28] Auch in den rundplastischen Porträts sind nicht unbedingt Inhaber des römischen Bürgerrechts wiedergegeben. Zwar sind in Alexandria nach den wenigen überlieferten Basisinschriften die meisten Ehrenstatuen für die höchsten römischen Beamten errichtet worden, in zweiter Linie kamen griechische Honoratioren wie z.B. Gymnasiarchen.[29] Bei den Statuen findet sich selten die Toga des römischen Bürgers, bei den Mumienporträts nie.[30] Die besonders getreue Wiederholung der römischen Porträtmoden drückt deshalb vor allem das Streben und die Möglichkeiten der lokalen Eliten aus, up to date zu sein.

Charakteristisch für Ägypten ist allerdings auch, daß es von dem festzustellenden Nord-Süd-Gefälle markante Ausnahmen gibt. K. Lembke hat es für die profane Architektur so formuliert, daß für die Teilnahme an internationalen Stilen nicht immer die geographische Nähe zu Alexandria, sondern der Status einer Siedlung in der ägyptischen Städtehierarchie (und die damit gegebene Orientierung von Teilen der Bevölkerung an überlokalen Paradigmen) entscheidend sein konnte und die Determiniertheit durch seine Lage überwog.[31]

Die zweite markante Struktur ist das enorme Qualitätsgefälle zwischen den Produkten, die an einem Ort genutzt wurden. Zwar finden sich Gegenstände unterschiedlicher Qualität überall im Römischen Reich, aber das Phänomen scheint mir im kaiserzeitlichen Ägypten ausgeprägter, der Anteil von Gegenständen bescheidener Qualität an der Gesamtproduktion größer. Grundsätzlich spiegeln sich darin primär die Ansprüche der Gesellschaft, die diese Gegenstände nutzte. Aber es mag auch sein, daß lokale ägyptische Werkstätten ihnen ungewohnte griechisch-römische Bildtypen umsetzten, so daß eine eigentümliche, volkstümlich wirkende Provinzialkunst[32] entstand, von deren Produkten man früher viele für spätantik-koptisch hielt. Das

---

[28] Zum 2. Jahrhundert n. Chr. Smith 1998.

[29] Kaiser 1999.

[30] Zur Togadiskussion Goette 1989, 71–74; m.E. überzeugend Borg 1996, 164–167; Borg 1998, 51.

[31] Lembke, Fluck und Vittmann 2004, 36.

[32] Damit soll nicht auf die Frage von Volkskunst angespielt werden, ein Begriff, der oft im Zusammenhang mit der koptischen Kunst verwendet und diskutiert wurde. Dazu kritisch: Brune 1999; Török 2005, 20–31; kritische Auseinandersetzung mit dem Konzept von Volkskunst/arte popolare in bezug auf die römische Kunst: Settis 1982, 169–177.

Phänomen wird gut durch die Gegenüberstellung zweier Tafelbilder aus Tebtynis verdeutlicht, die jeweils den Gott Soknebtynis in einer kronosähnlichen Ikonographie sitzend und in Begleitung einer zweiten Gottheit zeigen (Abb. 2a, b).[33] Im einen schon oben genannten Fall sind die Figuren in bester griechisch-römischer Proportionierung und Licht-Schattenmalerei wiedergegeben (Abb. 2a). Im anderen thronen sie in starrer Vorderansicht, und die Details sind vorwiegend linear wiedergegeben (Abb. 2b). Einst hätte man die Unterschiede für chronologisch gehalten und das zweite Tafelbild der Spätantike zugewiesen. Doch die Erfahrungen mit den Werkstätten der durch ihre Frisuren datierbaren Mumienporträts lehren, daß beide Arten der handwerklichen Ausführung zeitlich nebeneinander bestehen können.[34] Ähnlich ist die bescheidene Qualität einer Kinderstatue unbekannter Herkunft in Kairo[35] (Abb. 3a) zu beurteilen, die wohl aus einem Grabzusammenhang stammt. Sie kann für die Produktion des Ortes, an dem sie in Auftrag gegeben wurde, repräsentativ sein, aber es kann daneben immer auch anspruchsvolle Werke[36] (wie Abb. 3b) gegeben haben, die notfalls auch die Großgrundbesitzer oder ihre Gräber repräsentierten, die über das Land verstreute Besitzungen hatten.

Gute Beispiele für die unterschiedlichen Standards an einem Ort bietet Terenuthis am Westrand des Deltas. In den Nekropolen dieses Ortes fanden sich in großer Zahl Grabstelen der erwähnten Art, die in Grabbauten eingelassen waren.[37] Sie sind in einer ägyptisch-griechischen Mischikonographie wiedergegeben und die Technik wechselt zwischen vertieftem und erhabenem Relief. Allerdings sind sie natürlich nicht allein repräsentativ für die kulturelle Situation der Orte. Der bescheidenen Qualität der meisten Terenuthisstelen steht die qualitätvolle Stele eines Isidoros gegenüber, der in griechischer Relieftechnik und in einem anspruchsvollen theomorphen Schema mit Attributen des Osiris und Dionysos wiedergegeben ist.[38] Andere haben sich am selben Ort und vielleicht in einem Grabbau durch die genannten

---

[33] Rondot 2004, 37–46 Abb. 11 Taf. 72, 73.

[34] Borg 1996.

[35] Edgar 1903, 25 Nr. 27489 Taf. 14.

[36] Wie die Mantelstatuen aus Alexandria in Berlin, hier Abb. 3b (Meischner 1977) und die aus Marsa Matruh (Hawass 2002, 69–70 Nr. BAAM 295 mit Abb.), die wegen des Libationsloches in der Basis sicher aus einem Grabzusammenhang stammt.

[37] Vgl. o. Anm. 4: zu den Grabbauten auch die Internetseiten ‚Portals to Eternity‘ des Kelsey Museum der Universität Michigan.

[38] Grimm und Johannes 1975, 19 Nr. 18 Taf. 27; Schmidt 2003, 41 Abb. 39.

Büsten darstellen lassen.[39] An einem anderen Grab von Terenuthis sind die Qualitätsunterschiede sogar an nur einem Objekt zu erkennen. Die dekorativen Malereien sind im griechisch-römischen Licht-Schattenstil wiedergegeben, die ebenfalls gemalte Gestalt der Verstorbenen auf der eingesetzten Stele wirkt dagegen eher unbeholfen.[40] Dieses Beispiel zeigt, daß lokale und internationale Formen nicht direkt auf den sozialen oder finanziellen Rang der Auftraggeber schließen lassen, sondern auch durch die verfügbaren Handwerker bedingt sein können. Die nach Häusern geordnete Dokumentation der Funde von Karanis, die in Ann Arbor vorbereitet wird, verspricht besonderen Aufschluß über das Nebeneinander von benutzten Gegenständen.[41]

Mit den Unterschieden zwischen Produkten, die am internationalen Standard ausgerichtet und solchen, die eher lokal orientiert waren, ist zugleich – als drittes Phänomen – die große Diversität von Arbeiten verschiedener Produktionsorte verknüpft. Es scheint dabei so, als hätte jeder Ort seine eigenen Standards ausgebildet und eigene Bedürfnisse in der Verbindung von ägyptischer und griechisch-römischer Ikonographie, Stil und Ausführung formuliert. K. Lembke hat dies paradigmatisch am Vergleich von Soknopaiou Nesos und Karanis gezeigt.[42] Ansonsten sind die besten Beispiele für dieses Phänomen die Grabreliefs oder Verschlußplatten aus Gräbern, weil allein sie für einzelne Orte und Landschaften in größerer Zahl überliefert sind, während die Grabanlagen selbst weniger erforscht sind.[43] Hier konvergieren zwar ägyptische, griechische und römische Tradition oft in der Heraushebung der bürgerlichen Person der Verstorbenen,[44] aber im übrigen sind die Unterschiede zwischen den Produkten verschiedener Orte beträchtlich. Die Übersicht von S. Schmidt anhand der im Griechisch-Römischen Museum in Alexandria aufbewahrten Bestände aus Alexandria, Terenuthis und Oxyrhynchos (die dort einst aus dem ganzen Land zusammengetragen wurden) läßt dies am bequemsten

---

[39] S. o. Anm. 26.
[40] Hooper 1961, Taf. 4.
[41] Vgl. Anm. 8.
[42] Lembke 1998, bes.126–127.
[43] z.B. Grabbauten von Terenuthis: Schmidt 2003, 55–61 mit Abb.; Tuna el Gebel: Lembke et al. 2007; andere und spätantike: Thomas 2000, 3–8; Grossmann 2002, 315–347.
[44] O. S. 5–7 und Anm. 12.

erkennen.[45] In Alexandria ganz römisch die Darstellung von Mitgliedern des dort stationierten römischen Heeres[46] und z.B. einer
römischen Bürgerin mit Modefrisur und Sohn in der Toga,[47] auch
in der Verwendung des teuren Marmors, der importiert werden
mußte; daneben ägyptische Aediculastelen aus Kalkstein mit und
ohne Darstellungen der Verstorbenen.[48] In Terenuthis wiederum die
bekannten Hunderte von Stelen von der Außenfassade von Tumba-
Gräbern mit einer, wie gezeigt wurde, im Kern griechischen Ikonographie und ägyptischen Zugaben wie Falke und Schakal, meistenteils
von ägyptischen Werkstätten ausgeführt.[49] An dem umfangreichen
Material ließ sich beobachten, daß alle Bevölkerungsgruppen mit
möglicherweise unterschiedlichem ethnischem Bewußtsein diese
Stelen benutzt haben müssen.[50] In Oxyrhynchos dagegen waren ganz-
figurige, sehr römisch wirkende Reliefdarstellungen der Verstorbenen
in etwas einfacher Qualität vorherrschend.[51] Aus Antinoupolis/Schech
Abade kennt man die vielgefälschten Stelen in Hochrelief in lokalen
Typen[52] und aus Oberägypten Stelen, die im Typus, in Thematik und
Ausführung ägyptisch sind, bei denen jedoch die Figuren der Verstorbenen durch Vorderansicht und griechische Kleidung aktualisiert
sind.[53] Will man kritische Masse für eine Beurteilung des gehobenen
Schnitts der Bevölkerung in den verschiedenen Orten gewinnen,
geben solche Serien sicher den besten Einblick.

Mit diesen Phänomenen verwoben ist das Überdauern hellenistischer
Lebensgewohnheiten und hellenistischer Typen- und Formtraditionen.
Die Vorstellung, daß hellenistische Formtraditionen im kaiserzeitlichen und spätantiken (koptischen) Ägypten eine besondere Rolle
gespielt hätten, ist Gemeingut der Forschung. Doch wird die historische Aussagekraft dieser Maxime durch die unscharfe Verwendung
des Begriffs ,hellenistisch'/,Hellenistic' in der Forschung zum römischen und spätantiken Ägypten beeinträchtigt.

---

[45] Schmidt 2003; vgl. schon Castiglione 1967, 115, 132–13.
[46] Schmidt 2003 Kat.-Nr. 104–107 Taf. 38–40.
[47] Schmidt 2003 Kat.-Nr.116 Taf. 41.
[48] Schmidt 2003, 108 ff. Kat.-Nr. 61–71 Taf. 20–23.
[49] Hooper 1961; Abd el-Al, Grenier und Wagner 1985; Schmidt 2003, 44–61
Taf. 43–49.
[50] Schmidt 2003, 60.
[51] Schmidt 2003, 62–75, 149–152 Kat.-Nr. 164–172 Taf. 50–53.
[52] Zu dieser Produktion und den Fälschungen zuletzt Török 2005, 24–31.
[53] Abdalla 1992.

Aus der Sicht der Klassischen Archäologie ist es tatsächlich eine Besonderheit Ägyptens, daß dort Lebensgewohnheiten und Bild- und Formtraditionen aus der Zeit der Ptolemäer noch lange weitergeführt wurden. Darin stand Ägypten im Gegensatz zu Rom, Italien und fast allen Provinzen, in denen der von Augustus bevorzugte, inhaltlich und moralisch positiv belegte Klassizismus schnell rezipiert wurde und die inhaltlich und moralisch negativ bewerteten hellenistischen Bildformen verdrängte.[54] Genauer könnte man das Ergebnis dieses Vorgangs unter dem von T. Hölscher geprägten Begriff des ‚semantischen Systems‘ zusammenfassen.[55] Klassische Formen wurden für würdige und repräsentative Inhalte verwendet, während hellenistische Formen weiter für Darstellungen verwendet wurden, die besonderes Pathos erforderten, wie Kampfszenen oder für Themen, die erst im Hellenismus in verwendbarer Form formuliert worden waren, wie dionysische Szenen und Genredarstellungen in der Großplastik.

Wenn man demgegenüber in Ägypten lange und vielfach an den hellenistischen Formen und an den in hellenistischer Zeit entstandenen Mischformen festhielt, die zu einer Art Lokalstil wurden – so ist dies ein für den Zustand der Provinz höchst aufschlußreiches Phänomen. Wie Castiglione bereits betonte, steht dahinter einerseits die Beständigkeit gesellschaftlicher Strukturen seit hellenistischer Zeit, wobei die in hellenistischer Zeit begonnene kulturelle Angleichung von Ägyptern und Griechen sich durch die Politik der Römer intensivierte.[56] Man könnte es auch so beschreiben, daß in einer Zeit gesellschaftlicher Dynamik die hellenistischen Formen tatsächlich bis in abgelegene Gebiete des Landes angeeignet wurden, während die römischen Verhältnisse weniger eingriffen und ja vor allem auch Ägypter und Griechen rechtlich zusammenschlossen. Hier geht es also um das Fortleben von Lebens- und Kunstformen speziell aus der Epoche des Hellenismus.

Das trifft nur teilweise für den Gebrauch des Begriffes ‚hellenistisch‘ in der wissenschaftlichen Literatur über Koptisches und generell in der Forschung zu Spätantike und Byzanz zu. Dort wird mit dem Begriff ‚hellenistisch‘/‚Hellenistic‘ in der Regel die gesamte griechisch-römische Bildtradition bezeichnet, im Gegensatz zum spätantiken Formenapparat, wie er vor allem im Repräsentationsbild Ausdruck

---

[54] Zanker 1987, passim und 240–255.
[55] Hölscher 1987.
[56] Castiglione 1967, bes. 126–127.

gefunden hat (Frontalität, Zentralkomposition, Bedeutungsgröße, Linearität, Flächigkeit, Abstraktion). ‚Hellenistisch' ist dort gleichbedeutend mit ‚retrospektiv, klassisch/klassizistisch, illusionistisch, körperlich'.[57] In die Erforschung der koptischen Kunst ist dieser weite Hellenismusbegriff wahrscheinlich aus der Forschung zu Spätantike und Byzanz übernommen worden. Für seine Verwendung in diesem Bereich spielt es zweifellos eine Rolle, daß die Forschung zu Spätantike und zur byzantinischen Welt sich vielfach mit Stoffen und Flächenbildern (Malerei, Buchmalerei, Mosaiken) beschäftigt, in denen in der Tat generell und auch in der römischen Kaiserzeit hellenistische Traditionen eine besondere Rolle gespielt haben.

Im Sinne von ‚antik' oder ‚aus griechisch-römischer Tradition stammend' oder ‚hellenisch' verwendet, bezeichnet der Begriff ‚hellenistisch/Hellenistic' auch mit Bezug auf die koptische Kunst nur teilweise Spezifica Ägyptens. Der Begriff des ‚Hellenistischen' in diesem weiten Sinne ist in der Forschung zur Spätantike und zu Byzanz tief verwurzelt und hat dort seinen heuristischen Wert. Man wird ihn kaum abschaffen wollen, zumal er auch noch mit der Diskussion eines hellenischen Substrats im griechischen Osten unterfüttert ist.[58]

Die lang andauernde Tradition spezifisch hellenistischer Lebensweisen und Bildformen im kaiserzeitlichen Ägypten muß davon jedoch streng getrennt werden. Zur Unterscheidung vom Hellenismus-Begriff der Spätantikenforschung muß man von ‚Hellenismus im engeren Sinne' sprechen. Um dieses Phänomen geht es im folgenden.

Drei Beispiele seien für die aus dem Hellenismus überdauernden Lebensformen genannt. Da ist einmal die eminente Rolle des Gymnasions als identitätsstärkender, gemeinschaftsbildender Einrichtung, die nicht weiter kommentiert zu werden braucht. Ein anderes Beispiel ist die ungewöhnlich lange Nutzung öffentlicher Bäder hellenistischen Typus, die in Ägypten offenbar noch genutzt wurden, als sie in der übrigen antiken Welt schon durch andere Bäderformen ersetzt worden waren. Von diesen Doppel-Tholos-Bädern mit Sitzbadewannen waren bzw. sind in Ägypten bisher ca. 25 Beispiele überliefert. Für fast alle fehlen Datierungen, aber in einigen Fällen werden noch Daten gewonnen.[59] In Schedia baute man für das wahrscheinlich in

---

[57] Für die ältere Forschung zum Koptischen: Wessel 1963, 47–54; zuletzt Török 2005, 351–358; für die Spätantike allgemein: Kitzinger 1977, Index s.v. Hellenistic art, tradition of.

[58] C. Strube verdanke ich den Hinweis auf Kaldellis 2007.

[59] Durch laufende französische Ausgrabungen in Taposiris westlich von Alexandria, ferner in Schedia, in dem kürzlich zutage gekommenen Bad in Karnak

hellenistischer Zeit errichtete Bad noch im 2. Jahrhundert einen neuen Abwasserkanal, benutzte die Anlage also noch lange, nachdem dieser Typus außerhalb Ägyptens schon Jahrhunderte außer Mode war.[60]

Eine hellenistische Gewohnheit ist auch die Nutzung von Terrakottafiguren als Weihgeschenke, Grabbeigaben und Hausausstattung.[61] Nach den ersten Anfängen, die noch ganz von griechischen Traditionen bestimmt waren, konzentrierte sich die Thematik mehr und mehr auf Fruchtbarkeitsaspekte und auf die entsprechenden ägyptischen Gottheiten, die Form aber war griechisch.[62] Überall im Römischen Reich starb der Gebrauch solcher Terrakottastatuetten im 1. Jahrhundert n. Chr. weitgehend aus oder ging zumindest stark zurück. In Ägypten lebten sie dagegen bis in die Spätantike. Auch in der kaiserzeitlichen Keramik Ägyptens wurden hellenistische Typen und Warengestaltungen länger als anderswo tradiert.[63]

Unter den künstlerischen Formen bilden die Bekrönungen von säulengerahmten Nischen, die die Stirnwände von Repräsentationsräumen in Häusern,[64] aber auch Gräber[65] und spätantike Sakralbauten[66] zierten, Standardbeispiele für die Tradierung hellenistischer Formen bis in die Spätantike. Diese Nischenbekrönungen mit seitlichen Sprenggiebeln in perspektivischer Verzerrung sind exotische hellenistische Erfindungen und vom 2. Jahrhundert v. Chr. bis ins 6. Jahrhundert n. Chr. bezeugt (Abb. 5a–e).[67] Lange fehlten Bindeglieder

---

und dem früher ausgegrabenen Bad in Buto. Zum Stand der Forschung und zu neueren Funden und Unternehmungen auf diesem Gebiet s. die Beiträge in: Boussac, Fournet und Redon (im Druck).

[60] Bergmann und Heinzelmann (im Druck); von einer im Frühjahr 2009 durchgeführten Sondage an dem normalerweise überfluteten Bad erhoffen wir genauere Daten für die Erbauung und Nutzung.

[61] Siehe o. Anm. 5.

[62] Siehe o. Anm. 5.

[63] Ballet 2002, 91 zur schwarzen Keramik und besonders zu den schwarzen Schalen mit eingebogenem Rand. Schwarze Keramik kommt als Nachahmung von Schwarzfirnisware mit dem frühen Hellenismus in Alexandria auf und wird angeblich im Fayum – wieweit auch sonst, bleibt festzustellen – bis weit ins 2. Jahrhundert n. Chr. tradiert.

[64] Eindrucksvoll bezeugt in Marina el Alamein u. Anm. 68.

[65] Zur ursprünglichen Herkunft vieler spätantiker Nischenbekrönungen aus Gräbern: Torp 1969; Severin 1993; Thomas 2000; Török 2005, 31–36, 115–116.

[66] Grossmann 2002, 109–110; McKenzie 2007, 276–281 Abb. 458, 460. 464.

[67] Zu den hellenistischen Beispielen und dem Zusammenhang mit den zahlreichen spätantiken Exemplaren Bergmann 1988; Severin 1993; McKenzie 1996; Severin 1998; Krumeich 2003; McKenzie 2007, 92–99, 261–270. Török 2005, 113–125.

zwischen den hellenistischen und den zahlreichen spätantiken Beispielen. Sie haben sich jedoch in Marina el Alamein gefunden und entstammen der früheren Kaiserzeit (Abb. 5c).[68] Langlebig war auch der Typus der reichverzierten ionischen Türen mit flügelartig verbreiterten Voluten, wie inschriftlich datierte Beispiele aus der Mitte des 2. Jahrhunderts v. Chr. (Theadelphia im Fayum)[69] und dem 2. Jahrhundert n. Chr. (Mittelägypten)[70] zeigen. Die jahrhundertelange Verwendung der Nischenbekrönungen hat sich – im Sinne des erwähnten Nord-Süd-Gefälles – auf Mittel- und Oberägypten konzentriert, wieweit es auch hiervon Ausnahmen gab, wird die weitere Forschung zeigen.[71]

Im folgenden möchte ich auf weitere Substrate hellenistischer Formen eingehen, die manchmal genau zu verorten, manchmal aber auch breit gestreut sind. Wie bei den Nischenbekrönungen mit den Sprenggiebeln, die immerhin mindestens 700 Jahre tradiert wurden, gehört dazu auch ein ungewöhnlich beharrliches Überliefern von Detailformen, das, wie anfangs angemerkt, über die geläufigen Typentraditionen der Antike hinausgeht. Es wäre zu fragen, ob über die gesellschaftlichen Konstellationen hinaus dabei auch die Arbeitsweise ägyptisch geschulter Werkstätten eine Rolle gespielt haben kann, die ihnen vorgelegte Formen besonders genau kopierten.

Ein solches Beispiel ist das Akanthusornament in einer Wanddekoration aus dem Jeremiaskloster in Sakkara, die etwa ins 7. Jahrhundert n. Chr. datiert wird (Abb. 4a).[72] Es hat seine besten typologischen Parallelen in dem Purpur-Gold-Stoff des sog. Philippsgrabes von Vergina[73] (Abb. 4b) aus dem späteren 4. Jahrhundert v. Chr., im Akanthusornament eines makedonischen Grabes in Lefkadia[74] (Abb. 4c)

---

[68] Czerner 2004; McKenzie 2007, 92–94 Abb. 153–154.

[69] Lefebvre 1920, 62–64 Nr. 36; Bergmann 1988, 61–64 Abb. 2–7 (vgl. das Beispiel aus Ptolemais ebd. Abb. 8); Pensabene 1993, 524 Nr. 982 Taf. 104.

[70] Cockle 1996 (falls nicht auch dieses Stück schon zweitverwendet ist).

[71] Die monumentalen Türfragmente aus rotem Granit in diesem Stil, die zum kaiserzeitlichen Neubau des Sarapieions von Alexandria gehören (Pensabene 1993, 321 Nr. 33–37 Taf. 6) könnten u.U. als bewußtes Zitat alexandrinischer Tradition verstanden werden.

[72] Severin 1998, 333–335 mit Literatur, Abb. 20.

[73] Andronicos 1984, 81 Abb. 42; Drougou und Saatsoglou-Paliadeli 1999, 46 Abb. 59.

[74] Rhomiopoulou 1997, Frontispiz und S. 33 Abb. 28, 29; Monographie von K. Rhomiopoulou und B. Schmidt-Dounas im Druck.

und eines Holzsarkophages aus Sakkara (Abb. 4d),[75] die beide im 3. Jahrhundert v. Chr. entstanden, sowie z.B. auf der Stempelverzierung eines unstratifizierten Keramikfragments aus Schedia (Abb. 4e).[76] Typisch ist bei mehreren die struppige Akanthusform ohne starke Blatteinschnitte. Bei der Malerei aus dem Jeremiaskloster sitzt in der Mitte des Akanthuskelches eine Glaskugel mit einem Lichtpunkt, die auch als der Körper eines Glasgefäßes verstanden werden kann, aus dessen Hals und Mündung die zentrale Blüte hervortritt. Die Kugel entspricht aber motivisch auch den Glaskugeln mit Lichtpunkten, die im Hellenismus in einer Art trompe-l'œil wie die Glaskugeln in den Voluten von Möbeln[77] in Rankeneinrollungen hineingemalt wurden. Schon in Lefkadia und anderswo sind sie in solche Rankenornamente eingefügt (Abb. 4c, 12c). Die etwas defekt überlieferte Blüte in der Mitte der Malerei des Jeremiasklosters ist eine sog. Stockwerkblüte mit in diesem Fall breitem Kelch und daraus hervorwachsenden Elementen.[78] Sie kehrt bei dem Stoff aus dem sog. Philippsgrab und dem Holz-Sarkophag wieder, sowie enorm vergrößert und mit langgestrecktem Aufsatz in Lefkadia, in etwas anderer Form im Stempelornament der Keramik aus Schedia. Typisch sind außerdem die betont feinen Ranken mit Blüten an den Enden, die nach rechts und links aus der größeren Blüte heraushängen. In der Kaiserzeit hat sich die Ornamentik anders entwickelt,[79] die Formeln der Malerei im Jeremiaskloster gehen ähnlich wie die Nischenbekrönungen auf eine fast tausendjährige Tradition zurück! Man beachte zugleich bei dem Grab von Lefkadia die Blüten aus drei oder vier flachen oder runden Punkten an den dünnen Stengeln (Abb. 4c, 12c), sie finden sich, wie unten zu zeigen, auf den spätantiken Porphyrsarkophagen wieder (Abb. 12a).[80]

Ähnlich wie mit den Ranken steht es mit einem schlauchartigen Girlanden- und Kranztypus, der sich aus kleinen spitzen Blättern mit Mittelgrat zusammensetzt. Er kam im 3. Jahrhundert v. Chr. im östlichen Mittelmeergebiet auf (Abb. 6a), wurde jedoch allgemein im 1. Jahrhundert v. Chr. von üppigeren und stärker dekorativen

---

[75] Watzinger 1905, 32f., 75–77 Abb. 57; Lauer und Picard 1955, 220 Abb. 120.

[76] Aus den Ausgrabungen des Ägyptischen Antikendienstes in Schedia unter der Leitung von Ahmed Abd el Fattah, z.Z. im Magazin von Mustafa Kamel/Alexandria.

[77] Originale Einlagen des Typus aus Bernstein und Glas: Kyrieleis 1969, 167 Taf. 21,1.2; zum Typus der Voluten Richter 1966, Abb. 100–121, 310–327.

[78] Pfrommer 1982, 126, vgl. ebd. Abb. 1–16 passim.

[79] Mathea-Förtsch 1999, passim.

[80] U. S. 22.

Girlandenformen verdrängt.[81] Nur in Ägypten wurde er weiter genutzt, z.B. in der Fayencekeramik[82] (Abb. 6b) und noch in den Porphyrarbeiten vom Ende des 3. Jahrhunderts, auf deren Eigenarten ich weiter unten eingehe. An dieser Stelle sei nur auf die starren kleinblättrigen Kränze der Tetrarchengruppen im Vatikan vom Ende des 3. Jahrhunderts n. Chr. hingewiesen (Abb. 6d, 10d).[83] Kaiserkränze haben sonst besonders große Lorbeerblätter (Abb. 6e).[84] Einen Altar ägyptischen Typus aus rotem Porphyr in Istanbul (Abb. 6c),[85] der mit einer solchen kleinblättrigen Lorbeergirlande geschmückt ist, datierte R. Delbrueck ins 2./3. Jahrhundert n. Chr., er könnte auch älter sein.

Ebenso dauerhaft wie die genuin hellenistischen Ornamentformen wurden aber auch Bildtypen tradiert, die in der Ptolemäerzeit durch die Kombination hellenistischer und ägyptischer Elemente entstanden waren. Dies gilt z.B. für einen Typus des Reiterbildes, in dem die Dioskuren, der vermutlich thrakische Reitergott Heron und später koptische Heilige dargestellt wurden (Abb. 7b–e).[86] Der Typus des stehenden Pferdes mit erhobenem Vorderbein ist griechisch, das Sitzen der Reiter mit den von der Seite gesehenen Beinen und dem nach vorn gedrehten Oberkörper entspricht ägyptischer Darstellungsweise. Unter den zahlreichen Beispielen seien herausgegriffen: eine Stele des Gottes Heron aus dem Fayum aus dem Jahr 67 v. Chr. (Abb. 7b),[87] ein bekanntes kaiserzeitliches Wandbild des Heron aus dem Tempel des Pnepheros in Theadelphia (Abb. 7c),[88] ein Fresko aus Bawit aus dem 6./7. Jahrhundert[89] (Abb. 7d) und schließlich das Bild eines Heiligen in einer Handschrift aus dem Fayum aus dem 10. Jahrhundert (Abb. 7e).[90] Die Hauptelemente dieser Bilder sind zwar so allgemein,

---

[81] Berges 1996, 39f., 91–93 Abb. 29, 34, 38a, b, 40–43, 79b, 80–85, 106–115, 126–127, 135a, b. Ältestes datiertes Beispiel am Demetertempel von Pergamon (269–263 v. Chr.), hier Abb. 6a.

[82] Nenna und Seif el Din 2000, 356f. Taf. 68; Grimm und Johannes 1975, Nr. 70 Taf. 110.

[83] Delbrueck 1932, Taf. 35–37.

[84] Zanker 1983, Tafeln passim; ebd. Taf. 19,4 hier abgebildet als Abb. 6e.

[85] Delbrueck 1932, 138 Taf. 71.

[86] Brune 1999 beschäftigt sich mit den Reiterdarstellungen auf koptischen Stoffen, die interessanterweise und anders als die hier zu behandelnden Darstellungen überwiegend den galoppierenden Reiter wiedergeben.

[87] Will 1990, 392 Nr. 7 Taf. 286; die ausführliche weitere Literatur zu den Heronbildern kann hier nicht zitiert werden.

[88] Breccia 1926, Taf. 59; Will 1990, 392 Nr. 2 Taf. 286.

[89] Gabra und Eaton-Krauss 2007, 95 Abb. 49; Zibawi 2004, 84 Abb. 93, vgl. dort passim spätere Beispiele desselben Typus.

[90] L'art copte 2000, 75 Nr. 52 mit Abb.

daß man sie sich auch als immer wieder spontan entstandene Schöpfungen in einer ägyptisch-griechisch-römischen Mischkultur vorstellen könnte. Daß sie aber einer konkreten Typentradition verpflichtet sind, erweist die getreue, wiederum fast tausend Jahre beibehaltene Überlieferung des darstellerisch schwierigen Motivs der in Dreiviertelansicht gedrehten Pferdeköpfe, zuweilen mit geöffnetem Maul. In griechischen Darstellungen kam das Motiv im 4. Jahrhundert v. Chr. auf, als ein frühes Beispiel mag ein Ausschnitt aus dem bekannten Tumulusgrab in Kasanlak/Thrakien[91] aus dem frühen 3. Jahrhundert v. Chr. dienen. Es kann durch zwei kaiserzeitliche Mosaikdarstellungen der Dioskuren mit ihren Pferden in Nea Paphos/ Zypern ergänzt werden, deren Körpertypen schon wegen der Kombination von hochgegürtetem Leinenpanzer und der gedrungenen, an den Fries von Magnesia erinnernden Proportionen auf ein hellenistisches Vorbild zurückgehen müssen (Abb. 7a, 9a).[92] Sogar der hochgebundene Schopf über der Stirn der Pferde, der aus persischer Tradition stammt und in der Alexanderzeit in griechische Bildwerke übernommen wurde,[93] wurde in den ägyptischen Bildern vielfach tradiert (Abb. 7b, d, e).

Als ebenso dauerhaft erweist sich ein stehender Typus des Gottes Heron, der anscheinend im hellenistischen Kleruchenmilieu des Fayum als Produkt ägyptischer Werkstätten entstand, die griechische Themen darstellten. Als Beispiele seien genannt: ein Wandgemälde ehemals im Tempel des Pnepheros in Theadelphia[94] (Abb. 8d) und ein Tafelbild in Providence (Abb. 9c),[95] ein Exemplar aus einer ganzen Reihe ähnlicher Bilder, die im Fayum gefunden wurden. In beiden Bildern opfert der Gott in Panzertracht stehend vor einer Schlange, allein oder mit einem Pferd hinter und einem kleinformatigen Adoranten neben sich. Er trägt Haar und Bart kurzgelockt, einen

---

[91] Shivkova 1973, Abb. 12.
[92] Daszewski und Michaelides 1989, 26 Abb. 13, 14; Kondoleon 1995, 221–229 Abb. 141, 142; C. Kondoleon bemerkt den Zusammenhang mit kaiserzeitlichen Dioskurendarstellungen in Ägypten, hält die Darstellung von Dioskuren in Panzertracht aber generell für kaiserzeitlich. Fries von Magnesia: Yaylali 1976, Taf. 14–18, 27; zur hohen Gürtung vgl. das besonders deutlich der Alexanderikonographie verpflichtete Tafelbild eines Dioskuren aus Medinet Quta/Fayum, Parlasca 1966, 60 Anm. 9 Taf. 21,3.
[93] Hölscher 1973, 132; Pfrommer 1998, 45.
[94] Breccia 1926, Taf. 57, 58; Will 1990, 392 Nr. 1 Taf. 286.
[95] Winkes 1982, 68–69 mit Abb.; Walker 1997 und 2000, 125 Nr. 80, vgl. ebd. 124 Nr. 79 mit Abb.; Sörries 2003, 146–147 Nr. 34.

hochgegürteten griechischen Panzer und Stiefelchen, die in einem Fall
durch Gitterung als Krepides, hohe makedonische Riemensandalen[96]
gekennzeichnet sind, im anderen wie Stiefelchen erscheinen, die es in
der Realität nicht gab. Die Proportion der Figuren ist merkwürdig tail-
lenlos und gedrungen, die Haltung mit frontalem Oberkörper und
den zur Seite stehenden Beinen ohne Ponderation ägyptisch. Ikonographie und Proportion müssen auf hellenistische Vorbilder zurückgehen, wie sie die Dioskurenfiguren auf dem genannten Mosaik in
Zypern repräsentieren (Abb. 7a, 9a). E. Bresciani hat bemerkt, daß der
Grundtypus, der den Heronbildern zugrunde liegt, in Ägypten schon
verblüffend ähnlich in den Wandgemälden eines von ihr ausgegrabenen Kultgebäudes in Kom Madi im Fayum (Abb. 7b, c) auftritt, das
vermutlich in der Zeit um 100 v. Chr. entstand, ein markantes Beispiel
für verschiedene Formen ägyptisch-griechische Mischikonographien
darstellt und von Bresciani versuchsweise als Kultstätte für Alexander
den Großen gedeutet wurde.[97]

Ein weiteres kaiserzeitliches Tafelbild in Brüssel[98] (Abb. 8e) gibt einen
unbenennbaren Gott mit Doppelaxt und eigentümlichem Hosenkos-
tüm in ähnlichem Schema wieder, während Heron neben ihm im
Kontrapost steht. Wie einst K. Parlasca erkannte und E. Bresciani
betont, entstammt die kurzgelockte Haar- und Barttracht der Figuren
auf den genannten Bildern ägyptischer Ikonographie: Unter den
Fremdvölkertypen entspricht sie dem Typus für Griechen und verwandte Völker.[99] Das Tafelbild in Brüssel weist aber auch darauf hin,
daß der besprochene hellenistisch-ägyptische Körpertypus in der
Kaiserzeit zunächst keinen allgemeingültigen Stil repräsentiert, sondern als eine der charakteristischen Versionen der Ikonographie des
Heron und verwandter Götter rezipiert wurde, wie in unserer Kultur
Gotisches für Marienbilder. Denn nur der Gott mit der Doppelaxt
weist die ägyptisierende Haltung und die gedrungenen Proportionen
auf. Heron hingegen trägt in diesem Fall zwar den für ihn typischen
hellenistisch hochgegürteten Panzer, aber seine Proportionen sind
weniger gedrungen als sonst, und er steht in griechischer kontraposti-
scher Haltung.

---

[96] Morrow 1985, 97–108 Abb. 79, 80 (terminus ante quem 200 v. Chr.).
[97] Bresciani 2003; zur Datierung ebd. 63–67, 171–173.
[98] Cumont 1939; Sörries 2003, 84–85 Nr. 12.
[99] Parlasca 1975, 303–306; Bresciani 2003, 59 Abb. 17a, 18a, b.

Als typisch für die Wiedergabe von Soldatengöttern tritt das Körperschema auch auf zwei ehemals in Berlin aufbewahrten Holztafeln[100] auf, von denen in Abb. 9a und 9b Ausschnitte erscheinen. Man sieht dort jugendliche Götter mit verschiedenen militärischen Attributen in diesem Stil/dieser Ikonographie dargestellt. Daß die ägyptisierenden Elemente der Figuren nicht einfach dem Stil des Malers zuzuschreiben sind, zeigt sich daran, daß der Maler in internationalem Licht-Schatten-Stil malte und die Frau im oberen Register in klassischer Haltung mit Ponderation wiedergegeben hat.

Als kennzeichnend für eine lokale Gottheit ist die Körperformel auch bei einer kleinformatigen Marmorgruppe unbekannter Herkunft in Liverpool[101] (Abb. 9d) zu verstehen. Die Büsten von Sarapis und Harpokrates auf der eigenartigen panzerähnlichen Tracht, das Diadem mit dem Uräus über der Stirn sowie der Körpertypus weisen auf eine Herkunft aus Ägypten. In dieser Gestalt ist m.E. kein römischer Kaiser mit besiegtem Barbaren zu sehen, wie meist vermutet wird, sondern ein siegreicher ,god in uniform',[102] wie er vielleicht auch durch eine Gruppe von Terrakottastatuetten bezeugt ist.[103] Die kurzgelockte Frisur und Barttracht entspricht wieder dem Griechentypus in der ägyptischen Ikonographie. Band und Uräus über der Stirn müssen nicht auf einen König weisen, sondern sind ein Zeichen für die Göttlichkeit der Figur.[104]

Wurde hier der Mischstil aus dem hellenistischen Kleruchenmilieu zum Typenkennzeichen gewisser Gottheiten, stand die Ikonographie aber auch für eine breitere Verwendung zur Verfügung. Sie führt zugleich über das Fayum hinaus, dem die zahlreichen Wand- und Tafelbilder des Heron und seiner Verwandten entstammen. Darstellungen des polymorphen Gottes Totoes, die vermutlich aus dem Umfeld von Koptos stammen,[105] (z.B. Abb. 10a) zeigen in ihrem panzerbekleideten Vorderteil manchmal ähnlich gedrungene und nach unten verbreiterte Proportionen und die ägyptische Körperhaltung

---

[100] Pagenstecher 1919, Abb. 1 und 2; Rostoffzeff 1933, 491–497 Abb. 2, 3; Sörries 2003, 68–72 Nr. 6a, b.

[101] Hornbostel 1973, 241 Anm. 2; 380 Anm. 4 Abb. 364; Bailey 1996, 209 mit Literatur.

[102] Die Formulierung nach Kantorowicz 1961.

[103] Zu den Statuetten zuletzt Bailey 1996.

[104] So z.B. auf den Stelen für im Nil ertrunkene Personen, die vergöttlicht wurden: Rowe 1940, Taf. 2, 3, 4, 6.

[105] Kaper 2003, 297f. Nr. 1–3 mit Abb.

der Heronbilder. Dieselbe Ikonographie ist grundsätzlich auch bei der überlebensgroßen kaiserzeitlichen Reliefdarstellung eines Gottes aus Luxor in Kairo[106] (Abb. 10b) verwendet worden, dessen Deutung umstritten ist. Wie es zur weiten Verbreitung dieser Typologie kam, wäre zu fragen.

Substrate hellenistischer, ägyptischer und hellenistisch-ägyptischer Mischformen lassen sich schließlich an einer markanten Denkmäler-gruppe feststellen, der man es am wenigsten zutrauen würde, nämlich an den Porphyrskulpturen der tetrarchischen Zeit. 293 n. Chr. führte Diokletian zur besseren Reichsverteidigung die gemeinsame Herr-schaft von vier Kaisern, die Tetrarchie, ein und vollzog zugleich, neben seinen zentralen Reformen in Verwaltung und Wirtschaft, den längst überfälligen Übergang zu einer offen monarchischen Repräsentation. Das Experiment einer gemeinsamen Herrschaft von vier Herrschern wurde durch eine intensivierte Darstellung des Zusammenhalts der Herrscher in Gruppenbildern unterstrichen, der neue offen monar-chische Charakter dieser Herrschaft durch die systematische Nutzung des Purpursteins Porphyr, das aus der ägyptischen Ostwüste stammt.[107] Produkte aus Porphyr wurden über das ganze Reich ver-breitet, von Italien bis Antiochia. Besonders viele Zeugnisse fanden sich in der Heimat der meisten der tetrarchischen Herrscher im heu-tigen Serbien. Zum Repertoire dieser Produktion gehörten u.a. Säulen, die zentrale Orte staatlicher Repräsentation gerahmt haben müssen: Säulen, an denen Büsten der Herrscher saßen[108] und Säulenpaare, an deren oberem Drittel die Figuren von je zwei der Tetrarchen in einem Umarmungsgestus auf Konsolen stehend wiedergegeben waren (Abb. 10d, 11b).[109] Ferner gab es freistehende Büsten und Statuen,[110] als neues Element monumentale Sitzstatuen auf juwelengeschmück-ten Thronen[111] und Porphyrsarkophage für die kaiserlichen Bestat-tungen (Abb. 11c).[112]

---

[106] Edgar 1903, 57 Nr. 27572 Taf. 27; Golenischeff 1894; zuletzt mit Literatur: Bailey 1996, 209.

[107] Delbrueck 1932, 1–13; Laubscher 1999, 209 Anm. 5.

[108] Zuletzt Laubscher 1999, 219–221 Abb. 14; Bergmann und Liverani 2000.

[109] Delbrueck 1932, 84–92 Abb. 31–34 Taf. 31–37; Fragment von einer Gruppe wie der venezianischen aus Naissus zuletzt Laubscher 1999, 208 Abb. 10–12 mit Literatur.

[110] Bekannteste Beispiele Delbrueck 1932, 99 Taf. 42–43; 92 Abb. 95 Taf. 38, 39.

[111] Delbrueck 1932, 96–98 Abb. 36 Taf. 40, 41; Popović 2005, 53, 56 Abb. 40.

[112] Delbrueck 1932, 215–216, 219 Taf. 100–106, 107 unten; Bielefeld 1997, 67–73 Kat.-Nr. 2, 192; Taf. 94–100.

Da Rom seine Position als Reichshauptstadt zugunsten der zahlreichen tetrarchischen Residenzen verloren hatte, bot es sich offenbar an, die Skulpturen in Ägypten, dem Herkunftsland des Porphyrs, zentral herzustellen oder ggf. für Großaufträge die spezialisierten Handwerker aus Ägypten mit dem bossierten Material zu versenden.[113] Grundsätzlich weisen jedenfalls zahlreiche Einzelheiten auf eine Herstellung aller tetrarchischen Porphyrarbeiten in einem Werkstattverbund und auf ägyptische Werkleute hin. Obwohl Alexandria bzw. Ägypten in den neunziger Jahren des 3. Jahrhunderts zweimal von Galerius und Diokletian selbst belagert und eingenommen wurde,[114] wird es nahegelegen haben, die Werkstätten der Porphyrskulpturen in Alexandria anzusiedeln. Offensichtlich ist dabei allerdings, daß man für diese bedeutenden Aufträge Werkstätten einsetzte, die zwar höchst ausdrucksstarke Werke schufen, aber einen ausgesprochen provinzialen Charakter hatten und in diesem Sinne auch mehrfach Formeln aus dem Repertoire des beschriebenen hellenistisch-ägyptischen Substrats verwendeten. Diese Skulpturen sollen an anderer Stelle ausführlicher diskutiert werden. Hier seien einige Einzelheiten herausgegriffen, die zeigen, wie sehr diese Figuren lokalen ‚subhellenistischen' Traditionen verpflichtet sind.

Für die Tetrarchengruppen in der vatikanischen Bibliothek (Abb. 10d),[115] die noch heute mit ihren originalen Säulen verbunden sind, hat die Werkstatt sichtlich den Körpertypus verwendet, der den Heronbildern und verwandten Werken zugrunde liegt. Typisch sind die gedrungenen Proportionen, das Fehlen der Taille (obwohl der Muskelpanzer der Figuren dies eigentlich erfordern würde), die Verbreiterung nach unten hin, die mehr oder minder zur Seite gestellten Beine ohne Kontrapost. Auf die Kränze mit dem spitzblättrigen hellenistischen Lorbeertypus wurde oben schon hingewiesen. Auch die eigentümlichen Stiefelchen[116] dieser Tetrarchengruppe müssen aus dem für Heron und seine Verwandten verwendeten Typenrepertoire herstammen (vgl. Abb. 7c, 8d, 10c).

---

[113] Letzteres legen feine frei gearbeitete Details der Statuen von Gamsigrad (unten Anm. 123) nahe, die noch unpubliziert sind.

[114] Bowman 2005, 80–85.

[115] Delbrueck 1932, 91–92 Abb. 34 Taf. 35–37; Laubscher 1999 Abb. 1, 4.

[116] Durch die gekreuzten Riemen auf dem Vorderfuß hat man sie etwas den patrizischen Calcei angeglichen, vgl. Goette 1988, 449–459 mit Abb.

Bei den Tetrarchengruppen in Venedig[117] (Abb. 11b) sind die
Attribute, wie H. P. Laubscher herausgearbeitet hat, systematisch und
nach zentralen Vorgaben geändert, was hier nicht zu diskutieren ist.
Umso mehr fällt auf, daß der taillenlose, sich nach unten verbrei-
ternde Körpertypus und der kontrapostlose Schrittstand grundsätzlich immer noch dieselben sind. Die lokale Bindung der Werkstatt
zeigt sich in diesem Fall auch darin, daß das römische Adlerkopfschwert[118]
hier einen Falkenkopf mit kurzem gebogenem Schnabel, rundem
Auge und der charakteristischen Binnengliederung hat (Abb. 11a)
und auch in dieser Hinsicht auf den stark ägyptisch geprägten Hori-
zont der Hersteller weist.

Die fette Ranke mit den eingefügten Szenen auf dem Sarkophag der
Kaiserschwester Constantina aus deren Mausoleum in Rom (Abb. 11c)
entspricht ungefähr einer selteneren Variante einer aus der Kaiserzeit
bekannten Typologie.[119] Aber von dieser massiven Ranke gehen feine
kahlere Ranken aus, die in kleinen Drei- und Mehrpunktblüten enden
(Abb. 12a, b). In etwas vergröberter Form sind sie die typologischen
Nachfahren der mageren Ranken mit Punktblüten, wie sie in den
Ranken des 3. Jahrhunderts v. Chr. auftraten (Abb.12c).[120] In den kaiserzeitlichen Ranken seit der Ara Pacis kommen diese feinen ‚kahlen‘
Ranken mit Punktblüten nicht mehr vor.[121] Auch für die Girlanden
auf dem Sarkophagdeckel (Abb. 13a) hat die Werkstatt Formen aus
lokaler Tradition benutzt: die löffelförmigen Rosenblätter, die man
nur aus Ägypten kennt[122] (Abb. 13b) und wieder den klein- und spitzblättrigen Lorbeer hellenistischer Herkunft, aus dem auch der Kranz
des bekannten tetrarchischen Porphyrporträts aus Gamsigrad/

---

[117] Delbrueck 1932, 84–91 Taf. 31–34; Laubscher 1999.
[118] S. die Nachweise zum Adlerkopfschwert bei Laubscher 1999, 21.
[119] Delbrueck 1932, 219 Taf. 104; Bielefeld 1997, 67–73, 134 Nr. 192 Taf. 94–99; zu
der fetten Rankenvariante s. die Nachweise bei Bielefeld; vgl. aber ebd. den besten
Vergleich einer Ranke in einer Wandmalerei in Samaria, die ebenso wie die des
Constantina-Sarkophages immer wieder neu ansetzende Stücke hat, die von
Manschetten umgeben werden, von denen nach beiden Seiten Blätter abgehen und
die grundsätzlich wahrscheinlich auch einer hellenistischen, wenn auch nicht unbedingt allein alexandrinischen Tradition zuzuschreiben sind (vgl. auch die Ranken im
Mosaik des Felsendoms von Jerusalem McKenzie 2007 Abb. 599, 603).
[120] Oben S. 15; vgl. die Form auch auf hellenistischen und späteren Fayencegefäßen: Nenna und Seif el Din 2000, Taf. 16, 20, 21, 23 etc.
[121] Vgl. die Abbildungen in Mathea-Förtsch 1999, passim.
[122] Bielefeld 1997, 71.

Serbien[123] (Abb. 13c, d) besteht. Beide Girlandenformen finden sich auch am Deckel eines kleinen Porphyrsarkophags in Alexandria selbst.[124]

Man hat also mit diesen Staatsaufträgen eine Werkstatt betraut, die noch um 300 n. Chr. Modelle aus der ägyptisch-hellenistischen Bildtradition benutzte, welche offenbar auch damals noch zur Verfügung stand. Hundert Jahre später entsprachen die Porphyrwerke Alexandrias in Typus und Stil wieder stärker internationalem Standard,[125] d.h. sie waren am Vorbild der neu entstandenen Hauptstadt Konstantinopel orientiert.

Als Fazit kann man Desiderate für die weitere Forschung formulieren. Da sich immer mehr abzeichnet, daß alle Teile der Bevölkerung Ägyptens, wenn auch in unterschiedlicher Intensität und auf unterschiedlichen Sektoren von allen drei in der Kaiserzeit präsenten Kulturen geprägt worden waren, scheint es sinnvoller, die Mischungsverhältnisse in einzelnen Artefakten und ihre Bedingtheiten zu untersuchen, als unmittelbar nach der etwaigen ethnischen Zugehörigkeit der Auftraggeber zu fragen, auch wenn der Rückschluß auf Auftraggeber und Rezipienten ein letztes Ziel dieser Forschung sein soll. Um aber eine angemessene Vorstellung vom nebeneinander Existierenden und Genutzten zu gewinnen, wäre es vor allem wichtig, lokale und funktionale Kontexte durch neue Ausgrabungen zu gewinnen oder durch die Forschung zu den alten Funden zu rekonstruieren.

Bibliographie

Abdalla, A. 1992. *Graeco-Roman funerary stelae from Upper Egypt*. Liverpool.
Abd el-Al, A., J.-C. Grenier und G. Wagner. 1985. *Stèles funéraires de Kom Abu Bellou*. Paris.
Adriani, A. 1961. *Repertorio d'arte dell'Egitto greco-romano. A 1–2: Scultura*. Palermo.
Aldumairy, A. 2005. *Siwa past and present*. Alexandria.
Andronicos, M. 1984. *Vergina. The royal tombs and the ancient city*. Athens.
L'art copte en Egypte. 2000 ans de christianisme. Exposition présentée à l'Institut du Monde Arabe, Paris du 15 mai au 3 septembre 2000 et au Musée de l'Ephèbe au Cap d'Agde du 30 septembre au 7 janvier 2001. Paris 2000.
Bagnall, R. S. 1993. *Egypt in Late Antiquity*. Princeton.
Bailey, D. M. 1996. Little emperors. In: *Archaeological research in Roman Egypt: the proceedings of the 17th classical colloquium of the Department of Greek and Roman*

---

[123] Srejovic 1992–93 mit Abb.; Srejovic 1994, Frontispiz und Abb. 10–17; Laubscher 1999, 242–251 Abb. 18–21.

[124] Delbrueck 1932, 219 Taf. 105; Bielefeld 1997, 67, 99 Kat. 2 Taf. 100.

[125] S. bes. die Chlamysstatue aus Alexandria in Berlin, Delbrueck 1932, 106 Taf. 47.

Antiquities, British Museum 1993. JRA, Suppl.series 19, ed. D. M. Bailey, 207–213. Ann Arbor.

Ballet, P. 2002. Les productions céramiques d'Egypte à la période hellénistique. Les indices de l'hellénisation. In: *Céramiques hellénistiques et romaines. Productions et diffusion en Méditerranée orientale (Chypre, Egypte et côte syro-palestinienne).* Travaux de la Maison de l'Orient 35, eds. F. Blondé, P. Ballet und J.-F. Salles, 85–86. Lyon.

Beck, H., P. C. Bol und M. Bückling (eds.). 2005. *Ägypten Griechenland Rom. Abwehr und Berührung.* Tübingen.

Berges, D. 1996. *Rundaltäre aus Kos und Rhodos.* Berlin.

Bergmann, M. 1988. Perspektivische Malerei in Stein. Einige alexandrinische Architekturmotive. In: *Bathron. Beiträge zur Architektur und verwandten Künsten für Heinrich Drerup zu seinem 80. Geburtstag,* eds. H. Büsing und F. Hiller, 59–77. Saarbrücken.

Bergmann, M. und M. Heinzelmann. 2007. Schedia. Alexandrias Hafen am Kanopischen Nil. *HASB* 20: 65–77.

———im Druck. The bath at Schedia. In: *Le bain collectif en Egypte. Des balaneia antiques aux hamams contemporains: origine, évolution et actualité des pratiques. Actes du colloque Balnéorient d'Alexandrie 1-4 décembre 2006.* Alexandria.

Bergmann, M. und P. Liverani. 2000. Busto con ritratto imperiale non pertinente. In: *Aurea Roma. Dalla città pagana alla città cristiana. Kat. der Ausstellung Rom, Palazzo delle Esposizioni, 22 dicembre 2000-20 aprile 2001,* 563–564 Nr. 220. Roma.

Bernand, A. 1970. *Le delta égyptien d'apres les textes grecs.* 4 Bde. Le Caire.

Bielefeld, D. 1997. *Die antiken Sarkophagreliefs. 5,2: Die stadtrömischen Erotensarkophage. 2: Weinlese- und Ernteszenen.* Berlin.

Bol, P. C., G. Kaminski und C. Maderna (eds.). 2004. *Fremdheit – Eigenheit. Ägypten, Griechenland und Rom. Austausch und Verständnis.* Stuttgart.

Borg, B. 1996. *Mumienporträts: Chronologie und kultureller Kontext.* Mainz.

———1998. *„Der zierlichste Anblick der Welt'. Ägyptische Porträtmumien.* Mainz.

Boussac, M.-F., Th. Fournet und B. Redon (eds.). Im Druck. *Le bain collectif en Egypte. Des balaneia antiques aux hamams contemporains: origine, évolution et actualité des pratiques. Actes du colloque Balnéorient d'Alexandrie 1-4 décembre 2006.* Alexandria.

Bowman, A. 1986. *Egypt after the Pharaohs, 322 BC–AD 642.* London.

———1996. Egypt. In: *Cambridge Ancient History.* 2nd. ed. X. *The Augustan Empire, 43 BC–AD 69,* eds. A. Bowman, E. Champlin und A. Lintott, 676–702. Cambridge.

———2005. Diocletian and the tetrarchi. In: *Cambridge Ancient History.* 2nd. ed. XII. *The crisis of Empire, AD 193–337,* eds. A. Bowman, P. Garnsey und A. Cameron, 67–89. Cambridge.

Breccia, E. 1926. *Monuments de L'Egypte gréco-romaine. 1,2: Teadelfia e il tempio di Pneferos.* Bergamo.

Bresciani, E. 2003. *Kom Madi 1977 e 1978. Le pitture murali del cenotafio di Alessandro Magno.* Pisa.

Brune, K. H. 1999. *Der koptische Reiter. Jäger, König, Heiliger. Ikonographische und stilistische Untersuchungen zu den Reiterdarstellungen im spätantiken Ägypten und die Frage ihres ,Volkskunstcharakters'.* Altenberge.

Castiglione, L. 1961. Dualité du style dans l'art sépulcral égyptien à l'époque romaine. *AcAnt (B)* 9: 209–230.

———1967. Kunst und Gesellschaft im römischen Ägypten. *AcAnt (B)* 15: 107–152.

Cockle, W. E. H. 1996. An inscribed architectural fragment from Middle Egypt concerning the Roman imperial quarries. In: *Archaeological research in Roman Egypt: the proceedings of the 17th classical colloquium of the Department of Greek and*

Roman Antiquities, British Museum 1993. JRA, Suppl.series 19, ed. D. M. Bailey, 23–28, Abb. 1. Ann Arbor.

Cumont, F. 1939. Un dieu supposé syrien associé à Héron en Egypte. In: *Mélanges syriens offerts à René Dussaud* I, 1–9. Paris.

Curtius, L. 1949. Ikonographische Beiträge zum Porträt der römischen Republik und der iulisch-claudischen Familie. XIV: Germanicus. *MDAI* 1: 69–94.

Czerner, R. 2004. The anstylosis and conservation of architectural niches in Marina el Alamein. *Polish Archaeology in the Mediterranean* 16: 119–130, Abb. 1–9.

Daszewski, W. A. 1997. Mummy portraits from northern Egypt. The necropolis in Marina el Alamein. In: *Portraits and masks. Burial customs in Roman Egypt*, ed. M. L. Bierbrier, 59–65. London.

——und D. Michaelides. 1989. *Führer der Paphos Mosaiken.* ed. Kulturelle Stiftung der Bank of Cyprus in Zusammenarbeit mit dem Department of Antiquities. Nicosia.

Davoli, P. 1998. *L'archeologia urbana nel Fayyum di età ellenistica e romana.* Napoli.

Delbrueck, R. 1932. *Antike Porphyrwerke.* Berlin.

Drougou, S. und Chr. Saatsoglou-Paliadeli. 1999. *Vergina. Wandering through the archaeological site.* Athens.

Dunand, F. 1990. *Musée du Louvre. Catalogue des terres-cuites gréco-romaines d'Egypte.* Paris.

Edgar, C. C. 1903. *Greek sculpture.* Catalogue Général des Antiquités Egyptiennes du Musée du Caire Nᵒˢ 27425–27630. Le Caire.

Fischer, J. 1994. *Griechisch-römische Terrakotten aus Ägypten. Die Sammlungen Sieglin und Schreiber.* Tübingen.

Fittschen, K. 1973. Rezension zu J. Inan und E. Rosenbaum. *Roman and Early Byzantine portrait sculpture in Asia Minor* (Oxford 1966). GGA 225: 46–67.

Gabra, G. und M. Eaton-Krauss. 2007. *The illustrated guide to the Coptic Museum and churches of Old Cairo.* Cairo.

Gazda, E. (ed.). 1983. *Karanis. An Egyptian town in Roman times. Discoveries of the University of Michigan expedition to Egypt 1924–35.* Ann Arbor.

La gloire d'Alexandrie: Alexandrie – l'Egypte d'Alexandre á Cléopatre. Kat. der Ausstellung Paris, Musée du Petit Palais. Paris 1998.

Goette, H. R. 1988. Mulleus, Embas, Calceus. Ikonographische Studien zu römischem Schuhwerk. *JDAI* 103: 401–464.

——1989. *Studien zu römischen Togadarstellungen.* Mainz.

Golenischeff, W. 1894. Eine neue Darstellung des Gottes Antaeus. *ZÄS* 32: 1–2, Taf. 1.

Graindor, P. o.J. [1936]. *Bustes et statues-portraits d'Egypte romaine.* Le Caire.

Grimm, G. 1974. *Die römischen Mumienmasken aus Ägypten.* Wiesbaden.

——und D. Johannes. 1975. *Kunst der Ptolemäer- und Römerzeit im Ägyptischen Museum Kairo.* Mainz.

Grossmann, P. 2002. *Christliche Architektur in Ägypten.* HdO 1. The Near and Middle East 62. Leiden.

Haensch, R. 2008. Die Provinz Aegyptus: Kontinuitäten und Brüche zum ptolemäischen Ägypten. Das Beispiel des administrativen Personals. In: *Die römischen Provinzen. Begriff und Gründung (Colloquium Cluj-Napoca, 8. September–1. Oktober 2006)*, ed. I. Piso, 81–105. Cluj-Napoca.

Haselberger, L. 2008. Rediscovering the architecture of Alexandria, Rezension zu McKenzie 2007. *JRA* 21: 703–712.

Hawass, Z. (ed.). 2002. *Bibliotheca Alexandrina. The Archaeology Museum.* Cairo.

Hiesinger, U. W. 1975. The portraits of Nero. *AJA* 79: 113–124.

Hölbl, G. 2000. *Altägypten im Römischen Reich. I: Der römische Pharao und seine Tempel.* Mainz.

Hölscher, T. 1973. *Griechische Historienbilder des 5. und 4. Jahrhunderts v. Chr.* Würzburg.

—— 1987. *Römische Bildsprache als semantisches System.* Abhandlungen der Heidelberger Akademie der Wissenschaften 1987,2. Heidelberg.

Hornbostel, W. 1973. *Sarapis. Studien zur Überlieferungsgeschichte, den Erscheinungsformen und Wandlungen der Gestalt eines Gottes.* EPRO 32. Leiden.

Hooper, F. A. 1961. *Funerary Stelae from Kom Abu Billou.* Ann Arbor.

Kaiser, W. 1999. Zur Datierung realistischer Rundbildnisse ptolemäisch-römischer Zeit. *MDAIK* 55: 237–263.

Kayser, F. 1994. *Recueil des inscriptions grèques et latines (non funéraires) d'Alexandrie impériale (Ier–IIIe s. apr. J.-C.).* BdE 108. Le Caire.

Kaldellis, A. 2007. *Hellenism in Byzantium: the transformations of Greek identity and the reception of the classical tradition.* Cambridge.

Kantorowicz, E. H. 1961. Gods in uniform. *PAPS* 105: 368–393.

Kaper, O. E. 2003. *The Egyptian god Tutu. A study of the sphinx-god and master of demons with a corpus of monuments.* OLA 119. Leuven.

Kitzinger, E. 1977. *Byzantine art in the making. Main lines of stylistic development in Mediterranean art 3rd–7th century AD.* London.

Kondoleon, Chr. 1995. *Domestic and divine. Roman mosaics in the house of Dionysos.* Ithaka.

Krause, M. 1998. *Ägypten in spätantik-christlicher Zeit. Einführung in die koptische Kultur.* Wiesbaden.

Krumeich, K. 2003. *Spätantike Bauskulptur aus Oxyrhynchos. Lokale Produktion – äußere Einflüsse.* Spätantike – Frühes Christentum – Byzanz. Kunst im ersten Jahrtausend. Reihe A: Grundlagen und Monumente 12. Wiesbaden.

Kyrieleis, H. 1969. *Throne und Klinen. Studien zur Formgeschichte altorientalischer und griechischer Sitz- und Liegemöbel vorhellenistischer Zeit.* JDAI-Erg. 24. Berlin.

Lauer, J.-Ph. und Ch. Picard. 1955. *Les statues ptolémaïques du Sarapieion de Memphis.* Paris.

Laubscher, H. P. 1999. Beobachtungen zu tetrarchischen Kaiserbildnissen aus Porphyr. *JDAI* 114: 207–251.

Lefebvre, G. 1920. Égypte gréco-romaine. *ASAE* 19: 37–65.

Lembke, K. 1998. Dimeh. Römische Repräsentationskunst im Fayum. *JDAI* 113: 109–137.

———, C. Fluck und G. Vittmann. 2004. *Ägyptens späte Blüte. Die Römer am Nil.* Mainz.

Lembke, K., J. Helmbold-Doyé, C. Wilkening, A. Druzynski von Boetticher und C. Schindler. 2007. Vorbericht über den Survey in der Petosiris-Nekropole von Hermupolis/Tuna el-Gebel (Mittelägypten) 2004–2006. In *Archäologischer Anzeiger* 2007/2: 71–127.

Lembke, K. und G. Vittmann. 1999. Die Standfigur des Horos, Sohn des Thotoes (Berlin, Ägyptisches Museum SMPK 2271). *MDAIK* 55: 299–313.

von Lieven, A. 2004. Ikonographie und Stil im Spannungsfeld zwischen ägyptischer Tradition und griechisch-römischem Einfluß. In: *Fremdheit – Eigenheit. Ägypten, Griechenland und Rom. Austausch und Verständnis.* eds. P. C. Bol, G. Kaminski und C. Maderna, 309–318. Stuttgart.

Lyttelton, M. 1974. *Baroque architecture in classical antiquity.* London.

Martin, A. 2008. Pottery from Schedia near Alexandria (Egypt). *RCRF* 40: 263–269.

Mathea-Förtsch, M. 1999. *Römische Rankenpfeiler und -pilaster. Schmuckstützen mit vegetabilem Dekor, vornehmlich aus Italien und den westlichen Provinzen.* Mainz.

McKenzie, J. 1996. The architectural style of Roman and Byzantine Alexandria and Egypt. In: *Archaeological research in Roman Egypt*. JRA Supplement 19, ed. D. M. Bailey, 128–142, Ann Arbor.

———2007. *The architecture of Alexandria and Egypt: ca.300 BC to AD. 700*. New Haven.

Meischner, J. 1977. Eine römische Porträtstatue der Antikensammlung. *ForschBer* 181: 67–80.

Morrow, K. D. 1985. *Greek footwear and the dating of sculpture*. Madison.

Myśliwiec, K. 1994. Athribis eine hellenistische Stadt im Nildelta. *AntWelt* 25: 35–46.

Nenna, M.-D. und M. Seif el Din. 2000. *La vaiselle en fayence d'époque gréco-romaine. Catalogue du Musée Gréco-Romain d'Alexandrie*. EtudAlex 4. Le Caire.

Nowicka, M. 1969. *La maison privée dans l'Egypte ptolémaique*. Wroclaw.

Pagenstecher, R. 1919. Klapptafelbild, Votivtriptychon und Flügelaltar. *ArchAnz* 1919: 9–23.

Parlasca, K. 1966. *Mumienporträts und verwandte Denkmäler*. Wiesbaden.

———1975. Hellenistische Grabreliefs aus Ägypten. *MDAIK* 31: 303–314.

———1982. Pseudokoptische Reiterheilige. In: *Studien zur spätantiken und frühchristlichen Kunst und Kultur des Orients*, ed. G. Koch, 19–30. Wiesbaden.

Pensabene, P. 1992. Architettura imperiale in Egitto. In: *Roma e l'Egitto nell'antichità classica, Cairo 6–9 Febbraio 1989. Atti del I Congresso Internazionale Italo-Egizio*, 273–304. Roma.

———1993. *Elementi architettonici di Alessandria e di altri siti egiziani*. Repertorio d'arte dell'Egitto greco-romano, Ser. C. Vol. 3. Roma.

Pesce, G. 1950. *Il Palazzo delle Colonne in Tolemaide di Cirenaica*. Roma.

Pfrommer, M. 1982. Großgriechischer und mittelitalischer Einfluß in der Rankenornamentik frühhellenistischer Zeit. *JDAI* 97: 119–190.

———1998. *Untersuchungen zur Chronologie und Komposition des Alexandermosaiks auf antiquarischer Grundlage*. Mainz.

Pfuhl, E. und H. Möbius. 1977–79. *Die ostgriechischen Grabreliefs*. 2 Bde. Mainz.

Philipp, H. 2004. Der ‚Grüne Kopf‘ in Berlin. In: *Fremdheit – Eigenheit. Ägypten, Griechenland und Rom. Austausch und Verständnis*, eds. P. C. Bol, G. Kaminski und C. Maderna, 277–308. Stuttgart.

Popović, I. (ed.). 2005. *Šarkamen (Eastern Serbia): A tetrarchic imperial palace. The memorial complex*. Belgrad.

Rhomiopoulou, K. 1997. *Lefkadia, ancient Mieza*. Athens.

Richter, G. M. A. 1966. *The furniture of the Greeks, Etruscans and Romans*. London.

Rondot, V. 2004. *Tebtynis II. Le temple de Soknebtynis et son dromos*. FIFAO 50. Le Caire.

Rostowzew, M. 1929. Rezension zu P. Viereck und F. Zucker. *Papyri, Ostraka und Wachstafeln aus Philadelphia im Fayum* (Berlin 1926). *Gnomon* 5: 435–440.

Rostoffzeff, M. 1933. Kleinasiatische und syrische Götter im römischen Ägypten. *Aegyptus* 13: 491–513.

Rowe, A. 1940. Newly-identified monuments in the Egyptian Museum showing the deification of the dead together with brief details of similar objects elsewhere. *ASAE* 40: 1–67.

Rubensohn, O. 1905. Aus griechisch-römischen Häusern des Fayum. *JDAI* 20: 1–25, Taf. 1–3.

Rumscheid, F. 1994. *Untersuchungen zur kleinasiatischen Bauornamentik des Hellenismus*. Mainz.

Rutschowskaya, M.-H. 1990. *Coptic fabrics*. Paris.

Schmidt, St. 1997. *Katalog der ptolemäischen und kaiserzeitlichen Objekte aus Ägypten im Akademischen Kunstmuseum Bonn*. München.

———2003. *Grabreliefs im Griechisch-Römischen Museum von Alexandria.* ADAIK. Ägyptologische Reihe 17. Berlin.

Settis, S. 1982. ‚Ineguaglianze' e continuità: un'immagine dell'arte romana. In: *Introduzione all'arte romana,* ed. O. J. Brendel, 161–207. Torino.

Severin, H. G. 1993. Zum Dekor der Nischenbekrönungen aus spätantiken Grabbauten Ägyptens. In: *Begegnung von Heidentum und Christentum im spätantiken Ägypten,* ed. D. Willers, 183–194. Riggisberg.

———1998. Zur Skulptur und Malerei der spätantiken und frühmittelalterlichen Zeit in Ägypten. In: *Ägypten in spätantik-christlicher Zeit. Einführung in die koptische Kultur,* ed. M. Krause, 295–338. Wiesbaden.

Shivkova, L. 1973. *Das Grabmal von Kasanlak.* Recklinghausen.

Smith, R. R. R. 1998. Cultural choice and political identity in honorific portrait statues in the Greek east in the second century AD. *JRS* 88: 55–93.

Sörries, R. 2003. *Das Malibu-Triptychon.* Dettelbach.

Srejovic, D. 1992–93. A porphyry head of a Tetrarch from Romuliana. *Starinar* N.S. 43/44: 41–47.

———1994. The representations of Tetrarchs in Romuliana, *Antiquité tardive* 2: 143–152.

Szymanska, H. 2005. *Terres cuites d'Athribis.* MRE 12. Turnhout.

Thomas, Th. 2000. *Late antique Egyptian funerary sculpture: images for this world and the next.* Princeton.

Török, L. 2005. *Transfigurations of Hellenism. Aspects of Late Antique art in Egypt AD 250–700.* Leiden.

Torp, H. 1969. Leda Christiana. The problem of the interpretation of Coptic sculpture with mythological motifs. *AcIr* 4: 101–112.

Walker, S. 1997 und 2000. *Ancient faces. Mummy portraits from Roman Egypt.* London.

Watzinger, C. 1905. *Griechische Holzsarkophage aus der Zeit Alexanders des Großen.* Leipzig.

Wegner, M. 1939. *Das Römische Herrscherbild 2,4. Die Herrscherbildnisse in antoninischer Zeit.* Berlin.

Wessel, K. 1963. *Koptische Kunst. Die Spätantike in Ägypten.* Recklinghausen.

Will, E. 1990. Heron. In: *LIMC* 5: 391–394 pl. 286–287.

Winkes, R. 1982. *Roman paintings and mosaics. Catalogue of the Classical collection. Museum of Art, Rhode Island School of Design.* Providence.

Yaylali, A. 1976. *Der Fries des Artemisions von Magnesia am Mäander.* MDAII Beiheft 15. Tübingen.

Zanker, P. 1983. *Provinzielle Kaiserporträts. Zur Rezeption der Selbstdarstellung des Princeps.* ABAW N.F. 90. München.

———1987. *Augustus und die Macht der Bilder.* München.

Zibawi, M. 2004. *Koptische Kunst. Das christliche Ägypten von der Spätantike bis zur Gegenwart.* Regensburg.

Abbildungsnachweis

1a, b: Aldumairy 2005, Abb. 28
1c: Inst.Neg. Athen

2a: Rondot 2004, 38 Abb. 11
2b: Rubensohn 1905, Taf. 1

3a: Edgar 1903, Taf. 14
3b: Meischner 1977, Taf. 15

4a: Severin 1998, Abb. 20
4b: Pfrommer 1982, 121 Abb. 8
4c: Rhomiopoulou 1997, Titelseite
4d: Inst.Fot. Kairo
4e: Foto Bergmann

5a: Pesce 1950, Taf. 10
5b: Pesce 1950, Abb. 16
5c: Czerner 2004, Abb. 1
5d, e: Inst.Neg. Kairo

6a: Rumscheid 1994, Taf. 118,7
6b: Nenna und Seif el Din 2000, Taf. 68
6c: Delbrueck 1932, Taf. 71
6d: Delbrueck 1932, Taf. 36
6e: Zanker 1983, Taf. 19,4

7a/8a: Daszewski und Michaelides 1989, Abb. 13,14
7b: Will 1990, Taf. 286 Nr. 392
7c: Lefebvre 1920, Taf. 59
7d: Gabra und Eaton-Kraus 2007, 95 Abb. 49
7e: L'art copte 2000, 75 Abb. zu Nr. 52

8a s.7a
8b, c: Bresciani 2003, Taf. 39 u. Abb. S. 28
8d: Lefebvre 1920, Taf. 57
8e: Cumont 1939, Taf. 1

9a: Pagenstecher 1919, Abb. 1
9b: Pagenstecher 1919, Abb. 2
9c: Winkes 1982, 69
9d: Hornbostel 1973, Abb. 364

10a: Festschrift zum 150jährigen Bestehen des Berliner Ägyptischen Museums. Berlin 1975, Taf. 74a
10b: Inst.Neg. Kairo
10c: Cumont 1939, Taf. 1
10d: Delbrueck 1932, Taf. 35

11a, b: Foto Archäologisches Institut Göttingen
11c: Delbrueck 1932, Taf. 104

12a, b: Bielefeld 1997, Taf. 94,3; 95,2
12c: Rhomiopoulou 1997, Titelseite

13a: Bielefeld 1997, Taf. 105
13b: Grimm und Johannes 1975, Taf. 83
13c: Rumscheid 1994, Taf. 22,3
13d: Srejovic 1994, 148 Abb. 13

Abb. 1a, b: Siwa, Beled el Rum. Stuck(Wachs?)-Überzug einer Mumie;
1c: Samos. Porträt des Nero(?).

Abb. 2a, b: Tafelbilder aus Tebtynis.

a   b

Abb. 3a: Kairo. Grabstatue eines Knaben; 3b: Berlin. Palliatus aus Ägypten.

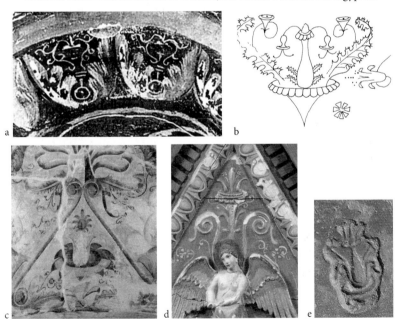

Abb. 4a: Ehem. Jeremiaskloster, Sakkara. Wandmalerei; 4b: Vergina, ‚Philipps'-Grab.
Goldornament eines Purpurstoffes; 4c: Vergina, Makedonisches Grab, Gewölbede-
koration; 4d: Kairo aus Sakkara. Holzsarkophag; 4e: Alexandria, Magazin in Mustafa
Kamel. Keramik aus Schedia.

Abb. 5a, b: Ptolemais/Kyrenaika, Palazzo delle Colonne (ca. 100 v. Chr.); 5c: Marina el-Alamein, Nische aus Haus H 9; 5d, e: Kairo, Koptisches Museum, Nischenbekrönungen; 5e: 6. Jh. n. Chr.

Abb. 6a: Pergamon, Demeterterrasse, Altar; 6b: Alexandria, Griechisch-römisches Museum. Fayencefragmente; 6c: Istanbul, Archäologisches Museum, Altar aus Porphyr; 6d: Tetrarchengruppe, Vatikan, Bibliothek; 6e: Tunis, aus Bulla Regia. Marc Aurel.

Abb. 7a: Nea Paphos, Haus des Dionysos. Mosaik mit Dioskur; 7b: Kairo, Koptisches Museum, Stele des Heron; 7c: Ehem. Theadelphia, Tempel des Pnepheros. Wandgemälde des Heron; 7d: Kairo, Koptisches Museum, aus Bawit. Lunette des Hl. Apollo; 7e: Pierpont Morgan Library, New York. Handschrift aus dem St. Michaels-Kloster bei Hamuli, Fayum.

Abb. 8a: Nea Paphos, Haus des Dionysos. Mosaik mit Dioskur; 8b, c: Medinet Madi, Kultgebäude, Wandgemälde 8d: Ehem. Theadelphia, Tempel des Pnepheros. Wandbild des Heron; 8e: Brüssel, aus dem Fayum. Tafelbild mit unbekanntem Gott und Heron.

Abb. 9a, b: Berlin, Staatliche Museen, aus dem Fayum. Aus den Seitenflügeln eines Triptychons; 9c: Providence, aus dem Fayum. Tafelbild des Heron; 9d: Liverpool City Museum. Statuette eines Gottes.

Abb. 10a: Kairo. Reliefdarstellung des Gottes Totoes; 10b: Kairo, aus Luxor. Ausschnitt aus der Reliefsdarstellung eines Götterpaares; 10c: Brüssel, aus dem Fayum. Tafelbild, unbekannter Gott; 10d: Vatikanische Museen. Tetrarchengruppe (Augusti) aus Porphyr.

Abb. 11a, b: Venedig, San Marco. Tetrarchengruppe (Caesares) aus Porphyr. Abguß Göttingen; 11c: Vatikanische Museen. Sarkophag der Constantina, aus Porphyr.

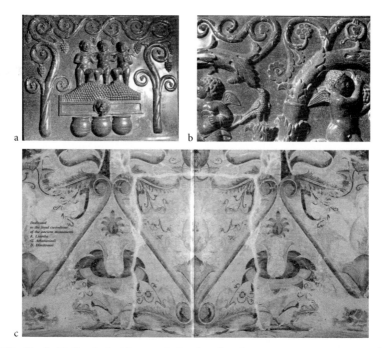

Abb. 12a, b: Vatikanische Museen. Sarkophag der Constantina; 12c: Vergina, makedonisches Grab. Malerei des Tonnengewölbes.

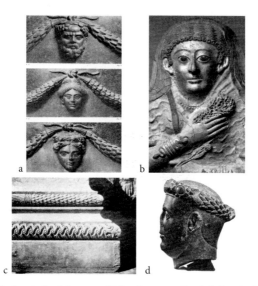

Abb. 13a: Vatikanische Museen. Girlanden vom Deckel des Sarkophags der Constantina; 13b: Kairo. Stuckierter Mumiensarkophag; 13c: Didyma, Apollontempel;
13d: Zajecar, Museum. Kopf des Galerius(?) aus Gamsigrad.

UN REÇU DE RATIONS MILITAIRES
CONTRE PAIEMENT *DES PUBLICA*

Hélène Cuvigny

O.Dios inv. 480 provient du dépotoir extérieur du *praesidium* de Dios, aujourd'hui Abû Qurayya, mieux connu des historiens sous le nom de Iovis que lui confère l'Itinéraire Antonin. C'est la cinquième station romaine sur la route de Koptos à Bérénice, qui était, avec la route de Koptos à Myos Hormos (Qusayr) un des deux grands axes traversant la région désertique appelée sous le Haut-Empire «désert de Bérénice» (Mons Berenicidis). Les deux routes étaient jalonnées de fortins (*praesidia*), abritant des petites garnisons d'une quinzaine de soldats commandés par un sous-officier dont le nom de fonction était *curator praesidii*. Ces soldats étaient détachés de diverses unités stationnées en Haute-Égypte; les *curatores* étaient directement sous les ordres du gouverneur du désert de Bérénice, le préfet de Bérénice.[1] Dans les *praesidia* vivaient aussi, en symbiose avec les militaires, des civils dont le nombre et le statut sont difficiles à cerner (personnel servile, parents, commerçants…). Les fouilles, qui ont été engagées à Dios depuis 2005,[2] ont mis au jour la dédicace latine du fortin, qui livre la date de sa fondation, 114/115.

Le document est un accusé de réception en forme de chirographe pour des rations mensuelles fournies en nature, comme le montre l'emploi du verbe μεμέτρημαι. Son état de conservation et la maladresse du scripteur entretiennent plusieurs incertitudes.

O.Dios inv. 480 (magasin du Conseil Suprême des Antiquités à Quft). 13 x 17 cm. Tesson de paroi d'amphore AE3. Le coin supérieur gauche est cassé. Règne d'Antonin le Pieux (138–161), peut-être l'an 8 (144/145). Fig. 1.

---

[1] Sur le préfet de Bérénice, voir Bülow-Jacobsen et Cuvigny 2007.
[2] Elles sont financées par le ministère français des Affaires Étrangères et l'Ifao et dirigées par H. Cuvigny. Le dépotoir, d'où provient l'ostracon, est fouillé par Emmanuel Botte (Université Lyon 2). Sur ces fouilles, voir provisoirement *BIFAO* 106 (2006): 409–412 et 107 (2007): 319–323. Toutes les photos publiées ici sont d'Adam Bülow-Jacobsen.

Fig. 1.

marge

[6–8]ψ[ ]νοϲιρι κου-
[ράτο]ροϲ πρεϲιδίου Διὸϲ
[χαίρ]ιν. μεμέτρημε τὰ
[κι]βάριά μου ἐν τῷ ὡρίῳ
5   πλήρηϲ ὂν τὰ πούπλικα
καταβέβληκα μημῶν
δεϲϲάρων Θωθ ὁμοίωϲ
Φαοφι Ἀθυρ καὶ Χοια‹κ›,
γίνοτε ἐπὶ ταὐτὸ μη-
10 μῶν *vac.* δεϲϲάρων ὂν
καὶ τὰ πούπλικα γί-
νοτε δραχμὰϲ ἑκατὲν
ὀκκτώ
ἔτουϲ Ἀδριανοῦ Ϲε-
15 βα‹ϲ›τοῦ Ἀντωννί-
νου.

1–2 l. κουράτορι πραιϲιδίου   3 l. μεμέτρημαι   4 l. τῷ ὡρρίῳ   5 l. ὧν   6, 9–10 l.
μηνῶν   7 l. τεϲϲάρων   9, 11–12 l. γίνεται   9–10   l.   μῆνεϲ   τέϲϲαρεϲ
12 δραχμαϲ ostr. l. δραχμαὶ ἑκατὸν   13 l. ὀκτώ   14 Lτουϲ   15–16 l. Ἀντωνίνου

«… curateur du *praesidium* de Dios, salut. J'ai reçu au grenier la totalité
de mes rations alimentaires de quatre mois: Thôth ainsi que Phaophi,
Hathyr et Choiak, ce pour quoi j'ai payé les *publica*, soit au total quatre
mois, pour lesquels les *publica* s'élèvent à cent (*ou* cent huit) drachmes.
En l'an (huit?) d'Hadrien Auguste Antonin.»

1–2. κου|[ράτο]ρος. Un ostracon de Didymoi, O.Did. 54 (à paraître), invite à examiner la possibilité d'une autre résolution, κον[δούκτο]ρος. C'est un ordre de livraison d'orge et de pain au bénéfice de deux civils, dont le prescrit est: Ψενθῶτης κονδούκτωρι Διδύμου ὑδρεύματ(ος) χ(αίρειν), «Psenthôtès au concessionnaire du puits de Didymos, salut». Mais cette hypothèse est statistiquement improbable: la fonction de concessionnaire d'un puits, est sans parallèle dans le désert Oriental; elle pourrait trahir une organisation administrative provisoire; le puits (*hydreuma*) de ce qui deviendra le *praesidium* de Didymoi viendrait d'être construit, mais le fortin n'existe peut-être pas encore et le toponyme n'est pas encore fixé dans sa forme définitive, au pluriel.

4. [κι]βάρια. L'espace et les minces vestiges de la première lettre après la lacune ne contredisent pas cette lecture. Le mot κιβάριον, employé au singulier ou au pluriel selon les dossiers, est fréquent dans les ostraca des zones désertiques de Haute-Égypte et de Basse-Nubie (ostraca de Pselchis). Mais il n'est pas toujours employé avec le même sens: voir *infra*.

ἐν τῷ ὠρίῳ. Les *praesidia* du désert de Bérénice disposaient d'un grenier appelé dans les ostraca θησαυρός ou désigné au moyen d'un emprunt direct au latin *horreum* (ὄρεον à Maximianon: cf. Cuvigny 2003, 218).

13. ὀκκτώ. Il est difficile de savoir si ce chiffre fait partie du montant exprimé en drachmes ou si c'est le quantième de l'année, qui a été oublié et qui aurait été rajouté dans le *vacuum* laissé entre le *sôma* du texte et la date. On attendrait alors ὀγδόου. Il n'existe à ma connaissance aucun exemple de ἔτους suivi d'un nombre cardinal: une telle faute est-elle possible chez un scripteur incompétent, pour lequel il ne devait pas y avoir une grande différence à l'oreille entre ὀκκτώ et ὀγδόου?

14. L'*epsilon* initial de ἔτους affecte la forme du sigle qui symbolise habituellement ce mot. Pour un cas semblable, voir P.Sijp., pl. 48 (que me signale Fabian Reiter). Cela suggère que le sigle, quelle que soit son origine, était interprété comme un *epsilon* schématique.

Commentaire général

§ 1. *Le destinataire du reçu: probablement le curator praesidii*

Le nom de fonction *curator praesidii* figure dans le prescrit, mais il est au génitif. Le plus probable selon moi est qu'il s'agit d'un banal cas de confusion entre génitif et datif et que, par conséquent, le *curator praesidii* est le destinataire du chirographe. Devant κου[ράτο]ρος, on est tenté de restituer l'anthroponyme Psenosiris (qui aurait été écrit avec deux *nu*, comme Ἀντωννίνου à la ligne 15). En admettant que cette restitution soit correcte, la question se pose de savoir si Psenosiris est le nom du curateur ou fait partie de la formule onomastique du déclarant. La première possibilité a ma préférence: il est en effet exceptionnel, dans la correspondance du désert Oriental, que le nom du destinataire soit omis, sa fonction seule étant indiquée; je n'ai relevé dans cette correspondance qu'un exemple de lettre adressée à un curateur dont le nom ne soit pas spécifié (O.Claud. inv. 7020) et deux cas avec d'autres noms de fonction: O.Did. 54, cité plus haut, et O.Claud. I 125 (Ποντικὸϲ διπλοκάριοϲ τῷ ἰϲ Κλαυδιανὸν καιϲαριανῷ χαίρειν). En ce cas, notre déclarant ne se désigne que par son idionyme, ce qui est d'ailleurs moins gênant que l'omission de sa qualité, précision qui d'ordinaire ne manque pas dans les reçus délivrés à l'administration (cf. les reçus pour avances à la *familia* dans O.Claud. III), surtout quand il s'agit d'un soldat. Une autre possibilité à envisager serait que ce chirographe aurait été contaminé par la forme de l'*hypomnèma*, auquel cas le génitif κου[ράτο]ροϲ dépendrait d'un παρά en lacune. Mais plusieurs arguments militent contre cette solution: (1) la présence de χαίρειν, anormale dans le formulaire hypomnèmatique; (2) il resterait peu de place pour le nom du destinataire, qui serait alors très bref; (3) le bénéficiaire des rations serait dès lors le curateur lui-même, mais on s'attend plutôt à trouver ce sous-officier en position de distributeur, responsable de la gestion du grenier du *praesidium*: cf. O.Krok. inv. 607 (116ᵖ), reçu d'orge établi par un *dromadarius* au bénéfice du curateur de Krokodilô.[3] En conclusion, je pense que le reçu a été établi au bénéfice du curateur, qui s'appelait peut-être Psenosiris, si ce n'est pas le nom du déclarant. Cet anthroponyme vernaculaire pour un militaire peut surprendre sous Antonin, mais cette onomastique n'est pas sans exemple. Ainsi, on trouve au Mons Claudianus, sous cet empereur, des curateurs appelés Nepherôs (κουράτωρ Τιβεριανῆϲ vers 152) et Pamoskèris (κουράτωρ Κλαυδιανοῦ, cf. O.Claud. II 379, introduction). Mais qui est le déclarant?

§ 2. *Le déclarant: probablement un militaire*

a. *Kibarion/kibaria*
Dans les ostraca des régions désertiques de Haute-Égypte, trois catégories de personnels sont susceptibles de recevoir des rations alimentaires appelées *cibaria*:

---

[3] Texte publié dans Cuvigny 2003, 343.

- les employés de la *familia Caesaris*, dont les reçus pour avances de rations ont été retrouvés en grand nombre dans le *metallon* du Mons Claudianus; dans ce dossier, τὸ κιβάριόν μου (*vel sim.*) désigne une ration en nature, consistant en huile et en lentilles, qui s'ajoute à l'ὀψώνιον (salaire en espèces) et au cῖτος (ration frumentaire);
- au Mons Claudianus aussi, les ouvriers de la pierre et de la forge, indigènes de condition libre dont la communauté est désignée sous le nom collectif de *pagani*. Contrairement aux employés de la *familia*, il ne reçoivent pas de vivres gratuitement en sus de leur salaire et de leur artabe de blé; aussi les instructions mensuelles (*entolai*) qu'ils rédigent à l'intention de l'intendance[4] contiennent-elles rarement le mot κιβάρια (toujours au pluriel), qui apparaît comme un terme générique pour signifier les vivres autres que le blé: en O.Claud. inv. 6046, l'huile, les lentilles, le vin, les dattes sont désignés expressément comme κιβάρια. Les *pagani* paient ces vivres de leur poche: le montant de leur commande est débité de leur salaire en espèces;
- les soldats: le site de Pselchis (Dakka, en Basse-Nubie), où se trouvait le camp de la *cohors Secunda Ituraeorum equitata*, a livré une série de reçus de vin émis par des soldats au bénéfice d'un certain Petronius, qualifié de κιβαριάτωρ (Rom.Mil.Rec. 78/18–63). Dans la plupart des cas, le militaire accuse réception d'un *kolophônion* de vin, qu'il dit avoir retiré ἐκ τοῦ κιβαρίου («sur ma ration alimentaire»), et dont il indique la valeur en numéraire (celle-ci est variable et tourne autour de 3 deniers, soient 12 drachmes).

En latin, *cibaria* est employé presque uniquement au pluriel (il est d'ailleurs classé par les grammairiens parmi les substantifs neutres qui sont toujours au pluriel: TLL, s.v. *cibarius* 1035); le TLL ne cite que deux emplois au singulier, qui relèvent chaque fois d'une langue technique (le syntagme *cibari nomine*, «au titre de la nourriture», propre aux testaments et le *cibarium*, grossière mouture de blé qui subsiste après extraction de la farine blanche, selon la description de Pline, *Nat.* 18.87). Dans les ostraca de Haute-Égypte, en revanche, chaque fois que ce terme est employé pour désigner une ration précise (*familia* du Mons Claudianus, soldats de Pselchis), il est au singulier. S'il est au

---

[4] Les *entolai* datent du règne d'Antonin. Elles permettent aux *pagani* de recevoir leur salaire et leur alimentation à la carte. Sur ce dossier, voir provisoirement Cuvigny 1996.

pluriel en O.Dios inv. 480, c'est parce qu'il est question de *quatre* rations. Dans les *entolai* des *pagani*, où il est au pluriel, il signifie seulement «les aliments non frumentaires» et ne correspond pas à un assemblage ou à une quantité spécifiques.

La population des *praesidia* du désert de Bérénice a un profil bien différent de celle des *metalla* impériaux situés au nord de la route de Myos Hormos. On peut exclure l'hypothèse que le déclarant du reçu de Dios serait un *paganus*; quant à la *familia Caesaris*, elle est à peine représentée dans les ostraca du désert de Bérénice. Le plus probable est que le bénéficiaire des *cibaria* est un soldat, bien qu'il n'indique pas, comme c'est l'usage, sa turme ou sa centurie.

Plusieurs indices confortent cette hypothèse. On remarque d'abord que les quatre mois pour lesquels l'homme a reçu ses *cibaria* sont justement ceux qui sont rémunérés par le premier *stipendium*, celui des calendes de janvier. Notre reçu s'insère donc dans le calendrier de la solde militaire. Je ne pense pas que le déclarant ait retiré d'un coup ses rations de quatre mois. On conçoit mieux que nous ayons affaire à un reçu récapitulatif, peut-être établi en prévision de l'apurement des comptes effectué au moment du *stipendium*, et faisant partie des pièces justificatives que les curateurs devaient présenter aux comptables au moment de la solde.

Si les soldats touchaient leur solde tous les quatre mois, les rations réglementaires leur étaient nécessairement fournies à intervalles plus rapprochés. Sous Marc Aurèle et Commode, les soldats de Pselchis retirent leur vin à leur convenance, mais perçoivent leur blé par rations mensuelles, qui consistent en une artabe (cf. par ex. Rom.Mil.Rec. 78/1, 3–5: ἔλαβον παρὰ coῦ τὸν cῖτόν μου ὑπὲρ μηνὸc Χυακ [ἀ]ρτάβη⟨ν⟩ μίαν). La distribution de rations réglementaires aux soldats dans les *praesidia* du désert Oriental n'a pas généré de dossiers d'ostraca analogues aux reçus émis par les employés de la *familia Caesaris*: nous sommes mieux renseignés, grâce à leur correspondance privée, sur les extra qu'ils se procuraient au gré des occasions en les payant de leur poche (poisson, légumes, viande, huile). Tout au plus peut-on citer, pour éclairer la discussion, une lettre inédite du Mons Claudianus, qui est à ce jour le seul témoin dans le désert Oriental de l'usage du mot κιβάριον pour désigner une ration militaire mensuelle.

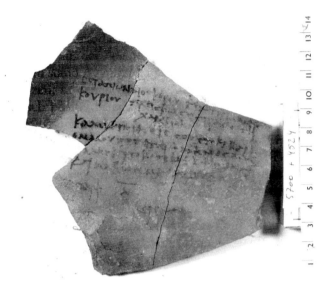

Fig. 2.

O.Claud. inv. 4524+5700 (magasin du Conseil Suprême des Antiquités à Quft). 13,5 x 14,8 cm. Tesson de paroi d'amphore AE3. IIᵉ s. d'après la stratigraphie. Fig. 2.

Cεραπίων Διοςκόρου κεντυρία‹c› Μερ-
κουρίου Πρείсκῳ ϲυϲτρατιώτῃ
                    χαίρειν.
καλῶϲ ποιήϲιϲ δοὺϲ τὸ κιβάριόν μου τοῦ Ἐπειφ μηνὸϲ {δοὺϲ}
[.]. μηϲι ἀρτοκόπῳ ἐκ φαμιλίαϲ
καὶ λαβὼν παρ᾿ αὐτοῦ ἀποχ(ήν).

Ἐπειφ   λ̄.
                ἔρρωϲο.

«Serapiôn fils de Dioskoros, de la centurie de Mercurius, à Priscus, son camarade, salut. Tu feras bien de donner mon *kibarion* du mois d'Epeiph à …mèsis, boulanger de la *familia*, et de te faire remettre par lui un reçu. Le 30 Epeiph. Bonne santé.»

Ce texte montre que les soldats détachés au Mons Claudianus recevaient chaque mois une ration de vivres. Nous en ignorons la composition. On pourrait croire que ce *kibarion* que Serapiôn, provisoirement absent, demande à son camarade de retirer à sa place, consiste en blé, puisqu'il le fait remettre à un boulanger. Je n'exclus pas cette possibilité, mais il faut remarquer que κιβάριον s'oppose, dans les trois dossiers évoqués plus haut, à cῖτος. De plus, si l'on admet qu'en toute probabilité κιβάριον désigne la même réalité dans la lettre de Sarapiôn et dans le reçu de Dios, il ne peut, étant donné son prix dans ce reçu (25 ou 27 drachmes), consister seulement en une artabe de blé; trois *entolai* du Mons Claudianus, mentionnent le prix d'une artabe de blé à la même époque: 6, 8 et 9 drachmes.[5] On en conclut que le *kibarion* d'un soldat détaché dans le désert Oriental vers 150 consiste en une ration mensuelle composée d'aliments divers, dont nous ignorons si elle incluait ou non l'artabe de blé.

b. Πούβλικα: *un contexte toujours militaire?*

La mention des *publica* suggère aussi que l'émetteur du reçu de Dios est un militaire. Ce métaplasme n'est pas attesté dans la documentation grecque d'Égypte, sinon dans deux autres ostraca du désert de Bérénice: O.Krok. I 70 (Trajan) et O.Dios inv. 972 (IIe s.).

O.Krok. 70 est une lettre dont l'expéditeur (Τιτοςῆνος) écrit à son correspondant (datif Καπίτωι, lire Καπίτωνι): καλῶς ποιήσις ἀπαιτήσις τὰ πούπλικα ἀπὸ τοῦ Βέσσου · καὶ ὀφείλι τάλαντον ἀχύρου, «tu feras bien de réclamer les *publica* au Besse; il doit en outre un talent de menues pailles». Ce Besse, vu son sobriquet ethnique, a plus de chance d'être un cavalier d'origine thrace qu'un contribuable indigène[6] comme je l'avais supposé dans la publication, égarée par l'idée que τὰ πούπλικα devait être un latinisme pour τὰ δημόσια (*scil.* εἴδη), «les redevances publiques, les impôts»; la mention de l'*achyron* confirme que «le Besse» a un cheval à nourrir; il a dû emprunter un talent de paille qu'il n'a pas encore restitué. Nous n'avons pas de certitude sur les fonctions de l'expéditeur et du destinataire de cette note. Τιτοςῆνος est peut-être à identifier avec Μᾶρκος Τιτυ[. . . .], curateur du *praesidium* de Krokodilô et destinataire de la lettre O.Krok. 69; quant à Capito, ce nom a été porté également par un curateur de Krokodilô (O.Krok. 5–23). On pourrait imaginer que O.Krok. 70 a été écrit au moment où Capito a remplacé Titusenus à la tête de la garnison; ce dernier signalerait à son successeur une affaire en cours qu'il n'aurait pu régler avant son départ.

Voyons à présent la troisième attestation de πούβλικα.

---

[5] Ces montants sont du même ordre que ceux qui ont été tabulés entre *c.* 18[a] et 160[p] dans Drexhage 1991, 13–15. Une augmentation sensible a lieu après 160.

[6] Βέσσος n'est pas connu comme anthroponyme en Égypte; comme ethnique, il n'y en a pas d'autre exemple que P.Oxy. XVI 1903, 9 (561[p]), où il se rapporte à des bucellaires.

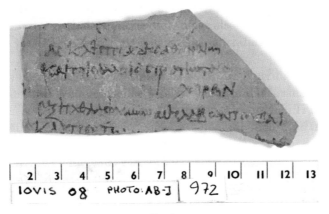

Fig. 3.

O.Dios inv. 972 (magasin du Conseil Suprême des Antiquités à Quft).
11 x 5 cm. Tesson de paroi d'amphore AE3. IIᵉ s. Fig. 3.

Ἀσκληπιάδης Ἀθηναίωι
καὶ τοῖς ἄλλοις στρατιώταις
                    χαίρειν.
ἐξῆλθα ἀφ' ὑμῶν μὴ λαβὼν πούβλι-
5 κα ὑπὸ τω . [. . . . .] . . . .
— — — — — — — — — —

«Asklèpiadès à Athènaios et aux autres soldats, salut. Je vous ai quittés
sans avoir collecté de *publica*…»

Il est exceptionnel, dans la documentation des *praesidia*, qu'une lettre
soit adressée «aux soldats». Je n'en relève qu'un autre exemple, O.Dios
inv. 481, lettre abîmée envoyée par un certain Baratit, dont on sait par
ailleurs qu'il était *hypotyrannos* des Barbares dans la première moitié
du IIIᵉ s., période où la vie dans les fortins du désert Oriental donne
des signes de désorganisation (O.Did. 41–43). Pour le reste, toute correspondance qui intéresse une garnison est adressée au *curator praesidii*. Athènaios ne peut être identifié; en revanche, un, voire deux
curateurs de Dios se sont appelés Asklèpiadès. Si l'auteur de la lettre
est le curateur, l'adresse aux soldats s'explique d'elle-même. Athènaios
serait alors le suppléant du curateur absent (ces suppléants étaient
désignés comme ἀντικουράτωρ[7] ou προκουράτωρ).[8]

---

[7] O.Claud. inv. 7295 publié dans: Cuvigny 2002.
[8] O.Did. 62; O.Dios inv. 626.

À la ligne 5, ὑπὸ τω̣ [, sans doute ὑπὸ τῶν, devait introduire la raison pour laquelle le curateur est parti sans avoir collecté les *publica*.

§ 3. Qu'est-ce que les publica?

En O.Dios inv. 480, la quittance pour des rations s'accompagne d'une déclaration de paiement en espèces au titre des *publica*. La déclaration de paiement émanant du payeur lui-même est un type documentaire peu fréquent dont la raison d'être a intrigué l'éditeur de P.Oxy. XLV 3241, chirographe dans lequel un contribuable s'adresse aux fermiers de l'*enkyklion* pour leur dire qu'il leur a payé 62 drachmes de droits sur l'affranchissement d'une esclave: «The purpose (…) is something of a puzzle. It is not an acknowledgement of payment by the recipients, but a statement of payment by the payer, and since it incorporates acknowledgement of a receipt (9–10 ὧν [καὶ c]ύμβολον ἔcχον), it was clearly not intended to serve as a receipt itself (by being countersigned by the taxmen)». À mon avis, un tel document avait pour fonction de prévenir les fraudes et de protéger le payeur contre la mauvaise foi du receveur;[9] le nom technique de ces «contre-quittances», dont l'usage est préconisé dans un édit du préfet Petronius Mamertinus,[10] sera, au IVe s., ἀντάποχον.[11] Dans le cas présent, le curateur ne pouvait détourner cet argent en totalité ou en partie et prétendre ensuite que le soldat ne lui avait pas versé la somme adéquate. L'ostracon est à la fois un reçu de rations et une contre-quittance pour le paiement des *publica*.

Les *publica* sont ici une somme d'argent, qui s'élève à 25 ou 27 drachmes par mois. La raison pour laquelle un soldat doit payer pour percevoir ses rations appelle une explication. Un autre document pourrait nous éclairer: je suis frappée par plusieurs ressemblances entre notre ostracon et W.Chr. 416, reçu pour de l'orge émis par le cavalier Didymos Argentis au bénéfice des *presbyteroi* du village de Soknopaiou Nèsos en 191[P]: ἔλαβον παρ' οἰμῶν τῆc ἐπιμερειcχῖcαν ὑμῖν κριθῆν ὑπὸ πρα‹γ›ματικῶν ϲυναγοραcτικὴν καὶ τὴν ἐξ ἔθουc τιμὴν ὑμῖν κατέβαλον ὑπὲρ μηνῶν δύω Παυνι καὶ Ἐφιπ. (ἔτουc) λα

---

[9] De même que tout bordereau dressé au moment où un objet change de main, par exemple les certificats d'embarquement, dont Reekmans et Van't Dack justifient ainsi la fonction: «Notification and certificate of shipment on the one hand secured the captain against contestation by the sender of goods and on the other hand provided the consignee with the most reliable means of checking if the required amount and quality of wheat had been unloaded» (Reekmans et Van't Dack 1952, 156).

[10] P.Fay. 21, 1–2 (134[P]): ἀποχὰc ἀλλήλοιc παρέχειν ἐκέλευcα.

[11] Cf. W.Chr. 423, 10, 17; P.Oxy. XII 1542, 1. Voir aussi W.Chr. 85, 15n.

Παυνι κ̅η̅,[12] «j'ai reçu de vous l'orge en vente forcée qui vous a été assignée par les officiels et je vous ai payé le prix d'usage, pour deux mois, Pauni et Epeiph. L'an 31, 28 Pauni.» Comme la quantité d'orge n'est pas spécifiée, deux interprétations sont possibles et ont été proposées. Pour Wilcken, le cavalier a retiré des provisions pour son unité; pour Lesquier,[13] en revanche, Didymos Argentis est en détachement au Fayoum (il appartient en effet à une unité cantonnée à Alexandrie, l'*ala veterana Gallica*) et il achète la ration d'orge de son propre cheval: P.Hamb. I 39 (Rom.Mil.Rec. 76, 179ᴾ) montre que les soldats détachés loin de leurs *castra* recevaient une avance pécuniaire destinée à couvrir l'achat des provisions de base qui, normalement, leur étaient distribuées au camp. L'auteur du présent ostracon est également détaché; comme il est au milieu du désert, ce n'est pas dans un grenier public qu'on lui a ouvert une ligne de ravitaillement, mais au grenier du *praesidium*. Si cette analogie est justifiée, les *publica* sont un autre nom pour le prix auquel un soldat en détachement retire ses rations.

Les *publica* versées par l'émetteur de O.Dios inv. 480 représentent un montant du même ordre que les retenues *in victum* sur le *stipendium* du légionnaire sous Domitien, d'après les comptes de soldes Rom.Mil. Rec. 68 et 69. Dans le premier, qui date de 81ᴾ, la somme retenue sur le premier *stipendium* (celui des calendes de janvier, qui rémunère donc le quadrimestre septembre–décembre) pour la nourriture (*in victum*) s'élève à 80 drachmes, auxquelles s'ajoutent 20 drachmes pour les *Saturnalia*, qui étaient célébrées du 17 au 23 décembre. Rom.Mil. Rec. 69 est un peu plus tardif (84ᴾ?) et serait postérieur à l'augmentation de la solde sous Domitien; c'est la raison, selon les commentateurs, pour laquelle toutes les déductions seraient plus élevées de quelques drachmes. Dans ce document, la déduction *in victum* s'élève à 128 drachmes pour le premier *stipendium*, à 100 pour les deux autres, les 28 drachmes de différence s'expliquant, selon Marichal, par la retenue pour le *saturnalicium*. Rappelons que dans l'ostracon de Dios (émis par un auxiliaire), les *publica* correspondant au premier *stipendium* s'élèvent à 100 (ou 108) drachmes.

Les ostraca de Pselchis témoignent également de ce que la ration réglementaire (τὸ κιβάριον) se traduisait par un libellé en espèces dans les comptes de *stipendium* et se subdivisait même en τιμὴ οἴνου, τιμὴ

---

[12] Lire ὑμῶν, τὴν ἐπιμερισθεῖσαν, cυναγοριcτικήν, δύο.
[13] Lesquier 1918, 365.

φακοῦ, ἁλός, ὄξους (Rom.Mil.Rec. 78/15). Les soldats de Pselchis étaient peut-être libres de retirer leur *kibarion* en nature ou en numéraire, dans la limite du crédit alloué: c'est ainsi du moins qu'on interprète habituellement les reçus du type ἔλαβον παρὰ coῦ ἀπὸ τιμῆς οἴνου + somme d'argent à l'accusatif ou, ce qui est embarrassant, au génitif (Rom.Mil.Rec. 78/70).[14] Contrairement au blé, les aliments du *kibarion*, à Pselchis, ne semblent pas avoir fait l'objet de retraits mensuels réguliers: d'après les reçus de vin, pratiquement les seuls à nous être parvenus, les retraits se font n'importe quel jour dans le mois et, bien qu'il s'agisse presque toujours d'une quantité standard (1 *kolophônion*), il n'est jamais spécifié, comme dans les reçus de blé, que ce retrait correspond à la ration de vin de tel mois. Les retraits de vin font l'objet d'une contrepartie en argent. Il est remarquable que le prix de ce vin réglementaire soit sujet à des variations, comme si les rations militaires subissaient les fluctuations du prix du marché; parfois, à la place du prix, on trouve la formule ἄχρι cυν[τιμήcεωc]/ἕωc cυντιμηθῇ,[15] littéralement «jusqu'à l'évaluation», ce qui suggère que, en raison de mécanismes qui nous échappent, le prix auquel on comptait le vin aux soldats n'était pas toujours connu (ou décidé) au moment où il leur était distribué.[16] En dépit des apparences, le dossier de Pselchis n'est pas un parallèle très utile: nous ne comprenons pas assez bien ni la signification ni le mécanisme de l'évaluation en numéraire des retraits en nature; il ne faut pas non plus perdre de vue que les circonstances sont différentes: contrairement aux soldats détachés dans les *praesidia*, ceux de Pselchis sont dans leurs *castra hiberna*, ce qui

---

[14] J'ai des doutes en effet sur cette interprétation. Elle semble s'imposer dans le cas de Rom.Mil.Rec. 78/68 (ἔcχον παρὰ c[οῦ ἀπὸ] τιμῆc οἴνου δηνάρια δύο), moins dans le cas de Rom.Mil.Rec. 78/69 et /70. En /70, on lit: [ἔλαβον παρὰ] coῦ ὑπ(ὲρ) τιμ[ῆc οἴνου δηνα]ρίων δύο, littéralement «j'ai reçu de toi, au titre du prix du vin, pour un montant de deux deniers». Cela pourrait aussi bien être une formulation elliptique pour dire «j'ai reçu du vin pour un montant de deux deniers à débiter sur mon crédit-vin». En ce cas, les reçus du type ἔλαβον παρὰ coῦ ἐκ τοῦ κιβαρίου οἴνου κολοφώνιον δηναρίων *x* et ceux du type ἔλαβον παρὰ coῦ ἀπὸ τιμῆc οἴνου δηνάρια *x* pourraient n'être que deux formules pour une même opération. Certaines formulations ambiguës pourraient aller dans ce sens: ἔλαβον ἐκ τοῦ κιβαρίου οἴνου δηνάρια ὀκτὼ ὀβολ() ὀκτώ (Rom.Mil.Rec. 78/37); ἔλαβον παρὰ coῦ ἀπὸ τιμῆc οἴνου κολοφωνίου δηνάρια δύο ὀβολοὶ ὀκτώ (Rom.Mil.Rec. 78/69). Ce dernier cas donne l'impression (peut-être erronée) que les soldats sont obligés de retirer soit un ou deux colophons, soit du numéraire au prix en vigueur du colophon et non pas n'importe quelle somme qui les arrange dans la limite de leur crédit-vin.

[15] Rom.Mil.Rec. 78/31 (cf. Préaux 1951, 134, n. 4), /33, /38, /40, /42, /63.

[16] Le soldat a retiré sa ration alors que le prix du vin «n'était pas encore établi» (Préaux 1951, 134); Mitthof 2001, 311.

autorisait visiblement plus de souplesse, puisqu'ils retirent au moins leur vin à la carte. D'autre part, les reçus de Pselchis, postérieurs à l'ostracon de Dios, datent notamment d'une période, entre 170 et 190, où les prix ont doublé[17] et où la gestion du *stipendium* et du ravitaillement militaire a connu des transformations.

Si mon hypothèse est correcte, si πούβλικα désigne, dans le jargon militaire, ce qui pourrait s'appeler autrement τιμὴ κιβαρίου, le choix de *publica* pour désigner le prix payé par le soldat en détachement sur son allocation en espèces reste néanmoins énigmatique. Est-ce parce que les soldats détachés se ravitaillaient d'ordinaire dans des entrepôts publics? Ou parce que les denrées en vente forcée étaient considérées comme des denrées fiscales, δημόσια, *publica*? En O.Petrie 245 (règne de Tibère), le blé dont un soldat de la station d'Apollônos Hydreuma, sur la route de Bérénice, accuse réception à un transporteur est désigné comme πυρὸς δημόσιος. Nous avons vu cependant que le *kibarion* militaire avait toute chance de comprendre d'autres aliments que le blé; or, dans l'alimentation humaine, seul le blé, parce qu'il est un produit fiscal, est susceptible d'être qualifié de δημόσιος. Cette explication n'est donc pas satisfaisante. Je me rallierais finalement plutôt à l'idée que les πούβλικα (*scil.* χρήματα?) tirent leur nom du fait que c'est une somme remise au soldat par l'armée (qu'elle soit déduite de son *stipendium* ou qu'il s'agisse d'une allocation supplémentaire), pour toucher hors du camp de son unité une ration réglementaire, par opposition aux suppléments de nourriture qu'il achetait à sa fantaisie en les payant de sa poche. Cette hypothèse pourrait être confortée par deux autres reçus émis le même mois, au bénéfice des *presbyteroi* de Soknopaiou Nèsos, par Flavius Silvanus, *signifer* dans les *equites singulares*, SPP XXII 92 et P.Freib. IV 66, de 194[P].[18] Dans les deux cas, Silvanus déclare avoir pris livraison d'un lot de javelines dont la fourniture a été assignée au village et en avoir payé le prix fixé. Voici le texte de SPP XXII 92, 3–6: ἀπέσχον παρ' ὑμῶν τὰ ἐπ[ι]μερισθέντα ἡμῖν (1. ὑμῖν) ἀκόντεια ἐκ φύνεικος ὧν κατέβαλλον ἡμῖν (1. ὑμῖν) τὴν ὡρισμένην τειμὴν δημοσείας. Le dernier mot est malheureusement abîmé dans l'autre reçu: τὴν ὡρεισμένην τειμὴν δημοσει[. .]. Comme la terminaison de δημοσείας est difficile à expliquer, l'éditeur du papyrus de

---

[17] Cette augmentation, consécutive à la période troublée de la grande peste antonine et des désordres civils (révolte des Boukoloi, usurpation d'Avidius Cassius), a été bien mise en lumière par Rathbone 1997, 183–244.

[18] Date établie par Mitthof 1994, 208, n. 5.

Freiburg s'est abstenu de restituer cette forme. Le mot a généralement été compris comme équivalant à διὰ τῆς δημοσίας τραπέζης (Silvanus aurait payé par l'intermédiaire de la banque publique),[19] mais R. Bagnall (qui corrige en δημοσίᾳ) comprend «from public funds, at public expense», ce qui rejoindrait mon interprétation.[20]

Conclusion

On sait que, sous le Haut-Empire, l'achat des vivres fournis par l'armée aux soldats était théoriquement financé par une retenue forfaitaire sur leur solde, appelée *in victum* dans deux comptes datant de Domitien. Lorsque les soldats étaient détachés, ils recevaient une somme pour se procurer à l'extérieur le ravitaillement qu'ils ne pourraient plus retirer dans le camp de leur unité. Le système des *publica* permettait peut-être de transférer à la préfecture de Bérénice le prix du ravitaillement des soldats que les unités de Haute-Égypte mettaient à sa disposition. Les curateurs, dont on sait qu'ils tenaient les comptes des greniers des *praesidia*,[21] encaissaient localement les *publica*. Il est frappant que nous n'ayons pas trouvé davantage de reçus comme O.Dios inv. 480; la raison en est peut-être que ces documents, destinés à être contrôlés par les comptables de la préfecture de Bérénice, étaient rédigés sur papyrus, à l'instar du recueil de reçus P.Hamb. 39. Formellement déficient, abandonné sur place, O.Dios inv. 480 n'était peut-être qu'un brouillon.

Bibliographie

Bagnall, R. S. 1997. A kinder, gentler Roman army? *JRA* 10: 504–512.
Bülow-Jacobsen, A. et H. Cuvigny. 2007. Sulpicius Serenus, procurator Augusti, et la titulature des préfets de Bérénice. *Chiron* 37: 11–33.
Cuvigny, H. 1996. The amount of the wages paid to the quarry-workers at Mons Claudianus. *JRS* 86: 139–145.
———2002. Vibius Alexander, praefectus et épistratège de l'Heptanomie. *CdE* 77: 238–248.
Cuvigny, H. (ed.). 2003. *La route de Myos Hormos. L'armée romaine dans le désert Oriental d'Égypte*. Le Caire.

---

[19] Daris 1988, 735; P.Freib. IV 66, 12–13n.
[20] Bagnall 1997, 509, n. 15. Mais je n'ai pas trouvé d'autres exemples papyrologiques de δημοσίᾳ employé en ce sens.
[21] Cf. O.Krok. 41, 66–69, copie d'une circulaire dans laquelle le préfet de Bérénice reproche aux curateurs de tarder à lui envoyer l'état des stocks de blé, orge et *achyron*.

Daris, S. 1988. Documenti minori dell'esercito romano in Egitto. *ANRW* II.10.1: 724–742.

Drexhage, H.-J. 1991. *Preise, Mieten/Pachten, Kosten und Löhne im römischen Ägypten bis zum Regierungsantritt Diokletians.* St. Katharinen.

Lesquier, J. 1918. *L'armée romaine d'Égypte d'Auguste à Dioclétien.* Le Caire.

Mitthof, F. 1994. Quittung eines Soldaten an πρεσβύτεροι κώμης über verschiedene Lieferungen. Eine Neuedition von P. Alex. Inv. 463. *ZPE* 102: 207–212.

———2001. *Annona Militaris. Die Heeresversorgung im spätantiken Ägypten.* Firenze.

Préaux, C. 1951. Ostraca de Pselkis de la bibliothèque Bodléenne. *CdE* 26: 121–155.

Rathbone, D. 1997. Prices and price formation in Roman Egypt. In *Économie antique. Prix et formation des prix dans les économies antiques,* eds. J. Andreau, P. Briant et R. Descat, 183–244. Saint-Bertrand-de-Comminges.

Reekmans, T. et E. Van't Dack. 1952. A Bodleian archive on corn transport. *CdE* 27: 149–195.

ARCHAEOLOGICAL RESEARCH IN ROMAN SOKNOPAIOU NESOS: RESULTS AND PERSPECTIVES

Paola Davoli[1]

Dime es-Seba, the Graeco-Roman *kome* of Soknopaiou Nesos, has been the object of papyrological studies since C. Wessely published[2] the first group of Greek papyri in 1902. The site is well known as the source of thousands of Greek and Demotic papyri and *ostraka* spread in many collections all over the world and found in unknown circumstances since 1887. According to A. Jördens,[3] the published Greek papyri are about 1100, but an unknown number of documents is still waiting for publication. A much greater number of Demotic papyri and *ostraka* came from Dime and they are still mostly unpublished.[4] A great improvement to the study of Demotic sources came recently from a group of scholars from Würzburg Universität and others who are lifting the veil on documentary and religious texts.[5] Most of the texts we have from Dime belong to the Roman period, as is the case for several other Fayyum settlements.

The available documents gave rise to a number of articles concerning taxation, personal names, religious matters, population and depopulation, local economy, presence and use of Greek literary texts. All of them agree on the fact that Soknopaiou Nesos was abandoned in the middle of the 3rd century AD, but the causes of this event are still to be clarified. However, there are some papyri and parchments dated to a later period that claim to have been found in Dime, as for example some in Vienna Papyrussammlung and in Freer's collection in Smithsonian Institution, Washington (DC).[6] All of them were bought

---

[1] www.museopapirologico.eu.
[2] Wessely 1902.
[3] Jördens 2005, 41–42.
[4] Clarysse 2005.
[5] See among others Lippert and Schentuleit 2005, with further bibliography at p. 71 n. 1. Muhs 2005. Widmer 2005. Lippert 2007. Stadler 2005. Widmer 2007. Schentuleit and Liedtke 2008.
[6] Cf. with previous bibliography Capasso 2005, 2–6 with previous bibliography. Clarke 2006.

through the antiquities market and thus their provenance is far to be sure.

The foundation of the settlement is generally placed during the reign of Ptolemy II, as part of the wider program of land reclamation and foundation of new settlements in the Fayyum. However, K. Lembke[7] suggested an earlier foundation in the 18th Dynasty due to the discovery of some monuments and objects in the area (i.e. the statue of the governor of the Fayyum during the reign of Amenhotep III, Sobekhotep). The period and the reasons of the foundation of a settlement in the desert and the exact meaning of its name are, in my opinion, far to be clear. The basic condition that allows a complex society to live in a place is obviously the presence of fresh water, which is completely lacking nowadays. This problem of paramount importance has not been studied properly and is often neglected, assuming that there was an artificial canal running from Karanis to Soknopaiou Nesos, as suggested by Grenfell and Hunt.[8] Its existence has never been demonstrated and it is extremely unlikely due to the harshness of the desert in between, with depressions and high ledges to cross. The lake might have been a supply of fresh water, but up to now we have not been able to determine the degree of salinity of its water in different periods. It is possible that the lake water was drinkable and useful for the few green lands nearby, which existence is attested by papyri. However, it must be noted that the shore of the lake in the Ptolemaic and Roman periods corresponds approximately to the modern one[9] that is about 2 km far from the settlement.

These controversial or unsolved questions can possibly find a solution only with archaeological and geological investigations. From an archaeological point of view the site and its surroundings are largely to be explored and studied. The major bulk of archaeological information we have comes from the 1925 survey of G. Caton-Thompson and E. W. Gardner and from excavations carried out in 1932 by the University of Michigan.[10] Since 2001 Lecce University has been involved in a project of documentation and excavation of the site, called Soknopaiou Nesos Project, directed by me and Mario Capasso.

---

[7] Lembke 1998a, 110.

[8] Grenfell, Hunt, and Hogarth 1900, 15; Geremek 1969, 45. Contra: Caton-Thompson and Gardner 1934, I: 156–157.

[9] Cf. Davoli 2001.

[10] Caton-Thompson and Gardner 1934 (2 vols.). Boak 1935. Cf. Davoli 1998, 39–54.

The aim of the project is to document the urban area and to survey the area around Dime using all the technologies that can provide new knowledge—as topographical survey, photogrammetry, satellite images, magnetometry—and to excavate part of it.

The surveys of the visible structures and of the contour lines of the site were carried out in 2005 and 2006 seasons by a team of topographers.[11] In 2007 the pavement of the *dromos* was cleaned and fully documented on a length of 265 meters. High resolution metric photographs were taken and then mosaicated. On this basis a 1:20 scale drawing was obtained and was then improved on site with details, such as chiselled lines or marks present on the pavement.

The territorial survey started in 2006 with the acquisition of a high resolution satellite image,[12] with some tests in the settlement and in the area West and South of it by means of a magnetometer and a conductivity meter[13] and with quick geo-archaeological survey. A number of archaeological features, as tombs, houses, embankments and small settlements of different periods—from Neolithic to Islamic—were located together with the shore of an ancient lake. No traces of ancient canals have been recognized from satellite nor on the ground so far. Considering the complexity of the natural and archaeological features of the area, the survey will continue in the future with specialists in different disciplines.

Since 2003 an excavation started inside the *temenos*, in an area located North of the still standing building previously identified as Soknopaios' temple. The *temenos* occupies a large part of the northern area of the *kom* and it is considered as the centre of the major activities of the settlement. Many robberies-excavations occurred in this area, including a Late Roman or Medieval spoliation of the limestone block buildings, but no scientific investigation have ever taken place there. The main temple, built in limestone block at the centre of the *temenos,* has been brought to light almost in its entirety. Four small lateral

---

[11] The topographical survey carried out by the joint archaeological mission of the Bologna and Lecce Universities during the seasons 2001 and 2002 was not completed: Davoli 2005b. Davoli 2005a, 224–231, pl. 13–18. The new survey was conducted by a team of topographers from Archeosistemi society (Reggio Emilia). On methods and results see Davoli et al. (in press).

[12] Nominal resolution of 0.70 m, taken in March 18, 2006 by Quickbird satellite.

[13] The survey was carried out by Tatyana Smekalova (St. Petersburg University) with EM38RT round conductivity meter from Geonics limited (Ontario, Canada). The magnetic fields were measured with an Overhauser magnetometer.

rooms and the so-called mysterious corridor will be excavated in
November 2008.

After five seasons of archaeological investigation what can we add
to the knowledge of this site? Are we able to give answers to some of
the questions listed above? As it often happens, some questions started
to be clarified but many others arose.

A first consideration can be made on the number of buildings surveyed. What have been plotted in the general plan of Dime (Fig. 1) are
the walls visible on the top surface of the *kom*, on an area of about 640
metres North-South and 320 metres East-West. The major temple
occupies a large part of the northern area of the *kom* (9000 square
metres). South of the *temenos,* the site is divided longitudinally by a
long paved *dromos* (320 x 6.5 m) which led to the temple area from the
South. The general plan testifies to the current state of preservation of
the site, but it can give us an idea, even if vague, of the number and the
kind of buildings.

Perimeter walls enclosed the settlement at least in its northern half.
These allowed for control of people going in and out through easily
controllable gateways, two of which can possibly be recognised on the
kom to the North and East of the *temenos*. This condition matches
quite well with the high number of receipts of payment on goods
found and related to the Roman period[14] and with the mention in
some papyri of a *Pyle*.[15] A building is placed outside the North wall,
not far from one of the supposed entrances and we can presume it may
have been the customs house. On the contrary, to the South of the site
there are no traces of walls and the monumental stairway to the *dromos*
stands alone, as we could verify cleaning it all around. Nonetheless, a
small and only building is still visible in front of it, to the Southwest,
apparently far from the blocks of houses. It may also be interpreted as
a control station, but we can verify all these hypothesis only with
archaeological investigation.

In the area North and Northeast of the *temenos* we can see a wide
open-air space connected with a second one and with some buildings.
Its position and shape suggest it may have been an area to host temporarily animals and travellers. Another building with a wide courtyard
is placed in the central area of the settlement, East of the *dromos*.

---

[14] The customshouse receipts from Soknopaiou Nesos known so far are 615:
Musardo 2007 (in press).
[15] Cf. Calderini and Daris 1986, IV: 300; Id. 2003, 139.

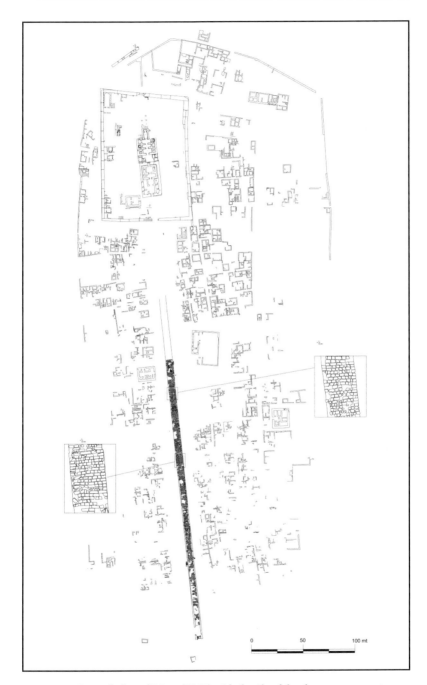

Fig. 1: General plan of Dime (2007) with details of the *dromos* pavement.

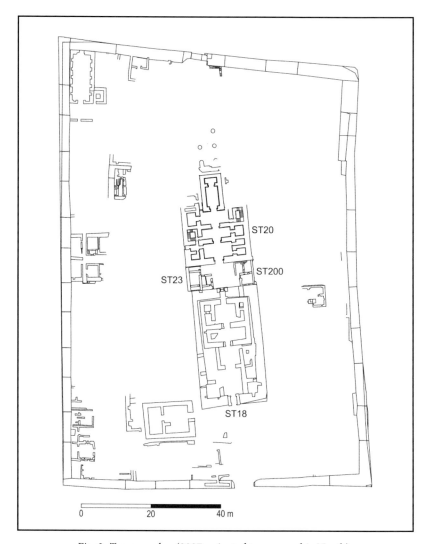

Fig. 2: *Temenos* plan (2007, oriented to geographic North).

Most of the surveyed structures are domestic buildings, with their courtyard and ovens.

In general, the urban layout is well preserved, especially in the area East and Southeast of the *temenos,* where it is possible to follow the layout of the blocks. The urban plan becomes less and less organised towards the South and Southwest, where buildings and streets lose much of their legibility and are reduced to simple alignments of walls.

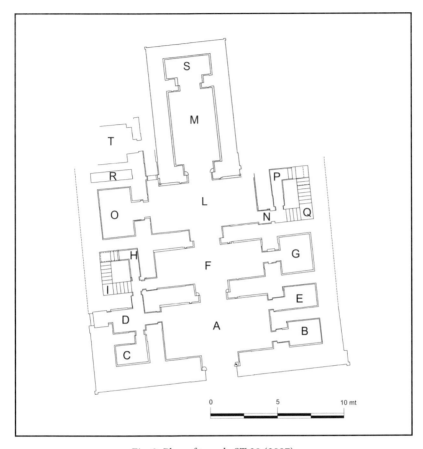

Fig. 3: Plan of temple ST 20 (2007).

The area with the greatest density and number of buildings seems to be the one East of the *dromos*. On the contrary, the buildings and blocks seem to be limited to a narrow strip adjacent to the *dromos* West-South-West of this road. However, it must be noted that the ground in this sector is rather flat, suggesting that the area was levelled by the *sebbakhin*. The impact of this activity, very frequent and common in the sites closer to the cultivated area South of Birket Qarun, is still in doubt in regard to Soknopaiou Nesos.[16] Another hypothesis

---

[16] The razing activity by the *sebbakhin* is mentioned in Boak 1935, 3; however, the correspondence of D. L. Askren with F. W. Kelsey (letter on 27 July 1915) indicates that the *sebbakhin* themselves considered such activity in Dime as too costly and time-consuming, especially because of the difficulty in transportation. See Clarke 2006, 63 n. 121.

that can explain this situation more convincingly is that the settlement was less stratified in this area and that the buildings are less densely built. At this stage we cannot count the buildings one by one because most of the visible structures are simple walls without connections, but we estimate a number of structures, mainly houses, comprising between 500 and 600 units, not taking into consideration the areas where nothing is visible.

The number of inhabitants of Soknopaiou Nesos has been calculated according with pool-tax registers. According to W. Clarysse, if we apply a multiplier of 3.1 to the number of tax payers we can calculate the number of the inhabitants that were 756 in 178 AD (523 in 179 AD and 413 in 207/209 AD). P. van Minnen and G. Messeri Savorelli, on the basis of other papyri, estimate for the end of the second century a population respectively of 900 and 1100 inhabitants.[17] These numbers appear to be underestimate when compared with the visible buildings and even more when compared with the general dimensions of the settlement. Thus a series of suppositions rises from the comparison of these data: we can suppose that a great part of the buildings of the upper level of the settlement was not in use at the end of the second century, or that most of them were not domestic buildings, or that the calculation of the population based on data collected from papyri and the application of a standard multiplier are not correct. Certainly this matter deserves more investigation.

The survey allowed us to recognize a new mud brick temple (Fig. 4), located West of the *dromos* and in a quite central position. We do not have evidence that can suggest the name of the god to whom it was dedicated so far. It must have been connected with the *dromos* through a short street or *dromos*, of which there are no traces. However, on both sides of the *dromos* there are two spaces parallel to it and apparently free from structures. These two spaces are completely covered by clean wind blown sand and they look like modern trenches deeper towards the South of the *dromos*. However, I did not find any mention of past excavations along the *dromos* except for a trench cut in 1892 by Major R. H. Brown, a general Inspector of irrigation for Upper Egypt and a Royal engineer. He wanted to define the purpose of the *dromos* being persuaded that the settlement was located on the shore of the lake, considered as the unique source of water. He wrote: "I had a

---

[17] Clarysse 2005, 21–22; Messeri Savorelli 1989; van Minnen 1995, 43.

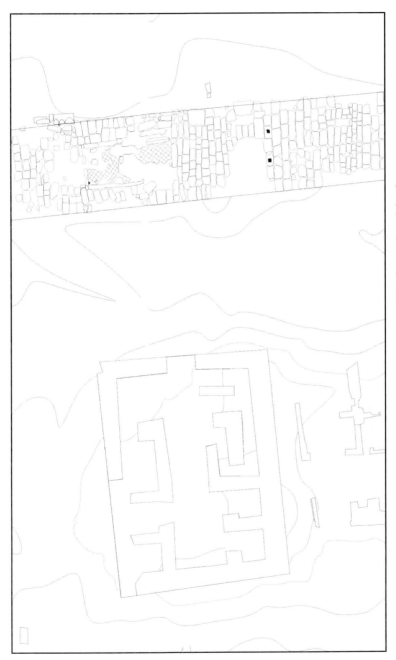

Fig. 4: Detail from the general plan. The mud brick temple and the *dromos*.

Fig. 5: View of the West foundation wall of the *dromos*.

trench dug against this quay or causeway [the *dromos*], at about the
middle of its length, to determine the depth to which the masonry was
carried down. If this had been merely a causeway, it is not easy to
understand the necessity for so great a depth of masonry. It is therefore more probably a quay projecting into the water."[18] As is well
known, the lake could not have reached this elevation in the Graeco-
Roman period. Our survey of the *dromos* proved that several excavations damaged the foundation of the paved street determining its
collapse. The hypothesis of K. Lembke[19] that the famous private statues found in Dime and now in Cairo Egyptian Museum, Graeco-
Roman Museum of Alexandria and Berlin Museum had been placed
on the *dromos* suggests that there must have been other excavations
along it. These statues were found in 1890 probably during the excavation of Ali Farag, a dealer of Giza who got permission from the Service
des Antiquités to dig in Dime for two winters. The presence of statues

---

[18] Brown 1892, 51–52.
[19] Lembke 1998a (with a complete list of statues and stelae from Dime); Lembke
1998b; Bianchi 1992.

Fig. 6: Platform on the *dromos* (looking South).

on the *dromos* is not mentioned in any previous description of the ruins nor on any plans.[20] Moreover, we have to consider that these statues are very well preserved and almost complete, a clear sign that they were deeply buried in soft context. Thus we should assume that Ali Farag excavated on the sides of the *dromos*, probably for a certain length. However, we do not have to believe that the two narrow strips at the sides of the monumental street are the result of robberies trenches. Although we did not excavate the *dromos* area, we collected a number of new data that can help in the interpretation of this important feature.

The foundations of the *dromos* consist of two parallel walls retaining the sand on which the paving is set (Fig. 5). Parts of these walls are visible on the sides of the *dromos* and in its southern half, where the floor slabs are not preserved anymore. The pavement is neither well preserved in all places nor uniform: sectors of pavement made with different stones were identified, perhaps corresponding to different periods of construction or re-paving. They may be connected with the

---

[20] A plan of Dime was drawn by Sir J. G. Wilkinson in 1821–33 (now in Bodleian Library, Oxford); a second one was published by Lepsius 1849, I: Bl. 52.

progressive expansion of the habitation blocks toward the South. For the moment we can divide the surveyed part of the *dromos* in two different sectors: in the first 160 meters from South to North the pavement is very damaged and made of grey soft limestone slabs. In this space the street rises slightly towards North and it is quite high on the lateral sand surfaces. This difference in level turned out to be original as we found two stairways leading from the *dromos* down for at least 1.8 m. They are 80 meters far from the South stairway and are placed one in front of the other on the opposite sides of the street and parallel to it. This means that the *dromos* was, in this area, a banked street and that perhaps two other streets ran on its sides. The lateral stairs allowed people to cross or to get on the processional way. I did not find any comparison for such a banked street and probably this peculiarity is due to the local morphology of the ground rather than religious needs.

A sort of rectangular platform (Fig. 6), slightly larger than the street and marked by a threshold and five drums of columns, is located at middle length of the *dromos*.[21] Until this point the street goes up towards North with a light slope, then it runs flat. The pavement of the platform and of the street North of it is different from that to the South, suggesting that the southern sector of the *dromos* was built in a different period. Numerous are the chiselled marks on the slabs of the northern sector, including a line that marks the centre of the *dromos*, some scattered Greek letters and the name Satabous.

In front of the new mud brick temple the pavement of the *dromos* changes (Fig. 4) and in some way part of the foundation filling, as was demonstrated by the magnetometry survey. In fact, there is a highly magnetic area between the foundation walls and under the pavement. North of this magnetic area the pavement is unfortunately very damaged but finely executed with squared tiles (26 x 26 cm) of black basalt and brown limestone surrounded by a cornice and set in a thick layer of white mortar placed on a foundation of yellow limestone blocks. It is similar to the pavement found inside the *naos* (room ST 20M) of the temple of Soknopaios. East of it a statue of a lion was discovered deeply buried in the sand. The statue had been deliberately smashed up with the aid of fires at an unknown point in time.[22] The religious importance

---

[21] It might have been a kiosk or a tribune: cf. Cabrol 2001, 565.

[22] The modern name of the site, Dime es-Seba, suggests the presence of statues of lions, but no one has been found up to date. This statue and some other fragments recovered near the *dromos* suggest the real presence of a number of lion statues and of sphinxes on the processional causeway. G. B. Belzoni (1819) and K. R. Lepsius

Fig. 7: View of the excavated sector (2003–2007): temple ST 20 from Southeast.

of this area is also testified to by the presence on the *dromos* of a limestone slab whose surface is covered by 'pilgrims stretches'; moreover, two square holes are symmetrically located on the *dromos*, probably to hold some kind of monument or poles. No traces of a kiosk or other features have been recognised so far in this area and a proper future excavation would probably clarify the situation.

The area immediately in front of the *temenos* gate is in very poor condition. A limestone building with columns was once on the *dromos*, but it was robbed as well as the last sector of the paved street and the gateway in the *temenos*. Something interesting for the treasure hunters must have been in this area, as the presence of a wide crater in the sand testifies to.

Soknopaios' temple is one of the best-preserved sacred areas in the Fayyum,[23] but it was never scientifically excavated (Fig. 2). The great number of papyri, mainly demotic, that came from this temple at the

---

(1843) did not mention them in their descriptions of the site: Davoli 1998, 40–41. On the contrary, Sir J. G. Wilkinson (1821–33) mentioned the presence of parts of lion statues inside the *temenos* and at the North end of the *dromos*: Ms. Wilkinson dep. A 15, fol. 41.

[23] The *temenos* area with the visible buildings are described in Davoli 2007.

Fig. 8: The central rooms of temple ST 20 from South.

Fig. 9: Northwest wall in room F with the decorated register.

end of the 19th century,[24] offers the extraordinary possibility of a

---

[24] In 1887 a number of Greek and Demotic papyri reached the antiquities market in Cairo and was divided and sold in several lots to many institutions: Wilcken 1912,

Fig. 10: View from South of the *naos* M and S.

multidisciplinary study of an important context. The Soknopaiou Nesos Project carried out five excavation seasons (2003–2007) in a sector located inside the *temenos*, North of the temple built in mud brick and stone (labelled ST 18) identified by Grenfell and Hunt as the temple of Soknopaios and Isis Nepherses.[25] Its entrance is located in front of the main gate in the *temenos* and in front of the *dromos*. On the basis of its plan, I have proposed to interpret it as a Ptolemaic temple transformed into a monumental *propylon* with the opening of a door in the rear wall of the *naos*.[26] The presence of this door suggests the extension of the temple towards North, in a centrally located area where a huge number of heavy lintels and blocks are concentrated. Thus it was evident that the temple proper was situated in this area, of which we excavated a sector of 25 x 40 m, beginning from the rear wall of the building ST 18 (Fig. 7). Its North gate leads to a paved courtyard in front of an imposing temple built in limestone blocks, labelled ST 20. Two small auxiliary buildings (ST 23 and ST 200) closed the courtyard on its West and East sides, forcing the entrance to the

---

I: XIX; Turner 1939, v–vi. Monuments or fragments of them found in the temple during the excavation of Ahmed Kamal in 1915–16 were also probably sold: Kamal 1916.

[25] Grenfell and Hunt 1901, 5.

[26] Davoli 2007, 101–104.

courtyard and to the temple from South through the *propylon* ST 18.
The temple ST 20 had a secondary entrance from its West side, through
room D (Fig. 3). Thirteen rooms, two staircases and two crypts have
been brought to light so far and are preserved to a height of about 1.6
m   .
Of these, two are wide rooms on the main axis of the temple (rooms
A, F), both with a grey limestone slabs floor in quite good condition
and with ramps flanked by two rows of three steps (Fig. 8). The third
room on the main axis is the vestibule (L) in front of the *naos*, which
is divided into two rooms (M and S) (Fig. 10). The pavement of the
first room M is completely missing in the centre, but it is preserved at
the entrance and along the perimeter walls. It consisted of two series
of rectangular paving stones in brown limestone and basalt that
formed a sort of cornice for a pavement of square and triangular tiles.
Some of these were in basalt and others in brown limestone. It is a
quite unusual kind of floor for a temple, highly elaborated and in contrast with the plain pavement of the following room S. It is of the same
kind we have seen on the *dromos*, therefore we can assume that they
were built at the same time. The basalt and limestone elements of the
floor were not properly tiles, as they are quite thick,[27] with a polished
upper surface and a rough lower one to be inserted in a thick layer of
white mortar. The mortar was smeared on a course of limestone
blocks, which formed the foundation of the floor.[28]

A wide door opening to the North led into the *naos* (S). The door,
originally closed by two leafs opening inside S, was flanked by a flat
cornice on which two large male figures, identifiable as the ruler step-
ping toward the entrance, are carved. Only the knee-length garment
and legs of these figures are preserved. The *naos* S is only 2 m long and
the pavement in limestone blocks is preserved at its eastern end only.
The walls are smooth, with the exception of an area 1.6 m wide, which
was left rough at the centre of the rear wall, where presumably a *naos*
was originally placed. According to the traces left on the rear wall, as
well as the measures of the room and of the door leafs, the *naos* should
have occupied an area of 1.6 m by 1.3 m in depth.

The *sancta sanctorum* formed by the two rooms are different from
others known in the Fayyum, while the general plan of the temple is

---

[27] Their dimensions vary from 20 x 20 cm to 31 x 31 cm; the thickness is 14 cm.
[28] This kind of floor can be defined as *opus sectile*, but the elements used here are
not thin slabs as they use to be. Cf. Ginouvés and Martin 1985, I, 144–152.

very similar to that of the ground floor of Qasr Qarun temple, with minor differences.[29]

Because of the spoliation of the temple and several treasure hunters' excavations carried out in 19th and 20th centuries the stratigraphy consisted primarily of debris, blocks and large architraves, belonging to the original covering of the building and resulting from the collapse and dismantlement of the structure. The stratigraphy was almost everywhere disturbed. Many are the objects and monuments belonging to the original furniture of the sanctuary that were found, but they are all fragments. Pieces of the same object have been recovered in different rooms as a result of numerous tampering. For this reason it is difficult to recognize the function of the lateral rooms in the temple. Two of them are chapels (G and O) because of the *torus* cornice around their doors, both originally closed by a double leafs wooden door. Their floors were completely removed. Chapel O (3.75 x 2.54 m) is heavily damaged, but is preserved to a maximum height of 1.15 m above the original floor level. On the faces of the walls there is a light-colour stain, which suggests the presence of a masonry structure abutted to the rear western wall. Stains and traces of mortar on the North and South walls attest that this structure must have occupied most of the space in the room.

Among the lateral rooms there is a storage for ritual objects—room E—where it was possible to securely identify traces of use of the building in the Late Roman period. The layer of ancient rubbish spread on the floor was not completely removed by previous diggers because of the presence of a very heavy lintel inside the room that did not allow the excavation. Among the finds are fragments of wooden furniture decorated with glass inlays, beads, Greek and Demotic papyri in bad condition due to their use as fuel for late fireplaces.

Traces of a late use of the building are present in other rooms also, as for example in G, F and L. They consist of a fragment of a literary Coptic papyrus[30] from the 6th century AD and late Roman amphorae datable between the end of the 4th and the 7th century (late AE3 and LRA7). The coin found by Boak and dated to the beginning of the 4th century is no longer the only late object found in Dime.[31]

---

[29] Arnold 1999, 257; Daumas 1980, 262.
[30] I would like to thank R. S. Bagnall for this dating.
[31] Coin of Costantius I (305–306 AD): Haatvedt 1935, 38, 47 no. 87.

Two crypts were found so far: one was built in the thickness of the wall (room R) and was probably entered from the top; the second one is located under the East staircase (room Q). A small trap door situated in the first landing gave access to a crypt that extends below the second flight. It is well preserved (3 x 0.76 m), except for a portion of the floor that has been dismantled as well as the landing with the trap door to make the entrance easier for the diggers. The roof of the crypt is the bottom of the second flight of the staircase and therefore the height of the crypt varies from 1.18 to 2.04 m from South to North. A low passageway (69 cm height and 50 cm wide) in the north wall connected the crypt with a small hiding-place situated under the pavement of room P, which is a room under the stairs. This hiding and well protected place was probably used for the treasure of the temple.[32]

The decoration of the temple was not finished: the external surfaces were not levelled and rough bosses were left on the walls. Some of the inside walls are smooth and some others are simply flattened. All the doors are surrounded by flat and slightly raised cornices on which are the torus cornices in the case of the main central doors or of chapels. The lintels of the doors were in yellow limestone, while the architraves were in grey shell-limestone, and decorated with cavetto cornices and uraei friezes. Many fragments of lintels and of freezes, sometime painted, have been found.

A bas-relief decoration was certainly part of the original project of the temple, but it was only partially created around some doors and on the Northwest wall in the offering room F (Fig. 9). The figurative register is about 60 cm above the floor and it represents nine partially preserved characters in different stages of completeness. Some decorated blocks belonging to this relief have been found in different rooms during several seasons. These allowed us to reconstruct part of the scene: on the actual wall there are seven male figures, two of which can be identified as depicting a king and five as representing gods. All the figures are outlined with red ink and only two were carved in bas-relief, but these are unfinished. The gods are all standing and have the same peculiarities. The king is wearing a triangular skirt with the front decorated by two hanging cobras.[33] The register was probably divided into two panels: the first one to the right showing the first two figures

---

[32] We can suppose that the perfectly preserved incense burner in wood and gold leaf found in Dime around 1893 and now preserved in Cairo Egyptian Museum (JE 30700) was left by the priests in this crypt or in a similar one.

[33] Type similar to Vassilika 1989, MS 79.

where the king, turned to the left and crowned with the Upper Egyptian crown, was presenting an offering to the god; the second one, to the left, enclosed the other five figures, with the king making an offering to four standing gods.[34]

Other two figures are represented at the same level as the aforementioned register, but on the flat cornice West of the door that connects the offering room (F) with the vestibule (L). They are a king with the double crown followed by a queen wearing a long robe and the *basileion* with two high feathers. The names of these rulers should have been written in front of them, but that of the king is missing and the cartouche of the queen was left empty.[35] However, it is certain that they represent a couple of Ptolemaic rulers.[36]

The bottom of a figured register is on the West cornice of the door leading inside the *naos* (M). The reliefs were finished and painted but only the feet of two facing male figures remain. It is certainly one of those scenes, enclosed in squares and arranged on more than one register, that usually decorate the cornices of the portals and often comprise two figures: the king, always turned towards the entrance of the temple, making an offering in front of the standing god with his back turned towards the door.[37] In this case, the king is painted brown-red, while the god is light blue. The lower part of two hieroglyphic inscriptions on facing columns is recognisable between the two figures.

As we have seen, two standing kings were represented on both sides of the entrance to *naos* S. Their original height can be estimated as 1.2 m.

The decoration of the temple is described in a Demotic papyrus kept in the Papyrussammlung in Vienna (pWien D10100) and recently

---

[34] As is well known, the decoration of the Graeco-Roman temple followed a series of rules one of which has been disregarded here: the positions of the king and the gods seem to be inverted, being the gods represented looking at the entrance of the temple and not vice versa: Gutbub 1985, 125.

[35] An empty cartouche is often found in captions of queens in the temple at Dendera, see for example: Chassinat 1934, II: pl. XCVIII. Part of this relief was published by S. Pernigotti who dated it to the Roman period and did not notice the presence of the queen behind the king: Pernigotti 2004, 120, pl. II.

[36] The presence of queens next to emperors in Egyptian temple reliefs is rare. The only example known to me is in the temple of Kalabsha, in which the emperor is followed once by the queen crowned with two high feathers: Gauthier 1911, I: 41; II: pls. XIVA, XVIIIB.

[37] See Vassilika 1989, 11. This decorative scheme is typical of the Graeco-Roman temples. See for example the gate of the *naos* of the temple at Dendera: Chassinat 1934), I: pl. XLVI.

published by G. Vittmann.[38] The text was transcribed during the Roman period (1st–2nd century AD), but it describes figurative scenes depicting a Ptolemaic king followed by a queen. The decoration of a temple portal is described in another Vienna papyrus (Wien Aeg 9976) from Soknopaiou Nesos, which mentions Ptolemy VIII.[39] In both cases, however, the depictions and texts in the papyri do not match what has been found so far. Thus, it is possible that the papyri belong to parts of the temple still not brought to light or decorations that were designed but never made.[40] From other Demotic and Greek sources recently published or under study we can gather information about the economic and religious life of the temple and its feasts. Many of these data are not fully comprehensible due to the lack of comparisons or of the features to which they refer. In some cases the excavation could solve or enlighten texts, as for example the daily ritual followed by the priests in the Roman period that mentioned the crossing of five gateways before entering the *wesekhet* hall. M. Stadler, who is in charge of this text, could recognize the gates and the *wesekhet* hall respectively in buildings ST 18 and ST 20, which were part of one temple during the Roman period, as the excavation demonstrated.[41]

A short mention of the finds will complete the overview of the archaeological results of the excavation. Many papyri and *ostraka* in Greek and Demotic, papyri amulets,[42] incense burners and many fragments of monuments and statues in basalt and limestone have been found scattered in and around temple ST 20. The stone monuments are all badly ruined. Some are cornices in classical style, such as a Ionic-Corintian style cornice with rosettes,[43] a Doric frieze with a triglyph and plain metope, the base of a small column in imperial attic stile and what seems to be a piece of a Corinthian capital.[44] These

---

[38] Vittmann 2002/2003, 106–136, pl. 14–21.

[39] Winter 1967. The wide temple building program of Ptolemy VIII is well known: Hölbl 2001, 257.

[40] Both papyri can be defined as copies of "pattern books" for the decoration of the temple: Vassilika 1989, 7–11.

[41] Stadler 2007.

[42] Capasso 2007.

[43] A similar cornice was found in Theadelphia: Pensabene 1993, 510 cat.-no. 924, pl. 97.

[44] Inv.-no. ST04/100/517; cm 35 x 65, th. 13–16.5. Inv.-no. ST04/100/699; cm 10 x 11.5 x 11.

architectural elements suggest the presence of one or more Classical style buildings inside the *temenos*.[45]

Among the statues we could recognize several different standing males of the well known Dime style, one with the more traditional *shendit* and at least one female statue with long curls, perhaps the goddess Isis or a priestess, three crocodiles, one enthroned figure probably of dynastic period and part of a sort of a stela with a high relief head resembling the iconography of Amenemhat III or Premarres. Surprisingly, none of these statues is in basalt.

An exceptional object has been found in a building immediately West of the temple ST 20. It is an iron Roman cavalry sword, very well preserved, 1 m long and 6 cm wide. It is complete, with an iron scabbard and an ebony pommel. The sword, which has only been consolidated so far, will be restored in the future. It is comparable to the depiction of three swords on a relief representing the three gods of Palmyra and dated to the first half of the 1st century AD.[46]

In conclusion, after five seasons of investigation we have reached a much better and clearer idea of the site's layout and of the main temple at the present state of preservation. However, it will take time and a lot of interdisciplinary work before coming to solid conclusions on the many open questions about the settlement and its surroundings.

On the basis of what we know from an archaeological perspective, we can argue that the area was inhabited with a certain degree of continuity from the Neolithic to the Islamic period. In this wide span of time there have been major changes in the climate that influenced the landscape and the available resources. The comprehension of these variations is one of the main tasks of the Soknopaiou Nesos Project for the future.

The continuous anthropic presence in the area does not mean that Soknopaiou Nesos was founded in a pre-Ptolemaic period nor that it

---

[45] We cannot rule out the possibility that the pieces belonged to the same building, since it is well known that in Alexandrian style architecture different styles could be used at the same time; however, it is also possible that they are part of different structures. A small chapel with columns, labelled ST 7, is located on the North side in the *temenos*: Davoli 2007, 100.

[46] Limestone relief: Louvre Museum, AO 19801 (height 56 cm, width 72 cm) from Bir Wereb, near Palmyra (1945). Three similar pommels, but smaller, are exhibited at the Egyptian Museum in Cairo. Two of them are in bone and ivory (JE 45047) and belonged to swords found in Mit Rahina in 1914. The third one is in serpentine (JE 25554) and was found in Thebes.

was still an organized settlement in the Late Roman period. Little evidence from the Late Roman period has been found especially inside the *temenos*, such as pottery and a Coptic fragment of papyrus, but they can be considered as proofs of the presence of sporadic small groups of people. The pottery survey did not reveal so far the presence of a consistent amount of Late Roman pottery on the site as we could expect from a community. Therefore we can continue to consider the mid-third century as the period of the abandonment of the settlement, but we have also to bear in mind that people continued to pass by and to live, probably for short spans of time, among the ruins of Soknopaios' temple. The North shore of lake Qarun was then not completely deserted.

Comparing the results of the excavations and surveys carried out by the University of Michigan and by the University of Lecce, we could put forward a series of preliminary hypothesis about the development of the settlement. During the beginning of the Ptolemaic period the settlement occupied the area immediately around or South of the main temple. This one, the original temple ST 18, was built on a hill at about 25 m above sea level, while the contemporary houses, found by the University of Michigan in the West sector, were at about 17 m. The floor level of the temple did not rise in time, as is well demonstrated by the second temple ST 20 built between the 2nd and the 1st century BC and still in use in the middle of the 3rd century AD. On the contrary, the settlement underwent numerous changes in elevation and in the first two centuries of the Roman period it reached its maximum expansion. The *dromos* was probably set at the same time as the first Ptolemaic temple as a processional way, but the present feature was probably built in different moments, following the extension of the settlement toward South. The steep ground slope forced people to build it as a banked street connected with the lateral roads by stairways. A kiosk or a monumental building with columns was built on top of it in front of the gateway in the *temenos* and a second one or a tribune was at its middle length. Along the *dromos* or near the kiosk and the tribune were possibly placed the private statues found by Ali Farag and at least a cippus found by Boak (IFay I 72, 68/67 BC) with a dedication of two royal statues and the stela with the Prefect L. Lusius Geta's decree (IFay I 75, 54 AD). Their completeness suggests that these monuments cannot have been found inside the ruins of the temple, where all the furniture had been crashed by heavy collapses.[47] Moreover, as A. Cabrol has pointed out, the *dromos* was the ideal place to set official decrees and private statues, well visible by priests and people.[48]

All these new finds open new perspectives on the history of the temple, of the settlement and on the landscape in general, but further multidisciplinary research is necessary before a comprehensive picture of Soknopaiou Nesos can be reached.

Bibliography

Arnold, Di. 1999. *Temples of the last pharaohs*. New York.

Bianchi, R. S. 1992. The cultural transformation of Egypt as suggested by a group of enthroned male figures from the Faiyum. In *Life in a multi-cultural society: Egypt from Cambyses to Constantine and beyond*, ed. J. H. Johnson, 15–26. Chicago.

Boak, A. E. R. 1935. *Soknopaiou Nesos. The University of Michigan excavations at Dimê in 1931–32*. Ann Arbor.

Brown, R. H. 1892. *The Fayûm and Lake Moeris*. London.

Cabrol, A. 2001. *Les voies processionnelles de Thebes*. Leuven.

Calderini, A. and Daris, S. 1986. *Dizionario dei nomi geografici e topografici dell'Egitto Greco-romano*. IV vol. III fasc. Milano.

——— 2003. *Dizionario dei nomi geografici e topografici dell'Egitto Greco-romano. Supplemento 3 (1994–2001)*. Pisa.

Capasso, M. 2005. Libri, Autori e Pubblico a Soknopaiou Nesos. Secondo Contributo alla Storia della Cultura letteraria del Fayyum in Epoca Greca e Romana I. In *Tebtynis und Soknopaiu Nesos. Leben im römerzeitlichen Fajum. Akten des Internationalen Symposions von 11. bis 13. Dezember 2003 in Sommerhausen bei Würzburg*, eds. S. L. Lippert and M. Schentuleit, 1–17. Wiesbaden.

——— 2007. Alcuni papiri figurati magici recentemente ritrovati a Soknopaiou Nesos. In *New archaeological and papyrological researches on the Fayyum. Proceedings of the International Meeting of Egyptology and Papyrology. Lecce, 8th–10th June 2005*. Papyrologica Lupiensia 14, eds. M. Capasso and P. Davoli, 49–66. Galatina.

Caton-Thompson, G. and E. W. Gardner. 1934. *The desert Fayum*. London.

Chassinat, E. 1934. *Le temple de Dendara* I–II. Le Caire.

Clarke, K. D. 2006. Paleography and philanthropy: Charles Lang Freer and his acquisition of the 'Freer Biblical Manuscripts'. In *The Freer biblical manuscript: fresh studies of an American treasure trove*, ed. L. W. Hurtado, 17–73. Atlanta.

Clarysse, W. 2005. Tebtynis and Soknopaiou Nesos: the papyrological documentation through the centuries. In *Tebtynis und Soknopaiu Nesos. Leben im römerzeitlichen Fajum. Akten des Internationalen Symposions von 11. bis 13. Dezember 2003 in Sommerhausen bei Würzburg*, eds. S. L. Lippert and M. Schentuleit, 19–27. Wiesbaden.

---

[47] Also the statues and the other monuments found by Ahmed Kamal inside the temple were all fragments.

[48] Cabrol 2001; royal statues and royal decrees were probably set on the tribune of Karnak temple: Lauffray 1971, 131.

Daumas, F. 1980. L'interprétation des temples égyptiens anciens à la lumière des temples gréco-romains. *Cahiers de Karnak* VI *1973–1977*: 261–284.

Davoli, P. 1998. *L'archeologia urbana nel Fayyum di età ellenistica e romana*. Napoli.

———2001. Aspetti della topografia del Fayyum in epoca ellenistica e romana, in *Atti del XXII Congresso Internazionale di Papirologia, Firenze 1998*, I, eds. I. Andorlini et al., 353–359. Firenze.

———2005a. Examples of town planning in the Fayyum. *BASP* 42: 213–233.

———2005b. New excavations at Soknopaiou Nesos: the 2003 season. In *Tebtynis und Soknopaiu Nesos. Leben im römerzeitlichen Fajum. Akten des Internationalen Symposions von 11. bis 13. Dezember 2003 in Sommerhausen bei Würzburg*, eds. S. L. Lippert and M. Schentuleit, 29–39. Wiesbaden.

———2007. The temple area of Soknopaiou Nesos. In *New archaeological and papyrological researches on the Fayyum. Proceedings of the International Meeting of Egyptology and Papyrology. Lecce, 8th–10th June 2005*. Papyrologica Lupiensia 14, eds. M. Capasso and P. Davoli, 95–124. Galatina.

———, Chiesi, I., Occhi, S. and Raimondi, N. (in press). Soknopaiou Nesos Project: the resume of the archaeological investigation. The settlement and its territory. Paper presented at the 25th International Congress of Papyrology, July 29—August 4, 2007 in Ann Arbor.

Gauthier, H. 1911. *Les Temples immergés de la Nubie. Le temple de Kalabchah*. Le Caire.

Geremek, H. 1969. *Karanis. Communauté rurale de l'Égypte romaine au IIe–IIIe siècle de notre ère*. Wroclaw.

Ginouvès, R. and R. Martin. 1985. *Dictionnaire métodique de l'architecture grecque et romaine*, I. Athènes.

Grenfell, B. P. and A. S. Hunt. 1901. Excavations in the Fayyum. In *Egypt Exploration Fund. Archaeological Report 1900–1901*, 2–5. London.

———and D. G. Hogarth. 1900. *Fayûm towns and their papyri*. London.

Gutbub, A. 1985. Remarques sur quelques règles observées dans l'architecture, la décoration et les inscriptions des temples de Basse Epoque. In *Mélanges offerts à Jean Vercoutter*, eds. F. Geus and F. Thill, 123–136. Paris.

Haatvedt, R. A. 1935. The coins. In *Soknopaiou Nesos. The University of Michigan excavations at Dimê in 1931–32*, ed. A. E. R. Boak, 37–47. Ann Arbor.

Hobson, D. 1984. Agricultural land and economic life in Soknopaiou Nesos. *BASP* 21: 89–109.

Hölbl, G. 2001. *A history of the Ptolemaic empire*. London.

Jördens, A. 2005. Griechische Papyri in Soknopaiu Nesos. In *Tebtynis und Soknopaiu Nesos. Leben im römerzeitlichen Fajum. Akten des Internationalen Symposions von 11. bis 13. Dezember 2003 in Sommerhausen bei Würzburg*, eds. S. L. Lippert and M. Schentuleit, 41–56. Wiesbaden.

Kamal, A. 1916. Quelques jours de fouilles à Dimeh es-Sebaâ. *ASAE* 16: 183–186.

Lauffray, J. 1971. Abords occidentaux du premier pylône de Karnak. Le dromos, la tribune et les aménagements portuaires. *KEMI* 21: 77–144.

Lembke, K. 1998a. Dimeh. Römische Repräsentationskunst im Fayyum. *JDAI* 113: 109–137.

———1998b. Private representation in Roman times: the statues from Dimeh/Fayyum. In *L'Egitto in Italia dall'Antichità al Medioevo. Atti del III Congresso Internazionale Italo-Egiziano, novembre 1995*, eds. N. Bonacasa et al., 289–295. Roma.

Lepsius, K. R. 1849. *Denkmäler aus Aegypten und Aethiopien*, I. Berlin.

Lippert, S. L. 2007. Die Abmachungen der Priester—Einblicke in das Leben und Arbeiten in Soknopaiou Nesos, in *New archaeological and papyrological researches on the Fayyum. Proceedings of the International Meeting of Egyptology and*

Papyrology. Lecce, 8th–10th June 2005. Papyrologica Lupiensia 14, eds. M. Capasso and P. Davoli, 145–155. Galatina.

——and M. Schentuleit. 2005. Die Tempelökonomie nach den demotischen Texten aus Soknopaiu Nesos. In *Tebtynis und Soknopaiu Nesos. Leben im römerzeitlichen Fajum. Akten des Internationalen Symposions von 11. bis 13. Dezember 2003 in Sommerhausen bei Würzburg,* eds. S. L. Lippert and M. Schentuleit, 71–78. Wiesbaden.

Messeri Savorelli, G. 1989. La popolazione di Soknopaiou Nesos nel 178/9 d. C. *Analecta Papyrologica* 1: 7–14.

Muhs, B. 2005. The grapheion and the disappearance of Demotic contracts in early Roman Tebtynis and Soknopaiu Nesos. In *Tebtynis und Soknopaiu Nesos. Leben im römerzeitlichen Fajum. Akten des Internationalen Symposions von 11. bis 13. Dezember 2003 in Sommerhausen bei Würzburg,* eds. S. L. Lippert and M. Schentuleit, 93–104. Wiesbaden.

Musardo, P. 2007. *L'attività doganale a Soknopaiou Nesos.* Papyrologica Lupiensia 16. Galatina (in press).

Pensabene, P. 1993. *Elementi architettonici di Alessandria e di altri siti egiziani.* Roma.

Pernigotti, S. 2004. Ptolemy III at Soknopaiou Nesos. *SEP* 1: 119–122.

Schentuleit, M. and C. Liedtke. 2008. Dime online: Eine prosopographische und topographische Datenbank zu Soknopaiu Nesos. In *Graeco-Roman Fayum. Texts and archaeology. Proceedings of the Third International Fayum Symposion, Freudenstadt, May 29–June 1, 2007,* eds. S. Lippert and M. Schentuleit, 217–222. Wiesbaden.

Stadler, M. A. 2007. Zwischen Philologie und Archäologie: das Tägliche Ritual des Tempels in Soknopaiou Nesos. In *New archaeological and papyrological researches on the Fayyum. Proceedings of the International Meeting of Egyptology and Papyrology. Lecce, 8th–10th June 2005.* Papyrologica Lupiensia 14, eds. M. Capasso and P. Davoli, 283–302. Galatina.

Turner, E. G. 1939. *Catalogue of Greek and Latin papyri and ostraca in the possession of the University of Aberdeen.* Aberdeen.

van Minnen, P. 1995. Deserted villages: Two late antique town sites in Egypt. *BASP* 32: 41–56.

Vassilika, E. 1989. *Ptolemaic Philae.* Leuven.

Vittmann, G. 2002/2003 Ein Entwurf zur Dekoration eines Heiligtums in Soknopaiu Nesos (pWien D 10100). *Enchoria* 28: 106–136.

Wessely, C. 1902. *Karanis und Soknopaiu Nesos. Studien zur Geschichte antiker Cultur- und Personenverhältnisse.* Wien.

Widmer, Gh. 2005. On Egyptian religion at Soknopaiu Nesos in the Roman period (P. Berlin P 6750). In *Tebtynis und Soknopaiu Nesos. Leben im römerzeitlichen Fajum. Akten des Internationalen Symposions von 11. bis 13. Dezember 2003 in Sommerhausen bei Würzburg,* eds. S. L. Lippert and M. Schentuleit, 171–184. Wiesbaden.

——2007. Sobek who arises in the Primeval Ocean (PBM EA 76638 and PStrasbourg Dem. 31). In *New archaeological and papyrological researches on the Fayyum. Proceedings of the International Meeting of Egyptology and Papyrology. Lecce, 8th–10th June 2005.* Papyrologica Lupiensia 14, eds. M. Capasso and P. Davoli, 345–354. Galatina.

Wilcken, U. 1912. *Grundzüge und Chrestomathie der Papyruskunde,* I. Leipzig.

Winter, E. 1967. *Der Entwurf für eine Türinschrift auf einem ägyptischen Papyrus.* NAWG 3. Göttingen, 59–80.

EIN RÖMERZEITLICHES PYRAMIDENGRAB UND SEINE AUSSTATTUNG IN TUNA EL-GEBEL. EIN VORBERICHT ZU DEN GRABUNGSKAMPAGNEN 2007 UND 2008

Mélanie Flossmann
Alexander Schütze

Die archäologischen Arbeiten der Joint Mission des Institutes für Ägyptologie der Ludwig-Maximilians-Universität München und der Faculty of Archaeology der Cairo University in Tuna el-Gebel befassen sich seit dem Jahre 1989 mit der Erschließung des Tierfriedhofes, der dazugehörigen Kult- und Verwaltungsbauten sowie des Nekropolengebietes nördlich des Grabes des Petosiris.[1] In den Jahren 2006 und 2007 wurde ein römerzeitliches Steingrab mit Pyramidenoberbau freigelegt, das eine intakte Grabausstattung mit vergoldeten Mumien, Totenbetten, Statuen und Amuletten enthielt. Dieser Vorbericht stellt den Grabungsbefund in seinem derzeitigen Bearbeitungsstand dar und veranschaulicht seine Stellung im Spannungsfeld zwischen Innovation und altägyptischer Tradition im Totenkult des römerzeitlichen Ägypten.[2]

---

[1] Die Joint Mission wird von Prof. Dr. Dieter Kessler (München) und Prof. Dr. Abd el-Halim Nur ed-Din (Kairo) geleitet. An dieser Stelle sei den weiteren Mitarbeitern der Frühjahrskampagnen 2007 und 2008, Véronique Berteaux, Alexandra Braum, Patrick Brose, Andrea Brückle, Dr. Mahmūd Ebeid, Lisa Kessler, Jörg Klaas, Vivien Schmidt-Neder und Dr. Frank Steinmann, gedankt, die bei der Freilegung und Bearbeitung von Grab 7 maßgeblich mitgewirkt haben. Darüber hinaus bedanken wir uns bei Elisabeth Griesbeck für die fotografische Dokumentation der Funde in der Frühjahrskampagne 2009 sowie bei Julia Walenta für die Aufbereitung des Bildmaterials.
[2] Wir danken Frau Dr. Katja Lembke für die freundliche Einladung, im Rahmen des Kongresses über die neuen Grabungsergebnisse zu berichten, sowie den Herausgebern für die Möglichkeit, den Vorbericht in diesem Kongressband zu publizieren.

1. *Die Grabungen der Joint Mission in Tuna el-Gebel*

Die antike Nekropole Tuna el-Gebel befindet sich ca. 300 km südlich von Kairo im heutigen Bezirk Mallawi in der Provinz Minia in Mittelägypten. Der Friedhof der antiken Großstadt Hermupolis magna, dem heutigen Aschmunein, ist nach dem modernen Dorf Tuna el-Gebel benannt und erstreckt sich ca. 7 km entlang des westlichen Wüstenrandes. Die antike Nekropole weist eine durchgängige Belegungsphase von 1500 v. Chr. bis ins 8. Jahrhundert n. Chr. auf und kann in zwei Bereiche unterteilt werden.[3] Im Norden befindet sich das stark zerstörte Friedhofsareal des Neuen Reiches. Im Süden hat sich in der Spätzeit ein neues Nekropolenzentrum entwickelt, dessen Blütezeit mit der ptolemäischen Epoche zusammenfällt.

Die Untersuchungen der Joint Mission begannen in den ausgedehnten und verzweigten unterirdischen Tiergalerien, die ab der Saitenzeit (ca. 664 v. Chr.) angelegt und bis in die Römerzeit (1. Jahrhundert n. Chr.) mit den Überresten heiliger Tiere gefüllt wurden.[4] Die Hauptgänge, ihre Nebenarme sowie mit Szenen dekorierte Kammern boten Millionen von Tiermumien in bauchigen Tongefäßen[5] und Holzsärgen Platz. Vor allem deifizierte Ibisse und Paviane wurden in den Wandnischen und Gängen bestattet. Die Anlage kann als Ibiotapheion (Bestattungsplatz des Ibis und anderer Tiere) bezeichnet werden. In den Hauptgängen wurden zudem kleine Kultstellen vor Wandnischen mit Verschlussplatten, Treppen und Opferständern angelegt. Die archäologischen Arbeiten in den Tiergalerien wurden im Jahre 2004 beendet und umfassten die Aufnahmen ausgesuchter Gänge[6] und unterirdischer Kultkammern[7] sowie zooarchäologische Untersuchungen der Tiermumien.[8]

---

[3] Eine allgemeine Einführung zu Tuna el-Gebel bietet: Kessler 1986.

[4] Einen Überblick über die Ergebnisse der Untersuchungen des Tierfriedhofes bieten: Kessler 2008b, Kessler 2007b, Kessler und Nur el-Din 2005. Berteaux 2003. Kessler 2003a, 51–53. Kessler und Nureddin 1994. Kessler 1989, 194–219. Die Erforschungsgeschichte der Tiergalerien skizziert: Kessler 1987. Zu den demotischen Inschriften aus den Tiergalerien siehe: Thissen 1991, Ebeid 2006.

[5] Steinmann 2003.

[6] Maurer 2006. Kessler 1983, 107–124. Der Galeriegang C–B wird derzeit von Katrin Maurer im Rahmen des Dissertationsprojektes „Die Gestaltung des Ganges C–B im Tierfriedhof von Tuna el-Gebel" bearbeitet.

[7] Kessler 1998.

[8] Von den Driesch et al. 2005. Von den Driesch, Kessler und Peters 2004. Boessneck und von den Driesch 1987.

Über dem Tierfriedhof liegen die Reste des Tempels des Gottes Osiris-Pavian, der in den Jahren 1989 bis 1992 erneut freigelegt und bearbeitet wurde.[9] Der Tempel wurde im Zusammenhang mit der Errichtung eines neuen Eingangs in die Tiergalerien unter dem Satrapen Ptolemaios im Namen Alexanders IV. um 310 v. Chr. erbaut. Südlich des Tempels des Osiris-Pavian liegt ein längliches, heute stark zerfallenes Lehmziegelgebäude, das in den Jahren 1993 bis 1994 erneut aufgenommen wurde.[10] Das so genannte Priesterhaus ist ein Wohnhaus mit Kultstelle des Pastophoren und Schreibstelle, wo der am Tempel tätige Priester der Ibis-Gemeinschaft von Tuna el-Gebel mit seiner Familie gelebt hat.[11]

Seit dem Jahre 2002 konzentrieren sich die Ausgrabungen auf ein Nekropolen- und Verwaltungsgebiet, das sich nördlich des Grabes von Petosiris und östlich des Tierfriedhofes befindet.[12] Bislang wurde der flache und von Grabräuberlöchern übersäte nördliche Nekropolenabschnitt nicht wissenschaftlich untersucht. Satellitenbilder ermöglichten eine detaillierte Aufsicht auf dieses Gebiet: Große Lehmziegel- und Steinbauten reihen sich entlang einer nördlichen und südlichen Achse, die als Prozessionsstraßen zu deuten sind und die Tiergalerien sowie den Tempel des Osiris-Pavian mit dem antiken Siedlungsareal auf dem Kom el-Loli am westlichen Wüstenrand verbanden. Die Entdeckung eines großen ptolemäerzeitlichen Steingrabes und römerzeitlicher Nachbestattungen ca. 350 m nördlich des Grabes des Petosiris durch ein ägyptisches Grabungsteam im Frühjahr 2008 verdeutlicht die ursprüngliche Ausdehnung und Bedeutung der griechisch-römischen Nekropole.[13] Von den zahlreichen Gebäuden, die sich entlang der beiden Prozessionsstraßen ca. 200 m nördlich des Grabes des Petosiris befanden, wurden bislang vier ptolemäerzeitliche Verwaltungsbauten (Haus A–D) und sieben Gräber (Grab 1–7)

---

[9] Kessler 2007a, 138–150. Kessler und Nur el-Din 1999.

[10] Nur ed-Din und Kessler 1996, 263–293.

[11] Die Ergebnisse der Untersuchungen zu den Oberbauten des Ibiotapheion, nämlich dem Tempel des Osiris-Pavian, dem Priesterhaus und den Eingängen der Tiergalerien, erscheinen in: Kessler, Nur el Din und Steinmann 2010.

[12] Seit 2004 widmet sich ein neues Projekt des Roemer- und Pelizaeus-Museums unter der Leitung von Dr. Katja Lembke der Erforschung der griechisch-römischen Nekropole südlich und auf Höhe des Petosiris-Grabes. Einen Vorbericht über den Survey bietet: Lembke et al. 2007.

[13] Der Grabkomplex mit römerzeitlichen Nachbestattungen wurde in einer Notgrabung von ägyptischen Inspektoren des Supreme Council for Antiquities aufgenommen.

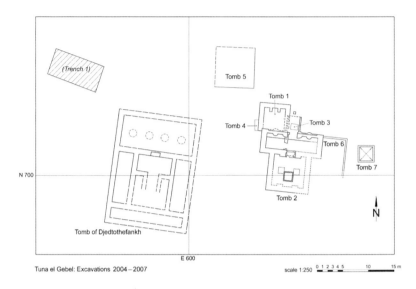

Fig. 1: Lage des ptolemäerzeitlichen Grab 2 und der römerzeitlichen Gräber 1, 3–7.

freigelegt.[14] Die Verwaltungsgebäude, die zum Teil integrierte Kultstellen aufweisen, dienten vor allem der Versorgung der vielen neu angelegten Liturgiestellen im Tierfriedhof und Tempelbezirk.[15]

Im Jahre 2004 wurde an der südlichen Prozessionsstraße ein aus sechs Gräbern bestehender Komplex entdeckt, der in den folgenden Kampagnen teilweise ausgegraben wurde (Fig. 1).[16] Die ursprüngliche Grabanlage (Grab 2), bestehend aus Dromos, Altar, Pronaos, Kapelle und unterirdischen Grabkammern, datiert in die Ptolemäerzeit und wurde später von vier römerzeitlichen Grabbauten aus Lehmziegeln (Grab 1, 3, 4, 6) eingesäumt.

2. Ein römerzeitliches Pyramidengrab und seine Ausstattung

Gegen Ende der Frühjahrskampagne 2006 wurde 1,73 m östlich von Grab 6 unter meterhohem Sand und Schutt ein kleines rechteckiges Grab mit pyramidenförmigem Oberbau entdeckt und stellenweise

---

[14] Schätzungsweise 15 Verwaltungsbauten, die auf den Satellitenbildern eine Länge bis zu 50 m aufweisen, befinden sich an der südlichen Prozessionsstraße.
[15] Kessler 2007a, 135–138.
[16] Kessler 2008a, 75. Kessler 2006. Steinmann 2006.

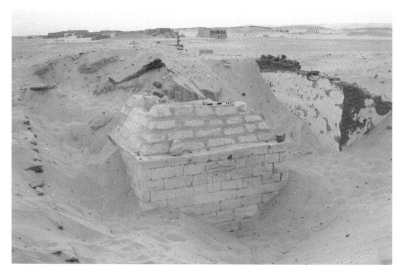

Fig. 2: Blick auf die Nordfassade von Grab 7.

freigelegt (Fig. 2).[17] Das römerzeitliche Grab 7, das vorläufig in das 1. oder 2. Jahrhundert n. Chr. datiert wird, wurde in der Frühjahrs-kampagne 2007 vollständig freigelegt und ist derzeitig Gegenstand wissenschaftlicher Bearbeitung und Restaurierung.

2.1 Die Architektur des Grabes

Die für den Bau des Grabes verwendeten Steinquader[18] sind aus loka-lem, sehr grobfossiligen Nummulitenkalkstein, der stellenweise leicht rosa gefärbt ist, angefertigt worden. Die Steinbrüche liegen in der fla-chen Gebirgskette nördlich und westlich der südlichen Nekropole. Sie dienten vor allem in der griechisch-römischen Epoche als Abbauplatz und lieferten das Material für zahlreiche Steinanlagen in Tuna el-Gebel.[19]

Die vier Seitenlängen des fast quadratischen Grabgrundrisses vari-ieren zwischen 2,85 m und 2,90 m. Von außen betrachtet bildet ein quadratischer Unterbau, von dem lediglich vier Steinreihen ausge-graben werden konnten, die Basis eines etwas kleineren Mittelbaus.

---

[17] Flossmann und Schütze 2008. Kessler 2008a. Kessler und Brose 2008.
[18] Die Blöcke haben eine Höhe von 17–25 cm, eine Länge von 17–50 cm und sind ca. 30 cm tief.
[19] Zum Nummulitenkalkstein von Tuna el-Gebel siehe: Klemm und Klemm 1993, 124–125.

Die Übergangsreihe von Unter- zu Mittelbau ist leicht geböscht. Der Mittelbau selbst besteht aus fünf Steinreihen, die von einer sechsten hervorragenden Gesimsreihe abgeschlossen werden. Die Höhe des freigelegten Grabes bis zum Sims beträgt ca. 2,25 m. Die Grabkammer selbst befindet sich innerhalb des quadratischen Unter- und Mittelbaus, weist aber keine Verjüngung an den Innenwänden auf. Die 2,20 m auf 2,20 m große Kammer ist 2 m hoch. Die vier Seitenmauern wurden aus einer inneren und äußeren Steinreihe errichtet. Während an der Außenwand zwischen den einzelnen Blöcken fast kein Verfugungsmaterial sichtbar ist, tritt an der Innenwand der Grabkammer der antike grau-rosa farbige Mörtel einige Zentimeter aus dem Fugenraum hervor.

Vier massive, längliche Blöcke aus Kalkstein lagen auf der oberen Reihe der inneren Seitenwände auf und bildeten die Decke der Grabkammer. Diese Deckenbalken waren ihrer Länge nach ost-westlich ausgerichtet. Der pyramidenförmige Oberbau wurde auf der abschließenden Gesimsreihe und den Deckenbalken errichtet. Der Mörtel zur Verfugung wurde hier an der Außenseite des Oberbaus sichtbar angebracht. Bei der Freilegung des Grabes waren von diesem nur noch 4 Steinreihen erhalten. Die Steine der Pyramide sind nur an ihrer Außenseite bearbeitet. Die Innenseiten sind grob behauen und unregelmäßig tief. Aufgrund des Neigungswinkels der Blöcke lässt sich die Gesamthöhe des Grabes auf etwa 4,25 m rekonstruieren. Einen direkten Eingang in die Grabkammer gab es nicht, sodass die fünf Mumien mit ihren Beigaben wohl gemeinsam vor Auflage der Deckenbalken und des Pyramidenoberbaus beigesetzt wurden.[20]

Die nördliche Hauptfassade des Grabes ist der Prozessionsstraße zugewandt und durch eine plastisch hervorgehobene Ädikula gekennzeichnet (Fig. 3). Innerhalb der zwei Pfeiler und des Dreiecksgiebels befinden sich die Reste einer dreizeiligen griechischen Inschrift, die in den Stein eingeritzt wurde. Die vorläufig als (1)ΤΑΦΟ(Σ) (2)ΣΕΥΤΑ (3)Σ gelesene Aufschrift scheint zunächst den Besitz des Grabes zu nennen.[21] Die flüchtig eingeritzte Inschrift steht im deutlichen

---

[20] Um in das Innere der Grabkammer zu gelangen, wurden in der Frühjahrskampagne 2007 der pyramidenförmige Oberbau und die vier Deckenbalken abgetragen.

[21] Inwieweit die Inschrift den ursprünglichen Grabbesitzer nennt, oder im Zuge einer späteren Weiterbelegung angebracht wurde, ist zum derzeitigen Bearbeitungsstand unklar. Das Grab des Petosiris wurde beispielsweise seit dem Ende der ptolemäischen Epoche für einfache Bestattungen wieder verwendet. Auf den Seitenwänden im Inneren des Grabes sowie an den Außenwänden befinden sich unter anderem

Fig. 3: Ädikula mit Inschrift an der Nordfassade von Grab 7.

Gegensatz zur bautechnischen Ausarbeitung und Ausstattung des Grabes. Vergleichbare Inschriften sind für römerzeitliche Bestattungen in Tuna el-Gebel belegt.[22] Zu Grab 7 gehört ein kleiner Altar, der sich 3 m nördlich der Hauptfassade an der Prozessionsstraße befindet.[23] Der Altar ist aus dem gleichen Nummulitenkalkstein und grau-rosa-farbigen Mörtel errichtet worden. Auf einem kuboiden Unterbau befindet sich eine flache Platte. Auf dem Altar selbst und unmittelbar daneben im Sand konnten noch Reste von Asche und Brandopfern dokumentiert werden.

Der architektonische Aufbau von Grab 7 setzt sich deutlich von den bisher aus Tuna el-Gebel bekannten römerzeitlichen Steingräbern ab. Auch aus dem übrigen römerzeitlichen Ägypten ist nach dem derzeitigen Forschungsstand bislang keine vergleichbare Anlage bekannt. Ähnliche Gräber mit Kubus und Pyramidenkörper sind von der

griechische Grabinschriften, die nachträglich im Rahmen römerzeitlicher Bestattungen angebracht wurden. Siehe dazu: Bernand 1999, 109, 112–122 und Lefebvre 1924, 25–29.

[22] Exemplarisch sei hier verwiesen auf: Bernand 1999, 121, Nr. 32, Taf. 25 und 127, Nr. 38. Siehe auch: Lefebvre 1924, 27.

[23] Kessler und Brose 2008, 20.

Achämenidenzeit bis in die Römerzeit bzw. Spätantike in Syrien, Palästina, Kleinasien und Griechenland belegt.[24] Der ägyptische Archäologe Sami Gabra, der in den Jahren von 1931 bis 1952 in Tuna el-Gebel Ausgrabungen durchgeführt hat, verzeichnete im Nekropolenplan südlich des Grabes des Petosiris und westlich des Grabes der Isidora ein ähnliches Grab mit pyramidenförmigen Oberbau.[25] Der von ihm als CPT 14 (Cour de Petosiris Tombe 14) aufgenommene Bau ist auf einigen Fotografien aus dem Jahre 1934 noch gut erkennbar.[26] Diese Parallele verdeutlicht, dass es weitere Gräber dieses Bautypus in Tuna el-Gebel gegeben haben muss.

2.2 Die Bestattung Nr. 1

Nach Freilegung und Öffnung des Grabes konnte eine ungestörte römerzeitliche Grabausstattung geborgen werden. Fünf Mumien und ihre Beigaben, darunter zwei hölzerne Totenbetten, zwei Statuen, 68 Amulette und sechs Uschebtis, wurden dort auf engem Raum abgelegt (Fig. 4).[27] Der Erhaltungszustand der Holzobjekte und der Mumien ist stellenweise schlecht. Durch Ritzen im Mauerwerk konnten Flugsand und Insekten in das Innere der Kammer eindringen und die Totenbetten zum Teil schwer beschädigen. Auch die dicke Gipshülle der Mumien ist über die Jahrhunderte brüchig geworden und stellenweise abgeplatzt.[28] Trotz des zum Teil schlechten Erhaltungszustandes gehört der Befund zu den wenigen römerzeitlichen Gräbern, in denen

---

[24] Beispiele aus hellenistisch-römischer Zeit finden sich in: Merkelbach und Stauber 1998, 23–24 und 446–447. Für syrische Parallelen aus dem 4. bis 6. Jahrhundert n. Chr. siehe: Strube 1996, 17–19, 21, 88, Abb. 35–36, 151. Für diese Hinweise und Literaturangaben sei Veit Vaelske (Philipps-Universität, Marburg) gedankt.

[25] Gabra 1954, 19.

[26] Er besteht auch hier aus einem quadratischen, etwas flacheren Unterbau mit einer ungefähren Seitenlänge von 2,50 m sowie schweren Deckenbalken und einem pyramidenförmigen Oberbau. Der heutige desolate Zustand des Grabes lässt nichts mehr von seiner ursprünglichen Form erkennen. Für Abbildungen siehe: Gabra 1939, Taf. LXXIV. Eine weitere Originalaufnahme aus einem Photobuch von Gabra, das sich heute im Inspektorat von Tuna el-Gebel befindet, wurde reproduziert in: Kessler und Brose 2008, 100.

[27] Die Nummerierung der Mumien und Betten gibt die Fundsituation innerhalb der Grabkammer wieder.

[28] In Zusammenarbeit mit dem Lehrstuhl für Restaurierung, Kunsttechnologie und Konservierungswissenschaft an der Technischen Universität München unter der Leitung von Prof. Dipl.-Restaurator Erwin Emmerling und Dipl.-Restauratorin Univ. Laura Resenberg sowie der Cairo University wird die Grabausstattung derzeit konserviert und restauriert. Den weiteren Mitarbeitern der ersten Restaurierungskampagne im Herbst 2008, Dr. Gomaa Abdel-Maksoud, Dr. Nestin El-Hadidi, Irene Kirschner,

Fig. 4: Die Bestattungen 1–3 in der Grabkammer.

eine ungestörte Bestattung von hoher handwerklicher Qualität und mit vielfältigen Beigaben vorgefunden werden konnte.

2.2.1 *Bett 1*

In der Mitte der Grabkammer stand ein hölzernes Bett, auf dem eine mit vergoldetem Gips umkleidete Mumie (Mumie 1) lag. Statuen, Amulette, ein Beistelltisch mit Schale und eine Tiermumie wurden dem Verstorbenen beigegeben.[29] Das Totenbett (Bett 1) hat eine Länge von 173 cm, eine Höhe von 173 cm und ist 50 cm breit (Pl. 1). Die Mumie ruhte in ca. 80 cm Höhe über dem Boden auf einem kastenartigen Bettgestell, auf dem sich eine Baldachin-Konstruktion in Form einer Tempelfassade befand. Durch diese Baldachin-Konstruktion erreichte das Bett eine beachtliche Höhe. Die hölzernen Bestandteile des Bettes sind ineinander verfugt und werden zum Teil durch Holznägel zusammengehalten. Alle sichtbaren Teile des Bettes sind

---

Kristina Schelinski, Daniela Sieber, Judith Vogel und Linda Zachmann, sei an dieser Stelle für ihren Einsatz unter oft schwierigen Arbeitsbedingungen gedankt.

[29] Auf dem Dach der Baldachin-Konstruktion wurden die Reste eines beigesetzten Tieres, wohl einer Katze, gefunden.

bemalt, wobei die Farbschicht auf einer Grundschicht aus Gips aufge-
tragen wurde. Die Grundfarben der Dekoration des Bettes sind rot
und gelb. Zu allen Szenen des Mumienbettes gehören kurze Kolumnen
mit hieroglyphischen Beischriften.[30] Es lassen sich drei Ebenen szeni-
scher Darstellungen unterscheiden, die im Folgenden einzeln beschrieben werden (siehe Tabelle 1).

Die Baldachin-Konstruktion besteht aus acht ca. 74 cm hohen Säulen
mit Papyruskapitellen, von denen sich jeweils vier an den Längsseiten
des Bettes befinden.[31] Die Ecksäulen sind mit abwechselnd blauen, gelben und roten Bändern versehen, während die inneren rot bemalt und
mit Weinranken dekoriert sind. Zwischen den Säulen befinden sich an
jeder Längsseite drei Schranken, an deren Außenseiten unterschiedliche Szenen angebracht sind (1. Ebene). Eine weitere Schranke schließt
das Fußteil ab, während das Kopfteil offen blieb. Die Ecksäulen sind
an Kopf- und Fußteil rundplastisch als Türpfosten mit Hohlkehle ausgearbeitet. Auf den acht Säulen wurde eine Dachkonstruktion aufgesetzt, deren Außenseiten durch einen Würfelfries, eine Hohlkehle
sowie einen Fries mit wechselnden Rosetten, Farbleitern und Udjat-
Augen verblendet sind. Die Dachkonstruktion ist mit jeweils einem
Rundgiebel an Kopf- und Fußteil versehen. Der Rundgiebel am Kopfteil des Bettes ist mit einer von Uräus-Schlangen flankierten Sonnenscheibe dekoriert, in der ein Abbild des jugendlichen Sonnengottes zu
sehen ist (Pl. ii). Falken stehen zu beiden Seiten der Sonnenscheibe.
Der Rundgiebel am Fußteil zeigt einen Geier mit ausgebreiteten
Flügeln, der Rispen in den Krallen hält und von zwei hockenden
Caniden flankiert wird.

Die 1. Dekorationsebene:

Die Szenen auf den Schranken der Baldachin-Konstruktion sind,
abgesehen vom Fußteil, auf rotem Grund gemalt. Sie werden oben von
einer rundplastischen Hohlkehle abgeschlossen und an den Seiten von

---

[30] In den meisten Fällen ist lediglich der Rezitationsvermerk *ḏd mdw in* N.N. angedeutet, gefolgt von einer Pseudohieroglyphe, die das Profil der sprechenden Person
zeigt.
[31] Eine im Aufbau vergleichbare, römerzeitliche Baldachin-Konstruktion für
einen Montsuef entdeckte Henry Rhind in einem Grab in Theben („Rhind Tomb"),
das heute nicht mehr zuzuordnen ist: Rhind 1862, Frontispiz, 89–90; Murray 1900,
38–39, 59, Nr. 559; Riggs 2003, 192–193.

Tabelle 1: Verteilung der Szenen auf Bett 1 (Nummerierung entspricht der Beschreibung im Text)

	W-Seite (Leserichtung →)	S-Seite (Fußteil)	O-Seite (Leserichtung ←)	N-Seite (Kopfteil)
1. Ebene	**1. Schranke:** Osiris auf Barke thronend, gezogen von schakalköpfigem Gott; falkenköpfiger Gott vor Osiris opfernd; Isis am Ruder **2. Schranke:** Osiris-Figur auf Lotusblüte hockend, flankiert von geflügelten Göttinnen, Krummstab und Wedel reichend **3. Schranke:** Isis einen Jüngling auf Blüte säugend, flankiert von Nephthys und Thot	**7. Schranke:** Osiris flankiert von Isis und Nephthys	**4. Schranke:** Priester vor thronendem Osiris räuchernd, davor Canide, dahinter Göttin **5. Schranke:** ibisköpfige Figur vor Lotusblüte hockend, flankiert von Isis und Nephthys, Krummstab und Wedel reichend **6. Schranke:** Osiris flankiert von Apis- und Mnevis-Stier	Ø
2. Ebene	**1. Paneelfolge:** Verstorbener vor thronendem Osiris, gefolgt von Anubis, Mumie des Verstorbenen führend, sowie den vier Horussöhnen **2. Paneelfolge:** Verstorbener Gegenstand an Mann reichend, beide vor hockender Mumiengestalt, flankiert von Falken, dahinter Djed-Pfeiler und Isis	**6. Paneelfolge:** Verstorbener vor Falken auf Podest, dahinter Anubis, Vogel opfernd	**3. Paneelfolge:** widderköpfige Gottheit, Ba-Vogel und Verstorbener vor Osiris, dahinter Pavian auf Pflanze hockend und Göttin Maat **4. Paneelfolge:** Verstorbener vor Osiris, flankiert von Caniden, stehend, dahinter Thot	**5. Paneelfolge:** Osiris, flankiert von Isis und Nephthys
3. Ebene	**1. Brett:** Anubis den Verstorbenen vor Osiris, flankiert von Falken, und Mumiengestalt, flankiert von Göttinnen, führend **2. Brett:** falkenköpfiger Gott räuchernd vor Pavian, Ibis, Falke und Canide	**6. Brett:** Wappenpflanze mit gefesselten Fremdvölkern	**3. Brett:** Verstorbener an Blüte agierend, davor hockende Osiris-Figur, flankiert von geflügelten Schlangen, dahinter hockende Mumiengestalt, flankiert von Falken **4. Brett:** Barke gefolgt von Anubis, zwei Klagefrauen sowie falken- und pavianköpfigen Göttern	**5. Brett:** Verstorbener vor Osiris, Isis und Nephthys tretend, dahinter Klagefrau

applizierten Rundstäben gefasst. Am oberen Ende der Szenen sind abwechselnd Uräenfriese und Himmelshieroglyphen sowie Weinranken an den Seiten aufgemalt.

Die 1. Schranke auf der Westseite des Bettes zeigt den Gott Osiris bei der Fahrt in der Sonnenbarke. Die Barke, deren Bug die Form eines Falkenkopfes mit einer Doppelkrone und deren Heck die einer Papyruspflanze hat, wird von einem schakalköpfigen Gott mit schwarzer Hautfarbe gezogen (Pl. III).[32] Der thronende Osiris trägt ein rotes Netzgewand, einen grünen Umhang, eine Atef-Krone sowie Krummstab und Wedel.[33] Eine falkenköpfige, mit einer Sonnenscheibe gekrönte Gottheit auf der Barke opfert vor Osiris ein Räuchergefäß und einen Stoffstreifen. Die Göttin Isis in einem grünen Gewand hält mit der einen Hand das Ruder der Barke und umarmt Osiris mit der anderen.

Die 2. Schranke zeigt eine mumienförmige Figur mit einer Atef-Krone als Attribut des Osiris, die auf einer Lotusblüte hockt (Pl. IV).[34] Zu beiden Seiten breiten mit Sonnenscheiben gekrönte Göttinnen ihre Flügel scherenartig aus und reichen der Figur Krummstab und Wedel als Insignien der Herrschaft. Vor den Göttinnen stehen Podeste mit falkenköpfigen Kanopengefäßen.

Im Mittelpunkt der 3. Schranke steht die Göttin Isis in einem grünen Kleid, die einen auf einer Lotusblüte stehenden Jüngling mit Jugendlocke säugt (Pl. V). Das Motiv des Säugens des jungen Götterkindes ist insbesondere als Szene auf den äußeren Schranken der Säulenumgänge von Geburtshäusern zu finden.[35] Auf der rechten Seite hält eine Göttin in einem weißen Gewand ein Papyruszepter.

---

[32] Die Fahrt des Osiris in der Sonnenbarke findet sich auch im Grab des Petubastis in Qaret el-Muzawwakeh (Oase Dachla), wo die Barke jedoch von vier Schakalen gezogen wird. Osing et al. 1982, 77, Taf. 23 b, d. Siehe auch die Darstellung der Sonnenbarke in Grab 21 in Tuna el Gebel. Gabra 1954, Taf. 26.

[33] Der so genannte Osiris-Mantel ist in römischer Zeit ein häufiges Attribut dieses Gottes. Kurth 1990, 48–50, Kaplan 1999, 32.

[34] Das Motiv einer auf einer Lotusblüte hockenden, von Weinranken umgebenen Figur findet sich ebenfalls in einer Nische in der Mitte der Nordwand im Grab des Petubastis (Qaret el-Muzawwakeh). Jürgen Osing verweist auf den jugendlichen Sonnengott auf der Lotusblüte. Osing et al. 1982, 78–79 Anm. 354, Taf. 21b, 24b, d, 31e.

[35] Vgl. das römerzeitliche Geburtshaus von Dendera. Daumas 1959, 253–257, Taf. L B, LI A–B, LII A, XCIII. Auf ein Geburtshaus verweist auch die Gestaltung der Baldachin-Konstruktion als Tempelfassade mit durch Schranken verschlossenen Säulen. In den Geburtshäusern wurde die Geburt des Gottes nachvollzogen. Der Verstorbene wünschte dagegen wie Osiris wiedergeboren zu werden.

Obwohl sie einen Thron als Kopfschmuck trägt, handelt es sich sicher um die Göttin Nephthys.[36] Auf der linken Seite steht der ibisköpfige Gott Thot mit blauer Hautfarbe und einem Was-Szepter in der Hand.

Auf der 4. Schranke auf der Ostseite räuchert ein Mann vor dem thronenden Osiris (Pl. VI). Die Person, die mit der linken Hand einen Räucherarm und mit der rechten einen weißen Gegenstand hält, trägt ein rotes Ober- und ein weißes Untergewand sowie einen blauen Überwurf, der in der Form einem Pantherfell ähnelt. Zwei schwarze Streifen (Clavi) verlaufen senkrecht über Ober- und Untergewand.[37] Das Pantherfell war das Attribut des Sem-Priesters bzw. des Gottes Iunmutef, der anstatt des erstgeborenen Sohnes den Totenkult für den Verstorbenen vollzog. Vor der Person befinden sich ein Opfertisch, eine Weinranke sowie ein hockender Canide, der am Thron des Osiris angebunden ist. Hinter dem thronenden Osiris steht eine Göttin in einem grünen Kleid, die ein Papyrusszepter hält. Es handelt sich vermutlich um eine Darstellung der Isis, auch wenn Kopf und Kopfschmuck nicht mehr erhalten sind.

Die 5. Schranke ist ebenso aufgebaut wie die 2. Schranke auf der gegenüberliegenden Seite (Pl. VII). Die Figur, die auf einer Lotusblüte hockt, ist in diesem Falle jedoch nicht menschen-, sondern ibisköpfig. Möglicherweise handelt es sich dabei um eine mit Osiris vereinigte Form des Gottes Thot.[38] Geflügelte Göttinnen reichen wiederum Krummstab und Wedel. Da bei der linken Göttin noch ein Thron als Kopfschmuck erhalten ist, handelt es sich wohl um Isis und Nephthys.

Auf der 6. Schranke wird der stehende Osiris auf beiden Seiten von zwei schwarzen Stieren flankiert (Pl. VIII). Vor den Stieren, die jeweils eine Sonnenscheibe zwischen den Hörnern tragen, befinden sich stilisierte Füllhörner, über ihnen Sonnenscheiben mit

---

[36] Zwei Göttinnen mit einem Thron als Kopfschmuck sind in mehreren Szenen auf den Mumienbetten dargestellt. Den traditionellen Kopfschmuck der Göttin Nephthys findet man dagegen nur als Glaseinlage an Mumie 2. Die Throne auf den Mumienbetten wurden jedoch in den meisten Fällen in Form und Farbe differenziert, um die beiden Göttinnen Isis und Nephthys zu unterscheiden. Dass Isis und Nephthys als Klagefrauen auch in römischer Zeit eine große Rolle bei der Bestattung spielten, lässt sich u.a. an häufigen Darstellungen der beiden Göttinnen in Gräbern ablesen. Vergleiche Kaplan 1999, 45–54.

[37] Clavi zieren oft die Gewänder der Verstorbenen auf Mumienportraits aber auch auf einem Sarg aus Achmim, der sich heute im British Museum in London befindet (Inv.-Nr. EA 29587). Walker und Bierbrier 1997, 35–36 Abb. 9. Zur Bedeutung der Clavi siehe: Morenz 1975, 235–236; Kurth 1990, 15–16, 50.

[38] Darauf weist eine Darstellung im Sanktuarraum des Hibis-Tempels (Oase Charga) hin. Vgl. Kessler 2003b, 220.

Uräus-Schlangen. Der linke Stier hat eine weiße, halbmondförmige Markierung im Bauchbereich, die ihn als Apis-Stier kennzeichnet, bei dem rechten handelt es sich um den Mnevis-Stier.[39]

Die Szene auf der 7. Schranke am Fußteil des Bettes ist nicht auf rotem, sondern auf blauem Grund gemalt (Pl. IX). In der Mitte steht Osiris, der ein rotes Netzgewand, einen bunten Umhang, eine Atef-Krone sowie Krummstab und Wedel in den verschränkten Armen trägt. Er wird von zwei Göttinnen mit ausgestreckten Armen, wohl Isis und Nephthys, umfasst. Beide haben einen Thron als Kopfschmuck und eine grüne Hautfarbe. Die linke Göttin trägt ein mehrfarbiges Kleid, die rechte ein rotes.

Das Bettgestell weist zwei weitere Ebenen mit szenischen Darstellungen auf. Der Übergang vom Baldachin zum Bettgestell ist mit einer Verblendung aus einem Uräenfries und einer Hohlkehle versehen. Darunter befinden sich durchbrochen gearbeitete Paneele (2. Ebene), die von einem Fries mit wechselnden Rosetten, Farbleitern und Udjat-Augen gefasst werden. Auf den Längsseiten teilt ein mit einem Rautenmuster versehener Steg die Paneele in jeweils zwei Szenen, die zumeist fünf lose Paneele umfassen. Kopf- und Fußteil fassen jeweils drei weitere Paneele. Lange, dekorierte Bretter an den Längsseiten sowie an Kopf- und Fußteil bilden die unterste Ebene der szenischen Darstellungen (3. Ebene). Die Füße des Bettgestells sind rundplastisch als Vorder- und Hinterläufe eines Löwen ausgearbeitet. Am Kopfteil befinden sich zu beiden Seiten rundplastische Löwenköpfe über den Vorderläufen. Zwei dekorative Säulen mit blauen, gelben und roten Bändern, die die Hohlkehle am oberen Ende des Bettgestells stützen, schmücken die Kopfseite des Bettes. So genannte Löwenbetten wurden im Ägypten der römischen Zeit vielfach bildlich dargestellt.[40]

---

[39] Im so genannten Hauptgrab in den Grabanlagen von Kom esch-Schugafa in Alexandria wird in zwei Szenen, zwischen denen sich eine Balsamierungsszene befindet, zwei auf Altären stehenden Stieren ein Halskragen geopfert. Einer der beiden Stiere ist ebenfalls durch ein halbmondförmiges Zeichen unterschieden. Kaplan 1999, 81–85 bes. 85. In Totenpapyrus Rhind I werden Apis und Mnevis mit den Eingeweiden identifiziert (P.Rhind I 2 d 7). Möller 1913, 16–17. Ähnliche Darstellungen wie in diesem Fall sind auch auf einer vergoldeten Gipsmumie (Alexandria, Griechisch-römisches Museum, Inv.-Nr. 27808) und als Dekoration in Gräbern belegt. Vgl. auch: Kaplan 1999, 83. Zu Stieren im Totenkult siehe: Kessler 1989, 97–101.

[40] Zum Löwenbett und zum Löwen als Symbol der Wiederauferstehung siehe: Needler 1963, 4–7. De Wit 1951, 158–172. Im Grab der Isidora in Tuna el-Gebel findet man an der Kline, auf der Isidora ruhte, ein Löwenbett aufgemalt. Zu Klinen im römischen Ägypten siehe z. B. Kaplan 1999, 109–114, bes. 112–113.

Mumienbetten sind dagegen selten als Teil der Grabausstattung belegt, und der genaue Fundkontext ist zumeist unklar.[41] Einige wenige Mumienbetten wurden in der römerzeitlichen Nekropole von Dusch (Oase Charga) ergraben.[42] Eines dieser Mumienbetten weist wie im Fall von Bett 1 Löwenhäupter am Kopfende sowie einen Aufbau in Form einer Tempelfassade auf.[43]

Die 2. Dekorationsebene:

In der 1. Paneelfolge auf der Westseite des Bettes führt der Gott Anubis den Verstorbenen vor Osiris (Pl. x): Ein Mann mit langem, schwarzen, weit über die Schultern reichendem Haar sowie einem gelben, ausladenden Ober- und einem grünen Untergewand steht vor dem thronenden Osiris und einem Opfertisch. Die linke Hand hält er nach oben, die rechte Hand ist zur Faust geballt und ruht auf der Hüfte. Hinter dem Mann befindet sich der schakalköpfige Anubis in einem roten, ausladenden Umhang, der eine mumienförmige Gestalt in einem roten Netzgewand und mit einer Atef-Krone auf dem Kopf vor sich her führt. Hinter Anubis folgen die vier Horussöhne in charakteristischer Mumiengestalt mit jeweils einer Sonnenscheibe auf dem Kopf, die als Fürsprecher der Verstorbenen auftreten.[44] Die mumienförmige Gestalt sowie die Horussöhne tragen lange

---

[41] In den Museen finden sich wenige Mumienbetten, die teilweise mit entsprechenden Aufbauten versehen sind. Ein Beispiel ist ein spätptolemäisches Bett aus Achmim, das sich heute im Ägyptischen Museum in Kairo befindet (Inv.-Nr. 21/11/16/12). Grimm und Johannes 1975, 23, Taf. 76–77 Nr. 40. Ein einfacheres Bett ohne Aufbauten aus Theben (Mitte 2. Jh. n. Chr.) befindet sich heute im Royal Ontario Museum in Toronto (Inv.-nr. 910.27). Needler 1963.

[42] Dunand et al. 1992, 242, Taf. 60–61. Vergleiche auch die übrigen hölzernen Beigaben wie Uräen-Friese, Ba-Vögel oder die Statuette einer Klagefrau, die Ähnlichkeiten mit einigen Objekten aus Grab 7 in Tuna el-Gebel haben. Ibid., 242–244, Taf. 62–66. In Dusch wurden ebenfalls Uschebtis wiederverwendet. Ibid., 254, Taf. 69.3–4, 70.6. Eine von den Ausgräbern als Konkubine bezeichnete Figur entspricht dem Amuletttypus der Baubo-Figur in Grab 7. Ibid., 254–255, Taf. 69.1. Zu den Betten aus Grab 6 der Nekropole von Dusch siehe auch: Castel und Dunand 1981.

[43] Das Bett befindet sich heute im Archäologischen Museum, Charga (Inv.-nr. 1044). Dunand et al. 1992, Abb. 4, Taf. 61.1–2. Am Kopfteil sind zwei Türpfosten sowie zwei Schranken erhalten. Beide Schranken zeigen eine Szene mit einer Barke, in der die Mumie des Verstorbenen liegt. Zwischen den Türpfosten befindet sich ein Brett mit der Darstellung einer Lotusblüte. Zum Grab 20 selbst siehe: Ibid., 48–57.

[44] In römischer Zeit tragen zahlreiche Figuren eine Sonnenscheibe als göttliches Attribut auf dem Kopf. Vgl. Kurth 1990, 8–9 Anm. 53.

Stoffstreifen als Zeichen der Wiedergeburt in den Händen.[45] Anubis
führt den Verstorbenen vor Osiris, damit er ihm die Aufnahme ins
Totenreich gewähren möge.[46] Der Verstorbene tritt wohl als Lebender
vor Osiris, während dessen Mumie von Anubis geführt wird.[47]

Im Mittelpunkt der 2. Paneelfolge stehen zwei Männer, die einan-
der zugewandt sind (Pl. XI). Die linke Figur, die den Verstorbenen
darstellt, trägt ein rotes Obergewand sowie ein weißes und ein rotes
Untergewand, auf denen zwei Clavi zu erkennen sind. Dem rechten
Mann, der einen roten Schurz trägt, wird vom Verstorbenen ein
Gegenstand gereicht. Auf der rechten Seite der Szene hockt eine Figur
mit Atef-Krone, Krummstab und Wedel, die zu beiden Seiten von
Falken mit nach vorn ausgebreiteten Flügeln umgeben wird. Der linke
Falke trägt die Doppelkrone, der rechte die Krone Unterägyptens.
Analog zur gegenüberliegenden 4. Paneelfolge spielt sich die Handlung
der beiden Personen vor der Osiris-Gerta ab. Auf der linken Seite
hinter den einander zugewandten Personen befindet sich ein Djed-
Pfeiler, gefolgt von Isis mit grüner Hautfarbe und einem roten
Gewand.

Die 3. Paneelfolge auf der Ostseite besteht aus einer Reihe von
Figuren, die einem stehenden Osiris in einem weiß-gelben Umhang
zugewandt sind (Pl. XII). Direkt vor Osiris steht eine widderköpfige,
ithyphallische Gottheit mit einem grünen Gewand, einem roten
Mantel sowie einer Sonnenscheibe auf dem Kopf. Die Hand des nach
oben angewinkelten Armes hält einen Wedel. Ein Ba-Vogel mit einem
Menschengesicht in Frontalansicht, buntem Gefieder und einer Sonnenscheibe als Kopfschmuck sitzt auf einem Podest dahinter. Hinter
dem Ba-Vogel befindet sich ein Mann in einem roten Obergewand
mit erhobener rechter Hand. Es handelt sich wohl um den Verstorbenen, der mit seinem Ba dargestellt ist.[48] Daraufhin folgt ein kleiner
Pavian, der auf einer Papyruspflanze sitzt. Den Abschluss bildet die
geflügelte Göttin Maat mit einer Feder und einer Sonnenscheibe auf

---

[45] Kurth 1990, 56.
[46] Vgl. z.B. die Vignette zu P.Rhind I 4 oder die Darstellungen auf dem Sarg der
Teüris und einem Sarg aus Minya. Möller 1913, 22–25, Taf. IV. Kurth 1990, 13, Taf. B,
2.1–2, 7.2.
[47] Denkbar ist aber auch, dass es sich wie im Fall des Sarges der Teüris um einen
Priester handelt. Kurth 1990, 13, Taf. B, 2.1. In den übrigen Szenen trägt der
Verstorbene immer ein rotes Gewand.
[48] Vergleiche die Darstellung von Mumie und Ba an der rechten Seite am Kopfteil
eines Sarges aus Minya. Kurth 1990, Taf. 8.1.

dem Kopf, die ihre Flügel im Schutzgestus ausbreitet. Eine Falken-
mumie liegt auf einem kleinen Podest vor ihr.

In der 4. Paneelfolge tritt der Verstorbene begleitet von Thot vor
Osiris (Pl. XIII). Der stehende Osiris wird zu beiden Seiten von
Caniden umgeben, die auf großen Podesten sitzen. Vor den Caniden
befinden sich aufgerichtete Kobras, über ihnen geflügelte Sonnenscheiben. Dahinter folgt der Verstorbene in einem roten Obergewand,
der einen Gegenstand mit beiden Händen nach oben hält. Er wird
begleitet vom ibisköpfigen Thot in einem Schuppengewand mit einer
Hemhem-Krone auf dem Kopf und einem Was-Szepter in der Hand.
Der Gegenstand ist vielleicht das Schriftstück, das Thot dem Verstorbenen für den Eintritt ins Totenreich verfasst hat.[49] Über dem
Kopf des Mannes schwebt ein Falke mit ausgebreiteten Flügeln, der
eine Feder in den Krallen hält und bei dem es sich wohl um den Ba des
Verstorbenen handelt.[50]

Die 5. Paneelfolge am Kopfteil des Bettes zeigt ebenso wie die
7. Schranke am Fußteil einen stehenden Osiris, der von den Göttinnen
Isis und Nephthys umgeben wird, die ihre Flügel im Schutzgestus ausbreiten (Pl. XIV). Vor diesen Figuren stehen Podeste, auf denen sich
Falkenmumien befinden.

In der Mitte der 6. Paneelfolge am Fußteil hockt ein Falke mit der
Doppelkrone auf einem Tisch (Pl. XV). Auf der rechten Seite befindet
sich der Verstorbene mit einem roten Überwurf sowie einem grünen,
mit zwei Clavi versehenen Untergewand. Auf der linken Seite opfert
der schreitende, schakalköpfige Gott Anubis, der einem Schurz und
die Doppelkrone trägt. In der rechten Hand des leicht nach vorn
gestreckten Armes hält er ein Messer, mit der linken einen kleinen
Vogel, der auf einem Opfertisch liegt.

Die 3. Dekorationsebene:

Den unteren Abschluss der Längsseiten des Bettes bilden jeweils zwei
lange Bretter, die mit Szenen dekoriert sind. Auf dem 1. Brett auf der
Westseite führt Anubis den Verstorbenen vor Osiris (Pl. X): Der

---

[49] Vergleiche Vignette und Text in P.Rhind II 8, Möller 1913, 66–67, Taf. XIX.
[50] Ba-Vögel, Geier und Falken sind oft im Kopfbereich von Särgen und
Mumienmasken zu finden. Ein rundplastisch ausgearbeiteter Ba-Vogel gehörte auch
zur Grabausstattung von Grab 7. Zum Falken als Ba siehe: Kurth 1990, 14, Taf. D.
Vergleiche auch eine Darstellung im Haus 21 in Tuna el-Gebel. Gabra 1954, Taf. 27.
Kurth 1990, 23 Anm. 295, 60 Abb. 16.

Verstorbene ist auf der dritten Dekorationsebene im Gegensatz zur zweiten mit einer Kurzhaarfrisur dargestellt. In der Mitte des Brettes steht Osiris mit Wedel und Krummstab in den Händen. Zu beiden Seiten hocken Falken, die ihre buntgefiederten Flügel ausbreiten. Davor ist der schakalköpfige Anubis in einem roten Schurz zu sehen, der den Verstorbenen in einem roten Überwurf vor Osiris führt. Hinter Osiris befindet sich eine mumienförmige Figur, die von zwei Göttinnen mit ausgebreiteten Flügeln und einer Feder in der Hand umgeben ist. Während Osiris mit Krummstab und Wedel versehen ist, trägt die Figur, bei der es sich wohl um die Mumie des Verstorbenen handelt, lediglich einen Stoffstreifen.

Auf dem 2. Brett räuchert ein stehender, falkenköpfiger Gott einem Gefäß vor einem hockenden Pavian mit Sonnenscheibe, einem Ibis mit Mondscheibe, einem Falken mit Sonnenscheibe und einem hockenden, angebundenen Caniden (Pl. XI). Die Tiere, von denen Ibis, Pavian und Falke als Erscheinungsformen des Gottes Thot belegt sind, nehmen die gesamte Höhe des Brettes ein.[51] Opfertische befinden sich vor dem Pavian sowie zwischen Ibis, Falke und Canide. Das Opfern vor lokalen Schutzgottheiten stellt einen deutlichen Bezug zur Nekropole von Tuna el-Gebel her.

Das 3. Brett auf der Ostseite ist auf dem ersten Blick ähnlich aufgebaut wie das 1. Brett auf der gegenüberliegenden Seite (Pl. XII). In der Mitte der Szene befindet sich der Verstorbene in einem roten und weißen Gewand, der mit einem Gegenstand, vielleicht einer Sichel, an einer Pflanze agiert. Vor ihm hockt eine Osiris-Figur, die eine Atef-Krone und ein Was-Szepter trägt. Sie wird zu beiden Seiten von Uräus-Schlangen umgeben, die ihre buntgefiederten Flügel scherenartig ausbreiten. Der rechte Uräus trägt die Doppelkrone, der linke die Krone Unterägyptens. Vor den Uräen steht jeweils ein Podest mit einem Mumienpäckchen darauf. Hinter dem Verstorbenen hockt eine mumienförmige Figur mit einer dreiteiligen Perücke, einer Sonnenscheibe auf dem Kopf und einem gefalteten Stoffstreifen in der Hand, die wohl die Mumie des Verstorbenen darstellt. Sie wird zu beiden Seiten von Falken mit buntgefiederten Flügeln umgeben. Der linke Falke trägt die Krone Oberägyptens, der rechte die Unterägyptens.

---

[51] Auf der Vorderseite des Sarges der Teüris finden sich ebenfalls Ibis, Falke und Pavian wieder, die Dieter Kurth als Erscheinungsformen des Gottes Thot interpretiert. Kurth 1990, 15, Taf. 3.2.

Das 4. Brett zeigt eine Barke mit einer roten, verschlossenen Kajüte, in der sich wohl die Mumie des Verstorbenen befindet (Pl. xiii). Der Bug hat die Form eines Falkenkopfes mit der Krone Unterägyptens, das Heck die einer Papyruspflanze. Hinter der Barke ist eine Reihe von Personen zu sehen: Anubis, der mit einem Gefäß räuchert, zwei hockende Klagefrauen, ein falkenköpfiger Gott, der ein Räuchergefäß und einen Stoffstreifen opfert, sowie ein pavianköpfiger Gott mit einem Was-Szepter in der Hand. Eine ähnliche Szene einer Vignette des Totenpapyrus Rhind I wird als Ritual einer Fahrt über den See nach der erfolgreichen Balsamierung des Leichnams beschrieben.[52]

Auf dem 5. Brett am Kopfteil tritt der Verstorbene vor Osiris, der von Isis und Nephthys begleitet wird (Pl. xvi): In der Mitte befindet sich Osiris mit Krummstab und Wedel, gefolgt von zwei Göttinnen mit einem Thron als Kopfschmuck. Die linke Göttin trägt ein rotes Kleid, die rechte ein grünes. Der Verstorbene steht in einem roten Obergewand mit erhobenen Armen vor Osiris. In der linken Hand hält er einen Gegenstand. Hinter ihm ist eine weibliche Figur mit grüner Hautfarbe zu erkennen, die im Klagegestus dargestellt ist. Der Fries über dem 5. Brett ist nicht mit wechselnden Rosetten, Farbleitern und Udjat-Augen dekoriert, sondern mit figürlichen Darstellungen. In der Mitte befindet sich eine Kanope mit Menschenkopf und gekreuztem Krummstab und Wedel auf einem Tisch. Zur Linken der Kanope hocken fünf menschengesichtige Schutzgötter mit Thronen bzw. Sonnenscheiben auf dem Kopf. Zur Rechten sind sechs weitere Schutzgötter dargestellt, die menschen-, falken-, widder-, schakal-, pavian- und schlangenköpfig sind.

Das 6. Brett am Fußteil zeigt eine stilisierte Papyruspflanze mit gefesselten Fremdvölkern (Pl. xv). Zwei hockende, bärtige Gefangene sind durch Seile an die Pflanzen gebunden. Die Szene entspricht dem Darstellungsschema des Vereinigens der beiden Länder, bei dem häufig Fremdvölker an die Wappenpflanzen Ober- und Unterägyptens angebunden sind. Darstellungen von gefesselten Fremdvölkern finden sich wiederholt an Fußteilen von Mumienkartonagen der griechisch-römischen Zeit.[53]

---

[52] Vergleiche Vignette und Text zu P.Rhind I 3 d 1–2. Möller 1913, 18–19, Taf. III.
[53] Eine Zusammenstellung einiger Belege bietet: Simpson 1973.

2.2.2 *Mumie 1*

Auf dem Zwischenboden der Bettkonstruktion lag eine 150 cm lange, mit einer dicken, vergoldeten Gipsschicht versehene Mumie (Fig. 4). Die Mumie hat ein 70 cm hohes Fußteil, das in einem breiten Bogen abschließt. In die Gipsoberfläche sind Szenen und Hieroglyphen eingeritzt worden. Haartracht, Halskragen, Hände und Füße sowie ein um die Stirn verlaufender Blütenkranz sind rundplastisch und detailreich ausgearbeitet. Darüber hinaus sind im Kopf-, Brust- und Fußbereich bunte Glaseinlagen in den Gips eingearbeitet:[54] Augen und Augenbrauen sind als Glaseinlagen gestaltet worden. Im Brustbereich befindet sich ein hockender Ibis mit einer Mondscheibe.[55] Ein blauer Skarabäus mit einer großen und einer kleinen roten Sonnenscheibe ist am Kopf der Mumie angebracht.[56] Im Hinterkopfbereich und an der Unterseite des Fußteiles waren ebenfalls Glaseinlagen appliziert, die zum großen Teil herausgebrochen sind. Auf der rechten Seite am Hinterkopf der Mumie ist Anubis dargestellt, der den Verstorbenen an der Hand führt (Pl. XVII).[57] Die Dekoration entspricht in Aufbau und Themenwahl zeitgenössischen Särgen.[58] Szenen und Hieroglyphen verlaufen in langen Bändern vom Halskragen bis zum Fußteil. An der rechten Seite der Mumie ist beispielsweise eine Szene des Totengerichts erhalten.[59] Die genaue Betrachtung der szenischen Dekoration wird durch ein Leinentuch erschwert, das fast die gesamte Oberfläche der

---

[54] Bei den Glaseinlagen der beiden Mumien lassen sich zwei Herstellungstechniken unterscheiden. Die einfarbigen Einlagen, bei denen es sich zumeist um einzelne Körperglieder handelt, wurden mit geschmolzenen Glaspasten erzeugt. Die Gewänder und Throne hingegen wurden mit der so genannten Mosaiktechnik aus vielfarbigen Glasstäbchen hergestellt.

[55] Ibis-Darstellungen im Brustbereich finden sich auch auf Mumienmasken aus Meir, einer Nekropole 30 km südlich von Tuna el-Gebel, in der Oase Bahariya und andernorts. Zu den Masken aus Meir siehe: Riggs 2005, 105–129, bes. 107–111; Edgar 1905, 18–31, Taf. X–XVI (Nr. 33129–33135). In Papyrus Rhind I wird das Herz des Verstorbenen zu einem Falken und einem Ibis. P. Rhind I 2 d 7; Möller 1913, 16–17.

[56] Zum Skarabäus als Repräsentation des Osiris mit dem Verweis auf eine Mumienmaske (Hildesheim, Römer-Pelizaeus-Museum, Inv.-Nr. 1581) siehe: Stadler 2001, 71–83, bes. 81–82, Abb. 5.

[57] Die Szene des Anubis, der den Verstorbenen zu Osiris führt, ist auf Mumienmasken aus Meir an derselben Stelle im Hinterkopfbereich zu finden.

[58] Der Sarg der Teüris, der sich heute im Allard Pierson Museum, Amsterdam, befindet, stammt ebenfalls aus Tuna el-Gebel und datiert in das 2. Jh. n. Chr. Dieter Kurth vermutet, dass der Sarg der Teüris einst in einem der Grabhäuser der römerzeitlichen Nekropole aufgestellt gewesen war. Kurth 1990, 16.

[59] Eine solche Szene findet sich auch auf der linken Seite des Sarges der Teüris und eines Sarges aus Minya. Kurth 1990, 7–9, Taf. A, 1.2, 5.

Mumie bedeckt und heute fest mit der vergoldeten Gipsschicht verbunden ist.

2.2.3 Die Beigaben

An der rechten und linken Seite des Mumienkopfes standen innerhalb des Bettes zwei Statuen aus Gips, die dem Verstorbenen zugewandt waren (Pls. XIII, XIX). Die beiden Statuen (Statue 1: TG 6341, H. 37,6 cm und Statue 2: TG 6342, H. 38 cm) zeigen jeweils eine stehende Frau in Kontraposthaltung, d.h. mit einem Stand- und Spielbein. Die Arme und Hände bedecken den Oberkörper und Brustbereich. Der, vom Betrachter aus gesehen, linke Arm umfasst bei beiden Statuen den Körper unterhalb der Brust. Der rechte Arm hingegen verdeckt bei Statue 1 fast vollständig die beiden Brüste, während bei Statue 2 durch die schräge Haltung eine Brust unbedeckt bleibt. Auch die Kopfhaltung unterscheidet sich leicht bei beiden. Die Frauen tragen ein langes, trägerloses, bis zu den Knöcheln herabreichendes Gewand, das den Brustbereich vollständig frei lässt. Während das Gewand bei Statue 1 mit einem leicht gräulichen Blauton versehen wurde, trägt Statue 2 ein braun-beiges Kleid. Beide stehen barfüßig auf einem Podest. Die Frauen tragen eine dreigeteilte schwarze Löckchenfrisur, die ihnen über die Schultern bis auf die Brust herabreicht. Augen und Augenbrauen sind mit schwarzen Pinselstrichen dargestellt worden, während Gesichts- und Halsfalten mit einem dunklen Beige-braun angedeutet wurden. Die Kopfbedeckung, Geierhaube und Thronsitz, zeichnet die beiden Statuen zunächst als Darstellung der Göttin Isis aus. Bei näherer Betrachtung fallen jedoch auch hier Unterschiede in Farbverwendung und Form auf. Werden die eben genannten typologischen und ikonographischen Unterschiede zudem berücksichtigt, so liegt der Schluss nahe, dass hier zwei verschiedene Göttinnen, nämlich Isis und Nephthys, wiedergegeben wurden.[60] Auf der Unterseite des Podestes ist in der Mitte der Basisplatte das Ende eines quadratischen Holzpflocks zu erkennen, um den die Statuen bei der Herstellung modelliert wurden.

Die Statuen unterscheiden sich von den klassischen Darstellungsweisen der Isis und sind in ihrer äußeren Erscheinungsform bislang einzigartig.[61] Durch das Motiv des Kontraposts wurden die Statuen

---

[60] Dies entspricht den Beobachtungen zu den Göttinnen mit einem Thron als Kopfschmuck in den Szenen von Bett 1.

[61] Eine vom Typus vergleichbare Darstellung findet sich in dem Grabhaus M 28 auf dem westlichen Teil der Nordwand südöstlich des Grabes des Petosiris. Die

der beiden ägyptischen Göttinnen im griechischen Stil dargestellt. Der freie Oberkörper und die Armhaltung deuten hier womöglich das Motiv der Isis dolente an, die sich mit den Händen zum Zeichen der Trauer auf die Brust schlägt.

An der westlichen und südlichen Außenseite des Baldachinbettes wurden 68 mit Ösen versehene Amulette im Sand gefunden.[62] Die Amulette aus Gips (TG 6333–6340, 6343–6391, 6393–6407, H. 3–11,3 cm) wurden mit Hilfe von Modeln gefertigt und anschließend einheitlich mit einer grün-grauen Farbe bemalt.[63] Siebzehn verschiedene Motive sind bis auf zwei Ausnahmen mit jeweils vier Exemplaren vertreten (Pl. xx). Die Kategorisierung erfolgt vorläufig nach den Gattungen Objekt-, Tier- und anthropomorphe Amulette. Amphoren, ‚Kugeln‘, Kämme, ‚Kränze‘, Glocken, Udjat-Augen und geflügelte Phalli zählen zu den so genannten Objektamuletten.[64] Zu den Tieramuletten gehören Vögel und Löwenköpfe. Den Hauptteil machen jedoch anthropomorphe Gestalten aus. Baubo-Figuren, Harpokrates- und Bes-Darstellungen, Flötenspieler und ityphallische Zwerge gehören in diese Kategorie. Auch Gorgoneions- bzw. Medusen-Köpfe, Silenen- bzw. Bacchus-Häupter sowie die Köpfe einer Person mit Helm und Halsschmuck zählen dazu. Das Amulett-Korpus beinhaltet neben klassisch ägyptischen vor allem griechische Motive. Besonders Amulette der weiblichen und männlichen Fruchtbarkeit,[65] apotropäischen Charakters[66] und Motive der Festlichkeit[67] sind im Grab vertreten. In der Öse eines der Löwen-Amulette (TG 6401) waren noch Seilreste.[68] Die Fundsituation der 68 Amulette lässt darauf schließen, dass sie wohl girlandenartig an der Baldachin-Konstruktion von Bett 1 aufgehängt waren.[69]

---

römische Wandmalerei zeigt eine Frau in Kontraposthaltung mit ähnlichem Gewand, Frisur und Armstellung: Grimm 1975, 231, Taf. 75d.

[62] Kessler und Brose 2008, 40–75.

[63] Zahlreiche Fingerabdrücke haben sich durch den Produktionsvorgang auf den Rückseiten der Amulette erhalten.

[64] Die genaue Identifizierung der ‚Kugel‘- und ‚Kranz‘-Amulette ist noch offen.

[65] Hierzu zählen geflügelte Phalli, Baubo-Figuren, Bes- und Harpokrates-Darstellungen mit Trauben, Silen- bzw. Bacchus-Häupter und die ityphallischen Zwerge, die mit Priapos verbunden werden können.

[66] Udjat-Augen, Gorgoneions- bzw. Medusen-Köpfen aber auch Bes-, Priapos- und Harpokrates-Figuren werden Schutzcharakter zugeschrieben.

[67] Die Darstellungen von Amphoren, Glocken, Flötenspielern aber auch die Silenen- bzw. Bacchus-Häupter unterstreichen den wohl kultisch-festlichen Aspekt.

[68] Kessler und Brose 2008, 59 (linkes Amulett von oben).

[69] Identische Amulette, nämlich Udjat-Auge (726-CTP), Kamm (727/728-CTP), ‚Kugel‘ (738-SS) und die Köpfe einer Person mit Helm und Halsschmuck (729-CTP)

Zwischen dem Baldachinbett und der östlichen Bestattung Nr. 3 stand ursprünglich ein runder Holztisch mit drei geschwungenen Beinen, von dem lediglich die Tischplatte (Dm. 27,1 cm, H. 3,1 cm) und ein Fuß (H. 44 cm) erhalten sind.[70] Eine große runde Alabasterschale (TG 6392, Dm. 20,7 cm, H. 5,7 cm) mit beschädigtem Griff lag wohl ursprünglich auf dem Tisch.

2.3 *Die Bestattung Nr. 2*

Im Westen des Baldachinbettes war ein zweites, ca. 90 cm hohes, 215 cm langes und 83 cm breites Totenbett (Bett 2) aufgestellt (Pl. XXI). Anstatt einer Baldachin-Konstruktion war Bett 2 von leicht gewölbten, quer verlaufenden Holzbalken überspannt.[71] Der Aufbau von Bett 2 entspricht dem Bettgestell von Bett 1. Den oberen Abschluss und den Mittelteil des Bettes bilden jeweils ein Uräenfries, eine Hohlkehle sowie ein Fries mit abwechselnden Rosetten, Farbleitern und Udjat-Augen, die die durchbrochen gearbeitete Paneele umrahmen. Die Szenen der Paneele sind denen von Bett 1 sehr ähnlich. Die Paneele sind im Gegensatz zu Bett 1 auf einem hölzernen, rot bemalten Hintergrund angebracht. Den unteren Abschluss bilden wiederum längere Bretter, die durchgängig dekoriert sind. Die Grundfarben der Gesamtdekoration sind weiß, rosa und gelb. An Bett 2 sind ebenfalls hieroglyphische Inschriften angebracht worden, die besser lesbar sind als die an Bett 1. Die Füße des Bettes sind als Vorder- und Hinterläufe eines Löwen gestaltet. Löwenköpfe befinden sich oberhalb der Vorderläufe. Den oberen Abschluss des Kopfteiles bildet ein großes Fries aus rundplastisch ausgearbeiteten Uräen, der sich auf einer mit einer geflügelten Sonnenscheibe dekorierten Hohlkehle befindet. Die Hohlkehle wird von zwei dünnen Säulen gestützt, die hinter den

---

wurden von Sami Gabra im Umfeld des Pyramidengrabes CPT 14 gefunden. Die Angaben und Abbildungen sind im Inventar- bzw. Registerbuch von Sami Gabra zu finden. Die Amulette befinden sich heute im Magazin des Supreme Council for Antiquities in Aschmunein. Im Altertümermuseum von Mallawi finden sich gleichartige Vogel-Amulette (Inv.-nr. 423) aus Tuna el-Gebel, die lediglich eine andere Bemalung aufweisen: Kessler und Brose 2008, 44. Bei der Freilegung des römerzeitlichen Grabes 1 wurde ebenfalls das gleiche Amulett einer Baubo-Figur (TG 5476) gefunden.

[70] Kessler und Brose 2008, 37.

[71] Reste von Querbalken, Fugen sowie Holznägel an den Innenseiten des Bettgestells sprechen für eine solche Rekonstruktion, die vergleichbar ist mit der eines Mumienbettes aus Achmim, das sich heute im Ägyptischen Museum in Kairo befindet (Inv.-nr. 21/11/16/12). Grimm und Johannes 1975, 23, Taf. 76–77 (Nr. 40).

Löwenköpfen eingesetzt sind. Das mittlere der drei durchbrochen gearbeiteten Paneele am Kopfteil war lediglich durch zwei runde Zapfen mit dem Rahmen verbunden worden, so dass es beweglich war und eine kleine Öffnung verschloss, die zum Kopf der Mumie führte.[72] Da Bett 2 durch Insektenbefall in einem ungleich schlechteren Zustand als Bett 1 ist, muss eine detaillierte Beschreibung der Szenen vorerst ausbleiben.

Bett 2 barg eine 180 cm lange Mumie, die ebenfalls mit einer dicken, dekorierten und vergoldeten Gipsschicht versehen ist (Mumie 2). Das Fußteil der Mumie ist 80 cm hoch und schließt wie im Falle von Mumie 1 in einem breiten Bogen ab. Diese charakteristische Form der Fußteile ist für eine Reihe von Mumien und Särgen aus Mittelägypten belegt, die in das 1. und 2. Jahrhundert n. Chr. datieren.[73] Mumie 2 ist nicht nur länger, sondern deutlich voluminöser als Mumie 1. Haartracht, Halskragen, Hände und Füße sind rundplastisch ausgearbeitet. Augen und Augenbrauen, der hockende Ibis mit Mondscheibe auf der Brust sowie der auf dem Kopf befindliche Skarabäus mit Sonnenscheibe sind als Gleiseinlagen gestaltet. In der Mitte des Hinterkopfbereichs war, ebenfalls aus Glas gefertigt, ein Abydos-Fetisch angebracht, der zu beiden Seiten von Isis und Nephthys flankiert wird (Pl. XXII).[74]

---

[72] Das Kopfteil von Bett 1 war ebenfalls offen, um einen Zugang zum Kopf der Mumie zu ermöglichen. Öffnungen am Kopfteil sind an weiteren Särgen bekannt, vgl: Parlasca 1991, 124–125, Abb. 10–11, Berlin, VÄGM 16–83 und Kurth 1990, Taf. 9. Diese Öffnungen erfüllten wohl einen Zweck im Rahmen des Totenkultes, denn die Mumie eines Ensembles aus dem Ägyptischen Museum Berlin (Berlin, VÄGM 16–83) weist an den Gesichtspartien deutliche Spuren von Handberührungen auf.

[73] Mumien und Särge mit vergleichbaren Fußteilen befinden sich heute u.a. im Ägyptischen Museum in Kairo (JE 42952), im Metropolitan Museum in New York (MMA 11.155.5) und im British Museum in London (BM EA 29785). Sie stammen zumeist aus der antiken Nekropole von Meir und datieren in die Mitte bzw. in das späte 1. Jh. n. Chr. Aus der Nekropole von Tuna el-Gebel selbst stammt der bekannte Sarg der Teüris mit eben dieser Fußform, der in die 1. Hälfte des 2. Jh. n. Chr. datiert. Den Funden nach zu urteilen, scheint es sich bei dieser Fußform um eine regionale Eigenheit Mittelägyptens in der 2. Hälfte des 1. Jh. und 1. Hälfte des 2. Jh. n. Chr. zu handeln. In Grab 7 weisen die Mumien 1, 2 und 4 diese Fußform auf. Die Fußteile von Mumie 1 und 2 zeigen über den Füßen jeweils eine Göttin beim Libationsopfer, die von zwei Ba-Vögeln flankiert wird. Vgl. Sarg der Teüris und Sarg aus Minya. Kurth 1990, 15, Taf. C.2, 4.2, 10.1. Aufgrund der Größe und des Gewichtes der Mumien ist es ausgeschlossen, dass diese einst auf ihren Fußteilen aufgestellt worden waren. Vgl. Riggs 2005, 111.

[74] Nephthys ist mit ihrem traditionellen Kopfschmuck dargestellt. Das Motiv des Abydos-Fetischs findet sich in römischer Zeit gleichermaßen als Szenen auf Mumien und Grabdekorationen. Siehe z.B.: Grab des Qtjjnws in Ezbet Baschandi (Oase

Weitere Glaseinlagen sind an den Seiten des Hinterkopfes zu sehen. Die gesamte Oberfläche ist wiederum mit einem Leinentuch bedeckt, das mit der vergoldeten Gipsschicht fest verbunden ist. Über die Stirn von Mumie 2 verläuft unter dem Leinentuch ein geflochtener Pflanzenkranz. Entsprechende Darstellungen auf Mumientüchern und Mumienportraits legen nahe, dass es sich dabei um den Kranz der Rechtfertigung handelt.

Im Bett wurde auf Brusthöhe von Mumie 2 im Sand ein kleiner, aus Gips geformter Ba-Vogel (TG 6416, H. 11,1 cm) gefunden.[75] An der Unterseite befinden sich wie bei den Statuen 1 und 2 die Reste eines kleinen Holzstöckchens, um den der menschengesichtige Ba-Vogel modelliert wurde. Das Gefieder des Vogels ist schwarz umrandet und mit den Farben Blau, Beige und Rot-Braun ausgemalt. Auf dem Kopf trägt der Ba-Vogel eine Sonnenscheibe.

In der nordöstlichen Ecke des Bettes, unmittelbar über dem Kopf von Mumie 2, lag im Sand ein fast vollständig zerfallener, ursprünglich beschrifteter hölzerner Kasten, der sechs Uschebtis enthielt. Vom Kasten selbst ist bis auf die Grundrisse im Sand und einige kleine Holzstückchen nichts erhalten geblieben. Ein gebogener Bronzegriff des Kastens wurde ebenfalls aufgefunden (TG 6309). Die sechs Uschebtis stammen aus unterschiedlichen Gräbern der 30. Dynastie sowie der beginnenden Ptolemäerzeit aus der Nekropole von Tuna el-Gebel.[76] Die Produktion von Uschebtis nahm mit dem Ende der Ptolemäerzeit ab. Die gezielte Wiederverwendung der Arbeiterfigürchen für die Bestattungen aus Grab 7 verdeutlicht hier den Rückgriff auf altägyptische Traditionen. Zwei von ihnen (TG 6330, H. 6,4 cm, TG 6332, H. 6,5 cm) waren stark abgeschlagen, unterhalb des Torsos abgebrochen und gänzlich unbeschriftet.[77] Ein größes Uschebti (TG 6329, H. 20,6 cm) kann anhand seiner sechszeiligen, waagerechten Inschrift einem *Ḏḥwtî-ir-dî-sî* (griech. Thotirdis)[78] zugeordnet

---

Dachla), Raum 2, W-Wand, oberstes Register; Osing et al. 1982, 61, 63, Taf. 15, 65, 69; Grab des Petubastis in Qaret el-Muzawwaqa (Oase Dachla), ibid., 78, Taf. 21b, 24c, 31c.

[75] Kessler und Brose 2008, 81.

[76] Die sechs wiederverwendeten Uschebtis stammen aus Gräbern, die spätestens im 1. bzw. 2. Jahrhundert n. Chr. geplündert waren.

[77] Alle Uschebtis sind abgebildet in: Kessler und Brose 2008, 79–80.

[78] Das Uschebti stammt vielleicht aus dem bekannten Grab des Thotirdis in Tuna el-Gebel, das im Jahre 1910 von Grabräubern entdeckt und geplündert wurde. Siehe dazu: Weill 1914, 90–93.

werden, der den Titel *wr-dỉw* also „Großer der Fünf"[79] trug. Ein in Form und Stilistik identisches Uschebti (TG 6328, H. 20,9 cm) weist wie sein Vorgänger sechs, jedoch schlecht lesbare waagerechte Inschriftenzeilen auf. Name und Titel konnten bislang nicht ermittelt werden. Die zwei letzten Arbeiterfigürchen (TG 6327, H. 15,4 cm und TG 6331, H. 17,7 cm) unterscheiden sich wiederum in Größe und Form von den vorherigen. Ihre Inschriftenzeilen sind lediglich mit dunkelblauer Farbe grob aufgemalt, so dass eine Identifizierung des Besitzers ebenfalls nicht möglich war.

2.4 *Die Bestattung Nr. 3*

Östlich des Baldachinbettes lag eine weitere nach Norden ausgerichtete Bestattung, nämlich Mumie 3. Die zu einem Erwachsenen gehörende Mumie war im Gegensatz zu den ersten beiden Mumien nicht mit Gips verkleidet und vergoldet. Lediglich schwarze, zum Teil zerrupfte Leinenbinden umschlossen den Körper. Die Mumie lag auf zwei dünnen, schmalen Holzbrettern (B. 29,1 cm, L. 1,02 m), die aufgrund ihrer geringen Größe und ihrer offensichtlichen Unvollständigkeit nicht zur eigentlichen Bestattung zu passen scheinen. Die bemalten Bretter, die ursprünglich aneinandergefügt waren, weisen beide auf ihrer äußeren Seite ein Gittermuster auf, das u.a. in der steinernen Grabarchitektur von Tuna el-Gebel zur Wiedergabe von Fenstern und Türen belegt ist. Der umfassende Türrahmen ist rot, während das Gitterfenster, abgesehen von einem roten Zwischenraum, gelb ist. Auf der Innenseite der beiden Bretter sind Götterszenen anzutreffen. Auf dem einen Brett befindet sich im oberen Bildfeld, unter einem Heka-Fries und Sternenhimmel, der schakalköpfige Gott Anubis, der zwei lange Stoffstreifen in den Händen hält. Im unteren Bildfeld, das von dem oberen durch einen mittleren Bildstreifen mit zwei sitzenden Schakalen auf Neb-Körben abgetrennt ist, steht die Göttin Isis mit zwei Anch-Zeichen. Das zweite Brett zeigt den gleichen Bildaufbau. Anstelle von Anubis ist im oberen Bildfeld Horus anzutreffen, der ein Gefäß und einen Blütenhalskragen vor sich trägt. Im unteren steht die Göttin Nephthys mit erhobenen Händen. Die Blickrichtung der Figuren auf den beiden Paneelen ist entgegengesetzt, so dass sich jeweils Anubis und Horus sowie Isis und Nephthys anblicken. Beide Bretter sind in ihrer ursprünglichen Funktion

---

[79] Dem Titel nach war Thotirdis Mitglied der Familie, die von der 30. Dynastie an bis weit in die Ptolemäerzeit die Kultführer von Hermupolis magna stellte.

wahrscheinlich als Tür- bzw. Fensterflügel eines Mobiliars verwendet worden. Zwei weitere Bretter standen senkrecht im Sand am Kopfende von Mumie 3. Die Flächen, die dem Kopf zugewendet waren, wiesen keine Dekoration auf. Die zwei Außenseiten hingegen zeigen jeweils einen Ausschnitt von einem rechten und linken Geierflügel mit Fuß, der einen Schen-Ring in den Krallen hält. Das Brett mit dem Körper des Vogels ist jedoch nicht erhalten. Weitere Fragmente von undekorierten Holzbrettern lagen lose im Sand.

Auf den ersten Blick scheinen die vier bemalten Bretter die Reste eines Mumienschrankes, für den die Tür- bzw. Fensterflügel sprechen würden, oder eines einfachen Kastensarges zu sein.[80] Die Szenen unterscheiden sich in Stil und Ikonographie deutlich von den beiden Mumienbetten. Auch die Inschriften, die die Rezitationsformel ḏd mdw in sowie eine Götterbezeichnung wiedergeben, sind aufgrund ihrer guten Ausführung und Lesbarkeit wohl früher als die der Totenbetten und vergoldeten Mumien entstanden. Das Fehlen weiterer Bretter bei Mumie 3 kann nicht allein auf den Insektenbefall im Inneren des Grabes zurückgeführt werden. Der Befund weist darauf hin, dass diese Bretter, ähnlich den Uschebtis, aus einer früheren Bestattung entnommen und hier wiederverwendet wurden. Eine Erklärung für den stark zerrupften Zustand von Mumie 3 könnte sich aus dem Befund an der östlichen Außenwand von Grab 7 ergeben. Auf Höhe des oberen Gesims lagen dort im Sand Tausende von winzigen vergoldeten Gipsfragmenten und Glaseinlagen, darunter Teile eines großen blauen Skarabäus, wie ihn Mumie 1 und 2 am Kopf tragen.[81] Diese Fragmente stammen sicherlich von einer weiteren vergoldeten Gipsmumie, wohl Mumie 3, deren Hülle zum Zeitpunkt ihrer Beisetzung in Grab 7 bereits abgefallen war.[82]

2.5 Die Kinderbestattungen Nr. 4–5

Die letzten beiden Bestattungskomplexe innerhalb der Grabkammer befanden sich entlang der östlichen Hälfte der Südwand. Zwei

---

[80] Als möglicher Vergleich für einen Mumienschrank sei hier auf zwei Holzschreine aus Abusir el-Meleq, Berlin, Ägyptisches Museum, Inv.-Nr. 17039/40 und Berlin, Ägyptisches Museum, Inv.-Nr. 17126/27, verwiesen: Grimm 1974, Taf. 124–125.

[81] Zahlreiche kleine runde blaue Glaseinlagen (Dm. 0,6–0,9 cm) wurden ebenfalls im Sand gefunden. Sie gehören zu einer kleinen Löckchenreihe, die einige Verstorbenen an der Stirn am Haaransatz tragen können. Als Beispiele siehe: Grimm 1974, Taf. 14–15.

[82] Die schweren Deckenbalken und die bei Auffindung des Grabes ungestörte Grabkammer sprechen gegen eine Plünderung des Grabes nach der Bestattung.

Kindermumien und eine Tiermumie lagen hier übereinander und waren im Gegensatz zu den ersten drei Bestattungen nach Osten ausgerichtet. Die obere Kinderbestattung, Mumie 4, war abgesehen von einer bemalten und vergoldeten Gesichtsmaske schmucklos (Pl. XXIII). Gesicht, Ohren und Hals der Kindermaske sind vollständig vergoldet. Die Augen sind mit blauem, weißem und schwarzem Glas eingelegt, während die Augenbrauen lediglich durch eine leichte Wölbung angedeutet sind. Die Frisur am Hinterkopf besteht aus einem einfachen geflochtenen, schwarzen Haarzopf und ordnet die Mumie einem Mädchen zu. Die Perückenlappen, die dem Kind rechts und links auf die Schultern fallen, sind mit farbigen Streifen versehen. Mumie 4 weist, wie die Mumien auf den Totenbetten, die charakteristisch lange Fußform auf, die mit einem Bogen abschließt. Eine kleine, mit Gips überzogene Tiermumie mit vergoldetem Gesicht lag unmittelbar in Kniehöhe auf Mumie 4.[83] Unter diesen beiden Bestattungen wurde auf Bodenniveau der Grabkammer eine weitere Kindermumie, Mumie 5, entdeckt, die abgesehen von einem einfachen, darunterliegenden Mumienbrett keine weiteren Beigaben aufwies.

2.6 *Die Nachnutzung des Grabes*

Bereits in der Antike wurde die Fläche um und auf Grab 7 für weitere Bestattungen wiederverwendet. Die Spitze des Pyramidenoberbaus muss spätestens im 3. oder 4. Jahrhundert n. Chr. abgetragen worden sein. Im Inneren des Oberbaus lagen zwei Kindermumien nach Norden ausgerichtet direkt auf den vier Deckenbalken (Fig. 5). Eine dünne, aufgerichtete Kalksteinplatte am Kopf- und Fußbereich umschloss die Mumien. Der innere Bereich wurde nach dieser Beisetzung mit Kalksteingeröll aufgefüllt.[84] Drei weitere Kindermumien lagen nach Westen ausgerichtet nur wenige Zentimeter über der vierten Steinreihe des Pyramidenstumpfes im Sand. Auf dem Schoß der nördlichen Mumie lag eine kleine Katze, die den Kindern für das Jenseits mitgegeben wurde.

Vor allem im Süden des Grabes wurden auf Höhe des Gesims bzw. des Pyramidenoberbaus zahlreiche Mumien mit einfachen

---

[83] Die Bestimmung der Tiermumie wird mit Hilfe von Röntgenbildern im Frühjahr 2009 geklärt werden. Die äußere Form spricht im Vergleich zu den Tiermumienfunden aus den Tiergalerien zunächst für einen Falken.

[84] Inwieweit das Innere des Oberbaus ursprünglich schon als Hohlraum konzipiert und mit Geröll aufgefüllt, oder einst als massiver Bau mit Kalksteinblöcken ausgelegt worden war, ist unklar.

Fig. 5: Kindermumien auf der Decke von Grab 7.

Gaben im Sand beigesetzt. Zwischen den Mumien und vor allem entlang der vier Außenwände von Grab 7 lagen zahlreiche Nester von abgelegten Gefäßen. Rillenamphoren, kugelige Kochtöpfe, Krüge und Trinkschalen dienten nicht nur den Verstorbenen als Opfergaben, sondern belegen rege Ess- und Trinkgelage im Rahmen des Totenkultes. Eine einfache, stellenweise noch bis zu sechs Reihen erhaltene Lehmziegelmauer verläuft an der Ostseite des Grabes von Nord nach Süd leicht ansteigend (Fig. 2).[85] Die Mauer grenzt ein kleines Gebiet ab, das wahrscheinlich mit den zahlreichen Nachbestattungen und Totenkultaktivitäten um Grab 7 zusammenhing.

3. *Ausblick*

Das in diesem Beitrag vorgestellte, kürzlich entdeckte Pyramidengrab wirft ein neues Licht auf die Bestattungsformen in der römerzeitlichen Nekropole von Tuna el-Gebel. Der Fundort an einer Prozessionsstraße ca. 350 m nördlich des Grabes des Petosiris lässt die tatsächliche Ausdehnung des Nekropolenareals im ersten und zweiten Jahrhundert

---

[85] Aufgrund der Ziegelformen wird sie in das 3. bis 4. Jahrhundert n. Chr. datiert.

v. Chr. erahnen. Das aus Stein gebaute Pyramidengrab ist ein für das römische Ägypten bisher selten dokumentierter Grabtyp. Darüber hinaus bietet der Befund die Möglichkeit, eine ungestörte Bestattung mit der bisher selten belegten Praxis der Ablage von Mumien auf hölzernen Betten zu dokumentieren. Der Grabbau, die Mumien und ihre Betten sowie die Beigaben zeigen eine Kombination sowohl ägyptischer als auch griechischer Elemente. Damit steht das Pyramidengrab in jenem Spannungsfeld zwischen Innovation und altägyptischer Tradition, das die Bestattungskultur im Mittelägypten der römischen Zeit prägte. Die weitere wissenschaftliche Erschließung des bisher kaum untersuchten, nördlichen Nekropolen- und Verwaltungsareals wird deshalb Schwerpunkt der zukünftigen Forschungen der Joint Mission sein.

Bibliographie

Bernand, É. 1999. *Inscriptions grecques d'Hermoupolis Magna et de sa nécropole.* BdE 123. Le Caire.

Berteaux, V. 2003. Le cimetière aux millions d'animaux de Tuna el-Gebel. *Archeologia* 399: 14–26.

Boessneck, J. und A. von den Driesch. 1987. Die Tierknochenfunde aus den Pavian- und Ibisgalerien von Tuna el-Gebel. In *Tuna el-Gebel I. Die Tiergalerien.* HÄB 24, ed. J. Boessneck, 37–206. Hildesheim.

Castel, G. und F. Dunand. 1981. Deux lits funéraires d'époque romaine de la nécropole de Douch. *BIFAO* 81: 77–110.

Daumas, F. 1959. *Les mammisis de Dendara.* Le Caire.

von den Driesch, A., D. Kessler und J. Peters. 2004. Mummified baboons and other primates from the Saitic-Ptolemaic animal necropolis of Tuna el-Gebel, Middle Egypt. In *Conservation policy and current research. Documenta Archaeobiologiae* 2, eds. G. Grupe, J. Peters, 231–278. Rahden/Westfalen.

von den Driesch, A., D. Kessler, F. Steinmann, V. Berteaux und J. Peters. 2005. Mummified, deified and buried at Hermopolis Magna. The sacred birds from Tuna el-Gebel, Middle Egypt. *ÄgLev* 15: 203–244.

Dunand, F., J.-L. Heim, N. Henein und R. Lichtenberg. 1992. *Douch I. La nécropole. Exploration archéologique. Monographie des tombes 1 à 72.* DFIFAO 26. Le Caire.

Ebeid, M. 2006. Demotic inscriptions from the galleries of Tuna el-Gebel. *BIFAO* 106: 56–73.

Edgar, C. C. 1905. *Catalogue général des antiquités égyptiennes du musée du Caire. Nos. 33101–33285. Graeco-Egyptian coffins, masks and portraits.* Le Caire.

Flossmann, M. und A. Schütze. 2008. Neue Ergebnisse der Grabungen in Tuna el-Gebel. Ein römerzeitliches Pyramidengrab und seine Ausstattung. *Isched* 02: 13–24.

Gabra, S. 1939. Fouilles de l'université „Fouad el awal" à Touna el Gebel (Hermopolis Ouest). *ASAE* 39: 483–496.

———1954. *Peintures à fresques et scenes peintes a Hermoupoulis (Touna el-Gebel).* Le Caire.

Grimm, G. 1974. *Die römischen Mumienmasken aus Ägypten.* Wiesbaden.

——1975. Tuna el-Gebel 1913–1973. *MDAIK* 31: 221–236.

——und D. Johannes. 1975. *Kunst der Ptolemäer- und Römerzeit im Ägyptischen Museum Kairo.* Mainz.

Kaplan, I. 1999. *Grabmalerei und Grabreliefs der Römerzeit. Wechselwirkung zwischen der ägyptischen und griechisch-alexandrinischen Kunst.* BeitrÄg 16. Wien.

Kessler, D. 1983. Die Galerie C von Tuna el-Gebel. *MDAIK* 39: 107–124.

——1986. Tuna el-Gebel. In *LÄ* 6, eds. W. Helck, W. Westendorf, Sp. 798–804. Wiesbaden.

——1987. Die Galerie C von Tuna. Forschungsstand bis 1983. In *Tuna el-Gebel* I. *Die Tiergalerien.* HÄB 24, ed. J. Boessneck, 1–36. Hildesheim.

——1989. *Die Heiligen Tiere und der König. Teil I: Beiträge zu Organisation, Kult und Theologie der spätzeitlichen Tierfriedhöfe.* ÄAT 16. Wiesbaden.

——1998. *Tuna el-Gebel* II. *Die Paviankultkammer G-C-C-2.* HÄB 43. Hildesheim.

——2003a. Tierische Missverständnisse. Grundsätzliches zu Fragen des Tierkultes. In *Tierkulte im pharaonischen Ägypten und im Kulturvergleich.* Internet-Beiträge zur Ägyptologie und Sudanarchäologie 4, ed. M. Fitzenreiter, 33–68. Berlin. Online im Internet: URL: http://www2.hu-berlin.de/nilus/net-publications/ ibaes4/publikation/tierkulte.pdf (Stand 29.11.2008).

——2003b. Hermopolitanische Götterformen im Hibis-Tempel. In *Es werde niedergelegt als Schriftstück. Festschrift für Hartwig Altenmüller zum 65. Geburtstag.* SAK Beihefte 9, eds. N. Kloth, K. Martin, E. Pardey, 211–223. Hamburg.

——2006. Tuna el-Gebel. Der unbekannte Friedhof nördlich des Petosirisgrabes. *Sokar* 13: 78–81.

——2007a. Die Tempel von Tuna el-Gebel. In *6. Ägyptologische Tempeltagung. Funktion und Gebrauch altägyptischer Tempelräume.* Königtum, Staat und Gesellschaft früher Hochkulturen 3.1, eds. B. Haring, A. Klug, 131–152. Wiesbaden.

——2007b. Spitzmaus, Ichneumon und Ratte im Tierfriedhof. *Bulletin of the Egyptian Museum* 4: 71–82.

——2008a. Mumienbetten, Stuckstatuen, Amulette und Uschebti. Neue Grabungsergebnisse aus dem Friedhof von Tuna el-Gebel. *Sokar* 17: 74–82.

——2008b. Einwickeln und unterirdische Ablage von Bronzen im Tiefriedhof von Tuna el-Gebel. In „*Zur Zierde gereicht …*". *Festschrift Bettina Schmitz zum 60. Geburtstag am 24. Juli 2008.* HÄB 50, ed. A. Spiekermann, 153–163. Hildesheim.

Kessler, D. und P. Brose. 2008. *Ägyptens letzte Pyramide. Das Grab des Seuta(s) in Tuna el-Gebel.* München.

Kessler, D. und A. Nureddin. 1994. Der Tierfriedhof von Tuna el-Gebel. Stand der Grabungen bis 1993. *AW* 25/3: 252–265.

Kessler, D. und A. Nur el-Din. 1999. Ein Tierkäfig am Tierfriedhof von Tuna el-Gebel, Mittelägypten. In *Historia Animalium Ex Ossibus. Beiträge zur Paläoanatomie, Archäologie, Ägyptologie, Ethnologie und Geschichte der Tiermedizin. Festschrift für Angela von den Driesch zum 65. Geburtstag,* eds. C. Becker, H. Manhart, J. Peters, J. Schibler, 211–224. Rahden/Westfalen.

——2005. Tuna el-Gebel. Millions of ibises and other animals. In *Divine creatures. Animal mummies in Ancient Egypt,* ed. S. Ikram, 120–163. Cairo.

——und F. Steinmann. 2010. *Die Oberbauten des Ibiotapheion von Tuna el-Gebel. Die Nachgrabungen 1989 bis 1996* (in Vorbereitung).

Klemm, R. und D. D. Klemm. 1993. *Steine und Steinbrüche im Alten Ägypten.* Heidelberg.

Kurth, D. 1990. *Der Sarg der Teüris. Eine Studie zum Totenglauben im römerzeitlichen Ägypten.* AegTrev 6. Mainz.

Lefebvre, G. 1924. *Le Tombeau de Petosiris.* I: *Description.* Le Caire.

Lembke, K., J. Helmbold-Doyé, C. Wilkening, A. Druzynski von Boetticher und C. Schindler. 2007. Vorbericht über den Survey in der Petosiris-Nekropole von

Hermupolis/Tuna el-Gebel (Mittelägypten) 2004–2006. In *Archäologischer Anzeiger* 2007/2: 71–127.

Maurer, K. 2006. Der Tierfriedhof von Tuna el-Gebel in frühptolemäischer Zeit. Zwischenergebnisse der Untersuchungen zur Ausgestaltung des Ibiotapheions. In *Archäologie und Ritual. Auf der Suche nach der rituellen Handlung in den antiken Kulturen Ägyptens und Griechenlands*, eds. J. Mylonopoulos, H. Roeder, 105–122. Wien.

Merkelbach, R. und J. Stauber. 1998. *Steinepigramme aus dem griechischen Osten I. Die Westküste Kleinasiens von Knidos bis Ilion.* Stuttgart.

Möller, G. 1913. *Die beiden Totenpapyrus Rhind des Museums zu Edinburg.* DemStud 6. Leipzig.

Morenz, S. 1975. Das Werden zu Osiris. Die Darstellungen auf einem Leinentuch der römischen Kaiserzeit (Berlin 11651) und verwandten Stücken. In *Siegfried Morenz. Religion und Geschichte des alten Ägypten. Gesammelte Aufsätze*, eds. E. Blumenthal, S. Herrmann, 231–247. Köln.

Murray, M. A. 1900. *Catalogue of Egyptian antiquities in the National Museum of Antiquities Edinburgh.* Edinburgh.

Needler, W. 1963. *An Egyptian funerary bed of the Roman period in the Royal Ontario Museum.* Toronto.

Nur Ed-Din, A. und D. Kessler 1996. Das Priesterhaus am Ibiotapheion von Tuna el-Gebel. *MDAIK* 52: 263–293.

Osing, J., M. I. Moursi, D. Arnold, O. Neugebauer, R. A. Parker, D. Pingree und M. A. Nur-el-Din. 1982. *Denkmäler der Oase Dachla aus dem Nachlass von Ahmed Fakhry.* AV 28. Mainz.

Parlasca, K. 1991. Hellenistische und kaiserzeitliche Holzsarkophage aus Ägypten. In *Giorante di studio in onore di Achille Adriani. Roma 26–27 novembre 1984.* StudMisc 28, eds. S. Stucchi, M. Bonanno Aravantinos, 113–127. Roma.

Rhind, A. H. 1862. *Thebes. Its tombs and their tenants. Ancient and present.* London.

Riggs, Chr. 2003. The Egyptian funerary tradition at Thebes in the Roman period. In *The Theban necropolis. Past, present and future*, eds. N. Strudwick, J. H. Taylor, 189–201. London.

———2005. *The beautiful burial in Roman Egypt. Art, identity, and funerary religion.* Oxford.

Simpson, W. K. 1973. Ptolemaic-Roman cartonnage footcases with prisoners bound and tied. *ZÄS* 100: 50–54.

Stadler, M. A. 2001. Der Skarabäus als osirianisches Symbol vornehmlich nach spätzeitlichen Quellen. *ZÄS* 128: 71–83.

Steinmann, F. 2003. Tuna el-Gebel. Die Tongefäße. In *Tierkulte im pharaonischen Ägypten und im Kulturvergleich.* Internet-Beiträge zur Ägyptologie und Sudanarchäologie 4, ed. M. Fitzenreiter, 99–110. Berlin. Online im Internet: URL: http://www2.hu-berlin.de/nilus/net-publications/ibaes4/publikation/tierkulte.pdf (Stand 29.11.2008).

———2006. Eine Stundenuhr aus Tuna el-Gebel. *Imago Aegypti* 1: 125–127.

Strube, Chr. 1996. *Die ›Toten Städte‹. Stadt und Land in Nordsyrien während der Spätantike.* Mainz.

Thissen, H.-J. 1991. Demotische Inschriften aus den Ibisgalerien in Tuna el-Gebel. *Enchoria* 18: 107–113.

Walker, S. und M. L. Bierbrier. 1997. *Ancient faces. Mummy portraits from Roman Egypt.* London.

Weill, R. 1914. Monuments égyptiens divers. *RecTrav* 36: 83–101.

de Wit, C. 1951. *Le rôle et le sens du lion dans l'Égypte ancienne.* Leiden.

DER *EXERCITUS AEGYPTIACUS* – EIN PROVINZIALER HEERESVERBAND WIE ANDERE AUCH?

Rudolf Haensch

Die Fragestellung: Ein Heeresverband mit speziellen Zügen oder eine besondere Überlieferungslage?

Tradition zu vorrömischen Strukturen oder Transformation solcher Gegebenheiten, das ist eine Fragestellung, die weder für die Garnison der römischen Provinz Aegyptus[1] noch für diejenigen anderer Provinzen zutrifft. Denn das römische Heer[2] war das zentrale, von Außen kommende, die Eroberung vollziehende, römische Machtinstrument und aus guten und leicht verständlichen Gründen haben sich die Römer nie darauf eingelassen, in den eroberten Gebieten vorgefundene militärische Strukturen als solche beizubehalten. Man war zwar gerne bereit, von der militärischen Ausrüstung und Taktik der (besiegten) Gegner zu lernen und das angetroffene Rekrutenpotential den eigenen Formationen einzugliedern. Aber in unterworfenen Regionen vorhandene militärische Strukturen insgesamt oder in wesentlichen Teilen zu übernehmen, das hielt man – berechtigterweise – für zu gefährlich, und das brauchte man auch im Gegensatz zu Machtbildungen in anderen historischen Epochen angesichts der Entwicklungsstufe des römischen Heeres in der Späten Republik und in der Kaiserzeit und des Fehlens eines übermächtigen Gegners nicht zu tun. Und spätestens seit flavischer Zeit wurden nach Abschluß der jeweiligen Eroberungsphase selbst einzelne in der entsprechenden Provinz entstandene und mit ihr verbundene militärische Formationen in andere versetzt.[3] Alles dies galt natürlich im verstärkten Maße dann,

---

[1] Die unten gegebene Literaturliste will nicht nur ein Schlüssel zur Auflösung der in den folgenden Anmerkungen genannten wissenschaftlichen Werke sein, sondern auch die wichtigsten Beiträge zum römischen Heer in Ägypten in den letzten Jahrzehnten wenigstens mit ihren bibliographischen Angaben anführen.

[2] Zu seinen grundsätzlichen Strukturen z.B. Erdkamp 2007; Cosme 2007; Keppie 1984.

[3] Von den zentralen Kampfverbänden, den *legiones*, betraf dies ohnehin höchstens die *legio XXII Deiotoriana*. Diese läßt anscheinend noch in ihrem Namen

wenn man einen Gegner so verteufelt hatte, wie es Octavian mit Kleopatra getan hatte. Zwischen ptolemäischem und römischem Heer
konnte es keine Tradition, ja nicht einmal eine Transformation geben,[4]
vielmehr nur eine klare Trennungslinie.[5]

Aber hinter dem Titel des Kolloquiums steht eine Forschungsdiskussion, in der die Frage, inwieweit die römische Provinz Aegyptus
von Traditionen vorhergehender Herrschaftssysteme geprägt gewesen
sei, immer auch mit dem Problem verknüpft war, inwieweit diese
Provinz gerade wegen solcher vorrömischen Traditionen eine Ausnahme unter allen Provinzen Roms dargestellt habe. Diese Frage aber,
diejenige nach möglichen besonderen Charakteristika der Institutionen
der römischen Provinz Aegyptus und den Gründen dafür, kann man
auch an das Heer der Provinz Aegyptus stellen. Und eine solche Frage
greift sogar in eine jüngst entstandene Forschungsdiskussion ein: diejenige nach besonderen Charakteristika einzelner regionaler Verbände
des römischen Heeres. Nach solchen zu fragen, war lange Zeit praktisch undenkbar. Wenn sich die Forschungen zum römischen Heer
nicht ohnehin nur mit der militärischen Ereignisgeschichte beschäf-
tigten, dann galt das Interesse vor allem den zentralen institutionellen
Rahmenbedingungen, also z.B. den Einheits- und Kommandostruk-
turen, der Rangordnung und den Laufbahnen, den Bedingungen für
den Dienst in der Armee und den Privilegien der Veteranen etc., d.h.
gerade den für das ganze Reich typischen, generellen Rahmenbedingungen.

---

erkennen, daß sie nach der friedlichen (!) Eingliederung von Galatien aus einer
Formation des galatischen Königs Deiotaros entstanden war. Gerade diese Legion
aber wurde sehr schnell nach Aegyptus verlegt (dazu jetzt umfassend, aber z. T. recht
spekulativ: Coskun 2008). Weniger vorsichtig verhielt man sich im Frühen Prinzipat
bei den *auxilia* (also den Aufgeboten der Bundesgenossen), deren numerische Stärke
aber auch wesentlich kleiner war und die zudem um die Zeitenwende herum noch
keineswegs alle den Charakter fester Einheiten hatten. Hier scheint sich erst nach den
Geschehnissen der Jahre 69/70 die Tendenz durchgesetzt zu haben, diese Einheiten
nicht in ihren ursprünglichen Rekrutierungsgebieten zu lassen (Keppie 1984, 183–
185). So waren z.B. im Jahre 6 n. Chr. die Formationen des Herodes bzw. dann des
Archelaos anscheinend zur Garnison des römischen Iudaea geworden: z.B. Eck 2007,
107. Allerdings dürften gerade diese Formationen schon aufgrund ihrer Rekrutierung
vor allem aus der nichtjüdischen Bevölkerung Iudaeas der jüdischen Bevölkerungs-
mehrheit eher ablehnend gegenüber gestanden haben, ein Solidarisierungseffekt war
also bei einem Aufstand gerade nicht zu erwarten.

[4] So schon Lesquier 1918 IIIf. (Capponi 2005, 13–23 kann in der für das ganze
Buch typischen Weise – s. Jördens 2006 – nur Spekulationen bieten).

[5] Zur Frage der generellen Kontinuität zwischen ptolemäischem und römischem
Ägypten zuletzt Haensch 2008b.

Sicherlich hat es immer wieder spezielle Studien zur römischen Armee in einer spezifischen Region gegeben, so wie sie für Ägypten z.B. Jean Lesquier 1918 veröffentlichte. Aber als provinz- oder regionsspezifisch wurden zumeist nur die Geschichte der militärischen Ereignisse und die jeweilige Truppendisposition als Antwort auf die spezielle militärische Lage betrachtet. Das änderte sich erst, als in den letzten Jahrzehnten erstens die Rolle der römischen Armee in Friedenszeiten zum Forschungsgegenstand wurde, zweitens man sich immer mehr bewußt wurde, wie grundsätzlich unterschiedlich doch die Entwicklung in den verschiedenen Großregionen des einen Reiches in den ersten sechs nachchristlichen Jahrhunderten verlief, und schließlich drittens kultur- und mentalitätsgeschichtlichen Fragen, wie z.B. die nach der sogenannten Romanisierung und den im Reich verbreiteten Kulten, immer wichtiger wurden. In diesen Zusammenhängen tauchte dann die Frage auf, ob die in den verschiedenen Reichsteilen z.T. über Jahrhunderte stationierten Truppen eigene Charakteristika als regionale Verbände entwickelt haben könnten.[6] In diesen Zusammenhängen wurde dann auch wichtig, daß schon die damaligen Zeitgenossen Ansätze zur Identitätsbildung wahrzunehmen meinten. Das gilt z.B. für manche der von Tacitus in den Historien referierten (Vor)urteile der einander im Jahre 69 gegenüberstehenden Heeresverbände.[7] Aber auch die *exercitus*-Münzen Hadrians[8] belegen eine entstandene Identität. Daß derartige Unterschiede freilich nicht von demselben Gewicht sein mögen wie die reichsweit festzustellenden Gemeinsamkeiten, damit sollte man von vorneherein rechnen. Aber zunächst sollte gegen die bisher ganz fraglos vorausgesetzte Ansicht von dem einen reichsweit einheitlichen Machtinstrument, das sich auch durch die jahrhundertelange Stationierung in unterschiedlichen Regionen nicht auseinander entwickelt hätte, einmal ausgelotet werden, ob es und – wenn ja – welch große Unterschiede es gegeben haben könnte.

Stellt man derartige Fragen im Falle der Provinz Aegyptus, so ist freilich von vornherein auf ein Problem hinzuweisen: Dank mehrerer vor allem für diese Provinz typischer Quellengattungen – insbesondere der Papyri, aber auch z.B. der Ostraka oder der Proskynemata –, gewinnen wir Einblick in viele Bereiche, die im Falle anderer Provinzen

---

[6] Dagegen aber z.B. noch Alston 1995, 11.

[7] Z.B. Tac. hist. II 4, 4; II 80, 3.

[8] Z.B. Strack 1933, 148–150, dort S. 157 auch mit einer recht fraglichen Hypothese zum Problem, warum es keine *exercitus Aegyptiacus*-Münzen gab.

gar nicht oder nur ganz ansatzweise zu fassen sind. Es wird immer
wieder zu diskutieren sein, ob bestimmte, in den Quellen aus Ägypten
bezeugte Phänomene für diese Provinz typisch sind oder ob nur die
Quellenlage provinzspezifisch ist. Selbst wenn sich aber eindeutig
nachweisen läßt, daß nicht nur unser Informationsstand provinzspezifisch gut ist, sondern auch die zu beobachtenden Phänomene nur für
diese Provinz bezeichnend sind, ist noch zu klären, woher diese
Traditionen kamen bzw. welche Transformationen erfolgt waren.

Die Unterschiede auf der Ebene der Hohen Kommanden

Während reichsweit die höchsten militärischen Befehlshaber – also
die Statthalter und die Kommandeure der militärischen Großverbände,
der Legionen – aus dem Senatorenstand kamen, handelte es sich bei
diesen Befehlshabern in Ägypten um Angehörige des zweiten Standes
des Reiches, um Ritter. Diese spezielle Regelung ergab sich zwar aus
einer spezifischen Struktur der Provinz, aber nicht einer vorrömischen: Vor allem wohl aus Angst vor einer Usurpation hatte sich
Octavian dafür entschieden, als Gouverneur dieser Provinz nicht, wie
ansonsten üblich, einen Mann aus dem Senatorenstand, sondern aus
dem *ordo equester* einzusetzen. Er sah in dieser höchst formal in Form
einer *lex* verabschiedeten Regelung eine zusätzliche Garantie dafür,
daß Aegyptus nicht noch einmal zum Zentrum des Widerstandes
gegen ihn gemacht wurde – für seine Zeit zweifellos zu Recht.[9] Einem
ritterlichen Statthalter senatorische Legionskommandeure zu unter-
stellen, hätte aber allen Vorstellungen über das Rangverhältnis beider
ordines widersprochen. Auch die Legionskommandeure konnten
daher höchstens Angehörige des *ordo equester* sein. Aber im Gegensatz
zu anderen ritterlichen Offizieren – wie z.B. den Kommandeuren der
zahlenmäßig wesentlich kleineren *auxilia* – handelte es sich dabei
nicht um junge Männer, die gerade in den *ordo equester* aufgenommen
worden waren, sondern um ehemalige *centuriones*, d.h. um Angehörige
des langdienenden mittleren Offizierskorps der römischen Armee, die
erst nach einer längeren Laufbahn als *centurio* und *primipilus* mit dem
Ritterrang ausgezeichnet worden waren.[10] Vielleicht spielte bei der

---

[9] *Lex*: Dig. I 17, 1. Zur Diskussion um die Motive Octavians s. zuletzt Jördens
2009, 46–51, und Eich 2007, 382f. gegen insbesondere Brunt 1983.
[10] Das gilt schon für den frühesten bekannten Offizier: AE 1954, 163; dazu Dobson
1978, 180.

Einführung dieser Regelung eine Rolle, daß die *centuriones* als besonders octaviantreu galten.[11] Auf jeden Fall aber ergaben sich daraus nicht nur Unterschiede im Rang und Prestige zwischen den Befehlshabern von Legionen in anderen Provinzen und denen in Aegyptus, sondern auch im jeweiligen Erfahrungshorizont. Die Legionsbefehlshaber in Ägypten hatten eine ganz andere, viel professionellere, militärische Karriere hinter sich als die ansonsten während der ersten zwei nachchristlichen Jahrhunderte typischen senatorischen Legionskommandeure. Diese konnten höchstens auf die Erfahrungen zurückgreifen, die ihnen die recht kurzfristige und häufig unselbständige Funktion als einer von sechs Legionstribunen vermittelt hatte.

Ob sich aus dieser unterschiedlichen sozialen Herkunft und militärischen Erfahrung auch Unterschiede in der militärischen Führung der Großverbände ergaben, bleibt offen, weil wir weder in Ägypten noch in anderen Provinzen größeren Einblick in die alltägliche, im engeren Sinne militärische, Armeeführung gewinnen. Ägypten bietet bei diesen Fragen auch nicht mehr Einblicke in die alltägliche Realität als andere Provinzen, weil die Legionen sehr bald in Nikopolis in der Nähe von Alexandria konzentriert wurden und sie sich damit in einem Teil der Provinz befanden, von dem uns nur im Ausnahmefall Papyri erhalten blieben. Wir wissen daher letztlich recht wenig über die Art und Weise, wie der Präfekt und die ihm unterstehenden hohen ritterlichen Offiziere ihre militärischen Funktionen wahrnahmen, wie sie also ihre Männer trainierten oder wie häufig sie z.B. Manöver durchführten.[12]

Nicht mehr Spielraum als die senatorischen Oberbefehlshaber anderer Provinzen hatten die *praefecti Aegypti* auf jeden Fall im Hinblick auf eigenverantwortlich geplante größere militärische Offensivoperationen. Größere Offensivfeldzüge haben nur die ersten beiden *praefecti Aegypti* durchgeführt und deren prestigeträchtigstes Ergebnis, den Triumph, hat keiner von ihnen erhalten. In dieser Hinsicht hatten die senatorischen Statthalter bestimmter Provinzen – insbesondere der Africa proconsularis – in den ersten Jahren des Prinzipats noch mehr Spielraum, bis seit dem Jahre 19 v. Chr. der Triumph Mitgliedern des Kaiserhauses vorbehalten blieb.[13] Aber auch der neu

---

[11] Kienast 1999, 58, 69, 192f. (dort auch zu dem von Octavian erstmals im größerem Maße ermöglichten Aufstieg solcher *centuriones* in den *ordo equester*).

[12] Als generelle Einschätzung vgl. Jördens 2009, 15 (vgl. auch 55f.); eine Zusammenfassung unseres Wissen immer noch nur bei Reinmuth 1935, 119–126.

[13] Kienast 1999, 178.

geschaffene Ersatz, die *ornamenta triumphalia* als Anerkennung für
größere Erfolge (nicht unbedingt als Konsequenz größerer Offensiven),
blieb senatorischen Statthaltern vorbehalten, obwohl es auch im Falle
von Aegyptus entsprechende Gelegenheiten wie z.B. den Judenaufstand
von 115 gegeben hätte.

Es erscheint sehr fraglich, ob sich diese prinzipielle Einschränkung
erst aus den Erfahrungen des Augustus mit Cornelius Gallus ergab.
Eher dürfte umgekehrt das Faktum, das durch den *mos maiorum* der
Triumph eng an ein eigenes *imperium*, wie es nur die hohen senatorischen Ämter beinhalteten, gebunden war, einer der Gründe gewesen
sein, weshalb Octavian/Augustus die Gouverneure der Provinz Aegyptus aus den Rittern auswählte. Nicht nur der niedrigere Sozialstatus,
sondern auch die fehlende Möglichkeit, die höchsten Formen des
militärischen Prestiges zu erringen, schränkten die Aussichten eines
Usurpationsversuches eines *praefectus Aegypti* im Frühen Prinzipat
ein. In dieser Hinsicht blieb sein *imperium* eben nur *ad similitudinem
proconsulis*.[14]

Allerdings scheint die römische Macht trotz fehlender groß geplan-
ter Offensivoperationen im Laufe der Hohen Kaiserzeit allmählich
ausgedehnt worden zu sein. Wie weit dies der Fall war, machte jüngst
ein Inschriftenfund deutlich. Nach diesem epigraphischen Zeugnis
war zumindest unter Antoninus Pius eine *vexillatio legionis II Traianae
Fortis cum auxiliis eius* auf der Insel Farasan am Südausgang des Roten
Meeres stationiert.[15]

Was wir über die mehr logistisch-administrativen Aspekte des
Militärkommandos des *praefectus Aegypti* erfahren, also insbesondere
seine Rolle bei der Rekrutierung von Soldaten und Pferden und bei
der Anforderung von Material, scheint nach dem wenigen vergleichbaren Material – einigen Inschriften und den aus Dura Europos und
Vindolanda bekannt gewordenen Texten auf vergänglichen Schrift-
trägern – auch für andere Provinzen typisch gewesen zu sein.[16] Für
das militärinterne administrative Schriftwesen stellte Michael A.
Speidel jüngst fest: „in jenen Fällen, in denen es gelingt, Urkunden

---

[14] Wie o. Anm. 9.
[15] AE 2004, 1643; dazu zuletzt Speidel 2007b, 297–306; Fiaccadori 2008.
[16] Davies 1989, 3–30, 153–173; Haensch 1992, 264–276. Für die Heeresintendantur
des 3. Jh. n. Chr. und der folgenden Jahrhunderte faßte Mitthof 2001, I: 289 seine
Ergebnisse folgendermaßen zusammen: „so hat die Studie zu dem Ergebnis geführt,
daß die anhand der Papyri und Ostraka für Ägypten gewonnenen Ergebnisse grundsätzlich mit dem übereinstimmen, was diesbezüglich aus Gesetzessammlungen, literarischen Quellen und Inschriften über andere Reichsteile bekannt ist".

unterschiedlicher Zeit und Herkunft einer gemeinsamen Kategorie zuzuordnen, eine Truppenverwaltung zutage tritt, die in ihrer täglichen Praxis von reichsweit und über die Jahrhunderte gültigen Vorgaben gekennzeichnet war."[17]

Besonderheiten in der Stellenstruktur des exercitus Aegyptiacus und den Titeln dieser Posten

Im 1. Jh., als in der Provinz noch zwei Legionen stationiert waren, wurde zumindest einer der Kommandeure, die das Oberkommando über beide Legionen und vermutlich auch alle Auxiliarformationen der Provinz hatten, selbst in einer offiziellen lateinischen Inschrift aus Lucus Feroniae in Italien als *praefectus stratopedarches* bezeichnet (das Monument wurde *praefecto stratopedarci* errichtet).[18] Aus keiner anderen östlichen Provinz kennen wir ein vergleichbares Phänomen, d.h. daß sich für eine hochrangige Position im römischen Heer eine griechische Titulatur so eingebürgert hatte, daß sie auch in Transliteration noch in lateinischen Inschriften angeführt wurde.[19]

Noch wichtiger ist, daß diese Titulatur nicht alleine dasteht.[20] In allen Provinzen des römischen Reiches gehörten sogenannte *stratores* zum Personal eines Statthalters.[21] Ihre zentrale Aufgabe bestand darin, für die Pferde des Gouverneurs und seines Stabes zu sorgen. Während aber in anderen Provinzen, soweit bekannt, an der Spitze dieser *stratores* ein *centurio strator* stand, war dies in Ägypten zumindest Mitte des 2. Jh. ein ritterlicher Amtsinhaber mit dem Titel *archistrator*[22] – also einem lateinisch-griechischen Mischtitel (*strator* bzw. *archi-*). Den gleichen Sozialstatus und einen identisch gestalteten Titel finden

---

[17] Speidel 2007a, 193; vgl. auch a.O. 176f.

[18] AE 1954, 163; dazu Demougin 1992, 315f., Dobson 1978, 180, mit der für die ältere generelle Sicht bezeichnenden Bemerkung „auch wenn hier statt des korrekten Titels, der zu dieser Zeit noch nicht feststand, noch der alte ptolemäische Titel genannt wird" – im ptolemäischen Heer gab es aber keinen solchen Amtsinhaber. In einem anderen Fall wird allem Anschein nach die gleiche Funktion als *praefectus exercitu qui est in Aegypto* bezeichnet: CIL III 6809 = ILS 2696; dazu Dobson 1978, 72.

[19] Für weitere Beispiele dieser Übersetzung von *praefectus castrorum* siehe P.Oxy. XXXVI 2760; P.Wisc. II 48.

[20] Vgl. schon Dobson 1978, 72.

[21] Dazu generell Haensch 1997, 710–724; speziell für Aegyptus: Haensch (im Druck).

[22] AE 1929, 125 = TAM III 52 (aus Termessos).

wir weiterhin bei dem sogenannten *archistator*,[23] also dem Kommandeur der *statores* (zu diesen unmittelbar im Anschluß). Beide Positionen sind im Hinblick auf unsere Fragestellung recht aufschlußreich. Da beide Ämter in der reichsweit anzutreffenden Gattung der Laufbahninschriften bezeugt sind, wissen wir von ihnen nicht aus der provinzspezifischen Überlieferungssituation. Diese spielt keine Rolle. Das bedeutet aber, daß wir in ihnen tatsächlich ein besonderes Phänomen nur dieser einen Provinz fassen können. Da die Titel aber für die Kommandeure von Abteilungen von Soldaten mit bestimmten Aufgaben bezeugt sind, die sich innerhalb des römischen Heerwesens herausgebildet hatten, handelte es sich nicht um eine Übereinnahme oder Modifikation einer Institution des ptolemäischen Heeres. Was sich vielmehr ‚transformiert' hatte, war eine Institution des römischen Heeres, aber nicht durch die Verpflanzung ins ‚ptolemäische Ägypten', sondern durch eine Wandlung innerhalb der Rahmenbedingungen des ‚römischen Ägyptens'. Daß sich in der alltäglichen Administration des *praefectus Aegypti* die ‚lingua franca' dieser Provinz, das Griechische, im höherem Maße durchsetzte als in anderen östlichen Provinzen, läßt sich z.B. auch bei der Gestaltung der Gerichtsprotokolle beobachten.[24]

Die *statores* bieten aber auch noch in anderer Hinsicht ein für unsere Fragestellung aufschlußreiches Beispiel. Allein der *praefectus Aegypti* unter allen Statthaltern des Prinzipats verfügte nämlich über eine solche Abteilung Soldaten. Ansonsten sind zwar für die republikanische Zeit *statores* als Nachrichtenübermittler von Statthaltern bezeugt,[25] aber für die Kaiserzeit fehlen – außer im Falle des *praefectus Aegypti* – entsprechende Belege (und bei den erwähnten republikanischen *statores* dürfte es sich um sogenannte *apparitores*, d.h. nicht zum Heer gehörige, sondern mit festem Gehalt bezahlte, Amtsdiener[26] gehandelt haben). Im kaiserzeitlichen Heer gibt es *statores* aber als eigene Formation nur noch bei den stadtrömischen Truppen, wobei sie den Prätorianerpräfekten unterstanden,[27] und als einzelne Funktionsträger (u.U. auch zwei oder drei) an der Seite ritterlicher

---

[23] AE 1958, 156 (aus Caesarea Mauretaniae). Vgl. Haensch 2007 Anm. 35 zu Kayser 1990, 244. Weitere derartige Amtsinhaber sind auch in P.Oxy. II 294 und P.Oxy. XXXVI 2754 bezeugt.

[24] Haensch 2008a.

[25] Z.B. Cic. Fam. II 17, 1; II 19, 2; X 21, 2.

[26] Zu diesen zuletzt ausführlich Purcell 1983.

[27] Von Domaszewski 1981, 28, vgl. z.B. RIU V 1069.

Auxiliarkommandeure, also von Befehlshabern kleinerer Einheiten der römischen Armee.[28] Anscheinend hat die Herkunft des *praefectus Aegypti* und der *praefecti praetorii* aus dem (mittleren) ritterlichen Offizierskorps dazu geführt, daß sie eine für ritterliche Offiziere typische Regelung beibehielten, obwohl *praefectus Aegypti* wie *praefecti praetorii* längst nicht mehr im eigentlichen Sinne zu diesen gehörten.

Zur Rekrutierung der Soldaten und Offiziere

Wie vor allem Giovanni Forni gezeigt hat,[29] ist insbesondere im 2. und beginnenden 3. Jh. n. Chr. reichsweit die Tendenz zu beobachten, die Mannschaften für die Einheiten einer Provinz zu einem wesentlichen Teil aus ihr zu rekrutieren. Das gilt nicht nur für die Auxiliarformationen, sondern auch für die Legionen, in denen ja eigentlich nur römische Bürger dienen sollten und bei denen man daher vor 212 die Rekruten bei einer lokalen Rekrutierung gegebenenfalls zunächst einmal mit dem römischen Bürgerrecht beschenken mußte. Wie es insbesondere aus zwei inschriftlich erhaltenen Listen von Legionären zu ersehen ist, läßt sich diese zunehmende lokale Rekrutierung auch für Aegyptus beobachten: Nach CIL III 6627, einer Inschrift vielleicht aus flavischer Zeit, stellten die in der Provinz und vor allem Alexandria geborenen Legionäre die zweite große Gruppe nach den in Kleinasien rekrutierten dar. Beide Gruppen sind etwa im Verhältnis von 2:1 vertreten. Noch deutlicher überwiegt die lokale Rekrutierung, wie zu erwarten, in severischer Zeit: Nach einer als CIL III 6950 publizierten Liste entlassener Legionäre bildeten zu diesem Zeitpunkt die in Ägypten geborenen Legionäre drei Viertel aller angeführten. Dabei handelte es sich zu zwei Dritteln um in den *canabae*, d.h. der Zivilsiedlung bei dem Legionslager Nikopolis, geborene Kinder von Soldaten. Die aus Alexandria stammenden Veteranen machten nur noch etwa ein Achtel aus.[30] Alles dies weicht in keiner signifikanten Weise von demjenigen ab, was sich in Bezug auf die Rekrutierung für Legionen im übrigen Reich beobachten läßt. Anders wäre dies nur, wenn tatsächlich schon in neronischer Zeit Peregrine im Zusammenhang mit der Rekrutierung

---

[28] *Stator praefecti alae*: CIL III 4369. 4379; *stator praefecti cohortis*: Conrad 2004, 194 Nr. 254; *stator tribuni cohortis*: AE 1931, 116. Die gesamte Dokumentation bei Haensch 2007 Anm. 38–40.

[29] Für einen Überblick über die gesamte Forschung: Stoll 2009, 433 f. mit Anm. 67.

[30] AE 1955, 238, cf. 1969/70, 633 muß demgegenüber mit der Situation des Bar Kochba-Aufstandes erklärt werden, anders Alston 1995, 44.

mit dem römischen Bürgerrecht beschenkt worden wären, um sie als
Legionäre in die ägyptischen Legionen einreihen zu können. Dominic
Rathbone hat diese These, zu der manches, was ich noch erörtern will,
passen könnte, bei einem Vortrag in der Kommission vorgestellt,
allerdings bisher noch nicht verschriftlicht.

Was gilt für die zweite große Gruppe römischer Soldaten, diejenigen der *auxilia*? Reichsweit stellen die sogenannten Militärdiplome,
d.h. die in Bronzetafeln eingravierten Urkunden über die Verleihung
des römischen Bürgerrechtes und des *conubium*, des Rechtes, mit
einer Frau nicht-römischer Herkunft eine Ehe einzugehen, aus der
Kinder hervorgingen, die im Besitz des römischen Bürgerrechtes
waren, an Auxiliarsoldaten am Ende ihrer Dienstzeit die wichtigste
Quelle für die Herkunft von Auxiliarsoldaten dar. Sie sind auch in
unserem Zusammenhang die beste Vergleichsbasis zwischen Ägypten
und den übrigen Provinzen, weil für diese Dokumente reichsweit fast
identische Überlieferungsbedingungen gelten. Bei allen Auxiliarsoldaten, deren Herkunft aus Ägypten Papyri und Ostraka belegen, bleibt
ja offen, wie sehr diese durch die besseren Überlieferungsbedingungen
viel zahlreicher erscheinen als sie tatsächlich waren. Drei der fünf bisher bekannt gewordenen Diplome,[31] die an in Aegyptus dienende
Auxiliarsoldaten ausgegeben wurden, wurden in Ägypten gefunden.
Diese Auxiliarsoldaten (bzw. der in einem erscheinende *centurio* der
Auxiliareinheit) hatten also aller Wahrscheinlichkeit nach auf jeden
Fall nach Ende ihrer Dienstzeit in dieser Provinz gelebt. Daß die
Soldaten auch aus der Provinz kamen, ist zumindest in dem einen Fall
klar, in dem das Diplom soweit erhalten ist, daß die Herkunftsangabe
des betreffenden Soldaten erhalten blieb: Dieser Soldat kam aus
Koptos. Von den beiden nicht aus Ägypten stammenden Diplomen
wurde das eine in Syrien, d.h. in einer benachbarten Region, gefunden. Aus einem weiter entfernten Reichsteil, nämlich von der unteren
Donau, kommt schließlich das letzte Diplom. Es ist ein reichsweit zu
beobachtendes Phänomen, daß Rekruten aus Thrakien und Mösien
wie keine andere Gruppe der Reichsbevölkerung über die Formationen
des ganzen Reiches verteilt worden zu sein scheinen. Insgesamt passen
also die fünf bisher bekannten Militärdiplome für in Ägypten dienende
Auxiliarsoldaten zu demjenigen, was reichsweit über die Rekrutierung

---

[31] CIL XVI 29 (83); RMD V 341 (98/105); RMD I 12 (105); CIL XVI 184 (156/161);
RMD III 185 (179). Dazu kommt nach einer freundlichen Mitteilung von W. Eck ein
bisher unpubliziertes Diplom, dessen Empfänger aus einem Apamea stammte.

solcher Soldaten bekannt ist. Die Gesamtzahl der Diplome ist freilich nicht so groß, als daß gegebenenfalls vorhandene kleinere Unterschiede in der zeitlichen Entwicklung oder im Ausmaß bei der lokalen Rekrutierung zu erkennen sein müßten.

Im Falle des Offizierskorps fällt im Vergleich mit dem in der benachbarten syrischen Region stationierten Heeresverband im Falle der am besten dokumentierten Periode – der Zeit zwischen Hadrian und dem Ende des 3. Jh. – auf, wie viele in Aegyptus tätige ritterliche Offiziere aus ihr selbst stammten.[32] Sieben von 18 ritterlichen Offizieren der Provinz Aegyptus kommen aus der Provinz selbst (zumeist Alexandria), während wir bei 41 bekannten entsprechenden Offizieren des syrischen Heeres keinen einzigen Fall identifizieren können. War also die ritterliche Oberschicht der Provinz Aegyptus in wesentlich größerem Maße als die entsprechende syrische Gruppe bereit, in die militärischen Dienste Roms zu treten? Lag einer der Gründe dafür darin, daß sie während ihrer Dienstzeit nur administrativ-juristische Aufgaben zu erfüllen hatten, wie Hubert Devijver vermutet hat?[33] Wie problematisch ein solcher Schluß ist, wird deutlich, wenn man nachprüft, woher wir von der Herkunft dieser Offiziere wissen. Unsere Quelle ist ganz überwiegend ein bestimmter formalisierter Urkundentyp der papyrologischen Überlieferung. Falls ausstehende Schulden einzutreiben waren, hatten sich die Bewohner der Provinz an einem bestimmten Amtsinhaber der Stadt Alexandria, den sogenannten Archidikastes, zu wenden. Zu den entsprechenden Bittgesuchen gehörte es aber, daß die Bittsteller alle wichtigen Titel dieser Amtsinhaber, die sich aus den Spitzen der lokalen Honoratioren rekrutierten, anführten.[34] D.h. die Bittsteller benannten den jeweiligen Amtsinhaber nicht nur mit seiner Amtsbezeichnung, sondern gaben auch an, welche Priesterämter bzw. militärischen Ämter dieser bekleidet hatte. Dadurch aber sind wir außergewöhnlich gut über diejenigen Honoratioren Alexandrias informiert, die militärische Funktionen übernommen hatten. Es ist aber nicht nur so, daß wir aus Syrien keine vergleichbare papyrologische Dokumentation besitzen. Es fehlt auch wegen der für die großen Städte der Provinz Syria geltenden

---

[32] Devijver 1975 bzw. ders. 1992.

[33] Devijver 1981, 218. Vgl. auch ders. 1989, 45f.

[34] P.Oxy. XLI 2978; P.IFAO III 11; M.Chr. 116; PSI VIII 962. Das Gleiche gilt mutatis mutandis für SB IV 7362, 2–3, 209, ein Dokument aus einem Epikrisis-Verfahren, also ebenfalls einer administrativen Prozedur mit standarisiertem Formular.

Überlieferungsbedingungen und des dort gegebenen Forschungs-
standes an Ehrenmonumenten aus diesen Zentren und an Weih-
schriften aus den dortigen Lagern. Beides sind aber Inschriftentypen,
die wenigstens ein partielles Korrektiv zur fehlenden papyrologischen
Dokumentation bieten könnten. In diesem Falle erweckt also nur die
für Ägypten spezifische papyrologische Dokumentation den Eindruck,
das Offizierskorps dieser Provinz habe eine ganz spezifische Zusam-
mensetzung gehabt. Hätten wir nur die auch für andere Provinzen
typische inschriftliche Überlieferung, so wüßten wir nur von zwei ritterlichen Offizieren aus Ägypten in dieser Zeit.[35] Damit würde aber
der Unterschied zum Heer im syrischen Großraum praktisch verschwinden. Für alle Mutmaßungen über ruhige Schreibtischjobs
ägyptischer ritterlicher Offiziere und die Beliebtheit militärischer
Abenteuerurlaube unter alexandrinischen Honoratioren gibt es keine
hinreichenden Gründe.

Im Falle der Rekrutierung der Angehörigen des in Ägypten stationierten Heeres läßt sich also ein besonderer, nur für diese Provinz
typischer, Charakter der Heeresergänzung nicht oder nur schwer
nachweisen. Zunehmende regionale Rekrutierung galt grundsätzlich
für alle Heeresverbände und daß dies im Falle Ägyptens früher und
weitergehender erfolgt wäre als in anderen Provinzen, wäre noch zu
beweisen.

*Zu den von den Soldaten außerhalb des offiziellen Rahmens
verehrten Gottheiten. Reichsweit typisches Verhalten und reichsweit
untypische Überlieferungslage*

Aus anderen Provinzen als Ägypten kennen wir praktisch keine von
einzelnen einfachen Auxiliarsoldaten als Individuen gestiftete religiösen Monumente. Gleich, ob es solchen Soldaten an Geld fehlte oder ob
sie sich nie daran gewöhnten, Inschriften zu setzen, von einzelnen
auxiliarii gestiftete Altäre sind sehr selten.[36] Selbst bei Legionssoldaten
sind solche Zeugnisse individueller Religiosität eher die Ausnahme
und begegnen erst ab der Mitte des 2. Jh.[37]

---

[35] IGRR I 1044; IGRR I 1200 = I.Memnon 20.
[36] Vgl. Alföldy 1968; Popescu 2004, besonders 315 (aber ein Soldat einer *cohors
urbana* ist hier sicher nicht einschlägig), 324f.; Stoll 2001, besonders 180 Anm. 224.
[37] Haensch 2001, besonders 92, 99; Irby-Massie 1999, 209; Popescu 2004, 293–295;
Stoll 2001, besonders 180 Anm. 224.

Demgegenüber kennen wir aus Ägypten fast hundert Äußerungen individueller Religiosität von Auxiliarsoldaten. Dies ist vor allem das Resultat einer für die Provinz spezifischen Quellengruppe. In einer Reihe von ägyptischen Heiligtümern finden wir sogenannte Proskynemata.[38] Proskynemata sind Inschriften, die die Besucher von Heiligtümern an den Wänden dieser Tempel zumeist mit Farbe und Pinsel anbringen durften (oder anbringen ließen) und mit denen sie den Schutz des jeweiligen Gottes für sich und die ihnen Nahestehenden zu erflehen suchten. Proskynemata von einfachen Soldaten sind an einer Reihe von Orten in Ägypten und Nubien oft in größerer Zahl erhalten geblieben, so z.B. in Hiera Sykaminos (Tempel für Isis und Serapis; 3),[39] in Pselkis (Tempel des Thot; 4),[40] in Abu Duruah bei Pselkis (Naturheiligtum des Gottes Pautnuphis?; 2),[41] in den Wadis Foakhir (Tempel des Pan; 6)[42] und Hammamet (Tempel des Pan; 13)[43] und vor allem dem Heiligtum des Gottes Mandulis in Kalabsha/Talmis,[44] wo sich 50 solcher Inschriften fanden.

Beispielhaft seien die Proskynemata von Talmis ein wenig genauer vorgestellt: Alle sind in Griechisch verfasst und wenden sich an den Inhaber des Tempels, den Gott Mandulis, der z.T. sogar als μέγιστος oder κύριος bezeichnet wird. Ein erster Tempel wurde dem Gott unter den Ptolemäern erbaut, unter Augustus (aber keineswegs auf seine Initiative hin oder mit römischen Mitteln)[45] begann die Errichtung des großen Tempels, der unter Vespasian fertiggestellt wurde. Die Soldaten geben in etwa drei Fünftel der Fälle ihre Einheit an und die Unterabteilung, zu der sie gehören, d.h. die *centuria* oder *turma* mit dem Namen des kommandierenden Offiziers. Soldaten mindestens acht verschiedener Auxiliareinheiten sind bezeugt: Es sind dies die *cohortes I Hispanorum, I Thebaeorum, I Lusitanorum, I* und *II Thracum* und *II* und *III Ituraeorum* sowie die *ala Commagenorum*. Was

---

[38] Dazu insbesondere Geraci 1971. Vgl. jetzt auch Stoll 2009, 450 mit weiterer Literatur.

[39] SB I 4115. V 8537. 8541.

[40] SB V 7909. 7912. 7948 (= AE 2001, 2031 a). 7959.

[41] SB I 1581–1582.

[42] SB V 8622. 8630. 8631. 8632.

[43] I.Koptos 41. 43. 50. 52. 60. 62. 77. 115. 127. 133. AE 1993, 1667. 1671 b. 1673.

[44] SB I 1016–1022. 4124–4126. 4550. 4553. 4560–4561. 4564. 4568. 4570–4572. 4575–4577. 4580–4581. 4584–4585. 4588–4589. 4593–4594. 4596. 4601. 4603. 4605–4608. 4610. 4614. 4616–4617. V 8514–8518. 8521. 8523–8525. 8529.

[45] Anders immer wieder, doch ohne hinreichende Anhaltspunkte: Hölbl z.B. ders. 1990, 235; ders. 2004, 104–107, 119–122. Übernommen z. B. von Stoll 2009, 453; dagegen aber Jördens 2009, 44 mit Anm. 113.

die Herkunft der einzelnen Soldaten betrifft, bieten ihre Namen keinerlei Anhaltspunkte, da es sich fast ausschließlich formal um gut römische, dreiteilige Namen handelt wie L. Valerius Celer, C. Antonius Valens oder M. Domitius Maximus. Diese römischen Allerweltsnamen hatten die Soldaten offensichtlich beim Eintritt in die römische Armee angenommen oder zugewiesen bekommen.[46] Wenn die *praenomina* stets ausgeschrieben sind und nicht, wie in der Kaiserzeit normalerweise üblich, abgekürzt, so dürfte dies ein Zeichen dafür sein, wie wenig die Soldaten mit solchen Namen vertraut waren. In die *proskynemata* werden fast immer auch verschiedene Verwandte miteinbezogen, die individuell genannt werden, weiterhin in allgemeinen Formulierungen Freunde bzw. ‚alle Seinigen‘ sowie häufig der eigentliche Schreiber des Textes und derjenige, der ihn kontrollierte (τοῦ γράψαντος καὶ τοῦ ἀναγινώσκοντος). Einen Anhaltspunkt für den zeitlichen Rahmen dieser Zeugnisse religiöser Verehrung geben die 12 Inschriften, die eine Datierung beinhalten. Sie erstrecken sich von domitianischer bis in hadrianische Zeit und sind damit früher zu datieren als die Zeugnisse individueller Religiosität von Soldaten anderer Provinzen. Die Lage der Heiligtümer und die mehrfachen Hinweise, man sei *stationarius*,[47] oder „das Proskynema stamme von den im *praesidium Talmis* tätigen" (SB V 8514: Τὸ προσκύνημα τῶν ΕΔΑΚΙΩΝΩΝ [τ?]οῦ καὶ Φῶρ ἐργασαμέ[ν]ων ἐν τῷ πραισιδίῳ Τάλμις) legen nahe, daß diese Soldaten zu den Orten abkommandiert worden waren oder das Heiligtum aus religiösen Gründen aufsuchten, aber auf jeden Fall nicht aus der Gegend stammten. Nur ein einziger der in diesen Proskynemata zu fassenden Soldaten nennt explizit seinen Heimatort: Halikarnassos in der Provinz Asia.[48] Dieser Soldat ist aber auch der einzige, der in anderer Hinsicht vom Verhalten seiner Kameraden abweicht. Nur er wendet sich nicht alleine an den Gott des betreffenden Heiligtums, sondern ebenfalls an τοὺς σὺν αὐτῷ θεοὺς ἅπαντες. Das auffällige Phänomen all dieser Proskynemata ist nämlich, daß sie alle nur dem jeweiligen lokalen Gott ihre Reverenz erweisen. Andere Götter – auch die des römischen Staates – werden nicht erwähnt. Keines der Proskynemata weist die in Weihinschriften ansonsten so häufige Formulierung auf, der kultische Akt geschehe für das Heil und den Sieg unseres Herrn, des Kaisers (ὑπὲρ σωτηρίας

---

[46] Dies wird durch BGU II 423 illustriert, in dem ein gewisser Apion seinem Vater seinen neuen Namen Antonius Maximus mitteilte, den er beim Eintritt in die Flotte von Misenum erhalten hatte.

[47] SB I 1584. 1592. III 6143. 6146. 6147. V 7979.

[48] SB I 4607.

καὶ νίκης τοῦ κυρίου ἡμῶν αὐτοκράτορος). Der kultische Rahmen des römischen Staates spielte für diese Soldaten bei diesen religiösen Akten keine Rolle.

Genau das Gleiche ist auch bei einer zweiten Quellengruppe zu beobachten, für die wir ansonsten reichsweit keine Parallele haben: Es sind dies religiöse Äußerungen einzelner Soldaten, aber nicht im Medium von Inschriften, die immer auch unter dem Gesichtspunkt des Umfeldes und der Ewigkeit konzipiert wurden, sondern beiläufig im alltäglichen Schrifttum. Solche Äußerungen sind aus verständlichen Gründen nur in den auf Papyrus erhaltenen Briefen zu finden. So sind vor allem im Band VIII der Michigan Papyri eine Reihe von Briefen römischer Soldaten mit derartigen Äußerungen veröffentlicht worden, insbesondere aus der Familie und dem Freundeskreis eines gewissen Claudius Tiberianus, eines Veteranen und ehemaligen *speculator*, und eines Claudius Terentianus, eines Soldaten der *classis Alexandriana*, der dann anscheinend in eine Legion versetzt wurde. Dieser nennt Tiberianus stets ‚Vater‘, war aber nur möglicherweise sein Sohn.[49] Sicher zu diesem Kreis des beginnenden 2. Jh. gehörte ferner ein gewisser Iulius Apollinarius, der als *librarius legionis* und dann als *principalis* in der in Arabia stationierten *legio III Cyrenaica* diente. In dem Band findet sich aber auch ein Brief eines zweiten Apollinarius, der als Flottensoldat in der *classis Misenatis* (P.Mich. V 490) eingereiht war. Während Claudius Tiberianus und Iulius Apollinarius nicht nur zu den Legionssoldaten, sondern innerhalb dieser zu den chargierten gehörten, also im Mannschaftsstand der nach den Prätorianern prestigeträchtigsten Truppe eine vergleichsweise gehobene Position einnahmen, standen die beiden Flottensoldaten unter den bisher diskutierten *auxiliarii*. Die verschiedenen Personen stammten also zwar alle, soweit erkennbar, aus dem Fajum, aber sie dienten in ganz unterschiedlichen Formationen an weit voneinander entfernten Orten des Reiches. Die lateinischen oder latinisierten Namen der Soldaten sollten nicht täuschen: Diese hatten die entsprechenden Namen wohl zumindest zum Teil erst bei der Aufnahme in die römische Armee erhalten. Ethnisch und sozial gehörten sie zur gehobenen bäuerlichen Mittelschicht des Dorfes Karanis, kamen also aus einem griechisch-ägyptischen Milieu.

In den Briefen dieses Kreises finden sich immer wieder Angaben von der Art, »man bete für das Wohlergehen des Briefpartners zu einem bestimmten Gott oder Göttern«, oder »ein bestimmtes

---

[49] Zu diesem Archiv jetzt insbesondere Strassi 2008.

Geschehen sei Dank eines Gottes erfolgreich verlaufen«. In allen diesen Fällen wird kein einziger römischer Gott genannt. Vielmehr hatte
man sich in solchen Fällen entweder an Sarapis – sowie unter
Umständen dessen σύνναοι θεοῖ[50] – oder an eine nicht näher
bestimmte Vielzahl von Göttern gewandt. Nach Iulius Apollinarius
war es z.B. Sarapis, der ihn glücklich nach Arabia gebracht hatte.[51]
Neben diesen Verweisen auf Sarapis – und mit ähnlicher Häufigkeit
– bezieht man sich generell auf die Götter oder einen Gott.[52] Nur insofern werden diese manchmal in diesem Briefwechsel und den
Schreiben anderer Soldaten näher spezifiziert, als man entweder von
„allen" oder – besonders häufig – von den „hiesigen" oder den Göttern,
„bei denen ich weile", spricht.[53]

Ganz ähnliches ist z.B. auch im Falle eines gewissen Dioscorus zu
beobachten. Er stand als Auxiliarsoldat in der Mitte des 2. Jh. einem
befestigten Posten, einem *praesidium* vor, das sich in der Nähe des
Mons Claudianus, eines Granitsteinbruches in der östlichen Wüste
Ägyptens befand. Dioscorus versicherte seinen Briefpartnern immer
wieder, daß er göttlichen Schutz für sie bei der Schutzgottheit, der
τύχη des *praesidium* und der Berge, wo er in der Fremde weile,[54] suche.
Daneben spricht auch er ganz einfach von den „hiesigen" Göttern.[55]
Das Gleiche tun seine Briefpartner,[56] von denen einer seine täglichen
Gebete zu der τύχη des *praesidium* erwähnt.[57] Auch im Fall dieser
Soldaten bleiben die Gottheiten also recht unspezifisch, aber sehr orts-
bezogen und nicht ohne religiösen Inhalt. Keiner dieser Soldaten
bezieht sich jedoch auf den römischen Silvanus, dem anscheinend in
severischer Zeit die offiziellen Weihungen der in den Steinbrüchen

---

[50] Neben den im folgenden genannten beiden Zeugnissen: P.Mich. VIII 465. 475.
476. 477(?). 478. 489. 501 (die beiden letzten Texte nicht unmittelbar zu dem Archiv
gehörig; in P.Mich. VIII 465 wird Bona Fortuna neben Sarapis genannt).

[51] P. Mich. VIII 466 Z. 18 f. vgl. P. Mich. VIII 501 Z. 17 ff.

[52] Neben den in der folgenden Anmerkung genannten Belegen: P.Mich. VIII 467
(mehrfach: Z. 15. 26). 468 Z. 35f. SB VI 9636 Z. 5–7.

[53] P.Mich. VIII 480 Z. 4f. (παρὰ τοῖ[ς ἐν]θ[άδε θε]οῖς). Für vergleichbare
Formulierungen siehe P.Mich. V 490 Z. 4f (παρὰ πᾶσι τοῖς θεοῖς). 491 Z. 4 (παρὰ
τοῖς ἐνθάδε θεοῖς). P.Hamb. I 89 Z. 3 (παρὰ τοῖς ἐπιξενουμε θεοῖς, l. παρ' οἷς
ἐπιξενοῦμαι). Letztlich etwas ähnliches stellt es dar, wenn es in P.Mich. VIII 502 Z. 4f.
heißt: τὸ προσκύνημά σου ἀδιαλείπ[τως ποιούμε]νος παρὰ τοῖς τριχώμασι ἐν
Κοπτῷ.

[54] O.Claud. 225. 228.

[55] O.Claud. 227. 232. 234.

[56] Tyche des *praesidium*: O.Claud. 235. 274; Tyche von Kampe: O.Claud. 237.

[57] O.Claud 274.

von Aroulis (Ehnisch) in der Provinz Syria tätigen Abteilungen der
legio IV Scythica galten.[58]

Zu dem gerade gezeichneten Bild passen schließlich auch die übrigen verstreut publizierten Zeugnisse aus dem Privatleben römischer
Soldaten in Ägypten. Abgesehen von solchen Dokumenten, die Rechte
römischer Bürger notfalls vor Gericht belegen sollten und bei denen
man römische Schwurgottheiten anrief,[59] spielten die Götter Roms für
diese Soldaten keine Rolle. Man berief sich in seinen Privatbriefen entweder auf einen nicht näher präzisierten Gott oder eine entsprechende
Gruppe von Gottheiten[60] oder spezifizierte nur insofern, als man sich
auf die Götter bezog, bei denen man sich aufhielt,[61] bzw. umgekehrt
auf die von zu Hause gewöhnten, die väterlichen.[62] Mit spezifischem
Namen werden nur Sarapis und Isis genannt, also die wichtigsten und
höchsten Götter des griechisch-römischen Ägypten. So dankte es z.B.
ein gewisser Apion Sarapis und nicht z.B. Neptun, daß er ohne
Schaden das Mittelmeer bis nach Misenum hatte überqueren können.[63]
Auch in solchen Zusammenhängen wie z.B. Beförderungen, bei denen
man am ehesten römische Götter, zumal solche, die in einem besonderen Bezug zum Heer stehen, erwartet, finden sich nur griechischägyptische. So hoffte z.B. in den Jahren 84 bis 86 ein gewisser Petronius
Valens dank Sarapis in der militärischen Hierarchie ‚vorzurücken'.[64]

So sehr dieses gerade gezeichnete Bild aus nur oder vor allem für
Ägypten typischen Quellengattungen resultiert, so sehr stimmt es
strukturell mit demjenigen überein, was wir in anderen Provinzen aus
den spärlichen Weihinschriften einzelner einfacher oder chargierter
Soldaten erfahren. Reichsweit läßt sich die große Ehrfurcht vor dem
vor Ort mächtigsten Gott (der in seiner konkreten Gestalt unter
Umständen sehr nebulös bleiben kann) beobachten. Das eindeutigste
Beispiel sind die überaus zahlreichen Weihungen an den *genius loci*,
insbesondere von den sogenannten Benefiziariern.[65] Und wenn die
einfachen Legionäre der in Germania inferior stationierten *legio I*

---

[58] Stoll 2001, 446f. Nr. 13–20.
[59] P.Diog. 1; PSI v 447.
[60] P.Hombert 41; P.Lund II 1.
[61] P.Meyer 20.
[62] P.Ross. Georg. III 2; P.Turner 18.
[63] BGU II 423 = W.Chr. 480 Z. 6ff.
[64] P.Turner 18. Vgl. auch SEG 24, 1244 = I. Métriques 169. Weniger gewichtig
erscheint, daß der Veteran L. Bellienus Gemellus Saturnalia feierte (P. Fay. 119 Z. 28).
[65] Ankersdorfer 1973, 165–174, 178f., 179–185, besonders 189; Nelis-Clément
1994.

Minervia für sich als einzelne göttlichen Schutz suchten, dann spielte
Iuppiter Optimus Maximus oder der Kaiserkult keine Rolle, sondern
sie wandten sich an die heimischen Matronen.[66]

Das Verhalten der einfachen Soldaten der in Aegyptus stationierten
Einheiten findet also bei den Soldaten anderer Provinzen in seiner
Grundstruktur Parallelen.[67] Und doch läßt sich gerade auch im religi-
ösen Bereich eine durch die Stationierung in Ägypten zustande
gekommene Transformation einer römischen Einheit fassen.
Nachdem die *legio III Cyrenaica* über 100 Jahre lang eine der beiden
Legionen der Provinz Aegyptus gebildet hatte, verlegte man sie im
Zusammenhang mit der Annexion des Nabatäerreiches aus der
Provinz, zunächst und seit hadrianischer Zeit auch permanent nach
Arabia. Sie war zeitweise aber offensichtlich auch in Iudaea aktiv. Aus
Jerusalem stammt ein monumentaler Altar, den eine *vexill(atio)
leg(ionis) III Cyr(enaicae)* für *Iuppiter Optimus Maximus Sarapis*
errichtete.[68] Es ist dies reichsweit das einzige offizielle Monument, daß
eine Legion oder eine Abteilung dieser römischen Kerntruppen einem
nur ganz oberflächlich einer *interpretatio Romana* unterzogenen
nichtrömischen Gott errichtete, der zudem auch keineswegs der wichtigste Ortsgott war. Vergleichbare Inschriften sind zwar von
Hilfstruppenverbänden wie denjenigen der Palmyreni, Emeseni oder
auch der Tungrer bekannt,[69] die konstant aus ein und derselben
Region rekrutiert wurden, weil dort eine bestimmte militärische
Technik besonders verbreitet war. Für die durch und durch römischen Einheiten der Legionen fehlt aber eine vergleichbare offizielle
Anerkennung des wichtigsten Gottes der Heimat der meisten Soldaten
dieser Einheit.[70] Wie wichtig Sarapis noch im 3. Jh. für diese Legion
war, zeigen städtische Münzen Bostras, des Standlagers der Legion,
mit Darstellungen und Symbolen des Sarapis. Offensichtlich war der

---

[66] Haensch 2001, besonders 107–109.
[67] Vgl. ähnliche Beobachtungen zu den Grabmonumenten dieser Soldaten bei
Stoll 2009, 429-431.
[68] CIL III 13587 = ILS 4393.
[69] Stoll 2001, besonders 188–191.
[70] Man sollte allerdings nicht vergessen, daß nach dem Zeugnis von Tacitus (hist.
III 24) und Cassius Dio (LXIV 14, 3) die Soldaten der *legio III Gallica* schon im Jahre
69 gemäß einem syrischen Ritual morgens regelmäßig als geschlossener Verband die
Sonne anriefen. Vielleicht sind bisher nur zu wenige offizielle Weihungen der syrischen Legionen bekannt geworden, um eine vergleichbare Aufnahme einer syrischen
Gottheit in den offiziellen kultischen Rahmen einer in Syrien stationierten Legion
fassen zu können.

Sarapiskult so wichtig für diese Legion geworden, daß deren Legionäre ihn nicht nur als Individuen nach der Verlegung aus der Provinz weiter verehrten, sondern sogar so sehr, daß er Teil des von ihr offiziell verehrten Pantheon wurde.

∗∗∗

Tradition oder Transformation – diese Frage stellt sich also auch für das römische Heer in der Provinz Aegyptus, allerdings in anderer Form als in den meisten Beiträgen dieses Bandes. Beim zentralen römischen Machtinstrument konnte es keine Kontinuität zu, ja nicht einmal eine Transformation von ptolemäischen Strukturen geben. Aber durch die dauernde Stationierung in der Nilprovinz wurde auch eine so typisch römische Struktur wie das römische Heer verändert. Zwar überwog bei weitem das Festhalten an der Tradition der in der Republik und in der augusteischen Zeit entwickelten Strukturen und damit die Gemeinsamkeiten mit den Heeresverbänden in anderen Provinzen, zumal ja auch immer wieder Einheiten zwischen den verschiedenen Heeresverbänden ausgetauscht wurden und noch viel häufiger einzelne Soldaten und vor allem Offiziere zwischen ihnen versetzt wurden. Aber einzelne spezielle Züge des in der Provinz Aegyptus stationierten Heeresverbandes ließen sich beobachten – in seiner Kommandostruktur, in seinen Institutionen und deren Titeln und in der religiös-kultischen Praxis seiner wichtigsten Heeresformationen. Manche dieser spezifischen Züge ergaben sich aus innerrömischen Entwicklungen, so z.B. der ritterliche Status der Legionskommandeure oder die Existenz der Formation der *statores*. Andere aber resultierten aus einer gewissen ‚Hellenisierung' römischer Institutionen infolge der langandauernden Stationierung in der Provinz – so bei manchen Titeln und so auch bei der Aufnahme des Sarapis in den offiziellen kultischen Rahmen der *legio III Cyrenaica*.

Benutzte Abkürzungen

PME = Devijver, H. *Prosopographia militiarum equestrium quae fuerunt ab Augusto ad Gallienum.* 6 Bände. Leuven 1976–2001.
RIU V = Fitz, J. *Die römischen Inschriften Ungarns.* 5. Lieferung: *Intercisa.* Bonn 1991.
RMD = Roxan, M. und P. Holder. *Roman military diplomas.* 5 Bände. London 1978–2006.

TAM = Österreichische Akademie der Wissenschaften. Tituli Asiae Minoris linguis Graeca et Latina conscripti. Wien.

Bibliographie

Adams, C. E. P. 1999. Supplying the Roman army: bureaucracy in Roman Egypt. In: *The Roman army as a community*, eds. A. Goldsworthy und I. Haynes, 119–126. Portsmouth.

Alföldy, G. 1968. *Die Hilfstruppen der römischen Provinz Germania inferior.* Düsseldorf.

Alston, R. 1995. *Soldier and society in Roman Egypt: a social history.* New York.

Angeli Bertinelli, M. G. 1983. I centurioni della „Legio II Traiana". In: *Studi in onore di Arnaldo Biscardi* IV, 143–199. Milano.

Ankersdorfer, H. 1973. *Studien zur Religion des römischen Heeres von Augustus bis Diokletian.* Diss. Phil. Konstanz.

Bagnall, R. S. 1997. A kindler, gentler Roman army? *JRA* 10: 504–512.

Brunt, P. 1983. The administrators of Roman Egypt. *JRS* 65: 124–147.

Capponi, L. 2005. *Augustan Egypt. The creation of a Roman province.* New York.

Cavenaile, R. 1970. Prosopographie de l´armée romaine d´Egypte d´Auguste à Diocletien. *Aegyptus* 50: 213–312.

Conrad, S. 2004. *Die Grabstelen aus Moesia inferior.* Leipzig.

Coskun, A. 2008. Galatische Legionäre in Ägypten. Die Konstituierung der legio XXII Deiotariana in der frühen Kaiserzeit. *Tyche* 23: 21–46.

Cosme, P. 2007. *L´armée romaine. VIIIᵉ s. av. J.-C.– Vᵉ s. ap. J.-C.* Paris.

Criniti, N. 1973. Supplemento alla prosopografia dell'esercito romano d'Egitto da Augusto a Diocleziano. *Aegyptus* 53: 93–158.

——1979. Sulle forze armate romane d'Egitto: osservazioni e nuove aggiunte prosopografiche. *Aegyptus* 59: 190–261.

Daris, S. 1988a. Le truppe ausiliarie romane in Egitto. *ANRW* II.10.1: 743–766.

——1988b. Documenti minori dell´esercito romano in Egitto. *ANRW* II.10.1: 724–742.

——2000a. Legio II Traiana Fortis. In: *Les légions de Rome sous le Haut-Empire* I, eds. Y. Le Bohec und C. Wolff, 359–367. Lyon.

——2000b. Legio XXII Deiotariana. In: *Les légions de Rome sous le Haut-Empire* I, eds. Y. Le Bohec und C. Wolff, 365–367. Lyon.

Davies, R. W. 1989. *Service in the Roman army.* Edinburgh.

Demougin, S. 1992. *Prosopographie des chevaliers romains julio-claudiens.* Rome.

Devijver, H. 1974. The Roman army in Egypt (with special reference to the Militiae Equestres). *ANRW* II.1: 452–492 (jetzt in: Ders. *The Equestrian Officers of the Roman Imperial Army.* Amsterdam 1989, 141–181).

—— 1975. *De Aegypto et Exercitu Romano sive Prosopographia Militiarum Equestrium quae ab Augusto ad Gallienum seu statione seu origine ad Aegyptum pertinebat.* Leuven.

——1981. Eine neue Lesung des Papyrus IFAO, III, 11. Celer, Sotionis filius, praefectus cohortis I Flaviae Cilicum equitatae. *Anagennesis* 1: 205–218 (jetzt in: Ders. *The Equestrian Officers of the Roman Imperial Army.* Amsterdam 1989, 196–208).

—— 1989. L'Egypte et l'histoire de l'Armée romaine. In: *Egitto e storia antica dall'ellenismo all'età araba. Bilancio di un confronto*, eds. L. Criscuolo und G. Geraci, 37–54. Bologna (jetzt in: Ders. *The Equestrian Officers of the Roman Imperial Army II.* Stuttgart 1992, 22–39).

———1992. Equestrian officers in the East. In: *The Eastern Frontier of the Roman Empire. Proceedings of a colloquium held at Ankara in September 1988*, eds. D. H. French und Chr. S. Lightfoot, 77–111. Oxford (jetzt in: Ders. *The Equestrian Officers of the Roman Imperial Army* II. Amsterdam 1992, 66–100).

Dobson, B. 1978. *Die Primipilares. Entwicklung und Bedeutung, Laufbahnen und Persönlichkeiten eines römischen Offiziersranges.* Köln.

von Domaszewski, A. 1981. *Die Rangordnung des römischen Heeres. Einführung, Berichtigungen und Nachträge von Brian Dobson.* 3. ed. Köln.

Eck, W. 2007. *Rom und Judaea.* Tübingen.

Eich, P. 2007. Die Administratoren des römischen Ägyptens. In: *Herrschen und Verwalten*, eds. R. Haensch und J. Heinrichs, 378–399. Köln.

Erdkamp, P. (ed.). 2007. *A companion to the Roman army.* Oxford.

Fiaccadori, G. 2008. Un iscrizione latina dalle isole Farasān (Arabia Saudita). *PP* 63: 439–449.

Forni, G. 1953–1992. *Il reclutamento delle legioni da Augusto a Diocletiano.* Milano (1953), dazu drei Supplemente, in: Ders. *Esercito e marina di Roma antica*, 11–141. Stuttgart (1992).

Franke, Th. 2005. Legio XV Apollinaris unter Traian in Ägypten? In: *Rom, Germanien und das Reich. Festschrift zu Ehren von Rainer Wiegels anlässlich seines 65. Geburtstages*, ed. W. Spickermann, 318–328. St. Katharinen.

Frankfurter, D. 1998. *Religion in Roman Egypt. Assimilation and Resistance.* Princeton, NJ.

Gatier, P.-L. 2000. La Legio III Cyrenaica et l´Arabie. In: *Les légions de Rome sous le Haut-Empire* I, eds. Y. Le Bohec und C. Wolff, 341–349. Lyon.

Geraci, G. 1971. Ricerche sul Proskynema. *Aegyptus* 51: 3–211.

Haensch, R. 1992. Das Statthalterarchiv. *ZRG RA* 109: 209–317.

———1997. *Capita provinciarum. Statthaltersitze und Provinzialverwaltung in der römischen Kaiserzeit.* Mainz.

———2001. *Milites legionis* im Umfeld ihrer Provinz. Zur Rekrutierungspraxis, sozialen Position und zur ,Romanisierung' der Soldaten der niedergermanischen Legionen im 2. und 3. Jahrhundert. In: *Administration, Prosopography and appointment Policies in the Roman Empire*, ed. L. de Blois, 84–105. Amsterdam.

———2008a. Typisch römisch? Die Gerichtsprotokolle der in Aegyptus und den übrigen östlichen Reichsprovinzen tätigen Vertreter Roms. In: *Monumentum et instrumentum inscriptum. Beschriftete Objekte aus Kaiserzeit und Spätantike als historische Zeugnisse. Festschrift für Peter Weiß zum 65. Geburtstag*, eds. H. Börm, N. Ehrhardt und J. Wiesehöfer, 117–125. Stuttgart.

———2008b. Die Provinz Aegyptus: Kontinuitäten und Brüche zum ptolemäischen Ägypten. Das Beispiel des administrativen Personals. In: *Die römischen Provinzen. Begriff und Gründung (Colloquium Cluj-Napoca, 28. September–1. Oktober 2006)*, ed. I. Piso, 81–105. Cluj-Napoca.

———2007. „Dans tout le pretoire…". Le personnel du préfet d´Egypte sous le Haut-Empire. *Cahier du Centre Gustave-Glotz* 18 (2007 [2009]).

Hölbl, G. 1990. Das römische Militär im religiösen Leben Nubiens. In: *Akten des 14. Internationalen Limeskongresses 1986 in Carnuntum* I, eds. H. Vetters und M. Kandler, 233–247. Wien.

———2004. *Altägypten im Römischen Reich. Der römische Pharao und seine Tempel.* II: *Die Tempel des römischen Nubien.* Mainz.

Irby-Massie, G. L. 1999. *Military Religion in Roman Britain.* Leiden.

Jördens, A. 2006. Rezension zu Capponi 2005. *Laverna* 17: 156–172.

———2009. *Statthalterliche Verwaltung in der römischen Kaiserzeit. Studien zum praefectus Aegypti.* Stuttgart.

Kayser, F. 1990. Les „Statores" en Egypte. *BIFAO* 10: 93–100.

Keppie, L. 1984. *The making of the Roman army. From Republic to Empire*. London.

Kienast, D. 1999. *Augustus. Prinzeps und Monarch*. 3. ed. Darmstadt.

Lesquier, J. 1918. *L´armée romaine d´Egypte d´Auguste à Dioclétien*. Le Caire.

Mann, J. C. 1983. *Legionary recruitment and veteran settlement during the Principate*. London.

Maxfield, V. 2000. The deployment of the Roman auxilia in Upper Egypt and the Eastern desert during the Principate. In: *Kaiser, Heer und Gesellschaft in der Römischen Kaiserzeit. Gedenkschrift für Eric Birley*, eds. G. Alföldy, B. Dobson und W. Eck, 407–442. Stuttgart.

Mitthof, F. 2000. Soldaten und Veteranen in der Gesellschaft des römischen Ägypten (1.–2. Jh. n. Chr.). In: *Kaiser, Heer und Gesellschaft in der Römischen Kaiserzeit. Gedenkschrift für Eric Birley*, eds. G. Alföldy, B. Dobson und W. Eck, 377–405. Stuttgart.

——2001. *Annona militaris. Die Heeresversorgung im spätantiken Ägypten*. 2 Bände. Firenze.

Nelis-Clément, J. 1994. Le monde des dieux chez les beneficiarii. In: *Der römische Weihbezirk von Osterburken II. Kolloquium 1990 und paläobotanische-osteologische Untersuchungen*, 251–260. Stuttgart.

Palme, B. 2007. The imperial presence: government and army. In: *Egypt in the Byzantine World, 300–700*, ed. R. S. Bagnall, 244–270. Cambridge.

Popescu, M. 2004. *La religion dans l´armée romaine de Dacie*. Bucarest.

Purcell, N. 1983. The Apparitores: a study in social mobility. *PBSR* 51: 125–173.

Reinmuth, O. W. 1935. *The prefect of Egypt from Augustus to Diocletian*. Leipzig.

Ritterling, E. 1924–1925. Legio. In: *RE* XII.1–2, col. 1211–1829.

Saddington, D. B. 2002. The roman auxilia in the east – different from the west? In: *Limes XVIII. Proceedings of the XVIIIth International Congress of Roman Frontier Studies held in Amman, Jordan (September 2000)*, eds. Ph. Freeman, J. Bennett, Z. T. Fiema und B. Hoffmann, 879–882. Oxford.

Speidel, M. A. 2007a. Einheit und Vielfalt in der römischen Heeresverwaltung. In: *Herrschen und Verwalten*, eds. R. Haensch und J. Heinrichs, 173–194. Köln.

——2007b. Außerhalb des Reiches? Zu neuen lateinischen Inschriften aus Saudi-Arabien und zur Ausdehnung der römischen Herrschaft am Roten Meer. *ZPE* 163: 296–306.

Speidel, M. P. 1982. Auxiliary units named after their commanders. Four new cases from Egypt. *Aegyptus* 62: 165–172.

——1988. Nubia´s Roman garrison. *ANRW* II.10.1: 768–798.

Stoll, O. 2001. *Zwischen Integration und Abgrenzung: Die Religion des Römischen Heeres im Nahen Osten. Studien zum Verhältnis von Armee und Zivilbevölkerung im römischen Syrien und den Nachbargebieten*. St. Katharinen.

——2009. Integration und doppelte Identität. Römisches Militär und die Kulte der Soldaten und Veteranen in Ägypten von Augustus bis Diokletian. In: *Militärgeschichte des pharaonischen Ägypten. Altägypten und seine Nachbarkulturen im Spiegel aktueller Forschung*, eds. R. Gundlach und C. Vogel, 419–458. Paderborn.

Strack, P. L. 1933. *Untersuchungen zur römischen Reichsprägung des zweiten Jahrhunderts. Teil II. Die Reichsprägung zur Zeit des Hadrian*. Stuttgart.

Strassi, S. 2008. *L´archivio di Claudius Tiberianus da Karanis*. Berlin.

Strobel, K. 1995. Rangordnung und Papyrologie. In: *La Hiérarchie (Rangordnung) de l´armée romaine*, ed. Y. Le Bohec, 93–111. Paris.

Wolff, C. 2000b. La Legio III Cyrenaica au Ier siècle. In: *Les légions de Rome sous le Haut-Empire I*, eds. Y. Le Bohec und C. Wolff, 339–340. Lyon.

TUNA EL-GEBEL – FUNDGRUPPEN, WERKPLÄTZE UND ÖFEN. EIN ZWISCHENBERICHT

Jana Helmbold-Doyé

In den Kampagnen 2006 bis 2008 wurden innerhalb des Friedhofareals zahlreiche Funde gemacht, die in einem ersten Abschnitt des nachfolgenden Beitrages besprochen werden sollen. Die Objektmenge resultiert aus deren Lagerung im Anschluss an frühere Grabungen in unterschiedlichen Grabbauten der Nekropole.[1] Darüber hinaus führten die geomagnetische Prospektion und mehrfache Begehungen des Geländes zu diversen Beobachtungen an der Oberfläche. Die Darlegung der Ergebnisse erfolgt in einem zweiten Abschnitt unter Berücksichtigung der Werkplätze und Öfen.

Fundgruppen

Über die Vielfältigkeit der Fundgruppen wurde bereits ein Abriss gegeben.[2] Im Folgenden sollen nun einige der bisher erfassten Objektgruppen kurz kommentiert werden, die zu einem großen Teil aus Grabbau M 20/SE (GB 33) stammen, dort jedoch nur sekundär aufbewahrt wurden. Insgesamt konnten seither über 1100 Fundnummern vergeben werden, die neben einzelnen Objekten auch Konvolute erfassen. Dabei wurde die mengenmäßige Verteilung der Fundgruppen nach der Anzahl der Einträge in der Datenbank sortiert und soll anhand des folgenden Diagramms verdeutlicht werden.

Wie auch für andere Plätze nachgewiesen, ist die Quantität der Keramikgefäße deutlich höher als die von anderen Fundgruppen. Da noch keine abschließende Bearbeitung der Gefäße erfolgen konnte, sollen sich hier keine Aussagen zu Formen- und Tonvielfalt anschließen. Dennoch kann nach einer ersten Bestandsaufnahme festgehalten

---

[1] Zur Problematik der fehlenden Provenienz zahlreicher Objekte siehe Lembke und Helmbold-Doyé in Lembke et al. 2007, 74, 79–80, 112–115.

[2] Helmbold-Doyé in Lembke et al. 2007, 112–115.

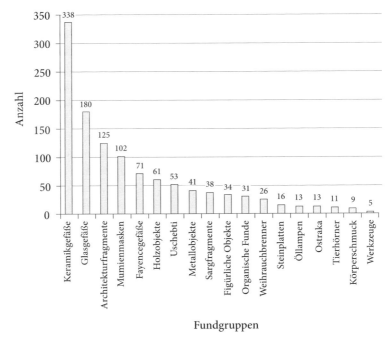

Fundgruppen

Karte 1

werden, dass trotz fehlender Provenienz eindeutige Unterschiede zwischen Grab- und Kultkeramik auszumachen sind. Zum ursprünglichen Repertoire der Grabausstattung kann an dieser Stelle bislang wenig gesagt werden. Vielmehr scheint der größere Anteil der Kultkeramik zugerechnet werden zu können, wie die zahlreichen Weinamphoren, Krüge, Kochtöpfe, Kasserollen oder kleinen Schalen, die auf den Innenseiten Schmauchspuren vom Verbrennen aufweisen.[3] Neben den in den Magazinen abgestellten Gefäßen, fanden sich diese vor allem außerhalb der Grabbauten unter verschiedenen Treppenaufgängen, die einen Zugang vom ersten zum zweiten Geschoss ermöglichten. Grundsätzlich gehören die meisten Gefäße zur einfachen Gebrauchsware. Eine Erklärung für diese Tatsche könnte sein, dass die benutzten feineren Waren nicht in der Nekropole zurückgelassen, sondern von den Besuchern der Gräber wieder mitgenommen wurden. Anhand der Fundbearbeitung aus den Grabungen Walter Honroths und denen der Universität Trier wurde deutlich, dass der Grabkult in einzelnen Abschnitten der Nekropole bis in das

---

[3] Siehe dazu den Kommentar zu den Weihrauchbrennern.

4./5. Jahrhundert n. Chr. bestanden habe.[4] Damit einher gingen sicher sukzessive Bestattungen in den größeren, mehrstöckigen Anlagen, neben der Pflege und Versorgung der Verstorbenen in älteren Grabbauten.[5]

Auffällig ist die Menge der Glasgefäße, die unvergleichbar zu anderen Nekropolen eine breite Formenvielfalt umschließt. So zählen neben verschiedenen Varianten der ‚Unguentarien' auch zahlreiche Scherben von Schalen, Bechern, Trinkgläsern und Karaffen zum Repertoire.[6] Dabei umfassen die ‚Unguentarien' gut die Hälfte des Materials. Die Glasgefäße wurden insgesamt zu ca. 50% der dokumentierten Scherben aus grünlich-türkisem Glas gefertigt. Ungefähr 40% des Materials sind aus farblosem, manchmal auch opakem, Glas. Die restlichen 10% lassen sich in blaues und braunes Glas aufteilen. Bei zwei Gefäßen wurden die Außenseiten mit umlaufenden, leuchtend gelben Glasfäden verziert.

Zahlreiche Fragmente gehören zu den ‚Mumienmasken', die signifikant für Bestattungen in Mittelägypten sind.[7] Der weitaus größte Teil von diesen wurde ausschließlich aus Stuck gefertigt.[8] Die Materialzusammensetzung besteht nach Günter Grimm aus einem Gemisch aus Sand, Ton, kohlesaurem Kalk und Gips.[9] In einem letzten Arbeitsgang wurden die Masken bemalt und vergoldet. Farbspuren und Spuren von Vergoldung bzw. der rotbraunen Grundierung konnten noch bei fast allen Objekten festgestellt werden. Die Augäpfel wurden aus opakem, weißem Glas gefertigt, in die zusätzlich eine Pupille aus ebenfalls opakem, schwarzem Glas eingesetzt wurde.[10] Daneben treten

---

[4] Zu den Ergebnissen der Fundbearbeitung, die während der Grabung Walter Honroths 1912/3 dokumentiert wurden, siehe Helmbold-Doyé in Lembke et al. 2007, 79f. Zur Bearbeitung der Keramikgefäße und Öllampen aus M 3/SS (GB 10) und M 9a/SE (GB 25) siehe Helmbold-Doyé in Lembke et al. 2007, 113.

[5] Helmbold-Doyé in Lembke et al. 2007, 79.

[6] So beispielsweise vergleichbar mit dem Material aus Madinet Maadi. Silvano 2001, 13–17. In der Formenvielfalt und ihren Varianten jedoch darüber hinausgehend.

[7] Diese Art der Stuckmasken ist fast ausschließlich von Orten Mittelägyptens, wie Meir, Antinoupolis und Hermupolis, belegt. Der eingebürgerte Begriff Maske ist in diesem Fall irreführend, denn es handelt sich bei den meisten eher um Stuckköpfe oder büstenartige Mumienhüllen.

[8] Grimm 1974, 14. Zu den Herstellungstechniken siehe Grimm 1974, 15–21. Einen Kommentar zur Erforschung von Mumienmasken bietet Stadler 2004, 11–17.

[9] Grimm 1974, 14.

[10] Zu verschiedenen Varianten der Augengestaltung siehe Bayer-Niemayer 1993, 416.

typologische Unterschiede einhergehend mit regionalen auf.[11] Die
Masken geben keine individuellen Züge wieder, sondern müssen als
massenhaft gefertigtes, jedoch nicht „billiges" Produkt gesehen werden.[12] Grundsätzlich ist festzuhalten, dass das zeitgleiche Vorkommen
von Stuckmasken und Mumienportraits für Antinoupolis belegt ist.[13]
Für die Masken aus Tuna el-Gebel ist schon in der 1. Hälfte des 1. Jahrhunderts n. Chr. „eine lückenlose Folge von Stuckmasken"[14] nachweisbar. In der von Günter Grimm vorgelegten Studie wird deutlich,
dass in einer chronologischen Entwicklung der Mumienmasken eine
Zunahme der nicht-ägyptischen Merkmale und eine stärkere
Individualisierung einhergehen mit einer späteren Datierung.[15] Ohne
hierbei in die Diskussion der Datierung einsteigen zu wollen, sollen
in diesem Zusammenhang die grundsätzlichen Ergebnisse einer
neuen Betrachtung Martin Stadlers wiedergegeben werden. Dessen
Untersuchung zeigt verschiedene Aspekte, denen meines Erachtens
grundsätzlich zuzustimmen ist. Es gab offensichtlich einen Stilplu-
ralismus – ein Nebeneinander stilistisch unterschiedlicher Masken.
Neben alten Motiven, die wieder aufgenommen wurden, kam Neues
hinzu, was zusätzlich eine sichere Datierung eines konkreten Stückes
erschwert.[16] Weiterhin ist wahrscheinlich, dass einzelne Typen
mit anderen zeitgenössisch sind, sei es aufgrund des persönlichen
Geschmacks oder aufgrund lokaler Traditionen.[17] Zwei der Masken
konnten aus zahlreichen Fragmenten zu einem Großteil zusammen-
gesetzt werden und zeigen deutlich aufgerichtete Köpfe.[18] Günter
Grimm und Klaus Parlasca vertraten hinsichtlich der beginnenden

---

[11] Grimm 1974, 23–43 (im Zusammenhang mit den Fundumständen), 92–101 (zu
den Funden aus Oberägypten).

[12] Bayer-Niemayer 1993, 416.

[13] Zu den Grabungen Gayets in Antinoupolis siehe Borg 1998, 20–26.
Weiterführend sei auf die Zusammenfassungen der Grabungsaktivitäten, die zwischen 1896 bis 1907 stattgefunden haben, hingewiesen. Guimet 1912.

[14] Grimm 1974, 14.

[15] Grimm 1974, 47–54. Kritik an der Grimmschen Untersuchung hinsichtlich der
Nachvollziehbarkeit der Gruppen- bzw. Typeneinteilung sowie der Datierung findet
sich ebenfalls bei Bayer-Niemayer 1993, 414, 417.

[16] Stadler 2004, 44, 47 Abb. 12.

[17] Borg 1996, 178; Stadler 2004, 46f. (Regionalität). Gerade stark dominante lokale
Traditionen sind ein wichtiger Schlüssel. Stadler 2004, 48. Deren Nachweisbarkeit ist
jedoch häufig verloren, wenn die Stücke über den Kunsthandel in Museen gelangen
oder aus Raubgrabungen stammen.

[18] Die Klebung der zahllosen Fragmente mit Mecosan S-TR erfolgte durch die
Restauratorin Dorothea Lindemann. In ihrem Restaurierungsbericht schreibt sie:
„Leider ergaben sich bislang keine vollständigen Masken mit Gesicht. Manchmal war

Anhebung des Kopfes mit Beginn des 2. Jahrhunderts n. Chr. die Ansicht, dass der Tote sein Wiedererwachen (Auferstehung) erlebt.[19] Zugleich ermöglicht diese Form einen scheinbaren „Blickkontakt des Verstorbenen mit den am Fußende stehenden Hinterbliebenen".[20] Eine senkrechte Aufstellung der Toten ist bei dieser Art der Mumiendekoration auszuschließen.[21] Eva Bayer-Niemayer hingegen stellt den Zusammenhang zwischen dem Verstorbenen und Osiris in Frage.[22] Ihrer Meinung nach ist das Phänomen ausschließlich mit einer Änderung der Aufbewahrung und Betrachtung der Mumien zu erklären. Dem ist jedoch der Spruch 43 aus dem Totenbuch entgegen zu stellen. Dort heißt es:

> „… Der Kopf[23] des Osiris soll ihm nicht fortgenommen werden,
> und mein Kopf soll mir nicht fortgenommen werden.
> Ich bin aufgerichtet, erneuert und verjüngt.
> Ich bin Osiris, der Herr der Ewigkeit."[24]

Zu Recht kommentiert Martin Stadler diesen Spruch mit den Worten: „Die Rückgabe des Kopfes ist demnach der Aufrichtung, Erneuerung und Verjüngung vorgeschaltet und stellt somit eine Vorbedingung für die Osiris-Werdung, d.h. Osiris-Angleichung, des Verstorbenen dar."[25] Weitere Überlegungen zu den Mumienmasken sollen erst am Ende der Fundbearbeitung formuliert werden.

Gegenüber den Glasgefäßen findet sich unter den Fayencegefäßen bisher nur eine geringe Formenanzahl. Diese lässt sich bislang auf neun Typen mit Varianten beschränken. Über 80% des Scherbenmaterials sind kleine Teller und Tulpenbecher. Die kleinen Teller haben eine einfache Lippe und einen Rundboden sowie einen Randdurchmesser von 10 bis 12 cm. Die Höhe variiert zwischen 1,7 bis 2,7 cm. Daneben sind tulpenförmige Becher zu finden, deren Durchmesser zumeist 12 bis 14 cm umfasst und deren maximal erhaltene

---

auch eine Klebung von Anschlussstellen nicht möglich, da die Klebefläche zu klein war."

[19] Grimm 1974, 414; Parlasca 1966, 91f., 120f. Anm. 11 a Taf. 3, 3 (New York 12.182.46); Parlasca in jüngster Zeit in Parlasca und Seemann 1999, 30.

[20] Parlasca und Seemann 1999, 30.

[21] Parlasca und Seemann 1999, 30.

[22] Bayer-Niemayer 1993, 414f.

[23] Zur sprachlichen Bezeichnung von Maske und Kopf siehe Stadler 2004, 21–24.

[24] Übersetzung aus Hornung 1997, 119.

[25] Stadler 2004, 20. Zur Osiris-Werdung (Osiris-Angleichung) siehe u.a. Taylor 2001, 27. Von Taylor (Taylor 2001, 62) wird der Terminus „tp" in diesem Zusammenhang mit Maske gleichgesetzt.

Abb. 1: Holzobjekte (Foto: J. Helmbold-Doyé).

Gefäßhöhe bei 6,5 cm liegt.[26] Darüber hinaus lassen sich zunehmend Scherben von römerzeitlichen ‚Ascheurnen' dokumentieren, die bisher 10% des Materials ausmachen.[27] Nur vereinzelt sind des Weiteren Scherben von ovalen oder rechteckigen Platten mit wulstigem Rand sowie von Deckeln, Flaschen und Gefäßständern zu verzeichnen. Die Farbigkeit der Fayence umfasst Blau bis Türkis in allen Schattierungen, Grün- bis Gelbtöne nur gelegentlich. Im Bruch lassen sich roséfarbene bis weißliche Fayencemischungen nachweisen.

Zahlenmäßig folgen den Fayencen die Holzobjekte (Abb. 1). Dabei können innerhalb dieser Materialmenge mehrere Hölzer unterschieden werden. So weist das hellgelbliche, leichte Holz Termitenfraß auf, während die verschiedenen rötlichen bis braunen harzigen Nadelhölzer (?) davon verschont sind.[28] Die Fragmente umfassen Teile von Sitz- und Liegemöbeln, Kästen oder kleinen Truhen neben Kosmetikutensilien wie Dosen und Haarkämme. Ferner fanden sich insgesamt sechs Spindelköpfe. Wie diese Objekte innerhalb der Grabräume angeordnet waren, ist bisher unklar. In dem Bestand befinden sich

---

[26] Aufgrund des mangelhaften Erhaltungszustandes ist die Bodenform bisher unbekannt. Es kann jedoch ein Rundboden vermutet werden. Der Form nach entsprechen diese den ptolemäerzeitlichen „bols profonds". Nenna und Seif el-Din 2000, 185–193 Abb. 9 Taf. 4. 30–32 Typ T2.1. In Tuna el-Giebel ist der Gefäßtyp im Unterschied dazu völlig ohne Dekor belegt. Vielleicht handelt es sich um eine Weiterentwicklung während der römischen Kaiserzeit?

[27] Diese entsprechen den Typen T18 bis T20 bei Nenna und Seif el-Din 2000, 351–381.

[28] Bei dem gelblichen Holz kann es sich um das der Nilakazie (Acazia nilotica) handeln. Erst eine endgültige Bestimmung der Holzarten wird darüber Auskunft geben. Innerhalb der Gruppe der rötlichen bis braunen Holzfragmente werden sicher Zedernholz und andere Importe zu verzeichnen sein.

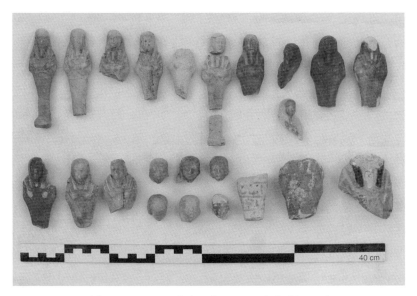

Abb. 2: Fayence-Uschebtis (Foto: J. Helmbold-Doyé).

bislang sieben Bruchstücke von Klinenfüßen, die aus unterschiedlichen Hölzern gefertigt wurden.[29] Diese könnten, vergleichbar den gemauerten Klinen, in den Räumen abgestellt worden sein, um auf ihnen entweder die Toten nur kurzzeitig aufzubahren oder tatsächlich endgültig zu bestatten.[30]

Zur Grabausstattung zählen in dem Friedhof immer wieder Uschebtis (Abb. 2).[31] Aus Fayence konnten bislang 40 vollständige oder in Bruchstücken erhaltene Exemplare erfasst werden. Unter diesen finden sich drei kleinere Typen aus blauer bis grüner Fayence. Vier weitere Ausfertigungen sind proportional größer gefertigt und weisen entweder horizontale Hieroglypheninschriften auf und/oder Korbtaschen auf der linken Schulter. Darüber hinaus sind 13 Bruchstücke von Uschebtis aus gebranntem Nilton von mindestens vier Formentypen belegt. Deren Oberfläche konnte mit hellgelber, roter, hellblauer und schwarzer Farbe bemalt gewesen sein. Fraglich

---

[29] Ein Fragment davon befindet sich heute im Bestand des Griechisch-Römischen Forschungszentrums der Universität Trier.

[30] Da im Zusammenhang mit den Grabungen Walter Honroths in allen geschlossenen Räumen Mumien und Körperbestattungen gefunden wurden, könnten auch die Holzklinen dort gestanden haben. Zu den gemauerten Klinen und sichtbar aufgebahrten Mumien siehe Lembke 2007, 30f. Abb. 5–6; Lembke et al. 2007, 111f.

[31] Zu den Uschebtifunden in T 2/CP (GB 44) siehe Gabra et al. 1941, 59.

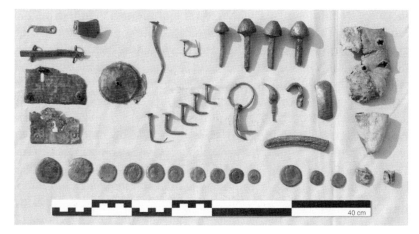

Abb. 3: Metallobjekte (Foto: J. Helmbold-Doyé).

bleibt, ob die Tonuschebtis, ebenso wie die Exemplare aus Fayence, der Ptolemäerzeit zugerechnet werden können. Bisher geht man davon aus, dass diese in der römischen Kaiserzeit nicht Teil der Grabausstattung waren.[32] Gleiches nimmt man für Kanopen an, die nicht nach der mittleren Ptolemäerzeit nachgewiesen sind.[33]

Bei zahlreichen Metallobjekten handelt es sich vor allem um Kupfer- bzw. Bronzeobjekte, die als Beschläge von Holzmöbeln verstanden werden müssen (Abb. 3).[34] Dazu zählen 23 Nägel von denen sechs mit einem Schaft versehen sind, der L- bzw. U-förmig gebogen ist. Solche Funde können zu Kästchen gehören, die man vergleichsweise in einem Frauengrab aus dem späten 1. Jahrhundert n. Chr. in Wederath-Belginum (Deutschland) gefunden hat.[35] Diese lassen sich um Scharniere, Schlossbeschläge und Haken ergänzen. Unter den Metallobjekten finden sich darüber hinaus 18 Kupfermünzen, die alle einen starken Abrieb der Oberfläche aufweisen. Somit lassen sich für den Friedhofsbereich bisher nur Münzen nachweisen, die als Kleingeld gewertet werden müssen. Das Geld lag sicher teilweise zusammen mit

---

[32] Aubert und Aubert 1974, 263–271; Schneider 1977, 346–349; Ikram 2003, 129. Während der Ptolemäerzeit ist nach bisherigem Wissensstand ein allmähliches Verschwinden zu beobachten. Nur vereinzelt scheinen darüber hinaus bis in römische Zeit ‚Pseudo-Uschebtis' nachweisbar.

[33] Ikram 1998, 292. So fand sich auch in Tuna el-Gebel ein Kanopendeckel, der im Diagramm nicht ausgewiesen ist.

[34] Dank der Reinigung durch Dorothea Lindemann (RPM Hildesheim) im Herbst 2008 konnten diese nun bearbeitet werden.

[35] Haffner 1989, 303, 317–326 (Grab 2370).

den Verstorbenen im Grab, um die Überfahrt in das Jenseits zu bezahlen. Die Beigabe von Münzen als Fährgeld für den Fährmann Charon für das Übersetzen über den Styx ist in attischen Gräbern erstmals in hellenistischer Zeit nachgewiesen.[36] Sie lagen im Mund oder in der Hand des Toten, manchmal auch ohne bemerkenswerte Position im Grab.[37] Darüber hinaus konnten einzelne Münzen auch auf dem Weg innerhalb des Friedhofes verloren worden sein. Die Abgegriffenheit der Geldstücke ist ein Hinweis darauf, dass einzelne Münzen lange über das Prägungsdatum hinaus im Umlauf waren.[38] Als Folge sind diese manchmal keinem Münztyp mehr zuweisbar und daher unbestimmbar. Anhand der neuen Funde aus der Kampagne 2008 konnten die Münzen von Hans-Christian Noeske als Kupferprägungen identifiziert werden, die den Zeitraum von Ptolemaios I. Soter bis in das 4. Jahrhundert n. Chr. umfassen, der größte Anteil datiert dabei in das 1.–2. Jahrhundert n. Chr.[39]

Unter den 38 Sargüberresten finden sich zwei Fundnummern, die mehrere Fragmente von Sargdeckeln aus gebranntem Nilton erfassen. Das mit einem hohen Anteil an organischer Magerung versehene Tongemisch weist auf der Unterseite Mattenabdrücke sowie ca. 0,5 cm im Durchmesser umfassende Vertiefungen auf, die im Zusammenhang mit der Herstellung zu sehen sind. Anhand der Deckelform muss die Sargwanne in der Grundfläche oval oder rechteckig gewesen sein und konnte mit einem flachen Deckel verschlossen werden. Auf der Oberseite war einer der Deckel mit einer aufgesetzten Tonwulst dekoriert, die mit Daumen und Zeigefinger von beiden Seiten eingedrückt wurde. Ein Fragment weist darüber hinaus kleine Löcher auf, die mittels eines dünnen Holzstäbchens in den noch feuchten Ton gestochen wurden. Beides zusammen genommen könnte eine stilisierte Wiedergabe von Haar und Bart ergeben. Solche Tonsärge sind, wenn auch individuell sehr unterschiedlich, aus anderen Orten Ägyptens der griechisch-römischen Zeit belegt – keiner bietet sich jedoch als direkter Vergleich an.[40]

---

[36] Kurtz und Boardman 1985, 193f.

[37] Kurtz und Boardman 1985, 249f.; Empereur und Nenna 2001, 521.

[38] So die Einschätzung von Hans-Christian Noeske bereits im November 2006 nach fotografischer Begutachtung der FN 75 aus der südwestlichen Ecke von M 9c/SE (GB 27). Mit Bezug darauf siehe Katja Lembke in Lembke et al. 2007, 107.

[39] Dafür sei an dieser Stelle Herrn Dr. Noeske für seine schnelle Begutachtung herzlich gedankt.

[40] So beispielsweise bei Cotelle-Michel 2004, 270–287.

Der größte Anteil unter den Sargfragmenten ist aus Holz gefertigt. Bisher gibt es bei diesen einen ungefähren prozentualen Ausgleich zwischen den Nadelhölzern (?) und dem gelblichen Holz der Nila- kazie (?). Die Qualität der Nadelholzfragmente ist hinsichtlich ihrer Verarbeitung sehr hoch. So konnten mehrere Teile eines Holzsarges geborgen werden, der neben der Strähnenperücke auch Reste von Hieroglypheninschriften aufweist. Auffälligerweise wurde für Särge des Typs der ‚Löwenbetten' immer die gelbliche Nilakazie (?) verwen- det, deren Zustand in den meisten Fällen durch einen starken Termitenfraß eher bedauerlich ist.[41] Es finden sich Fragmente von den Löwenfüßen oder Schmalseiten dieses Sargtyps, die wie kleine Schreine mit Uräenfries und aufgesetzten Halbsäulen gestaltet waren. Deren Oberfläche ist oftmals weiß grundiert oder mit einer Stuckmilch über- zogen, um einen glatten Malgrund zu erreichen.

Unter den figürlichen Objekten sind Fragmente von Statuetten, meist von Gottheiten, zusammengefasst, die aus verschiedenen Mate- rialien wie Stuck, Fayence, Holz, Stein etc. gefertigt wurden.[42] Für Tuna el-Gebel lässt sich schon jetzt eine Produktion von zahlreichen Stuck- und Fayencefiguren bemerken, die in dieser Form andernorts nicht belegbar ist. Weiterhin wurden dieser Gruppe zwei Terrakotten aus gebranntem Nilton zugerechnet. Gleichwohl bekannt ist, dass durch die Arbeiten Sami Gabras weitere Terrakotten innerhalb der Nekropole verzeichnet werden konnten, bleibt deren Anzahl ver- gleichsweise gering.

Unter den organischen Materialien finden sich getrocknete Früchte, Kerne sowie Nüsse. Diese zu bestimmen wird in Zukunft Aufgabe eines Paläobotanikers sein.

Der Anzahl nach folgt den organischen Materialien die Gruppe der Weihrauchbrenner (Abb. 4). Für die Produktion der Weihrauchbrenner verwendete man sowohl gebrannten als auch ungebrannten Nilton. Die Gruppe besteht aus Schalen sowie in fünf Exemplaren von Miniaturtellern. Ferner konnten von 15 Hörneraltären *en miniature* vollständige Exemplare oder Scherben verzeichnet werden. Deren Oberfläche wurde nach dem Brand mit einer Kalkschicht überzogen

---

[41] Beispiele für verschiedene Typen bieten Berlin, ÄMP 12708 (Grimm 1974, 117 Anm. 138, Taf. 137.1; Riggs 2005, 142–146 Abb. 64–66) und ein Exemplar in Toronto (Needler 1963). Zu dem jüngsten *in situ* Fund aus Tuna el-Gebel siehe Kessler et al. 2008.

[42] Zu deren wahrscheinlicher Aufstellung in den Nischen siehe Helmbold-Doyé in Lembke et al. 2007, 102.

Abb. 4: Weihrauchbrenner (Foto: J. Helmbold-Doyé).

und polychrom bemalt. Als Dekorationselemente finden sich Bänder, neben geometrischen, floralen und figürlichen Motiven. Unter den figürlichen dominieren Raubtier- und Frauenköpfe sowie Theatermasken in *en face*-Darstellungen. Weiterhin zählt zu der Gruppe ein pokalartiger Weihrauchbrenner mit dunkelroten Punkten auf der Außenseite und ein Tonaltar.[43] Bis auf den Tonaltar handelt es sich bei den Weihrauchbrennern um bewegliches Kultmobiliar, das nicht fest an einem Platz aufgestellt war. Ob diese Räuchergefäße ebenso griffbereit standen, um sie bei jedem Besuch zu benutzen wie die Öllampen in den Nischen der Grabbauten, ist unbekannt.[44]

In dem Material finden sich Fragmente von rechteckigen, aber auch von runden Platten, die mehrheitlich aus unterschiedlichem Marmor gefertigt wurden. Nur eines der Fragmente trägt auf der geglätteten, jedoch nicht polierten Seite Reste einer eingemeißelten griechischen Inschrift. Dabei handelt es sich nach Einschätzung Stefan Pfeiffers um einen römerzeitlichen Text.[45] Diese und andere Platten sind sicher im Zusammenhang mit Grabinschriften zu sehen, die zumindest den Namen des Verstorbenen nennen.[46] Dagegen bieten die runden

---

[43] Zum pokalartigen Weihrauchbrenner findet sich ein Vergleichsstück im Bestand des Museums der Kairo Universität (Inv.-Nr. 616 = Fund-Nr. 85/C.T.P.). Zu den Altären in der Nekropole siehe Helmbold-Doyé in Lembke et al. 2007, 98f.

[44] Zu den Öllampen-Nischen siehe Helmbold-Doyé in Lembke et al. 2007, 102.

[45] So die Einschätzung vor Ort im Herbst 2008.

[46] Ein Beispiel für eine besser erhaltene Marmorplatte aus Tuna el-Gebel findet sich bei Bernand 1999, Taf. 37 Nr. 81. In einigen Fällen handelt es sich um ganze Dialogepitaphe. So beispielsweise Gabra et al. 1941, 107–109 Taf. L. Im Gegensatz dazu lässt sich eine Kalksteinstele aus T 5/SS (GB 15) mit Hieroglypheninschrift nach-

Marmorplatten eine weitere Interpretationsmöglichkeit. Deren Dicke umfasst zwischen 1,2 bis 3,8 cm und der Durchmesser beträgt 14, 19 sowie 34 cm. Es könnte sich hierbei um Wand- oder Fußbodeneinlagen als Gestaltungselement der Gräber handeln.[47] Demgegenüber sei an dieser Stelle die Möglichkeit eröffnet, dass diese Steinplatten auch Vorlagen für die Wandmalerei in den Gräbern gewesen sein könnten. Die Annahme einer Art Mustervorlage begründet sich darauf, dass sich in den Gräbern verschiedene Marmorimitationen nachweisen lassen.

Ostraka ausschließlich mit Tintenaufschriften in Griechisch und Demotisch sind in Form von gebrannten Tonscherben, Kieseln und Putzfragmenten belegt. Deren Bearbeitung erfolgt derzeit von Martina Minas-Nerpel und Stefan Pfeiffer.

Bisher konnten 21 Tierhörner erfasst werden, die von unterschiedlichen Horntieren stammen (Abb. 5). Den größten Anteil nehmen Rinder- und Ziegenhörner ein.[48] Diese wurden häufig sorgfältig vom Schädel getrennt. Der Hornzapfen ist stark von Insektenfraß geschädigt. Bei vier der Rinderhörner wurden die Spitzen wohl noch zu Lebzeiten der Tiere gekappt, um die Gefahr von Verletzungen für andere Herdentiere und Menschen zu reduzieren. Somit liegt zugleich ein Hinweis auf eine Domestikation von diesen Rindern vor. Ob es sich bei den Hörnern um Überreste von Opfertieren handelt oder diese andersartig zu interpretieren sind, ist zum jetzigen Zeitpunkt noch unklar.[49]

Nur wenige Funde unterschiedlicher Materialien können unter dem Oberbegriff Körperschmuck erfasst werden. Dazu zählen Perlen, ein Armreif und ein Fingerring. Diese wenigen Artefakte geben sicher

---

weisen. Gabra et al. 1941, 61f. (Universität Kairo, Museum Inv.-Nr. 1609 = Fund-Nr. 96/S.S.).

[47] Im Giebelfeld von T 9/SS (GB 22) gab es ehemals wohl eine runde Einlage als Sonnenscheibe aus einem anderen Material, deren Negativabdruck nach den Messungen von Rex Haberland (BTU Cottbus) eine Höhe von 19,5 cm und eine Breite von 18,5 cm aufweist. Somit wäre durchaus denkbar, dass diese Art von Platten auch an jener Stelle Verwendung fanden.

[48] Ein erster Kommentar ist Jürgen Vespermann (RPM Hildesheim) zu verdanken, dessen Einschätzung jedoch einer weiteren Überprüfung unterzogen werden muss.

[49] Vielleicht handelt es sich auch um Teile von Figuren. Dazu sei an dieser Stelle auf ein büstenartiges Oberteil einer Stierfigur aus Gips verwiesen, bei dem unklar ist, ob es sich bei den Hörnern um natürliche Exemplare handelt. Gefunden wurde es während der Arbeiten von Sami Gabra östlich von T 1/CP (GB 48) und wurde am 30.1.1937 unter der Fundnummer M.T.C. 13 = Inv.-Nr. 1005 verzeichnet.

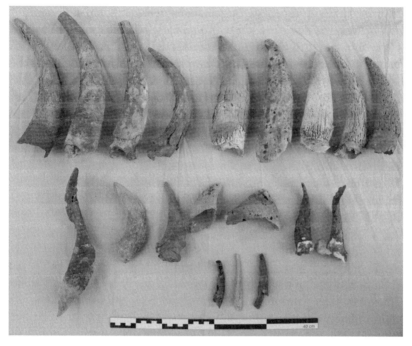

Abb. 5: Tierhörner (Foto: J. Helmbold-Doyé).

keinen Überblick über den tatsächlich vorhandenen Schmuck.

Zu den Werkzeugen zählen Reibsteine, Schaber und vereinzelt Keramikgefäße. Diese Gefäße wurden vermutlich ähnlich moderner Eimer für Putz- oder Stuckarbeiten verwendet. Die Reibsteine sind zumeist natürliche Steinknollen, die teilweise noch Farbspuren vom Zermahlen der Pigmente aufweisen. Als Schaber konnte bisher ein natürlicher Stein mit Putzresten verzeichnet werden. Dabei handelt es sich wohl um vergessene Werkzeuge der Dekorateure.

Neben den Werkzeugen lassen sich die Funde nur selten eindeutig dem ursprünglichen Grabinventar, den sekundären Grabbeigaben oder Besuchergaben am Grab zuordnen, da für diese die so wichtige Information der originären Provenienz fehlt. Dennoch wird auch allein anhand der Objekte deutlich, dass sie Spiegelbild einer gehobenen Gesellschaftsschicht sind. So soll hier nur noch einmal auf die importierten Marmorplatten oder zahlreichen hochwertigen Holzmöbel verwiesen werden, mit denen die Gräber ausgestattet waren.

Werkplätze und Öfen

Insbesondere durch die geomagnetischen Untersuchungen wurden inzwischen in Tuna el-Gebel zahlreiche Plätze lokalisiert, die auch anhand des Bildes an der Oberfläche als Werkplätze gedeutet werden können, an denen mit verschiedenen Materialien gearbeitet wurde.[50] So findet sich am Südhang des Friedhofes eine unregelmäßige Reihung von Produktionsstätten in Ost-West-Orientierung, in denen Fayence und wohl auch Ton verarbeitet wurden. In diesem Zusammenhang konnten gebrannte Tonscherben, die sekundär als Schabwerkzeuge verwendet wurden, Rohmasse für Fayence sowie auffällig viele natürliche Steinknollen, die gut in der Hand lagen und sich somit zum Glätten sowie Polieren von Oberflächen eignen, dokumentiert werden.

Darüber hinaus muss in Tuna el-Gebel eine groß angelegte Glasproduktion bestanden haben. Es lassen sich in dem bisher untersuchten Gebiet, das eine Größenausdehnung von fast 30 Hektar hat, 30 Glasöfen nachweisen (Abb. 6). Sie sind in der Landschaft neben kleinen Hügeln immer durch Asche, Holzkohle, Glasschlacke und gebrannte Ziegel, die teilweise dick mit Glasfluss überzogen sind, sowie Fehlbrände zu erkennen. Dabei wurden die Öfen vermutlich in verschiedenen Größen gesetzt. Anhand dieser Oberflächenfunde scheint sich die Glasproduktion ausschließlich auf dunkelgrünes Glas beschränkt zu haben. Unklar ist, ob hier Rohglas, Gefäße oder andere Objekte produziert wurden. Die Deckenkonstruktionen der Öfen bestanden aus Gewölben. Sowohl die Gewölbe als auch Wände waren, soweit sichtbar, aus ungebrannten Ziegeln gesetzt, wobei der Innenring durch den Gebrauch häufig gebrannt ist. Über Form, Größe und Gestalt des Schmelzraums, der Feuersohle etc. können keine Aussagen getroffen werden, da bisher keiner der Öfen durch eine Grabung freigelegt wurde. Dagegen konnte ein Ofen, der sich im Westen zwischen dem ausgegrabenen Friedhofsareal und Kom sowie ‚Serapistempel' befindet, per Georadar untersucht werden. Die Ergebnisse zeigen zweifelsfrei, dass in diesem Fall der Glasofen in einer Periode in das Gelände gesetzt wurde, als zumindest dieser Bereich mit den ursprünglich vorhandenen Grabbauten nicht mehr in Benutzung war. Trotz dieser relativen chronologischen Abfolge können zum jetzigen

---

[50] An dieser Stelle sei dem Team der Christian-Albrechts-Universität zu Kiel/ Institut für Geowissenschaften unter Leitung von Dr. Harald Stümpel und Christina Klein für jegliche Unterstützung gedankt.

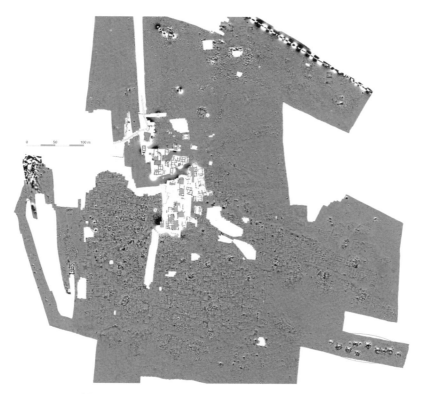

Abb. 6: Geomagnetische Prospektion mit markierten Öfen
(CAU Kiel/Geowissenschaften, Dr. H. Stümpel).

Zeitpunkt nur Spekulationen über Datierungsansätze folgen, die bislang jeglicher gesicherten Grundlage entbehren. Nicht für alle Öfen wird man zu diesem Ergebnis kommen, denn gerade bei den Werkplätzen im Süden wäre eine zeitgleiche Nutzung von Friedhofsareal und Werkstätten durchaus im Bereich des Möglichen. Die Produktionsstätten waren sicher nicht ohne Grund am Südabhang angesiedelt. Bei einer starken Rauchentwicklung, die im Zusammenhang mit Brennöfen gegeben ist, und einem stetigen Nordwind wurde diesbezüglich die sich nach Norden erstreckende Nekropole dahingehend nicht beeinträchtigt. Weiterführende Erkenntnisse lassen sich ausschließlich durch zukünftige Grabungen ermitteln.

Bibliographie

Aubert, J.-F. und L. Aubert. 1974. *Statuettes égyptiennes. Chaouabtis, Ouchebtis.* Paris.

Bayer-Niemayer, E. 1993. Mumienmasken. In *Liebighaus – Museum Alter Plastik. Ägyptische Bildwerke.* Bd. III: *Skulptur, Malerei, Papyri und Särge,* ed. H. Beck, 414–425. Melsungen.

Bernand, É. 1999. *Inscriptions grecques d'Hermoupolis Magna et de sa nécropole.* BdE 123. Le Caire.

Borg, B. 1996. *Mumienporträts. Chronologie und kultureller Kontext.* Mainz.

——1998. *„Der zierlichste Anblick der Welt ...". Ägyptische Porträtmumien.* Mainz.

Cotelle-Michel, L. 2004. *Les sarcophages en terre cuite en Égypte et en Nubie de l'époque prédynastique à l'époque romaine.* Dijon.

Empereur, J.-Y. und M.-D. Nenna. 2001. Conclusion générale. In *Nécropolis 1.* EtudAlex 5, eds. J.-Y. Empereur und M.-D. Nenna, 513–526. Le Caire.

Gabra, S., É. Drioton, P. Perdrizet und W. G. Waddell. 1941. *Rapport sur les Fouilles d'Hermoupolis Ouest (Touna al Gebel).* Le Caire.

Grimm, G. 1974. *Die römischen Mumienmasken aus Ägypten.* Wiesbaden.

Guimet, E. 1912. *Les Portraits d'Antinoé au Musée Guimet.* AMG 5. Paris.

Haffner, A. 1989. *Gräber – Spiegel des Lebens. Zum Totenbrauchtum der Kelten und Römer am Beispiel des Treverer-Gräberfeldes Wederath-Belgnium.* Mainz.

Hornung, E. 1997. *Das Totenbuch der Ägypter.* Düsseldorf.

Ikram, S. 1998. *The Mummy in Ancient Egypt. Equipping the Dead for Eternity.* London.

——2003. *Death and Burial in Ancient Egypt.* London.

Kessler, D., P. Brose, V. Berteaux, M. Floßmann, V. Schmidt-Neder und F. Steinmann. 2008. *Ägyptens letzte Pyramide. Das Grab des Seuta(s) in Tuna el-Gebel.* München.

Kurtz, D. C. und J. Boardman. 1985. *Thanatos. Tod und Jenseits bei den Griechen.* Kulturgeschichte der AntWelt 23. Mainz.

Lembke, K. 2007. Tod und Bestattung im kaiserzeitlichen Ägypten. In *Verborgene Zierde. Spätantike und islamische Textilien aus Ägypten in Halle.* Ausstellungskatalog Halle, Stiftung Moritzburg, eds. G. Brands und A. Preiß, 24–33. Leipzig.

——, J. Helmbold-Doyé, Chr. Wilkening, A. Druzynski-von Boetticher und C. Schindler. 2007. Vorbericht über den Survey in der Petosiris-Nekropole von Hermupolis/Tuna el-Gebel (Mittelägypten). *ArchAnz*: 71–127.

Needler, W. 1963. *An Egyptian funerary bed of the Roman period in The Royal Ontario Museum.* Art and Archaeology Division, Occasional Paper 6. Toronto.

Nenna, M.-D. und M. Seif el-Din. 2000. *La vaisselle en faience d'époque gréco-romaine. Catalogue du Musée gréco-romain d'Alexandrie.* EtudAlex 4. Le Caire.

Parlasca, K. 1966. *Mumienporträts und verwandte Denkmäler.* Wiesbaden.

——und H. Seemann (eds.). 1999. *Augenblicke. Mumienporträts und ägyptische Grabkunst aus römischer Zeit.* Ausstellungskatalog Frankfurt. München.

Riggs, Chr. 2005. *The Beautiful Burial in Roman Egypt.* Oxford.

Schneider, H. 1977. *Shabtis. An introduction to the history of ancient Egyptian funerary statuettes with a catalogue of the collection of shabtis in the National Museum of Antiquities at Leiden.* Leiden.

Silvano, F. 2001. Vetri romani di recenti scavi a Medinet Madi (Egitto). In *Atti della V Giornata Nazionale di Studio, Vetri di Ogni Tempo, Massa Martana (Peruga), 30 Ottobre 1999,* 13–17. Milano.

Stadler, M. A. 2004. *Ägyptische Mumienmasken in Würzburg.* Ausstellungskatalog Würzburg. Wiesbaden.

Taylor, J. 2001. *Death and the Afterlife in Ancient Egypt.* London.

LOST IN TRANSLATION?
BEOBACHTUNGEN ZUM VERHÄLTNIS DES LATEINISCHEN
UND GRIECHISCHEN TEXTES DER GALLUSSTELE

Friedhelm Hoffmann

Bereits im ersten Jahr der römischen Herrschaft über Ägypten ließ
C. Cornelius Gallus, der von Octavian zum ersten *praefectus Aegypti*
eingesetzt worden war, auf der Nilinsel Philä ganz im Süden Ägyptens
und nunmehr auch des Römischen Reiches seine bekannte Stele
errichten.[1] Sie kann aus mehreren Gründen das besondere Interesse
der Altertumswissenschaften für sich beanspruchen. Denn erstens ist
Cornelius Gallus eine bekannte Person als neoterischer Dichter und
als Präfekt, der später in Ungnade fallen und Selbstmord begehen
sollte. Zweitens stammt die Stele, wie schon gesagt, bereits aus
dem allererersten Jahr Ägyptens als römischer Provinz und stellt daher
neben der literarischen Überlieferung ein wertvolles Mosaiksteinchen
zu den Vorgängen in dieser frühen Phase des römischen Ägypten dar.
Drittens ist die Stele bemerkenswerterweise gleich mit drei verschiedenen Texten beschriftet, einem hieroglyphischen, einem lateinischen
und einem griechischen.

Der hieroglyphische Text ist sehr eigenständig, während der lateinische und griechische tatsächlich fast das Gleiche aussagen. Damit ist
die Situation anders als im Falle der bekannten Synodaldekrete aus
ptolemäischer Zeit, in der alle drei Fassungen, nämlich Hieroglyphen,
Demotisch und Griechisch, gleichlautend sind. Im hieroglyphischen
Text wird die Stele datiert, Gallus in traditionellen Epitheta als
Kriegsherr gepriesen, ebenso seine Sorge für den ägyptischen Kult,
während die tatsächlichen historischen Ereignisse gar nicht im einzelnen erzählt werden.

Ganz anders sind in dieser Hinsicht der lateinische und der griechische Text, die gerade auf das Geschehen im Zusammenhang mit
dem Beginn der römischen Herrschaft über Ägypten eingehen. Der

---

[1] Siehe dazu die umfassende Neubearbeitung durch Hoffmann, Minas-Nerpel
und Pfeiffer 2009 sowie den Beitrag von M. Minas-Nerpel und St. Pfeiffer im vorliegenden Tagungsband.

lateinische und griechische Text sind formal als Weihinschrift des
Gallus stilisiert:

Lateinischer Text (Z. 1–9)

1 *C(aius) Cornelius Cn(aei) f(ilius) Gallus, [eq]ues Romanus, pos<t>*
   rege[s]
   a Caesare Deivi f(ilio) devictos praefect[us Ale]xandreae et Aegypti
   primus, defectioni[s]
   Thebaidis intra dies XV, quibus hostem v[icit II] acie, victor, · V ·
   urbium expugnator, Bore[se]-
   os, Copti, Ceramices, Diospoleos Meg[ales, Op]hieu, ducibus earum
   defectionum interc[e]-
5 *ptis exercitu ultra Nili catarhacte[n trad]ucto, in quem locum neque*
   populo
   [R]omano neque regibus Aegypti ar[ma s]unt prolata, Thebaide com-
   muni omn[i]-
   um regum formidine subact[a l]eg[atis re]gis Aethiopum ad Philas
   auditis eoq[ue]
   rege in tutelam recepto tyran[n]o Tr[iacontas]choen[i] inde Aethiopiae
   constituto
   die[is] patrieis et Nei[lo adiut]ori d(onum) d(edit).

Übersetzung:

Gaius Cornelius, Sohn des Gnaeus, Gallus, römischer Ritter, nach der
Besiegung der Könige | durch Caesar, den Sohn des Gottes, erster
Präfekt Alexandrias und Ägyptens, Sieger über den Abfall | der Thebais
innerhalb von 15 Tagen, in denen er den Feind zweimal in der Feld-
schlacht besiegte, Eroberer von fünf Städten: von Boreslis, Koptos,
Keramike, Diospolis Megale, Ophieon, wobei er sich der Führer ihrer
Aufstände bemächltigt hatte, nachdem er das Heer über den Nil-
katarakt hinaus geführt hatte, eine Gegend, in die weder vom römi-
schen Volk | noch von den ägyptischen Königen eine Kriegsmacht
hingeführt worden war, (und) nachdem er die Thebais, den gemein-
saImen Schrecken aller Könige, unterworfen hatte, (und) nachdem er
| den Legaten des Königs der Äthiopier auf Philae eine Audienz
gewährt hatte und diesen | König unter (seinen) Schutz gestellt hatte
und nachdem er einen Tyrannen über das von da an Äthiopische
Dreißigmeilenland eingesetzt hatte, hat die Dankesgabe | den väterli-
chen Göttern und dem *Nilus adiutor* geweiht.

Griechischer Text

10 [Γ]άιος Κορνήλιος, Γναίου υἱός, Γάλλ[ος, ἱππεὺ]ς Ῥωμαίων, μετὰ τὴν κατάλυσιν τῶν
  ἐν Αἰγύπτωι βασιλέων πρῶτος ὑπὸ Καίσ[αρος ἐπὶ] τῆς Αἰγύπτου κατασταθεὶς τὴν Θηβαΐδα ἀ-
  ποστᾶσαν ἐν πεντεκαίδεκα ἡμέραις δὶς [ἐν παρ]ατάξει κατὰ κράτος νικήσας σὺν τῶι τοὺς ἡ-
  γεμόνας τῶν ἀντιταξαμένων ἑλεῖν πέν[τε τε πόλ]εις, τὰς μὲν ἐξ ἐφόδου, τὰς δὲ ἐκ πολιορκία[ς]
  καταλαβόμενος, Βορῆσιν, Κόπτον, Κεραμική[ν, Διόσπ]ολιν Μεγάλην, Ὀφιῆον, καὶ σὺν τῆι στρατιᾶι ὑ-
15 περάρας τὸν καταράκτην ἀβάτου στρατια[ῖς τῆς χώ]ρας πρὸ αὐτοῦ γενομένης καὶ σύμπασαν τὴ[ν]
  Θηβαΐδα μὴ ὑποταγεῖσαν τοῖς βασιλεῦσιν [ὑποτάξ]ας δεξάμενός τε πρέσβεις Αἰθιόπων ἐν Φίλαις καὶ προξενίαν παρὰ τοῦ βασιλέως λ[αβὼν τύ]ραννόν τε τῆς Τριακοντασχοίνου τοπαρχία[ς]
  μιᾶς ἐν Αἰθιοπίαι καταστήσας θεοῖς πατ[ρώιοις, Ν]είλωι συνλήπτορι χαριστήρια.

Übersetzung:

Gaius Cornelius, Sohn des Gnaeus, Gallus, Ritter der Römer, der nach dem Sieg über die | in Ägypten (regierenden) Könige als erster von Caesar über Ägypten eingesetzt worden ist, der zweimal die Thebais, | die abgefallen war, innerhalb von fünfzehn Tagen im Sturm in der Schlacht besiegt hat, unter gleichzeitiger Gefangennahme der An|führer der Feinde, der fünf Städte, die einen im Sturm, die anderen nach Belagerung, | eingenommen hat: Boresis, Koptos, Keramike, Diospolis Megale, Ophieon, der mit dem Heer den Katarakt über|schritten hat – unbetretbar war die Gegend für Heere vor ihm gewesen – und der die gesamte | Thebais, die nicht den Königen unterworfen war, unterworfen hat, und Gesandte der Äthiopier in Phi|lae empfangen und die Staatsgastfreundschaft vom König erhalten hat, der (= Gallus) auch einen Tyrannen über die eine Toparchie | „Dreißigmeilenland" in Äthiopien eingesetzt hat, (hat) den väterlichen Göttern und dem Nil, dem Helfer, die Dankgeschenke (geweiht).

Bereits bei einer flüchtigen Lektüre des lateinischen und griechischen
Textes der Gallusstele[2] fällt auf, daß sich diese beiden Fassungen vom
hieroglyphischen Text deutlich absetzen, untereinander aber sehr
ähnlich sind. Tatsächlich weichen der lateinische und der griechische
Text nur in vergleichsweise wenigen Details voneinander ab.

Es ist schon erwogen worden, in den Unterschieden Anzeichen für
die Rücksichtnahme des Verfassers auf verschiedene Adressatenkreise
des lateinischen und des griechischen Textes zu suchen. Wie groß die
Notwendigkeit war, an der südlichen Grenze des römischen Reiches
derartige Rücksichtnahmen an den Tag zu legen, sei dahingestellt.
Schwerer wiegt, daß bisher keine widerspruchsfreie Erklärung für die
Unterschiede der beiden Fassungen gefunden werden konnte; Hauben
und Adams haben diese entscheidende Schwäche der bisherigen
Erklärungsversuche klar benannt.[3]

Ich möchte daher zur Diskussion stellen, die Lösung in einer ganz
anderen Richtung zu suchen, nämlich in den Problemen, die ein Übersetzer mit dem lateinischen Text hatte. Denn meiner Ansicht nach bildet dieser die Erstfassung. Er ist sprachlich sehr kunstvoll gestaltet,
stellenweise auch von dichterischer Sprache geprägt und daher nicht
immer leicht zu verstehen.[4] Mit der Erstellung der griechischen Text-
fassung war ein griechischer Muttersprachler betraut, der allerdings
die realen Vorgänge kannte, dessen Lateinkenntnisse aber nicht vollkommen waren und der daher zwar einen sprachlich sauberen und
inhaltlich nicht unpassenden griechischen Text verfaßte, aber stellenweise vielleicht eben doch die lateinische Vorlage mißverstand.[5] In der
folgenden Skizze soll dieser Erklärungsversuch einmal auf die Möglichkeiten seiner Anwendbarkeit hin ausgelotet werden.

Es gibt vier Arten von Unterschieden zwischen dem lateinischen
und dem griechischen Text der Gallusstele:

---

[2] Texte und ausführliche Kommentare bei Hoffmann, Minas-Nerpel und Pfeiffer
2009, 119ff.

[3] Hauben 1976, 189f.; Adams 2003, 640.

[4] Hoffmann, Minas-Nerpel und Pfeiffer 2009, Kap. 4.1. Adams 2003, 639 („poetic
phrase") und 640 („stylish expression").

[5] Allgemein zum Verhältnis der Griechen zum Lateinischen siehe Rochette 1997.
Zum Lateinischen und Griechischen (und Ägyptischen) in Ägypten vgl. Adams 2003,
529–641. Ich bin mir der Tatsache bewußt, daß wortgetreues Übersetzen nicht dem
antiken Ideal entsprochen hat (vgl. z.B. Cic., opt. gen. 14; Cic., orat. 114; Cic., fin.
3,4,15; Hor., ars poet., 133f.). Aber Historiker geben mitunter an, sie übersetzten im
Interesse der historischen Wahrheit wörtlich (Hist. Aug., Tyr. Trig. 11,6–7).
Außerdem bedeutet das Ideal des freien Übersetzens noch lange nicht, daß alle beob-
achtbaren Abweichungen notwendigerweise gewollt sind.

1. Abweichungen, 2. Zusätze, 3. Auslassungen, 4. eine Umstellung.

Ich behandle hier nur die Abweichungen. Denn sie allein könnten auf der rein sprachlichen Ebene zu beurteilen sein, während die anderen Unterschiede primär inhaltlicher Art sind. Ich beschränke mich außerdem auf die wesentlichen Abweichungen.

Schon zu Beginn des Textes in Z. 1f./10f. stoßen wir auf einen solchen Fall, als Gallus von der Beendigung der Ptolemäerherrschaft über Ägypten und seiner Einsetzung als Präfekt Ägyptens spricht:

> pos<t> rege[s] | a Caesare Deivi f(ilio) devictos praefect[us Ale]xandreae
> et Aegypti primus
> „(Gallus) nach | dem Sieg über die Könige durch Caesar, Sohn Gottes,
> erster Präfekt von Alexandria und Ägypten"
>
> μετὰ τὴν κατάλυσιν τῶν | ...⁶ βασιλέων πρῶτος ὑπὸ Καίσ[αρος ἐπὶ]
> τῆς Αἰγύπτου κατασταθείς
> „(Gallus) nach der Ablösung der | ... Könige als erster von Caesar über
> Ägypten eingesetzt".

Vergleicht man den lateinischen mit dem griechischen Text, so merkt man schnell, was geschehen ist: Der Ablativ a Caesare ist vom Übersetzer statt auf devictos auf praefectus bezogen worden, das der Übersetzer allem Anschein nach nicht als Titel, sondern als Verbform quasi wörtlich verstanden hat, als stünde praefectus Aegypto „über Ägypten eingesetzt" da. Außerdem konnte er offenbar mit der archaisierenden Schreibung deivi und der Abkürzung f für filio nichts anfangen.⁷ Auf jeden Fall hat er die für ihn offensichtlich unverständliche Buchstabenfolge einfach unübersetzt gelassen. Aus dem lateinischen Text wurde dann in korrektem Griechisch μετὰ τὴν κατάλυσιν τῶν ... βασιλέων – πρῶτος ὑπὸ Καίσαρος ... κατασταθείς „nach der Ablösung der ... Könige – als erster von Caesar ... eingesetzt".

In Z. 6f./15f. geht es um die Unterwerfung des thebanischen Aufstandes:

---

⁶ Hier hat die griechische Fassung noch einen Zusatz, den ich jetzt fortlasse, um die Übersicht transparenter zu halten.

⁷ Daß der Übersetzer dagegen mit der Abkürzung f in der Filiationsangabe des Gallus (Z. 1/10) zurechtkam, ist kein Gegenargument. Die Schwierigkeit in Z. 2 liegt ja darin, daß das f direkt hinter deivi steht, in dem der Übersetzer weder einen Namen noch eine Abkürzung für einen Namen erkannte.

Thebaide communi omn[i]|um regum formidine subact[a
„nachdem die Thebais, der gemeinsame | Schrecken aller Könige, unter-
worfen war".

In poetisch gefärbter Sprache wird in diesem als doppeltes Hyperbaton
formulierten *Ablativus absolutus* die Thebais als „gemeinsamer
Schrecken (*formido*) aller Könige" hochstilisiert. Das Wort *formido*,
dessen Gebrauch für einen geographischen Begriff ohne Parallele ist,[8]
scheint der Übersetzer nicht zu (er)kennen, denn es taucht in der griechischen Übersetzung nicht auf:

καὶ σύμπασαν τὴ[ν] | Θηβαΐδα μὴ ὑποταγεῖσαν τοῖς βασιλεῦσιν
[ὑποτάξ]ας
„und die ganze | Thebais, die den Königen nicht unterworfen war, unter-
worfen habend".

Folgendes könnte die Abweichung verursacht haben: *Thebaide* versteht der Übersetzer noch. Das Wort *communi* erkennt er auch, zieht
es aber als Attribut zu *Thebaide*. Er sieht dann *omni*,[9] das er ebenfalls
als Attribut zu *Thebaide* auffaßt und ganz normal durch πᾶς wieder-
gibt. Als Übersetzung der ganzen Verbindung *communi omni* wählt er
σύμπασαν. Mit der Endung *-um* ist nun nichts zu machen, sie bleibt
einfach weg. Im folgenden *regum* erkennt der Übersetzer zwar noch
einen Plural von *rex*, weiß aber, da er allem Anschein nach das ungewöhnlich und unerwartet hier gebrauchte *formido* nicht versteht, mit
formidi nichts anzufangen. Er stößt dann bei *ne subacta* auf etwas, das
er übersetzen zu können glaubt und daher abtrennt.[10] Er denkt offenbar, der lateinische Text besage, daß die ganze Thebais den ptolemäischen Königen nicht unterworfen war; *ne* als Entsprechung zu
griechischem μή ist u.a. durch R. gest. div. Aug. 1 gesichert.

Konfrontiert mit der Aussage, daß die ganze Thebais den Königen
nicht unterworfen war, mußte sich der Übersetzer aber die Frage
stellen, was dann weiter Gallus mit ihr gemacht hat. Zwar waren alle

---

[8] Vgl. Adams 2003, 640.

[9] Wenn ich hier und später eine falsche Wortabtrennung in Erwägung ziehe, so
sei daran erinnert, daß der lateinische Text der Gallusstele in *scriptura continua*
geschrieben ist. Das muß zwar nicht zwingend bedeuten, daß das auch für die Vorlage
galt, auf deren Grundlage der Übersetzer arbeitete. Aber für ihn als griechischen
Muttersprachler war es normal, daß der Leser die Wortabtrennung vorzunehmen
hatte. Denn im Griechischen war der Verzicht auf Worttrenner in der Schrift normal.
Zu den Verhältnissen im Lateinischen s. Wingo 1972.

[10] Vor falschen Wortabtrennungen waren nicht einmal spätantike Gelehrte gefeit,
wie Servius, Comm. in Vergilii Aeneidos lib. II zu Vergil, Aeneis II 798 zeigt: Donat
hatte *EXILIO* als *ex Ilio* verstanden, Servius stellt klar, daß *exilio* zu lesen ist.

lateinischen Wörter ,verbraucht', aber es war ja klar, was Gallus getan hat: Er hat die Thebais unterworfen. Also wurde das, dem Stil der ganzen griechischen Fassung entsprechend, durch ein Partizip (ὑποτάξας) ausgedrückt.

Wenn ich unterstelle, daß der Verfasser gelegentlich Kasusendungen unbeachtet ließ, so möchte ich anmerken, daß dies unter Umständen leicht passieren konnte, nämlich dann, wenn er eine mit Abkürzungen durchsetzte Version des lateinischen Textes auf einem Papyrus oder einer Schreibtafel vorliegen hatte. Je nach Textgattung sind Abkürzungen in lateinischen Texten in unterschiedlicher Häufigkeit anzutreffen.[11]

Wenige Zeilen später (Z. 7f./17) geht es um das Verhältnis zum nubischen König:

eoq[ue] | rege in tutelam recepto
„und nachdem dieser | König in den Schutz aufgenommen war"

καὶ προξενίαν παρὰ τοῦ βασιλέως λ[αβών
„und Gastfreundschaft von dem König empfangen habend".

Nach dem lateinischen Text wurde er unter den Schutz (tutela) der Römer gestellt, nach dem griechischen Text erhielt Gallus die Gastfreundschaft (προξενία) des nubischen Herrschers. Die Abweichungen der griechischen Fassung könnten wieder durch ein Mißverständnis der lateinischen Version verursacht worden sein. Der Übersetzer hatte vielleicht mit dem Umstand zu kämpfen, daß der lateinische Text zwar Gallus als Subjekt der Weihung ganz vorne zu Beginn der Inschrift anführt, aber die verschiedenen historischen Begebenheiten als Appositionen zu Gallus oder als Ablativi absoluti mitteilt, während im griechischen Text dafür allenfalls auf Gallus bezogene Partizipien stehen. So hat der Übersetzer allem Anschein nach recepto auf Gallus bezogen, so als stünde receptus da, und hat weiter in rege den Urheber gesehen. Vermutlich hat sich der Übersetzer vom Gebrauch des Dativus auctoris anstelle von a mit Ablativ in Z. 5f. zu der Annahme verleiten lassen, rege stehe für a rege.[12] Receptus hat der Übersetzer, da

---

[11] Vgl. beispielsweise Cavenaille 1958, Nrn. 8, 24, 25, 72, 74, 78, 84, 93, 102 u.a.m.

[12] Natürlich hätte es im Dativ korrekt eique regi heißen müssen. Daß der Schreiber vielleicht gar keinen Dativ, sondern einen bloßen Ablativ des Urhebers verstand, der in der augusteischen Dichtersprache hin und wieder anzutreffen ist (Maurach 1995, 57), sei als weitere Möglichkeit, wie es zu dem Fehler kommen konnte, zur Diskussion gestellt.

er davor ein vermeintliches Akkusativobjekt *tutelam* fand, auch noch
aktivisch wie λαβών mißverstanden und *in*, das nun nicht mehr
unterzubringen war, fortgelassen.

Noch eine letzte Stelle ist hier zu betrachten (Z. 8/17f.). Gallus setzt
über die Triakontaschoinos in Nubien einen *tyrannus* ein:

> *tyran[n]o Tr[iacontas]choen[i] inde Aethiopiae constituto.*

Man wird wohl verstehen müssen „nach Einsetzung eines Tyrannen
über die fortan Äthiopische[13] Triakontaschoinos". Doch auch den
modernen Kommentatoren hat das *inde* vor *Aethiopiae* Kopfzerbrechen
bereitet.[14] Der griechische Übersetzer hat einfach *in Aethiopia* „in
Äthiopien" verstanden und das *de* weggelassen:

> τύ]ραννόν τε τῆς Τριακοντασχοίνου τοπαρχία[ς] | μιᾶς ἐν Αἰθιοπίαι
> καταστήσας
> „und einen Tyrannen der Triakontaschoinos, | einer Toparchie in
> Äthiopien, eingesetzt habend".

Der herkömmliche Erklärungsversuch für die Unterschiede zwischen
der lateinischen und griechischen Fassung der Gallusstele zielt darauf,
Rücksichtnahmen auf verschiedene Adressatenkreise anzunehmen.
Damit ist aber ein in der Forschung durchaus schon bemerktes
Problem verbunden: Es lassen sich zwar Erklärungen für einzelne
Stellen vorschlagen, aber man kommt nicht auf eine je einheitliche
eigene Aussageabsicht des lateinischen oder griechischen Textes.

Ziel meiner obigen Darlegungen ist es daher, einen alternativen
Ansatz zur Diskussion zu stellen. Ich möchte zum unvoreingenom-
menen Nachdenken über die Frage anregen, ob die Unterschiede zwischen lateinischer und griechischer Fassung der Gallusstele nicht auch
durch rein sprachliche Mißverständnisse mitverursacht bzw. ange-
stoßen sein könnten. Man hätte einen Ansatz, mit dem sich das
Zustandekommen von allen größeren Abweichungen konsistent als
Ergebnis einer fehlerhaften Interpretation des lateinischen Textes
durch einen griechischen Muttersprachler verstehen ließe. Da der
Übersetzer aber gleichwohl die Vorgänge kannte, konnte er seine
Übersetzung inhaltlich kontrollieren. Allerdings dürfte in der Auseinandersetzung mit der lateinischen Vorlage seine persönliche Sicht
der Dinge in den griechischen Text hineingekommen sein. Das hätte

---

[13] Wörtl. Genitiv.
[14] Vgl. Hoffmann, Minas-Nerpel und Pfeiffer 2009 zur Stelle.

zur Folge, daß man die lateinische und die griechische Version als voneinander getrennte Quellen, die von verschiedenen Verfassern stammen, behandeln müßte.[15]

Bibliographie

Adams, J. N. 2003. *Bilingualism and the Latin language.* Cambridge.

Cavenaille, R. (ed.). 1958. *Corpus Papyrorum Latinarum.* Wiesbaden.

Hauben, H. 1976. On the Gallus inscription at Philae. *ZPE* 22: 189–190.

Hoffmann, F., M. Minas-Nerpel und St. Pfeiffer. 2009. *Die dreisprachige Stele des C. Cornelius Gallus. Übersetzung und Kommentar.* APF Beiheft 9. Berlin.

Maurach, G. 1995. *Lateinische Dichtersprache.* Darmstadt.

Rochette, B. 1997. *Le latin dans le monde grec. Recherches sur la diffusion de la langue et les lettres latines dans les provinces hellénophones de l'Empire Romain.* Collection Latomus 233. Bruxelles.

Wingo, E. O. 1972. *Latin punctuation in the classical age.* Janua linguarum. Series practica 133. Den Haag.

---

[15] Auf der Tagung *Tradition und Transformation. Ägypten unter römischer Herrschaft* habe ich meinen Vortrag *Die Transformation eines Textes. Das Verhältnis des lateinischen und griechischen Teiles der Gallusstele zueinander* genannt. Der hier abgedruckte Beitrag, dem die in Hildesheim vorgestellten Überlegungen zugrundeliegen, war in leicht abweichender Formulierung als ein Kapitel in Hoffmann, Minas-Nerpel und Pfeiffer 2009, vorgesehen. Im engsten Zusammenhang mit dieser Veröffentlichung, in der sie aber nicht zur Diskussion gestellt werden durfte, ist die hier aufgeworfene Frage zu sehen.

ÖFFENTLICHE ARCHIVE UND RÖMISCHE RECHTSPOLITIK

Andrea Jördens

Öffentliche Archive, in denen privatrechtliche Urkunden zur Evidenthaltung hinterlegt werden konnten, gab es in Ägypten nachweislich schon unter den Ptolemäern; so ist die Verpflichtung des Vertragspartners – sagen wir des Bräutigams –, einen folgenden Vertrag – in diesem Fall den Ehevertrag – im δημόσιον zu hinterlegen, bereits aus Mitgiftsquittungen des 3. Jahrhunderts v. Chr. bekannt.[1] Über die Organisation dieser öffentlichen Archive wissen wir allerdings so gut wie nichts, was sich auch in den letzten 30 Jahren, also nach Hans Julius Wolffs grundlegendem Handbuch zum Recht der griechischen Papyri Ägyptens, nicht wesentlich geändert hat. Gänzlich anders stellt sich die Situation hingegen nach der Ankunft der Römer dar, und zwar sowohl was die Fülle der Belege wie auch ihren Reichtum an Detailinformationen betrifft. Nur als Vergleich: Hatte Wolff der früheren Epoche gerade einmal eine knappe Seite gewidmet, nehmen die kaiserzeitlichen Institutionen mehr als zehn Seiten bei ihm ein,[2] das Statthalterarchiv wohlgemerkt nicht eingeschlossen,[3] ebenso wenig die den Amtsakten vorbehaltenen Patrika. Unter den Veränderungen, die die römische Herrschaft für Ägypten mit sich brachte, ist dies sicherlich eine der bemerkenswertesten Erscheinungen, zumal sie auch einiges über die rechtspolitischen Einstellungen und damit die Herrschaftskonzeptionen der neuen Landesherren verrät. Es liegt daher nahe, diese öffentlichen Archive in den Mittelpunkt der folgenden Ausführungen zu stellen.

---

[1] Vgl. z.B. CPR XVIII 17, 353ff. θ]έσθω δ᾽ Ἀντίγονος Ἡρακλείαι συγγραφὴν συνοικεσίου εἰς τὸ δημόσιον ἀφ᾽ ἧς ἂν ἡμέρας προείπηι αὐτῶι Ἡράκλεια ἐν ἡμέραις δέκα; vgl. auch allgem. Kramer, Einl. zu CPR XVIII, bes. S. 27ff.

[2] Vgl. nur Wolff 1978a, § 4 II (46–56) gegenüber § 4 I (45f.), mit der programmatisch an den Anfang gestellten Aussage „Zu den markantesten Institutionen des römischen Ägypten gehörten große *amtliche Archive*" (46). An seither erschienener Literatur sind besonders zu nennen Cockle 1984 und Burkhalter 1990; dagegen auch an diesem Punkt unbrauchbar, da nicht auf der Höhe der Diskussion, Drecoll 1997, 189ff.

[3] Eingehend hierzu Haensch 1992, mit breiter Berücksichtigung der ägyptischen Evidenz; knapp auch Cockle 1984, 118.

Die bedeutendsten Einrichtungen dieser Art befanden sich selbstredend in Alexandria. In den zuletzt genannten Patrika wurden offenbar sämtliche βιβλία aufbewahrt, die in dem als καταχωρισμὸς εἰς Ἀλεξάνδρειαν bezeichneten Verfahren von Amts wegen an die Zentralbehörden zu senden waren.[4] Nur wenig mehr ist von dem sogenannten Nanaion bekannt, das der Aufnahme von Zweitausfertigungen staatsnotarieller Urkunden sowie solcher in demotischer Sprache diente; da es ebenso wie die Patrika bereits aus augusteischer Zeit datieren dürfte, kommt ihm im vorliegenden Zusammenhang gleichwohl besonderes Augenmerk zu. Ungleich klarer sehen wir dagegen bei der Ἀδριανὴ βιβλιοθήκη, da in diesem Fall sogar das Gründungsedikt aus dem Jahr 127 n. Chr. erhalten blieb.[5] Mit der ausdrücklichen Absicht, dadurch die Rechtssicherheit zu erhöhen, verfügte T. Flavius Titianus darin, privatrechtliche Urkunden öffentlichen Ranges in zwei Exemplaren sowohl in der neugeschaffenen Hadriane wie auch in dem ihr nachgeordneten Nanaion zu hinterlegen, so daß bei Verlust der Originalurkunde immer noch eine Sicherheitskopie vorhanden war. Auch von den Amtsakten war dort eine Abschrift zu deponieren, so daß die Ἀδριανὴ βιβλιοθήκη die Funktionen beider Zentralarchive, von Patrika wie Nanaion, nunmehr unter einem Dach vereinte.

Am besten kennen wir, wie üblich, die lokalen Einrichtungen dieser Art. Auf Gauebene gab es davon in der hohen Kaiserzeit jeweils zwei: Das „Gauarchiv der öffentlichen Akten" oder βιβλιοθήκη δημοσίων λόγων, wo sämtliche Dokumente aus der Verwaltung einschließlich der Steuer aufbewahrt wurden,[6] und das sogenannte „Archiv der Besitzungen", die im folgenden ausführlicher zu behandelnde βιβλιοθήκη ἐγκτήσεων. Ursprünglich waren wohl beide in dem damals noch allgemeiner als δημοσία βιβλιοθήκη – oder auch δημόσιον βιβλιοφυλάκιον – bezeichneten „öffentlichen Gauarchiv" beheimatet gewesen, bis die für die Besitzungen zuständige Unterabteilung im dritten Viertel des 1. Jahrhunderts Selbständigkeit erlangte.[7] Der

---

[4] Hierzu bes. Burkhalter 1990, 194, 208f.; vgl. auch Wolff 1978a, 47 Anm. 14; Cockle 1984, 117f.

[5] Vgl. nur P.Oxy. I 34 = M.Chr. 188 col. If. (22.3.127), mit einem weiteren, die Nichtbeachtung rügenden Edikt vom 20.8.127 in col. III und einem Begleitschreiben nachgeordneter Instanzen in col. IV (2.10.127). Hierzu etwa auch Wolff 1978a, 48; Cockle 1984, 116f.; Burkhalter 1990, 206f., 212.

[6] Hierzu zuletzt Mitthof, Einl. zu CPR XXIII 5, bes. S. 40f.; auch Wolff 1978a, 50f. mit Anm. 26; Cockle 1984, 115.

[7] Vgl. allgem. Wolff 1978a, 48ff., wenngleich bes. 50 noch mit gewissen Zweifeln am Grad der Selbständigkeit.

genaue Zeitpunkt dieser Ausgliederung ist zwar noch unklar, doch scheint die βιβλιοθήκη ἐγκτήσεων spätestens im Jahr 72 n. Chr. als eigene Einrichtung faßbar zu sein.[8] An ihrer Spitze standen wie bei der βιβλιοθήκη δημοσίων λόγων in der Regel zwei Bibliophylakes, zu deren ersten offenbar die bisherigen Vorsteher des allgemeinen Gauarchivs berufen wurden.[9] Nach alldem kann es sich hierbei kaum um eine von den Ptolemäern übernommene Institution gehandelt haben, was beim Nanaion angesichts der frühen Erwähnungen grundsätzlich noch denkbar erschiene.

Fragt man nach den Transformationen unter römischer Herrschaft, verdienen die beiden letztgenannten Einrichtungen, wie schon bemerkt, noch einmal eigene Aufmerksamkeit. Denn Statthalterarchiv, Patrika und βιβλιοθήκη δημοσίων λόγων dienten sämtlich, wenn auch auf jeweils anderer Ebene, der Aufnahme des in der Verwaltung anfallenden Aktenmaterials, so daß ihr Zweck für die römische Administration unmittelbar einsichtig ist. Sehr viel weniger läßt sich dies dagegen für Nanaion und βιβλιοθήκη ἐγκτήσεων sagen, die beide ausschließlich für Dokumente des privaten Rechtsverkehrs bestimmt waren. Dies zeugt von einer römischen Anteilnahme an dem einheimischen Urkundswesen, die schon als solche überrascht. Für die Frage nach den rechtspolitischen Absichten, die die Römer mit der Schaffung all dieser Archive verfolgten, kommt ihnen insofern besondere Aussagekraft zu, weswegen ich mich im folgenden vor allem mit ihnen beschäftigen will.

Das später als Nanaion geläufige Archiv, das seinen Namen wohl von seiner Unterbringung im alexandrinischen Heiligtum der Isis

---

[8] So zuletzt Burkhalter 1990, 209f. mit Verweis auf die in Pap.Lugd.Bat. VI 15, 44 bzw. 80 (114/15) genannten βιβλιοφύλακες τῆς ἐν Ἀρσινοίτῃ δημοσίας βιβλιοθήκης Protogenes und Isidoros II, die im 4. Jahr Vespasians (also 71/72) das Amt von ihren Vorgängern Apion und Isidoros I übernommen hätten, während nach BGU I 184 (30.5.[?]72) die zuvor für die δημοσία βιβλιοθήκη zuständigen Apollonios und Theon bereits als βιβλιοφύλακες ἐγκτήσεων amtierten; zur zeitlichen Abfolge auch bereits van Groningen, Pap.Lugd.Bat. VI, S. 97. Als *terminus post quem* sei dagegen das große Edikt des T. Iulius Alexander vom 6.7.68 zu betrachten, vgl. Burkhalter, 1990, 210. Gegenüber dem hier in Rede stehenden Arsinoites mag es andernorts freilich auch zeitliche Verschiebungen gegeben haben, vgl. auch Wolff 1978a, 49f. Anm. 22. Unzutreffend insoweit allerdings Taubenschlag 1955, 223, übernommen auch von Pierce 1968, 75 Anm. 28, sowie Cockle 1984, 111 (korrekt jedoch 113); Purpura 1992, 594f.; Alessandrì 2005, 195, vgl. auch unten Anm. 13.

[9] Vgl. bereits die vorige Anm.; eine Übersicht über die bisher bekannten βιβλιοφύλακες bei Sijpesteijn und Worp 1995, 526ff. Einen weiteren Beleg für Thrakidas und Demetrios vgl. jetzt in P.Berl.Cohen 18 (um 116, Ars.); Epimachos und Theon wurden ergänzt in P.Hamb. IV 241 (86/87, Oxy.).

Nanaia bezog, zählte zweifellos zu den frühesten Gründungen dieser
Art. Zwar wird es mit diesem Namen erstmals in dem bereits genannten Edikt des T. Flavius Titianus zur Einrichtung der Hadriane
bezeichnet, während die Mehrzahl der Belege sogar dem 3. Jahrhundert
entstammt.[10] Doch war damit nach allgemeiner, gut begründeter
Auffassung eben jene βιβλιοθήκη gemeint, in die nachweislich auch
schon im 1. Jahrhundert die vor einheimischen Notaren geschlossenen Verträge gelangten.[11] Das älteste Zeugnis hierfür findet sich in
dem berühmt-berüchtigten Streit, den die beiden Priester Satabus und
Nestnephis vor dem Prokurator des Idios logos austrugen,[12] und
datiert damit bereits aus den Anfängen des Tiberius. Aufgrund einiger
auch für uns relevanter Details ist hierauf etwas genauer einzugehen.

Gegenstand dieses Streites waren, um es kurz zu fassen, unter anderem Baugrundstücke, die Satabus mitsamt einem Haus von einem
dritten Priester in dem arsinoitischen Dorf Soknopaiu Nesos erworben hatte. Nach Nestnephis' Lesart handelte es sich dabei freilich um
sogenanntes herrenloses und damit widerrechtlich angeeignetes Gut,
was er zu einer Anzeige gegen Satabus bei dem zuständigen Prokurator
des Idios logos nutzte. In dem hierdurch ausgelösten langwierigen
Prozeß konnte er sich schließlich mit dieser Darstellung auch durchsetzen, so daß Satabus am Ende weitere 500 Drachmen an den Idios
logos erlegen mußte.

Eine der zahlreichen Wendungen in diesem mit allen legalen und
illegalen Mitteln geführten Prozeß bestand nun darin, daß Nestnephis
vor dem Tribunal des Idios logos beantragte, den Kaufvertrag in der
βιβλιοθήκη einsehen zu lassen, wo er jedoch nicht auffindbar war.[13]

---

[10] P.Oxy. XII 1473, 41 (4.6.201); P.IFAO III 12, 7 (12.209/1.210); SB XXII 15383,
22 (225–233); P.Lips. I 10, 26 (24.12.240); PSI XII 1238 B, 33 (2.9.244); P.Mich. XI
614, 43 (um 258/59); SB XXIV 16265 = P.Mich. XI 615, 25 (3.5.259 oder 260);
P.Oxy. IX 1200, 49 (5.6.266); P.Oxy. XII 1475, 45 (20.3.267); SB XX 14447 = P.Lond. III
949 descr., 7 (2. Hälfte 3. Jh.); SB XVI 12550, 4 ist nur unsicher in das 3./4. Jh. datiert.
Frühere Belege liegen außer in dem bereits genannten P.Oxy. I 34 = M.Chr. 188 col. I,
3. col. II, 6 (127) lediglich in Pap.Lugd.Bat. VI 29, 10 (1.4.133, siehe auch unten
Anm. 20) sowie P.Oxy. IV 719, 36 (nach 25.10.193) vor.

[11] So jedenfalls die *communis opinio*, vgl. nur Wolff 1978a, 47; allgem. auch ders.
2002, 178; Cockle 1984, 116 Anm. 72, 117; Burkhalter 1990, 211.

[12] Hierzu etwa schon Plaumann 1919, 44ff., zu den Details jetzt auch Alessandrì
2005, 93ff.; zuletzt eingehend Schentuleit 2007, bes. 103ff. mit weiterer Literatur.

[13] Vgl. nur SB I 5232, 32f. [φ]ὰς τὴν π[ρᾶ]σιν ἐπ[ισ]κέψασθαι ἐν τῆι
βυβλιοθή[κηι, κ]αὶ τ[αύτης] μὴ εὑρημέν[ης (30.6.–28.8.15); zur Bedeutung dieses
Zeugnisses für die hier erörterte Frage Wolff 1978a, 47; vgl. auch Lambrinudakis und
Wörrle 1983, 364 (wenngleich offenbar ohne hinreichende Unterscheidung zwischen
den verschiedenen Parteien). Für Mißverständnisse hat allerdings immer wieder das

Satabus muß offenbar befürchtet haben, daß damit gleich sein Hauserwerb als ganzer in Frage stand. Denn hierauf ist wohl die von ihm veranlaßte griechische Übersetzung der demotischen Geldbezahlungsschrift zurückzuführen, die in mindestens fünf Ausfertigungen auf uns gekommen ist.[14] Überdies sucht er sich in einem Schreiben an den Idios logos mit präzisen Angaben zu Inhalt und Umständen des Vertragsschlusses zu wehren, indem er Datum, Kaufobjekt, Verkäufer, Notare, Ort der Errichtung und Zeugen dafür benennt; zugleich bittet er den Prokurator dringlich darum, der unterbliebenen Übersendung des Vertrages in die βιβλιοθήκη nachzugehen, wobei ein Fehler durch Unterlassung allein von den einheimischen Notaren, den Synallagmatographen Sokrates und Sambas, zu verantworten sei.[15]

Sowohl Antrag wie auch Reaktion lassen nun darauf schließen, daß grundsätzlich auch schon damals ein Exemplar der notariellen Verträge, wie später üblich, von den Notaren in der hauptstädtischen

---

merkwürdige [φ]άς an dieser Stelle gesorgt, sei es, daß Nestnephis sich hier auf bereits Geschehenes beziehe (so Pierce 1968, 75), sei es, daß er gar die Suche im Archiv selbst durchgeführt habe (so etwa die Übersetzung von Johnson 1936, 158f. Nr. 88 und jetzt bes. Alessandrì 2005, 103 und *passim*, wobei hier überdies der wiederholte Bezug auf eine – bisher nirgends belegte – vermeintliche „βιβλιοθήκη della κώμη" [121] bzw. ein „archivio locale" [124] überrascht, von dem seiner Meinung nach zudem „non c'è dubbio che si tratti della βιβλιοθήκη τῶν ἐγκτήσεων" [195]). Der Scan, für dessen freundliche Übersendung ich der Direktorin der Papyrussammlung der ÖNB Cornelia Römer sehr danken möchte, läßt jedoch ebenso wie schon die Nachzeichnung in der Ed. pr. von Wessely 1900, Tab. 7 N. 8 erkennen, daß die jeweils ersten erhaltenen Zeichen dieser wie der umgebenden Zeilen mehr oder weniger direkt übereinander stehen, so daß auch hier zu Beginn ± 5 Buchstaben fehlen dürften. Demnach ist vielmehr [ἀξιώσ]ας zu ergänzen (und entsprechend auch Z. 34f. zumindest συναλλαγμα[το-]ι[γράφ]ων, wenn nicht gar συναλλαγμα-ι[τογράφ]ων zu trennen), womit freilich die noch von Kruse 2002, 533 Anm. 1470 referierte Vermutung von Swarney 1970, 45 „perhaps Nestnephis had tampered with the records" weiter an Wahrscheinlichkeit verliert. Offen bleibt, was Nestnephis sich überhaupt von diesem Schachzug versprochen haben mag. Am ehesten ist vielleicht an eine Überprüfung des Kaufobjektes zu denken – sollte etwa nur das Haus, aber keinerlei Baugrundstück erwähnt worden sein, hätte dies Satabus' diesbezügliche Ansprüche von vornherein zunichte gemacht. Dies traf allerdings nicht zu, wie die von Schentuleit 2001 neuedierte bilingue Originalurkunde P.Lond. 262 vom 21.11.11 zeigt.

[14] Das am besten erhaltene Exemplar in SB I 5231 = Jur.Pap. 28, vgl. jedoch auch CPR XV 2, 3 und 4 sowie SB I 5275 (sämtlich vor dem 30.6.15) mit Schentuleit 2001, 128; dies. 2007, 120.

[15] So SB I 5232, 33ff. in direkter Fortsetzung des in Anm. 13 gegebenen Zitats ἀλ] λὰ ἀκαταχωρίστου [οὔσης] ὑπὸ Σωκράτους [κα]ὶ Σαμβᾶτος συναλλαγμα[τογρά-φω]ν, ἀξιῶ ... διαλ[α]βεῖν περὶ τοῦ ἀκατα[χωρίσ]του χρηματισμοῦ, ὡ[ς τ] εὔξομαι τοῦ δικαίου [κατὰ] τῶν μὴ κατακεχωρικότων συναλλαγματο[γράφ]ων Σωκράτους καὶ Σαμβᾶτος διαλαβεῖν μ[ε]ι[σοπον]ήρως; zu den weiteren Details einschließlich der namentlich genannten beiden Zeugen bereits Z. 5ff.

βιβλιοθήκη zu deponieren war.[16] Eine häufig zitierte Bestimmung in
dem größtenteils schon auf Augustus zurückgehenden Gnomon des
Idios logos schien dies noch zu erhärten, derzufolge die Nichteinhaltung
der dafür vorgegebenen Fristen eine Strafzahlung von 100 Drachmen
nach sich zog.[17] Zumindest für die demotischen Urkunden habe dies
demnach von Anfang an gegolten, denn die hierzu verpflichteten
Synallagmatographen seien allein für diese zuständig gewesen.[18] Der
Grund dafür ließe sich in den höheren Anforderungen sehen, die an
Verträge in einer den neuen Landesherren weniger vertrauten Sprache
als dem Griechischen gestellt worden sein mögen.[19] Spätestens um die
Jahrhundertwende wurden indessen nachweislich auch griechische
staatsnotarielle Verträge im Nanaion hinterlegt.[20] Wann genau es zu
dieser Ausweitung der Zuständigkeiten kam, ist zwar noch unklar.
Doch deutet inzwischen manches darauf hin, daß dies sehr viel früher
der Fall war als lange vermeint und gerade auch die Funktion der

---

[16] Hierzu zuletzt Rupprecht 2003, 485; vgl. auch Lambrinudakis und Wörrle 1983,
364. Daß es hierbei um eine Übersendung nach Alexandria ging, obwohl der Ort, wie
zuletzt auch noch einmal von Wolff 1978a, 47 betont, nicht ausdrücklich genannt
wird, läßt entgegen seiner Darstellung indes nicht nur der „sonstige Inhalt des
Papyrus", sondern durchaus auch der „unmittelbare Wortlaut der Quelle" ersehen, da
das Verb καταχωρίζειν insoweit, wie namentlich die Vorsilbe zu erkennen gibt, technische Bedeutung besitzt, vgl. nur Jördens 2001, 46f. im Komm. der Ed. pr. von
SB XXVI 16641, 15f.; ähnlich etwa auch schon Burkhalter 1990, 195.

[17] BGU V 1210, 221ff. § 100 Τοὺς συναλλαγματογράφους ὡ[ρί]σθη [κα-]
ταχωρίζειν ἐνθάδε ἐπὶ τῆς [πόλεως (?) τὰ] συναλλάγματα Θηβαίδος μὲν ἐντὸς
ἡμ[ερῶν ξ, τῶν δὲ λοι]πῶν νομῶν ἐντὸς λ̄, [αὐτῆς δὲ τ]ῆς πόλεως ἐντὸς ἡμερῶν ῑε·
[οἳ δὲ μὴ κατ]αχωρίσαντες κατεκρίθησαν (δρ.) ρ· [Anm. 33 ± 8] δὲ ἐντὸς πέντε
τοῦ ἑξῆς μηνὸς κα[ταχωρίζειν]; hierzu auch unten, bes. Anm. 33 mit Text.

[18] So bes. Wolff 1978a, 32f., 51, 55f. mit weiterer Lit.; ihm folgend etwa auch
Lambrinudakis und Wörrle 1983, 364; ebenso Cockle 1984, 112f., vgl. 116. Kritisch
hierzu jedoch Burkhalter 1990, 205f., da demotische Verträge üblicherweise näherhin
als συναλλάγματα Αἰγύπτια gekennzeichnet würden, weswegen, sollte die Regelung
lediglich diese betroffen haben, eine solche einschränkende Qualifizierung auch hier
zu erwarten gewesen wäre. Auch für § 100 gelte daher vielmehr, daß „ce sont les délais
qui importent, et non la catégorie de notaires ou de contrats que la mesure visait"; vgl.
im übrigen auch unten Anm. 21 sowie 27.

[19] So vermutet etwa von Wolff 1978a, bes. 56, wie denn auch unter den Ptolemäern
die Registrierungspflicht der demotischen Verträge offenbar früher als die der griechischen datiert, vgl. zuletzt Rupprecht 1995, bes. 47ff.

[20] So nach der an den Strategen gerichteten Pfändungsbewilligung des Archidikastes Pap.Lugd.Bat. VI 29 = SB I 5341 = Jur.Pap. 48, wonach der im Jahr 100/01 im
Grapheion von Tebtynis errichtete Vertrag über ein durch Hausteile gesichertes
Naturaldarlehen, aus dem die Erbin des inzwischen verstorbenen Darlehensgebers
über 30 Jahre später vollstrecken will, ausdrücklich aus dem Nanaion beigebracht
wird (τῆς [δὲ δι᾽ αὐτ]ῆς σημαινομένης συγγραφῆς ὑπογεγραμμένης ἐκ [τῆς τοῦ
Ναν]αίου βιβλιοθήκης ἐπενηνεγμένης, Z. 8ff.); hierzu auch bes. Pierce 1968, 74f.

Synallagmatographen in der Kaiserzeit einem offenbar raschen, wenngleich zeitlich noch nicht näher einzugrenzenden Wandel unterlag.[21]

In der Auseinandersetzung zwischen Satabus und Nestnephis spielte diese Frage freilich, soweit wir sehen können, so oder so keine Rolle mehr. Denn am Ende wird die gegen Satabus gefällte Entscheidung allein damit begründet, daß das leitende Priestergremium, das von dem mit der Untersuchung des Falles betrauten Centurio unter Eid über die Eigentumsverhältnisse befragt worden war, die Rechte des Verkäufers nicht zu bestätigen vermochte.[22] Satabus blieb insofern nur, sich wegen der ihm auferlegten 500 Drachmen an letzterem schadlos zu halten, da er seiner Pflicht zur Bebaiosis nicht nachgekommen war.[23] Was dagegen ein mögliches Versäumnis der Synallagmatographen anbelangt, wurde dies allenfalls verwaltungsintern geklärt.[24] Insofern muß aber vorerst wohl offen bleiben, wie üblich oder gar erforderlich es auch schon zu dieser Zeit war, solche Verträge – ob demotisch oder griechisch – in einem alexandrinischen Archiv zu deponieren.

In späterer Zeit hätte vielleicht auch die βιβλιοθήκη ἐγκτήσεων Satabus vor den Winkelzügen seines Kontrahenten zu schützen

---

[21] Griechische Notare waren jedenfalls die συναλλαγματογράφοι der beiden in P.Thmouis I 1 col. 92, 7 sowie col. 113, 20 erwähnten Sklavenkäufe, die in antoninischer Zeit im Grapheion von Isidos polis bzw. Thmuis errichtet wurden und deren erster genauer aus dem Jahr 159/60 datiert, so daß der genannte § 100 im Gnomon des Idios logos zumindest Mitte des 2. Jh. entsprechend angewendet worden sein muß. Zu revidieren ist insoweit die auf zwei Cheirographa des 4. Jh. gestützte Beobachtung von Wolff 1978a, 32, daß der Begriff in kaiserzeitlichen Urkunden „außerhalb des demotischen Bereichs … nur selten" begegne. Darüber hinaus mehren sich inzwischen von ägyptologischer Seite die Hinweise, daß auch schon für die frühe Kaiserzeit kaum mehr sauber zwischen den verschiedenen, traditionell in Personalunion übernommenen und sogar innerhalb der Familie vererbten Funktionen der Notare zu trennen ist, da, wie bes. Muhs 2005, 104 zusammenfassend konstatiert, „the same ‚hellenized' Egyptian officials were responsible for both the Demotic and the Greek texts at the grapheion". Vgl. auch bereits Burkhalter 1990, 205f., und oben Anm. 18.

[22] Vgl. nur den vollen – jetzt allerdings nach CPR XV 6 zu korrigierenden – Wortlaut der Entscheidung aus dem Jahr 16 in SB I 5240, hier einschließlich einer Abschrift der Quittung über die 500 Dr. vom 23.10.17; fragmentarische Parallelen dazu auch in CPR XV 6 und P.Lond. II 355 (S. 178). Dazu auch Hoogendijk 1994, 261; Rupprecht 2003, 484f., 487; Alessandrì 2005, 133ff.; Schentuleit 2007, 106, 123.

[23] So zumindest Rupprecht 2003, 488, vgl. auch schon 486 den Hinweis auf entsprechende Vorbehalte des Satabus in der Eingabe CPR XV 7, 12f. (nach dem 26.5.14). Ähnlich etwa auch Swarney 1970, 48.

[24] Vgl. auch Wolff 1978a, 51, bes. Anm. 28, der die von Satabus in SB I 5232, 36ff. angedeuteten Ansprüche – das Zitat oben in Anm. 15 – anders als von Woeß 1924, 331f. für „vielleicht nur floskelhaft" hält.

vermocht. Denn wie bereits der Name sagt, waren in diesem ‚Besitzarchiv' die Vermögensverhältnisse der Gaueinwohner bezüglich des
privaten Grundbesitzes (und vielleicht der Sklaven) niedergelegt. Ihr
Schwerpunkt lag auf der Erfassung allfälliger Besitzwechsel, wobei im
Unterschied zu Nanaion und Hadriane wohlgemerkt nie die Originalurkunden aufbewahrt wurden. Die Funktionsweise dieser Einrichtung
ist vor allem durch das Edikt des M. Mettius Rufus bekannt, das er auf
Anregung des oxyrhynchitischen Strategen im Jahr 89 erließ, abgesehen davon, daß auch zahlreiche dort eingereichte Deklarationen
erhalten blieben. Offen ist allerdings auch in diesem Fall die Frage
nach der rechtspolitischen Einordnung dieser Institution. Dazu ist es
nötig, sich zuerst die Arbeitsweise dieses ‚Besitzarchivs' vor Augen zu
führen.

Trotz mancher „terminologischen Verschwommenheit",[25] die der
rhetorischen Durchformung zu verdanken ist, gibt Rufus' Edikt die
Grundzüge des Systems recht gut zu erkennen.[26] Danach waren innerhalb einer bestimmten Frist – genauer sechs Monaten – sämtliche privaten Eigentums- und Pfandrechte sowie sonstigen Besitztitel unter
Angabe ihrer Herkunft bei der βιβλιοθήκη ἐγκτήσεων zu deklarie-
ren. Auf dieser Basis legte man dort für jede Privatperson unter ihrem
ὄνομα Übersichtsblätter, sogenannte διαστρώματα, an, auf denen
diese Titel nach Ort und Sache zu verzeichnen waren. Wie dabei mit
dem Eigentum von Frauen und Kindern zu verfahren war, dessen
Verfügungsgewalt zeitweilig an den Mann bzw. die Eltern übergegangen war, ist ebenfalls geregelt. Bei allfälligen Veränderungen der
Besitzverhältnisse hatten die ausfertigenden Notare vorher bei dem
Archiv ein entsprechendes ἐπίσταλμα einzuholen, das über die
Berechtigung der Verfügung Aufschluß gab; im Fall der Nichtbeachtung
drohten Strafen.[27] Zur Sicherstellung des Rechtsverkehrs waren nicht

---

[25] So Wolff 1978a, 224, vgl. auch 26, 33.

[26] P.Oxy. II 237 col. VIII, 27–43 = M.Chr. 192 = Jur.Pap. 59 = Sel.Pap. II 219 =
FIRA I 60 (1. oder 31.10.89); zu weiteren Details vgl. nur die knappe und zugleich
umfassende Darstellung bei Wolff 1978a, 222–255 sowie bereits 48ff., worauf hier ein
für allemal verwiesen sei. Vgl. etwa auch Cockle 1984, 113ff.; Burkhalter 1990, 199ff.

[27] Vgl. bes. P.Oxy. II 237 col. VIII, 36ff. Παραγγέλλω δὲ καὶ τοῖς συναλ-
λαγματογράφοις καὶ τοῖς μνήμοσι μηδὲν δίχα ἐπιστάλματος τοῦ βιβλιοφυλακ[ίου
τελειῶσαι, γνοῦσιν ὡς οὐκ ὄφελος τὸ] τοιοῦτο, ἀλλὰ καὶ αὐτοὶ ὡς παρὰ τὰ
προστεταγμένα ποιήσοντες δίκην ὑπομενοῦσι τὴν προσήκουσαν „Ich trage auch
den Synallagmatographen und den μνήμονες auf, nichts ohne ein ἐπίσταλμα des
Bibliophylakion aufzusetzen, im Wissen, daß solches nicht von Nutzen ist, aber auch
in der Erwartung der gebührenden Strafe für solche, die selbst den Vorschriften zuwi-
derhandeln"; hierzu vgl. Wolff 1978a, 247ff. Keine völlige Klarheit ließ sich bisher

nur alle früheren Akten – Deklarationen wie διαστρώματα – sorgfältig aufzubewahren, sondern auch die laufend geführten in gewissen
Zeitabständen zu erneuern, damit die Aktualität der Institution stets
gewährleistet blieb. Da all diese Verfahrensschritte eine reiche Dokumentation hervorrufen mußten, ist uns auch die Umsetzung dieser
Vorschriften im ägyptischen Alltagsleben bestens vertraut.

Welche Besitztitel dies konkret betraf, wird bemerkenswerterweise
nirgends gesagt. Da das Deklarationsgebot für πάντας τοὺς κτήτορας,
„alle Privateigentümer", galt,[28] wird man hierunter privaten Grundbesitz an Klerosland und Immobilien, vermutlich auch an sonstigen
Ländereien verstehen dürfen; unklar stellt sich die Lage nach wie vor
hinsichtlich des Eigentums an Sklaven dar. Alles weitere Vermögen
blieb dagegen von der Erfassung ausgenommen, erst recht natürlich
sämtliches öffentliches Land, ob nun Domanialland oder andere
δημοσία γῆ. Auslöser der hier angeordneten Generalrevision waren
Mißstände im Archiv des Oxyrhynchites gewesen, die nun sogenannte
Generalapographai, also Deklarationen aller κτήτορες über ihren
gesamten Besitz, erforderlich machten. Dies stellte freilich die Ausnahme dar, denn der Idee nach sollten die Verzeichnisse vielmehr
mit Hilfe sogenannter regulärer oder Spezialapographai, die nach
jedem Besitzwechsel einzureichen waren, auf dem laufenden gehalten werden. Daß sich mit der hierdurch gewährleisteten Aktualität

---

darüber erzielen, inwiefern die beiden Bezeichnungen der Notare unterschiedliche
Funktionen kennzeichnen. Nach Kießling 1965, 80 Anm. 23 seien hiermit „sowohl
öffentlich konzessionierte Privatnotare (συναλ⟨λ⟩αγματογράφοι) als auch Staats-
notare (μνήμονες), später wohl auch Banknotare (τραπεζῖται) " gemeint; ähnlich
schon Eger 1909, 113ff.; vgl. auch Purpura 1992, 600 Anm. 28. Mit Blick auf den oft
untechnischen Sprachgebrauch der Edikte schloß hingegen Wolff 1978a, 33 nicht aus,
daß an dieser Stelle vielleicht nur „ein Beispiel für eine Neigung der römischen
Behörden zu ausgefallener rhetorischer Ausdrucksweise" vorliege, während Burkhalter 1990, 205 darin sogar „de termes génériques" erkennen wollte; ähnlich offenbar
auch schon Raschke 1979, 23ff. Die Deutung ist nicht zuletzt von Belang für die Frage,
wie weit hierher auch die in § 101 des Gnomon des Idios logos genannte Strafsumme
von 50 Drachmen zu stellen ist für diejenigen, die Verträge ohne ἐπίσταλμα beur-
kundeten, vgl. BGU V 1201, 227f. [ρα Ἐάν τινες] χρηματισ[μ]οῦ ὑποθηκῶν ἢ [[ο]]
ὠνῶ[ν] συναλλ[αγμα γράψων]|[τ]αι χωρ[ὶς ἐ]πιστάλματος, κατακρίνονται (δρ.) ν.
Anders als bei dem vorangehenden § 100 wurde hier ein solcher Bezug von Wolff
1978a, 247, vgl. auch 173 Anm. 19 ausdrücklich bejaht, doch erscheint eine derart
strikte Trennung, die wohlgemerkt nicht für die συναλλάγματα, sondern nur für die
συναλλαγματογράφοι gelten sollte, zunehmend fraglicher, vgl. auch oben Anm. 17ff.
mit Text. Zu den notariellen Funktionen der μνήμονες allgem. Wolff 1978a, 25f.;
Raschke 1979, 23ff.; zu ihrer Bedeutung außerhalb Ägyptens und bes. im Bereich des
Liegenschaftsrechts Lambrinudakis und Wörrle 1983, 328ff.

[28] So ausdrücklich P.Oxy. II 237 col. VIII, 33.

zugleich ein grundsätzlicher Anspruch auf Vollständigkeit verband, hätten die Präfekten, wie das Edikt betont, immer wieder eingeschärft.

Demnach haben wir es bei diesem ‚Besitzarchiv‘ mit einem Instrument zu tun, mit dem der gesamte Rechtsverkehr an Immobilien in der Provinz *Aegyptus* zu überwachen war. Mit Hilfe der regulären Deklarationen wurde alles private Eigentum erfaßt, mögliche Lücken durch die in bestimmten Abständen eingeforderten Generalapographai geschlossen. Nach Überzeugung der älteren Literatur war damit folglich ein ‚Landkataster‘, ja gar ein ‚Grundbuch‘ geschaffen.[29]

So weit jedenfalls die Theorie. Die Realität war dagegen etwas anderes, wie schon die relative Häufigkeit von Generalapographai zu erkennen gibt – nur höchst selten war demnach die angestrebte Aktualität und Vollständigkeit auch verwirklicht worden. Dies überrascht freilich nur bedingt, da offenbar gar kein rechter Wille zur Durchsetzung der Vorschriften bestand. So hatte schon Hans Julius Wolff leicht verwundert konstatiert: „Von unmittelbarem Zwang zur Erstattung scheint allerdings die Regierung, wenn man dem Fehlen einer darauf bezüglichen Klausel im Edikt des Mettius Rufus und mehrmaligen Erwähnungen offensichtlich unschädlich gebliebener Nichtbefolgung des Gebots oder frei zugegebener Fristversäumung trauen darf, wie bei den Einzelapographai so auch bei den Generalapographai abgesehen zu haben".[30] Auch die Bestimmung, daß zwar Notare, die bei Vertragsschluß die Einholung eines ἐπίσταλμα versäumten, mit Strafe zu rechnen hatten, von einer Haftung der Archivbeamten für fehlerhafte Besitzauskünfte jedoch nirgends die Rede war,[31] zeugt von derselben Halbherzigkeit. Zuverlässigkeit ließ dieses Instrument demnach nicht einmal dann erwarten, wenn die Akten verhältnismäßig sorgfältig geführt waren, die Notwendigkeit einer Generalrevision also noch in weiter Ferne lag.[32]

Erinnern wir uns an diesem Punkt noch einmal an die Kontroverse zwischen Satabus und Nestnephis zurück, hatte die unterbliebene Übersendung der Verträge in die βιβλιοθήκη dort jedenfalls für einige Unruhe gesorgt. Die Auswirkungen auf ihre Rechtsposition, die sich die beiden Kontrahenten – freilich unter jeweils anderem

---

[29] Vgl. zusammenfassend Wolff 1978a, 222f.

[30] Wolff 1978a, 232. Die Details bereits bei Harmon 1934, 198; vgl. auch Kießling 1965, 80 („nur eine sanktionslose Norm"); Burkhalter 1990, 200.

[31] Zu ersterem vgl. P.Oxy. II 237 col. VIII, 36ff. und oben Anm. 27; zu der Frage der Haftung der Bibliophylakes Wolff 1978a, 250; bes. ders. 1978b, 190.

[32] Vgl. auch grundsätzlich Flore 1927, 85f.

Vorzeichen – daraus erwarteten, wurden allerdings gleichermaßen
enttäuscht. Daß sich dies zumindest für den Prozeßverlauf als offenkundig unerheblich erwies, mag zwar auch an dem frühen Zeitpunkt
des damaligen, vielleicht noch nicht endgültig etablierten Verfahrens
gelegen haben. Dennoch stellt sich eine ganz ähnliche Frage wie bei
der βιβλιοθήκη ἐγκτήσεων, ob nämlich der Staat überhaupt und
wenn ja, wie weit er gewillt war, ‚unmittelbaren Zwang' zur Durchsetzung seiner Vorschriften anzuwenden.

Zweifel hieran könnte nicht zuletzt der schon kurz erwähnte § 100
im Gnomon des Idios logos nähren, der die Einreichung der Verträge
im Zentralarchiv betraf. Darin werden je nach Entfernung drei verschiedene Einlieferungsfristen benannt; es folgt eine Strafbestimmung
für das Unterlassen, worauf in einem letzten Satz noch eine Fristver-
längerung bis zum 5. des Folgemonats eingeräumt wird.[33] Dies ist
wohl so zu verstehen, daß es feste Vorgaben für die Einreichung der
Verträge gab, deren Nichteinhaltung mit 100 Drachmen geahndet
wurde; hiervon konnte jedoch abgesehen werden, wenn der Notar nur
schnell genug reagierte, so daß der Vertrag noch vor dem nächsten 5.
in die βιβλιοθήκη gelangte. Auch hier treffen wir folglich auf eine
überaus klare Regelung, bis zu welchem Zeitpunkt die Verträge vor-
schriftsmäßig einzureichen seien, aber eine eher großzügige Hand-
habung, was die Durchsetzung dieser Vorschriften betraf. Denn auch
die Strafe war vermutlich nur dann zu zahlen, wenn ein Notar einmal
wegen einer unterbliebenen Deponierung unangenehm aufgefallen
war – und sein Versäumnis nicht umgehend wettzumachen verstand.

Sowohl die βιβλιοθήκη ἐγκτήσεων wie auch das Nanaion zeichnen
also auf den ersten Blick ein äußerst strenges und bürokratisches Bild
von der römischen Kontrolle über das Land. In dem ‚Besitzarchiv'
waren die Vermögensverhältnisse an Immobilien und vielleicht
Sklaven sämtlicher Gaueinwohner verzeichnet, deren Evidenthaltung
gleich mehrfach gesichert war – nicht nur durch verschiedene Arten
von Deklarationen, sondern vor allem durch die strafbewehrte Verpflichtung der Notare, schon beim Vertragsschluß mitzuwirken, um
allfällige Veränderungen bereits zum frühestmöglichen Zeitpunkt
erfassen zu können. Der Bestimmung im Gnomon zufolge war überdies auch die Übersendung der in den Notariaten errichteten Verträge
in das nachmalige Nanaion strafbewehrt, was vielleicht auch schon zu
Zeiten des Satabus und Nestnephis galt.

---

[33] BGU V 1210, 221ff. § 100, das Zitat oben in Anm. 17, vgl. auch Anm. 18.

Immer wieder war indes zu sehen, daß alle Drohungen offenbar ins
Leere liefen, der gewünschte Effekt jedenfalls nicht auf Dauer zu erreichen war. Umgekehrt zeigte sich der Staat stets aufs neue bereit, über
Nachlässigkeiten hinwegzusehen, sofern nur irgendwann die Dinge
wieder ins rechte Gleis gerieten oder sich anderweitig klären ließen.
Zu erinnern ist außerdem daran, daß es im kaiserzeitlichen Ägypten
keineswegs nur notarielle Urkunden gab. Von Privaturkunden ist
jedoch, solange sie nicht auf dem umständlichen und kostspieligen
Weg der Demosiosis in den Rang von öffentlichen Urkunden erhoben
wurden (womit zugleich zwei Exemplare in Nanaion bzw. Hadriane
gelangten),[34] nirgends die Rede, so daß schon aus diesem Grund an
eine allumfassende Kontrolle kaum zu denken war.[35]

Entgegen dem äußeren Eindruck haben wir es hier demnach mit
einem eher großzügigen Zugriff des Staates auf den privaten Rechts-
verkehr und damit auch auf die Vermögensverhältnisse am privaten
Grundbesitz zu tun. In dieselbe Richtung weist der Umstand, daß die
Leitung der lokalen ‚Besitzarchive', wie bereits erwähnt, jeweils zwei
Bibliophylakes anvertraut worden war. Durch das Prinzip der Kolle-
gialität, die langjährigen Dienstzeiten, die fehlende Einbindung in den
Instanzenzug und vor allem die bevorzugte Besetzung mit älteren
Honoratioren aus der provinzialen Oberschicht waren diese Ämter
scharf von den staatlichen Gauinstanzen wie Strategen und βασιλικὸς
γραμματεύς geschieden.[36] Im Gegensatz zu den κατ᾽ οἰκίαν ἀπο-
γραφαί, die als Grundlage für die Berechnung der Kopfsteuer dienten
und daher alle 14 Jahre von der gesamten Bevölkerung eingefordert
wurden, waren die Besitzdeklarationen bezeichnenderweise auch
nicht an die letzteren, sondern eben die nicht-staatlichen Bibliophylakes

---

[34] Vgl. Wolff 1978a, 129ff.; bes. Primavesi 1986; zu den Voraussetzungen auch
Burkhalter 1990, 207f.

[35] Vgl. auch schon Wolff 1978b, 192, der allerdings zugleich vermerkt, daß „zur
Zeit der Organisation der Bibliotheke, d.i. kurz nach der Mitte des 1. Jh. n. Chr.,
Verträge der den Staat interessierenden Art so gut wie ausnahmslos in den Staats-
notariaten geschlossen wurden".

[36] Vgl. auch die Charakteristik bei van Groningen, Pap.Lugd.Bat. VI S. 106f.
(Conclusions, ii.a). Angesichts der zumindest *de facto* langjährigen Dienstzeiten – vgl.
nur die Aufstellungen von Lewis 1961, 244 = 1995, 92, jetzt auch Sijpesteijn und Worp
1995, 526ff. – wird man das von Lewis 1997, 17 s.v. βιβλιοθήκη, βιβλιοφυλάκιον,
βιβλιοφύλαξ ἐγκτήσεων (hier immerhin mit Fragezeichen) sowie Cockle 1984, 115
vermutete Annuitätsprinzip allerdings eher mit Zurückhaltung betrachten, nicht
anders auch den früheren Ansatz „one year or two years" in Lewis 1961, 245 = 1995,
92.

zu richten.[37] Neben dem fehlenden Deklarationszwang und den offen-
kundigen Differenzen, was ihr zahlenmäßiges Aufkommen und die
sehr viel weniger einheitliche Gestaltung betrifft, bietet dies ein weiteres wichtiges Indiz dafür, daß die Römer bei ihrer Einrichtung jedenfalls keine fiskalischen Absichten verfolgten.

Ebenso wenig vermag bei näherer Betrachtung die neuerdings wieder von Klaus Maresch vertretene Auffassung zu überzeugen, daß die
Schaffung der βιβλιοθήκη ἐγκτήσεων mit dem ebenfalls erst im
Verlauf des 1. Jahrhunderts ausgebildeten Liturgiewesen zu verbinden
sei.[38] Sicher wird kaum zu bezweifeln sein, daß die Dienste dieser
Einrichtung gern auch staatlicherseits abgefragt wurden. Dennoch
behalten die Einwände, die schon gegen mögliche fiskalische Zwecke
sprachen, auch hier ihr Gewicht – der nicht-staatliche Charakter der
Institution, vor allem aber der Umstand, daß es keine Pflicht zur Darlegung des Immobilienvermögens gab. Ein primäres, mit dem Steuer-
und Liturgiewesen verbundenes Interesse des Staates kann hier also
nicht den Ausschlag gegeben haben.

Mit Rücksicht einerseits hierauf, andererseits auf die den Römern
offenbar wesentliche „Verhinderung der Verfügung des Nicht-
berechtigten"[39] hatte sich daher schon Friedrich von Woeß dafür ausgesprochen, den leitenden Gedanken vielmehr im „Prinzip der
administrativen Verfügungskontrolle" zum Schutze des Rechtsverkehrs
zu sehen.[40] Diese Deutung wurde weitgehend auch von Hans Julius
Wolff übernommen, demzufolge der eigentliche Zweck des ‚Besitzarchivs' noch genauer in der „Errichtung einer *administrativ-,poli-
zeilichen'* – möglicherweise auch, mit Bezug auf die Amtsführung der
staatlichen Notare, einer *disziplinarischen* – Aufsicht über den Liegen-
schaften und vielleicht auch den Sklaven betreffenden Rechtsverkehr"
sowie der „Gewinnung eines ständigen Überblicks über den Besitz-
stand an diesen Gütern in jedem Gau" gelegen habe.[41] Ziel sei folglich
eine möglichst umfassende Kenntnis des provinzialen Wirtschafts-
lebens gewesen, zumal fiskalischen Interessen, wie Wolff zu Recht

---

[37] Vgl. schon Mitteis 1912, 99 Anm. 4; hierzu auch Flore 1979, 120ff.
[38] So jetzt Maresch 2002, bes. 242, 244; ebenso schon Rostowzew 1910, bes. 118
Anm. 3; vgl. etwa auch Burkhalter 1990, 214.
[39] von Woeß 1924, 29, vgl. auch 3, 104f.
[40] von Woeß 1924, 351; zustimmend zuletzt Wolff 1978a, 223, bes. Anm. 9, sowie
246 bzw. 1978b, 186, bes. Anm. 9 mit Verweis auf frühere Stellungnahmen; vgl. auch
bes. Flore 1927, 86ff.
[41] Wolff 1978b, 191 bzw. 1978a, 253.

bemerkt, andere Instrumentarien zur Verfügung standen.[42] Mögliche
„Vorteile, die das System sowohl vom Standpunkt des Privatrechts wie
auch als Mittel der Sicherung öffentlich-rechtlicher Verfangenschaften
mit sich brachte", seien dagegen lediglich „als willkommene Nebenprodukte" zu betrachten.[43]

Was diese vermeintlichen ‚Nebenprodukte' betrifft, hatte es bisher,
wie dargelegt, sehr wohl auch andere Auffassungen gegeben – die
allerdings durchweg in nur eine, nämlich die zuletzt genannte Richtung gingen. Daß der Staat die Archive in erster Linie zur Befriedigung
seiner eigenen Bedürfnisse geschaffen habe, war letztendlich jedoch
nicht aufrechtzuerhalten. So scheint es nunmehr an der Zeit, stattdes-
sen vielmehr die entgegengesetzte Richtung einzuschlagen und zu
prüfen, ob die von den Archiven eröffneten Kontrollmöglichkeiten
nicht primär privatrechtlichen Interessen entsprachen. Satabus zum
Beispiel hätte die Existenz des ‚Besitzarchivs' schon einmal den Ärger
über den Antrag des Nestnephis auf Einsichtnahme des Vertrages in
der βιβλιοθήκη erspart. Überdies hätte er sich dadurch auch schon
vorher genauere Kenntnis darüber verschaffen können, wie es sich mit
dem Eigentum an den strittigen Baugrundstücken verhielt, abgesehen
davon, daß ein notarieller Vertrag darüber ohnehin nur mit einem
entsprechenden ἐπίσταλμα der Bibliophylakes zustande gekommen
wäre.

Zugegebenermaßen sind dies alles bloße Gedankenspielereien.
Unterstützung dafür, daß das mit der βιβλιοθήκη ἐγκτήσεων geschaffene Kontrollsystem nicht zuletzt den Deklaranten erhebliche Vorteile brachte, ist jetzt freilich von unerwarteter Seite gekommen.
Denn wie François Lerouxel letzthin überzeugend darzulegen vermochte, sind die Auswirkungen auf die wirtschaftliche Entwicklung des Landes kaum zu überschätzen, insbesondere was den
Kreditmarkt und dort vor allem die Aktivitäten von Frauen betrifft.[44]
Wie Lerouxel beobachtete, verliehen sie nämlich anders als Männer
fast ausschließlich Geld, und zwar tendenziell sogar höhere Summen;
deswegen schalteten sie nicht nur häufiger Banken ein, sondern

---

[42] Zu den auch noch in römischer Zeit von den Komogrammateis geführten kata-
sterartigen Landregistern, die als Grundlage für die Berechnung des *tributum soli*
dienten, jetzt bes. Jördens 2009, 103ff. Die Darstellung von Maresch 2002, 236, daß
„durch die traditionellen Notariate bereits eine Kontrolle des Grundbesitzes gewährleistet war, so daß eine verbesserte, zentrale Erfassung – zumindest vorerst – nicht
dringlich erschien", ist insoweit ungenau.

[43] Wolff 1978b, 191 bzw. 1978a, 253f., bes. 254.

[44] Vgl. nur Lerouxel 2006, bes. zusammenfassend 56ff.

bestanden überdurchschnittlich oft auch auf Sicherheiten. Das ‚Besitzarchiv' kam hier den Bedürfnissen beider Seiten entgegen: Dem einen vermochte es Einblick in die Vermögensverhältnisse des potentiellen Schuldners zu verschaffen, dem anderen gelang ungleich leichter der Nachweis seiner Kreditwürdigkeit. Beides trug dazu bei, den Anteil der Frauen sowohl unter Gläubigern wie auch Darlehensnehmern zu erhöhen, so daß es hier seit Beginn der Flavierzeit zu einem signifikanten Anstieg kam.

Daß die Erklärungen insofern vornehmlich im Interesse der Deklaranten, nicht aber demjenigen des Staates lagen, wird auch durch den fehlenden Deklarationszwang gestützt, der Besitzdeklarationen in eine Reihe mit den Geburts- oder Todesanzeigen und vor allem den sogenannten ἀβροχία-Deklarationen stellt. Anders als bei den aus fiskalischen Gründen obligatorischen Zensusdeklarationen ließ sich in all diesen Fällen ein primäres Interesse der Deklaranten erschließen.[45] Am deutlichsten stellt sich dies bei den ἀβροχία-Deklarationen dar, mit denen Abgabenreduzierungen bei ungünstigen Nilschwellen zu beantragen waren. Hier sollte außer jedem Zweifel stehen, daß dies vor allem den Bedürfnissen der Betroffenen und allenfalls auf lange Sicht auch denen des Staates entsprach.[46]

Allzu wenig berücksichtigt wurde zudem lange Zeit, welche Begründungen die Römer selbst für die Einrichtung der βιβλιοθήκη ἐγκτήσεων gaben. So legt zumindest Mettius Rufus größten Wert darauf, daß „die Vertragschließenden nicht aus Unwissenheit hereingelegt" würden.[47] Den Aspekt der Rechtssicherheit stellt auch Flavius Titianus, wie schon eingangs erwähnt, bei der Ἀδριανὴ βιβλιοθήκη in den Vordergrund.[48] Zwar mag man heutzutage durchaus seine Zweifel haben, „ob" – um es wieder mit Wolff zu formulieren – „der Schutz des privaten Rechtsverkehrs um seiner selbst willen wirklich

---

[45] Der herrschenden Meinung nach versprachen sich die Einreichenden jeweils bestimmte Vorteile: Die Geburtsanzeigen stellten auf eine Anerkennung des Status ab, die Todesanzeigen auf die Reduzierung der Steuerleistungen, vgl. nur zu ersterem Jördens, Einl. zu P.Bingen 105, zu letzterem Kruse 2002, 142f.

[46] Hierzu jetzt Jördens 2009, bes. 111ff.

[47] Vgl. nur im Edikt des Mettius Rufus ἵνα οἱ συναλλάσσοντες μὴ κατ᾽ ἄγνοιαν ἐνεδρεύονται (l. ἐνεδρεύωνται) (Z. 36); dazu v.a. Wolff 1978a, 248f., bes. Anm. 125; zum Rang dieser Aussage auch Eger 1909, 200f.; von Woeß 1924, 104f.; Flore 1927, 84ff.; Cockle 1984, 114; Burkhalter 1990, 200; Purpura 1992, 596; zuletzt auch Lerouxel 2006, 58, der dies mit Recht als wesentliches Ziel der statthalterlichen Maßnahme hervorhebt, allerdings mit Blick auf Maresch 2002 allzu rasch zu relativieren bereit ist.

[48] Vgl. P.Oxy. I 34, 6f. [ο]ὐ μόνον ἵνα ἡ πρόσοδος φανερὰ γένηται, ἀλ᾽ ἵνα (l. ἀλλ᾽ ἵνα) καὶ αὕτη ἡ ἀσφάλεια ταῖς ἄλλαις προσῆν; hierzu auch Jördens 2006, 98.

das *ausschlaggebende rechtspolitische Motiv* ihrer Schaffung gewesen ist".[49] Doch hatten sich alle anderen Deutungen bisher ebenfalls als angreifbar erwiesen, während die von den Römern propagierten Effekte, wie jetzt von François Lerouxel gezeigt, zumindest auf dem Kreditmarkt auch eingetreten sind.[50] Insofern scheint doch gewisse Vorsicht geraten, ehe man ihre Darstellung, wonach eines der zentralen Anliegen der römischen Administration die Sicherung der Interessen der Einwohnerschaft war, zum bloßen Lippenbekenntnis erklärt – auch wenn dies vielleicht immer nur solange galt, wie diese Interessen nicht ihren eigenen zuwiderliefen.

Daß es jedenfalls zu kurz greift, den von den Römern selbst angeführten Aspekt der Rechtssicherheit allenfalls am Rande zu würdigen, wenn nicht gar ganz beiseitezuschieben, lehrt zudem ein Blick auf die außerägyptische Evidenz. Zu erinnern ist vor allem an ein Dekret des Statthalters Q. Veranius, der im Jahr 43 als *legatus Augusti pro praetore* mit der Verwaltung der neu eingerichteten Doppelprovinz *Lycia Pamphylia* betraut worden war und sich in seiner fünfjährigen Amtszeit mehrfach mit Problemen im städtischen Archivwesen zu befassen hatte.[51] Danach hatten Urkunden über private Rechtsgeschäfte, die im Archiv der Stadt Tlos öffentlich niedergelegt waren, häufiger nachträgliche Textkorrekturen – etwa durch unautorisierte Zusätze oder Tilgungen – erfahren. Den Anlaß zu einem härteren Durchgreifen bot nun die Überführung und Verurteilung eines der für das Archiv zuständigen städtischen Sklaven. Da frühere Gegenmaßnahmen – nicht näher spezifizierte Edikte und Drohungen – weitgehend erfolglos geblieben waren und ein erneuter Hinweis darauf, daß die Annahme solcherart verfälschter Beurkundungen unter Strafe stand, nicht mehr zu genügen schien, griff Veranius schließlich zu dem radikaleren Mittel, auch die Kontrahenten in die Verantwortung einzubeziehen. Um jegliche Abänderungen von vornherein zu unterbinden, erklärte er kurzerhand nicht nur die äußerlich zweifelhaften Urkunden

---

[49] So offenkundig skeptisch Wolff 1978a, 253; vgl. auch ders. 1978b, 190 ohne Hervorhebung in Kursive, dagegen mit Hinweis darauf, daß ein solcher Schutz „letzten Endes doch keineswegs vollkommen" sein könne. Wieweit das unterstellte Streben nach Vollkommenheit in derartigen Belangen auch schon der Antike zu eigen war, sei freilich noch dahingestellt.

[50] Vgl. nur zusammenfassend Lerouxel 2006, 61: „La création de la bibliothèque des acquêts améliore considérablement le fonctionnement du marché du crédit."

[51] SEG XXXIII 1177, laut Überschrift ein [ἐπίκρ]ιμα; hierzu wie zum folgenden bes. Wörrle 1975; auch bei Burkhalter 1990, 203; Jördens 2006, 103f.

– und zwar private ebenso wie öffentlich errichtete –, sondern zugleich die Rechtsgeschäfte selbst für unwirksam.

Daß in seiner Sorge um die Sicherheit des Rechtsverkehrs durchaus auch der Gedanke staatlicher Fürsorge zum Tragen kam, ist dem Text unschwer zu entnehmen.[52] Gerade hierin dürfte freilich die Rechtfertigung für den im Grunde erstaunlichen Eingriff in die städtische Selbstverwaltung liegen. Noch bemerkenswerter ist allerdings, wie der Herausgeber Michael Wörrle zu Recht hervorhebt, daß sämtliche hier einzeln aufgeführten Urkundstypen, die von den neuen Regelungen betroffen waren, sich im Rechtsverkehr des griechischen Ostens entwickelt hatten, wo sie vermutlich schon seit langem üblich waren. So gelangte schon Wörrle zu dem Schluß: „Ziel des ἐπίκριμα kann es somit nicht gewesen sein, in der inneren Verwaltung der lykischen und pamphylischen Städte genuin römische Ordnungsvorstellungen wirksam werden zu lassen, vielmehr scheint es Veranius' Absicht gewesen zu sein, das einheimische Urkundenwesen, von Mißständen gereinigt, wieder in der ihm eigenen, überkommenen Form funktionsfähig zu machen, ohne seine Organisation wesentlich zu verändern."[53]

Die hierzu gesammelten Parallelen aus anderen Provinzen, besonders das – allerdings nur fragmentarisch erhaltene – kaiserliche Edikt aus dem pisidischen Sibidunda[54] lassen immer wieder die Sorge der Römer um geordnete Rechtsverhältnisse erkennen, auch und gerade was den Bereich des Archivwesens betraf. Dies überrascht um so mehr, als die Einzelheiten ihnen kaum vertraut gewesen sein dürften, ja teilweise sogar in latentem Widerspruch zu römischem Rechtsdenken standen. Allerdings passen die diesbezüglichen Beobachtungen von Wörrle ausgezeichnet zu dem Bild, das schon von Woeß in Bezug auf den Schutz vor Verfügungen Nichtberechtigter gezeichnet hatte.

---

[52] Vgl. bes. SEG XXXIII 1177, 24ff. Ἵνα δὲ καὶ οἱ χρηματ[ίζ]οντες, δι᾽ οὓς ἡ ἐμὴ ἐπιμέλεια περὶ τούτων ἐξ[ετά]σαι (?) διέταξε, παύσωνται τῆι ἑαυτῶν ἀ[ντ]ιπ[ρ]άσσον[τες ἀ]σφαλείαι κτλ. „Damit aber auch die, die einen Rechtsakt vornehmen – ihretwegen hat meine Fürsorge in dieser Sache Untersuchungen (?) angeordnet – aufhören, ihrer eigenen Sicherheit entgegenzuarbeiten" usw. (Übers. Wörrle 1975, 257).

[53] Wörrle 1975, 284.

[54] SEG XIX 854 = Oliver 1989, 390f. Nr. 186 (2. Jh.), bes. Z. 13ff. διατετάχθαι δὲ ἤ[δη π]ολλάκις ὑφ᾽ ἡγεμόνων τὸ πρᾶγμα; allgem. Wörrle 1975, 284f.; auch bei Burkhalter 1990, 203. Nach der Einleitung mit dem für das Edikt typischen λέγ[ει] (Z. 2) – vgl. nur Jördens 1997, 326 – handelt es sich jedoch nicht, wie ebda. angenommen, um ein Reskript; so auch schon BullEp 1961, 342–343 Nr. 750 = Robert und Robert 1961, 244–245 Nr. 750.

Insofern mag auch eine andere Tradition der hellenistischen Zeit
noch weiter wirksam gewesen sein, wenn die römischen Amtsträger
im griechischen Osten der Wahrung der Rechtssicherheit auch
abgesehen von den eigenen – fiskalischen oder allgemein administrativen – Interessen hohen Rang einräumten. Daß nämlich solchen
Einrichtungen auch ein bestimmtes Selbstverständnis zugrundelag,
hat erneut Michael Wörrle herausgearbeitet. So legte er im Zusammenhang mit der im zweiten Viertel des 2. Jahrhunderts v. Chr.
durchgeführten Reform des öffentlichen Urkundenwesens von Paros
überzeugend dar, daß „die Öffnung des Hestia-Archivs für private
Geschäftsurkunden … ohne finanzpolitische Neben- oder Hinter-
gedanken als eine echte staatliche Dienstleistung für die darauf ange-
wiesenen Bürger aus dem Verständnis der Polis als Rechtsstaat heraus
konzipiert worden" ist.[55]

Zwar war es in den Diadochenreichen, wo Regelungen dieser Art in
königliche Kompetenz fielen, nicht die Polisgemeinschaft, die gemeinsam die Verantwortung für die Rechtssicherheit trug, doch sie zu
garantieren mußte durchaus herrscherlichem Selbstverständnis entsprechen. Dies sollte sich mit der Einbindung dieser Länder in das
Imperium Romanum nicht grundsätzlich geändert haben. Es spricht
vielmehr alles dafür, daß die als Stellvertreter des Kaisers in die Provinzen entsandten Statthalter auch in diese Rolle einrückten, zumal
dies auch für die römische Verwaltungspraxis erhebliche Vorteile mit
sich brachte. Allerdings scheinen sich die Römer keineswegs immer
damit begnügt zu haben, das Vorgefundene lediglich zu übernehmen
und weiterzuführen, sondern gestalteten es gegebenenfalls nach ihren
Vorstellungen und Bedürfnissen neu. So deutet manches darauf hin,
daß man in hellenistischer Zeit eine öffentliche Registrierung für ausreichend erachtete, während man unter römischer Herrschaft zunehmend zur Aufbewahrung auch der Originalurkunden überging.[56]

Daß die Vorteile, die einerseits der Einwohnerschaft, andererseits
der Administration aus der Einrichtung solcher Archive erwuchsen,
sich gegenseitig in höchst willkommener Weise ergänzten, hat diese
Entwicklung sicher nachhaltig unterstützt. Gleichwohl ist der im
Edikt des Mettius Rufus geäußerte Fürsorgegedanke nach alldem
kaum nur als bloße Rhetorik einzustufen, sondern doch ernster zu

---

[55] Lambrinudakis und Wörrle 1983, bes. 365.
[56] So jedenfalls Rupprecht 2000, 219.

nehmen, als eine nüchterne Betrachtung es zumeist annehmen will.[57] Ähnliches dürfte für den Erlaß des Veranius gelten. Schenken wir seiner Darstellung Glauben, gründet sich die mit dem Eingriff in die städtische Selbstverwaltung verbundene Grenzüberschreitung eben nicht auf die überlegene Gewalt der neuen Landesherren, sondern letztlich auf ein Selbstverständnis, das sich durchaus auch über die Wahrnehmung der wohlverstandenen Interessen der Bevölkerung definierte, als deren Sachwalter der Statthalter sich sogar im Grundsatz begriffen haben mag.

Bibliographie

Alessandrì, S. 2005. *Le vendite fiscali nell'Egitto romano* I. *Da Augusto a Domiziano.* Bari.

Burkhalter, F. 1990. Archives locales et archives centrales en Égypte romaine. *Chiron* 20: 191–216.

Cockle, W. E. H. 1984. State archives in Graeco-Roman Egypt from 30 BC to the reign of Septimius Severus. *JEA* 70: 106–122.

Drecoll, C. 1997. *Die Liturgien im römischen Kaiserreich des 3. und 4. Jh. n. Chr.* Historia Einzelschriften 116. Stuttgart.

Eger, O. 1909. *Zum ägyptischen Grundbuchwesen in römischer Zeit. Untersuchungen auf Grund der griechischen Papyri.* Leipzig.

Flore, G. 1927. Sulla βιβλιοθήκη τῶν ἐγκτήσεων. *Aegyptus* 8: 43–88.

——1979. Note su P.Mich. IX, 539 e 540. *Aegyptus* 59: 119–126.

Haensch, R. 1992. Das Statthalterarchiv. *ZRG R.A.* 109: 209–317.

Harmon, A. M. 1934. Egyptian property returns. *YCS* 4: 135–234 (Ed. pr. von SB VI 9317).

Hoogendijk, F. A. J. 1994. Het „Nestnêphis-proces". Een strijd tussen Egyptische priesters in de 1ste eeuw n. Chr. *Hermeneus* 66: 255–262.

Jördens, A. 1997. Erlasse und Edikte. Ein neuer Erlaß des Präfekten M. Sempronius Liberalis und die Frage der statthalterlichen Rechtsetzungskompetenz. In *Symposion 1995. Vorträge zur griechischen und hellenistischen Rechtsgeschichte Korfu, 1.–5. September 1995*, eds. G. Thür und J. Vélissaropoulos-Karakostas, 325–352. Köln.

—— 2001. Zwei Erlasse des M. Sempronius Liberalis und ein Verfahren vor M. Petronius Mamertinus. *Chiron* 31: 37–78 (Ed. pr. von SB XXVI 16641–16643).

——2006. Zum Regierungsstil des römischen Statthalters – das Beispiel des *praefectus Aegypti*. In *Staatlichkeit und politisches Handeln in der römischen Kaiserzeit.* Millennium-Studien 10, ed. H.-U. Wiemer, 87–106. Berlin.

——2009. *Statthalterliche Verwaltung in der römischen Kaiserzeit. Studien zum* praefectus Aegypti. Historia Einzelschriften 175. Stuttgart.

Johnson, A. Ch. 1936. *Roman Egypt to the reign of Diocletian. An economic survey of ancient Rome* II, ed. T. Frank (Ndr. 1959). New York.

Kießling, E. 1965. Ein Beitrag zum Grundbuchrecht im hellenistischen Ägypten. *JJP* 15: 73–90 (Ed. pr. von SB VIII 9878).

---

[57] Vgl. auch Cockle 1984, 114.

Kruse, T. 2002. *Der Königliche Schreiber und die Gauverwaltung. Untersuchungen zur Verwaltungsgeschichte Ägyptens in der Zeit von Augustus bis Philippus Arabs (30 v. Chr.–245 n. Chr.).* APF Beiheft 11. München.

Lambrinudakis, W. und M. Wörrle. 1983. Ein hellenistisches Reformgesetz über das öffentliche Urkundenwesen von Paros. *Chiron* 13: 283–368 (Ed. pr. von SEG XXXIII 679).

Lerouxel, F. 2006. Les femmes sur le marché du crédit en Égypte romaine (30 avant J.-C.–284 après J.-C.). Une approche néo-institutionnaliste. *Cahiers du Centre de Recherches Historiques* 37: 47–63.

Lewis, N. 1961. Leitourgia Studies. In *Proceedings of the IX International Congress of Papyrology Oslo, 19.–22.8.1958*, 233–245. Hertford = Lewis 1995: 81–93.

——1995. *On government and law in Roman Egypt. Collected papers of Naphtali Lewis.* ASP 33. Atlanta.

——1997. *The compulsory public services of Roman Egypt. Second Edition* Pap. Flor. XXVIII. Firenze.

Maresch, K. 2002. Die Bibliotheke Enkteseon im römischen Ägypten. Überlegungen zur Funktion zentraler Besitzarchive. *APF* 48: 233–246.

Mitteis, L. 1912. *Grundzüge und Chrestomathie der Papyruskunde.* II 1: *Juristischer Teil, Grundzüge.* Leipzig.

Muhs, B. P. 2005. The grapheion and the disappearance of Demotic contracts in early Roman Tebtynis and Soknopaiou Nesos. In *Tebtynis und Soknopaiu Nesos. Leben im römerzeitlichen Fajum. Akten des Internationalen Symposions von 11. bis 13. Dezember 2003 in Sommerhausen bei Würzburg*, eds. S. L. Lippert und M. Schentuleit, 93–104. Wiesbaden.

Oliver, J. H. 1989. *Greek constitutions of early Roman emperors from inscriptions and papyri.* Philadelphia.

Pierce, R. H. 1968. Grapheion, catalogue, and library in Roman Egypt. *SymbOsl* 43: 68–83.

Plaumann, G. 1919. Der Idioslogos. Untersuchung zur Finanzverwaltung Ägyptens in hellenistischer und römischer Zeit. *AAWB* 1918.17.

Primavesi, O. 1986. P.Cair. inv. 10554 r: Mahnverfahren mit Demosiosis. *ZPE* 64: 99–114 (Ed. pr. von SB XVIII 13974).

Purpura, G. 1992. Gli editti dei prefetti d'Egitto I sec. a.C.–I sec. d.C. *ASGP* 42: 485–671.

Raschke, M. G. 1979. An official letter to an Agoranomus: *P.Oxy.* I 170. *BASP* 13: 17–29 (Ed. pr. von SB XIV 11700).

Robert, J. und L. Robert. 1961. Bulletin épigraphique. *REG* 74: 119–268.

Rostowzew, M. 1910. *Studien zur Geschichte des römischen Kolonates.* APF Beiheft 1. Leipzig.

Rupprecht, H.-A. 1995. Sechs-Zeugenurkunde und Registrierung. *Aegyptus* 75: 37–53.

——2000. Rechtsalltag im Spiegel der hellenistischen Papyri Ägyptens. In *Τιμαί Ἰωάννου Τριανταφυλλοπούλου*, 209–222. Athina.

——2003. Die Streitigkeiten zwischen Satabous und Nestnephis. In *Symposion 1999. Vorträge zur griechischen und hellenistischen Rechtsgeschichte Pazo de Mariñán, La Coruña, 6.–9. September 1999*, eds. G. Thür und F. J. Fernández Nieto, 481–492. Köln.

Schentuleit, M. 2001. Die spätdemotische Hausverkaufsurkunde P.BM 262: Ein bilingues Dokument aus Soknopaiu Nesos mit griechischen Übersetzungen. *Enchoria* 27: 127–154.

——2007. Satabus aus Soknopaiu Nesos: Aus dem Leben eines Priesters am Beginn der römischen Kaiserzeit. *CdE* 82: 101–125.

Sijpesteijn, P. J. and K. A. Worp. 1995. Ein Hausverkauf aus Soknopaiu Nesos (P. Lond. inv. 1976). In *Collatio Iuris Romani. Études dédiées à Hans Ankum à l'occasion de son 65e anniversaire*. Stud.Amst. XXXV, vol. 2, ed. R. Feenstra, 512–532. Amsterdam (Ed. pr. von SB XXII 15472).

Swarney, P. R. 1970. *The Ptolemaic and Roman idios logos*. ASP 8. Toronto.

Taubenschlag, R. 1955. *The law of Greco-Roman Egypt in the light of the papyri 332 BC–640 AD*. 2nd ed. Warszawa.

Wessely, C. 1900. *Papyrorum scripturae graecae specimina isagogica*. Leipzig.

Wörrle, M. 1975. Zwei neue griechische Inschriften aus Myra zur Verwaltung Lykiens in der Kaiserzeit. In *Myra. Eine lykische Metropole in antiker und byzantinischer Zeit*, ed. J. Borchhardt, 254–300. Berlin (Ed. pr. von SEG XXXIII 1177).

von Woeß, F. 1924. *Untersuchungen über das Urkundenwesen und den Publizitätsschutz im römischen Ägypten*. MBPF 6. München.

Wolff, H.-J. 1978a. *Das Recht der griechischen Papyri Ägyptens in der Zeit der Ptolemaeer und des Prinzipats. II: Organisation und Kontrolle des privaten Rechtsverkehrs*. HAW X. 5. 2. München.

——1978b. Das angebliche Grundbuch des römischen Ägyptens. In *Festschrift für Franz Wieacker zum 70. Geburtstag*, eds. O. Behrends et al., 185–192. Göttingen.

——2002. †. *Das Recht der griechischen Papyri Ägyptens in der Zeit der Ptolemaeer und des Prinzipats. I: Bedingungen und Triebkräfte der Rechtsentwicklung*, ed. H.-A. Rupprecht. HAW X. 5. 1. München.

GALBA'S CARTOUCHES AT AIN BIRBIYEH

Olaf E. Kaper

Introduction*

Over the past twenty five years the excavations in the Dakhleh Oasis, Western Desert of Egypt, have yielded an important collection of epigraphic material in hieroglyphs from the temples of this area. Among other things, there is now a collection of more than one hundred cartouches with imperial names from the oasis. These contain new historical information but they also exhibit some rare features. The names of the emperors are often shorter than usual, and they invert the regular order of the names when compared to the names found in the Nile Valley. Moreover, several rare and even unique names have been found in Dakhleh.[1] In the present article, I wish to present and discuss one of these: the name of Galba, which has been found recently in the temple decoration at Ain Birbiyeh. The find of Galba's name in Dakhleh is of great significance, because of its rarity and its unusual features.

There are four temples in the Dakhleh Oasis where decoration from the Roman period is currently in evidence. All of these have been excavated recently.[2] In the following list, some brief information on the temples' history of excavation is given as well as the dates associated with their decoration in the Roman period. It shows a region undergoing rapid growth in the second half of the 1st century AD.

---

* I am grateful to Anthony J. Mills, Director of the Dakhleh Oasis Project, for his unfailing support. The numbering of scenes in this article refers to that in the planned publication of the temple. All illustrations are by the author, © Dakhleh Oasis Project.

[1] I first presented an overview of the imperial names occurring in the Dakhleh temples in Kaper 1998, 139–158, but the excavations of subsequent years have added many additional names. Some of this material was discussed in more detail in Kaper 1997, notably in chapter 1. Further publications on the imperial names are in preparation.

[2] Each temple has been investigated by team members of the Dakhleh Oasis Project, which has been investigating the oasis since 1978; on this project, cf. van Zoest and Kaper 2006.

1. The temple of Amun-nakht at Ain Birbiyeh has been excavated and conserved by Anthony J. Mills and Adam Zielinski since 1985.[3] The names of emperors inscribed on its walls are Augustus, Galba, Titus, Domitian and Hadrian.

2. The temple of Tutu at Ismant el-Kharab has been excavated by Colin A. Hope since 1991.[4] The names of the following emperors have been attested on its walls: Hadrian (uncertain), Antoninus Pius and Pertinax.

3. The temple of Amun-Re at Deir el-Hagar was cleared of sand and debris and restored by Anthony J. Mills and Adam Zielinski between 1992 and 1995.[5] The emperors mentioned in its relief decoration are Nero, Vespasian, Titus, Domitian and Hadrian.

4. The temple for Thoth at Amheida has been the focus of ongoing excavations since 2004 by a team directed by Roger S. Bagnall.[6] Thus far, the emperors Titus and Domitian have been attested on the loose blocks of this structure, but it is clear that building works continued after their reigns, even though the names of the emperors in question are as yet unknown.

A fifth temple stood at Mut el-Kharab. This was dedicated to Seth and it has been under excavation since 2001 by Colin A. Hope. It has appeared from these excavations that the temple was rebuilt in Ptolemaic and Roman times, but no decorated stones of this phase of the building have been found *in situ* as yet, nor have any cartouches of the Roman period been found.[7]

Ain Birbiyeh Temple

The temple of Ain Birbiyeh (Dakhleh Oasis Project site no. 31/435-K5-1) was first noticed by Bernardino Drovetti in 1819. He reported seeing "les ruines d'un temple, dont il ne paroît plus que les murs de

---

[3] The problems involved in its conservation are outlined in Zielinski 1989; id. in Churcher and Mills 1999, 187–188.

[4] Cf. most recently C. A. Hope in Bowen and Hope 2003, 207–234.

[5] A. J. Mills in Hope and Bowen 2002, 25–27.

[6] Initial results have been described in Kaper and Davoli 2006, 12–14; and in Davoli, Bagnall, and Kaper 2006.

[7] Some preliminary conclusions about this temple are to be found in Hope 2005; the latest preliminary report on the excavations is Hope et al. 2008.

fondation".[8] Bernard Moritz saw the ruins in 1900, which he described as "les substructions d'un grand édifice (un temple probablement)".[9]

The current name of the temple, Ain Birbiyeh, as recorded by Drovetti, is strangely elliptical. It designated originally the well (*Ayn*) at this site, which was named after the ancient temple ruin (*birba*).[10] The local tradition thus preserved the knowledge of the true nature of the stones, which was to be confirmed in 1982. It then became clear that the stones identified as foundation remains were in fact the roofing blocks of a temple, which was completely buried in sand and domestic refuse. Unfortunately, owing to the effect of irrigation waters and the proximity of a well, its state of preservation is now very bad and a considerable conservation effort is required before its walls can be uncovered.[11] In 1985 the excavation and conservation of the temple began.[12] The conservation of the sandstone walls is being carried out by A. Zielinski, the archaeology is in the hands of A. J. Mills. In 1988 the present author joined this team in order to study the wall decoration and the inscriptions. In figure 2 the sanctuary is shown during the excavations, as seen from the roof.

The temple is the largest extant ancient stone building in the oasis; larger than the well-preserved temple of Deir el-Hagar. It consists of a sanctuary with side rooms, an offering hall, two staircases and several other small rooms the function of which is not clear (Fig. 1). The temple is preceded by a pronaos and a contra temple has been added to its rear wall. Around the temple runs a stone wall which leaves a narrow corridor around the central building that is intended for ritual use, besides giving access to the contra temple.[13] Because of distortions in the fabric of the walls over time, all dimensions of the building have to be given as approximate. The naos itself measures c. 19.00 x 12.30 m; the contra temple adds another c. 4 m, and the pronaos c. 5 m to its length, so that the total length of the building measures c. 28 m. The

---

[8] Drovetti in Jomard 1821, 101.

[9] Moritz 1900, 451.

[10] On the etymology of *birba*; cf. Vergote 1964.

[11] Cf. Zielinski 1989.

[12] Preliminary reports on the excavation are: Mills 1983, 132–34, pl. 9; id. 1985, 109–13, pl. 1–3; id. 1986, 70–73; id. 1990, 4–5, 9, 14–16. The excavations still continue today, now with a wider focus on the remains of the settlement around the temple.

[13] This feature is known, for instance, from the much larger temples of Dendera, Edfu, and Kom Ombo, but also the Hibis temple had a similar wall, for which cf. the reconstruction by Golvin in Aufrère, Golvin, and Goyon 1994, 76, 80.

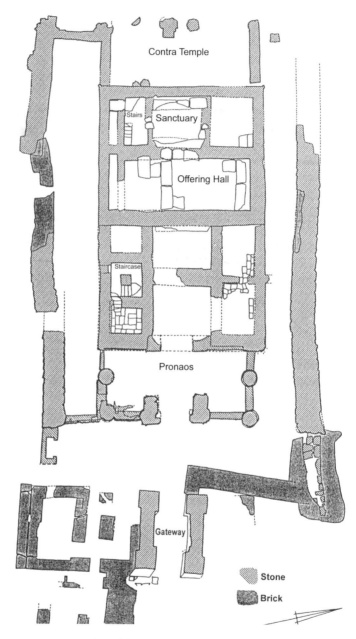

Fig. 1: Plan of the temple (after Mills 1999, 24).

Fig. 2: View of the sanctuary during the excavations in 2007.

width of the temple is c. 12.30 m. The building's height is about five meters.

The temple is constructed of local sandstone. It was dedicated to the local god Amun-nakht and his consort Hathor.[14] The ancient name for the site is mentioned in the inscriptions as *Imrt*, which seems to be derived from *Ꜣt-mrt* (or *Ꜣt-mrw*), meaning "the mound of the desert". The name seems to indicate a larger region than only that of the site itself.[15] The temple's foundation predates the Roman period, because its earliest decoration, located on the outer gateway, dates to the reign of Octavian or early Augustus. Remarkably, however, no relief decoration has been found inside the temple from before the Roman period. It appears that the temple building erected in the Ptolemaic period was subsequently left undecorated for more than seventy years, until its sanctuary room was carved with reliefs in the reign of Galba (68–69). The contra temple was decorated next, in the names of Titus and Domitian, after which the pronaos was added under Hadrian.

---

[14] On these deities, cf. Kaper 1997, 65–82 and Kaper 2009.

[15] A cult of Khnum and Isis-Sothis is associated with the same placename, whereas they are not mentioned in the temple at Ain Birbiyeh; cf. Kaper 1992, 122–24. The placename is further discussed in Tallet 1999.

The Names of Galba

The cartouches on the walls of the sanctuary at Ain Birbiyeh have been known since the excavations of 1988. A hand copy of one of the cartouches was published forthwith,[16] but unfortunately, it could not be read. In 1997, this author decided that the most likely identification of the name would be Commodus, an opinion repeated in subsequent publications.[17] It was clear, however, that this interpretation was highly tentative and would be subject to further discussions in the light of additional material from the temple as the excavations proceeded.

The difficulties with the interpretation of the name were surprising, as the individual signs in the name could be read beyond doubt. The first cartouche reads *Mwkỉw Mwbỉw* (with variants); the second cartouche has *Smpỉk Ḳmbs Ḳsrs* (with variants). This does not correspond to any of the known names or titles of a Roman emperor, except for the final component, which renders the title Caesar (*Kaisaros*). This indicates therefore that the sanctuary decoration was later in date than that of the gateway of Augustus in front of the building.[18]

The names could finally be read in 2007, when two sets of cartouches containing the names *Servius Galba Caesar* were found in the soubassement of the western wall of the sanctuary.[19] Photographs of the northern set of cartouches appear here in figures 3–4 and a facsimile drawing in figure 5, which show that there is no doubt as to its reading. This find led to further research on Galba because the name in the upper parts of the walls of the same room could possibly contain another version of his name. This proved to be the case, and the name could be read as *Lucius Livius Sulpicius Galba Caesar*. This is the early version of the name of Galba, which was thus far only known from Greek sources from Egypt. On coins from year 1, the name appears similarly as *Louk[ios] Lib[ios] Soulp[ikios] Galba Kais[ar] Seb[astos]*

---

[16] Mills 1987, 149, pl. XVI. A hand copy of the cartouche no. 11 in the table in the present article was included on p. 148, fig. 3.

[17] Kaper 1998; Hölbl 2005, 79 ("möglicherweise").

[18] As was concluded already in Mills 1987, 149. The speculative suggestion made in Aufrère, Golvin, and Goyon 1994, 82, that these cartouches contain the name of a yet unknown Libyan chief, is to be dismissed out of hand, because of the presence of this element from the Roman titulary.

[19] I am grateful to Gabi and Jochen Hallof for their assistance in researching the reading of the names while I was in the field in Dakhleh.

Fig. 3: Badly eroded relief of Galba wearing the Red Crown, in the soubassement, northern end, of the west wall of the sanctuary.

Aut[okrator].[20] In Greek papyri, the titulary appears as *Loukios Libios Soulpikios Galba Sebastos Autokrator;*[21] and as *Loukios Libios Soulpikios Galba Kaisar Sebastos Autokrator.*[22] At Hibis, in the edict of Tiberius Julius Alexander inscribed on the gateway of the temple, Galba's name was written as *Loukios Leibios Soulpikios Galba Kaisar Sebastos Autokrator.*[23]

The spelling of the individual names in hieroglyphs shows the following variants (cf. the table in Fig. 6 and the examples in Figs. 7–9):

---

[20] On coins from year 2, the element *Kaisar* is dropped; Del Castillo 2002, 452. None of the sources from Egypt include the maternal name Ocella, which Galba used in the west.

[21] As in O.Bodl. 605, 3–4; 671, 2–4 (= SB 1088,1–2) and O.Bodl. 1175, 3.

[22] As in P.Oxy. 377 (incompl.); SB 8444, II, 65 (omitting the titles Augustus and Imperator).

[23] CIG III 1957, no. 4957. On this famous text: Chalon 1964; Bernand 1992, no. 57; Mourges 1995; Hölbl 2000, 33; id. 2005, 39.

Fig. 4: Detail of the cartouches reading *Servius Galba [Caesar]* in Fig. 3.

The name Lucius has been written as *Mwkw*, *Mwkỉ*, or *Mwkỉw*.
The name Livius has been written as *Mwbw*, *Mwbỉ*, *Mwby*, or *Mwbỉw*.
The name Sulpicius has been written as *Smpỉkw*, *Smpỉkỉ*, or *Smpỉkỉw*.

The peculiar notation of /l/ with /m/ will be the subject of a more
detailed discussion below. Another remarkable feature is the consistent attempt to record the vowels in these names. The plural strokes in
the cartouches are consistently used for the vowel /u/, but in the name
Livius it renders /i/. This system of writing a foreign name is different
from the earlier practice of syllabic orthography, in which the vowel
notation was less important.[24]

---

[24] Cf. Parkinson 1999, 79. In fact, the system is more like that employed in the
earlier Middle Kingdom execration texts for writing names of foreign enemies, on

Fig. 5: Line drawing of the cartouches in Figs. 3–4.

The name Galba is consistently written with an added -s as *Ḳmbs*. In the only other hieroglyphic spelling of this name, in the temple of Deir es-Shelwit, the name is written as *Grbs*. A comparable case in Dakhleh is the spelling of Nero as *Nỉrs* at Deir el-Hagar, but there are many similar cases from the Nile Valley, such as the spellings of Geta as *Gtas* and Nerva as *Nrwỉs*.[25] In fact, all emperor names in the oasis end in -s. Herbert Winlock speculated that this happened "possibly from a mistaken feeling that all Greek and Latin names should end thus",[26] but the present cartouches of Galba disprove this simplification, because the elements Lucius, Livius, Sulpicius and Servius all remain without a final -s.

The name Servius in the later name is written as *Srbỉw*. This is a deviation from the common Greek spelling in which /v/ has usually been rendered as /ou/ (*Serouios*). Accordingly, in Deir es-Shelwit, the hieroglyphic version reads *Srww*. Phonetically, /w/ and /b/ are close, and elsewhere, in the Greek rendering of the name Livius, the name sometimes appears as *Leibios*. The spelling may suggest an oral transmission of the emperor's name to the temple scribe in Dakhleh, on which see further below.

---

which cf. Sass 1991, 8–27.

[25] A new list of emperor's names from the temples has been announced by J. Hallof in the series SRaT, no. 4. For now, the list in Gauthier 1917 is still the most complete.

[26] Winlock 1936, 30, n. 25.

	Cartouche (right)	Cartouche (left)	Location
↑ 1		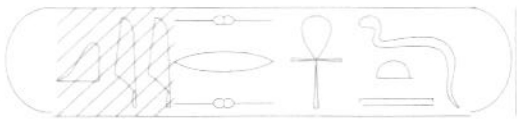	Ain Birbiyeh, sanctuary, west wall, soubassement, scene 3
↓ 2			Ain Birbiyeh, sanctuary, west wall, soubassement, scene 6 (Figs. 3–5)
↑ 3		 lost	Ain Birbiyeh, sanctuary, east wall, 1st reg., scene 7
↑ 4			Ain Birbiyeh, sanctuary, south wall, 1st reg., scene 8
↓ 5		 lost	Ain Birbiyeh, sanctuary, east wall, 1st reg., scene 10
↓ 6			Ain Birbiyeh, sanctuary, north wall, 1st reg., scene 11 (Fig. 7)
↑ 7			Ain Birbiyeh, sanctuary, south wall, 2nd reg., scene 14 (Fig. 8)
↑ 8			Ain Birbiyeh, sanctuary, west wall, 2nd reg., scene 15

↓ 9	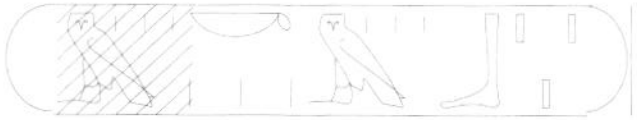		Ain Birbiyeh, sanctuary, north wall, 2nd reg., scene 16 (Fig. 9)
↓ 10			Ain Birbiyeh, sanctuary, west wall, 2nd reg., scene 17
↑ 11	lost		Ain Birbiyeh, sanctuary, west wall, bandeau de la frise, scene 20
↓ 12			Ain Birbiyeh, sanctuary, unplaced fragment
↑ 13		lost	Ain Birbiyeh, sanctuary, unplaced fragments
↓ 14	lost		Ain Birbiyeh, sanctuary, unplaced fragment of a bandeau

Fig. 6: Table of all attested writings of the name Galba at Ain Birbiyeh.

Fig. 7: Cartouches of Galba on the northern wall, 1st register (no. 6 in Fig. 6).

Fig. 8: Cartouches with the head of Galba upon loose blocks from the southern wall, 2nd register (no. 7 in Fig. 6).

Dating the Carving of the Reliefs

The dating of the decoration in the sanctuary may now be fixed to the brief reign of Galba, but it is possible to be more precise. There are two different spellings of Galba's name, which may each be dated

Fig. 9: Cartouches with the head of Galba on the northern wall, 2nd register
(no. 9 in Fig. 6).

accurately within his reign. The edict of Tiberius Julius Alexander with
the long version of the name of Galba, already mentioned, carries a
date of 6 July 68, one month after Galba had assumed power, but the
copy on the gateway of the temple at Hibis was inscribed on
28 September of the same year. This provides us with an approximate
date for the Ain Birbiyeh reliefs. The assumption of power by Galba
was known already much earlier in Upper Egypt, because we have an
ostracon preserved from Aswan dated to *Lucius Galba Caesar* on
7 August 68.[27] As soon as Galba had travelled to Rome after being pro-
claimed emperor, he changed his official name to *Servius Galba
Imperator Caesar Augustus* before the Senate and the people of Rome.
This is estimated to have taken place around 11 September 68,[28] after
which the new name was made known throughout the empire. The
earliest evidence from Upper Egypt for the new name is a papyrus
from Oxyrhynchos dated to 2 October. Galba then ruled for only a few
additional months until his violent death on 15 January 69. A papyrus
confirms that already on 10 February 69 the succession by Otho had
become known in Egypt.[29]

---

[27] O.Wilck. II 21, 3–6.
[28] According to the reconstruction presented by Del Castillo 2002.
[29] Geraci 1977.

Therefore, the early name of Galba could have been employed in Dakhleh during only a brief period. Theoretically, it is possible that the new emperor's name had already become known in the first half of July, because of the evidence just mentioned which shows that the information about imperial succession in Rome would reach Upper Egypt some three weeks after the event. For the accession of Galba this would be at the start of July, when the prefectorial edict was issued, and for his name change by early October. This provides a narrow time slot for the designing and carving of the sanctuary at Ain Birbiyeh between early July and early October. Given the climatic circumstances in the Dakhleh Oasis, the carving of the walls is more likely to have started in September. When the sculptors reached the lower register of the walls, probably by early October, the change of name had become known in the oasis, and the soubassement of the western wall was carved with the new name Servius Galba.[30]

At Deir es-Shelwit, the later name of Galba is inscribed in the reliefs on the gateway of the temple.[31] Again, we can date the carving of these reliefs accurately, as the decorators were obliged to continue their work on the same walls with a different name, that of Galba's successor Otho. Therefore, the reliefs of Galba at Deir es-Shelwit may be dated to January 69, when the emperor had probably already been murdered in Rome.

Dakhleh Rules

In the Dakhleh Oasis the name of birth, by which the Roman emperor was known, was placed in the first cartouche, which has the title *nsw-bity nb t3.wy* written in front of it. The second cartouche is preceded by *s3-Rᶜ nb ḫᶜ.w*, or the like, and this contains the name Caesar. This is a reversion of the usual order of the names, but it does not always apply. Grenier was the first to point out that the oasis temples tend to reverse the 'coronation name' and the private name of the emperor, as compared to the usual order employed in the Nile Valley.[32] This

---

[30] This order of cutting the wall reliefs in a downward direction is known from Kom Ombo; Goyon et al. 2004, 363.

[31] Published in Zivie 1982, no. 17. Zivie (p. vii) has also ascribed scene no. 18 to Galba, but not enough of the cartouches remains to be certain. Photographs of these reliefs are found in Zivie 1986, pl. 8 and in Hölbl 2000, 61, fig. 60.

[32] Grenier, in Criscuolo and Geraci 1988, 414, n. 12.

pattern was adopted officially for the name of Tiberius in Egypt,[33] whose name has not been found in the oases, but the *hierogrammateis* in the oases adhered to this order also for his successors. In Kharga the same rules applied as in Dakhleh.[34]

The early name of Galba is partly an exception to this rule, because the name Galba itself is included in the second cartouche, while the title Caesar still follows as the final element of the name. Presumably this is explained by the wish of the decorators to include the full four names of this emperor preceding the title Caesar, so that the name Galba forcibly ended up in the second cartouche. The later version of the name (Fig. 6, nos. 1–2) follows again the usual pattern.

The early form of the name of Galba had not been encountered before in hieroglyphs. The later form was only known from a single relief in the temple decoration at Deir es-Shelwit. The temples in Dakhleh demonstrate that the priests responsible for the temple decoration took careful notice of the political situation in Rome.[35] The change in the name of Galba during the cutting of the reliefs upon the western (rear) wall of the sanctuary is a remarkable demonstration of their alert allegiance. It is likely that a design (cartoon) had been prepared for the decoration of the walls of the entire sanctuary, including the name of the emperor in accordance with the latest information received.[36] But nevertheless, the priestly decorators decided to adapt the prepared plan for the bottom of the wall, even though they were nearly finished with their work. This procedure suggests, to my mind, that the secular authorities were closely involved in the execution of the temple decoration. The same conclusion was already drawn for the temple at Esna, where the cartouches of Geta were reinscribed for Caracalla, for political rather than religious reasons.[37]

---

[33] Grenier, in Criscuolo and Geraci 1988, 419, n. 28.

[34] Grenier 1989 records several emperor's names at Dush, Nadura and Qasr ez-Zayan.

[35] As is most clearly demonstrated in Sauneron 1952, 111–121.

[36] Vassilika 1989, 7, has distinguished between pattern-books and cartoons, but there is an additional category represented by papyrus Vienna D 10100, which contains the texts upon specific walls of the temple in Soknopaiu Nesos in demotic script; Vittmann 2002–2003.

[37] Cf. Sauneron 1952, 111–121; id. 1975, VII; Hölbl 2000, 108–112. Hölbl (2004, 528) points out that the relief in question, which is located inside the pronaos of the temple, was certainly carved on the occasion of a visit by the imperial family to Egypt.

Recently, Günther Hölbl has argued that the Roman emperors in the temples lost their historicity.[38] He observed that the images of the pharaoh as cultic officiant no longer corresponded to reality, as still in Ptolemaic times, but they had become purely symbolic and timeless. At the same time, the Egyptian gods increasingly adopted royal functions and imagery. The present evidence does not disprove Hölbl's observations, but it adds a new aspect to his views. It shows in a new way how, despite the obvious loss of effective involvement of the emperor in the Egyptian cults, the authorities continued to maintain close control over every aspect of the temple's functioning. Specifically, they controlled the correct rendering of the emperor's name in the hieroglyphic inscriptions in a provincial temple of restricted access. This was only of importance to the priests themselves, as it would not have been visible to anyone else.

The Ain Birbiyeh reliefs were carved in the time of the prefect Tiberius Julius Alexander, who seems to have had a marked interest in promoting the role of the emperor in the Egyptian cults.[39] Shortly after the reign of Galba he organized a coronation ceremony for Vespasian in the year 69, which temporarily connected the emperor to his sacred Egyptian role. He did The same later for Titus.[40] It is likely that the prefect, who was Jewish himself, was following a more general surge in interest for the local cults rather then his personal preferences. Also, upon the coinage of the country, imagery of the local gods starts to be depicted around the reign of Galba.[41]

The Local Dialect of Dakhleh?

The present example of the writing of a foreign name in hieroglyphs raises a few other interesting points in relation to its rendering of the consonant /l/ of Latin and Greek, which does not correspond to a grapheme in the Egyptian script. In the name of Galba, the /l/ is consistently rendered as /m/, which is unparalleled and which has prevented the name being deciphered for many years.[42] Usually, the /l/ would be rendered with an Egyptian /r/, as in the writing of the names

---

[38] Hölbl 2000, 116–117; id. 2004, 532–535; id. 2005, 102–105.

[39] On this prefect, cf. Barzano 1988.

[40] Hölbl 2000, 34; id. 2004, 530–531.

[41] Becher 1984, who mentions Isis in particular.

[42] The owl-sign employed in the hieroglyphs has two tufts of feathers upon its head; cf. Meeks 2004, 90 no. 242.

Ptolemy and Cleopatra, which contain the hieroglyph _____ .[43] In the history of Egyptian writing, the /l/ has been rendered in various ways. Already in New Kingdom hieroglyphs, the sound was rendered with _____ , whereas in hieratic the sound was written with the combination of signs *n+r* _____ .[44] In the Third Intermediate Period, the same combination *n+r* came to be employed also in hieroglyphs.[45] In Roman Dakhleh, the Greek toponym Kellis was written in hieroglyphs as _____ , *Kyl.t*,[46] in which the combination *m+r* renders the Greek /l/. This writing may be explained by the word *ỉmy-rȝ*, "overseer", which may be written with the same combined sign _____ , whereas its vocalisation had changed to /l/.[47] From this use of _____ in Dakhleh, it seems a relatively small step to the simple _____ acting as a variant for the same purpose, but the frequency of its use at Ain Birbiyeh is singular and unexpected. I would discount the possibility of a local deviation from the conventions of the hieroglyphic script, because there is otherwise no indication for such scriptorial creativity. But then how are we to explain this choice of sign?

It is well-known that there were many dialectal variants in Egypt in which mainly the vowels were subject to wide variations.[48] Of the consonants, the /l/ also played a large role in dialectal variation. In the Coptic dialect of Fayumic the consonant /r/ is nearly always replaced by /l/.[49] Therefore, could it be that the use of /m/ for /l/ indicates a dialectal variant? In the modern Arabic dialects of Dakhleh, the town of El-Qasr has the peculiarity that the /l/ is consistently pronounced as

---

[43] As also in Demotic: Spiegelberg 1925, 7–8, § 4.12–13.

[44] Junge 2001, 42; cf. F. Kammerzell in Hannig 1995, xlix–l; liv–lv.

[45] Jansen-Winkeln 1996, 37, § 55.

[46] In the titles of a goddess on the rear (western) wall of the mammisi at Ismant el-Kharab (Kellis), presumably referring to Neith. This word is not the etymology of the Greek toponym Kellis, as is claimed in Ghica 2006, 329, but the Egyptian writing of this name.

[47] This sign elsewhere for *mr* (*ỉmy-rȝ*); Wb II 94, pronounced at this time as /le/ (cf. the Greek rendering of *ỉmy-rȝ šnc* as *lesonis*; Vycichl 1983, 100b). In the cartouches of Nero in Dakhleh, the sign _____ , a variant spelling of *ỉmy-rȝ*, is used for /l/ in the name Claudius. Also in P.Insinger 3,6 the group *mr* is used for writing /l/ (Erichsen 1954, 166).

[48] The study of dialectal variation is obviously most developed for the Coptic script, which includes vowels. For earlier periods, the Greek notation of personal names has been used by Quaegebeur 1975 to demonstrate that the same conditions applied earlier, even though it is hard to detect in the consonantal notation of the hieroglyphic script. Cf. in general Vergote 1973, 8–11.

[49] Till 1961, 7, § 20; Vycichl 1983, 93a.

/n/. W. Vycichl observed this in 1936,[50] and M. Woidich has systematically collected evidence for this feature over recent years, which is being prepared for publication.[51] This local peculiarity of the Dakhleh dialect in Arabic may have its roots in earlier times, in the phonetic alteration l/m that we see at Ain Birbiyeh. There is at present no further evidence to support this hypothetical reconstruction, but for the moment it will serve as a possible explanation for a peculiar scribal error in the name of Galba.

In the case of the name Servius, written as Šrbiw, there was reason to assume an oral transmission of the name of Galba to the temple scribes. The possibility of dialectal influence detectable in the omission of the /l/, if accepted, would lead to the same conclusion. Remarkably, the later version of the name still writes Galba as Ḫmbs.

This analysis has implications for the way we assume the temples to be informed of the imperial succession. We always assume that the provincial scribes would learn of the news from Rome in official written dispatches. We have, for instance, a papyrus with the proclamation of Nero's accession (P.Oxy. 1021), in which the new emperor's name is made known as *Nero Klaudios Kaisar Sebastos Germanikos*. Such a papyrus would have been sent from Alexandria to the provincial administrative centres, to be copied by everyone for whom this was important. We are now faced with the possibility that the name of Galba was transmitted in Greek to Ain Birbiyeh by word of mouth, after which it was transcribed in hieroglyphs in the temple scriptorium by local priestly scribes. There might well have been another intermediary stage, as is shown by the papyrus Vienna D 10100, which contains a design for the hieroglyphic texts to be inscribed on the temple of Soknopaiu Nesos, transcribed in demotic script. There is no evidence for a demotic intermediary in the case of Ain Birbiyeh, but this would be possible.

At the same time, the prompt alteration of the name of Galba in accordance with the events in Rome around 11 September 68 demonstrates that such matters were considered to be of great importance.

---

[50] Vycichl 1989, 177; cf. also the remark in Henein 1997, 219.

[51] Woidich 1998, 8 n. 8, remarked that the dialect of El-Qasr ("der sehr eigenartige Dialekt dieses altertümlichen Städtchens mit seinem systematischen Ersatz von /l/ durch /n/") presumably constitutes a separate dialectal group within Dakhleh. Some Berber dialects in the Rif do not pronounce the /l/; cf. Vycichl 1983, 93a and Lafkioui 2007, but this seems a recent and isolated development and it can not be used to suggest Berber influence on the oasis of Dakhleh in antiquity. I thank Harry Stroomer for his advice on this matter.

The paradox of a great carelessness in transcription and carving on the one hand and the close scrutiny of official documents on the other makes the Ain Birbiyeh sanctuary a particularly interesting case. The depiction of the emperor as pharaoh on the walls was still of vital importance in Roman Egypt, with the addition of his full name in hieroglyphs, but the exact spelling of the name could be adapted according to local preference.

Bibliography

Aufrère, S., J.-Cl. Golvin, and J.-Cl. Goyon. 1994. *L'Égypte restituée. 2: Sites et temples des déserts de la naissance de la civilisation pharaonique à l'époque gréco-romaine.* Paris.

Barzano, A. 1988. Tiberio Giulio Alessandro, Prefetto d'Egitto (66/70). In *ANRW* II.10.1: 518–580.

Becher, I. 1984. Der Isis- und Sarapiskult und die alexandrinische Münzprägung in augusteischer Zeit. In *Graeco-Coptica. Griechen und Kopten im byzantinischen Ägypten,* ed. P. Nagel, 45–54. Halle/Saale.

Bernand, A. 1992. *La prose sur pierre dans l'Égypte hellénistique et romaine.* Paris.

Bowen, G. E. and C. A. Hope (eds.). 2003. *The Oasis Papers. 3: Proceedings of the Third International Conference of the Dakhleh Oasis Project.* Dakhleh Oasis Project Monograph 14. Oxford.

Del Castillo, A. 2002. The Emperor Galba's assumption of power: some chronological considerations. *Historia, Zeitschrift für alte Geschichte* 51: 449–461.

Cesaretti, M. P. 1984. Nerone in Egitto. *Aegyptus* 64: 3–25.

Chalon, G. 1964. *L'Édit de Tiberius Julius Alexander: étude historique et exégétique.* Bibliotheca helvetica romana 5. Olten.

Churcher, C. S. and A. J. Mills (eds.). 1999. *Reports from the survey of the Dakhleh Oasis 1977–1987.* Dakhleh Oasis Project Monograph 2. Oxford.

Criscuolo, L. and G. Geraci (eds.). 1988. Egitto e storia antica dall'ellenismo all'età araba: Bilanco di un confronto. Bologna.

Davoli, P., R. S. Bagnall, and O. Kaper. 2006. La notizia del mese: Amheida, il più grande città romana nell'oasi di Dakhla. *Pharaon Magazine. Alla scoperta dell'antico Egitto* II.9/10 (Sept/Oct. 2006): 6–17.

Erichsen, W. 1954. *Demotisches Glossar.* Kopenhagen.

Gauthier, H. 1917. *Le Livre des Rois d'Égypte.* Vol. 5. MIFAO 21. Le Caire.

Geraci, G. 1977. Un biglietto del prefetto d'Egitto Tiberio Giulio Alessandro relativo al conventus del Memfite. Ancora su P.Med. inv. 69.66 verso. *Aegyptus* 57: 145–150.

Ghica, V. 2006. Kellis: Notes toponymiques. In *Coptica – Gnostica – Manichaica: Mélanges offerts à Wolf-Peter Funk,* eds. L. Painchaud and P.-H. Poirier, 325–337. Québec.

Goyon, J.-Cl., J.-Cl. Golvin, Cl. Simon-Boidot, and G. Martinet. 2004. *La construction pharaonique du Moyen Empire à l'époque gréco-romaine. Contexte et principes technologiques.* Paris.

Grenier, J.-C. 1989. Traditions pharaoniques et réalités impériales: le nom de couronnement du Pharaon a l'époque romaine. In *Egitto e storia antica dall'Ellenismo all'età araba, bilancio di un confronto,* ed. L. Criscuolo, 403–420. Bologna.

Hannig, R. 1995. *Die Sprache der Pharaonen: Grosses Handwörterbuch Ägyptisch – Deutsch (2800–950 v.Chr.)*. 1st ed. Mainz.

Henein, N. H. 1997. *Poterie et potiers d'Al-Qasr, Oasis de Dakhla*. BdE 116. Le Caire.

Hölbl, G. 2000. *Altägypten im Römischen Reich. Der römische Pharao und seine Tempel. I: Römische Politik und altägyptische Ideologie von Augustus bis Diocletian, Tempelbau in Oberägypten*. Mainz.

————— 2004. Die römischen Kaiser und das ägyptische Königtum. In *Fremdheit – Eigenheit. Ägypten, Griechenland und Rom, Austausch und Verständnis*. Städel-Jahrbuch N.F. 19, eds. P. C. Bol, G. Kaminski and C. Maderna, 525–437. Frankfurt a.M.

————— 2005. *Altägypten im Römischen Reich. Der römische Pharao und seine Tempel. III: Heiligtümer und religiöses Leben in den ägyptischen Wüsten und Oasen*. Mainz.

Hope, C. A. 2005. Mut el-Kharab: Seth's city in Dakhleh Oasis. *EgArch* 27: 3–6.

—————, and G. E. Bowen (eds). 2002. *Dakhleh Oasis Project: preliminary reports of the 1994–1995 to 1998–1999 field seasons*. Dakhleh Oasis Project Monograph 11. Oxford.

—————, G. E. Bowen, W. Dolling, E. Healey, O. E. Kaper, and J. Milner. 2008. The excavations at Mut el-Kharab, Dakhleh Oasis in 2008. *BACE* 19: 49–71.

Jansen-Winkeln, K. 1996. *Spätmittelägyptische Grammatik der Texte der 3. Zwischenzeit*. ÄAT 34. Wiesbaden.

Jomard, E. F. (ed.). 1821. *Voyage a l'Oasis de Thèbes et dans les déserts situés a l'orient et a l'occident de la Thébaïde .....* Paris.

Junge, F. 2001. *Late Egyptian grammar: an introduction*. Oxford.

Kaper, O. E. 1992. Egyptian toponyms of Dakhla Oasis. *BIFAO* 92: 117–132.

————— 1997. Temples and gods in Roman Dakhleh: studies in the indigenous cults of an Egyptian oasis. Private edition PhD Groningen.

————— (ed.). 1998. *Life on the fringe: living in the southern Egyptian deserts during the Roman and early-Byzantine periods*. CNWS Publications 71. Leiden.

—————, and P. Davoli. 2006. A new temple for Thoth in the Dakhleh Oasis. *EgArch* 28: 12–14.

————— 2009. Amonnacht een god gemaakt voor de oase Dachla. *Ta-Mery Jaarlijks magazine voor de vrienden van het oude Egypte*. 2: 13–18.

Lafkioui, M. 2007. *Atlas linguistique des variétés berbères du Rif*. Berber Studies 16. Köln.

Meeks, D. 2004. *Les architraves du temple d'Esna: Paléographie*. Paléographie hiéroglyphique 1. Le Caire.

Mills, A. J. 1983. The Dakhleh Oasis Project: report on the fifth season of survey, october, 1982 – january, 1983. *JSSEA* 13: 121–141.

————— 1985. The Dakhleh Oasis Project: a preliminary report on the field work of the 1985/1986 season. *JSSEA* 15: 105–113.

—————. 1986. The Dakhleh Oasis Project: report on the 1986/1987 field season. *JSSEA* 16: 65–73.

—————. 1987. The Dakhleh Oasis Project: report on the 1987/1988 field season. *JSSEA* 17.4 (October 1987): 142–149.

—————. 1990. The Dakhleh Oasis Project: report on the 1990–1991 field season. *JSSEA* 20: 17–23.

—————. 1999. 'Ein Birbiyeh. In *Dakhleh Oasis Project: preliminary reports on the 1992–1993 and 1993–1994 field seasons*. Dakhleh Oasis Project Monograph 8, eds. C. A. Hope and A. J. Mills, 23–24. Oxford.

Moritz, B. 1900. Excursion aux oasis du désert libyque. *BSGE* 5e Série, 8: 429–475.

Mourgues, J.-L. 1995. Le préambule de l'édit de Tiberius Julius Alexander. Témoin des étapes de son élaboration. *BCH* 119: 415–435.

Parkinson, R. 1999. *Cracking codes: the Rosetta Stone and decipherment*. London

Quaegebeur, J. 1975. *Le dieu égyptien Shaï dans la religion et l'onomastique*. OLA 2. Leuven.

Sass, B. 1991. *Studia Alphabetica: on the origin and early history of the Northwest Semitic, South Semitic and Greek alphabets*. OBO 102. Fribourg.

Sauneron, S. 1952. Les querelles impériales vues à travers les scènes du temple d'Esné. *BIFAO* 51: 111–121.

———— 1975. *Le temple d'Esna Nos 473–546*. Esna VI.1. Le Caire.

Spiegelberg, W. 1925. *Demotische Grammatik*. Heidelberg.

Tallet, P. 1999. *A particularity of the toponymy of Dakhla Oasis: Z#-wH#t and Êw-mrw*. GM 173: 169–174.

Till, W. C. 1961. *Koptische Dialektgrammatik mit Lesestücke und Wörterbuch*. 2nd ed. München.

Vassilika, E. 1989. *Ptolemaic Philae*. OLA 34. Leuven.

Vergote, J. 1964. L'Étymologie de ég. *r#-pr*: copte rpe: arabe birba. *ZÄS* 91: 135–137.

———— 1973. *Grammaire copte*. Ib: *Introduction, phonétique et phonologie, morphologie synthématique, Partie diachronique*. Leuven.

Vittmann, G. 2002-2003. *Ein Entwurf zur Dekoration eines Heiligtums in Soknopaiu Nesos: (pWien D 10100)*. Enchoria 28: 106–136.

Vycichl, W. 1983. *Dictionnaire étymologique de la langue copte*. Leuven.

———— 1989. Le desert égyptien. Connotation du desert: linguistique comparée. In *Le désert. Image et réalité. Actes du Colloque de Cartigny 1983*, eds. Y. Christe, M. Sartre, B. Urio, and I. Urio, 173–179. Leuven.

Winlock, H. E. 1936. *Ed Dakhleh Oasis. Journal of a camel trip made in 1908*. The Metropolitan Museum of Art, Department of Egyptian Art vol. V. New York.

Woidich, M. 1998. Aus den Erinnerungen eines Hundertjährigen. Ein Text im Dialekt von *Balat* in Ost-Dakhla / Ägypten. *Estudios de dialectología norteafricana y andalusí* 3: 7–33.

Zielinski, A. K. 1989. In situ conservation of the temple of Amun Nakht, Ayn Birbiyeh, Dakhleh Oasis in Egypt. *Association for Preservation Technology Bulletin* 21: 49–60.

Zivie, C. M. 1982. *Le temple de Deir Chelouit. I: 1–55, Inscriptions du propylône et de la porte du temple*. Le Caire.

———— 1986. *Le temple de Deir Chelouit. III: 90–157, Inscriptions du naos*. Le Caire.

van Zoest, C. and O. E. Kaper. 2006. *Treasures of the Dakhleh Oasis*. Cairo.

SOBEK UND DIE CAESAREN.
EINIGE BEMERKUNGEN ZUR SITUATION DER
KROKODILGÖTTERKULTE DES FAYUM
UNTER RÖMISCHER HERRSCHAFT

Holger Kockelmann

1. *Einleitung*

Das Bild, das die Literatur von der Lage der ägyptischen Tempel
während der Römerzeit zeichnet, fällt düster aus. Landbesitz und
Privilegien der Heiligtümer werden beschlagnahmt, eingeschränkt
oder mißachtet, das Kultpersonal ist massiven staatlichen Reglemen-
tierungen diverser Art unterworfen.[1] In gleicher Weise pessimistisch
äußerte sich vor 60 Jahren Gilliam speziell mit Blick auf den Tempel
des Krokodilgottes Soknobraisis[2] in Bakchias: „[die Bakchias-Papyri]
reveal much about the position of a small Egyptian temple in the
second and early third centuries AD and the Roman government's
policy of strict supervision of temples and curtailment of the power
and privileges of priests." Wie Gilliam fortführt, habe die Beschneidung
der Tempel-Privilegien durch die römische Verwaltung offenbar zur
Ausdünnung der wirtschaftlichen Grundlage des Heiligtums und
damit auch seines Kultes geführt. Als Konsequenz davon sei die Zahl
der Priester von Bakchias während der Römerzeit vermutlich bedeu-
tend geringer gewesen als in der Ptolemäerzeit.[3]
    Im folgenden soll untersucht werden, inwieweit dieses Bild des
Niedergangs für Bakchias und die anderen, meist kleineren Krokodilgötter-Tempel des Fayum unter römischer Herrschaft zutrifft. Die
Situation der Heiligtümer läßt sich zum einen an der wirtschaftlichen
Lage ihrer Kulte und Priesterschaften ablesen, zum anderen an der
Erhaltung und Ausweitung ihrer baulichen Strukturen. Es genügt
daher nicht, wie bisher geschehen, nur auf die dokumentarischen

---

[1] S. etwa Lewis 1983, 91–92; Lembke 2004, 46–47; Rupprecht 1994, 88; Menchetti
2008, 31; Whitehorne 1995, 3057–3058: wirtschaftliche Rationalisierung und Kontrolle der Kulte, ohne diese jedoch zugrunde zu richten.
[2] Zu den Krokodilgöttern Soknobraisis und Soknobkonneus in Bakchias: Pernigotti 2000c, 82–84; s. auch ders. 2000a, 12–18, 23–26.
[3] Gilliam 1947, 182, 186.

Indizien zurückzugreifen; die archäologischen Befunde müssen ebenso in die Betrachtung einbezogen werden. Entsprechend wird sich der folgende Beitrag an diesen beiden Polen – Textquellen und Archäologie – orientieren und erstmals eine interdisziplinär geprägte Einschätzung zur Lage der Krokodilgötter-Kulte versuchen.

2. *Priester und Tempel unter römischer Herrschaft*

Rufen wir uns zunächst in Erinnerung, welche wesentlichen Veränderungen sich in den allgemeinen Rahmenbedingungen für die Tempel und somit auch für die Krokodilgötter-Heiligtümer mit Beginn der Römerherrschaft ergaben. Bis in die späte Ptolemäerzeit erfreuten sich Ägyptens Tempel und Priester noch einer umfangreichen Begünstigung durch das Herrscherhaus. Davon zeugen königliche Erlasse zugunsten bestimmter Kulte, die Minderung von Abgaben oder Steuern[4] sowie nicht zuletzt die Unterstützung des Kultes der heiligen Tiere. Die Tierkulte, und damit auch der Kult des Sobek, wurden von den Ptolemäern nachdrücklich gefördert und hatten ihren festen Platz im gesellschaftlichen System.[5]

Mit der Eroberung des Landes durch Rom scheint der überkommene status quo der Heiligtümer und ihrer Priester maßgeblich verändert worden zu sein.[6] Der bis dahin große politische Einfluß der ägyptischen Tempel, ihre zumindest teilweise Autonomie gegenüber dem Staat und ihre wirtschaftlichen Privilegien[7] wurden durch die

---

[4] Johnson 1986, 71. Erlassung des ἐπιστατικόν und der Leinenlieferung aufgrund einer Verfügung Ptolemaios' VIII. zugunsten des Soknebtynis-Tempels von Tebtynis, überliefert in P.Tebt. I 5, Z. 64; Erlassung von Steuern auf Tempelland: Thompson 1988, 109 mit Anm. 16. Zur Steuerpflicht der Priester von Krokodilgötter-Heiligtümern vgl. Dokumente wie P.Fay. 18 = P.Bacch. 4 (Steuerquittung für die Soknobkonneus-Priester, Bakchias, 73 oder 109 v. Chr.): Capasso 1995, 146–147; Hagedorn 2007, 179–180.

[5] S. etwa Heinen 1994 zum in spätptolemäischer Zeit an den Krokodilgötter-Tempel von Euhemeria verliehenen Asylrecht. Zur Förderung der Tierkulte durch die Ptolemäer vgl. auch Pfeiffer 2004, 301; Kessler 1989, 236–244.

[6] Bowman 1996, 180: „there was probably a marked decline of their [d.h. der Priester] status."

[7] Die Situation der Tempel in der Ptolemäerzeit wird von Thompson 1988, 113–114, so charakterisiert: „In spite of much marginal integration, however, in major respects the temples remained what they had always been in Egypt—strongly independent, native communities which were also important centres both of economic activity ... and of learning." Pessimistischer fällt die Einschätzung bei Bowman 1996, 179 aus. Zur Begünstigung der Tempel und Priester, aber auch den staatlichen Kontrollversuchen unter ptolemäischer Herrschaft vgl. Huß 1994, 13–58.

Römer aufgehoben. Fortan herrschte eine strenge Überwachung durch staatliche Instanzen.[8] Seit Augustus war der Praefectus Aegypti in die Verwaltung der Tempel involviert; im ersten Jahrhundert n. Chr. teilten sich dann Präfekt und Idios Logos die Administration von Tempelangelegenheiten, bis seit Trajan und Hadrian schließlich Idios Logos und Archiereus[9] üblicherweise diese Funktion übernahmen.[10] Kontaktmann der Priester zu diesen höheren Instanzen, z.B. in Fragen, die das Tempelpersonal betrafen, oder in Fiskalangelegenheiten, war der Stratege, dem der Basilikos Grammateus assistierte.[11] Als Chef der Gauverwaltung spielte der Stratege eine Schlüsselrolle bei der Kontrolle der Priester durch die römische Administration.

Ein entscheidender Schlag gegen die Macht der Tempel bestand in der Enteignung des Tempellandes, der ἱερὰ γῆ. Dieses wird nun in eine bestimmte Art von Staatsland umgewandelt, auch wenn die alte Bezeichnung „Tempelland" offiziell weiterbesteht.[12] Den Verlust der ἱερὰ γῆ kann man sich aus priesterlicher Sicht wirtschaftlich wie psychologisch wohl kaum schwerwiegend genug vorstellen: Die neuen Machthaber annullierten eine seit vielen Jahrhunderten bestehende selbstverständliche wirtschaftliche Grundlage der Tempel respektive die freie Verfügungsgewalt darüber.[13] Von diesem tiefen Einschnitt waren auch die Krokodilgötter-Tempel seit Beginn der Römerzeit betroffen. Bereits unter dem Präfekten Petronius verlor der Soknebtynis-Tempel seine Landstiftung (20 v. Chr.). Die Priester mußten ersatzweise entweder eine bestimmte, regelmäßig wiederkehrende

---

[8] Kruse 2002, 709.

[9] Dieser Archiereus ist ein römischer Prokurator, der nichts mehr mit der indigenen Priesterschaft zu tun hat; er erfüllt ausschließlich Verwaltungsfunktionen und ist für die Kulte des gesamten Landes zuständig: Otto 1908, 58; Husson und Valbelle 1992, 207; Demougin 2006.

[10] Aubert 1991, 111. Nach Einrichtung der bulai in den Metropolen waren diese für die Beaufsichtigung der Tempel zuständig: Evans 1961, 215.

[11] Umgekehrt ist der Stratege für die Implementierung von Entscheidungen der übergeordneten Verwaltung (Präfekt, Idios Logos, Epistrategos) verantwortlich: Aubert 1991, 112.

[12] Kruse 2002, 709. Zur Beschlagnahmung des Tempellandes und dessen Status in römischer Zeit s. nun auch die differenzierende Darstellung bei Monson 2005, 79–91, insbes. 84–85; ferner Menchetti 2008, 32.

[13] Zum Anteil des Tempellandes am gesamten Kulturland in pharaonischer und wohl noch ptolemäischer Zeit vgl. Thompson 1988, 107; die Krokodil-Heiligtümer im Fayum hielten an diesem Land nur einen geringen Teil (sie gehören zu den „lesser temples" mit insgesamt 3 %). Speziell zu pharaonischen Landbesitzungen von Sobek-Tempeln im Fayum vgl. P.Wilbour (20. Dyn.): Gardiner 1948b, 10–15, § 12–18 und 15–16, § 20–22; ders. 1948a, 43–46 und 126–127.

finanzielle Zuwendung der Staatskasse (σύνταξις) akzeptieren oder
einen Teil des Tempellandes zu besonders günstigen Bedingungen
zurückpachten.[14] Die σύνταξις wurde über Einkünfte aus dem
beschlagnahmten Tempelland finanziert und aus Steuern. Letztere
wurden in der Staatskasse unter dem Namen ἱερατικά verbucht; daraus wurde die Zuwendung ausgezahlt.[15] Da das Tempelland konfis-
ziert war, war die σύνταξις die einzige regelmäßige Einkommensquelle
der Sobek-Priester. Sondereinkünfte bezogen diese weiterhin durch
private Schenkungen, auch in Form von Land,[16] oder durch den
Verkauf von Priesterstellen.[17]

Die geminderte finanzielle Basis der Priester mag sich zusätzlich
dadurch verschlechtert haben, daß pro Tempel nur eine staatlich fest-
gelegte Höchstzahl von kopfsteuerbefreiten Priestern vorgesehen
war.[18] Darüber hinaus sind Eintritt in das Priesteramt und vermutlich
Bekleidung desselben mit einer Gebühr verbunden. Hierzu gehört das
vermutlich jährlich gezahlte εἰσκριτικόν, das u.a. auch die Soknobraisis-Priester von Bakchias zu entrichten hatten.[19] Als weitere von
den Priestern erhobene Steuer gab es die ἱερατεία, die für den Tempel
des Soknebtynis bezeugt ist. Diese Abgabe wurde nach Evans bei
Aufnahme des Priesteramtes erhoben, während es sich bei dem
εἰσκριτικόν um eine Steuer gehandelt habe, die mit dem Aufstieg in
eine höhere Priesterposition fällig geworden sei.[20] Der Zulassung
zum Priesteramt ist ein aufwendiger und u.U. mit Schwierigkeiten

---

[14] Die Priester des Soknebtynis entschieden sich für die zweite Option und pach-
teten 500 1/4 Aruren Land zurück: Evans 1961, 214 und 243, nach P.Tebt. II 302
(71–72 n. Chr.).

[15] Stead 1984, 1047–1048.

[16] Als solche in den γραφαὶ ἱερέων καὶ χειρισμοῦ ausgewiesen: Evans 1961, 214,
vgl. P.Tebt. II 298 (107/108 n. Chr.). Der Erwerb von Land über Schenkungen war
auch in der Römerzeit nicht verboten: Husson und Valbelle 1992, 302.

[17] Husson und Valbelle 1992, 302. Zudem konnten die Tempel Gewinne aus der
Verpachtung von tempeleigenen Gewerben und Produktionsbetrieben sowie aus der
Tierzucht erwirtschaften, s. dazu das Beispiel des Soknopaios-Tempels bei Lippert
und Schentuleit 2005, 72 und 75. Aus der Eintreibung bestimmter Steuern, die in den
Händen von Priestern lag, welche als staatliche Steuererheber fungierten, kamen
erzielte Steuerüberschüsse der Gemeinschaft der Priester zugute: Lippert 2007, 155.
Zur Tempelwirtschaft und den priesterlichen Einnahmen, die großenteils an den
Staat weitergeleitet werden mußten, s. auch Lippert und Schentuleit 2006, 9–14.

[18] Sogenannter „Arithmos", vgl. Kruse 2002, 709; s. dazu auch: Evans 1961, 249;
Otto 1908, 248.

[19] Vgl. Kruse 2002, 713 und 719.

[20] Evans 1961, 259.

verbundener[21] Genehmigungsprozeß seitens staatlicher Behörden vorgeschaltet.[22]

Die Finanzangelegenheiten der Tempel unterstanden der Kontrolle durch Inspektoren, die von der übergeordneten Verwaltung entsandt wurden. So war der Tebtynis-Tempel im zweiten nachchristlichen Jahrhundert Ziel eines solchen Finanzinspektors, der die Befugnis hatte, nicht kooperative Priester(?) unter Bewachung nach Alexandria überstellen zu lassen.[23] Manche Geschäfte, wie der Verkauf von Priesterstellen (zum Beispiel in Tebtynis) werden offenbar direkt durch Beamte der staatlichen Verwaltung geregelt,[24] nicht durch die Tempel selbst. War die Verkäuflichkeit strittig, schaltete sich die Administration in die Klärung des betreffenden Falles ein; so hatte etwa der Idios Logos den Basilikos Grammateus mit einer Untersuchung über die Veräußerlichkeit von Priesterstellen im Soknopaios-Tempel von Dimeh betraut.[25]

Zusätzlich zu den wirtschaftlichen Restriktionen und Steuern griff die römische Verwaltung auch in die inneren Angelegenheiten der Krokodilgötter-Tempel selbst ein. Der Staat war zuständig bei Verstößen gegen priesterliche Gebote, etwa solcher, die die Erfüllung des Tempeldienstes, die Kleidung oder das Rasieren der Haare betreffen.[26] Bei Anzeigen gegen einen Priester forderte die Verwaltung die „Ältesten" (πρεσβύτεροι) der Priesterschaft auf, Stellung dazu zu beziehen.[27] Sicherlich gründet das staatliche Interesse an priesterlichen Vergehen in der Möglichkeit, Bußgelder zu erheben.[28] Offenbar mußten die Dorfbehörden regelmäßig Berichte über das Verhalten

---

[21] So wurde die Genehmigung zur Beschneidung eines Priesterkandidaten nur mit Hilfe von Fürsprechern beim Archiereus erwirkt, vgl. P.Tebt. II 314 (2. Jh. n. Chr.). S. auch Evans 1961, 169.

[22] Vgl. dazu Kruse 2002, 728ff.

[23] Evans 1961, 158–159 mit Verweis auf P.Tebt. II 315.

[24] S. dazu Kruse 2002, 736f.

[25] Kruse 2002, 742.

[26] Evans 1961, 157–158; Beispiel Soknopaiu Nesos: Kruse 2002, 754f. Zur Strafbarkeit solcher Verfehlungen s. die Bestimmungen im Gnomon des Idios Logos: BGU V, 30, § 74–76.

[27] Ein entsprechender Untersuchungsauftrag war gegen die Priester des Soknopaios (Soknopaiu Nesos) ergangen, vgl. BGU I 16: Kruse 2002, 754. Mit einer Untersuchung interner Vorfälle im Tempel des Soknobraisis von Bakchias hängt vielleicht auch P.Turner 27 (176–179 n. Chr.) zusammen: ebd., 760.

[28] „Strafgelder" (κατακρίματα) wurden von den Soknebtynis-Priestern aus nicht bekanntem Grund entrichtet, vgl. Evans 1961, 268 mit Verweis auf P.Tebt. 298, Z. 65. Allerdings ist die Deutung des Begriffs κατακρίματα als „Strafgelder" nicht sicher, vgl. Kruse 1999.

der Priesterschaften an die übergeordneten Gaubeamten weiterlei-
ten.[29]

Die Verwaltung überwachte außer der Besetzung des Kultpersonals
ebenso den mobilen Tempelbesitz. Dies wird an den jährlich beim
Strategen einzureichenden Tempelinventaren und Priesterlisten, den
sogenannten γραφαὶ ἱερέων καὶ χειρισμοῦ, deutlich.[30] Solche
Bestandslisten waren in ptolemäischer Zeit noch unbekannt und eine
von den Römern eingeführte Neuerung.[31] Schon seit Anfang des ersten Jahrhunderts gibt es Anzeichen für eine Registrierung der Priester
durch die römische Zentralverwaltung,[32] spätestens seit Trajan ist das
System der γραφαί etabliert.[33] Den Listen zufolge bleibt das Tempel-
inventar der Krokodilgötter Soknobraisis und Soknobkonneus von
Bakchias über Jahrzehnte erstaunlich gleichmäßig in Art und Anzahl
der einzelnen Gegenstände. Dies dürfte darauf zurückzuführen sein,
daß die Ausstattung der Tempel nicht unerlaubt verkauft werden
durfte[34] und die alljährlichen Erklärungen der Kontrolle dienten, daß
eine gewisse Standardausstattung vorhanden war.[35]

Trotz der schon früh einsetzenden Reglementierung der Tempelangelegenheiten scheinen Priesterprivilegien zunächst noch fort-
bestanden zu haben, ehe sie unvermittelt wegfielen. Dazu zählt etwa
die Befreiung von Liturgien, d.h. obligatorischen Diensten für den
Staat.[36] Die plötzliche Mißachtung dieser und anderer Vergünstigungen

---

[29] Kruse 2002, 755.
[30] Unter diesem Namen nur aus dem Fayum bekannt: Kruse 2002, 711. Zu dieser
Art von Dokument s. P.Louvre I, S. 19 mit Literaturverweisen. Erhalten sind Beispiele
aus Bakchias und Soknopaiu Nesos (vgl. Burkhalter 1985 und Jördens 2005, 50 mit
Anm. 39).
[31] Evans 1961, 160.
[32] Edikt des C. Turranius, nach dem sich Personen, die Tempeln angegliedert
waren, registrieren lassen mußten: BGU IV 1199 (4 n. Chr.). Der Zweck des Erlasses
bestand darin, den Mißbrauch der priesterlichen Freistellung von Liturgien zu verhindern, Privilegien zu beschneiden oder die Zahl der Priester zu vermindern,
s. Evans 1961, 263.
[33] Kruse 2002, 711.
[34] Kruse 2002, 712.
[35] S. dazu auch unten S. 223–224.
[36] Zu Beginn der Römerherrschaft (bis etwa Mitte des 1. Jh. n. Chr.) scheinen
Priester, auch die der Krokodil-Heiligtümer, noch weitgehend von Liturgien befreit
gewesen zu sein, selbst wenn dieses Recht manchmal nur nach Protest respektiert
wurde; vgl. die von Evans 1961, 263–264, zusammengestellten Hinweise in den griechischen Papyri; Knudtzon 1946, 15. OGIS II 664 (Edikt des Präfekten Lusius Geta,
54 n. Chr.) zeigt, daß die Beschwerde der Priester des Soknopaios gegen ihre
Verpflichtung zur Feldarbeit Erfolg hatte: Sie werden durch den Präfekten von der

führt zu Eingaben der Betroffenen an die römische Verwaltung.[37] Solche Petitionen scheinen aus dem römischen Ägypten in recht hoher Zahl auf uns gekommen zu sein.[38] Beschwerden von Kultpersonal der Krokodil-Heiligtümer scheinen sich offenbar insbesondere auf das zweite Jahrhundert n. Chr. zu konzentrieren. Vor allem betreffen sie die Heranziehung zu den erwähnten Liturgien.[39] Bis Mitte des zweiten Jahrhunderts n. Chr. war das Privileg der Liturgiebefreiung wohl weitgehend unterhöhlt und die meisten Priester waren *de facto* liturgiepflichtig.[40] Dies legt P.Aberdeen 16 von 134 n. Chr. nahe, bei dem es sich um ein Schreiben des Beamten Markios Hermogenes an die Gaustrategen und königlichen Schreiber der Heptanomia und des Arsinoites handelt. Darin heißt es, daß viele Priester (ἱερεῖς) und Propheten (προφῆται) Petitionen einreichten, unter Hinweis darauf, daß sie den Heiligtümern ersten Ranges[41] angehörten und durch die Präfekten von Liturgien in der Chora freigestellt seien.[42] Bis 134 n. Chr. hatte es demzufolge bereits von mehreren Präfekten Reskripte mit der Anordnung gegeben, die Priester von den χωρικαὶ λειτουργεῖαι, die vor allem in Dammarbeiten bestanden, auszunehmen.[43] Die Nichtbeachtung dieses Privilegs durch die Gaubehörden dürfte die Priester-Petitionen veranlaßt haben, auch wenn dies nicht aus dem erhaltenen Text von P.Aberdeen 16 hervorgeht. Im heute verlorenen Abschnitt des Papyrus darf man eine Aufforderung erwarten, den Mißständen Abhilfe zu schaffen und die priesterlichen Vorrechte fortan zu respektieren.[44]

Die im Aberdeener Papyrus aus hadrianischer Zeit erwähnten Präfekten-Reskripte vermitteln den Eindruck, daß Vorrechte der

---

Bodenbearbeitung (γεωργία) befreit. Zur Befreiung der Priester von Liturgien s. Rupprecht 1994, 88; Lewis 1997, 91.

[37] Vgl. den Fall des Priesters Soterichos, der im 26. Jahr des Augustus Steuerprivilegien einbüßt: Kruse 2002, 709.

[38] Beispiele gibt es allerdings auch schon aus ptolemäischer Zeit: Evans 1961, 168.

[39] Vgl. dazu Lewis 1997, 91: „From the start priests appear to have been exempted only from liturgies calling for active physical labor (munera sordida), and curtailment of even that limited privilege is observable from the beginning of the second century".

[40] Evans 1961, 265; Otto 1908, 250–251.

[41] Zu [ἐ]κ τῶν ἱερῶν λο<γί>μων statt des in der Editio princeps gelesenen ἐκ τῶν ἱερῶν μόμων s. BL III 1.

[42] P.Aberdeen 16, Z. 4–9.

[43] Knudtzon 1946, 15; Evans 1961, 166.

[44] Kruse 2002, 771. Auch nach BGU I 176 muß man davon ausgehen, daß es spätestens seit der Zeit Hadrians gängige Praxis war, Priester zur Liturgie heranzuziehen: Knudtzon 1946, 16–17.

Suchos-Priester über einen längeren Zeitraum von den höchsten
Administrationsorganen der Provinz Aegyptus gestützt worden
waren, zumindest offiziell und bis zur Mitte des zweiten Jahrhunderts.
Für die Verletzung der Privilegien zeichnet demnach eher die lokale
Gauverwaltung verantwortlich, vermutlich die Funktionäre auf Dorf-
ebene. In Bakchias ist die Ignoranz gegenüber den priesterlichen
Rechten während des späten zweiten Jahrhunderts besonders anschau-
lich zu belegen. Innerhalb von wenigen Jahren reichen die dortigen
Priester des Soknobraisis zweimal Beschwerde über die Mißachtung
ihrer Rechte ein. Im Juni 171 n. Chr. protestieren sie dagegen, Dammarbeiten in ferngelegenen Orten verrichten zu müssen.[45] Eine prinzipielle Befreiung von körperlicher Arbeit bestand wohl nicht, denn die
Priester räumen im selben Dokument ein, daß entsprechende Tätigkeiten in der unmittelbaren Umgebung von Bakchias durchaus ihre
Gewohnheit seien.[46] Rund drei Monate später scheint die Angelegenheit in Alexandria vor dem Archiereus verhandelt worden zu sein.
Dieser gibt an den Strategen die Anweisung, in der Sache keine Gewalt
(βία) anzuwenden, eine Liturgiebefreiung ist anscheinend nicht beabsichtigt.[47] Dies war kaum im Sinne der Priester von Bakchias: Schon
sieben Jahre später, 178 n. Chr., beklagen sie sich ein weiteres Mal darüber, samt ihrer Söhne Dammarbeiten selbst ausführen zu müssen.[48]
An der wohl seit wenigstens drei bis vier Jahrzehnten bestehenden
faktischen Liturgiepflicht auch für Priester hat dies nichts geändert:
198 n. Chr. erheben die Soknobraisis-Priester abermals darüber
Beschwerde, ungerechtfertigt zu Deicharbeiten rekrutiert worden zu
sein. Offenkundig tun sie dies aber nicht, weil sie ein generelles Recht
auf Freistellung gehabt hätten, sondern weil sie zuvor ersatzweise eine
Gebühr entrichtet hatten, um den Liturgiedienst nicht verrichten zu
müssen.[49] Diesmal wenden sich die Priester zudem direkt an den

---

[45] P.Bacch. 19; Knudtzon 1946, 15–16.

[46] Vgl. dazu die Petition P.Mich. XI 618 (ca. 166/169 n. Chr.): Ein Priester von
Bakchias war einzig wegen seiner schlechten Augen von den Dammarbeiten befreit
worden, nicht aber aufgrund seiner Anbindung an den Tempel generell von diesen
Arbeiten ausgenommen.

[47] P.Bacch. 20 (Gilliam 1947, 256). In Alexandria klagen die Priester gegenüber
dem Archiereus, zu persönlicher körperlicher Arbeit gezwungen worden zu sein,
obwohl dies dessen Anweisungen zuwider laufe.

[48] P.Bacch. 21; Knudtzon 1946, 16.

[49] P.Lund IV 1: Die Priester hatten sich geweigert, der Aufforderung zum
Deichdienst nachzukommen und mußten daraufhin ein Strafgeld von 120 Drachmen
zahlen. Dies sei unrechtmäßig geschehen, da die Priester ja die übliche „Kopfsteuer"
(ἐπικεφάλαιον) bezahlt hätten und somit von Zwangsarbeit befreit sein müßten.

Präfekten, vielleicht aus Frustration über die wiederholten Konflikte mit der lokalen Administration. Deren Vertreter verfolgten die Priester bis in ihre Häuser, um sie zur Kanalarbeit heranzuziehen, wie man aus dem Papyrus schließen kann.[50]

Die Vehemenz, mit der die lokalen Behörden Suchos-Priester wiederholt zu Zwangsdiensten heranziehen, hängt sicherlich mit der Art der eingeforderten Dienste zusammen. Prinzipiell sieht das römische Liturgiewesen verschiedene Möglichkeiten für Pflichttätigkeiten vor; die Leistungen aber, zu denen die Priester der Suchos-Tempel rekrutiert werden, sind nicht selten so typisch für das Fayum wie die Krokodilkulte selbst. Häufig handelt es sich um landwirtschaftliche Tätigkeiten bzw. Dammarbeiten. Die Fayumregion war traditionell von intensiver Bewässerung und Landwirtschaft geprägt, welche von den Römern perfektioniert und straff organisiert wurden. Man darf vermuten, daß die lokale Verwaltung unter großem Druck stand, genügend Arbeitskapazität zur Aufrechterhaltung des landwirtschaftlichen Betriebs und Ausbeutung des fruchtbaren Ackerlandes zu organisieren. Gleichzeitig zeichnen sich für den Arsinoites bereits im zweiten Jahrhundert Probleme in der Aufrechterhaltung einer effizienten Land- und Bewässerungswirtschaft ab.[51] Dies ist der Zeitraum, während dessen sich in Ägypten faktisch eine allgemeine Liturgiepflicht der Priester entwickelt. Weniger dürfte Arroganz der römischen Verwaltung gegenüber einheimischen Kulten den Ausschlag für die gehäufte Mißachtung alter Rechte der Suchos-Priester des Fayum im zweiten Jahrhundert gegeben haben als vielmehr wirtschaftlicher Zwang und die Notwendigkeit, eine komplexe landwirtschaftliche Logistik in Gang zu halten.[52] Ebenfalls für das zweite Jahrhundert lassen sich in Soknopaiu Nesos interessanterweise Anzeichen einer gesteigerten staatlichen Kontrolle der Wirtschaft des Soknopaios-Tempels feststellen,[53] die dieselbe Motivation haben dürfte, staatlichen Nutzen aus diesem Tempel in möglichst effizienter Weise zu sichern.

Zum ἐπικεφάλαιον in Höhe von acht Drachmen als Ersatz für Liturgiedienste s. Knudtzon 1946, 22–23; mit der üblichen Kopfsteuer im Rahmen der Laographie hat diese Gebühr sicherlich nichts zu tun, vgl. ebd., 14.

[50] P.Lund IV 1, Z. 17–20: αὐτὸς εἰσελθὼν εἰς τὴν οἰκίαν .... κελεύων αὐτοὺς εἰς τὰς δ[ιώρυγας] ἐργάζεσθαι. Zu den zitierten Petitionen der Priester von Bakchias vgl. auch die Ausführungen bei Kruse 2002, 767–770.

[51] S. dazu den Beitrag von Jördens 2007.

[52] Vgl. dazu schon Gilliam 1947, 201–202.

[53] Jördens 2005, 50.

Wirtschaftliche Restriktionen und zunehmend ignorierte Privilegien könnten langfristig zum Schwund des Priesterpersonals in den
Sobek-Tempeln des Fayum beigetragen haben. Für Bakchias ist ein
solcher Rückgang ausdrücklich belegt. Nach Auskunft von P.Fouad 14
aus der Zeit um 150 n. Chr.[54] habe es dort einst eine große Zahl von
Priestern gegeben, aktuell seien es dagegen nur noch wenige.[55] Zwar
spricht dieser Text lediglich allgemein von einem Rückgang der
Priester, nicht speziell von solchen der Krokodilgötter-Kulte,[56] doch
darf man davon ausgehen, daß letztere ebenfalls betroffen waren. In
der Tat läßt sich eine Schwundtendenz konkret im Kultpersonal der
örtlichen Sobek-Tempel über andere Papyrusakten dokumentieren.
Im Jahre 116 n. Chr. sind noch 22 bzw. 23 Priester für den Soknob-
konneus-Tempel von Bakchias angegeben,[57] bis 171 ist die Zahl auf
etwa die Hälfte gesunken.[58] Passend zu den Daten aus dem späteren
zweiten Jahrhundert fallen die konstant niedrigen Priesterzahlen auch
des anderen Krokodilgötter-Tempels von Bakchias auf, der dem
Soknobraisis geweiht war. Für ihn verzeichnen die γραφαὶ ἱερέων der
Jahre 170 n. Chr. und folgende lediglich 15 Priester, ein Wert, der über
rund dreißig Jahre hinweg fast konstant bleibt[59] und für einen lokal so
bedeutenden Kult wie den des Soknobraisis recht gering scheint.[60]

---

[54] Zur Datierung s. BL VIII, 132; Kruse 2002, 705–706 mit Anm. 2000.

[55] Evans 1961, 235 Anm. 108. Kopie des Textes: P.Lund IV 7, Z. 14–15 = Knudtzon,
1946, 45–46.

[56] Prinzipiell sind für diesen Ort noch weitere Kulte belegt, vgl. die Zusammenstellung bei Pernigotti 2006, 209–210.

[57] Nach P.Bacch. 1, vgl. Gilliam 1947, 187 und 207–215 mit S. 215, Kommentar zu
Z. 58. Wie hoch die Anzahl der Priester des Soknobraisis zu diesem Zeitpunkt war, ist
nicht bekannt. Es gibt jedoch einen möglichen Anhaltspunkt: Die nur wenig ältere
Liste BGU XIII 2215, Kol. II, 6–9 (113/114 n. Chr.) gibt die Gesamtzahl der Priester
in den beiden Tempeln von Soknobraisis und Soknobkonneus inklusive des Kultes
der Theoi Synnaoi und ohne das niedere Priesterpersonal mit „61" an. Die Zahl der
Priester des Soknobkonneus lag im Jahre 116 bei 22 respektive 23 und dürfte drei
Jahre zuvor ähnlich hoch gewesen sein. Dies vorausgesetzt, sollten sich unter den
insgesamt 61 Priestern von Bakchias im Jahre 113/114 n. Chr. kaum weniger als 20–25
Soknobraisis-Priester befunden haben.

Zum Vergleich: Priester des Petesuchos und seiner Theoi Synnaoi im Karanis des
frühen 2. Jahrhunderts n. Chr.: 54, zusätzlich 50 Pastophoroi, nach BGU XIII 2215
(113/114 n. Chr.); vgl. Daris 1997, 182.

[58] Nach Auskunft von P.Bacch. 2: Gilliam 1947, 187 und 215–222.

[59] Vom Ende des 2. Jahrhunderts sind zwar keine γραφαὶ ἱερέων für Bakchias
erhalten, es gibt aber andere Indikatoren, die für das Jahr 198 n. Chr. auf 15 Priester
schließen lassen.

[60] S. dazu Knudtzon 1946, 47.

Fünfzig Jahre zuvor waren es vermutlich noch rund fünf bis zehn Priester mehr.[61]

Es sind aber nicht nur die niedrigen Zahlen von Priestern auffällig: Bis etwa zur Mitte der 80er Jahre dürfte es zu einer erheblichen Krise in der Kultorganisation des Soknobraisis gekommen sein. Wie aus einer Liste des Jahres 187/188 n. Chr. hervorgeht, ist das Priesterkollegium des Soknobraisis innerhalb weniger Jahre komplett durch andere Personen ersetzt worden. Vielleicht hängt dies mit Seuchen, die unter Marc Aurel nachweislich im Arsinoites grassierten, zusammen.[62] Wie groß die daraus womöglich erwachsenen Schwierigkeiten für den Kultbetrieb der Krokodilgötter-Tempel von Bakchias gegen Ende des zweiten Jahrhunderts waren, wissen wir nicht. Dem möglichen Problem des Priestermangels hier wie in anderen Kultorten kam eine Bestimmung im Gnomon des Idios Logos entgegen, die es Heiligtümern, deren Priesterschaft nicht auf Sollstärke war, ausdrücklich erlaubte, Kultpersonal von anderen Tempeln heranzuziehen.[63] Vielleicht war der Priestermangel eher ein lokal differierendes Phänomen, denn trotz aller Restriktion war das Priestertum auch im zweiten Jahrhundert noch eine attraktive Tätigkeit. Nach wie vor waren Priester immer noch besser gestellt als die meisten übrigen Landesbewohner.[64] Dies gilt insbesondere für die größeren Krokodilgötter-Tempel. So erklärt es sich, daß im Tebtynis des frühen zweiten Jahrhunderts erhebliche Summen für die Prophetenstelle des Gottes

---

[61] Vgl. die hypothetische Schätzung in Anm. 57.

[62] Alter scheidet als Grund aus, auch Flucht vor Steuerdruck erklärt den massiven Personalwechsel nicht. Schon Knudtzon 1946, 85 vermutet eine Seuche als Ursache. Zur Pest in den 170er Jahren n. Chr., die besonders hart Soknopaiu Nesos traf, s. Jördens 2005, 49.

[63] BGU V, 32, § 85 (im speziellen Fall von Prozessionen). Ein griechisch-demotisches Ostraka-Archiv des 2. Jahrhunderts n. Chr. aus dem Sobek-Kultort Narmuthis vermittelt den Eindruck, daß die dortigen Priester andere Heiligtümer in der Umgebung sowohl mit Gütern versorgten als auch durch Kultpersonal unterstützten. Die Liste BGU XIII 2215, Kol. III, 1–4 (113/114 n. Chr.), die sich vornehmlich auf Krokodilgötter-Tempel des Fayum bezieht, vermerkt, daß Priester die Kulte von benachbarten Tempeln vollziehen, in denen es keine eigenen Priester gibt. Dieser Mangel mag nicht auf einen Priesterschwund zurückzuführen sein, sondern auf die geringe Größe der betroffenen Schreine. Zur Praxis s. Frankfurter 1998, 76 und 100; Gallo 1992, 123. In Narmuthis selbst scheint gegen Ende des 2. Jh. ein Mangel an Priestern eingetreten zu sein, vgl. O.Narm. I 91 (2./3. Jh. n. Chr.); Menchetti 2008. 40–41.

[64] Husson und Valbelle 1992, 302. Zu den Privilegien gehört in der Römerzeit u.a. die, wenn auch nur für eine bestimmte Personenanzahl je Tempel gültige, Kopfsteuerbefreiung (s. dazu oben S. 206).

Soknebtynis geboten wurden.[65] Im selben Ort sind zu dieser Zeit mindestens noch 50 Priester zu belegen,[66] einen Priestermangel lassen die
griechischen Dokumente für Tebtynis also nicht erkennen. Wie sich
die Situation gut 50 Jahre später darstellte, als der Soknobraisis-
Tempel von Bakchias allem Anschein nach in eine Krise abrutschte,
ist nicht bekannt.

Zusammenfassend läßt sich festhalten, daß die römische Administration die Krokodilgötter-Tempel des Fayum nach Aussage der
Papyri im ersten und zweiten Jahrhundert ebenso restriktiv behan-
delte wie andere Tempel des Landes auch. Eine privilegierte Stellung
ist an den Dokumenten nicht abzulesen, im Gegensatz zur Ptolemäerzeit, aus der eine gewisse Zahl von Belegen für eine echte Förderung
von Krokodilgott-Heiligtümern stammt. Für das zweite Jahrhundert
läßt sich in den dokumentarischen Quellen eine deutliche Ver-
schlechterung der Lage zumindest in Bakchias feststellen.

3. Römerzeitliche Weihungen von Krokodilgötter-Heiligtümern nach griechischen Inschriften

In Ergänzung zu den Papyrusdokumenten bieten die griechischen
Inschriften aus dem Fayum ebenfalls interessante Einblicke in die
Situation der lokalen Tempel, insbesondere ihrer baulichen Entwicklung während der Ptolemäer- und Römerzeit. Das griechische
epigraphische Material aus dem Fayum, das Étienne Bernand zusammengetragen hat, umfaßt eine Reihe von Weihinschriften, die sich auf
Sobek-Heiligtümer oder Bauteile davon beziehen, sowie auf diverse
Stiftungen und Privilegien zugunsten von Krokodilgott-Heiligtümern.[67]

Von Mitte des zweiten Jahrhunderts v. Chr. bis in spätptolemäische
Zeit sind aus dem Fayum fünf Inschriften überliefert, die die Stiftung
von bestimmten Gebäude-Elementen oder die Renovierung von

---

[65] Evans 1961, 187–188, nach P.Tebt. II 295.

[66] Nach P.Tebt. II 298 (108 n. Chr.); dies sind jedoch nur die von der Kopfsteuer
ausgenommenen Priester, insgesamt wird es mehr gegeben haben. BGU XIII 2215,
Kol. II, 12–14 (113/114 n. Chr.) verzeichnet für Soknebtynis 40 Priester und 40
Pastophoren, ohne das niedere Kultpersonal.

[67] Die ebenfalls belegte Weihung von Altären, Statuen oder ähnlich kleinen
Monumenten wird im folgenden nicht berücksichtigt, da sie nicht als wirkliche
Förderung der Tempel anzusehen ist. Für einen allgemeinen Überblick über das auf
die Kulte bezogene Inschriftenmaterial des Fayum vgl. Bernand 1979.

Krokodilgott-Tempeln bezeugen,[68] drei Belege für Landschenkungen an Sobek-Heiligtümer,[69] zwei Stiftungen von jährlichen Getreidezuteilungen an Sobek-Götter[70] sowie zwei Asylrechtverleihungen.[71] Zusammen sind dies zwölf Maßnahmen, die das Erscheinungsbild, den Wohlstand und den rechtlichen Status der betroffenen Heiligtümer förderten. Dem stehen nur sechs bzw. sieben derartige Zuwendungen aus römischer Zeit gegenüber, wobei es sich ausschließlich um Baumaßnahmen handelt. Im einzelnen sind dies die Weihung einer Umfassungsmauer,[72] die doppelte Weihung eines Krokodilgott-Tempels,[73] zwei bzw. drei Weihungen von bestimmten Baustrukturen, die um das Tempelhaus herum lagen,[74] und die Restaurierung eines Tempeltores.[75] Die vier Inschriften, die sich auf größere Bauteile beziehen (Umfassungsmauer, Tempelhaus, Refektorium) stammen alle aus der frühen bis mittleren Kaiserzeit (24 v. Chr. bis 79 n. Chr.), die zwei bzw. drei restlichen, die weniger aufwendige Maßnahmen überliefern (Weihung eines Dromos, Treppenzugang, Restaurierung eines Propylon), gehören in die Jahre 180 bis 212 n. Chr.

Während wir aus der Ptolemäerzeit gute Beispiele für neu gebaute oder wiederhergestellte Krokodilgott-Tempel im Fayum kennen,[76] ist

---

[68] I.Fay. I 20 (Peribolos für den Tempel des Sokonnobchnubis; angeblich aus der Umgebung von Kiman Fares, spätptol.), I 84 (Propylon im Südtempel von Karanis an Pnepheros und Petesuchos; Karanis, 95 v. Chr.); II 107 (Propylon des Pnepheros-Tempels und gepflasterte Straße; Theadelphia, 137 v. Chr.), II 108 (Holztür des Propylon, Tempel des Pnepheros in Theadelphia, 137-116 v. Chr.); III 158 (Eingang und Löwenstatuen an Hermuthis und Sokonopis; Narmuthis, 96 v. Chr.; inhaltlich identisch ist I.Fay. III 159, 96 v. Chr.).

[69] I.Fay. III 200 (an Suchos; Fayum, 98 v. Chr.) und III 201 (dito, 95 v. Chr.), III 204 (an Soknebtynis; erworben im Fayum, 94 v. Chr.).

[70] I.Fay. I 70 (an Soknopaios und Isis Nepherses; aus Dimeh, 97/96 v. Chr.) und I 71 (zugunsten von Soknopaios; Dimeh, 95 v. Chr.).

[71] I.Fay. II 116 (Pnepheros-Tempel in Theadelphia, 57 v. Chr.; zwei weitere Exemplare desselben Dekrets sind I.Fay. II 117–118) und II 135 (Heiligtum von Psosnaus, Pnepheros und Soxis; Euhemeria, 69 v. Chr.).

[72] I.Fay. I 73 (an Soknopaios; Dimeh, 24 v. Chr.).

[73] I.Fay. I 85 (an Petesuchos und Pnepheros; Südtempel von Karanis, 61 n. Chr.) und I 86 (dito, 73 n. Chr.).

[74] I.Fay. I 87 (Refektorium an Pnepheros und Petesuchos; Karanis, Zeit des Vespasian), I 88 (an Petesuchos und Pnepheros; Türsturz aus dem Vorhof des Südtempels von Karanis, 180 n. Chr.), I 92 (Weihung eines Dromos, kein Adressat; Karanis, 212 n. Chr.; ob der Prozessionsweg zu einem der Krokodilgott-Tempel gehörte, bleibt unklar).

[75] I.Fay. I 89 (Restaurierung eines Propylon, Weihung an Petesuchos und Pnepheros; Südtempel von Karanis, 190 n. Chr.).

[76] Unter Ptolemaios I. wurde in Tebtynis ein (neuer) Soknebtynis-Tempel errichtet, vgl. Anm. 111; nach I.Fay. II 135 (69 v. Chr.) sollte der verfallene Tempel von Euhemeria wiederhergestellt werden.

unter den Caesaren die Weihung eines ganzen Tempelhauses *inschrift-lich* nur einmal gesichert. Es handelt sich um den sogenannten ‚Süd-tempel' von Karanis. Wie aus der Inschrift auf dem Türsturz seines Hauptzuganges hervorgeht, ist das Tempelhaus unter Nero 61 n. Chr. an die beiden Krokodilgötter Petesuchos und Pnepheros geweiht wor-den.[77] Das Heiligtum selbst bestand zu diesem Zeitpunkt zweifellos als solches schon länger, denn aus dem Jahr 95 v. Chr. ist bereits die Weihung eines Propylon desselben Südtempels überliefert.[78] Die nero-nische Tempelweihung des Jahres 61 n. Chr. ist demnach entweder ein früher römischer Neubau oder die Usurpation eines schon bestehen-den Petesuchos-Pnepheros-Tempels; ersteres ist indessen wahrschein-licher.[79]

Die erwähnte Weihinschrift aus der Zeit des Nero belegt, daß der Südtempel Anfang der 60er Jahre des ersten nachchristlichen Jahr-hunderts bis zum Haupteingang fertiggestellt war. In Anbetracht des-sen ist es zunächst ungewöhnlich, daß derselbe, schon vollständig errichtete Tempel zwölf Jahre später allem Anschein nach noch ein-mal geweiht wurde: Eine in Karanis nahe dem Südtempel verbaute Stele überliefert für 73 n. Chr. abermals die καθίδρυσις „Gründung" bzw. „Stiftungsfest"[80] des Heiligtums (ἱερόν) von Petesuchos und

---

[77] I.Fay. I 85; Colin 2004, 113, Nr. 10.

[78] I.Fay. I 84. Folglich muß bereits in ptolemäischer Zeit ein Tempelhaus existiert haben, ohne das ein spätptolemäischer Propylon keinen Sinn ergeben würde; vgl. dazu auch die Weihung eines Pronaos, vermutlich aus dem Jahr 155/154 v. Chr. aus Karanis, ohne präzisere Herkunftsangabe: I.Fay. I 83. Nach Arnold 1999, 253, wurde der Bau mit der neronischen Inschrift auf den Resten eines vermutlich ptolemäischen Vorgängertempels errichtet. Der Vorgängerbau war eventuell aus Ziegeln errichtet; von ihm haben sich keine Spuren erhalten: Davoli 1998, 79.

[79] Die Gründungsgruben des gegenwärtig noch stehenden Tempels, die vielleicht Klarheit über seine genaue Datierung schaffen könnten, konnten bisher nicht aufge-funden werden: Davoli 1998, 75. Für einen römischen Neubau spricht die Stratigraphie des Areals, in dem sich der Südtempel befindet, vgl. ebd., 90 mit Anm. 144. Die Gestaltung seiner äußeren Mauerflächen in Bossenwerk ist nur bedingt ein Hinweis auf die römische Zeit. Gut erkennbar ist die Steinbearbeitung der Außenmauern in Boak 1933, Taf. XXVII, Abb. 49 nach S. 55; vgl. auch ebd., 50–51. Zu dieser Art von Mauerwerk als Indiz für die Römerzeit s. Arnold 1999, 254 („opus rusticum"); Davoli 2005a, 230; Golvin und Larronde 1982, 165–190, insbes. 170–171 mit Abb. 2 (die Technik der Steinbearbeitung ist quasi dieselbe wie bei der römischen Steinmauer um das Tempelhaus von Dendera, die wohl aus der Zeit des Nero stammt). Die rein römi-sche Datierung dieser Mauertechnik wird nun durch entsprechende Befunde schon am ptolemäischen Steintempel („ST 20") von Soknopaiu Nesos in Frage gestellt: Davoli 2008, 79, 83 und 89, Abb. 5.

[80] Preisigke 1925, 715; s. auch den Kommentar in I.Fay. I, S. 180.

Pnepheros.[81] Will man nicht annehmen, daß sich diese Stele auf einen zweiten, mittlerweile verschwundenen Tempel des Petesuchos und Pnepheros bezieht, muß man davon ausgehen, daß sie irgendwo im Bereich des besagten, heute noch existierenden Südtempels aufgestellt war. Da die Errichtung dieses Tempels, also des im Stelentext genannten ἱερόν, spätestens 61 n. Chr. abgeschlossen war, können mit der καθίδρυσις des Jahres 73 n. Chr. keine besonderen Baumaßnahmen mehr verbunden gewesen sein. Offenbar wurde dem bereits in Betrieb genommenen Tempel unter Vespasian einfach eine zweite Weihinschrift zugunsten der gegenwärtigen Kaiserfamilie hinzugefügt.[82] Vermutlich hängt diese Neuweihung mit einem wichtigen Ereignis der römischen Kaisergeschichte zusammen, der einige Jahre zuvor erfolgten *damnatio memoriae* des Nero. Eventuell war 73 n. Chr. die Inschrift über dem Haupteingang mit dem ausgemeißelten Namen des Nero überdeckt worden und nur noch die möglicherweise am Eingang des Tempelhauses errichtete vespasianische Stele sichtbar. Denkbar wäre, daß die (Neu)dedikation[83] des Tempels in einem Zuge mit der nicht mehr näher datierbaren Weihung eines Refektoriums im Südtempel unter demselben Kaiser vorgenommen wurde.[84]

Daß wir in Karanis so kurz hintereinander, in den 60er und 70er Jahren des ersten Jahrhunderts, bedeutende bauliche Fördermaßnahmen am Südtempel feststellen können, ist zum Teil vielleicht mit dem vergleichsweise günstigen politischen Klima dieser Zeit zu erklären. Sowohl Nero als auch Vespasian sind Ägypten besonders zugetan, wobei allerdings eher zweifelhaft ist, daß dies irgendeinen unmittelbaren Einfluß auf die Entwicklung eines ägyptischen Provinzheiligtums wie den Südtempel von Karanis hatte.[85] Wichtiger ist, daß in der zweiten Hälfte der 50er Jahre und in den 60ern des ersten Jahrhunderts

---

[81] I.Fay. I 86.

[82] Nach Colin 2004, 113, Nr. 11 handelt es sich bei I.Fay. I 73 nur um eine „commémoration (del la fête) de la fondation ... du hiéron de Pnéphérôs et Pétésouchos", nicht um das Zeugnis einer Neuweihung des Gebäudes.

[83] In diesem Sinne auch Bernand im Kommentar zu I.Fay. I 86, Z. 7 (S. 180): „Dans le cas présent, καθίδρυσις paraît désigner en fait une nouvelle consécration du temple, puisque le linteau de la porte principale est daté du règne de Néron."

[84] Vgl. I.Fay. I 87. Das Tor der unter Vespasian geweihten Banketthalle ist abgebildet bei Gazda 1983, 36, Abb. 36.

[85] Es ist zu vermuten, daß mindestens ein Teil der Bauaktivitäten nicht auf Veranlassung des Kaisers in Rom zurückging, sondern auf lokale private Initiative; vgl. dazu zuletzt Kockelmann und Pfeiffer 2009. S. auch Hölbl 2000, 2: „Man gewinnt den Eindruck, daß die einmal durch Augustus etablierte römische Religionspolitik in Ägypten ihr Eigenleben entwickelt hat und zum guten Teil auch von Privatinitiative

Präfekten amtierten, die sich vergleichsweise konziliant gegenüber
den ägyptischen Kulten gaben. Es sind dies Tiberius Claudius Balbillus
(55–59 n. Chr.)[86] und Tiberius Iulius Alexander (66–69/70 n. Chr.).[87]
Der erstgenannte erscheint fast wie ein Förderer der Kulte ägyptischer
Götter,[88] der zweite hat ein Edikt erlassen, das die Reform von Mißständen in Wirtschafts- und Fiskalangelegenheiten vorsah.[89] Unbe-
rührt von der Frage, wer für die Errichtung der sakralen Bauten im
einzelnen aufkam, wird der Südtempel von Karanis von den förderli-
chen Rahmenbedingungen profitiert haben, so wie im selben Zeitraum
auch in anderen Teilen des Landes eine rege Bau- und Dekorations-
tätigkeit an schon bestehenden Tempeln festzustellen ist.

Nach der Zeit des Vespasian sind für mehr als hundert Jahre
inschriftlich überhaupt keine Baumaßnahmen in Karanis nachzuweisen. Erst aus dem späten zweiten Jahrhundert ist wieder eine Weihinschrift erhalten, die sich im Südtempel ursprünglich über der Treppe
am Ostende des Vorhofes befand (180 n. Chr.)[90] und eine, die die
Restaurierung des nördlichen Propylon unter Commodus überliefert
(190 n. Chr.).[91]

Außer den epigraphisch verbürgten römischen Aktivitäten ist
sicherlich auch die Säulenhalle vor dem Petesuchos-Pnepheros-
Tempel der Römerzeit zuzurechnen. Hölbl geht davon aus, daß sie
etwa 170 n. Chr. errichtet wurde.[92] Gebäude innerhalb des südlichen
Temenos, die vermutlich einem ähnlichen Zweck dienten wie das
unter Vespasian geweihte Deipneterion, und von denen eines noch
vom Ende des zweiten bis Anfang des dritten Jahrhundert n. Chr.
datiert, belegen zumindest noch einen aktiven Kultbetrieb in dieser
Zeit.[93]

---

ergänzt wurde." Zumindest die subsidiären Bauten im südlichen Temenos von
Karanis wurden von privater Seite gestiftet, vgl. Frankfurter 1998, 160.

[86] Bureth 1988, 478; Bastianini 1988, 505; Kákosy 1995, 2911. In die Amtszeit des
Balbillus fällt die Erhebung einer Sonderabgabe, die jedermann im Arsinoites zugunsten eines Heiligtums des Suchos (ναὸς Σούχου) entrichten sollte, vgl. el-Abbadi
1967, 220 mit Verweis auf P.Mert. II 63 (57 n. Chr., Fayum). Nach den Herausgebern
von P.Mert. II 63 (Kommentar zu Z. 6 auf S. 44) mag der Tempel des Suchos in der
Gauhauptstadt des Arsinoites gemeint sein.

[87] Bureth 1988, 479; Bastianini 1988, 506; Barzanò 1988.

[88] Hölbl 2000, 31.

[89] Hölbl 2000, 32–33; zum Edikt s. Chalon 1964.

[90] I.Fay. I 88.

[91] I.Fay. I 89. Als weitere Weihung aus der Zeit des Commodus ist eine Löwenstatue
vor dem Eingang des Südtempels zu nennen: Davoli 1998, 75.

[92] Hölbl 2000, 100; Davoli 1998, 79: „Livello E (fine II – inizi III d.C.)".

[93] Davoli 1998, 79.

Der Nordtempel von Karanis, der ebenfalls einem oder mehreren Krokodilgöttern geweiht war,[94] läßt sich mangels epigraphischer Zeugnisse zwar ebenfalls nicht präzise datieren, ist aber dennoch mit Sicherheit den letzten Jahren der Ptolemäerherrschaft oder der Römerzeit zuzuweisen. Ein Terminus *post quem* für seine Errichtung ergibt sich aus einem in ihm verbauten Inschriftenblock des Jahres 72 v. Chr.[95] Ein Baubeginn wäre demzufolge frühestens Mitte des ersten vorchristlichen Jahrhunderts denkbar. Nach allgemeinem Konsens ist eine Zuweisung in das erste nachchristliche Jahrhundert wohl am wahrscheinlichsten, also in eine Blütephase, in welcher der alte Siedlungskern nach Osten, Westen und Norden erweitert wurde.[96] In etwa demselben Zeitraum wurde im ursprünglichen Zentrum auch der Neubau des Südtempels geschaffen.[97] Eine zeitliche Nähe zwischen Nord- und Südtempel mag zudem aufgrund der Ähnlichkeit zwischen den beiden Tempelhäusern von Karanis gegeben sein, etwa in der Art der Fundamentierung und ansatzweise auch im Grundriß.[98] Hingegen vertritt Arnold die Hypothese, daß die Errichtung des Nordtempels erheblich später, erst während der von Prosperität

---

[94] Eventuell war Soxis der Gott dieses Tempels, s. Kockelmann 2008, 154; Pernigotti 2000c, 87; Davoli 1998), 78 mit Anm. 108.

[95] S. dazu Wagner und el-Nassery 1975. Der Block ist in den ersten Pylon des Nordtempels integriert.

[96] Vgl. Davoli 1998, 78. Schon die Ausgräber von Karanis, denen der wiederverwendete Inschriftenstein noch nicht bekannt war, datierten den Tempel anhand seiner stratigraphischen Situation in römische Zeit, allerdings mit großem Spielraum vom ersten bis etwa Mitte des dritten Jahrhundert n. Chr.: Boak 1933, 15–16. Die Errichtung erfolgte auf älteren Siedlungsstrukturen, ein Vorgängerbau konnte aber nicht nachgewiesen werden, vgl. ebd., 4 und 13.

[97] Bagnall und Rathbone 2004, 131. Sicherlich hing dies zu einem guten Teil mit der Erneuerung des Bewässerungssystems im Fayum unter Augustus zusammen, s. dazu Berlin 1983, 9. Davoli 1998, 90: Der alte Südtempel wurde im Rahmen der Ausweitung der Siedlung durch einen Neubau ersetzt, der Tempel im Norden kam als neues Heiligtum dazu. Ein Vorgängerbau ist für letzteren nicht nachzuweisen; er ist eine potentielle Neubegründung der frühen Römerzeit, fällt aber deutlich kleiner aus als der Neubau des alten Südtempels und hat entsprechend weniger Räume: Nordtempel 18 m x 10,6 m, Südtempel 23 m x 16 m (ebd., 360).

[98] Beschreibung der Fundamente bei Davoli 1998, 73 und 78, nach der beide Tempel auf einer Basis aus kleinformatigen Bruchsteinen errichtet sind. Zu den Grundrissen vgl. die Gegenüberstellung bei Arnold 1999, 255, Abb. 218. Ein auffälliger Unterschied zwischen Süd- und Nordtempel besteht in der Gestaltung der Außenwände: bossierte Steine mit Randschlag einerseits, vollkommen glatte Flächen andererseits. Die Ecken des Nordtempels zieren Rundstäbe, die wie Säulen mit Basis gestaltet sind und auf quadratischen Sockeln ruhen: ebd., 270. Am Südtempel sind statt dessen die Säulen oder Rundstäbe nur in Bossen angelegt, vgl. Boak 1933, Taf. I, Abb. 1–2 mit Plan I und Taf. XIX, Abb. 36 nach S. 55.

gekennzeichneten Herrschaft Marc Aurels erfolgt sein könnte.[99] Dieser
nicht näher begründete Datierungsansatz erscheint reichlich spät und
wenig plausibel, zudem fällt er in eine Zeit, in welcher in den Krokodilgott-Tempeln von Karanis sonst eher Restaurierungs- und beschei-
denere Bauaktivitäten, aber keine größeren Unternehmungen mehr
nachzuweisen sind. Während des ersten Jahrhunderts n. Chr. war
man dagegen erwiesenermaßen noch in der Lage, größere Bauprojekte
durchzuführen, wie der Südtempel eindeutig belegt.

Wie es scheint, sind somit für die Krokodilgötter-Tempel von
Karanis zwei klar unterschiedene Hauptphasen römischer Bauaktivität
festzustellen: I. zum einen das erste Jahrhundert (neronische bis früh-
flavische Zeit) mit relativ umfangreichen Maßnahmen; II. zum anderen das späte zweite Jahrhundert (Zeit des Commodus) mit eher
kleinen Projekten.

4. Archäologische Belege für römerzeitliche
Krokodilgötter-Heiligtümer

Dank der vergleichsweise guten Inschriftenüberlieferung läßt sich in
Karanis die bauliche Förderung von Krokodilgötter-Heiligtümern
während der Römerzeit am genauesten beobachten. Andere Fayumorte
mit entsprechenden Kulten sind dagegen zwar reich an römerzeitlichen Papyrus-Dokumenten, jedoch fanden sich im Bereich der
Tempel wenig oder gar keine Bauinschriften, wie etwa in Soknopaiu
Nesos (Dimeh). In solchen Fällen sind wir auf die archäologischen
Befunde angewiesen. Diese geben relativ viele Hinweise auf Bauaktivität im Bereich von Krokodilgötter-Heiligtümern zu Beginn
der römischen Okkupation. Für die frührömische Ersetzung des ptolemäischen Südtempels in Karanis findet sich beispielsweise eine
Parallele im nahegelegenen Bakchias. Den italienischen Grabungen
zufolge wurde dort am Anfang der Römerherrschaft[100] der ptolemäische Soknobkonneus-Ziegeltempel ("Tempel A") durch einen neuen,
im rechten Winkel angrenzenden Steinbau ("Tempel C") obsolet;
fortan fungierte das ältere Tempelhaus „A" als Magazin. Vielleicht
ebenfalls in die frühe Römerzeit gehört der Bau des mutmaßlichen

[99] Arnold 1999, 270; übernommen bei Menchetti 2008, 34.
[100] Tassinari und Zecchi 2006, 31: „beginning of the Roman Period"; Rossetti 2008,
14 und 78–79: Baubeginn wohl unter Augustus.

Soknobraisis-Tempels von Bakchias („Tempel E").[101] In Tebtynis wurden in römischer Zeit Restaurationen durchgeführt: Unter Augustus erneuerte man den Dromos und fügte ihm einen zweiten nördlichen Kiosk hinzu.[102] Errichtet wurden außerdem einige Deipneteria[103] sowie im ersten Jahrhundert n. Chr. ein Heiligtum für Isis-Thermuthis.[104] Der Tempel von Dionysias (Qasr Qarun), welcher einem namentlich nicht bekannten Krokodilgott geweiht war, ist zur Zeit nicht sicher zu datieren.[105] In der Literatur wird er der späten Ptolemäer- bis frühen Römerzeit zugewiesen.[106] Denkbar wäre auch ein früherer Ansatz, da der Dromos vermutlich dieses Tempels schon in der mittleren bis späten Ptolemäerzeit dediziert worden zu sein scheint.[107] Die archäologische Erforschung des Soknopaios-Tempels in Dimeh steckt erst in den Anfängen. Nach derzeitigen Erkenntnissen wurde noch unter ptolemäischer Herrschaft ein älterer Tempel aus Bruchsteinen und Ziegeln („ST 18") um einen Steinanbau („ST 20") erweitert;[108] vermutlich unter Augustus erhielt dieser Tempel eine Umfassungsmauer.[109]

---

[101]   Errichtet aus Ziegeln mit einer späteren Erweiterung aus Stein, s. Tassinari und Zecchi 2006, 32; Pernigotti 2005, 371–374. Zu einem noch etwas früheren Datierungsansatz des Tempel s. nun jedoch auch Tassinari und Buzi 2008, 44.

[102]   Davoli 1998, 191 („fine del I o inizi II d.C.") und 194. Rondot 2004, 192. S. nun auch Gallazzi und Hadji-Minaglou 2006.

[103]   Römische Deipneteria in Tebtynis (1. bis frühes 2. Jh. n. Chr.): Mathieu 2004, 666–668, 20.1.

[104]   Hölbl 2005, 98.

[105]   Die mangelnde archäologische und bautechnische Erforschung des Gebäudes sowie die fehlende Auswertung des im Tempelbereich entdeckten Fundgutes verhindern vorerst einen sicheren Datierungsansatz: Davoli 1998, 312; Davoli 2008, 83 mit Anm. 37.

[106]   Der in der Literatur öfter vorgebrachte Datierungsvorschlag in die Zeit des Nero geht auf Dieter Arnold zurück (übernommen u.a. von Tassinari 2006, 147). Arnold scheint sich nur auf die architektonische Verwandtschaft zwischen dem Tempel von Dionysias und den frührömischen Tempeln von Karanis zu stützen: Arnold 1999, 254; Hölbl 2005, 99: Der Pronaos des Tempels ist mit großer Wahrscheinlichkeit schon römisch. Zur Architektur vgl. Audebeau 1917; Bagnall und Rathbone 2004, 138: „Ptolemaic temple".

[107]   Der im Osten gelegene, etwa 300 Meter lange und von zwei Steinlöwen flankierte Dromos wurde im 2. oder 1. Jh. v. Chr. geweiht, vgl. die in I.Fay. II, S. 128 zitierte Inschrift. Zum Tempel s. auch Davoli 1998, 361 unter Nr. 9: „fondato probabilmente nel III sec. a.C.". Damit ist natürlich nicht ausgeschlossen, daß es sich beim heute sichtbaren Gebäude um einen späteren, d.h. römischen Neubau handeln könnte, ähnlich wie im Fall des Südtempels von Karanis.

[108]   Davoli 2008, 76ff.

[109]   Zur Umfassungsmauer s. Davoli 2005b, 36; dies. 2007, 107 und 109.

5. *Zur Dekoration und Ausstattung der Heiligtümer in römischer Zeit*

Auffällig ist die weitestgehend fehlende Dekoration der mit Gewißheit römisch zu datierenden Krokodilgötter-Tempel im Fayum;[110] alle näher datierbaren fayumischen Krokodilgott-Heiligtümer *mit* Dekoration stammen noch aus der Ptolemäerzeit.[111] In Karanis haben beide Tempel keine Reliefs, im nicht sicher datierbaren Tempel von Dionysias gibt es nur eine einzige Szene auf dem Dach. In Bakchias sind der römische Tempel mutmaßlich des Soknobraisis („Tempel E") und der römische Neubau des Soknobkonneus-Heiligtums („Tempel C") zu schlecht erhalten, um definitive Aussagen zur Dekorationsfrage treffen zu können;[112] vermutlich hätten sich aber Reste von entsprechenden Reliefs gefunden, wären sie je vorhanden gewesen.

Wo nun liegen die Gründe für das Fehlen der Tempeldekoration gerade in den römischen Krokodilgötter-Tempeln des Fayum? Auf mangelnde Qualifikation der lokalen Priester kann dies in keinem Fall zurückzuführen sein. Wie die Tempelbibliotheken aus dem Fayum eindrucksvoll belegen, war das priesterliche Wissen in der Region während des ersten und zweiten Jahrhunderts n. Chr. auf einem

---

[110] Zum Problem s. bereits Hölbl 2005, 101.

[111] Dabei fällt die manchmal nur partielle Ausführung der Reliefs schon der ptolemäischen Krokodil-Heiligtümer auf: Tempel des Soknebtynis, in der heutigen Form gegründet unter Ptolemaios I. und mit ptolemäischer, nicht vollständig ausgearbeiteter Dekoration: Arnold 1999, 155; Evans 1961, 209 und 213; Rondot 1997, 109; ders. 2004, 71–87; Datierung des Vestibüls: Ptolemaios XII. oder früher: ebd., 142–143. Den rückwärtigen Teil des Tempels von Soknopaiu Nesos („ST 20") datierte man bisher in römische Zeit. Die im Inneren jüngst entdeckte (unvollendete) Dekoration macht indessen eine Datierung noch in ptolemäische Zeit wahrscheinlich. Die Zuweisung eher an die ptolemäische als römische Zeit macht sich vor allem daran fest, daß Pharao von seiner Gattin begleitet wird, was in römischen Szenen nur selten vorkommt. Es handelt sich teils um bemaltes Relief mit hieroglyphischen Beischriften, teils nur um Vorzeichnungen, vgl. Davoli 2008, 79–82. S. auch dies. im vorliegenden Band.
Im ptolemäischen Tempel des Soknobkonneus von Bakchias („Tempel A") wurden zumindest geringe Reste farbig bemalter Architekturteile aus Stein gefunden: Davoli 1998, 125; zu weiteren, allerdings sehr vagen Anhaltspunkten, daß dieser Tempel innen oder außen mit Steinelementen verkleidet und zumindest teilweise mit Reliefs und Inschriften dekoriert war, s. ebd., 126. Im ptolemäischen Tempel des Pnepheros von Theadelphia Malereien auf Verputz: ebd., 284 und 285.

[112] Zu „Tempel E" vgl. Tassinari und Zecchi 2006, 32. Abgesehen von einigen Spolien existiert „Tempel C" nur noch in den Grundmauern oder wenigen Steinlagen, Anzeichen von Dekoration fanden sich nicht, vgl. Rossetti 2008, 17, 19 mit Anm. 15.

enorm hohen Niveau.[113] Außerdem ist aus dem ersten bis zweiten nachchristlichen Jahrhundert eine zumindest skizzenhafte demotische Beschreibung, wie ein Sobek-Heiligtum von Soknopaiu Nesos zu dekorieren ist, überliefert.[114] Des weiteren hat sich die Kopie eines Türinschriftenentwurfs aus römischer Zeit erhalten.[115]

Vielleicht gar nicht beabsichtigt war eine Außendekoration des südlichen Tempels von Karanis, wie dessen sorgsam in ‚Bossenwerk‘ gearbeitete Außenwände vermuten lassen.[116] Im Inneren des Baus, wie auch im Nordtempel, sind die Wände glatt. Eine Ausgestaltung mit Bildreliefs und Hieroglyphen ist nicht erfolgt, sofern die Dekoration nicht auf eine dünne, heute abgefallene Stuckschicht aufgemalt war. Vielleicht fehlten nach der Reform der Einkommensverhältnisse der Tempel während der frühen Römerzeit im Fayum schlicht die Mittel, die neu gebauten Tempel schließlich auch noch mit Dekoration zu versehen.[117]

Über die materielle Ausstattung der Krokodilgötter-Heiligtümer in der Römerzeit wissen wir nur wenig. Eine wichtige Quelle sind neben archäologischen Funden von Kultgerätschaften die bereits erwähnten γραφαὶ ἱερέων καὶ χειρισμοῦ, Listen der Priester und des Tempelbesitzes. Die Entwicklung der Besitztümer eines Krokodilgötter-

---

[113] Auffällig ist dennoch, daß die bedeutenden Funde religiöser ägyptischer Papyri (demotisch, hieratisch und hieroglyphisch) gerade nur in denjenigen Orten getätigt wurden, deren (ptolemäerzeitliche) Tempel Dekoration aufweisen: Tebtynis und Soknopaiu Nesos. Ob dies einzig dem Überlieferungszufall zuzuschreiben ist oder ein innerer Zusammenhang mit dem Fehlen der Dekoration besteht, muß vorerst offen bleiben.
Zur Tempelbibliothek aus Tebtynis vgl. u.a. den Überblick bei von Lieven 2005; Ryholt 2005; Quack 2006. Für Soknopaiu Nesos: Depauw 1997, 162. Aus Bakchias, Karanis und Dionysias scheint kaum entsprechendes Papyrusmaterial überliefert zu sein. Zu den wenigen Funden von ägyptischen Texten in Karanis s. van Minnen 1995, 45. Aus Dionysias sind mir nur demotische dokumentarische Texte bekannt, vgl. Devauchelle 1985, 103–104 (Ostrakon IFAO 1008 und 1009, ptol.). Eine kleine Anzahl hieratisch und hieroglyphisch beschrifteter Objekte wurde in Bakchias gefunden, vgl. Pernigotti 1997; ders. 1999a; ders. 1999b; ders. 2001; ders. 2003; Capasso 2003, 71–72; Vittmann 1998.
[114] Vittmann 2002/2003. Die Beschreibung bezieht sich auf ein Sanktuar bzw. auf einen Tempelinnenraum inklusive Tür.
[115] Vielleicht für eine Tempeltür, eventuell für die Tür eines Naos: Winter 1967.
[116] Es handelt sich um eine beabsichtigte Art der Mauergestaltung, nicht um ‚ungeglättet‘ gebliebene Flächen, vgl. Rondot 1997, 117–118 Anm. 63.
[117] Ob private Initiative hier fehlende staatliche Unterstützung ausgleichen konnte, bleibt fraglich. Zum langsamen Hinsterben der ägyptischen Tempeln aufgrund mangelnder staatlicher Zuwendungen nach Augustus vgl. Bagnall 1993, 267–268.

Tempels (Kultgeräte) über einen längeren Zeitraum lassen sie jedoch nicht erkennen.[118] Zum einen sind zu wenige Belege dieser Listen bekannt, zum anderen führen sie wohl nur einen Teil des eigentlichen Tempelinventars auf. Wahrscheinlich bilden sie nur einen Soll-Bestand ab und beziehen sich dazu auf den status quo zur Zeit der Einführung solcher Listen in den 60er Jahren des ersten Jahrhunderts n. Chr. als Richtlinie.[119]

6. *Fazit*

Mitunter fällt der Umfang der derzeit bekannten archäologischen und dokumentarischen Befunde zur Lage der Krokodilgötter-Tempel in den einzelnen Fayumorten sehr unterschiedlich aus. Dennoch zeichnet sich insgesamt ein relativ stimmiges Gesamtbild ab: Archäologische Belege für die Förderung der Krokodilkulte, teils in Form von aufwendigen Steinbauten,[120] stammen vor allem aus der frühen Kaiserzeit mit ihrer wirtschaftlich günstigen Lage,[121] während sie aus der späteren Zeit weitgehend fehlen.[122] Außer in Karanis und in Bakchias gibt es im Fayum derzeit keine nachweisbaren Neubauten von Tempelhäusern für Krokodilgötter aus römischer Zeit. Man gewinnt den Eindruck, daß die Kulte bis zu ihrem Untergang im dritten oder frühen vierten Jahrhundert[123] auf Basis der aus der Ptolemäerzeit übernommenen

---

[118] Es stellt sich überhaupt die Frage, ob solche Inventare dazu geeignet sind, Rückschlüsse auf den Wohlstand bestimmter Tempel zu ziehen wie bei Bowman 1996, 180: „inventories of temple property do not suggest that they made great profits or were richly endowed with precious objects."

[119] Burkhalter 1985, 133–134.

[120] Süd- und Nordtempel von Karanis, „Tempel C" von Bakchias; man kann mit Pernigotti 2008, 84, durchaus von einer „Monumentalisierung" dieser Zentren des Krokodilgötter-Kultes sprechen.

[121] Rossetti 2008, 79.

[122] Vgl. dazu Rathbone 1997, 16: „General elaboration of buildings, including temples, in the late first to second centuries AD, and then a dramatic change in the public aspect of settlements from the fourth/fifth century onwards as Christianity brought an amazing proliferation of churches." Im frühen ersten Jahrhundert n. Chr., insbesondere unter Augustus, zeigt sich eine rege Bau-, Dekorations- und Restaurationstätigkeit in Ägypten insgesamt, vgl. Hölbl 2000, 25ff.; Kákosy 1995, 2904–2905; Menchetti 2008, 32–33.

[123] Trotz lokaler Anzeichen von Stagnation oder Niedergang während der mittleren Römerzeit wurden die Krokodilgötter-Tempel anscheinend erst im späteren dritten oder frühen vierten Jahrhundert n. Chr. aufgegeben, so jedenfalls das Bild, das die Archäologie zeichnet: der Tempel des Pnepheros in Theadelphia vielleicht erst Mitte des 4. Jh. n. Chr., vgl. Davoli 1998, 285. Die Siedlungsschichten von Bakchias reichen

oder in der frühen Römerzeit neu geschaffenen Tempelhäuser bestanden.[124] Gleichzeitig lassen die dokumentarischen Quellen im Laufe des zweiten Jahrhunderts eine stärkere staatliche Reglementierung, in Bakchias sogar eine Krise der Krokodilgötter-Kulte erkennen. Dies paßt gut zu dem allgemeinen Befund, daß wir ab dem zweiten Jahrhundert keine größeren Bauprojekte mehr für die Krokodilgötter-Tempel des Fayum nachweisen können. Durch neue Texte und Grabungsergebnisse mögen sich hier noch Spezifizierungen in den Details ergeben. Am Gesamtbild, nach dem die Blütezeit der Sobek-Kulte des römischen Fayum vor allem im ersten Jahrhundert und in den ersten Jahrzehnten des zweiten Jahrhunderts lag,[125] wird sich vermutlich aber wenig ändern.

Bibliographie

Arnold, D. 1999. *Temples of the last pharaohs.* New York.

Aubert, J.-J. 1991. The appointment of temple personnel in the second century AD: P.Col.Inv. 438. *BASP* 28: 101–120.

Audebeau, Ch. 1917. Les toitures du temple de Kasr-el-Karoun, la ville détruite environnant le sanctuaire et le Lac Karoun. *BIE* 11, 5. Ser.: 171–194.

Bagnall, R. S. 1988. Combat ou vide: christianisme et paganisme dans l'Égypte romaine tardive. *Ktèma* 13: 285–296.

---

vermutlich vom 3. Jh. v.Chr bis in das späte 3./frühe 4. Jh. n. Chr.: Davoli 2000, 15. Soknopaiu Nesos, und damit auch der Krokodilgott-Tempel, scheint aus wirtschaftlichen Gründen vergleichsweise früh verlassen worden zu sein (etwa Mitte des 3. Jh. n. Chr.), s. dazu van Minnen 1995, 42–44; s. jedoch auch Davoli 2008, 83, und dies., im vorliegenden Band. Zum generellen Niedergang paganer Kulte ab Mitte des 3. Jh. n. Chr. vgl. Bagnall 1988, 287ff. Seit dieser Zeit versiegen auch die direkten Quellen zu den Einkünften der Tempel, vgl. Zucker 1956, 169–170. Gazda 1983, 45 Anm. 64: Süd- und Nordtempel von Karanis wurden im frühen 4. respektive Mitte des 3. Jh. n. Chr. verlassen.

[124] Die Datierung des Nordtempels von Karanis unter Marc Aurel durch Arnold ist rein hypothetisch, s. oben S. 220. Im Vergleich zur Ptolemäerzeit scheinen im römischen Ägypten ohnehin nur wenige Tempel errichtet worden zu sein, vgl. Kákosy 1995, 2917. Förderung der Tempel unter Augustus und seinen unmittelbaren Nachfolgern, dann rapider Rückgang der Bau-, Dekorations- und Restaurationsaktivitäten; aus dem Fayum gibt es nach der Zeit des Commodus überhaupt keine heidnischen Kultinschriften irgendwelcher Art mehr, vgl. Bagnall 1993, 262–263.

[125] Ihren Status als „Tempel erster Ordnung" bzw. „erster Klasse" (ἱερὰ λόγιμα) bewahrten manche Sobek-Heiligtümer im Fayum noch bis weit in das 2. Jh., etwa der Tempel des Soknobraisis von Bakchias, der vermutlich in BGU XIII 2215 (113/114 n. Chr.; s. Kommentar Brashear, S. 7–8) und noch in P.Bacch. 3, Z. 4 (171 n. Chr.) unter dieser Bezeichnung läuft. Was genau mit dieser Klassifizierung gemeint ist, bleibt noch zu klären, vgl. Kommentar Andrea Jördens in P.Louvre I, S. 11, zu Z. 7. S. auch Pernigotti 2000b, 76–77.

—— 1993. *Egypt in late antiquity.* Princeton.

—— und D. W. Rathbone. 2004. *Egypt. From Alexander to the Copts. An archaeological and historical guide.* London.

Barzanò, A. 1988. Tiberio Giulio Alessandro, Prefetto d'Egitto (66/70). *ANRW* II.10.1: 518–580.

Bastianini, G. 1988. Il prefetto d'Egitto (30 a. C. – 297 d. C.): Addenda (1973 – 1985). *ANRW* II.10.1: 503–517.

Berlin, A. M. 1983. The rural economy. In *Karanis. An Egyptian town in Roman times. Discoveries of the University of Michigan Expedition to Egypt (1924–1935),* ed. E. K. Gazda, 8–18. Ann Arbor.

Bernand, É. 1979. Épigraphie grecque et histoire des cultes au Fayoum. In *Hommages à la mémoire de Serge Sauneron 1927–1976.* II: *Égypte post-pharaonique.* BdE 82, 57–76. Le Caire.

Boak, A. E. R. (ed.). 1933. *Karanis. The temples, coin hoards, botanical and zoölogical reports, season 1924–31.* University of Michigan studies: Humanistic Series 30. Ann Arbor.

Bowman, A. K. 1996. *Egypt after the pharaohs 332 BC – AD 642, from Alexander to the Arab conquest.* 2nd. ed. London.

Bureth, P. (†). 1988. Le préfet d'Égypte (30 av. J.C. – 297 ap. J.C.): Etat présent de la documentation en 1973. *ANRW* II.10.1: 472–502.

Burkhalter, F. 1985. Le mobilier des sanctuaires d'Égypte et les „Listes des prêtres et du cheirismos". *ZPE* 59: 123–134.

Capasso, M. 1995. Catalogo dei papriri di Bakchias, I: i PBakchias 1–100. In *Bakchias* II. *Rapporto preliminare della campagna di scavo del 1994.* Monografie di SEAP, Series Maior 2, eds. S. Pernigotti und M. Capasso, 145–177. Pisa.

—— 2003. Gli ostraka della Campagna del 2001. In *Bakchias* IX. *Rapporto preliminare della campagna di scavo del 2001.* Missione Congiunta delle Università di Bologna e di Lecce in Egitto, Monografie 4, eds. S. Pernigotti, M. Capasso und P. Davoli, 71–79. Imola.

Chalon, G. 1964. *L'édit de Tiberius Julius Alexander. Étude historique et exégétique.* Bibliotheca Helvetica Romana V. Olten.

Colin, F. 2004. Un temple en activité sous Domitien au Kôm al-Cheikh AHmad (BaHariya) d'après une dédicace grecque récemment découverte. *BIFAO* 104.1: 103–133.

Daris, S. 1997. Urbanistica pubblica dei villaggi dell'Arsinoite. In *Archeologia e papiri nel Fayyum. Storia della ricerca, problemi e prospettive. Atti del convegno internazionale, Siracusa, 24 – 25 maggio 1996.* Quaderni del Museo del Papiro 8, ed. C. Basile, 173–196. Syrakus.

Davoli, P. 1998. *L'archeologia urbana nel Fayyum di età ellenistica e romana.* Missione Congiunta delle Università di Bologna e di Lecce in Egitto, Monografie 1. [Napoli].

—— 2000. Sei anni di scavo a Bakchias (1993–1998): Bilancio archeologico. In *Da Ercolano all'Egitto. Il ricerche varie di papirologia.* PapLup 8, ed. M. Capasso, 11–26. Galatina.

—— 2005a. Examples of town planning in the Fayyum. *BASP* 42: 213–233.

—— 2005b. New excavations at Soknopaiu Nesos: the 2003 Season. In *Tebtynis und Soknopaiu Nesos. Leben im römerzeitlichen Fajum. Akten des Internationalen Symposions vom 11. bis 13. Dezember 2003 in Sommerhausen bei Würzburg,* eds. S. L. Lippert und M. Schentuleit, 213–233. Wiesbaden.

—— 2007. The temple area of Soknopaiu Nesos. In *New archaeologica and papyrological researches on the Fayyum. Proceedings of the International Meeting of Egyptology and Papyrology, Lecce, June 8th – 10th 2005.* PapLup 14, eds. M. Capasso und P. Davoli, 95–124. Galatina.

———— 2008. Nuovi risultati dalle Campagne di Scavo 2004 – 2006 a Soknopaiou Nesos (Egitto). In *Graeco-Roman Fayum – texts and archaeology. Proceedings of the Third International Fayum Symposion, Freudenstadt, May 29–June 1, 2007*, eds. S. Lippert und M. Schentuleit, 75–92. Wiesbaden.

Demougin, S. 2006. Archiereus Alexandreae et totius Aegypti: un office profane. In *Pouvoir et religion dans le monde romain. En hommage à Jean-Pierre Martin*, eds. A. Vigourt, X. Loriot, A. Berenger-Badel und B. Klein, 513–519. Paris.

Depauw, M. 1997. *A companion to Demotic studies*. PapBrux 28. Bruxelles.

Devauchelle, D. 1985. Quelques ostraca démotiques déposés à l'IFAO. *BIFAO* 85: 99–104.

el-Abbadi, M. 1967. The edict of Tiberius Julius Alexander. Remarks on its nature and aim. *BIFAO* 65: 215–226.

Evans, J. A. S. 1961. *A social and economic history of an Egyptian temple in the Greco-Roman period*. YCS 17. New Haven.

Frankfurter, D. 1998. *Religion in Roman Egypt. Assimilation and resistance*. Princeton.

Gallazzi, C. und G. Hadji-Minaglou. 2006. Tebtynis. *BIFAO* 106: 362–363.

Gallo, P. 1992. The wandering personnel of the temple of Narmuthis in the Faiyum and some toponyms of the Meris of Polemon. In *Life in a multi-cultural society: Egypt from Cambyses to Constantine and beyond*. SAOC 51, ed. J. H. Johnson, 119–131. Chicago.

Gardiner, A. H. 1948a. *The Wilbour Papyrus. II: Commentary*. Oxford.

———— 1948b. *The Wilbour Papyrus. III: Translation*. Oxford.

Gazda, E. K. 1983. The temples and the Gods. In *Karanis. An Egyptian town in Roman times. Discoveries of the University of Michigan Expedition to Egypt (1924–1935)*, ed. E. K. Gazda, 32–45. Ann Arbor.

Gilliam, E. H. 1947. *The archives of the temple of Soknobraisis at Bacchias*. YCS 10. New Haven.

Golvin, J-C. und J. Larronde. 1982. Étude des procédés de construction dans l'Égypte ancienne, I: L'édification des murs de grès en grand appareil à l'époque romaine. *ASAE* 68: 165–190.

Hagedorn, D. 2007. Kassen (λογευτήρια) der ptolemäischen Staatsbanken mit Zuständigkeit für Merides des Arsinoites. *ZPE* 160: 175–180.

Heinen, H. 1994. Ägyptische Tierkulte und ihre hellenischen Protektoren. Überlegungen zum Asylieverfahren SB III 6154 (= IG Fay. II 135) aus dem Jahre 69 v. Chr. In *Aspekte spätägyptischer Kultur. Festschrift für Erich Winter zum 65. Geburtstag*. AegTrev 7, eds. M. Minas und J. Zeidler, 157–168. Mainz.

Hölbl, G. 2000. *Altägypten im Römischen Reich. Der römische Pharao und seine Tempel. I: Römische Politik und altägyptische Ideologie von Augustus bis Diocletian, Tempelbau in Oberägypten*. Mainz.

———— 2005. *Altägypten im Römischen Reich. Der römische Pharao und seine Tempel. III: Heiligtümer und religiöses Leben in den ägyptischen Wüsten und Oasen*. Mainz.

Huß, W. 1994. *Der makedonische König und die ägyptischen Priester. Studien zur Geschichte des ptolemaiischen Ägypten*. Historia Einzelschriften, Heft 85. Stuttgart.

Husson, G. und D. Valbelle. 1992. *L'état et les institutions en Égypte des premiers pharaons aux empereurs romains*. Paris.

Johnson, J. H. 1986. The role of the Egyptian priesthood in Ptolemaic Egypt. In *Egyptological studies in honor of Richard A. Parker. Presented on the occasion of his 78th birthday, december 10, 1983*, ed. L. H. Lesko, 70–84. Hanover.

Jördens, A. 2005. Griechische Papyri in Soknopaiu Nesos. In *Tebtynis und Soknopaiu Nesos. Leben im römerzeitlichen Fajum. Akten des Internationalen Symposions vom 11. bis 13. Dezember 2003 in Sommerhausen bei Würzburg*, eds. S. L. Lippert und M. Schentuleit, 41–56. Wiesbaden.

———— 2007. Arsinoitische Landregister aus der Antoninenzeit. In *New archaeological and papyrological researches on the Fayyum. Proceedings of the International Meeting of Egyptology and Papyrology, Lecce, June 8th – 10th 2005.* PapLup 14, eds. M. Capasso und P. Davoli, 135–144. Galatina.

Kákosy, L. 1995. Probleme der Religion im römerzeitlichen Ägypten. In *ANRW* II.18.5: 2894–3049.

Kessler, D. 1989. *Die Heiligen Tiere und der König.* I: *Beiträge zu Organisation, Kult und Theologie der spätzeitlichen Tierfriedhöfe.* ÄAT 16. Wiesbaden.

Knudtzon, E. J. 1946. *Bakchiastexte und andere Papyri der Lunder Papyrussammlung (PLundUnivBibl 4).* Lund.

Kockelmann, H. 2008. Sobek doppelt und dreifach. Zum Phänomen der Krokodil- götterkonstellationen im Fayum und in anderen Kultorten Ägyptens. In *Graeco- Roman Fayum – texts and archaeology. Proceedings of the Third International Fayum Symposion, Freudenstadt, May 29–June 1, 2007,* eds. S. Lippert und M. Schentuleit, 153–164. Wiesbaden.

———— und St. Pfeiffer. 2009. Betrachtungen zur Dedikation von Tempeln und Tempelteilen in ptolemäischer und römischer Zeit. In „*… vor dem Papyrus sind alle gleich!" Papyrologische Beiträge zu Ehren von Bärbel Kramer.* APF-Beiheft 27, eds. R. Eberhard, H. Kockelmann, St. Pfeiffer und M. Schentuleit, 93–104. Berlin.

Kruse, Th. 1999. Κατάκριμα – Strafzahlung oder Steuer? Überlegungen zur Steuer- erhebung im römischen Ägypten in iulisch-claudischer Zeit anhand von P.Oxy. XLI 2971, SB XIV 11381, SPP IV p. 70–71, BGU VII 1613 und OGIS II 669. *ZPE* 124: 157–190.

———— 2002. *Der Königliche Schreiber und die Gauverwaltung. Untersuchungen zur Verwaltungsgeschichte Ägyptens in der Zeit von Augustus bis Philippus Arabs (30 v. Chr. – 245 n. Chr.).* APF-Beiheft 11.2. München.

Lembke, K. 2004. *Ägyptens späte Blüte. Die Römer am Nil.* Mainz.

Lewis, N. 1983. *Life in Egypt under Roman rule.* Oxford.

———— 1997. *The compulsory public services of Roman Egypt.* PapFlor 28. 2nd. ed. Firenze.

Lippert, S. 2007. Die Abmachungen der Priester: Einblicke in das Leben und Arbeiten in Soknopaiou Nesos. In *New archaeological and papyrological researches on the Fayyum. Proceedings of the International Meeting of Egyptology and Papyrology, Lecce, June 8th – 10th 2005.* PapLup 14, eds. M. Capasso und P. Davoli, 145–155. Galatina.

———— und M. Schentuleit. 2005. Die Tempelökonomie nach den demotischen Texten aus Soknopaiu Nesos. In *Tebtynis und Soknopaiu Nesos. Leben im römerzeitlichen Fajum. Akten des Internationalen Symposions vom 11. bis 13. Dezember 2003 in Sommerhausen bei Würzburg,* eds. S. L. Lippert und M. Schentuleit, 71–78. Wiesbaden.

———— und M. Schentuleit. 2006. *Quittungen. Demotische Dokumente aus Dime II.* Wiesbaden.

Mathieu, B. 2004. Travaux de l'Institut français d'archéologie orientale en 2003–2004. *BIFAO* 104.2: 585–762.

Menchetti, A. 2008. Aspetti della politica religiosa di Roma in Egitto. In *Sacerdozio e società civile nell'Egitto antico. Atti del terzo Colloquio Bologna – 30/31 maggio 2007.* Archeologia e Storia della Civiltà Egiziana e del Vicino Oriente Antico, Materiali e Studi 14, eds. S. Pernigotti und M. Zecchi, 31–52. Imola.

Monson, A. 2005. Sacred land in Ptolemaic and Roman Tebtunis. In *Tebtynis und Soknopaiu Nesos. Leben im römerzeitlichen Fajum. Akten des Internationalen Symposions vom 11. bis 13. Dezember 2003 in Sommerhausen bei Würzburg,* eds. S. L. Lippert und M. Schentuleit, 79–91. Wiesbaden.

Otto, W. 1908. *Priester und Tempel im hellenistischen Ägypten. Ein Beitrag zur Kulturgeschichte des Hellenismus*. Band II. Leipzig.

Pernigotti, S. 1997. Bakchias IV: le iscrizioni geroglifiche. In *Bakchias* IV. *Rapporto preliminare della campagna di scavo del 1996*. Monografie di SEAP, Series Maior 4, eds. S. Pernigotti und M. Capasso, 53–62. Pisa.

—— 1999a. Un frammento di raffigurazione religiosa egiziana da Bakchias. In *Bakchias* VI. *Rapporto preliminare della campagna di scavo del 1998*. Monografie di SEAP, Series Maior 6, eds. S. Pernigotti, M. Capasso und P. Davoli, 81–86. Pisa.

—— 1999b. Una nuova iscrizione geroglifica da Bakchias. In *Bakchias* VI. *Rapporto preliminare della campagna di scavo del 1998*. Monografie di SEAP, Series Maior 6, eds. S. Pernigotti, M. Capasso und P. Davoli, 87–91. Pisa.

—— 2000a. Gli dèi di Bakchias: note introduttive. In *Gli dèi di Bakchias e altri studi sul Fayyum di età tolemaica e romana*. Archeologia e storia della civiltà egiziana e del vicino oriente antico, Materiali e studi 5, 11–29. Imola.

—— 2000b. I templi di Bakchias. In *Gli dèi di Bakchias e altri studi sul Fayyum di età tolemaica e romana*. Archeologia e storia della civiltà egiziana e del vicino oriente antico, Materiali e studi 5, 71–80. Imola.

—— 2000c. Tre Sobek del Fayyum. In *Gli dèi di Bakchias e altri studi sul Fayyum di età tolemaica e romana*. Archeologia e storia della civiltà egiziana e del vicino oriente antico, Materiali e studi 5, 81–88. Imola.

—— 2001. Ostraka demotici da Bakchias (OBakchias D 3–8). In *Bakchias* VIII. *Rapporto preliminare della campagna di scavo del 2000*. Missione Congiunta delle Università di Bologna e di Lecce in Egitto, Monografie 3, eds. S. Pernigotti, M. Capasso und P. Davoli, 65–74. Imola.

—— 2003. Varia da Bakchias. In *Bakchias* IX. *Rapporto preliminare della campagna di scavo del 2001*. Missione Congiunta delle Università di Bologna e di Lecce in Egitto, Monografie 4, eds. S. Pernigotti, M. Capasso und P. Davoli, 81–85. Imola.

—— 2005. Gli scavi dell'Università di Bologna in Egitto: le campagne del 2005. *Aegyptus* 85: 365–374.

—— 2006. Non solo coccodrilli: Isis a Bakchias. In *Il coccodrillo e il cobra. Aspetti dell'universo religioso egiziano nel Fayyum e altrove. Atti del colloquio Bologna – 20/21 aprile 2005*. Archeologia e storia della civiltà egiziana e del vicino oriente antico, Materiali e studi 10, eds. S. Pernigotti und M. Zecchi, 209–218. Imola.

—— 2008. Il dio del tempio C. In *Il tempio C di Bakchias*. Archeologia e storia della civiltà egiziana e del vicino oriente antico, Materiali e studi 12, ed. I. Rossetti, 81–84. Imola.

Pfeiffer, St. 2004. *Das Dekret von Kanopos (238 v. Chr.). Kommentar und historische Auswertung eines dreisprachigen Synodaldekretes der ägyptischen Priester zu Ehren Ptolemaios' III. und seiner Familie*. APF-Beiheft 18. München.

Preisigke, F. 1925. *Wörterbuch der griechischen Papyrusurkunden mit Einschluß der griechischen Inschriften, Aufschriften, Ostraka, Mumienschilder usw. aus Ägypten*. I: *A–K*. Berlin.

Quack, J. F. 2006. Die hieratischen und hieroglyphischen Papyri aus Tebtynis – ein Überblick. In *Hieratic Texts from the Collection*. The Carlsberg Papyri 7. CNI Publications 30, ed. K. Ryholt, 1–7. Copenhagen.

Rathbone, D. 1997. Surface survey and the settlement history of the Ancient Fayum. In *Archeologia e papiri nel Fayyum. Storia della ricerca, problemi e prospettive. Atti del convegno internazionale, Siracusa, 24 - 25 maggio 1996*. Quaderni del Museo del Papiro 8, ed. C. Basile, 7–20. Siracusa.

Rondot, V. 1997. Le temple de Soknebtynis à Tebtynis. In *Archeologia e papiri nel Fayyum. Storia della ricerca, problemi e prospettive. Atti del convegno internazio-*

nale, Siracusa, 24 – 25 maggio 1996. Quaderni del Museo del Papiro 8, ed. C. Basile, 103–121. Siracusa.

—— 2004. *Le temple de Soknebtynis et son dromos*. Tebtynis II. FIFAO 50. Le Caire.

Rossetti, I. 2008. *Il tempio C di Bakchias*. Archeologia e storia della civiltà egiziana e del vicino oriente antico, Materiali e studi 12. Imola.

Rupprecht, H.-A. 1994. *Kleine Einführung in die Papyruskunde*. Darmstadt.

Ryholt, K. 2005. On the contents and nature of the Tebtunis temple library. A status report. In *Tebtynis und Soknopaiu Nesos. Leben im römerzeitlichen Fajum. Akten des Internationalen Symposions vom 11. bis 13. Dezember 2003 in Sommerhausen bei Würzburg*, eds. S. L. Lippert und M. Schentuleit, 141–170. Wiesbaden.

Stead, M. 1984. A model to facilitate the study of temple administration in Graeco-Roman Egypt. In *Atti del XVII Congresso Internazionale di Papirologia*. III, 1045–1052. Napoli.

Tassinari, C. 2006. Gli edifici templari nell'evoluzione urbanistica di Bakchias. In *Il coccodrillo e il cobra. Aspetti dell'universo religioso egiziano nel Fayyum e altrove. Atti del colloquio Bologna – 20/21 aprile 2005*. Archeologia e storia della civiltà egiziana e del vicino oriente antico, Materiali e studi 10, eds. S. Pernigotti und M. Zecchi, 133–151. Imola.

—— und P. Buzi. 2008. Bakchias XV. Rapporto preliminare della Campagna di scavo 2006. *Ricerche di Egittologia e di Antichità Copte* 9 (2007): 21–45.

—— und M. Zecchi. 2006. The sacred area of Bakchias. *EgArch* 29: 30–32.

Thompson, D. J. 1988. *Memphis under the Ptolemies*. Princeton.

van Minnen, P. 1995. Deserted villages: two late antique town sites in Egypt. *BASP* 32: 41–56.

Vittmann, G. 1998. L'iscrizione demotica. In *Bakchias V. Rapporto preliminare della campagna di scavo del 1997*. Monografie di SEAP, Series Maior 5, eds. S. Pernigotti und M. Capasso, 85–86. Pisa.

—— 2002/2003. Ein Entwurf zur Dekoration eines Heiligtums in Soknopaiu Nesos (pWien D 10100). *Enchoria* 28: 106–136.

von Lieven, A. 2005. Religiöse Texte aus der Tempelbibliothek von Tebtynis – Gattungen und Funktionen. In *Tebtynis und Soknopaiu Nesos. Leben im römerzeitlichen Fajum. Akten des Internationalen Symposions vom 11. bis 13. Dezember 2003 in Sommerhausen bei Würzburg*, eds. S. L. Lippert und M. Schentuleit, 57–70. Wiesbaden.

Wagner, G. und S. A. A. el-Nassery. 1975. Une nouvelle dédicace au grand dieu Soxis. *ZPE* 19: 139–142.

Whitehorne, J. 1995. The pagan cults of Roman Oxyrhynchus. In *ANRW* II.18.5: 3050–3091.

Winter, E. 1967. Der Entwurf für eine Türinschrift auf einem ägyptischen Papyrus (Papyrus Aeg. 9976 der Papyrus-Sammlung der Österreichischen Nationalbibliothek). In *NAWG, Philos.-hist. Kl.*, Jahrgang 1967, Nr. 3: 74–77.

Zucker, F. 1956. Priester und Tempel in Ägypten in den Zeiten nach der decianischen Christenverfolgung. In *Akten des VIII. Internationalen Kongresses für Papyrologie, Wien 1955*, 167–174. Wien.

THE PETOSIRIS-NECROPOLIS OF TUNA EL-GEBEL

Katja Lembke

> "Wanderer—do not pass me in silence,
> me, the son of Epimachos! Stay—the stench of
> unpleasant cedar resin shall not bother me. Remain
> and listen a bit to the good smelling deceased."
>
> Inscription on a tomb pillar at Tuna el-Gebel[1]

From an early date, Khemenu, the Greek Hermupolis magna, was the capital of the 15th Nome of Upper Egypt, and an important religious centre on the borders of Upper and Lower Egypt. Known for the temple of Thoth, the god of magic and wisdom, and the Hermupolitan Ogdoad representing the world before creation, the town on the western shore of the Nile flourished during the Pharaonic period.[2]

The cultic worship took place either in the monumental temple of Thoth in the city centre or at the edge of the desert. Since the Late Period mummies of different animals—among them ibises and pavians as representations of the god Thoth and birds of all kinds—were buried in underground galleries at the site of modern Tuna el-Gebel.[3] Most probably big preserves and breeding stations of animals, especially of birds, were situated in the same area. A remnant of these stations is a tall saqiya built during the Roman period in the second court of the so-called temple of Thoth.[4]

While in the first periods the tombs of the nobles of Hermopolis were buried on the east shore of the Nile at the necropolises of Sheikh Said and Bersheh, since the New Kingdom burials took place at the edge of the western desert (fig. 1). The earliest tombs of considerable size, however, started to be built no earlier than in the late 4th century

---

[1] See Bernand 1999, 160–162 no. 71. St. Pfeiffer prepares a new interpretation of the inscription.

[2] See the article „Hermopolis" in Redford 2001, 94–97 (D. Kessler).

[3] See recently Kessler and Nur el-Din 2002, 36–38; Kessler and Nur el-Din 2005, 120–163; von den Driesch et al. 2005, 203–244.

[4] Badawy 1956, 257–266.

Fig. 1: View of the necropolis from the western mountain (photo: K. Lembke).

BC. Their owners were priests of the god Thoth, Djed-Thoth-iu-ef-
ankh and his brother Petosiris.[5] While the first one erected his temple-
like tomb in the north near the area of the animal necropolis, Petosiris
chose a place about 200 m to the south near a western enclosure, the
so-called temple of Thoth.[6] During the 3rd and presumably also the 2nd
century BC his tomb became a pilgrimage centre where visitors left
several Greek inscriptions.[7] Already in this period first sepulchres
were built *ad sanctum* like the stone building of Padikam east of
Petosiris.[8] These constructions were situated along a processional way
leading from the Nile valley to the temple of Thoth.[9]

---

[5] For the tomb of Djed-Thoth-iu-ef-ankh cf. Sabottka 1983, 147–151. For the tomb
of Petosiris cf. Lefebvre I–III 1923–24.

[6] For the tombs north of Petosiris cf. the article of M. Flossmann and A. Schütze
in this book.

[7] Lefebvre I 1924, 21–25.

[8] Cf. Gabra et al. 1941, 11–37.

[9] Cf. the processional way of the 'Beautiful Feast of the Valley' at Western Thebes
and the orientation of the tombs of the Late Period of the Asasif along that way: Eigner
1984, fig. 67. This feast was still held in the Ptolemaic and Roman period, as is indicated by Greek inscriptions and papyri from Thebes: Bataille 1952, 89.

As a result of recent excavations by Munich University and the SCA three of these processional ways or *dromoi* are known (plate XXVII): Along the first one in the North leading presumably to an entrance to the galleries a temple-like structure has come to light during an excavation of the SCA by Fathi Awad Riyad in 2008; along the second one leading to the temple of Osiris Pavian (according to D. Kessler) the tomb of Djed-Thoth-iu-ef-ankh and a pyramidal tomb of the Roman period were situated (see the article of M. Flossmann and A. Schütze in this book);[10] the third one, finally, passed near the tombs of Petosiris and Padikam.

During the following centuries we observe an increasing building activity south of the tomb of Petosiris combined with an urbanisation of the area (fig. 2). The ground plan followed generally an orthogonal structure with broad roads leading from East to West, while the southbound streets were rather narrow.

In 2004 we started to analyse the mud brick houses with painted decoration, drawing on the documentation of Trier University between the 70ies and the 90ies of the last century. This project, headed by Katja Lembke and Jana Helmbold-Doyé, is sponsored by the German Research Foundation and based at the Roemer- and Pelizaeus-Museum Hildesheim. Already at an early stage, however, it became obvious that the paintings belong to buildings with two or three storeys built one after the other. Furthermore, we also needed to consider the neighbouring buildings in order to receive a relative chronology of the building activity and the wall paintings as well. As a consequence an architectural survey of the site was initiated and carried out by a team of architects and land surveyors from Cottbus University (fig. 3). A first report of the seasons 2004 to 2006 was published in 2007.[11] Since 2007 geophysicists from Kiel University have joined the team in order to receive information about the size of the necropolis and the type of burials around the excavated area.

---

[10] Kessler et al. 2008.
[11] Lembke et al. 2007, 71–127.

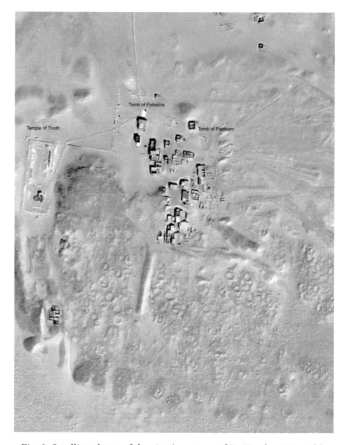

Fig. 2: Satellite photo of the site (courtesy of D. Kessler, Munich).

Types of Tombs

Although the phases of construction are quite complicated and difficult to analyse, some tendencies have been stated.[12]

First of all, we acknowledge three types of tombs: the first one consists of stone buildings called 'temples'; the second type, the so-called
'houses', built with mud bricks and burnt bricks for the elements such

---

[12] S. Gabra was very eager to restore the excavated buildings in order to conserve
them. For this purpose he used material from collapsing buildings that makes it rather
difficult to differentiate the old from the restored walls.

Fig. 3: Plan of the necropolis (©BTU Cottbus, Institut für Baugeschichte).

Fig. 4: Temple-tombs nos. 10-12 (GB 60, 57, 61) and house-tomb no. 17 (GB 59)
(photo: D. Johannes, 1973).

as doorways or staircases,[13] has accessible rooms; thirdly, there are tomb pillars of different sizes made of stone or mud bricks.

E. Drioton preferred the idea that the stone 'temples' were Ptolemaic, while the mud brick 'houses' were Roman.[14] This hypothesis, however, has to be rejected, as there are certainly stone buildings of Greek style dating to the Roman period.[15] Furthermore there are tombs made of stone next to structures of mud brick that are surely younger in date (fig. 4).[16]

Analysing the entire group of tombs built of stone, we observe a clear difference between the building technique of the first tombs, belonging to priests such as Petosiris or Padikam, and the 'temples' in the south. While the tombs of the early Ptolemaic period consist of big stones with reliefs and/or a cleaned surface, the later ones were built with considerably smaller blocks having a rough surface (fig. 5). As most of the façades show no traces of plaster, it seems obvious that the

[13] For the used materials cf. A. Druzynski-von Boetticher and C. Wilkening, in: Lembke et al. 2007, 92.

[14] Gabra and Drioton 1954, 13.

[15] E.g. GB 15 (T 5), GB 57 (T 11) and GB 61 (T 12).

[16] Cf. K. Lembke, in: Lembke et al. 2007, 80–81 fig. 7.

Fig. 5: Temple-tombs nos. 2 and 3 (photo: K. Lembke).

bossages were intentional and not covered with another layer.[17] Although in Egypt the majority of buildings with an intended rustica masonry dates to the Roman period,[18] we observe the same feature already in the case of the Ptolemaic temple of Renenutet at Medinet Madi.[19] Furthermore, a first survey of the architectural decoration by U. Fauerbach (German Archaeological Institute Cairo) came to the result that the two- and three-storey lily capitals of GB 14 (T 4) (fig. 6)

---

[17] Another argument for a later construction of the stone temples south of the Petosiris tomb is the size of the blocks. While Petosiris and his contemporaries of the early Ptolemaic age built their tombs with large blocks of about 1 m length and 40 cm height, the successors used blocks of considerably smaller size. Combined with these tendencies is also a change of the construction technique, as for the earlier buildings ramps were needed, while smaller blocks—like the *talatat* used during the Amarna period—made the building process easier.

[18] E.g. Kalabsha, Augustan temple (Arnold 1999, fig. 250); Karanis, Neronian southern temple (Arnold 1999, fig. 219); Dionysias, Iulio-Claudian temple of Sobek (Arnold 1999, fig. 220); Deir el-Hagar, Neronian temple (Arnold 1999, fig. 224); Medinet Habu, porticus of Antoninus Pius (Arnold 1999, fig. 150).—According to D. Arnold the rustica masonry is a "gradual infiltration of Roman building elements" (Arnold 1999, 254).

[19] Arnold 1999, 160 fig. 106.

Fig. 6: Capitals of the temple-tomb no. 4 (GB 14) (photo: K. Lembke).

Fig. 7: Capitals of the temple-tomb no. 1 (GB 48) (photo: K. Lembke).

and GB 48 (T 1) (fig. 7) belong to the middle or late Ptolemaic period.[20] It seems obvious, therefore, that the construction work of the later

---

[20] Cf. Haneborg-Lühr 1992, 125–152. U. Fauerbach will present her results in a separate article.

Fig. 8: Temple-tomb no. 1 (GB 48) (photo: K. Lembke).

temples did not remain unfinished by chance, but on purpose—not according to Egyptian principles, but in compliance with Greek or Roman masonry.

The high podium of GB 48 (T 1) (fig. 8), finally, leads to the idea of a Roman podium temple at first. As the style of the columns and their capitals does not confirm this hypothesis, the type is more likely to correspond to the Ptolemaic temple for Opet at Karnak, begun under Nectanebo I, continued under Ptolemy III and finished under Ptolemy VIII:[21] The Osiris crypt of this temple was transformed into burials in the floor at Tuna el-Gebel, the idea of a primordial hill and of rebirth fitting in perfectly with the identification of the dead person as Osiris. Therefore it seems more probable to place GB 48 in the Egyptian tradition instead of understanding it as an example of Roman architecture.

Although the stone 'temples' were built during the Ptolemaic and the Roman period, not one tomb of mud brick can be dated before the beginning of Roman supremacy so far. The earliest example seems to be GB 29 (M 21) being constructed and decorated at the beginning of the first century AD.[22] The end of the funeral tradition, at last, is

---

[21] Arnold 1999, 164–166, 197 figs. 110–111.

[22] Cf. Riggs 2005, 129–139.—The author of this article will discuss this statement in the context of the forthcoming publication of the tomb of Siamun in Siwa Oasis belonging approximately to the same period.

Fig. 9: Mudbrick-pillar of a certain Hermokrates (photo: D. Johannes, 1973).

marked by pottery found in the houses. According to the analysis of Jana Helmbold-Doyé the latest examples date back to the 4th or 5th century AD defining the end of burials as well as of visits at the tomb (see her contribution in this volume).

As a third type we have to take into consideration the tomb pillars. Famous ones are the monuments of the son of Epimachos or a certain Hermokrates (fig. 9) made of mud brick.[23] Some of the monuments built of stone show an outlay that allows one or more bodies to be placed inside. In the area west of the tomb of Petosiris there are single tombs allowing only one mummy to be placed in, while tombs with a vaulted or pyramidal roof offered enough room for two or three burials.[24] The mud brick pillars, on the other hand, are considerably narrower in size and do not allow a body to be put inside (see below the chapter "types of burials").

---

[23] Son of Epimachos: Bernand 1999, 160–162 no. 71; Hermokrates: Bernand 1999, 174–176 no. 80. The pillar of Hermokrates is not "disparu" as Bernand states, but well preserved inside a protective building.

[24] For a vaulted roof: stone tomb in the forecourt of GB 3 (fig. 10); for a pyramidal tomb: Kessler et al. 2008, passim.

Fig. 10: Stone tomb in the forecourt of GB 3 (photo: K. Lembke).

Architecture

Considering the architecture of the stone 'temples' and the mud brick 'houses' we observe a development from a T-shape construction to rectangular buildings with two rooms. While the three stone buildings of Djed-Thoth-iu-ef-ankh, Petosiris or Padikam represent the early form,[25] only one tomb of mud brick, GB 29 (M 21), exemplifies this type so far. A rectangular shape with two rooms, however, is the most common type both of tombs built of stone and of mud brick. A later architectural element was a columnar hall at the front.[26] Also of a later date are one-room tombs, represented by several mud brick 'houses', but so far by one stone 'temple' only.[27]

Beside the horizontal extension of the necropolis, the people from Hermopolis started to re-use older stone buildings covering them with a layer of mud brick.[28] In the stone temples and also in some mud

[25] Cf. as well tomb no. 2 of the Munich excavation: Kessler et al. 2008, 14–18.

[26] Stone buildings: e.g. GB 57 (T 11), GB 61 (T 12); mud brick buildings: e.g. GB 1 (M 13/SS), GB 6–7 (M 22), GB 11–13 (M 5), GB 16 (M 6), GB 24 (M 9).

[27] GB 15 (T 5); for the mud brick tombs: e.g. GB 32 (M 13/SE), GB 26 (M 9a), GB 25 (M 9d).

[28] Cf. e.g. Petosiris: Lefebvre I 1924, 25–27; Padikam: Gabra 1932, 72–74; T 1: Gabra 1932, 60; tomb no. 2 of the Munich excavation: Kessler et al. 2008, 14–18.

brick buildings several secondary burials were found, some of them full of mummies.[29] About the when and why of the re-use of older constructions we have only little information. In the tomb of Petosiris, for example, secondary burials had been placed ever since the late Ptolemaic period.[30] The same is likely to be true for tomb no. 2 excavated by the team of Munich University.[31] In the case of the buildings excavated by A. Badawy in the southeastern area of the necropolis the secondary burials seem to be of a late Roman date.[32]

Instead of building new tombs or re-using older ones the construction of another storey above the already existing stone or mud brick tombs was another very common alternative. Unfortunately, the first levels are mostly undecorated stone 'temples' or mud brick 'houses' still full of sand that cannot be removed because of the danger of the whole building collapsing. Nevertheless, the style and type of decoration of the mud brick tombs allow in some cases to fix an approximate date. For the ground level we may take into consideration, for example, the tomb GB 29 (M 21) whose decorations were executed in the early Roman period.[33] Absolute data for the second level are also still lacking, but there are good arguments for dating the decorated tombs GB 1 (M 13/SS) and GB 45 (M 1) in the second quarter of the 2nd century AD. Therefore at this point of analysis we may cautiously hypothesise that the vertical development did not take place before the 2nd century AD.

Types of Burials

Looking at the types of burials at Tuna el-Gebel, the first sepulchres were buried in deep shafts, presumably without a construction above ground.[34] During the late 4th century BC at the latest the first stone buildings were erected, still using a shaft with a depth of up to 8 m for burials. Some of the tombs, such as those of Petosiris, Padikam or tomb no. 2 of the Munich excavation also have a system of

---

[29] K. Lembke, in: Lembke et al. 2007, 110 with further literature.

[30] Lefebvre I 1924, 25–27.

[31] Kessler et al. 2008, 16.

[32] Badawy 1958, 122; Badawy 1960, 96.

[33] See note 22.

[34] Shafts without a construction above ground were cleaned by S. Gabra in the area south of the tomb of Petosiris: Gabra et al. 1941, 5–9. Cf. also the early excavations of W. Honroth at this site: J. Helmbold-Doyé, in: Lembke et al. 2007, 78.

Fig. 11: Mummies of the *kline* in the not preserved tomb GB 10
(photo: archive of S. Gabra).

underground galleries.[35] Presumably at the end of the Ptolemaic period the first tombs with *loculi* in the floor occur.[36]

In Roman times we observe a development from hiding to presenting the mummy. The dead bodies were either buried in or on a construction of mud brick and wood decorated as a *kline* (fig. 11).[37] These burial places were overarched by a shell or a baldachin (fig. 12).[38] At a later stage the sepulchres were placed in arcosolia; as there are no traces of permanent constructions in these cases, the mummies were obviously placed on wooden beds (plate XXIV).[39]

Beside the mummification it cannot be excluded that also the burial of corpses or even the cremation was in use at Tuna el-Gebel, especially

[35] Cf. Kessler et al. 2008, 18 fig.

[36] E.g. GB 48 (T 1), GB 14 (T 4), GB 42 (M 18).

[37] The best example is the mummy of Isidora in GB 45 (M 1) lying on the *kline* at the time of excavation (Gabra 1932, 66–68 fig. 6). For the open *prothesis* of the mummy cf. also M 10 (Lembke 2007, 31 fig. 6), here fig. 11.

[38] Shell: e.g. GB 45 (M 1); baldachin: e.g. GB 8 (M 2), GB 10 (M 3).

[39] Several pieces of these installations were found in the magazines at the site; see the report of Jana Helmbold-Doyé in this volume.

Fig. 12: Baldachin in house-tomb no. 2 (GB 8) (photo: D. Johannes, 1973).

regarding the tomb pillars. We will discuss this aspect below in chapter "Ethnicity and social background".

Decoration of the Tombs

The decoration system also changed considerably. While the first stone buildings of Djed-Thot-iu-ef-ankh, Petosiris, or Padikam received reliefs of high quality, the decoration of the façade was later on reduced to architectural ornaments like the Egyptian cavetto frieze, capitals, or fictive screen walls. Furthermore, these stone buildings were left unfinished on purpose, as we have already noted above.

The first mud brick houses followed the same decoration system. At the façade of GB 9, GB 42 (M 18) or GB 29 (M 21), in all cases on the first level of construction, we still observe parts of plaster imitating courses of *opus isodomum*, while other façades of the same level were plastered and painted (fig. 3). The façades of the second level, on the contrary, have smooth surfaces with painted decorations.

Fig. 3: Façades of GB 9 (right) and 10 (left) (photo: D. Johannes, 1973).

Unfortunately, stucco ornaments once belonging to the façades or to the inside of the tombs are not preserved *in situ* with the exception of the decoration in GB 1 (M 13/SS) and in GB 45 (M 1).[40] Anyway, we observe a high quality of stone imitation and also traces of a colourful decoration on the preserved fragments.[41]

The walls of the mud brick houses were covered with plaster and richly painted. At an early stage, e.g. in GB 29 (M 21) and GB 42 (M 18), an Egyptian decorative system was preferred (plate XXV). In the second storey, however, Egyptian elements became rare and were replaced by Graeco-Roman iconography.[42] Again we may acknowledge a relative chronology of the local workshops: In the first painted tombs of the second storey only the low orthostate zone was decorated

---

[40] The niche decoration at the façade of GB 25 and 27 is the work of a modern restorer following the antique outline.

[41] Cf. K. Lembke, in: Lembke et al. 2007, 107–109.

[42] One exception is the tomb of Isidora (GB 45 [M 1]) with the representation of an Egyptian embalming bed below the shell; see Gabra et al. 1941, pl. XXXII.

with imitations of Egyptian alabaster, red or green porphyry.[43] The next step was the decoration of large parts of the walls up to man size, but still imitating single slabs of alabaster, porphyry, or marble.[44] The third and final development was a 'fragmentation' of the walls imitating a variety of different precious stones in a complicated decoration system relating to *opus sectile*.[45]

Inside the tombs a focus was put on the main burial that was placed at the back wall of the second room in most cases. As we have already described above, this installation had the form and the decoration of a *kline* under a shell or a baldachin.[46] While the shell was made of stucco or simply painted on the wall, the back wall was plain or decorated with garlands.[47] The back wall below the baldachin, on the other hand, was painted either like a textile hanging down from the ceiling (fig. 12 and plate XXVI) or with a figurative scene.[48] Later on, the *kline* built of mud brick could be substituted by a wooden one, still placed under a baldachin construction (plate XXVI).[49] In these cases only the upper part of the wall was decorated, e.g. like a textile. Later burials in *arcosolia* were again placed on a wooden *kline* in front of a plastered and sometimes also painted wall (plate XXIV).[50] The painters still used the familiar iconography like textiles hanging from above, although without a baldachin this motive made no sense anymore.[51] In other cases the background of the *arcosolia* was decorated with an imitation of *opus isodomum*.[52]

Ethnicity and Social Background

Questions about the ethnicity of the buried persons, their social background or the kind of community they belonged to are rather difficult to answer. Nevertheless, the analysis of the decoration and new studies

---

[43] Cf. GB 44 (M 1), GB 8 (M 2).

[44] E.g. GB 10 (M 3).

[45] E.g. GB 35 (M 4), GB 6 and 7 (M 22).

[46] Shell: e.g. GB 44 (M 1). Baldachin: e.g. GB 8 (M 2), GB 10 (M 3). Cf. K. Lembke in: Lembke et al. 2007, 85 tab. 3.

[47] Plain background: GB 44 (M 1), GB 1 (M 13/SS). Garlands as background: GB 4 (M 12).

[48] Textile: e.g. GB 8 (M 2). Figurative scene: e.g. GB 10 (M 3). Cf. K. Lembke in: Lembke et al. 2007, 106 tab. 4.

[49] E.g. GB 12 and 13 (M 5).

[50] E.g. GB 25 (M 9a), GB 27 (M 9c), GB 26 (M 9d).

[51] E.g. GB 25 (M 9a), GB 33 (M 20).

[52] E.g. M 9c.

of the texts and graffiti from Tuna el-Gebel by M. Minas-Nerpel
(Egyptian texts) and St. Pfeiffer (Greek texts) will offer further explanations.

Looking at the different sources we generally observe a tendency to
adopt the Greek language and Graeco-Roman iconography in the
tomb decoration since the 2nd century AD at the latest.[53] Considering
the development of the burials (see above) from hiding the deceased
in deep shafts and underground galleries, to burying them in simple
loculi in the floor of the tombs, and finally to presenting the mummy
on *klinai*, it also seems obvious that Greek ideas replaced the Egyptian
ones step by step. In the high imperial period the mummies were
placed on the *kline* as part of the installation of an eternal *prothesis*
(fig. 14). Although forerunners of this type of burial can be found in
the Egyptian iconography,[54] the permanently open installation of dead
bodies cannot be traced back to Egyptian burial customs.

By accepting that Greek iconography and customs became more
popular, it seems even more difficult to state the ethnic origins of the
deceased. A good example of the free choice of styles and iconographic
themes appears in tomb GB 15 (T 5), which has a Graeco-Roman
façade (fig. 17), while the tomb enclosure inside the building is decorated with a relief showing a procession of Egyptian gods towards
Osiris.[55] An Egyptian stele with the name of a Pa-Iset found inside the
tomb may point to an Egyptian family as the owner of the tomb.[56]
Nevertheless, it cannot be excluded that a Greek community believing
in Egyptian religion was buried in GB 15.

More evidence for the ethnicity of the deceased is provided by the
type of burial: While the mummification and the burial of the entire
corpse are related to the Egyptian as well as to the Greek customs, the
cremation was used for Greek funerals only. At this point of analysis,
we have two possible candidates for the Greek burial custom: the tomb
pillars and the stone 'temple' GB 15 (T 5).

Starting with the pillars, we observe a certain difference between
monuments built of stone allowing one or more bodies to be placed

---

[53] The graffiti on the walls of the tomb of Petosiris demonstrate furthermore that
Greek had been the *lingua franca* in Tuna el-Gebel since the Ptolemaic Period
(Lefebvre I 1924, 21–25). At that time, however, hieroglyphic inscriptions were still
preferred in the decoration of the tombs.

[54] Lembke (forthcoming).

[55] P. Perdrizet, in: Gabra et al. 1941, 60–63 pl. XXVI. The author prepares a new
publication of the tomb that was opened again in 2007.

[56] P. Perdrizet, in: Gabra et al. 1941, 61–62.

Fig. 14: Façade of temple-tomb 5 (GB 15) (photo: K. Lembke).

Fig. 15: Lower part of a mudbrick-pillar east of M 28 (GB 52) (photo: K. Lembke).

inside (see above *Types of tombs*) and monuments made of mud brick, which are certainly not big enough for a mummy to be put inside. Looking at the half preserved pillar east of house M 28, for example, we observe a hollow as a possible place for an urn (fig. 15). It cannot

Fig. 16: Interior of temple-tomb 5 (GB 15) with two niches in the wall
(photo: K. Lembke).

be excluded, however, that the body was placed below the pillar and
the hollow was there for construction purposes only.

Another piece of evidence is provided by two niches in GB 15 next
to the main burial in the stone enclosure (see above) (fig. 16). In this
case, there were either urns or canopies placed in the small *loculi* that
were once closed by slabs. Unfortunately, we have found no further
information about the buried persons, as the tomb was intensively
cleaned by the excavators. So far we must conclude, therefore, that the
Greek burial practice of cremation cannot be stated with certainty.

To sum up: Though most of the inhabitants from Hermopolis buried at the site of Tuna el-Gebel during the Roman period were of
Egyptian origin, they adopted Greek representational forms.[57] In spite
of this being *à la mode*, however, Egyptian burial customs like the
mummification lasted until the end of the occupation of the necropolis.

Focussing now on the buried persons and their social background, we
should at first look at Hermopolis itself and its relation to the

---

[57] Similar results presented C. Riggs in her study on Roman burial practices in
Egypt in regard to the sarcophagi from Akhmim (Riggs 2005, 61–93).

necropolis. According to the written sources approximately 37.000 to 50.000 inhabitants lived in the metropolis during the 2nd and 3rd centuries AD.[58] As we have seen above, the tombs also correspond to the social rank and probably also to the legal status of the deceased. The most prestigious tombs were certainly the stone 'temples', of which the mud brick 'houses' were mere copies, as a less expensive alternative. Furthermore, the excavation reports state several times that the tombs were full of mummies and that the stone buildings were later on used as mass graves.[59] While a few tombs of the Ptolemaic period represent the wealth of high ranking people, the cheaper building material and new multi-storeyed buildings allowed many more people to hold their funerals at Tuna el-Gebel during the Roman period. It cannot be excluded, therefore, that a majority of the people living at Hermopolis at that time was buried at the edge of the desert.[60]

Another question leads us to the community the 'houses' were constructed for. Were the persons socially linked to each other or did professional guilds exist at Hermopolis? So far several Greek inscriptions name different members of the same family being placed in the tomb.[61] Therefore it seems to be obvious that these were family tombs instead of communal burial places for guilds or religious associations.

For a separation according to the legal status we may refer to the tomb pillars that were probably reserved for unmarried male relatives. According to the inscriptions the burials in or below the pillars belong to boys or young men who died before their parents and were not married.[62] The *kline* as the main burial place in the mud brick 'houses', on the other hand, seems to have been intended for a woman in several cases.[63] Although at this early stage it is presumptuous to formulate final observations, we may acknowledge a certain distinction between burials in the tombs according to age, sex and marital status of the deceased.

---

[58] Bagnall 1993, 53; Bagnall and Frier 1994, 55.

[59] See above note 29.

[60] Although G. Roeder stated "Innerhalb der Stadt sind nur Einzelbestattungen nachgewiesen" (Roeder 1959, 98 § 35), the British excavations at Hermopolis brought to light cemeteries near the metropolis itself, e.g. a cemetery of lower class people of the First Intermediate Period: Spencer 1993, 51–59.

[61] E.g. M 3.

[62] Cf. the inscriptions of a son of Epimachos (Bernand 1999, 160–162 no. 71) of Hermokrates (Bernand 1999, 174–176 no. 80), of Isidoros (Bernand 1999, no. 72) and Bernand 1999, no. 75–76.

[63] K. Lembke, in: Lembke et al. 2007, 110–111.

Geophysical Survey

During the seasons 2007 and 2008 the team was joint by geophysicists from Kiel University who surveyed the site by geomagnetic methods and—at some selected places—also by GPR. As a result we received data of great importance (plate XXVII).

As an important step forward the borderlines of the Petosiris-Necropolis that were unknown so far are clearly visible. At the Northern border a processional way leading to the temple of Thoth passes by the 'temples' of Petosiris and Padikam. To the East two streets with 'houses' on both sides ran from the cultivated fields into the necropolis. While the northernmost of these reaches the excavated area between the southern and the south-eastern sector of S. Gabra,[64] the southern road passes along the houses GB 1 to GB 5. A fourth main road leading from east to west can be observed at the southern borderline of the necropolis about 200 m south of the excavated area. In the west, finally, tomb houses can be observed south of the area of the so-called temple of Thoth that probably marked the western borderline.[65]

As a result we may state that in the south, east and in the west the extension of the necropolis reached a much further point than we expected.[66] With a length of approximately 400 m and a width of around 600 m the site of the necropolis of Tuna el-Gebel seems to be the largest Graeco-Roman cemetery known so far. Furthermore, the geomagnetic methods work very well at Tuna el-Gebel so that we got excellent information about the archaeological situation without digging. Already at the first glance several ground plans of buildings are visible. We may even differentiate between walls and the inside of the constructions. Other parts, on the contrary, show strong anomalies due to fired material like ceramics and fired bricks. In these parts, e.g. in the area west of Petosiris, a ground plan is scarcely visible. As we observed in several places in the necropolis, mud brick structures using local limestone or wood for constructive elements like doorways

---

[64] Between GB 22 and 23 to the North and GB 19–21 to the South.

[65] The hill west of the temple, however, may cover further ruins. The magnetic data do not allow the reconstruction of buildings of mud brick. It seems to be rather a heap of burnt bricks.

[66] Taking satellite photos into consideration, the borderlines of the built area are clearly visible. Until recently, however, is was unclear what type of buildings were situated in this area and which period they represent.

seem to be older than buildings using fired bricks excessively. Therefore, it is a hypothesis that those parts of the geomagnetic data showing strong anomalies may be younger than parts with clearly visible walls.[67]

Considering the layout of the necropolis, the hypothesis of an almost orthogonal structure was confirmed. Beside the processional way to the so called temple of Thoth where Petosiris and Padikam built their tombs, we observe three main roads leading from the fertile land into the desert. It is more difficult, however, to recognize the small streets leading from North to South. One reason may be the fact that these streets were partly closed by later constructions.[68] Besides, the geomagnetic data show many white spots caused by fired material and make visible brick buildings only, but not those of local limestone.

In the southernmost area of the necropolis and partly also in other areas of the necropolis there are many circular constructions that were interpreted as ovens. Their exact purpose is still uncertain. Presumably several workshops were situated in this area producing either goods used in the city of the dead like ceramics, glass and fayence or fired bricks needed for the construction of the tombs (see the article of Jana Helmbold-Doyé in this volume).

Summary

As a result of our project we may now state that Tuna el-Gebel is the biggest Graeco-Roman necropolis in Egypt known so far. Its exploration is not an issue of Egyptologists only, but of an interdisciplinary team consisting of archaeologists, philologists, architects, and geophysicists. The urban development started around 300 BC with single tombs along a processional way and ended in a city-like orthogonal structure. The decorations and the inscriptions are testimonies of a hellenized society generally using the Graeco-Roman iconography and the Greek language. The funerals and ideas of an after-life, however, followed the Egyptian tradition, witness the mummification or the associated objects. The Roman innovation to present the mummy

---

[67] In 2008 a survey with GPR in the area west of Petosiris clearly showed an oven above a house. As two functionally different layers followed each other, this may be an indication of a much later date of the oven.

[68] Cf. GB 2 closing the street on the west side of GB 14, GB 9, GB 8, and GB 3.

on a *kline* as part of a permanent *prothesis*, on the contrary, seems to be a Greek custom based on Egyptian ideas.

Bibliography

Arnold, D. 1999. *Temples of the last pharaohs*. New York.

Badawy, A. 1956. Le Grand Temple Gréco-romain à Hermoupolis Ouest. *CdE* 62: 257–266.

—— 1958. The cemetery at Hermoupolis West: a fortnight of excavation. *Archaeology* 11: 117–122.

——1960. Une campagne de fouilles dans la nécropole d´Hermoupolis-Ouest. *RA*: 91–101.

Bagnall, R. S. 1993. *Egypt in late antiquity*. Princeton.

—— and B. W. Frier. 1994. *The demography of Roman Egypt*. Cambridge.

Bataille, A. 1952. *Les Memnonia. Recherches de papyrologie et d´épigraphie grecque sur la nécropole de la Thèbes d´Égypte aux époques hellénistique et romaine.* RAPH 23. Le Caire.

Bernand, É. 1999. *Inscriptions grecques d´Hermoupolis Magna et de sa nécropole.* BdE 123. Le Caire.

von den Driesch, A., D. Kessler, F. Steinmann, V. Berteaux, and J. Peters. 2005. Mummified, deified and buried at Hermopolis Magna: The sacred birds from Tuna el-Gebel, Middle Egypt. *ÄgLev* 15: 203–244.

Eigner, D. 1984. *Die monumentalen Grabbauten der Spätzeit in der thebanischen Nekropole.* Untersuchungen der Zweigstelle Kairo des Österreichischen Archäologischen Institutes 6. Wien.

Gabra, S. 1932. Rapport préliminaire sur les Fouilles de l´Université Égyptienne à Touna (Hermopolis Ouest). *ASAE* 32: 56–77.

—— and É. Drioton. 1954. *Peintures à fresques et scènes peintes à Hermoupolis-Ouest (Touna el-Gebel).* Le Caire.

——, É. Drioton, P. Perdrizet, and W. G. Waddell. 1941. *Rapport sur les Fouilles d´Hermoupolis Ouest (Touna al Gebel).* Le Caire.

Haneborg-Lühr, M. 1992. Les chapiteaux composites. Études typologique, stylistique et statistique. In *Amosiadès. Mélanges offerts au Claude Vandersleyen par ses anciens étudiants,* ed. C. Obsomer, 125–152. Louvain-la-Neuve.

Kessler, D. and M. A. Nur el-Din. 2002. Inside the ibis galleries of Tuna el-Gebel. *EgArch* 20: 36–38.

Kessler, D. and M. A. Nur el-Din. 2005. Tuna al-Gebel: millions of ibises and other animals. In *Divine creatures. Animal mummies in ancient Egypt,* ed. S. Ikram, 120–163. Cairo.

Kessler, D., P. Brose, V. Berteaux, M. Floßmann, V. Schmidt-Neder, and F. Steinmann. 2008. *Ägyptens letzte Pyramide. Das Grab des Seuta(s) in Tuna el-Gebel.* München.

Lefebvre, G. 1923–24. *Le Tombeau de Petosiris* I–III. Le Caire.

Lembke, K. 2007. Tod und Bestattung im kaiserzeitlichen Ägypten. In *Verborgene Zierde. Spätantike und islamische Textilien aus Ägypten in Halle,* eds. G. Brands and A. Preiß, 24–33. Exhibition catalogue Halle, Stiftung Moritzburg. Leipzig.

—— (forthcoming). Terenuthis and elsewhere: the archaeology of eating, drinking and dying in Ptolemaic and Roman Egypt. In *The trade, topography and material culture of Egypt's north-west delta: 8th century BCE to 8th century CE. Berlin, July 28–30, 2006. Conference Proceedings.*

———, J. Helmbold-Doyé, Chr. Wilkening, A. Druzynski-von Boetticher, and
    C. Schindler. 2007. Vorbericht über den Survey in der Petosiris-Nekropole von
    Hermupolis/Tuna el-Gebel (Mittelägypten). *ArchAnz*: 71–127.
Redford, D. B. (ed.). 2001. *The Oxford encyclopedia of ancient Egypt* 2. Oxford.
Riggs, Chr. 2005. *The beautiful burial in Roman Egypt*. Oxford.
Roeder, G. 1959. *Hermopolis 1929–1939*. Hildesheim.
Sabottka, M. 1983. Tuna el-Gebel—Grab des Djed-Thot-jw-ef-ankh—Vorbericht.
    ASAE 69: 147–151.
Spencer, A. J. 1993. *Excavation at El-Ashmunein* III. *The town*. London.

MEMNON, HIS ANCIENT VISITORS AND SOME RELATED PROBLEMS

Adam Łukaszewicz

Memnon is known from ancient Greek sources as a king of Ethiopia.[1] The notion of Ethiopia in Greek literature is very large and sometimes includes also the Thebaid. In Egypt the name of Memnon is notoriously associated with two famous colossal statues of Amenhotep III of the 18th Dynasty in Western Thebes which once stood in front of an enormous temple, now almost completely vanished. At present, the temple is object of German excavations and many elements of it re-emerge on the site.

The name of Memnon is a Greek misinterpretation of an Egyptian royal epithet. The Ramesside epithet *Mery Amun* pronounced approximately *Meamun* produced the Greek distortion into Memnon.

Strabo states that the other name of Memnon is Ἰσμάνδης. That agrees with the names of a king called *Usermaatre* (Ἰσμάνδης) *Meryamun* (Μέμνων).[2]

The original Memnon was not Amenhotep III. Only the proximity of the colossi of Amenhotep III to the Memnonium of Ramesses II (Ramesseum), the Memnonium of Ramesses III (Medinet Habu) and to the western Theban area called Memnoneia after these temples, encouraged the interpretation of the colossi of Amenhotep as statues of Memnon.

The name of *Memnoneia* concerned particularly the area of Djeme,[3] with the temple and palace complex of Medinet Habu built by Ramesses III. In the Later Roman period the temple precinct of

---

[1] For the idea of two Memnons, the Trojan and the Ethiopian, Philostratus, *Her.* 3, 4. An extensive discussion of Memnon can be found in Letronne 1833; cf. idem 1881, I,2, 1–236. For a more recent discussion see Bataille 1952, 1–21; Gardiner 1961, 91–99; Haeny 1966, 203–212; Bianchi 1982, col. 23–24; Bowersock 1984, 21–32; cf. Bernand 1960.

[2] Von Beckerath 1984, 94.

[3] Messiha 1991, 1586.

Medinet Habu was called κάστρα Μεμνονείων.[4] Coptic documents mention ⲠⲔⲀⲤⲦⲢⲞⲚ ⲚⲬⲎⲘⲈ.[5]

In the present writer's opinion the complex of Medinet Habu is recorded in the *History of Alexander* by Curtius Rufus as *Memnonis Tithonique celebrata regia* that Alexander desired to visit.[6] Tithonos, the mythical father of Memnon is thus recorded as a co-proprietor of the famous "palace". There is no satisfactory Greek etymology of the name of Tithonos.[7]

Already in the times of Ramesses II the god Tatenen is present in the titles of the Egyptian kings. He also appears in inscriptions as king's father.[8] Sethnacht, the father of Ramesses III, bore as his *Nebty*-name an appellation containing the name of Ptah-Tatenen. Also some later rulers of the 20th Dynasty, including Ramesses III, were—in their less important names—called after that god.[9] The name of *T3tnn* could easily be interpreted as Tithonos by the Greeks.

It is common knowledge that Roman and other visitors came to the Theban West Bank to hear a strange acoustic phenomenon—the "miraculous" voice of Memnon—caused probably by an earthquake at the beginning of the Roman period. The epigraphic records on the legs of the northern colossus, known to the Romans as *Memnon vocalis,* end at the beginning of the third century AD[10] Philostratus—as his description shows—did not visit the colossi personally and his account is most probably posterior to the last real occurrence of the voice.[11] The statue was silenced by restoration works of the third century. Those works are usually attributed to Septimius Severus following Antoine Letronne's monograph of 1833. However, it was more probably Antoninus Caracalla who ordered the restoration which happened to silence the statue. These works were presumably a part of the extensive preparations for Caracalla's visit in 215 AD.[12]

---

[4] Cf. *UPZ* II 180 b. 22–26, commentary p. 173; cf. Kees 1931, col. 650; Bataille 1951, 327 n. 3.

[5] E.g. no 116 in: Crum 1912; cf. Till 1954, 212 f.

[6] Curt. Ruf. IV 8.3.

[7] See Würst 1937, especially col. 1512–1513.

[8] Cf. Schlögl 1980, 56 ff.; von Beckerath 1984, 89: Ramesses II; 94: Ramesses IV; 95: Ramesses VII.

[9] Von Beckerath 1984, 93–95.

[10] Cf. Bernand 1960.

[11] Bowersock 1984, 21–32.

[12] See Łukaszewicz 1993.

As already stated, there were, on the West Bank of Thebes, other Memnonian monuments. In the Valley of the Kings there is a tomb of a Ramesside ruler of the 20th Dynasty *Nebmaatre Mery-Amun, Ramesses Amen-her-khepeshef neter-heqa-Iwnw* known today as Ramesses VI (1143–1136 BC). In the rooms and corridors of that tomb there are over one thousand Greek graffiti commemorating a visit by their writers to the tomb of Memnon. The Memnonian graffiti in the tomb of Ramesses VI begin in the first century AD and continue until the Byzantine period.

The signs for *Nebmaatre* in the cartouche of Ramesses VI were a sufficient reason for the false identification of the king in the times of the extreme popularity of the vocal Memnon. In the same cartouche of Ramesses VI there are also hieroglyphs for the standard Ramesside epithet *Meryamun* or Meamun.[13] They also explain why Ramesses VI could be mistaken for Memnon. However, ancient guides probably began to show the tomb of Ramesses VI as the tomb of Memnon only after the appearance of Memnon's voice in the early Roman period. Thus, the popularity of Ramesses VI as Memnon is secondary to the fame of the colossi. The tomb of that king had been visited earlier, but the visits were much more frequent in the Roman period.

The corridor, 93 metres long, descends into the interior of the cliff. The height of the corridor reaches over 4 metres. As usual in that period, in the middle of the corridor there is a hall with square pillars. The corridor ends in the burial chamber. The tomb of Ramesses VI is particularly rich in texts and iconography quoted from books concerning the underworld and the heavens.[14] These images were later seen by curious travellers in the scarce light of lamps or torches. The usage of artificial sources of light during the visit to the inner passages was necessary. A graffito left by an educated visitor contains a paronomasia (Δαδούχιος—δαδοῦχος) being an allusion to the torch: Δαδούχιος σχολαστικὸς ἰατ(ρὸς) ἦλθον κ(αὶ) ἐθαύμασα καὶ ἄεπος ἦλθα δαδοῦχος.[15]

"I, Dadouchios, scholastikos (and) physician came and admired in silence bearing a torch".

---

[13] Von Beckerath 1984, 95.
[14] For a concise introduction to the decoration and epigraphy of the tomb see Reeves and Wilkinson 1996, 37, 164.
[15] Baillet 1926, IV, no 1402, cf. 1265.

All tombs accessible to the ancient tourists belonged to the later New Kingdom. The Greeks called them *syringes*. That name concerns the typical Ramesside tombs and is due to the plan of the internal structure, with a long corridor cut into sections by gates. The whole resembled a pipe (σῦριγξ). Penetration into those "pipes" was made easier by the presence of some daylight entering through their gates. Not less than ten *syringes* were frequently visited by Greco-Roman travellers, because ten tombs contain Greek graffiti. The Ramesside graves were not as carefully hidden as the earlier burials of the kings. Most entrances are close to the bottom of the Valley. These gates are the *Biban el-Muluk* of the Arabs.

Ancient visitors arrived there on donkey back after having seen other curiosities of the Theban West. One of the visitors has left on the wall of the tomb of Ramesses IV a summary description in a rather poor verse of his itinerary on the West Bank:

Θηβαίας συρίγγας ἐγὼ καὶ Μέμνονα σεμνὸν
ἐ[θ]αύμασα [τ]ῆς τέχνης Οὐράνιος κυνικός

(3rd section of the corridor, the right wall).

"I, Uranius the cynician, have admired for their art
the Theban syringes and the venerable Memnon".

Some tourists state that they visited all the syringes (e.g. no 1264),[16] others give the number of the tombs they had seen (the maximum explicitly mentioned is six). In the tomb of Ramesses VI a second visit to the same monument is mentioned (no 1429, 1440).

Jules Baillet studied the graffiti from the royal tombs during his work in the Valley of the Kings during two seasons 1888–1889 and 1913–1914.[17] Recently, under the auspices of the Polish Centre of Mediterranean Archaeology in Cairo, the present writer undertook a new survey of the Greek graffiti in the tomb of Ramesses VI.

In the tomb of Memnon, the graffiti are found in various parts. Their location may throw additional light upon the conditions of visit. There is a concentration of graffiti in the upper passages of the corridor. In the first section they virtually cover the walls.[18] In the year 19 of Trajan a graffito was written at the height of about 4 metres.[19]

---

[16] Numbers refer to items in Baillet 1926.
[17] Baillet 1926, IV, ix.
[18] Baillet 1926, IV, iii.
[19] No 1105 dated to year 19 of Trajan (by one Eutyches of Babylon) in the first section (right).

Certainly the writers did not use a ladder! Many others, undated, cover the same part of the wall. A change must have occurred at a time: the corridor was cleared, making the lower part of the tomb more accessible.

The graffiti contain some standard elements. The name of the writer is the most obvious part of these texts. The name is frequently combined with the provenance of the visitor. Sometimes, the writers give their profession or rank (civilian or military). Very often, the name is followed by verbs like εἶδον, ἱστόρησα, ἥκω, ἦλθα, ἑώρακα. Sometimes, ἐθαύμασα is added as expression of admiration. Name + ἰδών *vel sim.* + ἐθαύμασα is also frequent. Another formula contains a name with ἐμνήσθην and a mention of friends or family. There is also a number of non-typical texts in prose and verse.

The dated items present the following patterns:

1) a complete date: regnal year with the name of the emperor, month and day
2) year, month and day without the sovereign's name (therefore impossible to identify)
3) consular date.

Visits in colder months are recorded more frequently. Most visitors came in December and January.[20] No visit is recorded in Epiph (July). There were, however, visitors who came in August (Mesore).

Dated graffiti in the royal tombs cover a wide span of time, from 278 BC (no 30, the tomb of Ramesses VII) to AD 537.[21] Certainly there are also later items and there was a continuity of visits reaching beyond the sixth century AD.

Important members of the *élite* of the Graeco-Roman and Byzantine Egypt visited the tomb, both civilian (e.g. Claudius Bassus *alias* Himerius, the *catholicus* of Egypt, no 1247; cf. also no 1249; or 1282 where a *comes* of the Thebaid signs to commemorate his visit) and military (e.g. Tiberius, a *centurio princeps*, no 1294). A curious example of a writing practice is illustrated by a graffito of Heracles, *comes* of the Thebaid (no 1282), on one of the gates. The corpus of the text Ἡρακλῆς|κόμις|Θηβαείδος| was written by an assistant, while the

---

[20] Baillet 1926, IV, xxvii.
[21] Baillet 1926, IV, xx, xxiii. Cf. Reeves and Wilkinson 1996, 51.

final word ἐθαύμασα was written *en guise de signature* by the *comes* himself.

Another graffito was written by a Greek who could read the hiero-glyphs, as we may assume from the statement ἰδὼν καὶ ἀναγνοὺς| [ἐθαύμ]ασα (1404). The remnants of personal names in this inscription are Greek.

Next to that text, there is a graffito left by a Greek from Askalon who could not read the Egyptian hieroglyphs:

Βουρίχιος σχολαστικὸς| Ἀσκαλωνίτης ἱστορήσας| κατέγνων ἐ|μαυτοῦ, διὰ τὸ μὴ ἐγνωκέναι τὸν λόγον.|
"Burichios advocate from Askalon after having visited, I have con-demned myself for not having understood the text."

Someone else added a comment:

Οὐκ ἀπεδεξάμην σε τ(ῆς) ἐπιτριβῆς ὦ Βουρρίχιε.[22]
"I do not congratulate you on that irritation, o Burrichios!"

Personal names mentioned in the graffiti are of great interest. Some names are known chiefly or exclusively from Egypt. Some frequent names like Παμώνθης, Φθομώνθης, Ψεμμώνθης, Πλένις or Πλῆνις are an eloquent indication of the *origo* of their bearers: they are typical for the Theban region, and especially for the Theban West Bank and the area of the nearby town of Hermonthis (Armant).

Egyptians from the Delta also came to visit Memnon:

Πτολεμαῖος Βουσειρίτης σὺν γυναικὶ Κυπρίᾳ, καὶ τέκνῳ Πτολεμαίῳ καὶ ἐμνήσθην Μενουθιάδος καὶ Πάφου τέκνων. (1545)

Μενούθιας is a derivative of Menouthis (which was also a name of a city on the shore of the Mediterranean). The name which Baillet read Πάφου in the genitive is in reality Epaphos; καὶ Πάφου should be read κ'Επάφου.

Egyptian names are not very frequent in this Egyptian tomb, and even more rare are the graffiti in Demotic or Coptic. The tomb has not many traces from the Christian period either. It seems, that—with a Coptic exception—the Christian monks, who frequently settled in the royal Egyptian tombs, avoided the *syrinx* of Ramesses VI. Some of the visitors' texts—even in the prevalently Christian period—show a reli-gious pagan inspiration. Sometimes the name of Memnon is explicitly mentioned as the reason of the visit. The tomb is called a Memnonium

---

[22] Baillet 1926, no 1405.

(Μεμνόνειον ἐθαύμασα ἱστορήσας, no 1278). Professions, ranks and qualities of the visitors are a separate topic, which will be discussed in a forthcoming study.

In the upper part of the tomb in the corridor on the left the name of a Ἡρόδοτος (no 1078b) can be seen. Near it, there is a sign of a Στράβων (no 1072). Also on a stone block in the temple precinct of Hathor in Dendera (only 60 km from the Valley of the Kings) the present writer found a graffito of a Herodotus: Ἡρόδωτ[ος].[23]

The name Ἡρόδοτος is attested in Greco-Roman Egypt. Most examples belong to the Ptolemaic period,[24] but we have also instances from the 3rd or 4th century AD, including an individual who was father of a δημόσιος ἰατρός. The name of the doctor was Ἀπίων Ἡροδότου (316 AD).[25] The pottery fragments from Naucratis with the name of Herodotos, known since 1903 will not be discussed here.[26]

Since we reject as writers the most famous bearers of those names, we remain with the hypothesis of a falsification—modern or ancient. More probable, however, are some, otherwise unknown, namesakes of the Roman period who visited the tomb. The Herodotus from Dendera is not a modern fake. He may but must not be the man of the tomb of Memnon. In both cases it is probably a sign of a tourist of the 4th or 5th century AD.

One of the graffiti in the tomb of Ramesses VI reads as follows:

Τα.λεινος|
[Ἀ]λ[εξ]ανδρε[ὺς]|
βενετον|
[ ]αρις.[27]

Τα.λεινος in the writer's opinion might be a misspelling for Taurinus.

We do not know whether this visitor to the tomb of Memnon was an ordinary member of the Blue faction or a holder of a function (ending in -aris for -arios).[28] Anyhow, the writer wanted to record his membership in the way which was usual in Alexandria—by a graffito on the walls of an important place. The analogies from the theatre and from the baths of Kom el-Dikka which illustrate the summit of the

---

[23] Unedited.
[24] P.Hib. I 112.8 (260 BC); PSI IV 360.5; V 429.1.
[25] P.Oxy. VI 983.
[26] SB I 183, 184, 2069 (Hogarth, Lorimer, and Edgar 1905, 105ff.; Evans 1904, 192).
[27] Baillet 1926, no 1851.
[28] Cf. νοτάρις for νοτάριος in no 1248.

political importance of the circus factions in Egypt, come chiefly from the beginning of the seventh century.

In another text one Hegemonius of Alexandria, a Synesius and a Goth are mentioned:

Ἡγεμόνιος Ἀλεξανδρεύς| ἐθαύμασα καὶ ἐμνήσθην Λυσάνδρου καὶ Συνεσίου. Γῶνθος ἐθαύμασα. (no 1685).

Ἡγεμόνιος seems to be a proper name. Γῶνθος is a known appellation: it was perhaps not a genuine *ethnicon* but a nickname, perhaps similar in meaning to *vandale* in post-revolutionary France.

A striking example of a "professional" name adopted from a famous predecessor is Ἱπποκράτης | ἰατρός (no 1009) in the tomb of Merenptah.

In a graffito of the tomb of Memnon there appears one Nonnos (no 1671) but obviously he must not be the famous poet Nonnos of Panopolis.

The sign of a Cleopatra daughter of Selene (Κλεοπάτρα Σελένης ἱστόρησα)[29] in the niche behind the burial chamber is also significant as a possible influence of the memory of the Ptolemaic royalties upon some personal names.

It has been recently suggested[30] that Ambros present in Greek papyrus texts of the 7th century and especially in the graffiti from the Coptic monastery at Bawit is nobody else than Amr ibn al-As, the Arab conqueror of Egypt. That confirms the present writer's suspicions concerning the presence of Ἄμρος (no 1464) in the tomb of Ramesses VI. Most probably we have here a true signature in Greek of Amr ibn al-As, thus obtaining a date in the mid-seventh century for the last identifiable eminent visitors in the tomb.

Bibliography

Baillet, J. 1926. *Inscriptions grecques et latines des tombeaux des Rois ou syringes à Thèbes.* MIFAO 42. Le Caire.
Bataille, A. 1951. Thèbes gréco-romaine. *CdE* 26: 325–353.
———— 1952. *Les Memnonia. Recherches de papyrologie et d'épigraphie grecques sur la nécropole de la Thèbes d'Egypte aux époques hellénistique et romaine.* PIFAO 23. Le Caire.
von Beckerath, J. 1984. *Handbuch der ägyptischen Königsnamen.* MÄS 20. München.

[29] Baillet 1926, no 1612.
[30] Delattre 2006.

Bernand, A. and E. 1960. *Les inscriptions grecques et latines du Colosse de Memnon*. BdE 31. Le Caire.

Bianchi, R. S. 1982. Memnonskolosse. In *LÄ* 4, eds. W. Helck and W. Westendorf, col. 23–24. Wiesbaden.

Bowersock, G. W. 1984. The miracle of Memnon. *BASP* 21: 21–32.

Crum, W. E. 1912. *Koptische Rechtsurkunden des achten Jahrhunderts aus Djême (Theben)*. I: *Texte und Indices*. Leipzig.

Delattre, A. 2006 Le monastère de Baouît et l'administration arabe. Paper presented at the Third Conference of the International Society for Arabic Papyrology (ISAP): Documents and the History of the Early Islamic World 23-26 March 2006. Alexandria.

Evans, A. J. 1904. Erwerbungen des Ashmolean Museum zu Oxford. *ArchAnz* 19: 191–192.

Gardiner, A. 1961. The Egyptian Memnon. *JEA* 47: 91–99.

Haeny, G. 1966. L'origine des traditions thébaines concernant Memnon. *BIFAO* 64: 203–212.

Hogarth, D. G., H. L. Lorimer, and C. C. Edgar. 1905. Naukratis, 1903. *JHS* 25: 105–136.

Kees, H. 1931. Memnon, Memnonia. *RE* XV, col. 649–652.

Letronne, A.-J. 1833. *La statue vocale de Memnon considérée dans ses rapports avec l'Egypte et la Grèce*. Paris.

———— 1881. *Oeuvres choisies*. Paris.

Łukaszewicz, A. 1993. *Aegyptiaca Antoniniana. Dzialalnosc Karakalli w Egipcie (215–216)*. Warszawa.

Messiha, H. 1991. Memnonia. In *The Coptic Encyclopedia* 5, ed. A. S. Atiya, 1586. New York.

Reeves, N. and R. H. Wilkinson. 1996. *The complete Valley of the Kings*. London.

Schlögl, H. S. 1980. *Der Gott Tatenen. Nach Texten und Bildern des Neuen Reiches*. Göttingen.

Till, W. C. 1954. *Erbrechtliche Untersuchungen auf Grund der koptischen Urkunden*. SAWW 229, Bericht 2. Wien.

Würst, E. 1937. Tithonos. *RE* VI A.2, col. 1512–1522.

ESTABLISHING ROMAN RULE IN EGYPT: THE TRILINGUAL STELA OF C. CORNELIUS GALLUS FROM PHILAE

Martina Minas-Nerpel
Stefan Pfeiffer

Introduction

When Octavian departed Egypt in 30 BC, he placed C. Cornelius Gallus, an *eques* by rank, in charge of the new Roman province *Aegyptus*. Gallus, who was responsible to Octavian himself, received the newly created title of *praefectus Alexandreae et Aegypti*, Prefect of Alexandria and Egypt.

Soon enough, not even three years after his appointment, Gallus incurred the emperor's utter displeasure. The prefect was dismissed by Augustus, returned to Rome, was convicted by the Senate and forestalled the impending banishment by committing suicide in 26 BC, as we are informed by Cassius Dio.[1]

Gallus' alleged hubris and his assumed *damnatio memoriae* have much been discussed among ancient historians, papyrologists, and Egyptologists. In this respect, the most important and crucial Egyptian document is a trilingual inscription—hieroglyphic Egyptian, Latin, and Greek—dated to 16 April 29 BC (Fig. 1–5). It was carved on a stela re-discovered in 1896 in front of Augustus' temple at Philae (Fig. 6),[2] which the prefect Rubius Barbarus had dedicated in Augustus' year 18 (13/12 BC).[3] Cut into two parts, the stela had been reused in the foundations, presumably of the temple's altar.

The victory stela of pink Aswan granite, originally about 165 cm high, now 152 cm by 108 cm, is housed in the Egyptian Museum in Cairo (CG 9295). When cut for re-use, parts of the top and approximately 8 cm in the middle were removed, but the estimated width of the gap can be reconstructed by the missing Greek and Latin letters.

---

[1] Cassius Dio LIII 23,5–7.
[2] Porter and Moss 1939, 253; Erman 1896, 469–470; Lyons 1896, no. 51.
[3] Bernard 1969, no. 140.

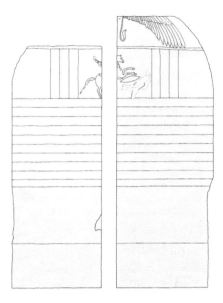

Fig. 1: The Gallus stela (drawing by U. Denis).

Fig. 2: The Gallus stela: Reconstruction (drawing by U. Denis).

Fig. 3: The Gallus stela 1896 (Lyons 1896, Pl. 51).

Fig. 4: The Gallus stela 1896 (Lyons, Pl. 52).

Fig. 5: The Gallus stela, Egyptian Museum Kairo, CG 9295.

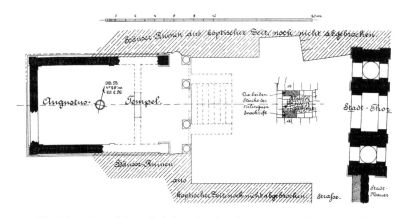

Fig 6: Location of the stela below the altar (Erman 1896, fig. on p. 470).

The layout of the stela is purely Egyptian. In the lunette, the traditional Egyptian winged solar disk is depicted. In the register below, a horseman attacking an enemy, both Hellenistic in style, is carved in sunken relief, framed by three columns of hieroglyphic text on both sides.

Below the relief, there are twenty-eight lines of inscription, ten in hieroglyphs, nine in Latin and nine in Greek.[4] The Latin and Greek texts convey, with minor modifications, the same message, since the Greek had been translated from the original Latin text, which might have been written by Gallus himself (for details, see F. Hoffmann's article in this volume). In both the Latin and the Greek version, which are formally dedicatory texts to *Nilus adiutor* or *Neilos synleptor* ('Nile, the helper') and the paternal gods, the installation of Gallus as prefect, his military campaigns and his relationship to the Meroitic king are reported.

The main hieroglyphic inscription, which does not mention the prefect once by name, is self-contained and by no means is a translation of the Latin text, but it relates in more general terms to some of the facts mentioned in the two Classical versions. It starts with the traditional Egyptian dating formular that dates the stela to year 1 of *Kaisaros* (= Octavian). In contrast to the Latin and the Greek text, the following hieroglyphic text is not a dedicatory, but a 'historical' inscription. It commences with the appraisal of Gallus' military abilities and his care for Egypt in a traditional Egyptian way that is usually reserved for the king. This corresponds in many respects to the Satrap stela[5] of Ptolemy, son of Lagos (the later Ptolemy I Soter I), which is about three hundred years older than the Gallus stela. The Egyptian inscription is much less specific than the Greek and Latin with respect to the Nubian campaign and the Egyptian uprising crushed by Gallus, but reports that Egypt receives precious goods from Punt, Nubia, and India. Gallus expands Egypt and the borders of the new Roman province are defined by mentioning Gallus' wars to the east and west of Egypt. In contrast to the Greek and Latin texts, the Egyptian refers explicitly to Gallus' activities in building and extending Egyptian shrines or temples and to gifts to the Egyptian deities, especially to Khnum of Elephantine. This is the reason for the abundant flow of Hapi, the all-important Nile inundation. The last point of the hieroglyphic version emphasises that Gallus also pays particular attention to Isis and Osiris, the deities of Philae where the stela had been originally erected.

---

[4] For a new edition of all three texts as well as a historical and archaeological commentary see Hoffmann, Minas-Nerpel, and Pfeiffer 2009.

[5] CGC 22182: Kamal 1904–1905, I: 168–171; II: pl. 56; Sethe 1904 (*Urk.* II), 11–22. Roeder 1959, 97–106 (translation and short commentary). For a historical analysis see Schäfer (forthcoming).

Already in 1896, the year when the stela was re-discovered, Adolf Erman prepared the *editio princeps* of all three inscriptions, but provided only a fragmentary translation and almost no commentary for the hieroglyphic inscription. The Latin and Greek text have often been translated since.[6] Due to the reuse of the stone and the lacuna through the middle of the stela, all three texts are badly damaged. In addition, the granite is very hard which made it difficult to give especially the hieroglyphs their distinctive form. As a result they often look quite awkward. It is therefore not surprising that after Erman very few scholars have translated and interpreted the hieroglyphic text or only parts of it: Ulrich Wilcken in 1897, Edda Bresciani in 1989 and 1992, and Richard Holton Pierce in 1996. All translations markedly differ, are even contradictory in detail: the deeds and actions described in the hieroglyphic texts are sometimes understood to refer to Gallus, sometimes to Octavian, although the Latin and Greek clearly speak of Gallus only. The identity of the horseman in the centre of the picture is part of this problem. Again, some think of Octavian, others of Gallus. In addition, no publication—except for Erman's initial one in 1896—discussed all three texts together. Therefore, a new edition of all three texts has been published in 2009.[7] This publication also comprises extensive commentaries as well an archaeological and iconographical analysis, thus studying in the visual and the textual components of the Gallus stela in conjunction with one another, which in the past have often been separated.

In this article, the prefect's self-presentation will be analysed based on both the visual and textual evidence of his stela and its political, social, and historical context.[8] For this, the identity of the horseman in the lunette needs to be established. It can be assumed that Gallus himself ordered to be depicted as a triumphant victor in Hellenistic

---

[6] See Bernard 1969, no. 128 (including an extensive bibliography).

[7] Hoffmann, Minas-Nerpel, and Pfeiffer 2009, 1–5, 19–44, for a full discussion of the history of research.

[8] For a discussion of the term 'self-presentation', which includes visual medias and written sources, see Baines 2004, 34–36. Although Baines analyses Ptolemaic self-presentations, the theoretical background can also be applied to the early Roman period, in particular to a Roman general and prefect depicted in Hellenistic tradition on a trilingual stela with otherwise Egyptian appearance. It is certainly necessary to look at both the visual AND all the textual components of the Gallus Stela with regard to the social context. They are not independent sources, as some Egyptologists, archaeologists, or ancient historians tend(ed) to imply because of the lack of knowledge or interest, with few exeptions.

tradition. He probably also drew up the Latin inscription so that we have the unique evidence of his own understanding of his deeds and actions.

1. *The Identity of the Horseman in the Lunette (Fig. 7)*

Fig. 7: The lunette of the Gallus stela (drawing by U. Denis).

As mentioned above, one key issue for understanding the stela is the identification of the horseman in the centre of the lunette. In an idealized battle scene he is shown attacking an enemy who has fallen to his knees and is trying to protect himself with his shield. The depiction is accompanied and explained by a single line of hieroglyphs including a cartouche, one of the most crucial and controversially discussed points of the entire stela. It has been translated quite differently by numerous scholars and led many to believe in Gallus' excessive hubris. Erman and Wilcken as well as Bresciani have published the main interpretations offered below. Subsequently, our new reading and analysis will be presented:

1) *Erman (1896) and Wilcken (1897)*

Erman read the cartouche as *Kaisar* and thought that it referred to Octavian.[9]

Although Wilcken adopted Erman's interpretation of the cartouche in 1897, he completed the lacuna with *stp.n nswt-bjt* "appointed by the

---

[9] Erman 1896, 3.

King of Upper- and Lower Egypt". Interpretating the horseman as Gallus for the first time, Wilcken translated:

> The prefect of Alexandria and Egypt [appointed by the King] Caesar.[10]

The title is attested in hieroglyphs only on the Gallus stela. Wilcken presumed in 1897 that it might be the hieroglyphic equivalent of *praefectus Alexandreae et Aegypti*,[11] but there is no further evidence for this assumption.

2) *Bresciani (1989)*

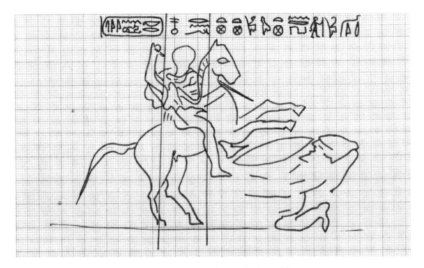

Fig. 8: The lunette of the Gallus stela by Edda Bresciani.

Almost one hundred years later, in 1989, Edda Bresciani published a new translation and interpretation of the hieroglyphic inscription accompanying the horseman (Fig. 8):[12]

> *ḏd mdw in wr n T3-mry Šmꜥ.w Mḥ.w [rn=f nfr] Krnrwys*
> Words spoken by the Great one of Ta-meri, of Upper and Lower Egypt, [his beautiful name is] Cornelius.

Bresciani reads the cartouche as *Cornelius* relating it to the first Prefect of Egypt. In the lacuna, she restores *rn=f nfr*, referring to the

---

[10] Wilcken 1897, 76.
[11] Wilcken 1897, 75, suggested translating *T3-mrj* as "Alexandria".
[12] Bresciani 1989, 93–98; Bresciani 1992, 99–102.

introduction of the "nomi di cittadini notabili romani" on both obelisks at Beneventum dating to Domitian's reign.[13] There, *rn=f nfr* introduces several times the name of the dedicator of the obelisks.

3) *The New Interpretation by Hoffmann/Minas-Nerpel/Pfeiffer:* [14]

Collating the texts in Cairo in 2005 and 2006 we could neither recognize *Kaisaros* nor *Cornelius*. The cartouche can only be read as *Romaios*, referring to Octavian.

ḏd mdw in wr n Tȝ-mrj Šmꜥ.w Mḥ.w [– –] (Hȝrwmys)
Words spoken by the Great one of *Tȝ-mrj* (= Egypt), of (?) Upper- and Lower Egypt [Gallus(?), representative of the son of Re/whom the son of Re has chosen] (Romaios).

The horseman is therefore Gallus and it is made clear by the hieroglyphic inscription that he was only Octavian's representative. His name was not written in a cartouche, which would indeed have meant a glaring insolence since only pharaoh's name could be written in a cartouche. Octavian's name is once again attested in the first line of the hieroglyphic text below the lunette:

> *ḥȝ.t-sp 1.t ibd 4 pr.t sw 20 ẖr ḥm Ḥr ḥwn-nfr ṯmȝ-ꜥ ḥkȝ ḥkȝ.w – – [stp.n Ptḥ Kȝsrs] ꜥnḫ ḏ.t*
> Regnal year 1, fourth month of the winter season (Pharmuthi), day 20 (= 16 April 29 BC), under his person, the Horus: Perfect youth, mighty of arm, ruler of the rulers—[chosen by Pta]h, *Kaisaros*), may he live forever.

One should not be confused by Octavian's having two different names on this stela, *Romaios* in the lunette and *Kaisaros* in the main inscription. Egyptian pharaohs had traditionally five names, and two were written in cartouches, the birth name or nomen and the throne name or prenomen. The names of Octavian/Augustus are well attested, due to the fact that under the first Roman emperor a copious decoration and building programme was initiated in Egypt, not only along the

---

[13] Bresciani 1986, 83–85; Bresciani 1989, 95, n. 9; Bresciani 1992, 102: According to Bresciani, Titus Iulius Lupus, prefect of Egypt AD 70–71, might have dedicated the obelisks and is therefore introduced by *rn=f nfr*. For the obelisks at Beneventum see Erman 1896, 149–158; Müller 1969, 10–12. For *rn=f nfr* see De Meulenaere 1966.

[14] For a detailed commentary, see Hoffmann, Minas-Nerpel, and Pfeiffer 2009.

Nile, but also especially in Lower Nubia. Because of its military importance, the *Dodekaschoinos* (the northern part of Lower Nubia) received
substantial political and ideological attention in the early years of
Octavian's/Augustus' reign. In particular after the peace treaty of
Samos (21/20 BC) when the southern frontier of the *Imperium
Romanum* was established at Hierasykaminos (Maharraqa), and
when an end was put to the conflict between Rome and Meroe, an
explicit manifestation of the new ruler as pharaoh was required in the
Dodekaschoinos and several Egyptian temples were built in Lower
Nubia where Octavian/Augustus appeared venerating Egyptian and
local Nubian gods.[15]

Kalabsha, with its temple dedicated to Isis and Mandulis, the
Nubian sun god, demonstrates strikingly the rapid development in
this period. The Kalabsha temple was built in the late Ptolemaic period,
and a gateway was added under Octavian. The temple was then rebuilt,
but never finished, under Augustus. When it was dismantled and
moved from its original location in Lower Nubia to a place near Philae
as part of the large rescue effort led by the UNESCO to save it from the
waters of Lake Nasser, the gateway was discovered. It had been reused
for the foundation of the later Augustan extension to the temple. As
Erich Winter proved, the gateway had been decorated under Octavian
in the years 30 to 27 BC,[16] in exactly the same period as the Gallus stela.
Beside the Gallus' victory memorial, the Kalabsha-gateway is therefore
one of the first Egyptian monuments to bear Octavian's name and to
provide information concerning the period of establishing Roman
rule in Egypt.

In both cartouches (nomen and prenomen) Octavian could be
called *Kaisaros*[17] ('Son of Caesar') or—with a Greek adjective—
Romaios ('the Roman'), for example, attested in Dendera[18] and

---

[15] Hölbl 2004; Verhoeven 2008.

[16] Winter 2003.

[17] According to Ratkowitsch 2001, 37–44, 'Kaisaros' is probably an elliptic form
for 'son of Caesar'. The name Kaisaros is first attested in a cartouche for Ptolemy XV
Kaisar, the son of Caesar and Cleopatra VII. Originally, Kaisaros, the short form for
'son of Kaisar/Caesar', was used to legitimize Ptolemy as Caesar's son. In Egyptian
documents, Octavian kept this name in its genitive form since he wanted to be
regarded as the true son of Caesar, even though he was 'only' adopted. Ratkowitsch
proposed that the later emperors as pharaohs kept the name in its genitive form as a
kind of title. However, it might also be possible that the genitive was only used since
the priests adopted the dating formula of Greek official documents.

[18] Gauthier 1917, 24, no. 90; Grenier 1989, 17 no. 7; von Beckerath 1999, 248–249:
E 14; Cauville 2007, 32.

Kalabsha.[19] Later on, *Autokrator* ('emperor') and *Sebastos* (the 'august one') were added.[20] It does not surprise at all to find Octavian having these two different names—*Romaios* and *Kaisaros*—on one *single* monument, for example the Kalabsha-gateway and the Gallus stela. On the Kalabsha gate, Octavian was depicted in veneration before Mandulis and the deities of Philae, especially Isis to whom the *Dodekaschoinos* belonged. *Romaios* serves as his nomen and *Kaisaros* as his prenomen.[21]

2. *The Iconographic Analysis of the Lunette*

The horseman, Hellenistic in style, does not fit well on an otherwise Egyptian stela. Gallus, who probably wrote the Latin inscription himself, seems very likely to have also ordered the depiction of an attacking rider in the triumphal attitude, mounted on a rearing horse. However, a *living* horseman in combat is highly unusual as a *relief* motif, so that we need to investigate the possible source.

In the early Hellenistic period, rulers would rather be honoured with equestrian *statues* placed on a public square, imitating Alexander the Great,[22] who had substantially influenced the motif of combat scenes with the mounted warriors, as attested by the Alexander mosaic discovered in the Casa del Fauno, Pompei.[23] From the second century BC onwards, the equestrian statue was also used to represent generals or very high-ranking citizens, especially in the Hellenistic East.[24] In the Roman Republic, in contrast, it was uncommon for senators or high-ranking citizens to be represented in such a way in public places, but possible in sanctuaries that were not controlled by the state. Sulla's equestrian monument from 82 BC marks a change in the public representation of horsemen, thus proving his superior status in the

---

[19] Gauthier 1911–1914, I: 57, 142, 144, 342; cf. Winter 1979, 70, n. 5.
[20] Grenier 1989, 9–15. See also Gundlach 2008.
[21] Winter 1979, 67; Winter 2003, pl. 46; Dendera: Gauthier 1917, 24, XC.
[22] Laubscher 1991, 223–224; Bergemann 1990, 36; Siedentopf 1968, 13.
[23] Pfrommer 1989, 3, pl. 1, Beilage. See also Calcani 1989. The Alexander battle mosaic from Pompei is generally seen as a late Hellenistic copy of a drawing that was created around 300 BC, probably ordered by Seleukos I Nikator; see Andreae 2004, 69–82 (including a bibliography), especially pp. 77–78 for the date.
[24] For example, an equestrian monument of the Imperator Aemilius Paullus was erected in Delphi in 168/7 BC after he had defeated Perseus of Macedonia in the battle of Pydna. See Kähler 1965; Bergemann 1990, 151, E 106.

Roman Republic.[25] In the late Republic, however, it became more and more common to put up such equestrian statues also in public places, including those of Octavian.[26]

Horsemen are also well known from Greek and Roman *reliefs*. The first historical battle scene which includes a rider in combat is attested on the Athena Nike Temple in Athens (430/20 BC).[27] Latest around 400 BC the motif of a young, heroic horseman conquering an enemy can be found on Attic tombstones,[28] for example on the tomb stela of Dexileos, son of Lysanias (394/3 BC).[29] Although he died in the battle, Dexileos appears as a victorious horseman who spears a naked Greek enemy lying below his mounting horse. Hellenistic and Roman tomb monuments stand in this tradition and quite commonly depict horsemen, but of course only *deceased* ones conquering barbaric enemies.

It was therefore quite unusual that Gallus as a *living* general wished to be depicted as a horseman in relief scene. The audience for his self-presentation included Greek, Roman, and Egyptian visitors, assuming that the Gallus stela once stood in a public place of the Isis temple-complex.[30] Greeks and Romans will doubtlessly have recognized the triumphant attitude without any problems. At the same time, Egyptians could also understand this type of representation, since temple walls—especially on pylons—showed the *pharaoh* slaughtering enemies, even if the Egyptian king was never shown riding a horse in combat. This iconographical detail is only known in the Hellenistic period from the Raphia monument,[31] which dates to 217 BC.

---

[25] Brune 1999, 231.

[26] Bergemann 1990, 34, 57–59, P 5.

[27] Borchardt 2002, 100–101, cat. 4.13, fig. 8.

[28] The eldest source so far is a fragment of a tombstone from Chalandri north of Athens that shows a horse's head and below it the enemy's head. It is kept in the Pergamon Museum, Berlin, Inv. no. 742. Clairmont 1993, 88–89, no. 2.130 (v).

[29] Athens, Kerameikos P 1130, marble, 1.75 m high; Clairmont 1993, 143–145, no. 2.209 (v). Knigge 1988, 111–113; Hurwit 2007, 35–60.

[30] For a detailed discussion where the Gallus stela might once have stood, see Hoffmann, Minas-Nerpel, and Pfeiffer 2009, 16–18.

[31] For the Raphia monument see Thissen 1966. The synodal decree is attested in three versions of which two are kept in the Egyptian Museum Cairo: 1) The fragment from Memphis (CGC 31088): Kamal 1904–1905, I; 218–219.; II: pl. 74 (incorrectly labelled no. 21088). 2) The fragment from Tell el-Maskhuta (CGC 50048): Gauthier and Sottas 1925. 3) The fragment from Tod disappeared shortly after its discovery (1934–36) but has been published on the basis of photographs: Malinine 1960, 77–90. See Laubscher 1991, pl. 46–47 (CC 31088, 50048). See also Pfrommer 1998, 206–207 and fig. 29.

Fig. 9: The lunette of the Raphia monument: CGC 31088 (drawing by U. Denis).

Fig. 10: The lunette of the Raphia monument: CGC 50048 (drawing by U. Denis).

On both versions kept at the Egyptian Museum in Cairo (Fig. 9–10), Ptolemy IV Philopator and his wife Arsinoe III are facing the enemy and several Egyptian gods. The Hellenistic pharaoh is depicted as a triumphant horseman spearing an enemy who has fallen to his knees who—in contrast to the Gallus stela—is unprotected by a shield and already fettered. With this depiction, the Ptolemaic ruler imitates Alexander the Great, but at the same time the Raphia lunette combines the traditional Egyptian representation of a pharaoh punishing enemies with the Hellenistic element of a horseman in combat. Gallus' pose might have been misunderstood as an Alexander-*imitatio* or a Ptolemy-like immortalisation, but the main message was conveyed: He was a glorious general, proud of his victories. The hieroglyphic line above his head made it clear that he had been installed by Octavian.

The depiction of the horseman on the centre of the lunette created yet another problem: the Egyptian deities could not be shown behind the Roman prefect. This would have contravened well-established

Egyptian tradition. Therefore, they are not visually present, but only their names and epithets. On the left side, the deities of the cataract region, Khnum, Satis, and Anukis are mentioned, and on the right side, the pan-Egyptian gods Osiris, Isis, and Horus. The arrangement also ensures that Gallus did not adopt the royal prerogative of being depicted in veneration before the Egyptian gods. As on the Raphia monument, one could have moved the horseman to the left, but much closer attention would be paid to him in a central position, and this must have been Gallus' aspiration since far more viewers of the stela could comprehend the depiction than could (or would) read the inscriptions; except for the priests, the Egyptian population was not able to read the hieroglyphs so that they would only apprehend a triumphant Hellenistic horseman. Those who could read the Latin and/ or the Greek would have easily recognized Gallus, named as the main actor in the inscriptions. However, the lunette with the horseman will have caught the attention of the visitors since it was roughly on eye level or just below. The hieroglyphic text followed first, and only then the Latin and Greek version. Reading the Latin text would have meant bending down considerably, reading the Greek would have involved crouching almost at ground level. Their disposition does not suggest that reading the text was the primary aim. It seems that the inscriptions were important and necessary for the stela as an entity but the visual element—the triumphant horseman spearing an enemy—was the main feature for the audience.

The rider in combat symbolizes Gallus' military victories, which might have been a small compensation for not being allowed a formal triumph in Rome, since he did not hold the power of *imperium*. At the same time, the Hellenistic depiction of a glorious horseman could not have been misunderstood as insolence, especially not at one of the outward boundaries of the Roman Empire.

3. *Gallus' Self-Portrayal according to His Stela*

Literary Sources

According to Roman tradition, only a person of senatorial rank could be appointed to govern a province of the Roman empire. Octavian, however, broke with this practice by appointing Gallus, an *eques* only, as described by Cassius Dio:

Afterwards he made Egypt tributary and gave it in charge of Cornelius Gallus. For in view of the populousness of both the cities and country, the facile, fickle character of the inhabitants, and the extent of the grain-supply and of the wealth, so far from daring to entrust the land to any senator, he would not even grant a senator permission to live in it, expect as he personally made the concession to him by name.[32]

Since the very first appointment the prefect of Egypt was always a Roman knight.[33] *De iure*, he possessed the *imperium ad similitudinem proconsulis*[34] and therefore extensive administrative and military powers to secure his province. Otherwise, Octavian tried to avoid by all means any rupture with Republican tradition. Thus, Egypt's status was exceptional among the Roman provinces. The reason behind not appointing a senator as prefect was that an usurper in Egypt could potentially endanger the grain supply of Rome and easily finance an army or bribe legions to support him, thus gaining power over the entire Roman Empire. A Roman knight, however, did not seem to pose this threat for Octavian.

Gallus, Egypt's first Roman prefect, had a very close relationship with Octavian since he had been his *condiscipulus* ('condisciple').[35] He had governed the province for three years to the *princeps'* liking, but in 27 BC, Gallus was suddenly withdrawn. Ancient authors disagree on the reason. Ovid, the source closest in time, only reports that Gallus had committed a *crimen* against Augustus.[36] In a different context, the Augustan poet is more specific:[37] "The scandal for Gallus was not that he had celebrated Lycoris, but that he could not hold his tongue after

---

[32] Cass. Dio LI 17,1 (Translation: E. Cary, Loeb).

[33] Cf. Tac. ann. II 59; Arr. an. II 5,7; for the legal view: Geraci 1983, 143–146; 163–176; cf. Geraci 1995; Herklotz 2007, 228. Her view that a local prefect should remain in office for several years since the province's population would otherwise hardly have become used to an annually changing *promagistrate*, is unfounded because this also happened in other provinces.

[34] Dig. I 17,1 (Ulpian, ad edict. 15): *praefectus Aegypti non prius deponit praefecturam et imperium, quod ad similitudinem proconsulis lege sub Augusto ei datum est, quam Alexandriam ingressus sit successor eius, licet in provinciam venerit: et ita mandatis eius continentur*; cf. Geraci 1989; Jördens 1997, 326–327.

[35] Amm. XVII 4,5l.

[36] By mentioning this *crimen* in a conditional clause (*si falsum est*), Ov. am. III 9, 63–64, suggests that Gallus had indeed committed a crime: *Tu quoque, si falsum est temerati crimen amici, / sanguinis atque animae prodige Galle tuae.*

[37] Am. III 9, 63f. and Trist. II 445–446.

having too much wine."[38] It seems that slandering Augustus had caused Gallus' fall from grace.

Suetonius—more than a hundred years later—only mentions in his biography of Augustus that in 26 BC the *princeps* had surrendered Gallus to the Senate for sentencing. The reason is provided in his treatise *de Grammaticis*, in which Suetonius reports one of the gravest crimes (*gravissima crimina*) of the prefect: He was living with the grammar teacher Q. Caecilius Epirota![39] This man had fallen in disgrace because he had allegedly tried to establish a relationship with Agrippa's wife and had therefore been banished. Through his close contact with Epirota, Gallus had directly acted against the imperial wish. Suetonius reports further that accusations (*denuntiationes*) and senatorial resolutions (*sentusconsulta*) against Gallus were made during the course of the trial, which led to his suicide.[40] We learn no detail at all about these denunciations and resolutions.

More than a hundred years after Suetonius, Cassius Dio offers more specific reasons. At first, he describes the exemplary behaviour of the military commander Agrippa, who did not abuse the honours received from Augustus for his own self-indulgence. Cassius Dio then reports Gallus' actions—in contrast to Agrippa—concluding with Gallus' suicide after being banished by the Senate:[41]

> On the other hand, Cornelius Gallus was encouraged to insolence by the honour shown him. Thus, he indulged in a great deal of disrespectful gossip about Augustus and was guilty of many reprehensible actions besides; for he not only set up images of himself practically everywhere in Egypt, but also inscribed upon the pyramids a list of his achievements. For this act he was accused by Valerius Largus, his comrade and intimate, and was disfranchised by Augustus, so that he was prevented from living in the emperor's provinces. After this happened, many others attacked him and brought numerous indictments against him. The senate unanimously voted that he should be convicted in the courts, exiled, and depraved of his estate, that this estate should be given to Augustus, and that the senate himself should offer sacrifices. Overwhelmed by grief, Gallus committed suicide before the decrees took effect.

---

[38] Ov. trist. II 445–446: *non fuit opprobrio celebrasse Lycorida Gallo, sed linguam nimio non tenuisse mero.*

[39] Suet. gramm. 16; for the chronological problems see Stickler 2002, 18, who also assumes that this matter could not have been the main focus of the accusations against Gallus.

[40] Suet. gramm. 66, 2.

[41] Cass. Dio LIII 23,5–7.

Other than Cassius Dio, Ammianus notes in the second half of the fourth century that the Senate indicted Gallus for the exploitation of the new province. In a comment of the late fourth century grammarian Servius on Vergils tenth *Eclogue* one even reads that Gallus was thought to have conspired against Augustus.[42]

According to the Classical authors, four different reasons are given for Gallus' revocation:

1. The excessive pursuit of glory.
2. The lack of respect for Augustus.
3. The exploitation of Egypt.
4. A conspiracy against Augustus.

We cannot determine the real reason with any certainty. Point 4 (a conspiracy against Augustus) seems the least likely, since a conspirator against Augustus would certainly not have been allowed to stay in Rome for some time. He would also have received more severe punishment than banishment and loss of fortune.

Point 3 (the accusation of exploitation) seems likewise less convincing: The Senate did probably not have the right to judge in a trial *de repetundis* the actions of a prefect in office. Therefore, the reasons given by Cassius Dio and Ovid ultimately seem to have caused the *renuntiatio amicitiae* of Augustus: it was Gallus' extreme pursuit of glory, which led him to step out of the shadow of Augustus and to be disrespectful to him.[43]

The Gallus Stela

Let us now turn to Gallus' victory stela erected on Philae in 29 BC. The Greek and Latin versions are clearly relevant with reference to Cassius Dio's allegations that Gallus had published a 'complete inventory of his deeds' in Egypt. The Latin version reads as follows:

> (1) Gaius Cornelius, son of Gnaeus, Gallus, Roman knight, after the kings (= the Ptolemies) (2) were defeated by Caesar, son of God, first

---

[42] Serv. ecl. 10,1: *postea cum venisset in suspicionem, quod contra eum coniuraret, occisus est.*

[43] This also coincides with yet another quote by Suetonius, which mentions Gallus' ungrateful and ill-meaning attitude as cause of his withdrawal: Aug. LVI 2: *ingratum et malivolum animum.*

Prefect of Alexandria and Egypt, (3) vanquisher of the Theban insur-
rection within fifteen days, during which he vanquished the enemy twice
in battle, conqueror of five towns, (namely) Boresis, (4) Coptos,
Ceramice, Diospolis Megale, (and) Ophieon, after the leaders of their
insurrections were caught, (5) after the army was lead beyond the Nile
cataract, a place to which by neither the (6) Roman people nor the kings
of Egypt were arms brought, after the Thebaid, the general fear of all
(7) kings, was subdued, after envoys of the king of the Ethiopians were
heard near Philae and after this (8) king was received into custody, after
a tyrant of the *Triacontaschoenus* of Ethiopia from there on was established, gave a donation to the hereditary gods and Nile Helper.

The text emphasises two important actions of the prefect:

1. He crushed a revolt in Upper Egypt.
2. He reorganised the political status of the *Triakontaschoinos*.

Both these actions will now be further investigated with a particular
focus on the competence of the first prefect.

3.1 *Termination of the Egyptian Revolts*

Gallus reports a revolt in Upper Egypt naming five cities as centres.
Not all of them can be clearly located now, but with the focus on
Coptos in the north and Diospolis Megale (Thebes) in the south, a
considerable rebellious territory can be identified. The prefect suc-
ceeded in appeasing the region at lightning speed.

Also the literary sources refer to indigenous uprisings after Octavian's conquest of Egypt. Cassius Dio writes that "all citizens, who
rebelled for some time, were finally subdued".[44] The contemporary
Strabo reports that "Cornelius Gallus, the first prefect of the land
instated by Caesar attacked the rebellious Heroönpolis (Pithom in the
east Delta) and captured it with the help of few (soldiers), and an
uprising that had started in the Thebais because of (taxing) tributes he
resolved quickly".[45] As a reason for the uprising the literary sources
give the exploitation of the new subjects by Octavian. Cassius Dio even
specifies this: "large sums were also collected from anyone who was

---

[44] Cassius Dio LI 17,4: Αἴγυπτος μὲν οὕτως ἐδουλώθη· πάντες γὰρ οἱ ἀντισχόντες
αὐτῶν χρόνον τινὰ ἐχειρώθησαν, ὥς που καὶ τὸ δαιμόνιόν σφισιν ἐναργέστατα
προέδειξεν.

[45] Strabo XVII 1,53: Γάλλος μέν γε Κορνήλιος, ὁ πρῶτος κατασταθεὶς ἔπαρχος
τῆς χώρας ὑπὸ Καίσαρος, τήν τε Ἡρώων πόλιν ἀποστᾶσαν ἐπελθὼν δι᾽ ὀλίγων
εἷλε, στάσιν τε γενηθεῖσαν ἐν τῇ Θηβαΐδι διὰ τοὺς φόρους ἐν βραχεῖ κατέλυσε.

accused of any kind of misdemeanour. In addition, they demanded two-thirds of their property from everybody else, even if there were no complaints against them".[46]

Thus, Octavian had won the war, but—as indicated by the revolts—not the hearts of the indigenous population because of his harsh taxation laws. The conqueror nevertheless made sure to be portrayed as liberator who ended the wrongful regime of the Ptolemies. In an epigram on a statue of Apollo found in Egypt, for example, the emperor is named Zeus Eleutherios and Zeus Augustus, who came to Egypt "with the cargo of good, lawful order and prosperity of utmost wealth".[47] There are numerous dedications honouring Augustus as the 'Zeus, the Deliverer'.[48] Since the epithet 'Zeus, the Deliverer' is especially well attested in Egypt, it was probably spread by official sources in the new Roman province along the Nile. That this appellation indeed refers to the liberation of Egypt from the Ptolemies is proven by the phrase 'Caesar, son of god, great god, who has liberated, may he live eternally' in Demotic documents. It corresponds with the Greek expression 'Son of god, Zeus Eleutherios, Augustus'.[49] In a similar way, the Egyptian priests adopted the epithet also for the pharaonic titles of Augustus: The *princeps* is the one who "entered Egypt in satisfaction, the army and the gods and goddesses of Egypt are in jubilation and he takes possession (of it) like Re, who shines on the horizon".[50]

---

[46] Cass. Dio LI 17,6–7.

[47] Suppl.Hell. 982,7: εὐνομ[ί]ης φόρτοισι καὶ εὐθηνίης βαθυπλούτου; cf. Koenen and Thompson 1984, 127; Geraci 1983, 154: "(la identificazione con Ζεὺς ἐλευθέριος) potrà alludere semmai alla liberazione dalla dinastia lagide". Of the same opinion with reference to Cass. Dio LI 15,1 (the rule of Cleopatra and Antonius was fatal for Egypt) already Blumenthal 1913, 330.

[48] Cf. the compilation of the evidence by Bernand 1969, 80. W.*Chr.* 111,1–3: Ὄμνυ[μι Καίσαρα] Αὐτοκράτορα θεοῦ υ[ἱὸν] Δία Ἐλευθέριον [Σεβαστόν]; cf. Balconi 1976, 214; Packman 1991, 92; for the oath: Seidl 1933, 10–11; 18–20; 68; cf. also the oath P.Oslo II 26,38–39: καὶ ὀμνύωι Καίσαρ<α> Αὐτοκράτορα θεοῦ υἱὸν Δία Ἐλευθέριον Σεβαστ[όν], similar also the oath P.Amst. I 27: ὀμνύω Καίσαρα Αὐτοκράτορα θεοῦ υἱὸν Δί[α] Ἐλευθέριον Σεβαστόν; CPR I 224,1–2; P.Rein. II 99,2–4. It seems that the cult title was given to him already by the Greek cities of the East: cf. *BCH* XI 1887, 306, no. 1,7 = Smallwood 1967, no. 135 = McCabe, *Hyllarmia* 17 (postum): τῆς πόλεως Διὸς Ἐλευθερίου, with the remark by Dittenberger, OGIS II 457, n. 1; Guarducci, *EG* III 109–110; IG XII 2, 156 (Lesbos).

[49] Felber 1991, 30, cites as examples the graffito Kharga 1 and the *stelae* BM 184 and 188 (= *stelae* Memphis 29 and 26): Gsrꜣ pꜣ nṯr šr pꜣ nṯr pꜣ nṯr ꜥꜣ j.jr jr rmṯ-mnḫ ꜥnḫ ḏt.

[50] Grenier 1989, 97; Grenier 1987, 94: ꜥkⱽf Tꜣ-mrj hrw jb mnfj.t m ḥꜥꜥ.wt nṯr.w nṯr.wt jtj.n⸗f m shm⸗f mj Rꜥ psḏ m ꜣḫ.t; for slightly different translation see De Wit 1961, 63.

In this context it is particularly telling that Diospolis Megale (Thebes) counts among the cities conquered by Gallus—ancient Thebes, the former religious centre of Egypt with its enormous temple complexes. Exactly here at the temple of Karnak, in front of the first pylon,[51] at the entrance to the temple, one of three archaeologically attested shrines for the Imperial cult in Egypt were found (besides Philae and Alexandria). Two statues of Augustus with the *epiklesis* 'Zeus, the Deliverer' were erected in this sanctuary for the Imperial cult, which forcefully emphasise the liberation aspect for the former rebels.

According to Octavian's/Augustus' propaganda of the country's liberation from the Ptolemies therefore marked the beginning of a new era, called *kratesis*. Indigenous revolts did not fit into this concept and reports about them on public monuments in Egypt even less so. The beginning of Octavian's rule was supposed to be regarded as a new age of fortune, prosperity, and the return of order. Therefore, the Gallus stela—understood as a victory monument of the Roman prefect—was contradicting Octavian's proclamations for Egypt in some ways. By using his victories and its proclamation to highlight his own military prowess, Gallus overlooked a decisive point of Octavian's propaganda.

3.2 *The Reorganisation of the Triakontaschoinos*

After pacifying the Thebais, Gallus reports on the conquest of Lower Nubia—i.e. the *Triakontaschoinos* or 'Thirty-mile land'—without a struggle. The prefect then performed two important political actions on the Nile island Philae at the Egyptian border: First, he reorganised the *Triakontaschoinos*, and second, he initiated external relations with Teriteqas,[52] the King of Meroe, i.e. the Ethiopians. Several questions arise: What exactly was the target of his actions beyond the border? Did Gallus overstep with them his competence as prefect of Egypt or did he act on behalf and by the order of Octavian? Finally, one has to consider that there was no precedent or tradition for Gallus' position, with which he could have complied. Let us therefore look at the second part of the text in both versions: line 7–8 of the Latin text, which corresponds with line 16–18 of the Greek version.

---

[51] Herklotz 2007, 272–273.
[52] Hintze 1959, 25–26.

[l]eg[atis reg]is Aethiopum ad Philas auditis, eoq[ue] rege in tutelam recepto, tyran[n]ǫ Tṛ[iacontas]choen[i] ịnde Aethiopiae constituto

after envoys of the king of the Ethiopians were heard near Philae and after this (8) king was received into custody, after a tyrant of the *Triacontaschoenus* of Ethiopia from there on was established

δεξάμενός τε πρέσβεις Αἰθιόπων ἐν Φίλαις καὶ προξενίαν παρὰ τοῦ βασιλέως λ[αβὼν τύ]ραννόν τε τῆς Τριακοντασχοίνου τοπαρχία[ς] μιᾶς ἐν Αἰθιοπίαι καταστήσας

he received envoys of the Ethiopians in Philae and received the *proxenia* from the king and he had inaugurated a tyrant over the toparchy 'Thirty-mile land' in Ethiopia

The Relationship with the Meroitic King

According to Alföldy, the Latin text clearly indicates that Gallus put the king of the Ethiopians under the protection of Rome. The kingdom of Meroe thus fell under Roman sovereignty.[53] Locher, who deals extensively with the history of the cataract region, doubts the truthfulness of Gallus' account, assuming that they simply exchanged diplomatic courtesies in the hope for amicable relations between the two states.[54]

Taken literally, however, the Latin text supports neither Alföldy's nor Locher's interpretation. By sending the embassy to Gallus, the Meroitic king made himself Gallus' *cliens*. This is the literary meaning of *recipere in tutelam*, a term from Roman civil law that cannot be understood in any other way. The Latin uses here a specific *terminus technicus* known to any Roman, which was—especially of this time—of significance in external affairs. Therefore, it seems appropriate to take the text literally. Without a struggle, Gallus had conquered the *Triakontaschoinos*, an area of the Meroitic kingdom, and the king had not only accepted the Roman annexation of a part of his kingdom, but had—in our opinion—also established a personal and close relationship with Gallus because of the military supremacy of the Roman legions. Gallus held the position of a *patronus* in this relationship and the king took the role of a *cliens*. Whether the king received the

---

[53] Alföldy 1990, 99; cf. Mommsen 1905, 453; Török 1996, 693; for the meaning of the term *tutela* see Braund 1984, 146.

[54] Locher 2002, 94, especially n. 55; Stickler 2002, 98–99, is also of similar opinion: Meroe's relation to Rome is in any case better described by the term *tutela* than προξενία.

amicitia populi Romani though, as suggested by Alföldy, seems rather doubtful since there is no reference to it in the text. A recognition of the king as *amicus et socius populi Romani* would have warranted a resolution of the Senate. In our opinion, the ruler of Meroe was the personal *amicus* or *cliens* of Gallus.

As for the Greek version, Friedhelm Hoffmann has demonstrated that the Greek text is a somewhat erroneous translation of the Latin version.[55] Nevertheless, the phrasing of the Greek text is revealing. The word προξενία used here meant for Greeks first of all 'hospitality' in a general sense. Since the classical Greek period, the *proxenos* had politically been the representative of a foreign community among his own people, therefore a *Staatsgastfreund* or honorary consul.[56] The *proxenia*, granted mostly to major benefactors from a foreign city or country, was a very special honour. In regard to the events on Philae, it would mean that the mediators brought with them a document of the *proxenos*-declaration for Gallus.[57] The prefect would thus have become a *proxenos* of the Meroitic king. Whether this is possible and—more important—in agreement with the Latin version, is debated among scholars. Most of them concur that there is a distinct difference between *tutela* and προξενία.[58] Only Treu assumes that the translation of *tutela* as προξενία is "terminologically correct", however without giving any further explanations.[59]

In our opinion, there is indeed a possibility to regard *tutela* and προξενία as two sides of the same medal, especially when considering the semantic context of the word *tutela* in this period. Besides *tutela*, two key terms are used in the sources almost synonymously: *amicitia*[60] and *hospitium*. They describe, for example, the relationship between Pompeius and Ptolemaios XII Neos Dionysos.[61] Heinen notes that in the Late Republican *hospitium* as well as *amicitia* do not describe any-more a relationship between equals in external affairs, but between superiors and subordinates, thus aligning it with the *cliens–patronus*

---

[55] See F. Hoffmann's article in the volume.
[56] For *proxenia* see Marek 1984.
[57] Cf. Preisigke 1924, II: 4, s.v. λαμβάνω: to receive, accept, obtain documents.
[58] Cf. Bernand 1969, 44; Burstein 1995, 167; Hendrickx 1991, 57–58; Costabile 2001, 317; Stickler 2002, 79.
[59] Treu 1973, 225–226.
[60] Demicheli 1976, 72, n. 15.
[61] Caes. bell. civ. III 103,3: *pro hospitio atque amicitia*; see also Lucan. IX 131 and 1028.

relationship.[62] The statement that Gallus received the *proxenia* from the Meroitic king therefore means that Gallus became the patron of the king. This way, it would provide the same explanation as the Latin text. Therefore, under constitutional law, the Greek term προξενία accounts as a (sugarcoated) *terminus technicus* for a substantial part of the tutelary relationship established by Gallus.[63]

That the *proxenia* received by Gallus in this context only means that the Meroitic king became his *cliens* is indirectly supported by inscriptions from the Greek East.[64] There, one can observe that the phrase εὐεργέτης καὶ πάτρων can be substituted with εὐεργέτης καὶ πρόξενος—high-ranking Romans from Greek cities were named *proxenoi* and the word *proxenos* constitutes a kind of synonym for *patron*.[65] In turn, the patron[66] in these inscriptions was the Roman official, with whom the city established a tutelary relationship.

The result of Gallus' first legal action on Philae would therefore be Meroe's transformation into a personal client kingdom.

The Appointment of a Tyrant in Lower Nubia

Let us now turn to the second legal act of the prefect, the appointment of a tyrant for the 'Thirty-mile land'. The geographical term *Triakontaschoinos* first appears around 150 BC in an inscription of the Ptolemaic official Boethos. The territory between the first and the second cataract gained by him for the Ptolemaic kingdom is called 'Thirty-mile land'.[67] The status of the *Triakontaschoinos* under constitutional law after the conquest by Gallus and his appointment of a tyrant are highly disputed among scholars. Three different interpretations are being considered:

---

[62] Heinen 1966, 11.

[63] Coşkun 2005, 8, points out that the terms *clientela* and *amicitia* not necessarily contradict each other. It should be stated that asymmetrical social positions neither in Rome nor in the present excluded the existence of 'friendship'; likewise, an imbalance of power entitles one to speak of a relation similar to a client and an obvious dependence on a client relationship.

[64] Demicheli 1976, 72, n. 15.

[65] Bowersock 1965, 12–13.

[66] For the relation between the patron and Greek cities see Coşkun 2005, 7, n. 28 (with a bibliography).

[67] Bernand 1989, no. 302,10; for a further bibliography see Huß 2001, 580–582.

1. Stickler thinks that Gallus created a 'buffer state' or 'client border state' between Egypt and the kingdom of Meroe.[68] Therefore, Gallus would have founded a new state.
2. Hölbl is of the opinion that Lower Nubia "constitutionally remained with the Meroitic realm."[69] Thus, he considers it to "make little sense ... to tell a reader in the region of Elephantine and Philae that the territory beyond the cataract geographically is not Egypt anymore but Ethiopia (= Nubia)".[70]
3. Other scholars presume that a topographical entity was created, which belonged to the Roman state but retained some local autonomy.[71] However, they do not give specific reasons for this assumption.

A closer look at the literary sources and the text of the Gallus stela confirm the third opinion. The *Triakontaschoinos* was in all likelihood part of the province *Aegyptus*, a supposition based on the following evidence:

1. The Egyptian border has always been located at the First Cataract. The territory south of it was never called Egypt, even when it was part of the pharaonic or Ptolemaic realm.[72]
2. The Roman hegemony of the *Triakontaschoinos* was lost a few years later, but a part of this region, the *Dodekaschoinos* or 'Twelve-mile land' between Philae and Maharraqa (Hierasykaminos) remained with the province *Aegyptus*. In the first century AD, the *strategoi* of this region were mostly of local Meroitic descent, as indicated by their names.[73] The 'tyrant' instated by Gallus was probably a native as well, as the title 'tyrant' is only known in this region. Also, the Romans would have refrained from given someone of their own ranks the official title *tyrannus*. Thus, it is administratively and historically unproblematic to regard the 'Thirty-mile land' as part of the province *Aegyptus*.
3. The assumption that Gallus had created the *Triakontaschoinos* as a client state is contradicted by the lack of a separate designation for

---

[68] Stickler 2002, 81; similarly also Hendrickx 1991, 57; Kormysheva 1989, 305, even assumes that as a result of negotiations with Gallus the *Triakontaschoinos* was not incorporated in the Roman Empire.
[69] Hölbl 2000, 14.
[70] Hölbl 2004, 16.
[71] Cf. Locher 2002, 94; Costabile 2001, 317.
[72] Cf. Bernand 1969, no. 158 I 1: Ἤλθομεν Αἰγύπτοιο πέρας.
[73] Cf. Török 1979, 95.

the 'Thirty-mile land'; instead, the old administrative term *Triakontaschoinos* was used.

It is thus hardly possible to see the 'Thirty-mile land' as client state founded by Rome, respectively Gallus. Therefore, the only plausible solution remaining is to identify the *Triakontaschoinos* as a new, southernmost territory of the province *Aegyptus*, probably administered by a local ruler. After all, the Romans entrusted the Greek cities of the *Imperium* to their own administration in the same way. The prefect saved himself and Rome from having to build up a costly administrative structure in Lower Nubia.

Ultimately, Gallus had thus used his authority over the province *Aegyptus*—to which the *Triakontaschoinos* belonged because of the previous conquest—to instate a representative who answered to him directly. The remaining kingdom of Meroe, however, whose weak position was underscored by the conquest without any resistance, was under protection of Gallus since the year 29 BC.

The establishment of the tutelary relationship as well as the appointment of the 'tyrant' resulted from by the military pressure on Meroe. The Meroitic king presumably considered the annexation of the *Triakontaschoinos* as intolerable. No sooner the second prefect of Egypt, Aelius Gallus, had left the country with a large part of the army,[74] the Ethiopians invaded Egypt in 24 BC and occupied Syene, Philae, and Elephantine.[75] An important political event had taken place earlier: The prefect had changed. The Ethiopians obviously did not feel bound anymore by the personal tutelary relationship established between Gallus and their former king.

Already a year after the Meroitic devastations, the Romans responded: The prefect C. Petronius re-conquered the *Triakontaschoinos* up to Primis (Qasr Ibrim) and destroyed the capital of Meroe, Napata, as punishment.[76] However, the Romans seemed not to have been able to retain the territory for a longer period of time.[77] In the year 21/20 BC, the peace treaty of Samos was negotiated between the two realms, and Hierasykaminos (Maharraqa), the southernmost place in the

---

[74] Strabo XVI 4,22; cf. Kienast 1999, 335, n. 60 (with a bibliography).

[75] See detailed Locher 2002, who assumes that the uprising against Rome was at first only local.

[76] Strabo XVII 1,54; Pliny, N.h. 6,181–182; Cass. Dio LIV 5,4–6; Augustus, Res Gestae 26,5.

[77] Horton 1993, 273.

Dodekaschoinos was established as the border. Afterwards, the southern region of the *Imperium* remained quiet.[78]

The Questions of Authority

After clarifying Gallus' actions under constitutional law, the question remains to what extent these actions lay—in regard to foreign affairs—within the authority of the Egyptian prefect. In respect to internal affairs, especially the fact that Gallus had established a personal client relationship with the Meroitic king is very problematic. By law, only the Senate was entitled to enter an agreement with a foreign power—even during the principate. The treaty was normally suggested to the Senate by a consul and then formally agreed by the Senate. A contract was therefore only legal if sanctioned by a resolution of the Senate and the populace in Rome. For this purpose, the foreign emissaries contacted the consul who then arranged an audience with the Senate. In the time of Gallus, this is illustrated by the example of Mytilene. This city wanted to form an alliance with Rome, which was then ratified by the Senate.[79] Similarly, in 26 BC the Senate accepted King Polemon of Pontos as clientele king and he was included in the register of friends and allies.[80] There is no evidence that this happened with the Meroitic king as well. Therefore, we assume that the contract between Gallus and the king was not legally binding for Rome. The prefect conducted external affairs without authorization by the Senate and ultimately also by Octavian. However, in the transition period from the republic to the principate there were no clear rules, so it seems that Gallus might have assumed he had the right to do this.

How much the first prefect had monopolized and focused the relations between Rome and Meroe on his person is possibly highlighted by the above mentioned events of the year 24 BC. Strabo notes that the prefect Petronius had surrounded Napata as retribution for the invasion of Egypt. The Queen then sent envoys to negotiate a peace treaty (φιλία) with him.[81] Petronius, however, ignored them and destroyed the city. During the later counterstroke of the Ethiopians, new negotiations were pursued and Strabo continues: "when emissaries came, he [scil. the prefect] told them to negotiate with Caesar, and they said,

---

[78] See also Cassius Dio LIV 4–5; Pliny, N.h. 6,181–182.
[79] Ehrenberg and Jones 1955, no. 307.
[80] Cassius Dio LIII 25,1; cf. Bringmann 2007, 133–134.
[81] Strabo XVII 1,54,28.

they would not know who Caesar is." In Strabo's description it seems that the Ethiopians had no idea that the commander of the Roman troops only acted on behalf of a much higher authority—for the ruler of the enemies was the Roman prefect. This can, however, only have happened because the first contact between Meroe and Rome was dominated by Cornelius Gallus who seemingly had had no interest in informing the Ethiopians about the true nature of the legal circumstances, or he just did not care. This seems to be further evidence for the assumption that Gallus had established a private tutelary alliance with the Meroitic king.

A second legal problem is caused by Gallus' actions. He led his army beyond Egypt's borders, which means beyond the authority of his *provincia* without mentioning an order or assignment for this action from Octavian. The transgression of his *provincia* was by no means a light offence, even if it benefited Rome. This can be shown by the case of the proconsul of the province Macedonia, Marcus Primus who waged war without authorization against the Odryses in Thrace.[82] Since Macedonia was a senatorial province the Senate indicted him in 22 BC. The proconsul then claimed to have acted on orders from Augustus who contradicted this in court. Because Egypt was no senatorial province but under the direct authority of Augustus, who endowed his representative with extensive powers, the possibility remains that Gallus acted in a legal grey area when he added the 'Thirty-mile land' to the province. Historically, the prefect could legitimize his actions by claiming that Lower Nubia had been part of the Ptolemaic realm. Therefore, he had only restituted old territorial claims remaining within his *provincia*. In particular, the use of the old administrative name *Triakontaschoinos* for Lower Nubia supports this assumption. On the other hand, Gallus contrasts such a moderate claim with his victory stela, when he states—in contradiction to history—that no kings before him had set foot on this territory.

Assessment of the Classical Inscriptions of the Gallus Stela

Let us now return to the question how to assess the victory stela in regard to the accusations against Gallus in Rome. Cassius Dio and Suetonius listed the prefect's lack of respect for Augustus and the excessive pursuit of glory. Especially, the publication of his deeds, allegedly even on the pyramids, was stressed. The Gallus stela is of

---

[82] Cassius Dio LVI 3,2–3.

course not a pyramid, but on his victory monument in Philae Gallus praises himself and emphasises his deeds. To publicise his fame, he even disregarded an important directive of Augustan propaganda: He reports about revolts in Upper Egypt and how he ended them. The foreign politics of the prefect were also highly problematic, even if he acted in a legal grey area; he had annexed a territory to the south of Egypt, put it under indigenous administration and established a personal patron relationship with a foreign king. In the description of both cases, no authorization by Augustus or the Roman Senate is mentioned.

However, we do not ultimately assume that the erection of the victory stela in 29 BC was directly related to the withdrawal of Gallus from Egypt. After all, the prefect stayed in office until 27 BC, that is for more than two further years. Therefore, it seems rather likely that Gallus believed he was not overstepping Octavian's directives and acted in Rome's interest, but that he could pursue his own glory at the same time. On the stela, Gallus states his own legitimization already in the first words of the Greek and Latin inscription: He relates all his actions to Octavian. According to both texts, it was Octavian who defeated the Ptolemies and instated Gallus as prefect. Gallus' own deeds are indeed grandiose, but not comparable to Octavian's. Therefore, it seems possible that the prefect had carried out at least his military actions—crushing the Upper Egyptian revolt and re-conquering the *Triakontaschoinos*—under Augustus' order. The clientele alliance, however, seems hardly compatible with Octavian's instructions.

We can assume that Octavian was only informed about the addition of another territory to the province, which in fact had always belonged to the Ptolemaic realm. Octavian learned that Gallus had established a good relationship with the neighbouring Meroitic kingdom. Only this last point can explain—at least in our opinion—why Gallus has been recalled only two years later. The *princeps* will have hardly heard about the exaggerated account of his deeds on the victory stela either. Only later, after Octavian had been notified about Gallus' numerous minor and major misconducts against his *maiestas*, the prosecutors probably drew on his questionable conduct in regard to constitutional laws, and especially on his almost ruler like self-presentation to be able to convict him. In this respect it should be mentioned that in the hieroglyphic text Gallus is praised with royal epithets, but this might be excused since the Egyptians priests did not know how to deal with a prefect and his status.

To summarize, there are two reasons for the prefect's ultimate suicide. Augustus recalled Gallus from the province since the prefect increasingly behaved like an absolute ruler without clearly stressing Augustus' sovereignty. The Senate was already indignant early on since a princeps' friend carried out foreign affairs without senatorial legitimization. When Augustus dropped Gallus a double meaning was attached to handing him over to the Senate for indictment. On one hand, Augustus proved that he entirely respected the Senate's authority and intended to do so in the future. This seemed to comply with his re-establishment of the Republic, which happened in the same year. On the other hand, he was not forced to punish his friend and former prefect for his hubris himself. This could have provoked accusations from his adversaries that he fostered *invidia* towards Gallus. In turn, the Senate convicted the prefect not for his hubris but for his disregard of Roman practices concerning external affairs. This did not warrant the death penalty, but loss of fortune and banishment, which meant the complete defamation of Augustus' former important friend.

4. *Conclusion*

Gallus' deeds and actions were commemorated by erecting a trilingual stela in the temple complex of Philae. He chose for himself the appearance of a Hellenistic horseman conquering a barbaric enemy. Gallus did not try to assume royal prerogatives by being named as a pharaoh, as assumed by Bresciani. However, the prefect is praised in the hieroglyphic inscription with royal epithets usually reserved for the pharaoh in historical Egyptian stelae. One has to bear in mind, however, that the position of a prefect had just been created, and Octavian, the real sovereign behind Gallus, was not even a king. It must have been difficult for the Egyptian priests in Philae to rank Gallus properly, much in the same way as about 300 years ago, when Ptolemaios, son of Lagos ruled Egypt as Satrap for Alexander II (IV).

Gallus' main offence seems to have been his powerful position in Egypt—obviously too powerful for the Senate—combined with the hubris against Octavian/Augustus. Although all the measures taken by Gallus probably remained, from the Roman point of view, within his powers of command, one has to bear in mind that Augustus had only just established his autarchy. Gallus was imprudent enough to praises his own deeds. In making them public, he even disregarded an important directive of Augustan propaganda: Octavian preferred being regarded as a liberator from the Ptolemaic reign. And although indigenous uprisings did not fit into this concept, Gallus reports about them in his victory monument.

The prefect's foreign politics were likewise risky. By annexing the *Triakontaschoinos* and by establishing a personal patron relationship with a foreign king Gallus became very powerful. When he started erecting a stela and other monuments commemorating or even boasting of his victories, as mentioned by Cassius Dio and exemplified by our stela from Philae, he was removed by Augustus. The higher-ranking Roman senators, themselves barred from the wealthy imperial province as potential rivals to the emperor, were only too willing to oblige Augustus and ordered an inquiry, stripped him of his fortune and banished the first prefect of Egypt. Gallus' pride left him no other choice but to commit suicide. The subsequent placement of his stela in the foundation of the temple of Augustus should not be misunderstood as *damnatio memoriae*, but as a simple re-use of an out-dated monument no longer needed—a common practice in Egypt and attested by the gateway at Kalabsha for the time of Octavian.

The Gallus stela is not only a crucial source for Gallus and for the period when Roman rule was established in Egypt in general, but also for Octavian's position, especially in the eyes of the indigenous priests in the first cataract region. Their attitude is obviously different from the one demonstrated by the priests in the Theban area. There, the native priests could not bring themselves to enclose Octavian's name *Kaisaros* in a royal cartouche, as attested on a Buchis stela that dates to 17 April 29 BC, that is one day after the Gallus stela. This fact Goldbrunner incorrectly explains with the lack of Octavian's final titulary in the first years of Roman rule in Egypt.[83] The Kalabsha-gateway and the Gallus stela, however, prove that it was indeed possible to write Octavian's name in a cartouche at exactly that time.[84] A possible explanation for the absent cartouche on the Buchis stela could rather be that the priests in Hermonthis did not want to recognize Octavian as the cultic relevant pharaoh after his general Gallus had just crushed their uprising because of the harsh taxation. In contrast, Octavian was obviously recognized as pharaoh in the cataract region where the

---

[83] Mond and Myers 1934, II: 11–13; III: no. 13, pl. 43–43A. Goldbrunner 2004, 64–71, no. 13, pl. 7.

[84] Hölbl 1996, 101.

temple building programmes were supported from his first year onwards. However, considering these different representations of the new ruler one should also take into account that Octavian refused the role of pharaoh (or king in general) in the Roman propaganda.[85]

Bibliography

Alföldy, G. 1990. *Der Obelisk auf dem Petersplatz in Rom. Ein historisches Monument der Antike.* SAWH 1990, Bericht 2. Heidelberg.

Andreae, B. 2004. Seleukos Nikator als Pezhétairos im Alexandermosaik. *MDAIR* 111: 69–82.

Baines, J. 2004. Egyptian elite self-presentation in the context of Ptolemaic rule. In *Ancient Alexandria between Egypt and Greece*, eds. W. V. Harris and G. Ruffini, 33–61. Leiden.

Balconi, C. 1976. Documenti greci e latini d'Egitto di età augustea. *Aegyptus* 56: 208–286.

von Beckerath, J. 1999. *Handbuch der ägyptischen Königsnamen.* MÄS 49. 2nd ed. Mainz.

Bergemann, J. 1990. *Römische Reiterstatuen. Ehrendenkmäler im öffentlichen Bereich.* Beiträge zur Erschließung hellenistischer und kaiserzeitlicher Skulptur und Architektur 11. Mainz.

Bernand, E. 1969. *Les inscriptions greques et latines des Philae. II: Haut et Bas Empire.* Paris.

Bernand, A. 1989. *De Thèbes à Syène.* Paris.

Blumenthal, F. 1913. Der ägyptische Kaiserkult. *APF* 5: 317–345.

Borchardt, J. 2002. Narrative Ereignis- und Historienbilder im mediterranen Raum von der Archaik bis in den Hellenismus. In *Krieg und Sieg. Narrative Wanddarstellungen von Altägypten bis ins Mittelalter. Internationales Kolloquium 29.–30. Juli 1997 im Schloß Haindorf, Langenlois.* DÖAWW 24, eds. M. Bietak and M. Schwarz, 81–136. Wien.

Bowersock, G. W. 1965. *Augustus and the Greek world.* Oxford.

Braund, D. 1984. *Rome and the friendly king. The character of the client kingship.* London.

Bresciani, E. 1986. Tra Egitto e Roma. Aspetti della cultura egiziana in rapporto col mondo romano. In *Gli interscambi culturali e socio-economici fra l'Africa settentrionale e l'Europa mediterranea. Atti del congresso internazionale di Amalfi, 5–8 dicembre 1983.* I, ed. L. Serra, 83–98. Napoli.

———1989. La stele trilingue di Cornelio Gallo: una rilettura egittologica. *EVO* 12: 93–98.

———1992. La stele trilingue di Cornelio Gallo: una rilettura. In *Roma e l'Egitto nell'antichità classica. Atti del I Congresso Internazionale Italo-Egiziano, Cairo, 6–9 Febbraio 1989*, eds. G. Pugliese Carratelli et al., 99–102. Roma.

Bringmann, K. 2007. *Augustus.* Darmstadt.

Brune, K.-H. 1999. *Der koptische Reiter: Jäger, König, Heiliger. Ikonographische und stilistische Untersuchungen zu den Reiterdarstellungen im spätantiken Ägypten und die Frage ihres 'Volkskunstcharakters'.* Arbeiten zum spätantiken und koptischen Ägypten 11. Altenberg.

---

[85] See Pfeiffer 2009.

Burstein, S. M. 1995. Cornelius Gallus and Aithiopia. In *Graeco-Africana. Studies in the history of Greek relations with Egypt and Nubia*, ed. S. M. Burstein, 165–173. New Rochelle (Orig.: *AHB* 2 [1988]: 16–20).

Calcani, G. 1989. *Cavalieri di Bronzo. La torma di Alessandro opera di Lisippo.* Roma.

Cauville, S. 2007. L'impossible serrement de main ou la *pax romana* à Dendera. *RdE* 58: 29–39.

Clairmont, C. 1993. *Classical Attic tombstones.* Kilchberg.

Coşkun, A. 2005. Freundschaft und Klientelbindung in Roms auswärtigen Beziehungen. Wege und Perspektiven der Forschung. In *Roms auswärtige Freunde in der späten Republik und im frühen Prinzipat*. Göttinger Forum für Altertumswissenschaft Beihefte 19, ed. A. Coşkun, 1–30. Göttingen.

Costabile, F. 2001. Le res gestae di C. Cornelius Gallus nella trilingue di Philae. Nuove letture e interpretazioni. *MEP* 4/6: 297–330.

De Meulenaere, H. 1966. *Le surnom égyptien a la basse époques.* Istanbul.

De Wit, C. 1961. Une mention de Rome dans un texte hiéroglyphique du temps d'Auguste. In *Mélanges Mariette*. BdE 32, 63–69. Le Caire.

Demicheli, A. M. 1976. *Rapporti di pace e di guerra dell'Egitto romano con le popolazione dei deserti africani.* Milano.

Ehrenberg, V., and A. H. M. Jones. 1955. *Documents illustrating the reigns of Augustus and Tiberius.* 2nd ed. Oxford.

Erman, A. 1896. Eine trilingue Inschrift von Philae. *SPAW* 20: 469–482.

Felber, H. M. 1991. Augustus Ζεὺς ἐλευθέριος im Demotischen und die Etymologie von ⲣⲙϩⲉ. *GM* 123: 27–36.

Gauthier, H. 1911–1914. *Les temples immergés de la Nubie: Le temple de Kalabchah.* I–II. Le Caire.

——1917. *Le livre des rois d'Égypte.* V: *Les empereurs romains.* MIFAO 21. Le Caire.

——and H. Sottas. 1925. *Un décret trilingue en l'honneur de Ptolémée IV.* Le Caire.

Geraci, G. 1983. *Genesi della provincia romana d'Egitto.* SSA 9. Bologna.

——1989. Suet., Nero, 47,2, e la presunta regalità del governo romano in Egitto. *Quaderni Catanesi di cultura classica e medievale* 1 (= Studi in mem. di S. Mazzarino 2): 79–115.

——1995. Praefectus Alexandrae et Aegyptus: alcune riflessioni. *Simblos. Scritti di storia antica* 1: 159–175.

Goldbrunner, L. 2004. *Buchis. Eine Untersuchung zur Theologie des heiligen Stieres in Theben zur griechisch-römischen Zeit.* MRE 11. Turnhout.

Grenier, J.-C. 1987. Le protocol pharaonique des Empereurs romains (Analyse formelle et signification historique). *RdE* 38: 81–104.

——1989. *Les titulatures des empereurs romains dans les documents en langue égyptienne.* PapBrux 22. Bruxelles.

Gundlach, R. 2008. Augustus als Pharao. Zur Vorgeschichte seiner Königstitulatur. In *Augustus — Der Blick von außen. Die Wahrnehmung des Kaisers in den Provinzen des Reiches und in den Nachbarstaaten. Akten der internationalen Tagung an der Johannes Gutenberg-Universität Mainz vom 12.-14. Oktober 2006.* Königtum, Staat und Gesellschaft früher Hochkulturen 8, eds. D. Kreikenbom et al., 209–228. Wiesbaden.

Heinen, H. 1966. *Rom und Ägypten von 51 bis 47 v. Chr. Untersuchungen zur Regierungszeit der 7. Kleopatra und des 13. Ptolemäers.* Tübingen.

Hendrickx, B. 1991. Die drietalige inscripsie van Gallus (29 v.C.) te Philae as casus belli. *Akroterion* 36: 55–61.

Herklotz, F. 2007. *Prinzeps und Pharao. Der Kult des Augustus in Ägypten.* Oikumene. Studien zur antiken Weltgeschichte 4. Frankfurt a.M.

Hintze, F. 1959. *Studien zur meroitischen Chronologie und zu den Opfertafeln aus den Pyramiden von Meroe.* AAWB Kl. f. Sprachen, Literatur und Kunst. Berlin.

Hölbl, G. 1996. Ideologische Fragen bei der Ausbildung des römischen Pharaos. In *Wege öffnen. Festschrift für Rolf Gundlach zum 65. Geburtstag.* ÄAT 35, ed. M. Schade-Busch, 98–109. Mainz.

———2000. *Altägypten im Römischen Reich. Der römische Pharao und seine Tempel.* I: *Römische Politik und altägyptische Ideologie von Augustus bis Diocletian, Tempelbau in Oberägypten.* Mainz.

———2004. *Altägypten im Römischen Reich. Der römische Pharao und seine Tempel.* II: *Die Tempel des römischen Nubien.* Mainz.

Hofmann, Inge. 1977. Der Feldzug des C. Petronius nach Nubien und seine Bedeutung für die meroitische Chronologie. In *Ägypten und Kusch.* SGKAO 13 (Fritz Hintze zum 60. Geburtstag), eds. E. Endesfelder et al., 189–205. Berlin.

Hoffmann, F., M. Minas-Nerpel, and St. Pfeiffer. 2009. *Die dreisprachige Stele des C. Cornelius Gallus. Übersetzung und Kommentar.* APF Beiheft 9. Berlin.

Horton, M. 1993. Africa in Egypt: new evidence from Qasr Ibrim. In *Egypt and Africa. Nubia from prehistory to Islam,* ed. W. V. Davies, 264–277. 2nd ed. London.

Hurwit, J. M. 2007. The problem with Dexileos: heroic and other nudities in Greek art. *AJA* 111: 35–60.

Huß, W. 2001. *Ägypten in hellenistischer Zeit. 332–30 v. Chr.* München.

Jördens, A. 1997. Erlasse und Edikte. Ein neuer Erlaß des Präfekten M. Sempronius Liberalis und die Frage der statthalterischen Rechtsetzungskompetenz. In: *Symposion 1995. Vorträge zur griechischen und hellenistischen Rechtsgeschichte (Korfu, 1.–5. September 1995),* eds. G. Thür and J. Vélissaropoulos-Karakostas, 325–352. Köln.

Kamal, A. 1904–1905. *Stèles ptolémaïques et romaines.* I–II: *CG 22001–22208.* Le Caire.

Kähler, H. 1965. *Der Fries vom Reiterdenkmal des Aemilius Paullus in Delphi.* Monumenta Artis Romanae 5. Berlin.

Kienast, D. 1999. *Augustus: Prinzeps und Monarch.* 3rd ed. Darmstadt.

Knigge, U. 1988. *Der Kerameikos von Athen. Führung durch Ausgrabungen und Geschichte.* Athen.

Koenen, L., and D. B. Thompson 1984. Gallus as Triptolemos on the tazza Farnese. *BASP* 21: 111–156.

Kormysheva, E. Y. 1989. Political relations between the Roman Empire and Meroe. In *Studia Meroitica 1984. Proceedings of the Fifth International Conference for Meroitic Studies, Rome 1984.* Meroitica 10, eds. S. Donadoni and S. Wenig, 305–315. Berlin.

Laubscher, H. P. 1991. Ptolemäische Reiterbilder. *MDAIR* 106: 223–238.

Locher, J. 2002. Die Anfänge der römischen Herrschaft in Nubien und der Konflikt zwischen Rom und Meroe. *AncSoc* 32: 73–134.

Lyons, H. G. 1896. *A Report on the island and temples of Philae.* Cairo.

Malinine, M. 1960. Pierres d'Egypte. *RA* 1960, Tome I (Janvier–Juin): 77–90.

Marek, C. 1984. *Die Proxenie.* Frankfurt a.M.

Mommsen, T. 1905. Gaius Cornelius Gallus. In *Reden und Aufsätze,* ed. T. Mommsen, 449–457. Berlin.

Mond, R., and O. H. Myers 1934. *The Bucheum.* II: *The inscriptions.* III: *The plates.* London.

Müller, H. W. 1969. *Der Isiskult im antiken Benevent und Katalog der Skulpturen aus den ägyptischen Heiligtümern im Museo del Sannio zu Benevent.* MÄS 16. München.

Packman, Z. M. 1991. Notes on papyrus texts with the Roman imperial oath. *ZPE* 89: 91–102.

Pfeiffer, S. 2009. Octavian-Augustus und Ägypten. In *Identität und Zugehörigkeit im Osten der griechisch-römischen Welt. Aspekte ihrer Repräsentation in Städten, Provinzen und Reichen*, eds. A. Coşkun, H. Heinen, and S. Pfeiffer, 55–79. Frankfurt a.M.

Pfrommer, M. 1998. *Untersuchungen zur Chronologie und Komposition des Alexandermosaiks auf antiquarischer Grundlage*. AegTrev 8. Mainz.

Pierce, R. H. 1996. Cornelius Gallus on his Nubian campaign: Hieroglyphic. In *Fontes Historiae Nubiorum. Textual sources for the history of the middle Nile region between the eighth century BC and the sixth century AD*. Vol. 2: *from the mid-fifth to the first century BC*, eds. T. Eide et al., 696–700, No. 165. Bergen.

Porter, B., and R. L. B. Moss 1939. *Topographical bibliography of ancient Egyptian hieroglyphic texts, reliefs, and paintings*. VI. *Upper Egypt: chief temples (excluding Thebes)*. Oxford.

Preisigke, F. 1924. *Wörterbuch der griechischen Papyrusurkunden mit Einschluß der griechischen Inschriften, Aufschriften, Ostraka, Mumienschilder usw. aus Ägypten*. Heidelberg.

Ratkowitsch, C. 2001. ΑΥΤΟΚΡΑΤΩΡ ΚΑΙΣΑΡΟΣ – ein irrtümlicher Genetiv in der hieroglyphischen Titulatur der römischen Kaiser? GM 184: 37–44.

Roeder, G. 1959. *Die ägyptische Götterwelt*. Zürich.

Schäfer, D. (forthcoming). *Makedonische Pharaonen und hieroglyphische Stelen. Historische Untersuchungen zur Satrapenstele und verwandten Denkmälern*. StudHell. Leuven.

Seidl, E. 1933. *Der Eid im römisch-ägyptischen Provinzialrecht*. Erster Teil: *Die Zeit von der Eroberung Ägyptens bis zum Beginn der Regierung Diokletians*. München.

Sethe, K. 1904. *Hieroglyphische Urkunden der griechisch-römischen Zeit*. Heft 1: *Historisch-biographische Urkunden aus den Zeiten der makedonischen Könige und der beiden ersten Ptolemäer*. Urkunden des Ägyptischen Altertums 2. Leipzig.

Siedentopf, H. B. 1968. *Das hellenistische Reiterdenkmal*. Waldsassen.

Smallwood, E. M. 1967. *Documents illustrating the principates of Gaius Claudius and Nero*. Cambridge.

Stickler, T. 2002. *"Gallus amore peribat"? Cornelius Gallus und die Anfänge der augusteischen Herrschaft in Ägypten*. Althistorische Studien der Universität Würzburg 2. Rahden/Westfalen.

Thissen, H.-J. 1966. *Studien zum Raphiadekret*. BKP 23. Meisenheim am Glan.

Török, L. 1979. *Economic offices and officials in Meroitic Nubia. A study in territorial administration of the Late Meroitic Kingdom*. StudAeg 5. Budapest.

———1996. Cornelius Gallus on his Nubian campaign. In *Fontes Historiae Nubiorum. Textual sources for the history of the middle Nile region between the eighth century BC and the sixth century AD*. Vol. 2: *From the mid-fifth to the first century BC*, eds. T. Eide et al., 689–695, No. 163–164. Bergen.

Treu, M. 1973. Nach Kleopatras Tod (P. Oxy. 2820). Chiron 3: 221–233.

Verhoeven, U. 2008. Neue Tempel für Ägypten. Spuren des Augustus von Dendera bis Dendur. In *Augustus — Der Blick von außen. Die Wahrnehmung des Kaisers in den Provinzen des Reiches und in den Nachbarstaaten. Akten der internationalen Tagung an der Johannes Gutenberg-Universität Mainz vom 12.–14. Oktober 2006*. Königtum, Staat und Gesellschaft früher Hochkulturen 8, eds. D. Kreikenbom et al., 229–248. Wiesbaden.

Wilcken, U. 1897. Zur trilinguen Inschrift von Philae. ZÄS 35: 70–80.

Winter, E. 1979. Das Kalabsha-Tor in Berlin. Jahrbuch Preußischer Kulturbesitz 14.

Winter, E. 2003. Octavian/Augustus als Soter, Euergetes und Epiphanes: Die Datierung des Kalabscha-Tores. ZÄS 130: 197–212.

ARCHAEOLOGICAL RESEARCH IN ROMAN BAKCHIAS:
RESULTS AND PERSPECTIVES

Sergio Pernigotti

After sixteen excavation campaigns undertaken, at first in collaboration with the University of Lecce, and currently only by the Department of Archaeology of the University of Bologna, with the scientific collaboration of the Department of Religious Studies of La Sapienza University of Rome, archaeological evidence has provided a clear-cut picture of the Kom Umm el-Atl site in north-eastern Fayyum where the ancient Bakchias lay.

Unfortunately, Bakchias and the neighboring sites of Karanis and Philadelphia suffered serious damages caused by the *sebbakhin*, when the *sebbakh* large scale exploitation (fig. 1), which started in the 1920s

Fig. 1: General view of Bakchias.

lasting well into the early 1930s, irremediably destroyed Philadelphia and badly damaged the other sites. This has to be taken into account in order to understand the progress of archaeological research that has utterly changed our approach to the long history of our *kome.*

When the British expedition directed by Grenfell, Hunt, and Hogarth conducted in 1896 a brief excavation campaign intended to retrieve papyri, Kom Umm el-Atl, which they readily identified as the site of the ancient city of Bakchias, did show an overall layout completely different from the one that would have appeared to us about one hundred years later, in October 1993, when we started to work on it.

Still almost intact, it showed the characteristic layout of a rounded mound on top of which the well preserved walls of the village temple (which later turned out to be one of the temples) were still visible at the surface. The temple was promptly exposed by the British scholars who also drew a plan identifying it as the seat of the cult of Soknob-konneus, a form of the god Sobek, who was worshiped throughout the Fayyum and had his major cult centre at Shedet/Krokodilopolis.

Both the papyri recovered in the excavations and a few ones that, having come to light in the course of the *sebbakhin* soil removal operations, had found their way onto the antiquities market whence they were retrieved in the 1930s, reported the name of a further god, Soknobraisis, another form of Sobek, providing a valuable source of information on this site and allowing to delineate a historical outline which in effect does not differ from that of other villages of the Ptolemaic and Roman period, as attested both by papyri and archaeological sites surrounding the region and linked to them. Officers were the same everywhere, as well as the same public buildings were mentioned in the papyri; limited was the range of activities attested within a predominantly agricultural economy.

Even divinities and cults relied on a uniform tradition shared throughout Egypt, with the exception of local deities and of some reported Greek divinities who were suspected to be, and most likely must have been, purely Egyptian deities assimilated to Greek gods.

The archaeological *facies* of the Fayyum centres suggested that all the villages had been founded in the early Ptolemaic period and definitively abandoned between Late Antiquity and the early Arab period as a result of the progressive reduction of cultivable areas, a theory widely accepted; the only attested exception was Narmouthis/Medinet Madi, founded during the reign of Amenemhat III of the 12th Dynasty, along with Shedet/Krokodilopolis whose foundation dates back to the third millennium or even earlier, but which had a different history that cannot be compared with that of the other villages.

The only peculiarity of Bakchias, according to papyrus documents, was that the officers were shared with another centre, called Hephaistias and well attested in papyri; this suggested that the two villages had possibly merged, at least in some periods: however, Hephaistias apparently did not survive at all, as was the case of other villages. The problem remains unsolved, as we will see further, even though a possible solution is in sight.

By the time our expedition started to work in this site the situation appeared as follows: Bakchias must have been founded during the reign of Ptolemy II, perhaps around 280 BC, as one of the villages built in the reclaimed land. The name, clearly inspired by Dionysic cults practiced by the ruling dynasty seemed to attest its recent foundation by the new rulers. Bakchias' history appears to go back to that period at the earliest, whereas its abandonment phase dates to Late Antiquity.

Yet, an important feature has been overlooked until recently: Grenfell, Hunt, and Hogarth clearly stated that the site actually consisted of two distinct archaeological areas separated by an ancient canal which had left a lot of still visible traces; its course can be traced on the ground even today.

With great acuteness the British papyrologists identified a Late Antique occupation phase that had lasted until the early Arab period in the South Kom, whereas the so-called North Kom was identified as the area where the ancient Bakchias lay.

Besides some lucky finds, as for instance the so called "casa ottava" (structure number 8), a private dwelling of the Ptolemaic period enlarged in the Roman times that yielded important artistic items, among which is the renown flask with erotic scenes probably of the Hellenistic times, the first excavation campaigns enabled us to study the town stratigraphy. It was just the work of the *sebbakhin* that, having removed the soil in the North Kom, uncovered different urban phases revealing that the occupation of the site had lasted from the early Ptolemaic period until Late Antiquity. Moreover, our excavations resulted also in the unexpected discovery of a further temple, built of mud bricks, named Temple B: oriented to the south the building dates to the Ptolemaic period, but at the time of its discovery we could not identify the god to whom it was dedicated (fig. 2).

Fig. 2: Temple B.

Only from the fourth excavation campaign onward did the research increase our understanding and knowledge of Bakchias. The works focused on Temple A, the same partially exposed by our British predecessors, and on the area facing it, consisting of a large dune that soon revealed to be a dump which yielded a wealth of artistic items and also papyri, highlighting the history of the site in the Ptolemaic period and unexpectedly providing also a fresh insight into the Roman phase of occupation. The temple's structure and its building phases will be investigated.

The excavation of the dune exposed the foundations of a large stone temple (Temple C) built between the end of the first century BC and the beginning of the first century AD. Two features of the latter revealed to be of fundamental importance to understand the history of Bakchias in the Roman period: it was oriented to the south, similar to Temple B; further, its western side had been interwoven with the eastern side of Temple A.

This fact—unparalleled in the Egyptian religious architecture—strongly suggested that Temple A had been dismantled to build Temple C where, upon its completion, the god Soknobkonneus was transferred: and actually, several objects retrieved from the area indicate that Temple A not only had undergone a sort of secular transformation but was also turned into a storehouse or a dump, when Temple C became operative.

Actually, the discovery of this new temple, the third found in a relatively small area and probably built within the same temenos, seems to answer the questions posed by the scholars—Knutson, Gilliam, and Rübsam—who had previously studied the papyri from Bakchias and wondered why papyri evidence attesting the presence of a number of temples at Bakchias, was not corroborated by archaeology, that thus far had proved the existence of one temple only (Temple A: the existence of Temple B was hitherto unsuspected, even by us).

This new discovery seemed to resolve a further problem, connected with the former: the relatively recent publication of the papyrus Berlin 2215 provides a list of Fayyum villages, from Soknopaiou Nesos to Narmouthis, which reported also its temple for each village, called *loghimon*, and the god to whom it was dedicated. Only Bakchias was reported to have two *loghima* temples, sacred to Soknobkonneus and Soknobraisis respectively. This latter information provided by the papyrus seem to be connected with the presence of two large temples at Bakchias, one built of mud bricks and the other of stone. On the other hand, such an assumption is in contrast with the archaeological evidence that the earlier temple had encroached upon the new one. The newly discovered Temple C did not solve the problem posed by the Berlin papyrus, on the contrary, it ultimately raises a new question: provided that C, or even A, were the former temples, where was the latter *loghimon* temple?

The Kom's upset physical condition prevents us from assuming whether a further sacred area including a further 'first class' temple (provided that this was the meaning of *loghimon*) could have existed and, in case, where it may have stood. The problem remained therefore unsolved, although by then it had become clear that the solution lay in the eastern side of the site, where the works of *sebbakhin* had completely removed the evidence of Bakchias' last phases of occupation, but traces of the intermediate stages, from the late Ptolemaic times until the entire Roman period, may have survived.

Before undertaking new excavations we asked the topographers of the University of Bologna to plot all the buildings remains producing a scaled representation of all features visible at the surface: this topographical documentation with level curves not only allowed to fill gaps in our knowledge of the site (Grenfell, Hunt, and Hogarth had simply drawn a plan of Temple A) but also enabled us to interpret the development of the town in the Ptolemaic and the Roman period.

Before tackling the search for a further sacred area our expedition completed the excavation of the known one, and in particular of the still unexposed Temple B, whose plan and elevation had already been drawn. Exploring the surrounding area led to the discovery of a pottery kiln partially lying underneath the north-western corner of Temple A and therefore pre-dating it: in the same context an imported Tyrian amphora was found belonging to the eight–sixth century BC, compelling us to completely re-establish the chronology of the site and reconsider earlier finds dating to the 26th Dynasty, otherwise difficult to assess.

Such a discovery corroborated Jean Yoyotte's hypothesis of a Bakchias pre-dating the Ptolemaic period, known with the name of Ghenut/Kem-Ur, which survived only in the name of the poliadic deity Soknobkonneus, preserving in *konneus* the end of the name Ghenut. It is not easy to determine how earlier than the Ptolemaic period the site was, but texts provides clues pointing to the Middle Kingdom and therefore to the first land reclamation accomplished in the region by Amenemhat III.

If evidence of an earlier Bakchias came from excavations, the works carried out in the eastern side of the North Kom shed fresh light on the topographic features of the site, since a number of lucky finds enabled us to ascertain that information provided by papyrus documents are consistent with an ever more defined archaeological evidence.

The surface survey carried out in the far eastern offshoots of the North Kom allowed to identify a large building that had partially survived the *sebbakhin* destruction works; promptly excavated, it showed the characteristic beehive shaped structure of a granary, large enough to be considered a public granary. The structural analysis by Cristian Tassinari, which will be published in the forthcoming excavation final report, allows to date it between the end of the Ptolemaic and the early Roman periods; the granary also revealed to be the largest building of its kind in the Fayyum, as proved by the comparison with those from Karanis and Tebtynis.

The presence of such a large granary situated to the farthest outskirts of the ancient city, almost on the embankment of the ancient canal, confirmed what had been inferred from papyrus documents, and in particular from a bilingual papyrus, a unique item from Bakchias recently published by Clarysse and Müller, which attests to a huge quantity of grain conveyed in the *kome*, corresponding almost exactly to the storage capacity of the *thesauros* as has been estimated by Tassinari.

Certainly, the structure remained in use throughout the Roman period: it is impossible to establish when it lost its functions, but there is strong evidence of encroachment by private dwellings in Late Antiquity, as attested by large quantities of potsherds found in the inside and including also a Coptic *ostrakon*.

Finally, it has to be said that, according to surface surveys, further *thesauroi* neighboring the one exposed and occupying a very large sector of the area still wait to be unearthed; this testifies to the relevance of Bakchias as collecting centre for cereals harvest within a wide area in the north-eastern Fayyum: one of the goals of the forthcoming campaigns is to extend the excavation in order to expose them; whereas other granaries of far lesser size, most likely built for private purposes, lie elsewhere in the site.

Having completed the excavation of the granary, the focus of our Mission was shifted westward for about 200 meters, not far from the sacred area including the Temples A, b, and C formerly investigated. Here a temple was soon exposed, named Temple D, showing structural features that recall Temple B: built of mud bricks and oriented to the south, it probably dates from the same period. Its urban context attests that it was abandoned as well, cut to the ground and buried as a result of a refurbishment project, therefore it probably was no longer visible in the Roman period.

Near the recently discovered temple, maybe sacred to one of the many crocodile deities worshiped at Bakchias and the name of which has not survived, a large building stood, currently preserved only at foundations level (we intend to complete its ongoing excavation during the next campaign that will take place in November 2008); it soon revealed to be a large temple, partially built of stones, oriented to the south, similar to the C one and probably of the same period; a stone lined *dromos*, whose final sector has miraculously survived the *sebbakhin* removal works, gave access to the temple reaching the embankment of the canal which, in turn, still partially preserves its impressive structure. The recently discovered temple which we called E, was

Fig. 3: Temple E.

enclosed by a huge *temenos* wall whose well preserved standing remains recall, as for their large size, the enclosure wall of Soknopaiou Nesos.

This recently discovered temple has enabled us to considerably advance our knowledge of Bakchias history and life in Roman times. Whereas Temple D is earlier, dating to the entire Ptolemaic period, and it had surely gone out of use when Temple E was initiated, thus the two buildings are not consistent with each other within the urban layout nor do they reflect a single building: when Temple E was finished Temple D had been dismantled for a long time (fig. 3).

Therefore, they cannot be considered as both encompassed into the same urban plan nor did they belong to the same sacred area: the 'new' sacred area did actually exist, but it consisted only of Temple E, and was opposed to the former sacred area, by then consisting only of Temple C: the other temples did not exist anymore, as they had been buried or they had lost their function (fig. 4).

In the first century, Bakchias' two imposing temples did exist, each encompassed by its impressive *temenos*, both oriented to the south towards the canal, that was the natural urban, and perhaps religious, benchmark of the *kome*. Here, as elsewhere in Fayyum, the construction

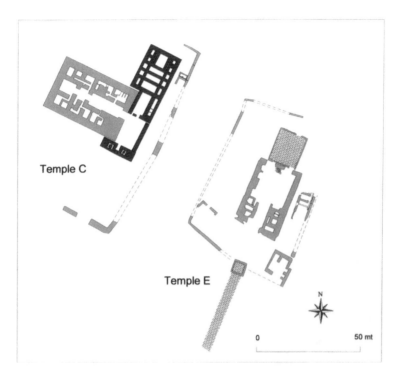

Fig. 4: Planimetry of Temple C and Temple E in the Roman Period
(by Cristian Tassinari).

of the temples was the outcome of a policy of urban expansion under
the reign of Augustus that was possibly prompted by a phase of economic prosperity.

At the present state of knowledge we cannot say whether in Roman
Bakchias other cult buildings were present and hosted the high number of deities mentioned by papyri, or they were only *synnaoi* (well
attested) of the divinities to whom the two main temples of the site
were dedicated. The discovery of Temple E also answers the above
mentioned question about the presence at Bakchias of two *hierà
loghima*: it is now clear that Temple E is nothing but the temple of the
god Soknobraisis, as its impressive structure (increased towards the
end of the first century AD by a back enlargement) undoubtedly confirms.

Testimony from P.Berlin 2215 and archaeological evidence are connected within a coherent picture that cannot be substantially modified
by the investigation that will be carried out on the fairly small, yet

unexplored sector. It has also to be stressed that the chronology of the temple has been further corroborated by a coin of Mark Antony retrieved from a cellar and that revealed to be a unique item establishing thus a conclusive *terminus post quem*.

There are some open problems which we intend to tackle and solve in the future. First of all, provided that Bakchias did exist in pre-Ptolemaic times, which was by then the situation of cult areas and the nature of the worship at this sacred site, since both Soknobkonneus and Soknobraisis are recent local deities, that must have appeared only in the Ptolemaic period?

Buildings remains facing Temple A, but differingly oriented to the south, have been exposed: most likely Temple A encroached upon a former temple of the pre-Ptolemaic period, that was thus obliterated by the latest building. Further evidence of a former temple, probably with an east-western axis, have been found underneath the buildings facing the Temple A.

The religious history of Bakchias during the Dynastic Period may be outlined, for the time being, only on the grounds of faint clues among which it stands out the information provided by the "Book of the Fayyum", according to which Nekhbet was "the mistress of Kem-ur", that is of Bakchias: but neither the site nor the papyri provided any evidence of such a venerable divinity connected with the Predynastic kingship. Most likely, at least from the 26th Dynasty onward the main god was Sobek "the Shedty, Horus who resides in Shedet".

We hope that future excavations will enable us to clarify even such aspects, while the southward orientation of the known temples (in four out of five cases) can be explained only on the grounds of religious-historical considerations, encompassing also other Fayyum sites and showing a relationship between the different forms of Sobek and the water.

As mentioned above, one of the most puzzling questions posed by the research on the site where Bakchias lay concerns the relationships between the North and the South Kom. I formerly assumed that the latter may have been a *kome*'s quarter newly established during a phase of building expansion beyond the canal: the low height of the South Kom testified to a smaller built area, far less densely inhabited than the North Kom and subsequently quarried for building materials between the late antiquity and the early Arab period. Yet, nothing of what was still visible at the surface suggested the presence of an urban settlement; for this reason I do not believe anymore that we are dealing with the remains of the Hephaistias attested in papyri as closely connected with Bakchias, as I did assume before.

The analysis of satellite images has in fact revealed that there was no urban centre here, nor a quarter, outcome of a planned urban expansion. The layout of the structures, as it can be seen from satellite images, and despite the results of the land survey, apparently points to a complex resembling a *castrum*: at the moment, it remains an hypothesis, and we are currently focusing our work on these structure to establish their original nature. Therefore, during the 2006 expedition we investigated a sector of the South Kom that seemed promising, as for the presence of a column; this led to the discovery of a small church, that may be dated to the sixth–seventh century and that, at the moment, is the only Christian building found at Bakchias.

This lucky find that filled a gap about the chronology of the site prompted us to resume the research in the South Kom in the following year, carrying out an extensive survey throughout the southern sector in order to find evidence allowing to establish whether a *castrum* lay in the area.

The research already conducted resulted in a positive answer, since evidence collected thus far seems to confirm our assumption, although we cannot have absolute certainty. Anyway, a building exposed near the church seems to be connected to it, forming perhaps a single Christian complex: unfortunately, the site's interpretation is complicated by the powerful overlay of different subsequent occupational phases and by the deterioration of structures which the nearby modern village of Gorein has contributed to produce.

Finally, a further important clue to the understanding and the knowledge of Bakchias in Roman times has emerged during the last excavation campaign (2007) as we exposed a remarkable section of the public baths in the southern side of North Kom, not far from the canal (fig. 5–6). Surface prospections repeatedly carried out had already enabled us to identify the area where the complex stood, since a bathtub and a floor decorated with a pebble mosaic were still visible at the surface besides a huge dump of burnt material.

The ongoing excavation that we intend to complete during the next campaign revealed the presence of a building constructed of fired bricks that is much larger in size than it was expected according to the surface survey. Its chronology has been established on the grounds of

Fig. 5: The baths.

Fig. 6: The baths (details).

a BGU papyrus, recently re-examined by G. Nachtergael and dated to the third year of Nero (= 57 AD), mentioning the *balaneion* of Bakchias, and of Traian and Hadrian coins luckily found in the inside.

In conclusion, our Mission is currently focusing works on the Roman and Late Antique Bakchias, which is revealing all the more its urban layout: it has to be stressed that our work aims first of all to retrieve the evidence that has escaped the *sebbakhin* destructions and to bring the *kome* out of the oblivion in which it was left for a long time by scientific research.

I can say with confidence that we have made good progress so far.

Bibliography

Buzi, P. 2008. Bakchias tardo-antica: la chiesa del *kom* sud. In Atti dell'XI Convegno Nazionale di Egittologia e Papirologia, Chianciano 11–13 gennaio 2007, *Aegyptus* 2008 (forthcoming).

Campagnoli, P. and E. Giorgi. 2002. L'edilizia in argilla cruda e le tecniche edilizie di Bakchias. Note sul rilievo, l'interpretazione e la conservazione. *Ricerche di Egittologia e di Antichità Copte* 4: 47–91.

Davoli, P. 1998. *L'archeologia del Fayyum in età ellenistica e romana.* Napoli.

Gilliam, E. H. 1974. The archives of the temple of Soknobraisis at Bakchias. *YCS* 10: 181–281.

Giorgi, E. 2004. Il rilievo planimetrico di Bakchias. *Fayyum Studies* 1: 49–55.

———2008. Bakchias XVI. La campagna di scavo 2007. *Ricerche di Egittologia e di Antichità Copte* 9: 47–92.

Pernigotti, S. 2006. Due coccodrilli. In *Il coccodrillo e il cobra. Aspetti dell'universo religioso egiziano nel Fayyum e altrove. Atti del Colloquio, Bologna 20–21 aprile 2005,* eds. S. Pernigotti and M. Zecchi, 21–31. Imola.

———, C. Franceschelli, and C. Tassinari. 2006. Bakchias XII. Nuove acquisizioni di topografia urbana. In *R.I.S.E, Ricerche italiane e scavi in Egitto/Italian Researches and Excavations in Egypt* II, ed. M. Casini, 281–302. Cairo.

Rondot, V. 2004. *Tebtynis* II. *Le temple de Soknebtynis et son dromos.* Le Caire.

Tassinari, C. 2006. Gli edifici templari nell'evoluzione urbanistica di Bakchias. In *Il coccodrillo e il cobra. Aspetti dell'universo religioso egiziano nel Fayyum e altrove. Atti del Colloquio, Bologna 20–21 aprile 2005,* eds. S. Pernigotti and M. Zecchi, 133–151. Imola.

INHOMOGENITÄT VON ÄGYPTISCHER SPRACHE UND SCHRIFT IN TEXTEN AUS DEM SPÄTEN ÄGYPTEN

Joachim Friedrich Quack

Abstrakt

Üblicherweise korreliert man in der Forschung demotische Sprache und demotische Schrift, wie man auch umgekehrt von einem hieroglyphisch oder hieratisch geschriebenen Text keine demotische Sprache erwartet. Dieser Normalzustand wird hier als ‚Homogenität' verstanden. Tatsächlich ist der Befund aber insofern sehr viel komplizierter, als es einerseits eine Reihe von Fällen gibt, in denen sprachlich klassisch-ägyptische Texte rein graphisch ins Demotische gesetzt werden, andererseits demotische Sprache auch in hieroglyphisch und hieratisch geschriebenen religiösen, literarischen und wissenschaftlichen Texten auftreten kann. Diese Fälle von ‚Inhomogenität' sollen systematisch untersucht werden, wobei auch die jeweiligen Motive für die Wahl einer derartigen Aufzeichnung hinterfragt werden. Dabei wird besonders ins Auge gefaßt werden, inwieweit es eine chronologisch faßbare Entwicklung gibt und die Situation der Römerzeit Unterschiede zu älteren Epochen aufweist.

Wenn wir uns das griechisch-römische Ägypten in seinen sprachlichen und schriftlichen Äußerungen anschauen, erwarten wir im Prinzip eine Situation der Diglossie, wie sie schon verschiedentlich beschrieben worden ist.[1] Wir haben auf der einen Seite die Sprachstufe des Demotischen,[2] die damals tatsächlich gesprochen wurde – allerdings ist bereits die Frage aufzuwerfen, inwieweit sie selbst überhaupt einheitlich ist und nicht bereits zwischen der tatsächlichen Umgangssprache und einer erheblich gefilterten, Katharevusa-artigen Schriftsprache zu unterscheiden ist.[3] Auf der anderen Seite steht das klassische Ägyptisch,[4] das nach gängiger, wenn auch problematischer

---

[1] Vgl. etwa Jansen-Winkeln 1995; Loprieno 1996; Vernus 1996.

[2] Ich betone, daß Demotisch spezifisch auch als Sprachstufe zu definieren ist, obgleich die Verwendung desselben Begriffs für ein Schriftsystem terminologische Probleme bereitet, die gerade in meiner Untersuchung virulent werden.

[3] So besonders von Ray 1994 angenommen.

[4] Ich verzichte hier bewußt auf die meist übliche Festlegung als „Mittelägyptisch", da die Differenzierung der in sich nicht erheblich divergenten Sprachstufen von

wissenschaftlicher Meinung als heilige Sprache für religiöse Kompositionen verbindlich ist. Dieser sprachlichen Opposition entspricht auch eine graphische. Auf der einen Seite haben wir die Hieroglyphen, die in der griechisch-römischen Zeit ein zunehmend komplexes System von wenigstens 1500–2000 Zeichen werden (Leitz 2006; Kurth 2007), von dem man vermuten kann, daß es auch als Mittel der sozialen Distinktion einer Elite diente, auf der anderen Seite das Demotisch als stark abgekürzte Schrift mit vielen Ligaturen, die uns heutigen Ägyptologen zwar vielfach als besonders schwierig erscheint, tatsächlich aber mit einem begrenzten Zeichenbestand von wohl nur etwas über 300 Zeichen weitaus leichter zu beherrschen und dessen Kenntnis im Lande sicher deutlich weiter verbreitet war. Allerdings haben wir im graphischen Bereich noch ein drittes System, nämlich das Hieratische, das üblicherweise als weniger verkürzte Schreibschrift wahrgenommen wird, die tendenziell den Hieroglyphen nähersteht, allerdings von deren komplexen Zeicheninventar nur sehr begrenzt Gebrauch macht. In ihr erwartet man für die griechisch-römische Zeit vorwiegend religiöse Texte; tatsächlich ist bezeichnend, daß in heutigen Beschreibungen von hieratischen Bruchstücken dort, wo die genauere Inhaltsbestimmung schwierig ist, teilweise quasi automatisch zum Etikett „Ritual" gegriffen wird.[5] Insgesamt ergibt sich hier ein Befund, bei dem ein Ägyptologe normalerweise eine klare Erwartungshaltung hat: Er rechnet mit einer Korrelation von klassisch-ägyptischer Sprache und hieroglyphischer oder hieratischer Schrift einerseits, demotischer Sprache und Schrift andererseits. Diese graphisch-linguistische Korrelation scheint auch weitgehend mit Textgenera parallel zu laufen, d.h. man erwartet in klassisch-ägyptischer Sprache religiöse Kompositionen, in demotischer Sprache dagegen Alltagsdokumente, schöne Literatur und praktische Vorschriften sowie technische Traktate. Diesen Zustand möchte ich hier als ,Homogenität' bezeichnen. Er ist auch tatsächlich mit großer statistischer Signifikanz der vorherrschende.

Aber statistische Wahrscheinlichkeit ist nie hundertprozentige Realität, und in den letzten Jahren sind zunehmend Fälle in den Blick gekommen, die eine andersartige Zuordnung von Schrift und Sprache zeigen, die ich hier als ,Inhomogenität' bezeichne – wobei

---

Alt- und Mittelägyptisch praktisch oft kaum durchführbar ist, sofern man nur eine spätzeitliche Kopie der Komposition zur Verfügung hat.

[5] Z.B. ist bei Tait 1977, 85f. ein Text als „Ritual" eingestuft worden, der sich inzwischen als Teil einer Handschrift des Buches vom Tempel erwiesen hat.

man allerdings beachten soll, daß es innerhalb dieses Komplexes durchaus verschieden gelagerte Fälle gibt. Um das Phänomen adäquat in den Griff zu bekommen, ist erheblich über die Grenzen der Römerzeit hinaus die gesamte ägyptische Spätzeit ab der 26. Dynastie in den Blick zu nehmen.

Demotisch als Schriftsystem kommt in der frühen 26. Dynastie auf. Die ältesten erhaltenen demotischen Papyri, die graphisch dem Hieratischen noch recht nahestehen, stammen aus dem Jahr 21 Psammetichs I.[6] Das neue Schriftsystem ist aber zunächst primär für administrative Dokumente gebräuchlich. Für literarische Komposition wird es erst etwa im 4. Jahrhundert v. Chr. in großem Stil benutzt.[7] Allerdings gibt es einen noch unpublizierten demotischen religiösen Text, der zweifellos älter, wahrscheinlich sogar noch saitisch ist.[8] Insofern kann es kaum als irregulär bzw. als Zeichen von Inhomogenität gelten, wenn vorptolemäische Texte der schönen Literatur zwar graphisch hieratisch gehalten sind, sprachlich aber bereits als Demotisch oder allenfalls ein ihm eng vorangehender Zustand einzustufen sind. Die bekanntesten und besterhaltenen Fälle sind der Papyrus Vandier mit einer Erzählung[9] und der Papyrus Brooklyn 47.218.135 mit einem Weisheitstext,[10] hinzu kommt z.B. ein zweisprachiger Papyrus (BM 69574), bei dem nicht nur die klassische Fassung, sondern auch die frühdemotische Version hieratisch geschrieben sind (Quack 1999).

Von Inhomogenität im echten Sinne kann man also erst dann reden, wenn chronologisch jüngere Handschriften bei demotischer Sprache noch hieratisch geschrieben sind. Dies ist teilweise tatsächlich der Fall, auch wenn die Frequenz deutlich abnehmen dürfte. In erster Linie kommen hier natürlich religiöse Handschriften in Frage, aber auch technische Handbücher. Der Befund ist im Einzelnen jedoch außerordentlich vielschichtig. Dies hängt auch daran, daß Unterschiede nicht nur in den Gattungen, sondern auch im Grad der Durchdringung des Textes hinsichtlich der demotischen Sprachstufe relevant sind. Der erste mögliche Fall liegt da vor, wo in einem Text mit primär traditioneller Sprachform durch Überarbeitung bzw. redaktionelle Weiterformung Segmente in junger Sprache integriert werden. Ein

---

[6] Griffith 1909, III: 44–50 u. 201–209.
[7] Wichtigste Quelle sind hier die Saqqara Papyri, s. Smith und Tait 1983.
[8] Papyrus Heidelberg dem. 5; die Edition bereite ich derzeit vor.
[9] Edition Posener 1985; zur Einstufung der Sprache s. Shisha-Halevy 1989; Quack 1995a; Übersetzung in Hoffmann und Quack 2007, 153–162 u. 345–347.
[10] Edition Jasnow 1992; vgl. Quack 1993.

gutes Beispiel liefert hier das „Große Dekret an die Unterwelt", das im pMetropolitan Museum 35.9.21, Kol. 1–17 und im pTamerit 1, Kol. x+1–x+15 überliefert ist (Goyon 1999; Beinlich 2009). Der Text verarbeitet in erheblichem Ausmaß Spruchgut aus den Totenbuch-kapiteln 144 und 145. Daneben enthält er aber auch andere Partien, insbesondere Klagelieder der Isis und Nephthys. In diesen gibt es zumindest Teilbereiche, die sprachlich ganz ungehemmt jung sind bzw. in denen erst die Beherrschung der demotischen Sprache zu einer korrekten Übersetzung und Interpretation führt (Quack 2004; Smith 2006, 223f.). Man kann vielleicht noch darüber streiten, ob man hier den Prozeß eher so versteht, daß ein bestehender älterer Text überarbeitet wird, oder daß man Partien eines traditionellen Textes ausgeschlachtet und in eine neue Komposition eingebracht hat. In jedem Fall ergibt sich aber das Gesamtergebnis, daß die sprachlich demotischen Partien keineswegs die Oberhand in der Komposition haben und so ein Verbleib der Handschrift in hieratischer Schrift plausibel erscheint. Zudem ist eine konkrete Handschrift so früh (4.–3. Jh. v. Chr.),[11] daß die Verwendung der hieratischen Schrift auch bei rein demotischer Sprache ohnehin wenig überraschen würde.

Heikler wird diese Frage, und damit kommen wir zudem tatsäch-lich in die Römerzeit, wenn man sich die recht erheblichen Mengen funerärer Texte in hieratischer Schrift anschaut, die insbesondere aus dem römerzeitlichen Theben auf uns gekommen sind, und die in der Forschung meist im Bereich der „Bücher vom Atmen" klassifiziert werden.[12] Sie verarbeiten einerseits traditionelles Textgut aus dem Totenbuch, das natürlich auch sprachlich klassisch bleibt. Daneben gibt es aber neu formulierte Bereiche, und in diesen wird eine junge Sprachform verwendet, die man ohne weiteres als Demotisch bezeich-nen kann.[13] Dennoch werden diese Kompositionen nicht als solche in die demotische Schrift umgesetzt. Man kann sich guten Gewissens fra-gen, ob in diesem Fall ebenfalls die Präsenz von traditionellem Textgut ein Hinderungsgrund war, da sich dieses nur schwer in demotischer Schrift adäquat hätte darstellen lassen (dazu unten mehr). Dagegen werden andere funeräre Kurztexte der Römerzeit, vielfach ebenfalls aus Theben, graphisch durchaus rein demotisch oder lediglich mit

---

[11] Zur Frage der Datierung vgl. neben Goyon 1999, 3f. weiter Quack 2004a, 331 Anm. 20; Smith 2006, 217.

[12] Vgl. Goyon 1972, 183–317; Coenen 1995; 1998; 2000, 87–96; Herbin 1999; 2008; Rhodes 2002.

[13] Einige Belege in Quack iDr. a.

einzelnen hieratischen Gruppen dargestellt,[14] und zwar offenbar solche, die keine sprachlich älteren Passagen haben. Die innere Chronologie dieser Gruppe steht leider noch nicht auf genügend sicheren Füßen.

Ähnlichen Kriterien folgt eventuell auch ein Festritual, dessen Beschreibung im Papyrus Louvre N 3176 S überliefert ist (Barguet 1962), der thebanischer Herkunft ist und in die Römerzeit datieren dürfte.[15] Hier sind die Handlungsanweisungen bereits in erheblichem Ausmaß demotisch, dagegen die Rezitationstexte sprachlich distinktiv älter. Man kann annehmen, daß sie auch realiter altes Traditionsgut sind, und daß man angesichts des nicht durchgängig demotischen Charakters der Komposition auf eine graphisch demotische Überlieferung verzichtet hat.

Hier erwähnen sollte man auch als Beispiel einer Gaumonographie das Buch vom Fayum, das in zahlreichen Handschriften der Römerzeit belegt ist.[16] Dieses Werk ist an sich eine Kompilation verschiedener Abschnitte unterschiedlichen Alters. Wenigstens eine Sektion, nämlich die über die Grenzen Ägyptens (Ed. Beinlich Z. 915–942) zeigt in der Wahl der Präpositionen *n-čʒỉ* „von" und *r-ḥn-r* „bis" deutlich demotische Spracheinflüsse. In den publizierten Handschriften des Textes ist sie im Einklang mit deren Gesamtbild graphisch entweder hieroglyphisch oder hieratisch überliefert. Auffällig ist allerdings eine noch unpublizierte Handschrift des Buches vom Fayum mit demotischer Übersetzung und Kommentar, die speziell in diesem Bereich erhebliche Schwierigkeiten damit hat, was sie nun hieratisch und was demotisch schreiben soll, wenn sich der Text sprachlich gar nicht unterscheidet.

Als interessanten Fall eines technischen Traktates, der als Handschrift aus der Römerzeit stammt und bei rein demotischer Sprache graphisch rein hieratisch bleibt, ist ein noch unpublizierter astrologischer Traktat zu nennen (pBM 10651).[17] Dem Duktus nach würde ich vermuten, daß die Handschrift aus Soknopaiou Nesos stammt. Zu beachten ist, daß als deutungsrelevante Faktoren Sonnen- und Mondfinsternisse sowie Merkurphänomene in Bezug auf die ägyptischen Dekane auftreten, dagegen jede Erwähnung der Zodiakal-

---

[14] Vgl. zu dieser Gruppe Stadler 2004a mit weiteren Literaturangaben.
[15] Zur Korrektur von Barguets paläographischem Ansatz sowie zur sprachlichen Einordnung s. Quack 1998a.
[16] Edition Beinlich 1991; ergänzend Beinlich 1996; 1997; 1999.
[17] Vgl. Quack iDr. b.

zeichen fehlt, die in römerzeitlichen astrologischen Traktaten sonst fast allgegenwärtig sind. Dies nährt den Verdacht, daß es sich hier um die Abschrift einer älteren Komposition handelt, die aus einer Zeit stammt, als für diese Art von Text unabhängig von der Sprache noch die Verwendung des Hieratischen als Schrift normal war.

Gestützt werden kann diese Vermutung durch einen weiteren Traktat divinatorischer Natur.[18] Von ihm gibt es eine fragmentarische hieratische Handschrift, die etwa aus der 30. Dynastie stammt (pBerlin 23057). Dagegen ist die Haupthandschrift (pWien D 12006) ebenso wie eine sehr fragmentarische Parallelhandschrift (pWien D 12194) römerzeitlich und stammt aus Soknopaiou Nesos, beide sind graphisch rein demotisch. Dieser Befund ist wichtig, um die These zu hinterfüttern, daß es Kompositionen gibt, die ursprünglich in einer Zeit graphisch hieratisch geschrieben wurden, als dies für nicht-administrative Kompositionen in demotischer Sprache noch normal war, daß diese Texte aber im weiteren Verlauf der Überlieferung zumindest fakultativ graphisch ins Demotische umgeschrieben wurden.

Ebenfalls in diese Richtung deuten würde ich den Fall des Thotbuches,[19] von dem es neben einer sonst einhellig demotischen Überlieferung von ca. 25–30 Handschriften eine einzige rein hieratische (pLouvre AF 13035+E 10614; L2) gibt. In sonstigen Handschriften erscheinen immerhin relikthaft einige hieratische Gruppen.[20] Gerade angesichts der Tatsache, daß das Thotbuch auch sprachlich in erheblichem Maße vordemotische Formen und Wörter zeigt, liegt es hier nahe, eine derart frühe Entstehung der Komposition anzunehmen, daß sie noch graphisch hieratisch war.[21]

Andererseits müssen wir natürlich jenseits der simplen Dichotomie von Hieratisch versus Demotisch noch eine andere Kategorie einbeziehen, nämlich diejenige Schriftstufe, die ich als ‚Semidemotisch‘ bezeichnet habe (Quack 2004b). Konkret handelt es sich um Handschriften, die linguistisch relativ homogen sind, und zwar in der jüngeren Sprachstufe, graphisch aber zwischen Hieratisch und Demotisch

---

[18] Edition Stadler 2004b; zur Natur des Textes s. meine Bemerkungen in Quack 2005a und mit ähnlicher Tendenz Richter 2008; der Versuch von Stadler 2006, seine alte Auffassung weitgehend zu halten, wird von mir an anderer Stelle widerlegt werden.

[19] Edition Jasnow und Zauzich 2005; vgl. besonders Quack 2007a; 2007b.

[20] Vgl. Jasnow und Zauzich 2005, 91–94.

[21] Die Datierung in die späte Ptolemäerzeit durch Jasnow und Zauzich 2005 dürfte jedenfalls zu spät sein, vgl. Quack 2007a, 260; Hoffmann 2008, 87 Anm. 5.

fluktuieren, typischerweise mit Uneinheitlichkeiten selbst mitten im Satzfluß. Dabei kann der Grad der Hieratizität sehr unterschiedlich sein, und zwar unabhängig von der Sprachstufe. Bei mehrfach überlieferten Texten sind sogar Divergenzen zwischen den verschiedenen Handschriften mit Händen zu greifen. Gute Belege liefert das Buch vom Tempel, d.h. konkret seine demotische Übersetzung, deren Handschriften alle aus der Römerzeit stammen. Die besterhaltene Handschrift, die aus Soknopaiou Nesos stammen dürfte und sich heute in Wien befindet, zeigt fast durchgängig demotische Schrift, nur ganz selten sind hieratische Gruppen zu finden. Schlechter erhaltene Fragmente vom selben Fundort verhalten sich ähnlich, bzw. in den erhaltenen Bereichen sind meist überhaupt keine hieratischen Gruppen mehr nachweisbar. Dagegen zeigen Handschriften aus Tebtynis ein weitaus höheres Maß an hieratischen Gruppen, so sehr so, daß diese kaum zufällig in den Text gekommen sein können. Ich wage die Theorie, daß eine ursprünglich in der frühdemotischen Zeit angefertigte demotische Übersetzung des Buches vom Tempel anfänglich rein hieratisch geschrieben war, im Verlauf der Tradierung aber zunehmend ins Demotische umgesetzt wurde, und zwar anscheinend an verschiedenen Orten in unterschiedlichem Grad.

Ich möchte diese Frage noch etwas weiter verfolgen, indem ich andere Belege für semidemotische Schrift ins Auge nehme, auch wenn dies bedeutet, teilweise die Römerzeit wieder zu verlassen. An erster Stelle stehen soll hier das Balsamierungsritual des Apisstieres pWien 3873, das als Handschrift wohl aus der späteren Ptolemäerzeit stammt.[22] Dieser Text zeichnet sich bekanntlich durch eine eigenwillige Vermischung von hieratischer und demotischer Schrift aus, und zwar ist vorrangig auf dem Rekto Hieratisch noch sehr präsent, auf dem Verso dagegen nur vereinzelt.[23]

Teilweise wurde angenommen, daß hier ein ursprünglich demotischer Text ins Hieratische transkribiert wurde.[24] Demgegenüber hat Vos die Theorie aufgestellt, der Text gehe auf Vorlagen u.a. aus der Saitenzeit zurück, die im Text tatsächlich einmal konkret erwähnt wird (rt. 4, 11f.), das Hieratische sei vor allem für technische Bereiche

---

[22] Vos 1993; s. dazu die Rezensionen von Quack 1994; Hoffmann 1995; weitere Beiträge Quack 1995b; 1997/98. Eine Bearbeitung der noch unveröffentlichten ersten Kolumne (heute in Zagreb) durch P. Meyrat steht bevor.

[23] Vos 1993, 10–13.

[24] Spiegelberg 1920, 2f.; Stricker 1944, 43.

im Verlauf der Tradierung gegenüber dem Demotischen zurückge-
drängt worden.[25] Diese Annahme kann bei schärferer linguistischer
Analyse noch genauer gefaßt werden. Der hieratische Text ist zum
größten Teil, vor allem in der technischen Beschreibung des Ritual-
ablaufes, auf einer linguistisch demotischen Ebene, demgegenüber
gibt es aber seltene Fälle rein mittelägyptischer Formulierung (vor
allem rt. 4, 12) sowie einige eindeutig neuägyptische Stellen. Man
kann annehmen, daß der Text in der uns vorliegenden Fassung weitgehend der Saitenzeit zu verdanken ist, dabei aber Splitter älterer
Texte und Ritualfassungen aufgegriffen wurden, wie auch die saitische
Fassung keineswegs kanonisch verbindlich war, sondern im Verlauf
der Zeit Modifikationen und Überarbeitungen erfahren hat.[26] Diese
sprachlich und quellenmäßig uneinheitliche Fassung wurde im
Verlauf des Abschreibens zunehmend ins Demotische überführt, vor
allem in den bereits sprachlich demotischen Passagen, aber teilweise
auch bei den mittelägyptischen Textrelikten.[27]

Auch im Falle der medizinischen Handschrift pWien D 6257 aus
der Römerzeit, die aus Soknopaiou Nesos stammen dürfte, lassen sich
recht zahlreich hieratische Gruppen nachweisen.[28] Daß ein hieratischer Archetyp zumindest für viele der Rezepte zugrunde liegt, ist
inhaltlich nicht unplausibel. Der Fall liegt allerdings insofern etwas
komplizierter, als der Text sprachlich nicht glatt auf der Linie des
Demotischen liegt, sondern in einem idiomatischen Detail noch mit-
telägyptische Relikte bewahrt. Beim Anweisungsstil wird nämlich
noch häufig mit dem Infinitiv gearbeitet, der in mittelägyptischen
Rezepten normal ist, daneben findet sich aber auch der Gebrauch
von Futur III und Konjunktiv, wie es im Demotischen normal
ist.[29]

---

[25] Vos 1993, 12f. Die Argumentation bedarf insofern der Modifizierung, als gegen
Vos 1993, 13–16 die Versotexte nicht etwa eine überarbeitete Version des Inhalts der
Rektotexte sind, sondern spätere Phasen im Verlauf des Rituals betreffen, s. Quack
1997/98, 50–53.

[26] S. etwa den Nachweis von Quack 1994, 188f., daß man unter Amasis aus der
östlichen Stalltür, vorher unter Apries dagegen aus der westlichen Stalltür herauszog.

[27] Vgl. Vos 1993, 26 zu einigen mittelägyptischen Reliktformen im demotisch
geschriebenen Bereich.

[28] Die Edition von Reymond 1976 gibt dazu leider keinerlei Diskussion und ist
generell unzuverlässig. Eine Neubearbeitung wird durch F. Hoffmann vorgelegt werden, wo auch die Redaktionsgeschichte genauer aufgearbeitet wird.

[29] Zur Frage des Anweisungsstils im Demotischen s. vorläufig meine Bemerkungen
Quack 1995b, 126 und Quack 1998c, 923; genauere Untersuchungen wären sinnvoll.

Ähnlich gelagert ist der Fall des ebenfalls römerzeitlichen pWien D 6321, der wohl auch aus Soknopaiou Nesos stammt.[30] Auch hier begegnen (vor allem im Titel) recht viele hieratische Gruppen sowie im Anweisungsstil ein Schwanken zwischen Infinitiv und Futur III bzw. Konjunktiv, spezifisch im Titel sogar noch eine klassisch-ägyptische Relativform. Die Annahme eines älteren Archetyps hat erneut viel für sich.

Die bisher besprochenen Texte semidemotischer Art (in mehr oder weniger starker Ausprägung) passen also recht gut zu der Vermutung, hieratische Gruppen seien als stehengebliebene Relikte einer Fassung anzusehen, die demotisch in hieratischer Schrift geschrieben war und fallweise auch Relikte einer vordemotischen sprachlichen Form aufweisen kann.

Weniger klar ist dieser Punkt hinsichtlich eines Traktats über memphitische Theologie und Astronomie, der aus Tebtynis stammt und in der Römerzeit abgeschrieben wurde (pBerlin 14402 + pCarlsberg 651 + PSI Inv. D 23; Quack 2004b). Sprachlich lassen sich in den erhaltenen Fragmenten keine eindeutig vordemotischen Formen fassen, inhaltlich wird an mindestens einer Stelle ein Tierkreiszeichen genannt, was dagegen spricht, mit der Entstehung zu weit nach oben zu gehen.

Auf eine ganze Reihe weiterer semidemotischer Handschriften, die etwa im Bereich der Tebtynis-Fragmente noch vorhanden sind, kann ich hier nicht eingehen, da der Grad ihrer Erschließung noch keine fundierte Aussage erlaubt.

Sehr viel komplizierter wird die Sachlage schließlich im Falle der spätrömischen magischen Papyrushandschriften, die alle sicher oder wahrscheinlich aus Theben stammen. In den vier großen römerzeitlichen Handschriften pMag. LL,[31] pLouvre E 3229,[32] pLeiden I 384

---

[30] Dieser Text ist von Reymond 1977, 111–116 verkannt worden. Daß es sich um Reste eines Handbuches zur Textilfärberei handelt, werde ich in einer Neubearbeitung zeigen.

[31] Edition Griffith und Thompson 1904–09; englische Übersetzung Johnson, in Betz 1986, 195–251. Vgl. Dieleman 2005.

[32] Edition Johnson 1977; Übersetzung dies., in Betz 1986, 323–330 (mit einigen Verbesserungen gegenüber der Erstbearbeitung); Teile auch in Quack 2008, 350–356 übersetzt.

vs.[33] und pBM 10588[34] finden sich hieratisch geschriebene Bereiche. Das Auftreten dieser historisch älteren Schrift ist bisher nur wenig kommentiert worden, wobei die Möglichkeit, daß es ein Hinweis auf ältere Vorlagen ist, teilweise bezweifelt,[35] teilweise aber auch konkreter ins Auge gefaßt wurde.[36] Eine eingehende Untersuchung würde den Rahmen der vorliegenden Untersuchung sprengen und müßte das große Problem der Vorlagen und der Quellenscheidung der heute erhaltenen magischen Sammelhandschriften in Angriff nehmen.[37] Einige Bemerkungen lassen sich dennoch machen. In ganz besonderem Ausmaß ist der pLouvre E 3229 mit hieratischen Gruppen durchsetzt, wobei es sich nicht um eine rein graphische Angelegenheit handelt, sondern vielfach damit sprachliche Archaismen Hand in Hand gehen.[38] Inhaltlich geben die Sprüche dieses Papyrus hauptsächlich Anweisungen für das Aussenden von Träumen.[39] In ihrer Mythologie sind sie meist sehr gut ägyptisch; magische Zauberworte in der Art der griechischen Papyri sind selten und auf einzelne kleine Abschnitte beschränkt (vor allem 2, 15–24 und 6, 8–10). Daß hier ältere Vorlagen verarbeitet wurden, die nur teilweise dem Schrift- und Sprachgebrauch zur Zeit der Niederschrift angeglichen wurden, ist nicht unwahrscheinlich, gerade angesichts der Bedeutung, die Träumen in der ägyptischen Kultur seit jeher beigemessen wurde.[40]

Recht reichlich sind hieratische Gruppen auch im pBM 10588 vertreten.[41] Dabei zeigt sich erneut, teilweise in Verbindung mit der hieratischen Schrift, teilweise selbst im demotischen Bereich, das Auftreten sprachlicher Archaismen. Besonders eklatant ist diese Tatsache in der Invokation an Thot pBM 10588 rt. 5, 7–17.[42] Große Teile sind eher mittelägyptisch als demotisch, selbst im demotisch

---

[33] Edition der demotischen Teile Johnson 1975; der größere Teil des Verso dieses Papyrus ist mit griechischen Zaubertexten beschriftet, die zuletzt bei Daniel 1991, 2–39 ediert worden sind.

[34] Bell, Nock und Thompson 1932. Übersetzung erheblicher Partien Quack 2008, 356–359.

[35] S. Griffith und Thompson 1904–09, I: 13.

[36] So Johnson 1977, 93; ohne konkrete Festlegung Johnson 1975, 47 u. 52.

[37] Einige Vorbemerkungen dazu Quack 1998b, 91f.; ausführlicher Quack 2006a.

[38] Johnson 1977, 88.

[39] Vgl. dazu Quack iDr. c.

[40] Das Material ist bei von Lieven 1999, 108–114 zusammengestellt; s. jetzt auch Szpakowska 2003.

[41] Einige vom Erstbearbeiteter Thompson noch unverstandene wurden von Ritner 1986, 96–100 und Quack 1999b, 44f. geklärt.

[42] Neu bearbeitet bei Ritner 1986, 96f.

geschriebenen Bereich findet sich mit dem Demonstrativpronomen *ỉypn* (rt. 5, 15) ein deutlicher Archaismus. Hier ist sicher eine nur leicht adaptierte ältere Vorlage benutzt worden. Auch der ebenfalls üppig mit hieratischen Gruppen versehene Liebeszauber rt. 8, 1–16 kann angesichts seiner rein ägyptischen Mythologie gut in diesem Sinne verstanden werden.

Innerhalb der schlecht erhaltenen Leidener Handschrift finden sich hieratische Gruppen vorwiegend in der Anrufung an Imhotep pLeiden I 384 vs. I*, 1–29. Auch dieser Text läßt sich inhaltlich plausibel als Adaption früherer (hieratisch geschriebener) Vorlagen verstehen und zeigt zudem inhaltlich enge Berührungspunkte mit dem wohl saitenzeitlichen pHeidelberg dem. 5 (s.o. S. 315 Anm. 8).

Der umfangreichste und insgesamt am schwierigsten zu beurteilende Text ist der große demotische magische Papyrus von London und Leiden. Hier sollen nur einige Sektionen besprochen werden, in denen sich Hieratizismen häufen. pMag. LL 6, 18f. und 6, 22–25 sind die Beschwörungsformeln weitgehend hieratisch geschrieben.[43] Dabei ist zu beobachten, daß die gesamte Operation pMag. LL 6, 1–7,4 aus inhaltlichen wie sprachlichen Gründen zu den ältesten Partien des Textes gehören dürfte.[44] Die Becherdivination des Chons pMag. LL 9, 1–10, 22 enthält ebenfalls hieratische Elemente, die schwerpunktmäßig an einigen Stellen des langen und wohl in der Überlieferung immer wieder überarbeiteten Textes gehäuft sind. Sehr bemerkenswert ist, daß Teile des Spruches nochmals im selben Papyrus 27, 1–12 auftreten. Dabei sind weitgehend dieselben Worte hieratisch geschrieben. Hier kann man auf eine recht einheitliche Gestaltung der Vorlagen schließen, die wohl auf einen tatsächlich hieratisch geschriebenen älteren Kern zurückgehen.

Ein hohes Maß hieratischer Gruppen, auch teilweise mit sprachlichen Archaismen, zeigt der Zauberspruch zur Gewinnung von Gunst pMag. LL 11, 1–26. Bemerkenswerterweise wird er in einer Art Nachschrift auf einen Herrscher zurückgeführt, von dessen Namen nur noch das auslautende *š* erhalten ist, bei dem es sich aber nur um Dareius, Xerxes, Artaxerxes oder Chababasch handeln kann. Diese in jedem Fall vorptolemäische Zuschreibung, eventuell auch Nechepsos, paßt gut zu den hier vertretenen Thesen.

---

[43] Hier muß zwischen den Beschwörungsformeln und den Handlungsanweisungen unterschieden werden, bei letzteren ist eine sprachliche und graphische Modernisierung leicht möglich.
[44] Quack 1998b, 91.

Ein Problem stellt allerdings die Beschwörung gegenüber dem
Mond pMag. LL 23, 21–31 dar. In ihm werden eine Reihe distinktiv
später magischer Namen der gräko-ägyptischen Magie, wie zum
Beispiel Abrasax, hieratisch geschrieben. Dieser Befund deutet an, daß
hieratische Schreibungen auch in sehr späten Texten auftauchen
können.[45] Allerdings ist der betreffende Abschnitt schon dadurch
auffällig, daß pMag. LL 23, 25 einem ganz normal geschriebenen
demotischem *pꜣ i:iri msi.t̠=w* eine entsprechende hieratische Schreibung als Glosse hinzugefügt wurde. Dieser Abschnitt kann als
Warnung davor dienen, hieratische Gruppen in demotischen Texten
grundsätzlich als Zeichen älterer Vorlagen anzusehen.

Insgesamt zeigt sich aber bei der Begutachtung der demotischen
magischen Handschriften, daß meist doch die gehäufte Anwesenheit
hieratischer Gruppen mit einer früheren Entstehung wenigstens eines
Kernes des betreffenden Spruches zu korrelieren ist. Dabei hat sich
öfter als bei den sonstigen semidemotischen Handschriften auch eine
Tendenz zu sprachlichen Archaismen feststellen lassen.

Das bisherige Material zur vollständigen oder partiellen Verwendung hieratischer Schrift in sprachlich demotischen Texten ergibt
also eine relativ klare Tendenz. Sofern Texte nur für Teilbereiche
sprachlich demotisch sind, ist die Präsenz sprachlich älterer Passagen
offenbar ein ernstes Hindernis für die Verwendung der demotischen
Schrift. Bei sprachlich rein demotischen Texten handelt es sich im
Normalfall um Kompositionen, die ihrer Entstehungszeit nach aus
der frühdemotischen Zeit stammen, als der Gebrauch der demotischen Schrift in diesen Textgattungen noch regulärer Standard war.
Teilweise kann man auch eine nur unvollständige Überarbeitung vor-
demotischer Vorlagen erkennen. Fälle von aus inhaltlichen Gründen
evident jungen Passagen in hieratischen Gruppen, wie etwa die
Schreibungen von Jaho und Abrasax sind selten.

Dennoch gibt es noch einige Reliktfälle aus ganz anderen Gattungen,
in denen wir hieratische Schrift für demotische Sprache in der Römerzeit fassen können. Es gibt tatsächlich in dieser Zeit noch einige wenige
Belege dafür, daß administrative Texte hieratisch geschrieben sein
können (Quack iDr. a). Konkret handelt es sich um zwei unveröffent-
lichte Briefe der Römerzeit aus Tebtynis, die sich heute in Florenz
befinden. Beide verwenden praktisch rein hieratische Schrift, obgleich
die Sprache rein demotisch ist. Inhaltlich handelt es sich sicher nicht

---

[45] So bereits von Griffith und Thompson 1904–09, I: 13 betont.

um Vorlagen aus frühdemotischer Zeit, in einem Fall ist der Text
sogar explizit als Übersetzung aus dem Griechischen angegeben.
Ähnliche Erscheinungen gibt es auch aus Oxyrhynchos. Als proviso-
rische Erklärung für diese Fälle möchte ich ansetzen, daß es sich um
lokale Vorlieben handelt, d.h. die betreffenden Orte eine gewisse
Vorliebe für die hieratische Schrift haben – weiteres in dieser Richtung
werde ich unten noch ansprechen.

Nun hat man auf Papyrus grundsätzlich die freie Wahl, sowohl
Hieratisch als auch Demotisch sind zulässige Beschriftungssysteme.
Anders sieht die Lage bei Steininschriften aus. Natürlich ist Demotisch
als Schrift auf Stein zulässig[46] – sogar in markant größerer Häufigkeit
als beim Hieratischen, wo sich Steininschriften substantiell auf die
Dritte Zwischenzeit konzentrieren. Dieses Faktum hängt wohl daran,
daß Demotisch von den Ägyptern weit mehr als Schriftsystem eigenen
Rechtes wahrgenommen wurde, während Hieratisch üblicherweise als
Spielart desselben Systems galt, das ohne weiteres ins Hieroglyphische
umgesetzt werden konnte und meist auch wurde. Allerdings handelt
es sich bei demotischen Steininschriften fast immer um Stelen oder
Votivgaben, also frei aufgestellte Objekte außerhalb der eigentlichen
Tempelwände.[47] Solche Stelen sind nicht selten auch pluriling bzw.,
wie man besser sagen sollte, plurigraph, denn es kann vorkommen,
daß die hieroglyphische Version eines Textes lediglich graphisch in
das altehrwürdige Schriftmedium umgesetzt worden ist, sprachlich
dagegen ganz und gar demotisch bleibt.[48]

Insofern sind hieroglyphische Inschriften in demotischer Sprache
auf Tempelwänden und Säulen als ganz eigene Kategorie zu betrachten.[49] Hier hat man vom Schriftsystem her eigentlich keine Wahl, man
kann nur eine Entscheidung ganz anderer Art treffen. Entweder man
will den betreffenden Text haben, dann muß man in Kauf nehmen,
daß es sich um einen sprachlich demotischen Text handelt, egal, was
man graphisch mit ihm anstellt. Oder aber man verzichtet auf ihn,
dann stellt sich die Frage, was man statt dessen an der Wand anbringt.
Insofern muß hier die Diskussion in besonderem Maße auch für Gat-
tungsfragen offen sein. Praktisch unergiebig für meine Fragestellung

---

[46] Materialzusammenstellung etwa bei Farid 1995; vieles auch in Vleeming 2001.
[47] Die Aufzeichnung der Philensis-Dekrete direkt auf dem Stein der Wände ist als
Ausnahmefall zu betrachten.
[48] So die Stele CG Kairo 50044, Vleeming 2001, 151–154 u. 264, Nr. 163.
[49] Zu ihnen s. Quack 1995c; 1998c.

ist die große Mehrheit der Tempeltexte der griechisch-römischen
Zeit, insbesondere die Opfertableaus. Für die Komposition dieser
Texte ist es typisch, daß sie zwar hinsichtlich des exakten Wortlautes
meist Individualität zeigen, aber dennoch ganz deutlich von einem
ritualtypischen Phrasenschatz zehren, praktisch wohl so, daß existie-
rende liturgische und rituelle Formeln ausgeschlachtet, adaptiert und
neu montiert werden. Dieser Formulierungspool ist aber sehr traditionell, d.h. die meisten wichtigen liturgischen Texte sind so früh entstanden, daß man weithin klassische Sprachformen findet. Junge
Sprachformen tauchen hier vorrangig auf, wenn einzelne redaktionelle Zusätze an älteren Passagen gemacht worden sind. Ein Beispiel
ist etwa eine Inschrift, die auf den Pylonen von Philae und Edfu überliefert ist. Im einheitlich tradierten Bereich ist sie sprachlich klassisch
und geht wohl wirklich auf alte Vorlagen zurück. Dagegen
ist ein nur in Edfu überlieferter kurzer Einschub sprachlich schon
eher demotisch als neuägyptisch und recht evident eine sekundäre
Erweiterung.[50]

Für die Analyse interessanter sind ganz andere Kompositionen,
vorrangig längere Einheiten, die am Stück homogen überliefert sind.
Als relevant erweisen sich theoretisch insbesondere Hymnen, Mythen,
Festbeschreibungen, Traktate mit praktischen Anweisungen, aber
auch bestimmte singuläre Einheiten.

Wenig überraschend hinsichtlich der Sprachstufe des Textes ist der
ptolemäerzeitliche große Feldertext von Edfu.[51] Hier haben wir eine
Art von Feldkataster, wie er in dieser Zeit in praktischer Verwendung
selbstverständlich demotisch abgefaßt wurde; und zudem ein Text,
der auch aufgrund seines Inhaltes mit Bezug auf das 18. Regierungsjahr
Nektanebos' II. dezidiert spät entstanden sein muß (Meeks 1972, 131–
135). Hier wäre Inhomogenität eigentlich eher festzustellen gewesen,
wenn man diesen Text in klassisch-ägyptischer Sprache abgefaßt
hätte; die Frage kann nur sein, warum man einen Text von einer
Gattung, wie sie auf Tempelwänden sonst nicht üblich ist, unbedingt
monumentalisieren wollte. In der Römerzeit hat man jedenfalls keinen Bedarf dafür gesehen – allerdings muß man natürlich sagen, daß
Edfu so ziemlich der einzige Tempel der griechisch-römischen Zeit
ist, der eine dekorierte steinerne Umfassungsmauer um den gesamten
Bau herum hat.

---

[50] Quack 2000/01, 198f. (Edfou VIII 136, 3f. u. 148, 8–14).
[51] Bearbeitung Meeks 1972; Übersetzung auch bei Kurth 2004, 393–466.

Festkalender und Festbeschreibungen sind in der großen Mehrzahl ihrer Einträge in einer Sprache gehalten, die weitgehend klassisch ist, allerdings mit freier Verwendung des bestimmten Artikels. Sie dürften realiter weitgehend auf Vorlagen des Neuen Reiches zurückgehen, aus dem ja auf Papyrus inzwischen Reste einer gleichartigen Komposition mit genau derselben Sprachstufe publiziert worden sind (Demichelis 2002). Selten sind dezidiert neuägyptische Einflüsse, wie z.B. in Edfu zum 3. *šmw* 1 ein Konjunktiv in der typisch neuägyptischen, nicht demotischen Form *mtw=tw* (Edfou V 356, 3; Grimm 1994, 122f.), der zwar mutmaßlich einen redaktionellen Zusatz zum Basistext darstellt, aber auch einen, der in der Ptolemäerzeit bereits ein ehrwürdiges Alter hat.

Unter den Mythen kann ich bislang keinen finden, der sprachlich demotisch ist. Ohne in die Details der Analyse gehen zu können, möchte ich hier nur kurz und provokativ bemerken, daß etwa der große Horusmythos von Edfu (Text A+B)[52] in meinen Augen aus sprachlichen Gründen eine Komposition der 18. Dynastie darstellen dürfte, was auch die Diskussion über die Vertreibung der Hyksos als zeitgeschichtlichen Hintergrund auf eine ganz anderen Grundlage stellen dürfte. Ebenso möchte ich gegen das explizite Diktum von Alliot und Kurth[53] den Horusmythus D von Edfu im wesentlichen auch als spätermittelägyptische, nicht als neuägyptische Sprachform einstufen. Demotisch sind allenfalls kleine redaktionell eingeschobene Sätze, so in *iḫ pꜣ nti-iw=w čt n.im=f* „Was reden sie" (Edfou VI 215, 1) mit distinktiv demotischer Form des Relativkonverters des Präsens sowie Anwendung der Jernstedtschen Regel in einer Passage, die angesichts der Erwähnung des „Meders" auch inhaltlich sicher spät sein muß (Quack 1995c, 109 Anm. 18).

Bei den Hymnen kann ich vor allem auf den Fall einer bedeutenden Anrufung an Chnum in Esna hinweisen (Esna 356+367+368+357), die schon durch ihre Position in der Mittelachse des Tempels sowie ein spezielles Layout in Vertikalzeilen markant hervorgehoben ist.

---

[52] Fairman 1935; Alliot 1949–54, 677–803; Schenkel 1977; Sternberg 1985, 21–35; Übersetzung Kurth 1994, 196–217 u. 366–370; vgl. Egberts 1997; 1998.

[53] Alliot 1949–54, 814 ohne Detailausführung; Kurth 1992, 381; von den von ihm genannten Kriterien sind die Erzählformeln linguistisch nicht ausreichend distinktiv und dürften bereits in der (in dieser Textgattung sehr schlecht dokumentierten) 18. Dynastie möglich sein; das *n.im=f* stammt genau aus der hier bemerkten jüngeren redaktionellen Zutat. Das völlige Fehlen des neuägyptischen Kontinuativs bei freier Verwendung des *sčm.n=f* scheint mir linguistisch distinktiv gegen die Ramessidenzeit als Entstehungsdatum zu sprechen.

Diese Komposition ist sprachlich eindeutig demotisch (Quack 1995c).
Sonst gilt jedoch, daß die Masse der in griechisch-römischen Tempeln
überlieferten Hymnen in klassischer oder weitgehend klassischer
Form gehalten ist; Texte, die auch nur in Gestalt des bestimmten
Artikels jüngere Züge aufweisen, sind selten.[54] Man wird auch hier mit
der Verwendung älterer Kompositionen zu rechnen haben. Gerade in
Dendara erscheint z.B. als nicht ganz seltenes Versatzstück eine Phrase
wie *rḏi̯(.t) n=s i̯ti̯=s R^c ḥḳꜣ.t=f ns.t=f*, wie sie in einem bereits ab dem
Neuen Reich belegten Hymnus auftritt.[55] Als etwas auffälligere Züge
sind hier vor allem festzuhalten, daß z.B. bei den Hymnen an Hathor
in Dendara das enklitische Personalpronomen der 2. sg. fem. häufig
als *tw=t* erscheint; der Imperativ Plural „kommt" wird nicht ganz selten als *mi̯.n* gebildet. Zumindest ersteres gehört allerdings zu den
Elementen, die, wie mehrfach überlieferte Texte, z.B. das Menu-Lied,
zeigen,[56] nicht stabil überliefert werden, sondern von Textzeuge zu
Textzeuge schwanken können, folglich kein geeignetes Kriterium für
die linguistische Einstufung des Archetyps sind.

Sprachlich relativ uneinheitlich ist eine Gruppen von Hymnen und
Anrufungen im Geburtshaus des Tempels von Edfu (Edfou Mammisis
110, 17; 144, 13–147, 7; 153, 6–154, 18; 157, 9–159, 12; 165, 1–17; 183,
5–12; 194, 1–3; 196, 6–199, 6; 202, 2–17; 204, 10–207, 20). Die Texte
schwanken zwischen klassisch-ägyptischen und jungen, teilweise distinktiv demotischen Passagen. Bislang existiert noch keine umfassende Bearbeitung dazu.

Unter den praktischen Rezepten möchte ich zuerst die Verfahrens-
angaben zur Herstellung von Choiakfigurinen des Osiris nennen. Ihr
wesentlicher Vertreter ist der große Text von Dendara, dessen sprachlich heterogene Form ich schon an anderer Stelle analysiert habe
(Quack 1998c). Demnach stammen die fünf ersten Bücher im wesentlichen aus dem späten Mittleren Reich,[57] das sechste aus dem Neuen
Reich, während das siebte demotisch ist. Dies ist der wohl umfangreichste demotische Text in hieroglyphischer Sprache überhaupt.

---

[54] Z.B. Edfou VIII 15, 5–17, 5, der eventuell aus dem Neuen Reich stammt, s.
Quack 2000/01, 197f.

[55] Vgl. zum Hymnus als solchem Vandier 1966, 132–143; Derchain 1971, 16*; weitere Textzeugen pBerlin 15749 bei Luft 1974 ohne Beachtung der Parallelen; vgl.
Posener 1976, 148; pHeidelberg hieratisch 3, unpubliziert, beschrieben von Burkard
und Fischer-Elfert 1994, 199 Nr. 296.

[56] Vgl. Quack 2001a, 285f.

[57] Dies umfaßt bei mir auch die 13. Dynastie, was ich vielleicht eigens betonen
sollte, da Pommerening 2005, 236–238, es anders verstanden hat.

Seine Überlieferung in dieser Schriftform dürfte er wohl der Tatsache verdanken, daß er einen integralen Teil eines gesamten Dossiers bildet, von dem die vorderen Bereiche sprachlich älter sind und im Tempelarchiv sicher hieratisch tradiert wurden. Ob das siebte Buch je graphisch demotisch war oder auch auf Papyrus hieratisch überliefert wurde, kann ich nicht sagen; ebenso sind die sprachgeschichtlichen Analysemethoden nicht fein genug, um an diesem Text eine Differenzierung hinsichtlich früh- oder mitteldemotischer Sprachform vorzunehmen, obgleich gerade dies potentiell dafür relevant wäre, welche graphische Gestalt er hatte.

Weiterhin gibt es eine Reihe ,chemischer' Rezepte, mit denen vor allem Duftstoffe, aber auch Farbstoffe und Gottesmineral produziert werden. Sie werden in der Spätzeit öfters monumentalisiert. Die meisten von ihnen zeigen ein an sich gutes Mittelägyptisch, das allenfalls bei sonst rein klassischer Syntax einen freien Gebrauch des bestimmten Artikels zeigt. Solche Kompositionen könnten auf Vorlagen des späten Mittleren Reiches bzw. der Zweiten Zwischenzeit zurückgehen.

Gelegentlich kann man aber doch junge Formen fassen. Zur Herstellung von Kyphi gibt es in Edfu zwei verschiedene Rezepte (Lüchtrath 1999), von denen das erste eine enge Parallele im Tempel von Philae hat. Und zwar ist das erste (Edfou II² 203,7–204, 8) im wesentlichen sprachlich korrektes Mittelägyptisch, das zweite dagegen (Edfou II² 211, 5–212, 10) sprachlich deutlich jung (Quack 1998c, 930) und kann auch angesichts der verwendeten Drogennamen als jüngere Überarbeitung des alten Textes angesehen werden (Lüchtrath 1999, 99f.). Rein von der Syntax her ist eine definitive Entscheidung hinsichtlich der Sprachstufe nur bedingt möglich, obgleich eine Konditionaliswendung *ỉw=f ḫp(r) ỉw=w čỉ.t šsp n ṯsṯs* mehr demotisch wirkt, von der Wortwahl sind Ausdrücke wie *čnf* „Maß" oder *n-rn* „im Namen von" (Edfou II², 212, 2) und *šʿṯ(.t)* für „Minderung" (Edfou II², 6. 8) und die zusammengesetzte Präposition *r-ḥr* „auf" (Edfou II², 212, 3) recht distinktiv demotisch.

Für diese praktischen Rezepttexte kann man a priori mit ziemlicher Wahrscheinlichkeit davon ausgehen, daß ihre Sprache wenig Hang zur artifiziellen Archaisierung hat, sondern sich recht eng am gesprochenen Idiom orientiert. Demnach ist es hier auch plausibel, die sprachlich älteren Texte als traditionelle, überkommene Kompositionen anzusehen (zumal ihr freier Gebrauch des bestimmten Artikels sie gerade von den Normen einer künstlichen Hochsprache absetzt), dagegen die sprachlich jungen als rezente Kompositionen. Es bleibt

allerdings die entscheidende Frage: Wie rezent? Waren die Vorlagen
der monumentalen Inschriften auf Papyrus hieratisch oder demotisch
geschrieben? Nach den oben postulierten Entwicklungslinien könnte
dies auch davon abhängig gewesen sein, wann genau sie entstanden
sind. Schaut man sich die erhaltenen Belege praktischer Verfahrenstexte
in dieser Zeit an, so gibt es immerhin zwei, nämlich das Apis-Bal-
samierungsritual sowie das Handbuch der Textilfärberei, die ich oben
als Beispiele semidemotischer Schrift angesprochen habe. Daneben
sind natürlich auch sprachlich und graphisch rein demotische
Verfahrenstexte bekannt, so solche für Salböle (pBrooklyn Museum
35.1462)[58] oder für „Gottesmineral zum Eintauchen" (Ostrakon
Leiden 334).[59] Zu einem konkreten Urteil sehe ich mich hier schwer in
der Lage.

Hinsichtlich der Frage graphisch demotischer Vorlagen für hieroglyphische Tempelinschriften gibt es natürlich ein nicht irrelevantes
Kriterium: Gibt es Mißverständnisse oder graphische Umformungen
von Zeichen, die sich plausibel nur aus dem Demotischen, nicht aus
dem Hieratischen erklären lassen? Bislang ist man dieser Frage gelegentlich von seiten der Ptolemaisten nachgegangen,[60] wobei allerdings
von vornherein das caveat auszusprechen ist, daß ägyptische Kursiv-
schriften in den späten Epochen einen merklichen Hang zur Regionalität haben, aber gerade die Orte wie Edfu, Dendara, Kom Ombo,
Philae, Athribis oder Esna, aus denen die wichtigsten Tempelinschriften
stammen, wenig bis gar keine Dokumentation im hieratischen und
meist auch demotischen Bereich für die relevanten Zeiten der Tempeldekoration haben, was die Kontrolle der vorgebrachten Vorschläge
erschwert. Kurth kommt zu dem Schluß, daß der Einfluß des Demotischen im graphischen Bereich minimal war. Ich würde ihm darin
zustimmen und sogar einige der wenigen Fälle, die er angebracht hat,
in Zweifel ziehen.[61] Dies spricht wenigstens tendenziell dafür, daß es

---

[58] Edition ohne wirkliche Bearbeitung in Hughes 2005, 12, Taf. 10–11.
[59] Edition Nur el-Din 1974, 266–268; Taf. 26; zu wichtigen Korrekturen im
Verständnis s. Quack 1998b, 77 Anm. 2.
[60] So besonders Kurth 1999, 69–96; knapper Kurth 2007, 74–76.
[61] Dies gilt besonders für die Schreibung des Geb, die Kurth 1999, 73f. anführt; das
erste Zeichen der demotischen Wortform kann gegen Kurth paläographisch unmög-
lich das im Demotischen inexistente ⟨===⟩ sein (und auch nicht von den Schreibern
so aufgefaßt worden sein), sondern ist eine z.B. in Schreibungen von ꜣpṭ „Vogel,
Gans" auch sonst gebräuchliche Form von ⟨🪶⟩; zudem ist das k in diesem Wort natürlich keineswegs bedeutungslos, sondern entspricht einer real existierenden
Ausspracheform, vgl. etwa griechische Wiedergaben wie πακηβκις oder πακοιβκις

sich bei den „monumentaldemotischen" Texten[62] normalerweise um
Umsetzungen von Vorlagen handelt, die graphisch eher hieratisch als
demotisch waren, eine Ausnahme wird man aus sachlichen Gründen
am ehesten für den Feldertext von Edfu ansetzen.

Um die Dinge hier angemessen darzustellen, sollte man beachten,
daß es in den griechisch-römischen Texten selten, aber durchaus
belegt, auch Passagen in rein neuägyptischer Sprache gibt, die distinktiv weder klassisch-ägyptisch noch demotisch sind. Das klarste Beispiel
ist wohl ein Mythos über Horus, der auf der Umfassungsmauer des
Tempels von Edfu (Edfou VI 219, 4–223, 2) belegt ist (Kurth 1992). Er
kann etwa durch die ständige Verwendung des kontinuativen *iw=f ḥr
sḏm* als spezifisch neuägyptisch eingestuft werden, da diese Form im
Demotischen nicht mehr verwendet wird, und steht in seiner Sprachform (einschließlich der Verwendung noch von *nn* als Negation) den
neuägyptischen Erzählungen wie Horus und Seth oder dem Zwei-
brüdermärchen nahe. Bemerkenswert ist dabei auch, daß dieser Text
bereits in einen Basistext und eine Ausdeutung dazu (ab Edfou VI,
221, 11) unterteilt ist, diese Erklärung aber dieselbe Sprachstufe aufweist, somit nicht wesentlich später als der Basistext ist, jedenfalls kein
rezentes Produkt ptolemäischer Gelehrsamkeit, sondern ein mittra-
diertes Gut.

Gerade aufgrund dieses typisch neuägyptischen Erzähltempus sind
narrative Texte leicht als neuägyptisch oder demotisch zu unter-
scheiden. In anderen Textgattungen fällt die Trennung schwerer. Als
Beispiel herausgreifen möchte ich hier die Anrufung an Isis, Dendara
III, 53, 3–54, 9, die sich durch ihren jüngeren Sprachzustand auf
Anhieb markant von den sonst gut klassisch-ägyptischen Hymnen in
Dendara abhebt. Durchgängig haben wir bestimmten Artikel[63] und
Possessivartikel. Basistempus ist das Futur, mit der wichtigsten
Wendung *iw=t (r) sḏm* „du wirst bzw. sollst etwas tun". Die Form ist

---

(Dem NB I, S. 418f.). Auch die Verwechselung von 𓆓 und 𓏭 kann nicht auf das
Demotische zurückgeführt werden, wo *šrỉ* „Sohn" und *sn* „Bruder" distinktiv unterschiedliche Formen haben.

[62] Die Kritik an diesem Begriff durch Kurth 1999, 72 Anm. 15; Kurth 2007, 6
Anm. 6, kann ich nicht recht nachvollziehen, zumal ich diesen Terminus niemals auf
die Gesamtheit der griechisch-römischen Tempeltexte angewendet habe, sondern
immer auf die Spezialgruppe sprachlich demotischer Texte in hieroglyphischer
Monumentalschrift beschränkt habe, für die ein eigener Terminus einfach gebraucht
wird.

[63] Dendara III 54, 3 wird die Gruppe 𓏭𓎛𓏭 der Edition in 𓎛𓏭𓎛 zu korrigieren sein, so
daß sich *pȝ ym* ergibt.

als solche neuägyptisch und demotisch gleichartig belegt, auch die
ständige Nichtschreibung der Präposition *r* kann nicht als Kriterium
herangezogen werden. Eine Einstufung als Neuägyptisch und nicht
Demotisch orientiert sich primär daran, daß es zum einen als Negation
nn (Dendara III, 54, 1) oder *n* (Dendara III, 54, 5) gibt, zum anderen
das Suffix der 3. Plural nur am Verb *=w* lautet (Dendara III, 53, 10 *ỉmy*
mn=w; 54, 6 *skꜣ=w* und *ꜥwꜣ=w*; 54, 8 *ỉw=t (r) šsp=w*), sonst dagegen
(nach Substantiven und Präpositionen) noch *=sn* (53, 11 *ỉmỉ.tw=sn*;
53, 12 *ꜣm.w=sn*; 53, 13 *ḥm.w=sn* und *ỉm=sn*; 54, 9 *ḥr-ṭp=sn*). Gattungs-
mäßig ist dieser Text vorrangig ein Gebet, in dem Hathor als Herrin
angerufen wird, die ihrem Land Wohltaten erweisen soll. Er unterscheidet sich damit strukturell von den sonstigen Hymnen an Hathor,
die vorwiegend ihre Macht in der Götterwelt im Allgemeinen preisen.
Daß er als Ausdruck einer anderen Form von Religiosität auch historisch jünger als diese Texte ist, wirkt vorderhand zumindest plausibel.

Resümieren wir soweit hinsichtlich der sprachlich jungen Texte im
älteren Schriftsystem! Grundsätzlich ist zu sagen, daß ihre Zahl gering
ist und sich voraussichtlich auch durch weitere Forschung nicht substantiell erhöhen wird; nach wenngleich kursorischer Lektüre der
wichtigsten Publikationen kann ich über die bislang bereits aktenkundig gewordenen Fälle hinaus, insbesondere die ‚Kronjuwelen' Feldertext
Edfu, Dendara Choiak, 7. Buch, und Esnahymnus, keine größeren
Gesamtkompositionen bieten; Einzelpassagen dürften noch nachweisbar sein und üblicherweise als redaktionelle Zusätze einzustufen.[64]
Es ist derzeit nicht beweisbar, aber zumindest wahrscheinlich, daß die
meisten dieser Texte in den Archivvorlagen noch hieratisch, nicht
demotisch geschrieben waren. Ihre Anbringung an den Tempelwänden
stellte offenbar für die Priester kein konzeptuelles Problem dar. Herangezogen wurden solche sprachlich jüngeren Texte – sei es demotisch
oder neuägyptisch – einfach dann, wenn bestimmte Kompositionen
interessant und für die Monumentalisierung geeignet schienen; ihr
Sprachzustand als solcher hängt primär natürlich am Datum ihrer
realen Entstehung. Bedarf an Texten in jüngeren Sprachstufen bestand
vor allem da, wo aus älteren Epochen nicht oder nicht ausreichend
Texte bzw. Formulierungsvorlagen verfügbar waren, bzw. bestimmte
praktische Verfahren im Sinne eines technologischen Fortschrittes
überarbeitet und damit die sprachlich jüngeren maßgeblich geworden
waren. Die Römerzeit, und das sollte ich im Hinblick auf das eigentliche

---

[64] Vgl. etwa von Lieven 2000, 101 Anm. 333; von Lieven 2007, 236 Anm. 1286.

Thema des vorliegenden Bandes mit Nachdruck sagen, ist dabei nach bisherigem Belegstand im Tempelbereich ein absoluter Null-Faktor, d.h. es gibt kein Entwicklungsmuster, daß eine signifikante Zu- oder Abnahme der monumentaldemotischen Texte in der Römerzeit im Vergleich zur Ptolemäerzeit festzustellen wäre. Im Bereich der Papyri kann man, da für frühdemotische literarische und subliterarische Texte noch Hieratisch normal ist, erst ab der Ptolemäerzeit überhaupt von Inhomogenität sprechen. Auch hier sehe ich keine wirklich signifikante Entwicklung zwischen diesen Perioden, auch wenn dieses Ergebnis dadurch unsicher ist, daß wir aus der Ptolemäerzeit weitaus weniger relevante Papyri erhalten haben.

Nunmehr aber zur anderen Seite der Inhomogenität, nämlich sprachlich klassischen Texten in demotischer Schrift. Dieses Phänomen ist erst in jüngster Zeit verstärkt ins Blickfeld getreten. Die Gattungsfrage kann hier sehr viel einfacher angegangen werden, da das Spektrum distinktiv reduzierter ist als umgekehrt bei sprachlich jungen Texten in Hieratisch oder Hieroglyphen. Tatsächlich beschränken sich die bislang bekannt gewordenen Texte ganz auf den im engeren Sinne religiösen Bereich. Dabei gibt es wiederum zwei Hauptkategorien, nämlich zum einen Funerärtexte, zum anderen liturgische Hymnen und Rituale.

Die Funerärtexte sind zweifellos der besser erschlossene Bereich, allerdings de facto derjenige mit deutlich weniger Vertretern. Jedoch handelt es sich meist um solche Kompositionen, die entweder auch sprachlich rein demotisch sind oder allenfalls vereinzelte Relikte früherer Formen aufweisen.[65] Der bislang einzige aktenkundig gemachte Fall, daß ein substantieller demotischer Funerärtext rein in klassisch-ägyptischer Sprache geschrieben ist, liegt im spätptolemäischen pLouvre E 3452 vor (Smith 1979). Die Komposition ist als solche bislang ohne Parallele, so daß man zumindest nicht positiv nachweisen kann, daß es sich um die graphische Umsetzung eines ursprünglich hieratisch überlieferten traditionellen Textes handelt.

Weitaus häufiger sind derartige Fälle inzwischen im Bereich der Hymnen und Ritualtexte greifbar.[66] Allerdings sind viele wichtige Handschriften noch nicht abschließend bearbeitet, sondern nur in

---

[65] Vgl. die Klassifikation bei Smith 1987, 28.
[66] Smith 1977; 1993; 1999; Vleeming 1990; 2004; Quack 2001b; Widmer 2004.

Vorberichten präsentiert worden.[67] Der Grund dafür liegt auf der
Hand, daß diese Texte nämlich ausgesprochen schwere philologische
Herausforderungen stellen. Hauptursache dafür ist, daß es zahlreiche
unetymologische Schreibungen gibt, und zwar speziell für Worte und
grammatische Formen, die im Demotischen an sich nicht mehr exis-
tieren. Dabei werden vielfach demotische Gruppen herangezogen,
welche den gesprochenen Laut der betreffenden klassisch-ägyptischen
Form gut abbilden, auch wenn sie inhaltlich in ganz andere Richtungen
gehen. So gibt es die Schreibung *ꜣl-ḫ.t* mit den Einkonsonantenzeichen
ꜣ und *l* sowie der Wortgruppe für *ḫ.t* „Leib" als Orthographie für die
Menschengruppe Rechit „Untertanen". Die „Urzeit" *pꜣwt* kann als
„der Grüne" *pꜣ-wꜣḏ* geschrieben werden.[68] Die Wendung *ꜥš ḫpr.w*
„mit zahlreichen Gestalten" wird demotisch als *ꜥš ḫrb* wiedergegeben,
mit der Gruppe für das Verb „rufen" sowie einer einkonsonantischen
Schreibung mit Determinativ, die auch sonst demotisch für „Gestalt"
bezeugt ist und eine Metathese sowie Lautverschiebung anzeigt.

Teilweise ist versucht worden, das Phänomen der unetymologischen Schreibung als „visuelle Poesie" zu verstehen, also als eine
Anreicherung des Textes mit zusätzlichen Bedeutungsebenen.[69] Ich
halte diesen Ansatz für wenig plausibel, sobald man sich das Phänomen
im Detail nüchtern anschaut. Der Begriff ‚Poesie' impliziert in sich
bereits ein Element der poetischen Freiheit, d.h. man kann individuell
und kotextabhängig eine bewußte Auswahl zwischen einer ganzen
Reihe von Schreibungen treffen, die eine je unterschiedliche semanti-
sche Zusatzebene über den Text legen. De facto ist dies aber, soweit
man anhand der bislang ausreichend sicher gedeuteten Passagen
urteilen kann, meist keineswegs der Fall.[70] Z.B. kann man für klas-
sisch-ägyptisches *ḏw* „böse, schlecht", in einem demotischen Text ausschließlich die Gruppe für *tꜣ* „Land" verwenden (deren Möglichkeiten
zusätzlicher semantischer Ebenen ohnehin begrenzt wirken).[71] Gerade

[67] Vgl. etwa Hoffmann 2002; Widmer 1998; 2005.
[68] Hierzu Quack 2007a, 281 mit Anm. 71; ders. 2006b, 160 (zu 4, 31).
[69] So besonders Widmer 2004, 680–683; Stadler 2004/05, 116f.
[70] Widmer führt eine Reihe von Fällen auf, die eher in den Bereich seltener freier
Variation gehen, aber m.E. am Rande des Systems stehen (teilweise stammen sie aus
Texten wie dem Mythos von Sonnenauge, der an sich nicht in mittelägyptischer
Sprache gehalten ist) – und auch bei ihnen ist die Aussprachefrage primär. Den
angeblichen Fall von *ṯlꜥm.t* für die Klagefrau möchte ich paläographisch anzweifeln
(das angebliche *m* ist u.U. ein hieratisierendes Vogeldeterminativ), zudem könnte es
phonetisch nicht mit dem Verb * črm* „mit den Augen zwinkern" äquivalent sein, in
dem *č* nicht zu *t* wird, wie kopt. ϭⲱⲣⲙ zeigt.
[71] Widmer 2004, 664 Anm. c) zu Z. 11; zusätzlich Quack 1999b, 41; 2005b, 186.

diejenigen Wortschreibungen, welche auf uns prima vista besonders bizarr wirken, haben eine hohe Verbindlichkeit und stehen nicht in Konkurrenz zu alternativen Optionen. Dort wo es verschiedene Optionen gibt, haben diese meist allesamt keine evidenten semantischen Zusatzessenzen, z.B. die Schreibung der mittelägyptischen Negation *nn*, die man entweder wie die Präposition *n=n* „für uns" schreiben kann oder rein mit Einkonsonantenzeichen sowie dem Determinativ für Abstrakta (Mann mit Hand am Mund).

Mir erscheint es dagegen evident, daß das Ziel derartiger Orthographien primär vielmehr ist, den Lautbestand des zu rezitierenden Textes dem Leser bzw. Nutzer der Handschrift so gut wie möglich zur Verfügung zu stellen, und sei es um den Preis semantischer Intransparenz, die für uns heutige gravierend ist und wohl auch für die antiken Nutzer kaum ganz unerheblich war. Ich verstehe diese Handschriften primär als Rezitationswerkzeuge, wo die demotische Schrift, welche den damaligen Nutzern erheblich besser geläufig war, es gegenüber dem Hieratischen einfacher machte, im Kult den heiligen Text korrekt zu rezitieren. Damit liegen wir geistesgeschichtlich direkt im Trend, der hin zu Jamblich, De mysteriis 7, 4–5 führt, wo der Wert der lautlich korrekten Formeln selbst bei völliger Unverständlichkeit des Inhalts betont wird.

Chronologisch gehört die Masse derartiger Handschriften in die Römerzeit, die allermeisten kommen aus Soknopaiou Nesos. Es gibt allerdings auch einige andere Fälle. Thebanischer Herkunft ist ein Ostrakon der Ptolemäerzeit aus Deir el-Bahri, das einen traditionellen Hymnus an Amun ins Demotische umsetzt. Aus Memphis stammt das Ostrakon Hor 18, auf dem in klassisch-ägyptischer Sprache Ritualformeln überliefert sind, von denen wenigstens Teilbereiche in anderen Ritualen ab dem Neuen Reich aus Ägypten bekannt sind (Quack iV).

Auf den ersten Blick mag es scheinen, als ob wir hier doch eine Spezialentwicklung der Römerzeit fassen können, in der dieses Phänomen erheblich häufiger geworden sei. Ich würde allerdings bei genauerem Hinschauen eine andere These vertreten. Es handelt sich nicht um ein chronologisches, sondern um ein regionales Phänomen. Die Handschriften aus Soknopaiou Nesos, welche unser Bild der unetymologischen Ritualhandschriften in klassisch-ägyptischer Sprache und demotischer Schrift dominieren, stammen aus einem Fundzusammenhang, wo vorrömisch überhaupt keine ägyptischsprachigen kultischen Papyrushandschriften greifbar sind. Wir können also nicht guten Gewissens behaupten, die graphische Umsetzung ins Demotische sei erst ab der Römerzeit erfolgt; und die Intensität, mit welcher das Phänomen bereits unter Augustus zu fassen ist, spricht sogar erheblich dagegen. Wo wir Ritualhandschriften in klassisch-ägyptischer Sprache aus Soknopaiou Nesos fassen können, dominiert das Demotische als Schriftmedium generell, Hieratisch ist allenfalls eine Ausnahmeerscheinung. Dagegen können wir an anderen Orten (Memphis) das Phänomen der graphischen Umsetzung durchaus schon in ptolemäischer Zeit nachweisen.

Umgekehrt haben wir im Süden des Fayum, in Tebtynis, auch in der Römerzeit noch eine reiche und ungebrochene Tradition liturgischer Handschriften in hieratischer Schrift, während solche in klassisch-ägyptischer Sprache und demotischer Schrift ausgesprochen selten sind (von Lieven 2005, 68f.).

Insofern möchte ich behaupten, daß jeder Ort für sich einen eigenen Zustand von ‚Homogenität‘ erreicht hat. An dem einen ist es normal, klassisch-ägyptische Ritualtexte in hieratischer Schrift zu verwenden, an dem anderen, sie graphisch ins Demotische umzusetzen.

Was ergibt sich somit abschließend? Das Orientierungsschema von Homogenität und Inhomogenität, mit dem als heuristischem Werkzeug ich diese Untersuchung gestartet habe, erweist sich als weniger gut greifend, als man zunächst hätte denken können. Der Grund dafür ist natürlich, daß es sich zu sehr an den allzu pauschalen Kriterien moderner Forscher orientiert statt an den Feinheiten der Verwendung in der Kultur selbst. Wenn man die Phänomene sowohl in der Zeit als auch im Raum genauer betrachtet, bleibt eigentlich recht wenig wirkliche Inhomogenität übrig. Die Römerzeit schließlich hat in meinem Material nirgends eine entscheidende Rolle gespielt, in dem Sinne, daß sie neue Trends gebracht, alte erledigt oder nur leicht angelegte Entwicklungen zum Durchbruch verholfen hätte. Wenn es in ihr irgend etwas gibt, was markante Änderungen mit sich bringt, dann ist es eine viel extremere Art von „Inhomogenität“, indem man nunmehr zunächst damit experimentiert, traditionelle Ritualtexte in griechischer Schrift wiederzugeben,[72] und schließlich, die traditionelle

---

[72] Markantestes publiziertes Beispiel ist der ‚spätägyptische‘ Papyrus BM 10808, Edition Osing 1976; s. auch Sederholm 2006; zur Interpretation des Textes vgl. Quack, 2009.

Religion und damit auch ihre Ritualtexte und das dafür verwendete Schriftsystem ganz preiszugeben.

Bibliographie

Alliot, M. 1949–54. *Le culte d'Horus à Edfou au temps des Ptolémées*. BdE 20. Le Caire.

Barguet, P. 1962. *Le papyrus N. 3176 (S) du Musée du Louvre*. BdE 37. Le Caire.

Beinlich, H. 1991. *Das Buch vom Fayum. Zum religiösen Eigenverständnis einer ägyptischen Landschaft*. ÄgAbh 51. Wiesbaden.

——1996. Ein Fragment des Buches vom Fayum (W/P) in Berlin. *ZÄS* 123: 10–18.

——1997. Hieratische Fragmente des „Buches vom Fayum" und ein Nachtrag zu BF Carlsberg. *ZÄS* 124: 1–22.

—— 1999. Drei weitere hieratische Fragmente des „Buch vom Fayum" und Überlegungen zur Meßbarkeit der Unterwelt. *ZÄS* 126: 1–18, pl. 1–4.

——2009. Papyrus Tamerit 1. Ein Ritualpapyrus der ägyptischen Spätzeit. Studien zu den Ritualszenen altägyptischer Tempel 7. Dettelbach

Bell, H. I., A. D. Nock und H. Thompson. 1932. *Magical texts from a bilingual papyrus in the British Museum*. Proceedings of the British Academy 17. London.

Betz, H. D. (ed.). 1986. *The Greek magical papyri in translation including the Demotic spells*. Chicago.

Burkard, G. und H.-W. Fischer-Elfert. 1994. *Ägyptische Handschriften*. Teil 4. Verzeichnis der Orientalischen Handschriften in Deutschland XIX/4. Stuttgart.

Coenen, M. 1995. Books of Breathing. More than a terminological question? *OLP* 26: 29–38.

——1998. An introduction to the „Document of Breathing made by Isis". *RdE* 49: 37–45.

——2000. The funerary papyri of the Bodleian Library at Oxford. *JEA* 86: 81–98.

Daniel, R. W. 1991. *Two greek magical papyri in the National Museum of Antiquities in Leiden. A photographic edition of J 384 and J 395 (= PGM XII and XIII)*. ANRW Sonderreihe Papyrologia Coloniensia 19. Opladen.

Demichelis, S. 2002. *Il calendario delle feste di Montu. Papiro ieratico CGT 54012, verso*. Catalogo del Museo Egizio di Torino, Serie Prima – Monumenti e testi 10. Torino.

Derchain, Ph. 1971. *Elkab I. Les monuments religieux à l'entrée de l'Ouadi Hellal*. Bruxelles.

Dieleman, J. 2005. *Priests, tongues, and rites. The London-Leiden magical manuscripts and translation in Egyptian ritual (100–300 CE)*. Religions in the Graeco-Roman World 153. Leiden.

Egberts, A. 1997. The chronology of the Horus Myth of Edfu. In *Essays on ancient Egypt in honour of Herman te Velde*, ed. J. van Dijk, 47–54. Groningen.

——1998. Mythos und Fest. Überlegungen zur Dekoration der westlichen Innenseite der Umfassungsmauer im Tempel von Edfu. In *4. ägyptologische Tempeltagung Köln, 10.–12. Oktober 1996. Feste im Tempel*, eds. R. Gundlach und M. Rochholz, 17–29. Wiesbaden.

Fairman, H. W. 1935. The Myth of Horus at Edfou I. *JEA* 21: 26–36.

Farid, A. 1995. *Fünf demotische Stelen aus Berlin, Chicago, Durham, London und Oxford mit zwei demotischen Türinschriften aus Paris und einer Bibliographie der demotischen Inschriften*. Berlin.

Goyon, J.-C. 1972. *Rituels funéraires de l'ancien Égypte*. Paris.

——1999. *Le papyrus d'Imouthès, fils de Psintaês au Metropolitan Museum of Art de New-York (Papyrus MMA 35.9.21)*. New York.

Griffith, F. Ll. 1909. *Catalogue of the Demotic papyri in the John Rylands Library, Manchester.* Manchester.

—— und H. Thompson. 1904–09. *The Demotic magical papyrus of London and Leiden.* London.

Grimm, A. 1994. *Die altägyptischen Festkalender in den Tempeln der griechisch-römischen Epoche.* ÄAT 15. Wiesbaden.

Herbin, F.-R. 1999. Trois manuscrits originaux du Livre des respirations fait par Isis (P. Louvre N 3121, N 3083 et N 3166). *RdE* 50: 149–239.

——2008. *Catalogue of the Books of the Dead and other religious texts in the British Museum.* Volume IV. *Books of Breathing and related texts.* London.

Hoffmann, F. 1995. Rezension zu Vos 1993. *BiOr* 52: 581–589.

—— 2002. Die Hymnensammlung des P.Wien D6951. In *Acts of the Seventh International Conference of Demotic Studies Copenhagen, 23–27 August 1999.* CNI Publications 27, ed. K. Ryholt, 219–228. Copenhagen.

——2008. Rezension zu Jasnow und Zauzich 2005. *BiOr* 65: 86–92.

——und J. F. Quack. 2007. *Anthologie der demotischen Literatur.* Einführungen und Quellentexte zur Ägyptologie 4. Berlin.

Hughes, G. R. 2005. *Catalog of Demotic texts in the Brooklyn Museum.* Oriental Institute Communications 29. Chicago.

Jansen-Winkeln, K. 1995. Diglossie und Zweisprachigkeit im Alten Ägypten. *WZKM* 85: 85–115.

Jasnow, R. 1992. *A late period Hieratic wisdom text (P.Brooklyn 47.218.135).* SAOC 52. Chicago.

——und K.-Th. Zauzich. 2005. *The ancient Egyptian Book of Thoth. A Demotic discourse on knowledge and pendant to the classical Hermetica.* Wiesbaden.

Johnson, J. 1975. The Demotic magical spells of Leiden I 384. *OMRO* 56: 29–64, pl. VIII–XIII.

——1977. Louvre E3229: A Demotic magical text. *Enchoria* 7: 55–102, pl. 10–17.

Kurth, D. 1992. Über Horus, Isis und Osiris. In *The intellectual heritage of Egypt. Studies presented to László Kákosy by friends and colleagues on the occasion of his 60ᵗʰ birthday.* StudAeg 14, ed. U. Luft, 373–383. Budapest.

——1994. *Treffpunkt der Götter.* Zürich.

——1999. Der Einfluß der Kursive auf die Inschriften des Tempels von Edfu. In *Edfu: Bericht über drei Surveys; Materialien und Studien.* Die Inschriften des Tempels von Edfu, Begleitheft 5, ed. D. Kurth, 69–96. Wiesbaden.

—— 2004. *Edfou VII.* Die Inschriften des Tempels von Edfu, Abteilung I Übersetzungen, Band 2. Wiesbaden.

—— 2007. *Einführung ins Ptolemäische. Eine Grammatik mit Zeichenlisten und Übungsstücken.* Teil 1. Hützel.

Leitz, Chr. 2006. *Quellentexte zur ägyptischen Religion I. Die Tempelinschriften der griechisch-römischen Zeit.* Einführungen und Quellentexte zur Ägyptologie 2. 2nd ed. Berlin.

von Lieven, A. 1999. Divination in Ägypten. *Altorientalische Forschungen* 26: 77–126.

——2000. *Der Himmel über Esna. Eine Fallstudie zur Religiösen Astronomie im Alten Ägypten.* ÄgAbh 64. Wiesbaden.

——2005. Religiöse Texte aus der Tempelbibliothek von Tebtynis – Gattungen und Funktionen. In *Tebtynis und Soknopaiou Nesos. Leben im römerzeitlichen Fajum Akten des Internationalen Symposions von 11. bis 13. Dezember 2003 in Sommerhausen bei Würzburg,* eds. S. L. Lippert und M. Schentuleit, 57–70. Wiesbaden.

——2007. *Grundriß des Laufes der Sterne. Das sogenannte Nutbuch.* The Carlsberg Papyri 8. CNI Publications 31. Copenhagen.

Loprieno, A. 1996. Linguistic variety and Egyptian literature. In *Ancient Egyptian literature. History and forms.* PÄ 10, ed. A. Loprieno, 515–529. Leiden.

Lüchtrath, A. 1999. Das Kyphirezept. In *Edfu: Bericht über drei Surveys; Materialien und Studien.* Die Inschriften des Tempels von Edfu, Begleitheft 5, ed. D. Kurth, 97–145. Wiesbaden.

Luft, U. 1974. Ein Amulett gegen Ausschlag (*srf.t*). In *Festschrift zum 150jährigen Bestehen des Berliner ägyptischen Museums,* 173–179, pl. 24. Berlin.

Meeks, D. 1972. *Le grand texte des donations au temple d'Edfou.* BdE 59. Le Caire.

Nur el-Din, M. A. A. 1974. *The Demotic ostraca in the National Museum of Antiquities at Leiden.* Collections of the National Museum of Antiquities at Leiden 1. Leiden.

Osing, J. 1976. *Der spätägyptische Papyrus BM 10808.* ÄgAbh 33. Wiesbaden.

Pommerening, T. 2005. *Die altägyptischen Hohlmaße.* BSAK 10. Hamburg.

Posener, G. 1976. Notes de transcription. *RdE* 28: 146–148.

———1985. *Le papyrus Vandier.* Le Caire.

Quack, J. F. 1993. Ein neuer ägyptischer Weisheitstext. *WdO* 24: 5–19.

———1994. Rezension zu Vos 1993. *Enchoria* 21: 186–191.

———1995a. Notes en marge du papyrus Vandier. *RdE* 46: 163–170.

——— 1995b. Zwei Handbücher der Mumifizierung im Balsamierungsritual des Apisstieres. *Enchoria* 22: 123–129.

———1995c. Monumentaldemotisch. In *Per aspera ad astra, Wolfgang Schenkel zum neunundfünfzigsten Geburtstag,* eds. L. Gestermann und H. Sternberg-el Hotabi, 107–121. Kassel.

———1997/98. Beiträge zum Verständnis des Apisrituals. *Enchoria* 24: 43–53.

———1998a. Ein übersehener Beleg für den Imhotep-Kult in Theben. *RdE* 49: 255–256.

———1998b. Kontinuität und Wandel in der spätägyptischen Magie. *Studi Epigrafici e Linguistici* 15: 77–94.

——— 1998c. Sprach- und redaktionsgeschichtliche Bemerkungen zum Choiaktext von Dendera. In *Proceedings of the Seventh International Congress of Egyptologists, Cambridge 3–9 September 1995.* OLA 82, ed. Chr. Eyre, 921–930. Leuven.

———1999a. A new bilingual fragment from the British Museum. *JEA* 85: 153–164, pl. XXII–XXIII.

———1999b. Weitere Korrekturvorschläge, vorwiegend zu demotischen literarischen Texten. *Enchoria* 25: 39–47.

———2000/01. Rezension zu D. Kurth. *Edfou VIII.* Die Inschriften des Tempels von Edfu, Abteilung I Übersetzungen, Band 1 (Wiesbaden 1998). *WdO* 31: 196–201.

———2001a. Bemerkungen zum Ostrakon Glasgow D 1925.91 und dem Menu-Lied. *SAK* 29: 283–306, pl. 17.

———2001b. Ein Standardhymnus zum Sistrumspiel auf einem demotischen Ostrakon (Ostrakon Corteggiani D 1). *Enchoria* 27: 101–119, pl. 4.

———2004a. Der pränatale Geschlechtsverkehr von Isis und Osiris sowie eine Notiz zum Alter des Osiris. *SAK* 32: 327–332.

———2004b. Fragmente memphitischer Religion und Astronomie in semidemotischer Schrift (pBerlin 14402 + pCarlsberg 651 + PSI Inv. D 23). In *Res severa verum gaudium. Festschrift für Karl-Theodor Zauzich zum 65. Geburtstag am 8. Juni 2004.* StudDem 6, eds. F. Hoffmann und H. J. Thissen, 467–496, pl. 37–39. Leuven.

———2005a. Rezension zu Stadler 2004b. *APF* 51: 174–179.

———2005b. Rezension zu F. Hoffmann und H. J. Thissen (eds.). *Res severa verum gaudium. Festschrift für Karl-Theodor Zauzich zum 65. Geburtstag am 8. Juni 2004.* StudDem 6 (Leuven 2004). *APF* 51: 179–186.

———2006a. En route vers le copte. Notes sur l'évolution du démotique tardif. *Faites de langues* 27: *Les langues chamito-sémitiques (afro-asiatiques).* Volume 2: 191–216.

——2006b. Rezension zu M. Smith. *Papyrus Harkness (MMA 31.9.7)* (Oxford 2005). *Or* 75: 156–160.

——2007a. Die Initiation zum Schreiberberuf im Alten Ägypten. *SAK* 36: 249–295.

——2007b. Ein ägyptischer Dialog über die Schreibkunst und das arkane Wissen. *Archiv für Religionsgeschichte* 9: 259–294.

——2008. Demotische magische und divinatorische Texte. In *Texte aus der Umwelt des Alten Testaments, Neue Folge.* Band 4. *Omina, Orakel, Rituale und Beschwörungen,* eds. B. Janowski und G. Wilhelm, 331–385. Gütersloh.

—— 2009. Eine Götterinvokation mit Fürbitte für Pharao und den Apisstier (Ostrakon Hor 18), in Vorbereitung.

—— iDr. a. Demotische Verwaltungstexte in hieratischer Schrift. In *Akten der Demotistentagung Würzburg,* ed. K.-Th. Zauzich, iDr.

——iDr. b. The Naos of the Decades and its place in Egyptian astrology. In *The trade, topography and material culture of Egypt's north-west delta: 8th century BCE to 8th century CE,* ed. J. Cole, iDr.

—— iDr. c. Remarks on Egyptian rituals of dream-sending, in *Ancient Egyptian demonology. Studies on the boundaries between the divine and the demonic in Egyptian magic.* OLA, ed. P. Kousoulis. Leuven, iDr.

——iDr. d. Rezension zu Sederholm 2006. *OLZ* 104: 27–33.

Ray, J. D. C., 1994. How Demotic is Demotic? *EVO* 17: 251–264.

Reymond, E. A. E. 1976. *From the contents of the libraries of the Suchos temples in the Fayyum.* Part I. *A medical book from Crocodilopolis.* MPER NS 10. Wien.

——1977. *From the contents of the libraries of the Suchos temples in the Fayyum.* Part II. *From ancient Egyptian hermetic writings.* MPER NS 11. Wien.

Rhodes, M. D. 2002. *The Hor Book of Breathings. A translation and commentary.* Provo.

Ritner, R. K. 1986. Gleanings from magical texts. *Enchoria* 14: 95–106.

Richter, T. S. 2008. Rezension zu Stadler 2004b. *WZKM* 98: 380–386.

Schenkel, W. 1977. *Kultmythos und Märtyrerlegende. Zur Kontinuität des ägyptischen Denkens.* Wiesbaden.

Sederholm, V. H. 2006. *Papyrus British Museum 10808 and its cultural and religious setting.* PÄ 24. Leiden.

Shisha-Halevy, A. 1989. Papyrus Vandier Recto: an Early Demotic literary text. *JAOS* 109: 421–435.

Smith, H. S. und W. J. Tait. 1983. *Saqqâra Demotic Papyri* I. Texts from Excavations 7. London.

Smith, M. 1977. A new version of a well-known Egyptian hymn. *Enchoria* 7: 115–149, pl. 18.

——1979. The Demotic mortuary papyrus Louvre E. 3452. Dissertation Chicago.

——1987. *Catalogue of Demotic papyri in the British Museum.* Volume III. *The mortuary texts of papyrus BM 10507.* London.

——1993. New Middle Egyptian texts in Demotic script. In: *Sesto Congresso internazionale di Egittologia, Atti.* Volume II, 491–495. Torino.

——1999. O.Hess = O.Naville = O.BM 50601: An elusive text relocated, in *Gold of praise. Studies on Ancient Egypt in honor of Edward F. Wente.* SAOC 58, eds. E. Teeters und J. A. Larson, 397–404. Chicago.

——2006. The great decree issued to the Nome of the Silent Land. *RdE* 57: 217–232.

Spiegelberg, W. 1920. Ein Bruchstück des Bestattungsrituals der Apisstiere (Demot. Pap.Wien Nr. 23). *ZÄS* 56: 1–33.

Stadler, M. A. 2004a. Fünf neue demotische Kurztexte (Papyri British Museum EA 10121, 10198, 10415, 10421 a, b, 10426 a) und eine Zwischenbilanz zu dieser Textgruppe. In *Res severa verum gaudium. Festschrift für Karl-Theodor Zauzich zum 65. Geburtstag am 8. Juni 2004.* StudDem 6, eds. F. Hoffmann und H. J. Thissen, 551–571. Leuven.

———2004b. *Isis, das göttliche Kind und die Weltordnung. Neue religiöse Texte aus dem Fayum nach dem Papyrus Wien D. 12006 Rekto.* MPER NS 28. Wien.

———2004/05. Eine neue Orientierungshilfe für die demotische Literatur. *Enchoria* 29: 106–118.

———2006. Isis würfelt nicht. *Studi di egittologia e di papirologia* 3: 187–203.

Sternberg, H. 1985. *Mythische Motive und Mythenbildung in den ägyptischen Tempeln und Papyri der griechisch-römischen Zeit.* Wiesbaden.

Stricker, B. H. 1944. De indeeling der egyptische Taalgeschiedenis. *OMRO* 25: 12–51.

Szpakowska, K. 2003. *Behind closed eyes. Dreams and nightmares in ancient Egypt.* Swansea.

Tait, W. J. 1977. *Papyri from Tebtunis in Egyptian and in Greek.* Texts from Excavations 3. London.

Vandier, J. 1966. Quatre variantes ptolémaïques d'un hymne ramesside. *ZÄS* 93: 132–143.

Vernus, P. 1996. Langue littéraire et diglossie. In *Ancient Egyptian literature. History and forms.* PÄ 10, ed. A. Loprieno, 555–564. Leiden.

Vleeming, S. P. 1990. Transliterating Old Egyptian in Demotic. *GM* 117/118: 219–223.

———2001. *Some coins of Artaxerxes and other short texts in the Demotic script found on various objects and gathered from many publications.* StudDem 5. Leuven.

———2004. A Hieroglyphic-Demotic stela from Akhmim. In *Res severa verum gaudium. Festschrift für Karl-Theodor Zauzich zum 65. Geburtstag am 8. Juni 2004.* StudDem 6, eds. F. Hoffmann und H. J. Thissen, 623–637. Leuven.

Vos, R. L. 1993. *The Apis embalming ritual. P.Vindob. 3873.* OLA 50. Leuven.

Widmer, Gh. 1998. Un papyrus démotique religieux du Fayoum. P.Berlin 6750. *BSEG* 22: 83–91.

———2004. Une invocation à la déesse (tablette démotique Louvre E 10382). In *Res severa verum gaudium. Festschrift für Karl-Theodor Zauzich zum 65. Geburtstag am 8. Juni 2004.* StudDem 6, eds. F. Hoffmann und H. J. Thissen, 651–686, pl. 51. Leuven.

———2005. On Egyptian religion at Sokonopaiou Nesos in the Roman period (P. Berlin 6750). In *Tebtynis und Soknopaiou Nesos. Leben im römerzeitlichen Fajum Akten des Internationalen Symposions von 11. bis 13. Dezember 2003 in Sommerhausen bei Würzburg,* eds. S. L. Lippert und M. Schentuleit, 171–184. Wiesbaden.

TRADITION AND INNOVATION IN THE BURIAL PRACTICES OF ROMAN EGYPT

Christina Riggs

Introduction

In the 1860s, Lucie Duff Gordon wrote from Egypt to a family friend back in England:

> This country is a palimpsest in which the Bible is written over Herodotus and the Koran over that. In the towns, the Koran is most visible, in the country Herodotus.[1]

Duff Gordon's succinct observation captures the deep sense of continuity that imbued the experience of European visitors to Egypt, and it is a sense that continues today, when tourism accounts for a large share of the Arab Republic's GDP. Such an assumption of timelessness suggests that the stratified cultures of Egypt—Islamic, Christian, Classical—are only a thin veneer over the culture of most interest to tourists then, as now: the rural Egypt of pharaonic times. Scratch the surface and the western observer, like his precursor Herodotus, can see an unchanging Egypt, supposedly 'unsullied' by historical change, technological progress, or cross-cultural contact.

This seeming changelessness is, of course, a simplification. European thought has applied a similar myth of timelessness to all of Africa, as if chronological development were an exclusively western phenomenon. Added to that is the ancient Egyptians' own 'myth of timelessness', as Egypt was a deeply conservative society in which elite culture placed great emphasis on continuity with the past. To do things and make things in the same way as they had always been done or made— in Egyptian society this was virtuous, not tedious. The challenge in scholarship, then, is how to identify change (or, as importantly, the lack of change) in the archaeological, art historical, and textual record, and how to interpret the significance of such observations.

---

[1] Frank 1994, 251.

Fig. 1: Coffin lid for a boy, from Akhmim, late 1st century BC. Mud-straw mixture, gesso, and paint. Cairo, Egyptian Museum CG 33272. After Edgar 1905, pl. 45.

In considering the funerary art and burial practices of Roman Egypt, this is made all the more difficult by a gap in the record for Ptolemaic Egypt, where the wealth of documentary evidence, such as the Theban choachyte archive, serves to highlight the poverty of securely dated archaeological and art historical material.[2] There has been no detailed study of funerary art, such as cartonnage pieces, mummy masks, and coffins, which would enhance understanding of developments in Roman Egypt. A lack of relative chronology or more precise dating, for instance based on prosopography, has added to the problem, combined with scholarly readiness to assign anything 'odd' to as late a date as possible. Some funerary material once assigned to the Roman Period appears to date to the Ptolemaic Period instead, based on the evidence of inscriptions and iconography (Fig. 1), and there are no doubt more such examples still to be identified.[3] Keeping in mind the difficulty of discussing 'continuity' with confidence, this

---

[2] Pestman 1993.

[3] Two examples are the coffins from Akhmim, discussed in Riggs 2005, 62–64, and shrouds with iconographic parallels to Ptolemaic sculpture, for which see Riggs 2008.

paper explores practices in Roman Egypt that may be characterized as traditional and relatively unchanged, as well as some practices that represent innovations. Every complex society has a feeling for what is contemporary in its cultural present; such awareness is necessary in order to gauge the cultural past. The challenge when studying an ancient culture is to grasp what represents the cultural present at a particular period of time, as opposed to what represents—often with a purpose—the cultural past. If 'tradition' is the intentionally old-fashioned, then 'innovation' is the intentionally new. The two strands are always interwoven, but this paper will first tease them apart to examine individual threads more closely.

Tradition

The first traditional aspect of Roman Period burial practices to consider is mummification, which continued in the era of Christianization as well.[4] Standards of mummification did not 'decline' in Roman Egypt, as has sometimes been asserted. Instead, as at every period, there were varying methods and concomitantly varying standards of quality, which will have depended on factors such as cost, materials, methods, and the skill of the embalmers. Some mummies were of extremely high quality, both in terms of how the body was embalmed and how the body was then wrapped and decorated. Mummies of the Soter family at Thebes, dating to the late 1st and early 2nd centuries AD, were eviscerated, an indicator of expert (and thorough) embalming that did become less common over time. Since a satisfactory state of preservation could be attained without evisceration, it may be that this stage was considered inessential. The fact that Roman Period versions of the 'Ritual of Embalming' refer to canopic jars is not contradictory in this respect: the potent symbolism embodied by jars and by the Four Sons of Horus could effectively be evoked through ritual performance and visual imagery, regardless of what processes were carried out on the corpse.[5]

The embalming ritual, known from two 1st-century AD copies with a Theban provenance, also elucidates aspects of mummification that are observable in mortuary remains, namely the use of oils and perfumes (perhaps encompassing all such liquid applications, including

---

[4] Gessler-Löhr et al. 2007.
[5] Sauneron 1952; Sternberg-el Hotabi 1988.

pitch and bitumen) and the centrality of linen and wrapping. In the burials of the Soter family, and in a group of high quality burials from Meir in Middle Egypt, hundreds of metres of linen encircled the body and may well have been the most costly aspect of such a burial: Cailliaud reported removing 380 metres, in total length, of bandages and 250 to 300 square metres of other linen from the mummy of Soter's son Padiimenipet, now in the Louvre.[6] The face, chest, abdomen, and arms of the mummy of Padiimenipet were gilded, with gold leaf applied directly to the skin; some of the gilding came away with chips of the resinous or bituminous substance coating the body.[7] Gilding is often present on the skin of Roman Period mummies, especially the face, and appears to be an innovation of Roman times, or perhaps the Ptolemaic era.[8] Its novelty is anchored in long-standing Egyptian ideas about the god-like, radiant appearance of the dead, manifest in the many white-painted, yellow-painted, and gilded coffins and masks, from the Middle Kingdom onwards.

In two 2nd-century Greek wills, one from Tebtunis, one from Oxyrhynchus, the writer requests burial in the 'native' or 'Egyptian' fashion.[9] This interesting phrase may suggest that Roman Egyptian society distinguished different types of burials, some more Egyptian in character than others; however, the basis of such distinctions is unclear. There is evidence that mummification gained favour in the Roman Period among groups who might otherwise have used Greek forms of inhumation and cremation. In the Gabbari cemetery in western Alexandria, the stratigraphy of a Roman-era tomb revealed that mummies had been placed over earlier cremations and inhumations.[10] At Hawara, a gilded cartonnage mask inscribed with a Roman *tria nomina* (in Greek) is one of the most traditional-looking masks in the cemetery, with no trace of the contemporaneous manner of depicting Roman hairstyles.[11] Instead, this freedman, Titos Flavios Demetrios, whose Roman citizenship conferred him high legal and perhaps social

---

[6] Cailliaud 1827, vol. 4, p. 12; cf. Herbin 2002. An example of a Meir mummy with voluminous wrapping is Metropolitan Museum of Art 11.155.5, for which see Riggs 2005, 111–112, pl. 4.

[7] Cailliaud 1827, 15.

[8] Dunand and Lichtenberg 1995, 3266, with a possible New Kingdom example of gilding cited in n. 218; Dunand 1982.

[9] Montserrat 1997, 33.

[10] Empereur and Nenna 2001, 523 (tomb B8).

[11] Riggs 2005, 21–22.

status, was buried in a more conservative fashion than individuals who were likely to be lower in status.

Burial encompassed not only the physical preparation and interment of the body, but also, and even more importantly, the performance of appropriate rites. These too will have contributed to an 'Egyptian' burial, and Demotic papyri preserve funerary rituals with an ancient history, like the 'Opening of the Mouth' and the judgement from the 'Book of the Dead', as well as new forms developed from earlier rites, such as glorification texts, the 'Books of Breathing', and the 'Book of Traversing Eternity'.[12] Rituals such as these, performed in the indigenous language on the night of the burial, underscore the continued role of Egyptian religious practice in shaping individual and community identity. The use of cemetery space was one of the mediations between communities and the landscape, thus the Roman Period preference for using older burial grounds is another significant aspect of traditional burial practice. Depending on local geography, cemeteries might be expanded, or new cemeteries might be established near ancient, sacred spaces. The Roman cemetery at Hawara was established next to the pyramid complex of the deified Amenemhat III, while the Roman Period tombs at Tuna el-Gebel emanate from the venerable 4th century BC tomb of Petosiris.[13] Re-use of tombs accomplished the same thing, by placing the dead in previously hallowed ground. At Saqqara, Roman burials were added to Late Period tombs, and at Thebes, every cemetery except the Valley of the Kings played host to Roman burials.[14] While there may have been some practical considerations for such choices, the pattern of burials suggests purpose and intent. Given the opportunity to break fresh ground for the cemeteries at Antinoë, founded in AD 130, the residents follow much the same pattern as at other Middle Egyptian sites, mummifying the dead and burying them in low, vaulted structures near the desert hills.[15]

A final aspect of tradition to consider is the production of funerary art. In this context, it is useful to separate what Egyptologists refer to as archaism into two concepts, survival and revival. On the one hand,

---

[12] Opening of the Mouth: Smith 1987; Smith 1993. Book of the Dead, chapter 125: Stadler 2003. Books of Breathing: Herbin 2008. Book of Traversing Eternity: Herbin 1994.

[13] Hawara: Picton, Quirke, and Roberts 2007. For Tuna el-Gebel, see the papers by Lembke, Helmbold-Doyé, and Fleissmann/Schütze in this volume.

[14] Saqqara: Bresciani 1976; see also Bresciani et al. 1988, and Bresciani 1996. Thebes: Riggs 2003.

[15] For the Antinoë cemeteries, see Calament 2005.

survival may be understood as doing or making something in the way that it has been done for a very long time, like wearing a white dress at a wedding. On the other hand, *revival* may be understood as consciously bringing back a way of doing or making something that had fallen out of use, for instance, wearing a white wedding dress in the style of the 1920s. The Soter burials exemplify revival in their choice of arched, corner-post coffins, which had not been used since the Late Period. The Soter-family burials are also unusual for evidence of a specific kind of revival, by making use of something actually made in the past (that is, wearing a vintage white dress from the 1920s). The bead net from the burial of Padiimenipet dates to the Late Period and seems to have had the original owner's name removed at the bottom before its re-use. Later, this cycle continued as other Theban burials re-used coffins made around the time of the Soter burials.[16] Both kinds of revivals may be present at other Roman Period cemeteries, and deserve further consideration.

Turning from revival to survival, the conceptualization of artistic production, funerary rituals, and burial practices like mummification as 'traditional' should be seen against the backdrop of contemporaneous developments in language and religion, whereby ancient Egyptian culture regrouped and reshaped itself in relationship to other cultural stimuli.[17] Survival depended on this cultural transformation, which in turn depended on specialist knowledge—of language, of ritual, of art. Making an object like a mummy mask was a highly specialized skill, requiring knowledge not only of materials and manufacture, but also of what scenes to use, where to put them, what hieroglyphic texts (if any) should go where, and what the mask's facial features should look like. In the Roman Period, it is not unlikely that the people who possessed such knowledge, or who otherwise had access to it, would have used their specialist skills in other projects, like the decoration of temples and shrines in Egyptian style, which still took place albeit on reduced scale. As in previous time periods, the temple scriptorium, or 'house of life', probably played a role in the training of artists and thus fostered the continued use and development of traditional art forms. Artists could turn to earlier objects and monuments for ideas about the manufacture and decoration of funerary art, but even the use of such models required judgement and skill. Neither the cleaving to tradition nor the impulse for innovation took place in a vacuum.

---

[16] Riggs and Depauw 2003; Riggs 2000.
[17] Cf. Dieleman 2003; Frankfurter 1998.

Innovation

As with the gilding of the skin during mummification, some aspects of Roman Period funerary art bridge the externally imposed categories innovation and survival, because their roots are in Egyptian thought and iconography even if they are inventions of the Roman era in chronological terms. The abundant use of dark red and pink coloration in the late Ptolemaic and Roman periods connotes ancient solar imagery yet demonstrably is a distinctive feature of the time. Similarly, the use of elaborate rhomboid wrappings on mummies (including animal mummies) is a Roman Period trait with antecedents in the Ptolemaic Period and earlier times, but as a reference to a protective net enveloping the body, it is articulated in a different, more explicit manner than ever before (Fig. 2). The rich heritage of Egyptian iconography and ideology enabled innovation to take place within the sphere of the traditional, whether that innovation came from indigenous or foreign sources.

The most significant innovation of the Roman Period is the incorporation of illusionistic portraiture, which does have a foreign origin, in the artistic milieu of Greece and Rome. Portraiture was a core concern of Roman art in particular, and within a generation or so of the Roman annexation of Egypt, mummies in the Faiyum bear shrouds or wooden panels with naturalistic portraits in the Roman manner, including imperial hairstyles. Portraiture was a sculptural art form as well, thus three-dimensional objects like mummy masks and coffins also incorporated contemporary dress and fashionable hairstyles, alongside traditional images of Egyptian gods (Fig. 2). Throughout the Roman Period, this visual duality proved to be a highly effective and enduring form of commemoration and display. It became commonplace to depict the deceased in the illusionistic style of Greek and Roman art, and to depict 'traditional' elements, especially the Egyptian gods, in their inalienable Egyptian form. Broadly speaking, the naturalistic mode of representation was suited only to things that were of this world, while the planar, conceptual mode of Egyptian representation suited the otherworldly, including the transfigured dead.[18] On mummies like those depicted in Fig. 2, for instance, Roman imperial hairstyles, contemporary Greek (not Roman) dress, jewellery that incorporates Egyptian amulets, and the Egyptian symbolism of the

---

[18] See discussion in Riggs 2005; Castiglione 1961; Castiglione 1967.

Fig. 2: Male (left) and female (right) mummies from Hawara, 1st century AD. Masks:
Linen cartonnage, plaster, gilding, paint. Chicago, Field Museum 30004 and 30003.
© The Field Museum, Neg. PCA 547.

gilding, backs of the masks, mummified body, net-like wrappings, and
footcases, all combine in a purposeful and meaningful way. The suc-
cess of this innovation is evident by how long it lasted: at Antinoë in
the late 3rd century AD, plaster mummy masks and wooden panel portraits gave way to large-format painted shrouds, dominated by a central portrait of the deceased. These richly ornamented portraits may
reflect the more urbane cultural context of a *polis,* but the shrouds still
employ the 'dual style', as a single artist made every effort to depict
Egyptian figures in the Egyptian manner, and 'contemporary' figures,
like the mourning women, in illusionistic style.[19]

Many discussions of funerary portraits in Roman Egypt, and of
panel portraits ('mummy portraits') in particular, have commented on
this interplay of Greek, Roman, and Egyptian features.[20] It would be

---

[19] See examples in Aubert and Cortopassi 2008, 169–227.
[20] In particular, Borg 1996, and Borg 1998.

erroneous to emphasize one of these features over the others, for instance by implying that the faces of Egyptian coffins and masks had always been 'portraits' and minimizing the impact, and the novelty, of the striking incorporation of illusionistic art.[21] Likewise, there is a risk of exaggerating the Greek and Roman signifiers in the portraits, which may not have been ineluctably fixed.[22] What is most interesting is the way in which the portraits, which certainly are a Greek and Roman art form, could be used in conjunction with Egyptian mummification and burial rites.

Nor should the novel use of such portraits in Egypt seem strange or unexpected. Given how important portraiture was in the Roman world, once Egypt became part of that world, it would have been much more strange if naturalistic portraiture had not been adopted for funerary commemoration. Portraits in the form of statues, paintings, and coins were highly visible and desirable in the Roman empire, and even (or especially?) in provincial Egyptian towns, portraiture afforded a means to negotiate various aspects of identity—gender and age, wealth, and religious, socioeconomic, or cultural status. Under the Roman government, new regulations, such as the registers of metropolites drawn up under Augustus, defined everyone other than Roman, Alexandrian, and *polis* citizens as 'Egyptian' for the purposes of law and taxation. These 'Egyptians' undoubtedly saw many differences among themselves, however, and local elites could use portraiture both to participate in Roman culture and to align themselves with the Greek values of the Eastern Mediterranean world, in which Egypt and Alexandria had long played a part. The key to the innovation represented by illusionistic portraiture lies in the ideals to which Egypt's local elites aspired, and how they defined themselves, whether as Greeks who were also Egyptian, or Egyptians who were also Greek.

Commemoration and display are also central to the phenomenon of portraiture. Memorializing the dead in a god-like manner fit both Egyptian and Roman ways of thinking about transfiguration after death, and setting portraits in shrines or frames, or adorning them with gilding and wreaths, accomplished this, and appears to have been especially suitable for commemorating children and young adults. Although Classical authors' assertion that the Egyptians kept mummies at home is demonstrably a misinterpretation, the display of the

---

[21]   Cf. Corcoran 1995, 13–14.
[22]   Walker 1997.

mummy, coffin, or portrait should be understood as an important aspect of burial practice.[23] Once the body was wrapped and adorned, or placed in its coffin or catafalque, the funeral rites, feast, and the subsequent conduct of mourning or visitation were all potential arenas for the visual display of the vividly decorated burial. The design, size, and state of preservation of many large-format shrouds, in particular a number of examples from Saqqara, suggest that these were not shrouds in the sense of wrappings for the body, since they show no traces of the crease lines, wear, and damaged edges associated with textiles that swathed mummies. Instead, the Saqqara textiles resemble palls or wall-hangings, and are better suited to display during a funeral, perhaps as part of a temporary installation; after this use, they could be taken down and deposited in the tomb, which is where excavated examples have been found.[24]

The unique requirements of portraiture also contributed to innovations in the kinds of materials and types of objects employed in funerary art. Painted linen shrouds, like those just discussed, are an innovation of the Ptolemaic or Roman periods, although the decoration of linen for other purposes was practiced in earlier times. Artists trained to paint on wooden panels and wall surfaces could apply the same technique to a textile surface prepared with a gesso ground. Plaster, which was widely used for mummy masks and whole coffins, lent itself to sculptural effects, the detailed depiction of hairstyles and jewellery, and the life-like painting in of eyes, hair, clothing, and skin tones. Tomb sculptures that depict the deceased in Eastern Greek clothing derive their form either from Hellenistic and Roman portrait statues (Fig. 3) or from the seated posture of Egyptian statues (Fig. 4). Such sculptures often incorporate a niche (e.g. the middle sculpture in Fig. 4) or were made to be set inside a niche, pointing to forms of tomb architecture that have not been well preserved or recorded in the archaeological record. Beyond the mummy portraits that have claimed so much popular and scholarly attention, the idiom of portraiture

---

[23] For the misinterpretation of Classical authors on this point, and Petrie's misidentification of 'children's drawings' (amuletic diagrams) on Hawara mummies, see Römer 2000. This negates some of the conclusions in other publications, although they may contain other useful observations, e.g. Borg 1997.

[24] For the Saqqara group of 'psychopomp' shrouds, see Riggs 2005, 165–173; cf. Morenz 1957. See Bresciani's publications (n. 14) for examples found in tombs but not on bodies.

Fig. 3: Limestone statue, from the Fayum (?), c. 1st or 2nd century AD. Hunt archives, photograph 175; courtesy of The Egypt Exploration Society.

Fig. 4: Three limestone statues, from Tebtunis, c. 2nd or 3rd century AD. Hunt archives, photograph 64; courtesy of The Egypt Exploration Society.

contributed to a range of innovations in artistic production and burial practices in Roman Egypt.

Conclusion

This paper has explored the problem of identifying the contemporary and the innovative in the record of the ancient past. Egypt was a conservative society that valued and nurtured its own traditions, and the continuity observed in practices such as mummification, funerary rites, and use of cemetery space reflects this traditional, time-honoured outlook. But traditions are never static or unchanging, and it is possible that some aspects of burial practices in Roman Egypt were quite conservative precisely because of the sweeping social changes the country had experienced, which created a need for local elites to identify and assert their status. The shape of society had changed; it was not timeless. Thus, in Roman Egypt, some burial practices and funerary imagery either stayed the same, or followed a new line of development linked to the past, such as the preference for net-like wrappings, or the depiction of mourning women.

In terms of the artistic production linked to the mortuary sphere, genuine innovations, like the use of naturalistic portraiture, are significant because they represented something new and contemporary to the ancient actors; such innovations reveal how the people of Roman Egypt saw their own world, and themselves. It is this combination of ancient and modern, timeless and timely, that is responsible for evocative creations like the late Ptolemaic coffins from Akhmim (Fig. 1), the masked or portrait-bearing mummies from 1st-century AD Hawara (Fig. 2), and the limestone funerary sculptures of Middle Egypt, which ape imperial marble statue production in more cosmopolitan centres (Figs. 3, 4). Like the mortuary contexts for which they were made, these images marry 'modern' elements, like clothing or individually sculpted faces, with Egyptian elements, such as the seated statue pose, or mummified bodies. This selective and purposeful combination epitomizes the complex interweaving of tradition and innovation in the burial practices of Roman Egypt.

Bibliography

Aubert, M.-F. and R. Cortopassi. 2008. *Portraits funéraires de l'Égypte romaine: cartonnages, linceuls et bois*. Paris.

Borg, B. 1996. *Mumienporträts: Chronologie und kultureller Kontext*. Mainz.

———1997. The dead as a guest at table? Continuity and change in the Egyptian cult of the dead. In *Portraits and masks: burial customs in Roman Egypt*, ed. M. L. Bierbrier, 26–32. London.

———1998. *'Der zierlichste Anblick der Welt' – Ägyptische Porträtmumien*. Mainz.

Bresciani, E. 1976. A propos de la toile funéraire peinte trouvée récemment à Saqqara. *BSFE* 76: 5–24.

———1996. *Il Volto di Osiri: Tele funerarie dipinte nell'Egitto romano*. Lucca.

———, M. C. Betrò, A. Giammarusti, and C. La Torre 1988. *Saqqara IV. Tomba di Bakenrenef (L. 24): Attività del Cantiere Scuola 1985–1987*. Pisa.

Cailliaud, F. 1827. *Voyage à Méroé, au Fleuve Blanc, au dela de Fâzoql dans le midi du royaume de Sennâr, à Syouah et dans cinq autres oasis: fait dans les années 1819, 1820, 1821 et 1822*. Paris.

Calament, F. 2005. *La révélation d'Antinoé par Albert Gayet: histoire, archéologie, muséographie*. 2 vols. BEC 18. Le Caire.

Castiglione, L. 1961. Dualité du style dans l'art sépulcral égyptien à l'époque romaine. *AAASH* 9: 209–230.

———1967. Kunst und Gesellschaft im Römischen Ägypten. *AAASH* 15: 107–152.

Corcoran, L. H. 1995. *Portrait mummies from Roman Egypt*. SAOC 54. Chicago.

Dieleman, J. 2003. *Priests, tongues, and rites: the London-Leiden magical manuscripts and translation in Egyptian ritual (100–300 CE)*. Religions in the Graeco-Roman world 153. Leiden.

Dunand, F. 1982. Les "têtes dorées" de la nécropole de Douch. *BSFE* 93: 26–46.

———and R. Lichtenberg. 1995. Pratiques et croyances funéraires en Égypte romaine. *ANRW* II.18.5: 3216–3315.

Edgar, C. C. 1905. *Graeco-Egyptian coffins, masks, and portraits*. Catalogue general. Le Caire.

Empereur, J.-Y. and M.-D. Nenna (eds.). 2001. *Nécropolis*. EtudAlex 5. Le Caire.

Frank, K. 1994. *Lucie Duff Gordon: a passage to Egypt*. London.

Frankfurter, D. 1998. *Religion in Roman Egypt: transformation and resistance*. Princeton.

Gessler-Löhr, B., E. Grabbe, B.-W. Raab, and M. Schultz. 2007. Ausklang: Eine koptische Mumie aus christlicher Zeit. In *Ägyptische Mumien. Unsterblichkeit im Land der Pharaonen*, 255–265. Stuttgart.

Herbin, F. R. 1994. *Le livre de parcourir l'éternité*. OLA 58. Leuven.

———2002. *Padiimenipet fils de Sôter*. Paris.

———2008. *Books of Breathing and related texts*. London.

Montserrat, D. 1997. Death and funerals in the Roman Fayum. In *Portraits and masks: burial customs in Roman Egypt*, ed. M. L. Bierbrier, 33–44. London.

Morenz, S. 1957. Das Werden zu Osiris. Die Darstellungen auf einem Leichentuch der römischen Kaiserzeit (Berlin 11651) und verwandten Stücken. *ForschBer* 1: 52–70.

Pestman, P. W. 1993. *The archive of the Theban choachytes*. Leuven.

Picton, J., S. Quirke, and P. C. Roberts (eds.). 2007. *Living images: Egyptian funerary portraits in the Petrie Museum*. Walnut Creek, CA.

Riggs, Chr. 2000. Roman period mummy masks from Deir el-Bahri. *JEA* 86: 121–144.

———2003. The Egyptian funerary tradition at Thebes in the Roman period. In *The Theban Necropolis: past, present, future*, eds. N. Strudwick and J. H. Taylor, 133–145. London.

———2005. *The beautiful burial in Roman Egypt: art, identity, and funerary religion*. Oxford.

———2008. Gilding the lily: sceptres and shrouds in Greco-Roman Egypt. In *Egypt and beyond: essays presented to Leonard H. Lesko,* eds. S. E. Thompson and P. Der Manuelian, 285–303. Providence.

———and M. Depauw. 2003. "Soternalia" from Deir el-Bahri, including two coffin lids with Demotic inscriptions. *RdE* 53: 75–90.

Römer, C. 2000. Das Werden zu Osiris im römischen Ägypten. *Archiv für Religionsgeschichte* 2/2: 141–161.

Sauneron, S. 1952. *Rituel de l'Embaumement*. Le Caire.

Smith, M. 1987. *The mortuary texts of Papyrus BM 10507*. London.

———1993. *The liturgy of Opening the Mouth for Breathing*. Oxford.

Stadler, M. A. 2003. *Der Totenpapyrus des Pa-Month (P. Bibl. Nat. 149)*. SAT 6. Wiesbaden.

Sternberg-el Hotabi, H. 1988. Balsamierungsritual pBoulaq 3. In *Rituale und Beschwörungen* II. TUAT, eds. Chr. Butterweck, W. C. Delsman, M. Dietrich, W. Gutekunst, E. Kausen, O. Lorenz, W. W. Müller, and H. Sternberg-el Hotabi, 405–431. Gütersloh.

Walker, S. 1997. Mummy portraits in their Roman context. In *Portraits and masks: burial customs in Roman Egypt,* ed. M. L. Bierbrier, 1–6. London.

TRADITION UND TRANSFORMATION—
EINBLICKE IN DIE VERWALTUNG DES RÖMISCHEN ÄGYPTEN NACH DEN DEMOTISCHEN URKUNDEN

Maren Schentuleit

Bekanntermaßen wurde mit der Eroberung durch Alexander den Großen in Ägypten das Griechische als Verwaltungssprache eingeführt. Allerdings verdrängte die Sprache der Sieger das Ägyptische nicht restlos aus der Bürokratie, da sowohl in ptolemäischer als auch in römischer Zeit auf den unteren Behördenebenen weiterhin Demotisch verwendet wurde. Ein umfassendes Bild der Administration läßt sich deshalb nur anhand der Verwaltungsdokumente in beiden Sprachen entwerfen. Während das griechische und das ptolemäerzeitliche demotische Material bereits Gegenstand mehr oder weniger ausführlicher Untersuchungen war, fanden die römerzeitlichen Dokumente wenig Berücksichtigung, da bisher nur aus wenigen Ortschaften tatsächlich publiziertes Material vorliegt. Zur Zeit kann allein die aus Soknopaiu Nesos stammende Dokumentation als tatsächlich aussagekräftige Materialbasis bezeichnet werden,[1] aus anderen Orten sind bisher nur vereinzelt administrative Texte verfügbar. Die Schlüsse, die sich aus dem vorliegenden Material bezüglich der Struktur, der Abläufe innerhalb der Verwaltung und der involvierten Personen ziehen lassen, basieren deshalb auf einem auf sehr wenige Orte begrenzten Corpus und sind nicht unbedingt auf die Verwaltung in römischer Zeit generell übertragbar. Zudem ist es zu diesem Zeitpunkt noch nicht möglich, eine Gesamtdarstellung zu bieten; es lassen sich jedoch gewisse, aus der Ptolemäerzeit beibehaltene „Traditionen" und in der römischen Zeit entwickelte „Transformationen" feststellen.

---

[1] Der Großteil der relevanten Texte wird im Rahmen des DFG-Projektes „Soknopaiu Nesos nach den demotischen Quellen römischer Zeit" bearbeitet und zur Publikation vorbereitet. Die Editionen von Ostraka und Quittungen sind bereits erschienen (Lippert und Schentuleit 2006a; Lippert und Schentuleit 2006b; der dritte Band, der Urkunden enthält, erscheint 2010 [Lippert und Schentuleit 2010]).

Zunächst ist jedoch zu klären, welcher Teil der Verwaltung durch griechische und welcher durch demotische Dokumente belegt ist, d.h. für welche administrativen Bereiche überhaupt Rückschlüsse aus dem demotischsprachigen Material zu ziehen sind.

Grundlage dieser Untersuchung bilden die Verwaltungsdokumente aus Soknopaiu Nesos, da nur aus diesem Ort genügend Material verfügbar ist. Sandra Lippert hat in den Tagungsakten des Papyrologenkongresses in Ann Arbor herausgearbeitet, daß griechische bzw. demotische Dokumente nicht von allen Individuen und Institutionen gleichermaßen und in allen Kontexten verwendet wurden, sondern daß bestimmte Bereiche griechischsprachig, andere demotischsprachig dominiert waren.[2] Man könnte auch sagen, die Wahl der Sprache hing vom jeweiligen Absender, dem Adressaten und der Absicht/ dem Inhalt der Nachricht ab. Die höhere Verwaltung, die durchweg von griechischsprachigen Beamten besetzt war, korrespondierte ausschließlich auf Griechisch (mit unteren Verwaltungsebenen, ägyptischen und griechischsprachigen Individuen und der Tempelverwaltung), und auch griechischsprachige (Privat)personen kommunizierten im Prinzip auf Griechisch; war der Adressat Ägypter, konnten die Dokumente auch bilingual sein. Ägypter schrieben den lokalen Behörden sowohl auf Griechisch als auch auf Demotisch, die Korrespondenz zwischen ägyptischen Individuen vollzog sich sowohl in demotisch als auch mittels bilingualer Mitteilungen. Wandte sich ein Ägypter an einen ägyptischen Tempel (und dieser an ihn), war die Verkehrssprache wie auch in der tempelinternen Verwaltung ausschließlich Demotisch.[3] Diese beiden Bereiche sind demnach einzig durch ägyptischsprachige Quellen belegt.

Für die vorliegende Fragestellung jedoch interessieren demotische Dokumente der Römerzeit, die einen Einblick in staatliche Verwaltungsvorgänge geben können. Solche Quellen sind notarielle Urkunden, die genaugenommen nicht demotisch, sondern bilingual sind. Demotische Urkunden sind seit der 26. Dynastie belegt; notariell registrierte Dokumente finden sich bis in das erste nachchristliche Jahrhundert, während im inoffiziellen Rahmen noch bis ins 2. Jahrhundert n. Chr. demotischsprachige Vereinbarungen abgefaßt

---

[2] Lippert 2010.
[3] Siehe das Schema bei Lippert 2010, Abb. 3. Dokumente der tempelinternen Verwaltung des Soknopaios-Tempels sind publiziert in Lippert und Schentuleit 2006a, sowie Lippert und Schentuleit 2006b.

wurden.[4] Die Anzahl der demotischen notariellen Urkunden nimmt, wie weiter unten gezeigt wird, im Laufe des 1. Jahrhunderts jedoch massiv ab, so daß die Materialbasis gemessen an der Ptolemäerzeit vergleichsweise gering ist:[5]

Tabelle 1: Römerzeitliche *sẖ*-Urkunden

	Verkaufs-urkunden	Ehe-urkun-den	Teilungs-urkunden	Pacht-urkun-den	Darlehens-urkunden	Lehr-ver-träge	unklarer Inhalt	insge-samt
SN	40	3	3				3	49
Tebtynis	5	1		2			1	9
Neilupolis	2							2
Athribis	1							1
Psinachis	1							1
Elephantine	1							1
Hawara					1		1	2
Hiera Nesos		1						1
Tuwa(?)						1		1
Oxyrhynchos							2	2
unklare Herkunft	2		1				1	4
								73

Während der langen Zeitspanne vom 7. Jahrhundert v. Chr. bis ins 2. nachchristliche Jahrhundert sind auch aufgrund von Verwaltungs-reformen verschiedene Veränderungen zu beobachten.

Als erster Einschnitt, der zudem zur Realisierung bilinguer Urkun-den führte, muß die ab ca. 264 v. Chr. eingeführte Pflicht zur Einreichung einer Kopie der demotischen Urkunde im κιβωτός, dem Depositionsamt gelten.[6] Die Angabe über die Hinterlegung wurde dann häufig auf der Urkunde vermerkt. Einen Schritt weiter geht die Reform aus dem Jahr 145 v. Chr. (P.Paris 65),[7] die eine griechisch-

---

[4] Siehe dazu grundsätzlich Lippert 2008.

[5] Diese Liste basiert auf den Daten der Trismegistos-Datenbank (Stand: Dezember 2008), die Mark Depauw, Köln/Leuven, dem DFG-Projekt „Soknopaiu Nesos nach den demotischen Quellen römischer Zeit" (Würzburg) zur Verfügung gestellt hat. Am Ende dieses Aufsatzes findet sich die detaillierte Aufstellung der untersuchten Texte. Zum zahlenmäßigen Rückgang demotischer Texte siehe auch Depauw 2003, 89.

[6] Lippert 2008, 146.

[7] Es gibt zwar schon früher griechische Vermerke auf demotischen Urkunden, doch mit der Reform von 145 v. Chr. wurde die Registrierung verpflichtend.

sprachige Zusammenfassung des Urkundeninhaltes und einen Re-
gistrierungsvermerk unter dem demotischen Text nach sich zog. Diese
Hypographe beschränkte sich in ptolemäischer Zeit in Soknopaiu
Nesos im wesentlichen auf:[8]

A. Datierung
B. Erklärung der Registrierung
C. Nennung der Parteien
D. Nennung des Objektes
E. Zustimmungserklärung (fakultativ)

In römischer Zeit hingegen, so zeigen die Verkaufsurkunden aus
Soknopaiu Nesos, sind die einem relativ festen Schema folgenden
Hypographai viel elaborierter formuliert:[9]

   I. subjektiv gefaßte Verkaufserklärung seitens der Verkäuferpartei
     1. Name der Verkäuferpartei
     2. Anerkenntnis des Verkaufs
     3. Name der Käuferpartei
     4. Verkaufsobjekt
     5. Ortsangabe
     6. Angabe der Maße ohne Zahlenwert
     7. Lagebeschreibung mittels der nach Himmelsrichtungen auf-
        gelisteten Nachbarn
     8. Erhalt des Preises (ohne Nennung der Summe)
     9. Gewährleistungsklausel
    10. Zustimmungsklausel (fakultativ)
    11. Verpflichtungsklausel
    12. Abschlußphrase
    13. Beauftragung von Zeugen und Grapheionbeamten
    14. Unterschrift der Verkäuferpartei (Angabe des Schreibgehilfen)
    15. Griechische/demotische Unterschrift des Verkäufers (fakul-
        tativ)

   II. subjektiv gefaßte Kauferklärung seitens der Käuferpartei

---

[8] Zu bilinguen ptolemäerzeitlichen Urkunden aus Soknopaiu Nesos siehe
Schentuleit und Vittmann 2009. Zur Korrektur der Lesung der Hypographe von
P.RainerCent. 4, 110 v. Chr., von Muhs 2005, 95 Anm. 13 siehe Schentuleit und
Vittmann 2009, Kommentar zu Dok. 2.
[9] Vgl. Muhs 2005, 96f.

1. Name(n) der Käuferpartei
2. Anerkenntnis des Kaufs
3. Verkaufsobjekt
4. Geldbezahlungsklausel
5. Abschlußphrase
6. Unterschrift der Käuferpartei (Angabe des Schreibgehilfen)
7. Griechische/demotische Unterschrift des Käufers (fakultativ)

III.   Vermerk des Grapheionschreibers[10]
    A. Kurzfassung des Urkundeninhalts
       1. Bezug auf die demotischen Urkunden
       2. Verkaufsobjekt
       3. Ortsangabe
       4. Maßangabe (fakultativ) und Lagebeschreibung
       5. Geldempfangsklausel
       6. Gewährleistungsklausel
       7. Nennung der Verkäuferpartei mit Signalement
       8. Nennung der Käuferpartei mit Signalement
       9. Zustimmungsklausel (fakultativ)
      10. Nennung des Schreibgehilfen der Verkäuferpartei mit Signalement
      11. Nennung des Schreibgehilfen der Käuferpartei mit Signalement
    B. Registrierungsvermerk
      12. Datierung
      13. Anagraphe-Vermerk mit Nennung des Grapheions/des Notars

Meist weisen die griechischen Teile der bilinguen Urkunden eine beachtliche Länge auf, die sich u.a. durch die mehrmalige Wiederholung einiger Elemente wie die Angabe des Objektes mit seiner Lage mittels der nach Himmelsrichtungen aufgelisteten Nachbarn bei Immobilienverkaufsurkunden, die Nennung von verschiedenen Klauseln, Einverständniserklärungen, die Angabe der Schreibgehilfen mit ihren Personenbeschreibungen und fallweise die Unterschriften der Parteien erklärt. Ab wann genau es eine neue Verwaltungsvorschrift gab, die

---

[10] Siehe dazu bereits P.Louvre I, 65–66. Vgl. Lippert und Schentuleit 2010, Kap. „Formular der Verkaufs- bzw. Sicherungsurkunden über Immobilien".

die detaillierte Fassung der Hypographe verlangte, läßt sich (noch) nicht feststellen. Die älteste weitgehend erhaltene Hypographe findet sich auf einer Teilungsurkunde, P.Wien D 10085[11] (20 v. Chr.). Sie beginnt wie die ptolemäerzeitlichen mit der Dahierung und der Erklärung der Registrierung (πέπτωκεν εἰς ἀναγραφήν statt ἀναγέγραπται), es folgen die subjektiv stilisierten Erklärungen des beteiligten Personen. Die älteste Hypographe einer Verkaufsurkunde (P.Wien D 6049+D 6936, 8 v. Chr.) stimmt zwar schon in vielen Teilen mit dem in der Römerzeit gängigen Schema überein, weist jedoch auch einige Abweichungen auf, beispielsweise die Auslassung der subjektiv stilisierten Käufererklärung (oben als II. bezeichnet), die Formulierung des Anagraphevermerks (πέπτωκεν εἰς ἀναγραφήν statt ἀναγέγραπται) sowie die Abfolge der Formeln innerhalb des Registrierungsvermerkes. P.Berlin P 8139, von dem nur Teile der Abstandsurkunde und der Hypographe erhalten sind und der bereits in die nachchristliche Zeit datiert (2 n. Chr.), weist in der erhaltenen Passage noch eine am ptolemäerzeitlichen Schema orientierte Formulierung auf (Datierung und Erklärung der Registrierung, danach bricht der Text ab). Erst die aus dem Jahr 23 n. Chr. stammende Urkunde P.Köln 21128+21126 zeigt nachweislich das später gültige Formular.[12]

Die griechischen Passagen der Urkunden aus Tebtynis weisen abweichende Formulierungen auf, bestätigen jedoch den anhand der Quellen aus Soknopaiu Nesos gewonnenen Eindruck. In der Ptolemäerzeit beschränkt sich der Vermerk fast ausschließlich auf πέπτωκεν εἰς ἀναγραφήν;[13] in römischer Zeit erklären die Parteien einzeln und durch Unterschrift den Verkauf bzw. Kauf:[14]

---

[11] Die folgenden Urkunden werden in Lippert und Schentuleit 2010 (= DDD III) publiziert. Da sich die Publikationsnummern der Texte noch ändern können, werden sie nach ihren Inventarnummern zitiert und im unten stehenden Anhang mit den zugehörigen früheren Publikationen aufgelistet.

[12] Es sind zwar aus den Jahren zwischen 2 und 23 n. Chr. demotische Urkunden aus Soknopaiu Nesos erhalten, jedoch ohne deren griechische Hypographai. Der von Muhs angeführte P.Lond. II 262 (= P.BM 262), den er als frühesten Beleg mit Käufererklärung anführt, ist nicht in Soknopaiu Nesos, sondern in Psinachis registriert worden.

[13] Siehe z.B. P.Tebt. II 571 recto, spätes 2. Jahrhundert v. Chr.; P.Cair. II 31254+SB I 4479, 105 v. Chr.; P.Cair. II 30620+SB I 4466, 100 v. Chr.; P.Ehevertr. 9+SB I 4463, 78 v. Chr.

[14] P.Mich. V 249, 250, 253 und 308. Die Reihenfolge der Abschnitte variiert jedoch.

I. Vermerk des Grapheionschreibers
    1. Datierung
    2. Registrierungsvermerk

Demotischer Urkundentext

II. subjektiv stilisierte Verkäufererklärung
    1. Name der Verkäuferpartei
    2. Anerkenntnis des Verkaufs
    3. Name der Käuferpartei
    4. Verkaufsobjekt mit Ortsangabe
    5. Angabe der Maße ohne Zahlenwert
    6. Lagebeschreibung mittels der nach Himmelsrichtungen aufgelisteten Nachbarn
    7. Erhalt des Preises (ohne Nennung der Summe)
    8. Gewährleistungsklausel
    9. Beauftragung von Zeugen und Grapheionbeamten
    10. Verpflichtungsklausel
    11. Unterschrift der Verkäuferpartei (Angabe des Schreibgehilfen)
    12. Erklärung der Verkäuferseite, die Urkunde von der Käuferseite erhalten zu haben
    13. Zustimmungsklausel (fakultativ)

III. subjektiv stilisierte Erklärung der Käuferseite
    1. Übergabe des Kaufpreises
    2. Unterschrift der Käuferpartei (Angabe des Schreibgehilfen)

Wie Muhs herausgearbeitet hat, ist auch in Tebtynis die ausführliche Form der Hypographe erst im zweiten Jahrzehnt des ersten Jahrhunderts belegt.[15]

Die wenigen römerzeitlichen notariellen Urkunden, die in anderen Ortschaften gefunden und bisher publiziert wurden, geben nur begrenzt Aufschluß über diese Neuerungen. Sie bestätigen jedoch zwei weitere in Soknopaiu Nesos und Tebtynis beobachtbare Veränderungen: Die Zeugenunterschriften auf dem Verso, die einer ptolemäerzeitlichen Urkunde vor Gericht ihre Beweiskraft verliehen, fehlen

---

[15] Muhs 2005, 97: P.Mich. V 346, 13 n. Chr. (Ausbildungsvertrag für einen Weber).

in der römischen Zeit und selbst die Unterschrift des Schreibers bzw. Notars ist häufig nicht ausgeführt.[16]

Beides hängt ursächlich mit der Einführung der detaillierteren Hypographe zusammen, die im zweiten oder dritten nachchristlichen Jahrzehnt bindend festgelegt wurde.[17]

Ein weiteres Phänomen, das bei den römerzeitlichen Urkunden aus Soknopaiu Nesos zu beobachten und möglicherweise auf die Ausweitung der Hypographe zurückzuführen ist, ist die Abkürzung des demotischen Textes der Geldbezahlungs- und der Abstandsschrift. Es werden nach der Datierung, der Nennung der Urkundsparteien, der Geldbezahlungs- bzw. Abstandsklausel sowie den Angaben zum Objekt in unterschiedlichem Umfang Klauseln und Formeln ausgelassen, übersprungen und abgekürzt geschrieben.[18] Beide Urkundenteile können auch mitten in einer Formel abbrechen; die Hypographe steht dann ohne Spatium unter dem demotischen Text. Dies zeigt, daß sich der Schreiber an dem griechischen Text orientieren mußte und dann in Platzhof kam. Allerdings ist die Hypographe nicht immer vor der demotischen Urkunde aufgeschrieben worden, wie beispielsweise die Datierung der verschiedenen Teile von P.Rylands 45 beweist.[19] Tuschepunkte und -striche zeigen, daß das Papyrusblatt bereits vor der Beschriftung mit Markierungen für die verschiedenen Textelemente eingeteilt wurde,[20] an die sich der Schreiber auch unter Inkaufnahme der Verstümmelung des demotischen Textes sklavisch hielt.

Die Unvollständigkeit der demotischen Texte sowie das Fehlen der Zeugenunterschriften und der Unterschrift des Schreibers weisen darauf hin, daß die ausführliche griechische Hypographe ausreichte, um die Rechtsgültigkeit des Dokumentes zu gewährleisten, der demotische Text spielte nur noch eine untergeordnete Rolle.

---

[16] P.Berlin P 8139, P.Berlin P 6857+P 30039, P.Berlin P 7057+P 23869+P.Louvre E 10346+(4)+(5)+P.Heidelberg 798g und P.Rylands 45 weisen Unterschriften auf. Bei P.Rylands 160b folgt die demotische Unterschrift der griechischen Hypographe.

[17] Siehe auch Muhs 2005, 97.

[18] Siehe dazu ausführlich Lippert und Schentuleit 2010, 11–57.

[19] Das griechische Darlehen wurde am 10.7.42 n. Chr. ausgefertigt, die demotische Geldbezahlungs- und Abstandsschrift am 15.8.42 n. Chr. und die griechische Hypographe am 19.8.42 n. Chr.

[20] P.Rylands 44, P.Wien D 6049+D 6936, P.Berlin P 7054, P.Berlin P 7057+P 23869+P.Louvre E 10346 (1)+(5)+P.Heidelberg 798g, P.Köln 21127 und P.Wien D 6934.

Da gleichzeitig der Aufwand für die Aufsetzung einer bilinguen notariellen Urkunde stieg, weil nicht nur ein demotischer Schreiber und ein Notar für die Ausfertigung des Regierungsvermerkes notwendig war, sondern die Urkundsparteien, wenn sie nicht schreiben konnten,[21] je einen griechischschreibenden Schreibgehilfen (Hypographeus) benötigten, der bezahlt werden mußte, nahm die Zahl der auf Demotisch abgefaßten notariellen Dokumente im 1. Jahrhundert ab. Neben Soknopaiu Nesos mit der nach dem heutigen Kenntnisstand reichsten Dokumentation, die sicherlich auch auf die geographische Lage und die Tatsache, daß der Ort in der Mitte des 3. Jahrhunderts verlassen wurde, zurückzuführen ist, sind als Aufsetzungsorte vor allem Tebtynis und Neilupolis zu nennen (s.o.).[22] Es ist außerdem zu beobachten, daß in römischer Zeit bei weitem nicht mehr alle demotischen Urkundenarten der ptolemäischen Zeit belegt sind. Als notariell aufgesetzte Urkunden (*sḫ*-Urkunde) sind nur noch Verkaufs- und Sicherungsurkunden, deren Verkaufsobjekt zumeist Immobilien darstellen, sowie vereinzelt Eheurkunden, Teilungs- und Pachturkunden belegt; für Darlehensurkunden und Lehrverträge findet sich je ein

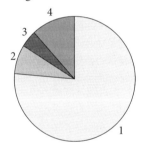

1 Verkaufsurkunden inkl. Sicherungsübereignungen (52 Belege)
2 Eheurkunden (5 Belege)
3 Teilungsurkunden (3 Belege)
4 unklar (8 Belege)
Nicht berücksichtigt sind die Pacht- und Darlehensurkunden sowie der Lehrvertrag aus frührömischer Zeit.

Abb. 1: Verteilung der römerzeitlichen Urkunden nach Urkundenarten.

Beleg. Die letzteren drei Urkundenarten sind jedoch in die frührömische Zeit zu datieren, noch bevor sich die ausführliche Hypographe durchgesetzt hat.
Einige Urkundenarten wie Pacht- und Darlehensurkunden werden durch ihre griechischsprachigen Pendants verdrängt. Abgesehen von

---

[21] Belege für eigenhändige Unterschriften (sowohl demotisch als auch griechisch) wurden von Depauw 2003, 90–96 zusammengestellt.
[22] Die jüngste zweifelsfrei als *sḫ*-Urkunde zu identifizierende ist P.Wien D 10086, die 85 n. Chr. in Athribis im Fajum aufgesetzt wurde und nur erhalten geblieben ist, da sie bei den Unterlagen eines Einwohners von Soknopaiu Nesos aufbewahrt wurde (Publikation in Vorbereitung durch M. Schentuleit und G. Vittmann).

der aus Hawara stammenden Darlehensurkunde gibt es keine demotischsprachigen Belege für diese Urkundenart. In Soknopaiu Nesos
wurden Darlehen auf Griechisch verfaßt und einer demotischen
Verkaufsurkunde angegliedert, die als Sicherung diente, falls das
geschuldete Geld nicht zurückgezahlt worden wäre.[23] In dem Fall wäre
die in der ägyptischen Urkunde erwähnte Immobilie an den Gläubiger
übergegangen.

Schuldscheine, Schenkungs- und Verpflichtungsurkunden sowie
Scheidungsurkunden sind römerzeitlich auf demotisch gar nicht mehr
belegt.

Zudem werden in römischer Zeit mithilfe von notariellen Verkaufsurkunden fast nur noch Immobilien (Häuser, Hausteile, Baugrundstücke) und kaum mehr Mobilien oder Tiere veräußert; Ausnahmen
bilden ein Eselsverkauf[24] und der Verkauf eines Webstuhles.[25] Bei letzterem ist eine interessante Beobachtung zu machen: die Geldbezahlungsschrift lehnt sich an das griechische Urkundenformular an. Nach
der Datierung wird der Abfassungsort der Urkunde genannt, das
Metronym in der Filiation wird ausgelassen, das Signalement der
Personen (die Personenbeschreibung) wird hinzugefügt. Die Klauseln
hingegen entsprechen dem üblichen ägyptischen Formular. Diese
Assimilation, die zeigt, daß der Schreiber schon sehr dem griechischen
Urkundenschema verhaftet war, beschränkt sich auf die Geldbezahlungsschrift, da, wie schon in ptolemäischer Zeit üblich, Verkäufe von
Mobilien nur mit einer Geldbezahlungs- und ohne Abstandsschrift
beurkundet werden.[26]

Ob es neben praktischen Erwägungen wie der Vermeidung von
Mehraufwand für die Aufsetzung einer bilinguen notariellen Urkunde,
obwohl letztlich allein die griechischsprachige Hypographe rechtlich
relevant war, auch bestimmte Verwaltungsreformen gegeben hat, die
zum Rückgang demotischer Urkunden führten, kann noch nicht
geklärt werden. Daß gerade die Einwohner von Soknopaiu Nesos
lange an der Aufsekung demotischer Urkunden festhielten, ist sicherlich auch auf das Traditionsbewußtsein und den Konservatismus der

---

[23] P.Berlin P 8930, P.Wien D 6827, P.Wien D 6947, P.Rylands 45, P.Berlin
P 21704, P.Wien D 6933, P.Boswinkel 1 und P.Berlin P 30010.
[24] P.Louvre E 10347 a, 17 v. Chr. Ob P.Louvre E 10347 b, um 18/17 v. Chr. einen
zweiten Eselsverkauf darstellt, ist aufgrund des fragmentarischen Zustandes des
Textes nicht ganz sicher.
[25] P.Berlin P 23779+P 30009, 41 n. Chr.
[26] Lippert 2008, 153.

zum größten Teil am örtlichen Soknopaios-Tempel diensttuenden Nesioten[27] zurückzuführen.

Neben diesen Einblicken in staatliche Reformen um die Zeitenwende mit den daraus sich ergebenden Veränderungen in der Beurkundungspraxis geben die bilinguen Urkunden aus Soknopaiu Nesos auch einen Eindruck der Organisation des örtlichen Grapheions in römischer Zeit.[28] Grapheia sind staatliche Urkundenbüros, die über den Gau verteilt waren und in denen die *sḫ*-Urkunden geschrieben und notariell beglaubigt wurden. Zwar ist aus griechischen Texten gut bekannt, was genau in diesen Grapheia gemacht wurde, doch wie sie organisiert waren, ist zum großen Teil noch nicht geklärt.

Die Leitung des Notariats oblag dem Grapheionbeamten, dem ὁ πρὸς τῷ γραφείῳ, der auch νομογράφος genannt wurde. Er war für den ordnungsgemäßen Geschäftsgang wie der Registrierung der Urkunden, das Herstellen von Exzerpten und Abschriften sowie die Meldung an vorgesetzte Behörden zuständig.[29] Der Titel des demotischen Urkundenschreibers wird mit *sḫ qnby.t* „Gerichtsurkundenschreiber"[30] bzw. *pꜣ sḫ qnby.t pꜣ sḫ mtn pꜣ tmy n Sbk Tꜣ-mꜣy-Sbk-nb-Pay pꜣ nṯr ꜥꜣ* „der Gerichtsurkundenschreiber und Schreiber des Registrierungsvermerks der Stadt des Sobek ‚Die Insel des Soknopaios, des großen Gottes'"[31] angegeben. *sḫ qnby.t* als übliche Bezeichnung des Schreibers von demotischen Urkunden wird in ptolemäischer Zeit mit dem griechischen μονογράφος, in römischer Zeit mit dem oben erwähnten νομογράφος gleichgesetzt.[32] Der Titel *sḫ mtn* ist bisher nur in römerzeitlichen Texten belegt und erscheint in griechischer Übersetzung als ὁ πρὸς τῷ χαραγμῷ[33], wobei χαραγμός den griechischen Registrierungsvermerk (fallweise inklusive der Urkundenzusammen-

---

[27] Ostraka aus Soknopaiu Nesos, die die anwesenden Mitglieder der fünf Priesterphylen für verschiedene Tage auflisten, zeigen, daß die Gesamtzahl der Phylenmitglieder des Soknopaios-Tempels in römischer Zeit ca. 130 betragen hat: Lippert und Schentuleit 2006b, 21–23. Für ein Dorf dieser Größe ist dies ein sehr hoher Anteil an der Gesamtbevölkerung.

[28] Zur Ausbildung von demotischen Urkundenschreibern und zur Organisation der Notariatsbüros im ptolermäerzeitlichen Fajum siehe Arlt 2008, 15–26.

[29] Muhs 2005, 98-99.

[30] P.Rylands 160b.

[31] P.Berlin P 8139, P.Berlin P 6857+P 30039, P.Berlin P 8085 und P.Berlin P 7057+P 23869+P.Louvre E 10346 (1)+(5)+P.Heidelberg 798g.

[32] Muhs 2005, 103.

[33] CPR XV I Z. 17; vgl. Muhs 2005, 103-104.

fassung) benennt.[34] Da der Grapheionbeamte für die Registrierung der
Urkunde verantwortlich war, liegt die Identifikation von *sẖ mtn* und
ὁ πρὸς τῷ γραφείῳ nahe. Jedoch läßt sich sowohl für Soknopaiu Nesos
als auch für Tebtynis konstatieren, daß der Notariatsbeamte nicht
immer gleichzeitig Registrierender und Verfasser der demotischen
Urkundenteile war, sei es weil aus Abrechnungen die Zahlungen des
Beamten an demotische Urkundenschreiber belegt sind[35], die Namen
der Schreibenden divergieren oder sich die Textteile über die Handschriften bestimmen und dann unterschiedlichen Personen (wenn
auch teils nicht namentlich bekannten) zuordnen lassen.[36] Solche
Tandems, die aus einer ägyptisch- und einer griechischnamigen Person bestehen, sind für das Grapheion in Soknopaiu Nesos mindestens
bis 2 n. Chr. nachzuweisen.[37] Für die folgenden Jahre lassen sich keine
klaren Aussagen zur Notariatspraxis treffen; unter der Leitung des
örtlichen Grapheions von Tesenuphis, Sohn des Tesenuphis, Enkel
des Stothoetis, ab 41/42 n. Chr. ist die Fusion der beiden Arbeitsbereiche
zu belegen. Aufgrund der Materialbasis ist allerdings derzeit nicht zu
entscheiden, ob dieses System unter seinen Nachfolgern beibehalten
wurde.

Die Beziehung zwischen dem Grapheionbeamten und dem demotischen Schreiber muß nicht zwingend ein Angestelltenverhältnis
gewesen sein; in P.Berlin P 8139 werden beide mit Titeln genannt, die
ihre Verantwortlichkeit für die Registrierung bekunden. Über welchen
Zeitraum die Partnerschaften jeweils bestanden, kann noch nicht festgestellt werden. Aus einem griechischsprachigen Pachtangebot[38] ist
bekannt, daß das Grapheion jährlich neu zum Beginn eines Regie-
rungsjahres verpachtet wurde, so daß theoretisch jedes Jahr ein anderer Beamter die Geschäfte hätte führen können. Die demotischen
Schreiber waren nachweislich über längere Zeit hinweg und sehr
wahrscheinlich ohne weitere Kollegen tätig (siehe Tabelle 2). Der
bereits erwähnte Tesenuphis, Sohn des Tesenuphis, Enkel des Stot-

---

[34] Zur ausführlichen Diskussion der Begriffe siehe Lippert und Schentuleit 2010,
99-100.

[35] P.Mich. II 123 und 128; vgl. van Beek. 2006, 5, 8 mit Fn. 38.

[36] Lippert und Schentuleit 2010, 100-102.

[37] P.Wien D 10085 (20 v. Chr.): demotischer Urkundenschreiber: Stoetis, Sohn
des Harpbekis, Grapheionbeamter: Soterichos; P.Wien D 6049+D 6936 (8 v. Chr.):
demotischer Urkundenschreiber: Panemieus, Sohn des Stoetis, Grapheionbeamter:
Leonides; P.Berlin P 8139 (2 n. Chr.): demotischer Urkundenschreiber: Tesenuphis,
Sohn des Stothoetis, Grapheionbeamter: Tryphon

[38] P.Grenf. II 41 = Chr.M. 183, 46 n. Chr.

hoetis, der beide Funktionen, die des Notars und des Schreibers, aus-
übte, war mindestens von 42 n. Chr. bis 48 n. Chr. Pächter des
Grapheions.

Eine über mehrere Jahre dauernde Amtszeit von Urkundenschreibern ist auch aus dem ptolemäerzeitlichen Grapheion in Tebtynis
bekannt, in Hawara hingegen wechselten sich die Amtsträger in
rascher Reihenfolge ab.[39] Für das ptolemäerzeitliche Soknopaiu Nesos
lassen sich aufgrund der dünnen Materialbasis noch keine abschließenden Aussagen machen; die Hausverkaufsurkunden P.Wien D 6855
und P.Wien D 6863 weisen jedoch darauf hin, daß dieselben Verhältnisse wie in Tebtynis anzusetzen sind. Beide Dokumente sind von
Haryothes, Sohn des Nestnephis geschrieben worden, erstere 85 v.
Chr., die zweite 15 Jahre später im Jahr 70 v. Chr.[40]

Allerdings ist die im ptolemäerzeitlichen Tebtynis übliche Amts-
übergabe vom Vater auf den Sohn[41] in Soknopaiu Nesos wohl keine
gängige Praxis, wobei auch hier noch kein abschließendes Urteil
gefällt werden darf. Der vor Haryothes, Sohn des Nestnephis belegte
Schreiber heißt Herieus, Sohn des Psenos (P.Wien D 10102), allerdings stammt das Dokument aus dem Jahr 99 v. Chr., so daß nicht
auszuschließen ist, daß Herieus nicht der direkte Vorgänger war. Der
aus zwei römerzeitlichen Urkunden bekannte Tesenuphis, Sohn des
Stoetis (P.Berlin P 8139, 2 n. Chr., und P.Berlin P 23827, 7/6 v.
Chr.–16/17 n. Chr.) könte zwar der Vater des ab 42 n. Chr. belegten
Tesenuphis, Sohn des Tesenuphis, Enkel des Stothoetis sein, doch läßt
sich in dieser Zwischenzeit die Tätigkeit von mindestens vier Schreibern nachweisen. Für die Römerzeit kennen wir weitere Beispiele für
den Schreiberberuf als Familientradition. Aus Quittungen und
Urkunden ist bekannt, daß Satabus, Sohn des Herieus des Jüngeren,
im Zeitraum von 11 bis 5 v. Chr. Schreiber der Priester war, dessen
Aufgabenbereich die Entgegennahme und Quittierung der Einnahmen
und Ausgaben des Soknopaios-Tempels umfaßte. Sein Sohn Stothoetis
tritt als Schreiber einer Opferweizenquittung auf (*DDD* II 45, 42 n.
Chr.). Sein Enkel Satabus, Sohn des Stothoetis ist 90 bis 98 n. Chr.
ebenfalls als Schreiber der Priester für den Tempel tätig.[42]

---

[39] Arlt 2008, 17-21.
[40] Schentuleit und Vittmann 2009, Dok. 6 und 7.
[41] Arlt 2008, 19-21.
[42] Schentuleit 2007, 109, 115, 118-119, 123-125. Lippert und Schentuleit, 2006b,
19.

Es hat jedoch in Soknopaiu Nesos offenbar genug ausgebildete
Schreiber gegeben, so daß, sicher auch begünstigt durch die Praxis der
Grapheionverpachtung, nicht nur eine einzige Familie das Amt des
Urkundenschreibers ausfüllte.

Neben dem Notar und dem demotischen Schreiber benötigte man
sehr häufig Schreibgehilfen bei der Aufsetzung bilinguer Urkunden,
die für Urkundsparteien, die nicht oder nicht ausreichend griechisch
schreiben konnten, die subjektiv stilisierten Teile der Hypographe
verfaßten. Als Hypographeus konnte ein Verwandter auftreten wie in
P.Rylands 44 der Neffe der Verkäuferin oder in der Eheurkunde
P.Wien D 6950 der Bruder der Braut, der gleichzeitig der Bruder des
Bräutigams ist. In den meisten Fällen findet sich jedoch kein Hinweis,
in welcher Beziehung der Hypographeus zu seinem Auftraggeber
stand. Da einige der Schreibgehilfen in mehreren Dokumenten innerhalb weniger Jahre belegt sind, liegt die Vermutung nahe, daß sie in
irgendeiner Weise mit dem Grapheion verbunden gewesen waren, sei
es als angestellter Schreibgehilfe oder als Auszubildender. Sie waren
aber vermutlich keine nur dem amtierenden Notar verpflichteten
Assistenten, da ein Hypographeus unter verschiedenen Urkundenschreibern arbeiten konnte, wie das Beispiel des Zoilos, Sohn des
Leonides zeigt. Er tritt als Schreibgehilfe der Käuferseite in einer
Urkunde aus dem Jahr 48 n. Chr. (P.Berlin P 7057+P 23869+
P.Louvre E 10346 (1)+(5)+P.Heidelberg 798g) mit Tesenuphis, Sohn
des Tesenuphis als Notar/Urkundenschreiber auf, sechs Jahre später
agiert er als Hypographeus der Verkäuferseite unter Schreiber G
(P.Boswinkel 1).

Die Grundausbildung für die demotischen Schreiber, gleich ob sie
später im Tempel oder in der Verwaltung bzw. Notariat arbeiteten, hat
in einer einzigen Schreiberschule stattgefunden, da der Schriftduktus
der religiösen und dokumentarischen Texte des römerzeitlichen
Soknopaiu Nesos übereinstimmt. Die spezifischen Kenntnisse für die
Aufsetzung einer notariellen Urkunde wurden jedoch vermutlich nur
einer begrenzten Anzahl von Schülern vermittelt, wobei sie entweder
von einem älteren Schreiber unterrichtet wurden und/oder die im
Grapheion magazinierten Urkunden zum Vorbild nahmen. Dies zeigt
die Übernahme von ungewöhnlichen Schreibungen durch Schreiber
G[43] von seinem Vorgänger Tesenuphis, Sohn des Tesenuphis, Enkel

---

[43] P.Vind. Tand. 25, P.Boswinkel 1, P.Köln 21127, P.Straßburg dem. 32+dem.gr.

des Stothoetis. Ein Schreibkundiger war jedoch nicht auf den einen
oder den anderen Arbeitsbereich (Tempel oder Verwaltung) festgelegt, wie das Beispiel des Panemieus, Sohn des Stoetis zeigt, der sowohl
als Urkundenschreiber als auch als Schreiber von Entlastungsquittungen
für den Tempel auftrat.[44] Eine Abrechnung belegt zudem, daß ein
Stadtschreiber (sḫ tmy) Zuwendungen in Form von Nahrungsmitteln
vom Tempel erhielt.[45]

Aus den Texten wird eine interessante Beziehung zwischen dem
Grapheion in Soknopaiu Nesos und dem in Neilupolis deutlich. Mindestens zwei Urkunden, die von einem demotischen Schreiber aus
Soknopaiu Nesos verfaßt wurden, sind, wie die griechische Hypographe
bzw. das auf demselben Papyrusblatt stehende griechische Darlehen
mitteilen, in Neilupolis registriert worden.[46] Die Parteien der Urkunden sind Einwohner von Soknopaiu Nesos und das veräußerte bzw. in
dem anderen Fall das als Sicherheit dienende Haus befindet sich ebenfalls in diesem Ort, der Text zeigt inhaltlich keinen weiteren Bezug zu
Neilupolis. Der demotische Schriftduktus ist der für Soknopaiu Nesos
typische, was bedeutet, daß der Kollege in Neilupolis dieselbe Schreiberschule besucht hat.

P.Berlin P 21704 ist von Schreiber G abgefaßt worden, als Tesenuphis, Sohn des Tesenuphis, Enkel des Stothoetis als Urkundenschreiber
in Soknopaiu Nesos amtierte (45 n. Chr.). Möglicherweise war der
Notar aus irgendeinem Grund zu dem Zeitpunkt nicht verfügbar, die
Parteien wollten den Verkauf aber unbedingt durchführen. Oder einer
der kontrahierenden Priester arbeitete zu dieser Zeit in einer Kapelle
oder einem Tempel in Neilupolis, die Filialheiligtümer des Soknopaios-
Tempels in Soknopaiu Nesos waren.[47] Schreiber G hat mindestens
ab 51 n. Chr. als demotischer Urkundenschreiber sowohl für das
Grapheion in Soknopaiu Nesos als auch für das in Neilupolis gearbeitet; P.Vind. Tand. 25 (51 n. Chr.), P.Köln 21127 und P.Straßburg dem.

1(b) und P.Berlin P 30010. Zu diesen Eigenheiten gehören die ungewöhnliche Schreibung des Kaisernamens Claudius mit einem *m*-förmigen Zeichen statt eines *s* und der
Hinzufügung des femininen Artikels *tȝ* zwischen *šꜥ ḏt* „bis in Ewigkeit".

[44] Hausverkaufsurkunde P.Wien D 6049+D 6936, 8 v. Chr.; Entlastungsquittungen
DDD II 58, 60, 62, 63 und 64.

[45] Der einzige bislang publizierte Beleg ist P.Berlin P 23545 (Zauzich 1977, 166-
169). Aus unpublizierten Abmachungen sind ebenfalls Zahlungen an den Stadtschreiber von Soknopaiu Nesos und Neilupolis belegt.

[46] P.Berlin P 21704, 45 n.Chr.; P.Boswinkel 1, 54 n.Chr.

[47] Lippert und Schentuleit 2006b, 10.

32 + dem.gr. 1(b) (55 n. Chr.) aus seiner Hand sind in Soknopaiu
Nesos, P.Boswinkel 1 (54 n. Chr.) ist in Neilupolis registriert worden;
P.Berlin P 30010 hat den Registrierungsvermerk nicht erhalten. Ob
Schreiber G nur aushilfsweise in Neilupolis tätig war oder über einen
längeren Zeitraum zwischen zwei Dienstorten pendelte, wird erst mit
einer dichteren Beleglage zu beurteilen sein.

Tabelle 2: Auflistung der römerzeitlichen demotischen Urkundenschreiber und
Grapheionbeamten

demot. Urkundenschreiber	Datierung	Ort	Urkunde	Grapheionbeamter
Schreiber A	frührömisch	?	P.Louvre E 10351	?
Stoetis, S. des Harpbekis	Augustus 10 (24.1.20 v. Chr.)	SN	P.Wien D 10085	Soterichos
Stoetis, S. des Harpbekis(?)	Augustus 20 (11/10 v. Chr.)	SN	P.Oxford EES D L/92	[...]
Panemieus, S. des Stoetis	Augustus 23 (8 v. Chr.)	SN	P.Wien D 6049+ D 6936	Leonides
Tesenuphis, S. des Stotoetis	Augustus 31 (2 n. Chr.)	SN	P.Berlin P 8139	Tryphon
	Aug. 24–Tib. 3 (7/6 v.–16/17 n. Chr.)	SN	P.Berlin P 23827	[...]
Schreiber B	Augustus (30 v.–14 n.Chr.)	SN	P.Berlin P 23868	[...]
Schreiber C	Tiberius 4 (18 n. Chr.)	SN	P.Berlin P 8930	?
Schreiber D	Tiberius 8 (21/22 n. Chr.)	SN	P.Wien D 6937	?
	Tiberius 13 (27 n. Chr.)	SN	P.Wien D 6827	[...]
	Tiberius 15 (29 n. Chr.)	SN	P.Wien D 6947	?
	Tiberius 15 (29 n. Chr.)	SN	P.Rylands 44	gleiche Hand wie P.Berlin P 7058+ P 23826
		SN	P.Michigan 6168+6174a-c	[...]
	Tiberius 16 (29 n. Chr.)	SN	P.Berlin P 7058+ P 23826	gleiche Hand wie P.Rylands 44
Schreiber D?	Tiberius 8–23 (22–37 n. Chr.)	SN	P.Wien D 4860	[...]
Schreiber E	Tiberius 9 (23 n. Chr.)	SN	P.Köln 21128+21126	gleiche Hand wie P.Wien D 6950
		SN	P.Wien D 6934	?

Schreiber E	Tiberius 14? (ca. 28 n. Chr.)	SN	P.Wien D 6950	gleiche Hand wie P.Köln 21128+21126
	Tiberius 21 (34 n. Chr.)	SN	P.Wien D 6935	[...]
	Tiberius 21? (34/5 n.Chr.?)	SN	P.Berlin P 7054	?
Satabus, Sohn des Panephremmis des Älteren	Caligula 2 (37 n. Chr.)	SN	P.Ryl. II 160b	?
	Claudius 2 (41/2 n. Chr.)	SN	P.Berlin P 23779+ P 30009	Satabus, Sohn des Panephremmis des Älteren
Tesenuphis, Sohn des Tesenuphis, Enkel des Stotoethis	Claudius 2 (41/2 n. Chr.)	SN	P.Rylands 45	Tesenuphis, Sohn des Tesenuphis, Enkel des Stoto‐ethis ?
	Claudius 3 (42/3 n. Chr.)	SN	P.Berlin P 23881+ P.Louvre E 10346 (2)+(6)+(7)+ (10)+(11)	
	Claudius 5 (44/5 n. Chr.)	SN	P.Berlin P 6857+ P 30039	dito
	Claudius 6 (45/46 n. Chr.)	SN	P.Berlin P 8085	dito
	Claudius 7 (46/7 n. Chr.)	SN	P.Wien D 6933 P.Wien D 935+ D 6482+D 6512B+ 6512C+D 9991+ D 12060+G 24496	dito
	Claudius 8 (47/8 n. Chr.)	SN	P.Berlin P 7057+ P 23869+P.Louvre E 10346 (1)+(5)+ P.Heidelberg 798g	dito
Schreiber F	Claudius 3 od. 13 (43 od. 53 n. Chr.)	SN	P.Berlin P 23883 (reg. nicht in SN?)	?
Schreiber G	Claudius 6 (45/6 n. Chr.)	NP	P.Berlin P 21704	?
	Claudius 12 (51 n. Chr.)	SN	P.Vind. Tand. 25	?
	Claudius 15 (54 n. Chr.)	NP	P.Boswinkel 1	Apynchis
	Nero 2 (55 n. Chr.)	SN	P.Köln 21127 P.Straßburg dem. 32+dem.gr. 1(b)	?
	Claudius 6–Nero 2? (ca. 45–55 n. Chr.)	SN? NP?	P.Berlin P 30010	[...]
Schreiber H	Vespasian 2 (70 n. Chr.)	SN	P.Berlin P 8929	?

Zusammenfassung

Die Administration des römerzeitlichen Ägypten ist auch aufgrund der Verwendung zweier Verwaltungssprachen, Demotisch auf der lokalen Ebene und in der tempelinternen Verwaltung sowie unter ägyptischsprachigen Personen und Griechisch auf den höheren Behördenebenen und zwischen griechischsprachigen Personen, ein heterogenes Gebilde. Die bisher bearbeiteten und publizierten Quellen lassen zum jetzigen Zeitpunkt noch keine umfassenden Aussagen zu, geben aber Einblicke in einzelne Segmente der Verwaltungsorganisation.

Bilingue Verwaltungsdokumente aus dem Fajum, im besonderen Urkunden über Verkauf oder Teilung von Immobilien und Eheurkunden aus Soknopaiu Nesos, erlauben Aussagen zum Umgang der fremdherrschaftlichen Behörden mit enchorischen juristisch relevanten Dokumenten, und sie geben einen Eindruck der Organisation des lokalen Grapheions, dem Notariatsbüro als Ort der Registrierung.

Die bereits in ptolemäischer Zeit verlangte notarielle Registrierung und Beglaubigung von demotischen Urkunden wurde aufgrund einer neuen Verwaltungsvorschrift in den ersten zwei Jahrzehnten nach der Zeitenwende ausgeweitet, indem an die Stelle des ptolemäerzeitlichen Registrierungsvermerks mit knapper Urkundenzusammenfassung ein ausführliches und durch Notar und die Parteien auszufertigendes Abstrakt tritt. Diese Hypographe wird zum juristisch relevanten Teil einer bilinguen Urkunde, der fallweise abgekürzte demotische Text spielte keine entscheidende Rolle mehr. Der größere finanzielle Aufwand für die Erstellung einer Bilingue und möglicherweise weitere Bestimmungen führten im Vergleich zur Ptolemäerzeit zu einem zahlenmäßigen Rückgang der Dokumente, gleichzeitig wurden notarielle demotische Urkunden nicht mehr für alle Geschäfte verwendet. Die Urkundenklauseln jedoch entsprechen bei allen Urkundenarten im wesentlichen ihren ptolemäerzeitlichen Vorgängern.

Das Grapheion als Abfassungsort der notariellen bilinguen Urkunden wurde im römerzeitlichen Soknopaiu Nesos jährlich zum Regierungsjahreswechsel neu verpachtet, wobei derselbe Notar mehrere Jahre als Pächter auftreten konnte. Der Grapheionbeamte war im wesentlichen für die ordnungsgemäße Erfassung der Dokumente und damit auch für die Anbringung des griechischen Registrierungsvermerks verantwortlich. Für die Aufsetzung des demotischen Urkundentextes nahmen manche Notare die Hilfe eines ägyptischen Schreibers in

Anspruch, für einige Jahre läßt sich jedoch die Ausübung des Notars- und Schreiberamtes durch ein und dieselbe Person nachweisen. Das Verhältnis der für illiterate Urkundsparteien agierenden Schreibgehilfen zum Grapheion ist noch nicht ersichtlich. Die Ausbildung aller demotischen Schreiber in Soknopaiu Nesos fand, so zeigt die Homogenität des Handschriftenduktus, in einer einzigen Institution statt. Dort geschulte Fachkräfte waren sowohl in der Verwaltung als auch im Tempel tätig und wurden nicht nur lokal, sondern ebenso in anderen Ortschaften des Fajum wie Neilupolis eingesetzt.

Index der untersuchten Urkunden

Ptolemäerzeitliche Verkaufsurkunden

P.Wien D 6855 Schentuleit und Vittmann 2009, Dok. 6.	Verkauf (Teil eines Hauses und Hofes)	SN	16.8.85 v. Chr.
P.Wien D 6863 Schentuleit und Vittmann 2009, Dok. 7.	Verkauf (Teil eines Hauses)	SN	17.12.70 v. Chr.
P.Wien D 10102 Schentuleit und Vittmann 2009, Dok. 4.	Verkauf (Teil eines Hauses und Hofes?)	SN	30.12.99 v. Chr.

Römerzeitliche Verkaufs- und Sicherungsurkunden[48] *(aus Soknopaiu Nesos)*

P.Berlin P 6857+P 30039 **Photo: P.Berlin P 6857:** **Spiegelberg 1902a, 23, Taf. 47.** **D: P.Berlin P 6857 + G: P.Berlin** **P 30039: Zauzich 1974, 71–82.** **G: SB IV 11895. BL IX, 276–277.** **BL XI, 214.**	**Verkauf (Haus)**	SN	18.5.45 n. Chr.
P.Berlin P 7054 **Photo: Spiegelberg 1902a, 23,** **Taf. 48.**	**Verkauf (Teil eines Hauses** **und Hofes)**	SN	31.12.34(?) n. Chr.

---

[48] Die Liste basiert auf den Daten der Trismegistos-Datenbank (Stand: Dezember 2008), die Mark Depauw, Köln/Leuven, dem DFG-Projekt „Soknopaiu Nesos nach den demotischen Quellen römischer Zeit" (Würzburg) zur Verfügung gestellt hat. Die in Lippert und Schentuleit 2010 (= DDD III) bearbeiteten Dokumente sind fett gedruckt.

P.Berlin P 7057+P 23869+ P.Louvre E 10346 (1)+(5)+ P.Heidelberg 798g Photo: P.Berlin P 7057: Spiegelberg 1902a, 22, Taf. 45; D: Zauzich 1985, 607–611. D+G: P.Louvre 10346 (1): P.Louvre I 9. Zur	Verkauf (Teil eines Hauses und Hofes)	SN	3.1.48 n. Chr.
Zusammensetzung der Fragmente: Lippert und Schentuleit 2001, 204–206.	Verkauf (Teil eines Hauses und Hofes)	SN	3.1.48 n. Chr.
P.Berlin P 7058 +P 23826a+b Photo P.Berlin P 7058: Spiegelberg 1902a, 23, Taf. 47. D: P.Berlin P 7058: Reymond 1966–67, 480–486. Korr.: Zauzich 1974, 75 e); Harrauer und Vittmann 1985, 70 Fn. 7.	Verkauf (Teil eines Hauses und Hofes)	SN	11.12.29 n. Chr.
P.Berlin P 8085 Photo: Spiegelberg 1902a, 23, Taf. 46.	Verkauf (Teil eines Hauses und Hofes)	SN	29.8,–27.9.45 n. Chr.
P.Berlin P 8139 G: BGU II 580 D+G: Zauzich 1977, 153–157.	Verkauf (Hausteil)	SN	12.4.2 n. Chr.
P.Berlin 8929 G: BGU III 910. BL III, 15. BL XI, 21.	Sicherungsurkunde (Hausteil)	SN	23.8.70 n. Chr.
P.Berlin P 8930 G: BGU III 911	Sicherungsurkunde (Teil ? eines Hauses und Baugrundes)	SN	11.8.18 n. Chr.
P.Berlin P 23724 unpubliziert	Verkauf (Gesellschafts- anteil ?)	SN	22(?).9.1 v. Chr.
P.Berlin P 23779+P 30009 D+G: Lippert und Schentuleit 2004, 287–299.	Verkauf (Webstuhl)	SN	29.10.–26.11.41 n. Chr.[48]
P.Berlin P 23827 unpubliziert	Verkauf (Hausteil)	SN	7/6 v. Chr.– 16/17 n. Chr.
P.Berlin P 23868 unpubliziert	Verkauf (Hausteil ?)	SN	30 v. Chr.–14 n. Chr.
P.Berlin P 30010 unpubliziert	Verkauf (Hausteil)	SN	nach 48 n. Chr.
P.Köln 21127 (vormals P.Leconte 10) Bonneau, Devauchelle und Pezin 1979, 25, Nr. 10 descr.	Verkauf (Haus)	SN	17.9.55 n. Chr.
P.Köln 21128+21126 (vormals P.Leconte 3 + 5) Bonneau, Devauchelle und Pezin, 1979, 25 Nr. 3 + 5 descr.	Sicherungsurkunde (Teil eines Hauses und Hofes)	SN	10.4.23 n. Chr.

---

[48] Das Datum wurde gegenüber der Erstedition korrigiert.

P.Leconte 4 (Paris, Privatsammlung) Bonneau, Devauchelle und Pezin 1979, 25, Nr. 4 descr.	Sicherungsurkunde (Hausteil)	SN	41–54 n. Chr.
P.Mich. 6168+6174a–c **D+G: Hickey und Manning 2004,** **237–247 (= P.Zauzich** **13 + 14).**	**Verkauf (Hausteil)**	SN	**6(?).7.29 n. Chr.**
P.Rylands 44 D: Griffith 1909, 169–171; 299–300. Reymond 1966–67, 466–480. G: Griffith 1909, 171–172. Johnson, Martin und Hunt, 1915, 172–174, Nr. 160. SB I 5108.	**Verkauf (Teil eines Hauses)**	SN	**14.5.29 n. Chr.**
P.Rylands 45 D: Griffith 1909, 301–303. Reymond 1966–67, 486–496. G: Griffith 1909, 173–178. SB I 5109–5110. Johnson, Martin und Hunt 1915, 183–185, Nr. 160 d. BL XI, 189.	Sicherungsurkunde (Hausteile)	SN	DG+DA: 15.8.42 n. Chr. GD: 10.7.42 n. Chr. GH: 19.8.42 n. Chr.
P.Rylands gr. 160b D: Griffith 1915, 419–420, Nr. 160b. G: Johnson, Martin und Hunt 1915, 175–176, Nr. 160b.	**Verkauf (Haus)**	SN	**7.10.37 n. Chr.**
P.Rylands gr. 304 P.Ryl. II 304 descr.	Verkauf (Haus)	SN	1–50 n. Chr.
P.Rylands gr. 305 P. Ryl. II 305 descr.	Verkauf (Haus)	SN	14–37 n. Chr.
P.Rylands gr. 306 P.Ryl. II 306 descr.	Verkauf (Hausteil)	SN	1–50 n. Chr.
P.Rylands gr. 307 P.Ryl. II 307 descr.	Verkauf (Haus)	SN	1–50 n. Chr.
P.Rylands gr. 308 P.Ryl. II 308 descr.	Verkauf (Haus)	SN	1–50 n. Chr.
P.Rylands gr. 309 P.Ryl. II 309 descr.	Sicherungsurkunde	SN	1–50 n. Chr.
P.Rylands gr. 310 P.Ryl. II 310 descr.	Sicherungsurkunde	SN	17.9.33 n. Chr.
P.Straßburg dem. 32+dem. gr. 1(b) **D+G: Spiegelberg 1902b, 44–47,** **Taf. 11 und 16. G: SB I 5117.**	**Verkauf (Haus)**	SN	**22./23.11.55** **n. Chr.**
P.Straßburg gr. 773 G: P.Stras. VII 602	Verkauf	SN	41–54 n. Chr.

---

[49] FO: Fundort; SO: Schreibort/Ort der Registrierung.

P.Wien D 935+D 6482+
D 6512B+6512C+D 9991+D 12060+
G 24496
  D: P.Wien D 6512B+C: Migahid
  1998, 295–297. Vgl. auch
  Migahid 1999, 111.
  D+G: P.Wien D 24496: CPR XV
  47, 109–110.
	Verkauf (Haus ? und Hof)	SN	46–47 n. Chr.

P.Wien D 4860 unpubliziert	Verkauf (Haus)	SN	26.1.–25.2., 22–37 n. Chr.
P.Wien D 6049+D 6936 G: P.Harrauer 32	Verkauf (Teil eines Hauses und Baugrundstücke)	SN	22.11.8 v. Chr.
P.Wien D 6390+D 6834 unpubliziert	Verkauf (Pastophorion und Baugrundstück)	SN	nach 83 n. Chr.
P.Wien D 6827 unpubliziert	Sicherungsübereignung (Teil eines Hauses und Hofes)	SN	28.4.27 n. Chr.

P.Wien D 6933
  D: Reymond 1969–70, 218–227.
  G: Roberts 1969–70, 227–229.
  SB XII 10804. BL XI, 211.
	Sicherungsurkunde
	(Hausteil)
		SN	26.2.47 n. Chr.

P.Wien D 6934
  D+G: Harrauer und Vittmann
  1985, 67–71. SB XVIII 13579.
  BL X, 220. Worp 1992, 221–222.
	Verkauf (Teil eines Hauses
	und Hofes)
		SN	27.3.–25.4.23
			n. Chr.

P.Wien D 6935 unpubliziert	Verkauf (Hausteil)	SN	31.12.34 n. Chr.
P.Wien D 6947 unpubliziert	Sicherungsübereignung (Haus und Hof)	SN	DG+DA: 21.3.29 n. Chr. GD: 19.3.20 n. Chr.
P.Wien G 12420+G 39945 G: P.Vind.Tand. 24	Sicherungsurkunde (Hausteil + Gegenstände)	SN	14.11.45 n. Chr.

P.Wien G 39963
  D+G: P.Vind.Tand. 25.
  G: BL VIII, 506.
	Verkauf (Teil eines Hauses
	und Baugrundstückes)
		SN	4.11.51 n. Chr.

Römerzeitliche Verkaufs- und Sicherungsurkunden (aus anderen Orten)[49]

P.Kairo, Äg. Mus.
  D+G: PSI VIII 909+App.
  p. 80–81
	Verkauf (Haus)	Tebtynis	16.5.44 n. Chr.

P.Mich. Univ. 1267 D+G: P.Mich. V 253	Verkauf (Anteil zweier Räume)	Tebtynis	28.8.30 n. Chr.
P.Mich. Univ. 680 D+G: P.Mich. V 308	Verkauf (Baugrundstück)	Tebtynis	1–99 n. Chr.
P.Mich. Univ. 625 D+G: P.Mich. V 249	Verkauf (Teil eines Hauses und Hofes)	Tebtynis	28.8.18 n. Chr.

P.Mich. Univ. 678+932 D+G: P.Mich. V 250	Verkauf (Teil eines Baugrundstückes)	Tebtynis	28.8.18 n. Chr.
P.Berlin P 21704 **G: BGU XIII 2337. BL VIII,** **59.**	Sicherungsurkunde (Haus ?)	Neilupolis	29.10.45 n. Chr.
P.Boswinkel 1 **D+G: Kruit, Muhs und** **Worp 2004, 339–368** **(= P.Zauzich 39).**	Sicherungsübereignung (Haus und Hof)	Neilupolis	14.9.54 n. Chr.
P.Wien D 10086 unpubliziert; Publikation von M. Schentuleit und G. Vittmann in Vorbereitung.	Verkauf ?	FO: SN SO: Athri- bis	17.2.85 n. Chr.
P.Berlin P 13534 D: P.Eleph. Dem. 13	Verkauf (Hausteile)	Elephan- tine	22.2.2 v. Chr.
P.BM 262 **= P.Lond. II 262, 176–177** **D+G zuletzt: Schentuleit** **2001, 127–154.**	**Verkauf (Haus und** **Baugrundstück)**	**FO: SN** **SO: Psi** **nachis**	**21.11.11 n. Chr.**
P.Louvre E 10347 b unpubliziert	Verkauf (Esel ?)	FO: SN ? SO: ?	18/17 v. Chr. (?)
P.Louvre E 10347 a **Revillout 1914, 42–43**	**Verkauf (Esel)**	**FO: SN ?** **SO: ?**	**11.12.17 v. Chr.**

Römerzeitliche Teilungsurkunden

P.Berlin P 23881+P.Louvre **E 10346 (2)+(6)+(7)+(10)+** **(11) G: P.Louvre E 10346** **(2)+(11): P.Louvre I 8**	**Teilung (zwei ?** **Häuser, Hof und** **Baugrund-stück)**	**SN**	**20.10.42 n. Chr.**
P.Wien D 6937 **unpubliziert**	**Teilung (Häuser** **und Baugrundstücke)**	**SN**	**21–22 n. Chr.**
P.Wien D 10085 **unpubliziert**	**Teilung (Häuser ?)**	**?**	**24.1.20 v. Chr.**

Römerzeitliche Pachturkunden

P.Tebtynis Botti 1 (?) Ausgrabungen Florenz? 1931, jetzt in Florenz? D+G: Botti 1957, 77–78, Nr. 1.	Pacht	Tebtynis	8.7.4 n. Chr.

Papyrus, Nr. unbekannt Italienisch/französische Grabung 1997–2000 Di Cerbo 2004, 116 descr.	Pacht	Tebtynis	3–4 n. Chr.

Römerzeitliche Darlehensurkunde

P.Princeton, University Library Bell III 162 Ro Manning 1997, 667, P.Princ. dem. 3 descr.	Darlehen	Hawara ?	30 v. Chr.–99 n. Chr.

Römerzeitliche Eheurkunden

P.Berkeley, Bancroft Library 386 G: P.Tebt. II 386	Eheurkunde	FO: Tebtynis SO: Hiera Nesos ?	6.6.12 v. Chr.
P.Berlin P 23883 unpubliziert	**Eheurkunde**	**SN**	**14./5.43 oder 53 n. Chr.**
P.Mich. Univ. 624 D+G: P.Mich. V 347	**Eheurkunde**	**Tebtynis**	**30.1.21 n. Chr.**
P.Oxford EES DL 92 unpubliziert	**Eheurkunde**	**SN**	**11/10 v. Chr.**
P.Wien D 6950 D+G: Lippert und Schentuleit 2003, 327–342.	**Eheurkunde**	**SN**	**15.8.28(?) n. Chr.**

Römerzeitlicher Lehrvertrag

P.Berlin P 9800 D+G: Zauzich und Brashear 1997–98, 127–129. G: SB XXIV 16131.	Lehrvertrag	Tuwa (?)	25–1 v. Chr. (?)

Römerzeitliche Urkunden unklaren Inhalts

P.Ashmolean Museum 1968.16 P.Ashm. I 21	Abtretung von Stipendien	Hawara	25–1 v. Chr.
P.Kairo JdE 41379+47567 P.Oxy. VI 961 descr.	unklar; Urkunde ?	Oxyhynchos	1–199 n. Chr.
P.Leconte 7 (Paris, Privatsammlung) Grenier 1989, 80, P.Leconte dem. 7 descr.	Urkunde	?	244–249 n. Chr.
P.Rylands dem. 46 Griffith 1909, 317 descr.	Fragmente von Urkunden	SN	30 v. Chr.–284 n. Chr.

P.Rylands gr. 314 P.Ryl. II 314 descr.	Fragmente von verschiedenen Urkunden	SN	50–99 n. Chr.
P.Rylands gr. 346 P.Ryl. II 346 descr.	Fragment einer Urkunde	Oxyrynchos	1–99 n. Chr.
P.Tebtynis Botti 3, Ausgrabung Florenz? 1931, jetzt in Florenz? Botti 1957. 84, Nr. 3	Urkunde oder Quittung	Tebtynis	30.8.175– 28.8.176 n. Chr.
P.Wien G 39965 Vo P.Vind.Tand. 15 Vo descr.	Urkunde	SN (?)	30 v. Chr.–14(?) n. Chr. oder 98–117(?) n. Chr.

Bibliographie

Arlt, C. 2008. The Egyptian notary offices in the Ptolemaic Fayyum. In *Graeco-Roman Fayum—texts and archaeology. Proceedings of the Third International Fayum Symposion, Freudenstadt, May 29–June 1, 2007*, eds. S. Lippert und M. Schentuleit, 15–26. Wiesbaden.

Bonneau, D., D. Devauchelle und M. Pezin. 1979. Les papyrus Leconte. In *Actes du XVe congrès international de papyrologie*. III: *Problèmes généraux – Papyrologie littéraire*. PapBrux 18, 25–26. Bruxelles 1979.

Botti, G. 1957. Papiri demotici dell'epoca imperiale da Tebtynis. In *Studi in onore di Aristide Calderini e Roberto Paribeni*, 75–86. Milano.

Depauw, M. 2003. Autograph confirmation in Demotic private contracts. *CdE* 78: 66–111.

Di Cerbo, Chr. 2004. Neue demotische Texte aus Tebtynis. Überblick zu den demotischen Papyri der italienisch/französischen Ausgrabung in Tebtynis aus den Jahren 1997–2000. In *Res severa verum gaudium. Festschrift für Karl-Theodor Zauzich zum 65. Geburtstag am 8. Juni 2004*. StudDem 6, eds. F. Hoffmann und H. J. Thissen, 109–119. Leuven.

Grenier, J-C. 1989. *Les titulatures des empereurs romains dans les documents en langue égyptienne*. PapBrux 22. Bruxelles.

Griffith, F. Ll. 1909. *Catalogue of the Demotic papyri in the John Rylands Library Manchester with facsimiles and complete translations* I–III. Manchester (Nachdruck Hildesheim 1972).

Griffith, F. Ll. 1915. In Johnson, J. de M., V. Martin und A. S. Hunt. 1915. *Catalogue of the Greek papyri in the John Rylands Library Manchester*. Volume II: *Documents of the Ptolemaic and Roman periods (nos. 62–456)*, 419–420. Manchester.

Harrauer, H. und G. Vittmann. 1985. Papyrus Wien D 6934 – Fragment einer Urkunde über Hausverkauf aus Soknopaiu Nesos. *Enchoria* 13: 67–71.

Hickey, T. M. und J. G. Manning. 2004. A Roman period cession of residential property from Soknopaiu Nesos (P. Mich. inv. 6168 + inv. 6174c + inv. 6174a+b). In *Res severa verum gaudium. Festschrift für Karl-Theodor Zauzich zum 65. Geburtstag am 8. Juni 2004*. StudDem 6, eds. F. Hoffmann und H. J. Thissen, 237–247. Leuven.

Johnson, J. de M., V. Martin und A. S. Hunt. 1915. *Catalogue of the Greek papyri in the John Rylands Library Manchester*. Volume II: *Documents of the Ptolemaic and Roman periods (nos. 62–456)*. Manchester.

Kruit N., B. Muhs und K. A. Worp. 2004. A bilingual sale of a house and loan of money from Soknopaiou Nesos (P. Boswinkel 1). In *Res severa verum gaudium. Festschrift für Karl-Theodor Zauzich zum 65. Geburtstag am 8. Juni 2004.* StudDem 6, eds. F. Hoffmann und H. J. Thissen, 339–368. Leuven.

Lippert, S. 2008. *Einführung in die altägyptische Rechtsgeschichte.* Berlin.

Lippert, S. 2010. Seeing the whole picture—why reading Greek texts from Soknopaiou Nesos is not enough. In *Proceedings of the 25th International Congress of Papyrology, Ann Arbor 2007,* ed. T. Gagos. Ann Arbor.

Lippert, S. L. und M. Schentuleit. 2001. Eine ‚neue' Urkunde aus Soknopaiu Nesos: pBerlin 7057 + pLouvre 10346(1) + pBerlin 23869. *Enchoria* 27: 204–206.

——2003. P.Wien D 6950 – eine unpublizierte Ehefrauenschrift aus römischer Zeit. In *Basel Egyptology Prize 1. Junior research in Egyptian history, archaeology, and philology.* AegHelv 17, eds. S. Bickel und A. Loprieno, 327–342. Basel.

—— 2004. Ein Webstuhl mit Zubehör. Die spätdemotische Urkunde P.Berlin P 23779+30009. *SAK* 32: 287–299.

——2006a. *Ostraka.* Demotische Dokumente aus Dime I. Wiesbaden.

——2006b. *Quittungen.* Demotische Dokumente aus Dime II. Wiesbaden.

——2010. *Urkunden.* Demotische Dokumente aus Dime III. Wiesbaden.

Manning, J. G. 1997. Demotic papyri in the Princeton University Firestone Library. In *Akten des 21. Internationalen Papyrologenkongresses, Berlin, 13.–19. 8. 1995.* Band II. APF Beiheft 3, ed. B. Kramer, 666–668. Leipzig.

Migahid, A. G. 1998. Spätdemotische Papyrusfragmente verschiedenartiger Texte (P. Vindob. D 6512). *BIFAO* 98: 291–301.

——1999. Nachtrag zu P. Vindob. D 6512. *GM* 172: 111.

Muhs, B. 2005. The grapheion and the disappearence of Demotic contracts in early Roman Tebtynis and Soknopaiou Nesos. In *Tebtynis und Soknopaiu Nesos. Leben im römerzeitlichen Fajum. Akten des Internationalen Symposions vom 11. bis 13. Dezember 2003 in Sommerhausen bei Würzburg,* eds. S. Lippert und M. Schentuleit, 93–104. Wiesbaden.

Reymond, E. A. E. 1966–67. Studies in the late Egyptian documents preserved in the John Rylands Library III. Dimê and its papyri: Demotic contracts of the 1st century AD. *BJRL* 49: 466–486.

——1969–70. Studies in the late Egyptian documents preserved in the John Rylands Library IV. Dimê and its papyri: Demotic contracts of the 1st century AD. *BJRL* 52: 218–230.

Roberts, C. 1969–70. In Reymond, E. A. E. 1969–70. Studies in the late Egyptian documents preserved in the John Rylands Library IV. Dimê and its papyri: Demotic contracts of the 1st century AD. *BJRL* 52: 218–230.

Revillout, E. 1914. Textes démotiques d'époque ptolémaïque et romaine transcrits en hiéroglyphes. *RevEg* 14: 39–69.

Schentuleit, M. 2001. Die spätdemotische Hausverkaufsurkunde P. BM 262: Ein bilingues Dokument aus Soknopaiu Nesos mit griechischen Übersetzungen. *Enchoria* 27: 127–154.

——2007. Satabus aus Soknopaiu Nesos: Aus dem Leben eines Priesters am Beginn der römischen Kaiserzeit. *CdE* 82: 101–125.

—— und G. Vittmann. 2009. „*Du hast mein Herz zufriedengestellt ...!“ Ptolemäerzeitliche demotische Urkunden aus Soknopaiu Nesos.* CPR XXIX. Berlin.

Spiegelberg, W. 1902a. *Demotische Papyrus aus den königlichen Museen zu Berlin.* Berlin.

Spiegelberg, W. 1902b. Die demotischen Papyrus der Strassburger Bibliothek. Strassburg.

Trismegistos-Datenbank. http://www.trismegistos.org.

van Beek, B. 2006. Kvorion son of Apion, head of Hu grapheion at Tebtynis. Leuven Homepage of Papyrus Collections. Archives 93. Leuven.

Worp, K. A. 1992. Bemerkungen zu Papyri V. 52. Ein griechischer Hausverkauf aus Soknopaiu Nesos. *Tyche* 7: 221–222.

Zauzich, K.-Th. 1974. Spätdemotische Papyrusurkunden III. *Enchoria* 4: 71–82.

——1977. Spätdemotische Papyrusurkunden IV. *Enchoria* 7: 151–180.

——1985. Ein Hauskauf in Soknopaiu Nesos. In *Studi in onore di Edda Bresciani*, ed. S. F. Bondì, 607–611. Pisa.

—— und W. Brashear. 1997–98. Paläographische Herausforderungen III. *Enchoria* 24: 125–139, pl. 6–7.

IL CONTESTO E L'ARCHITETTURA DEL COSIDDETTO ANTINOEION A VILLA ADRIANA

Sergio Sgalambro

Questa breve esposizione intende trattare il contesto architettonico e le caratteristiche strutturali del cosiddetto Antinoeion e l'evoluzione delle fasi costruttive attraverso le quali si è definito questo complesso monumentale. Per quanto riguarda infatti le attribuzioni del complesso e più specificatamente l'identificazione del sito con quello della tomba di Antinoo, frutto di un'indagine scientifica basata sull'analisi dei ritrovamenti avvenuti durante lo scavo, e il raffronto e il collegamento con i reperti ritrovati nei secoli e nei decenni precedenti e provenienti dalla stessa Villa Adriana, si intende rimandare allo studio svolto da Zaccaria Mari, a cui spetta il merito, in ragione del ruolo di archeologo e direttore scientifico dello scavo, dei risultati di questa ricerca, alla quale il contributo di chi scrive è stato quello di rilevare e analizzare le strutture architettoniche (1).

Per illustrare, quindi, gli aspetti del rilievo e della conformazione orografica e architettonica del contesto, si è pensato di effettuare una serie di immagini tridimensionali così da evidenziare le fasi costruttive e lo sviluppo degli edifici dell'intera area.

In questa immagine (fig. 1) è stata ricostruita l'orografia originaria che riproduce la conformazione naturale dell'ampia area interessata, sulla base dei numerosi rilievi altimetrici effettuati a partire da quello realizzato nel 1906 dalla Scuola degli Ingegneri di Roma. Questa ampia porzione dell'area di Villa Adriana, non comprende solo l'Antinoeion, ma riguarda il Pecile, le Cento Camerelle, e le sostruzioni che fungono da raccordo agli altri edifici limitrofi. Si può innanzitutto notare che le curve di livello descrivono un ampia depressione, che nella parte di sinistra è scoscesa e dominata da una sorta di crinale, e nella parte di destra recupera la quota piuttosto dolcemente.

Il primo elemento costruttivo che si viene a realizzare è quello del doppio portico (fig. 2). Si tratta di una struttura che sfrutta l'andamento piuttosto pianeggiante del crinale naturale. Ovviamente in questa immagine è stata rappresentato soltanto il doppio portico senza

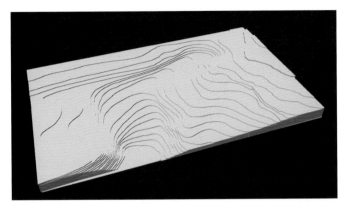

Fig. 1: Villa Adriana: ricostruzione dell'orografia originaria dell'area.

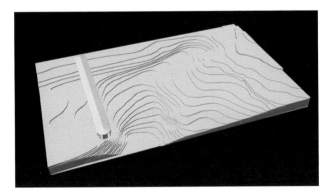

Fig. 2: Villa Adriana: il Doppio Portico in rapporto all'orografia.

la parte retrostante relativa alla Sala dei Filosofi e, al Teatro Marittimo e quindi alla restante zona del cosiddetto Palazzo. Il doppio Portico si sviluppa secondo la direzione est-ovest, e la tipologia dalla quale deriva, testimonia di una sua identità che ne fa una struttura complementare ma al tempo stesso autonoma rispetto al complesso del Pecile, tanto è vero che anche costruttivamente vi sono delle nette distinzioni: i pilastri e le colonne del Portico sono in laterizio, mentre quelle del Pecile sono in marmo e inoltre le stesse strutture di sostegno pertinenti rispettivamente al Portico e al Pecile, sono semplicemente eccostate (fig. 3).

Del resto le due fasi costruttive sono nettamente distinte, in quanto l'ampia area del Pecile presuppone la realizzazione del complesso delle Cento Camerelle (fig. 4). Queste infatti costituiscono la struttura di

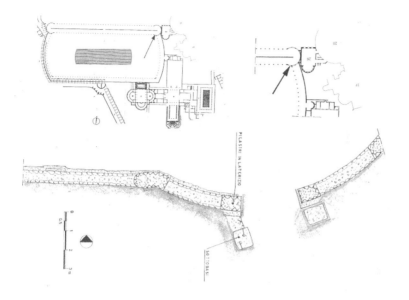

Fig. 3: Villa Adriana: particolare della connessione tra il Doppio Portico e il Pecile.

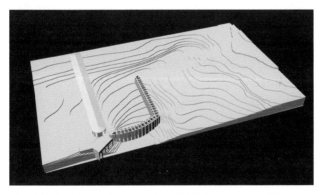

Fig. 4: Villa Adriana: le sostruzioni dei lati ovest e sud del Pecile.

sostegno dell'intero piano terrazzato, su cui verrà impostato il giardino del Pecile. Il sistema sostruttivo quindi è costituito da una serie di ambienti rettangolari, organizzati a più livelli, e serviti da alcuni corpi scala che raccordano i ballatoi dei diversi piani.

In questo modo si definisce pertanto il perimetro porticato entro cui si sviluppa il giardino del Pecile (fig. 5). Inoltre, anche gli ambienti dell'edificio denominato Tre Esedre, risultano orientati secondo gli

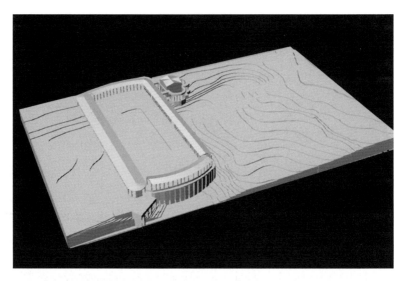

Fig. 5: Villa Adriana: l'area del Pecile con l'edificio delle Tre Esedre.

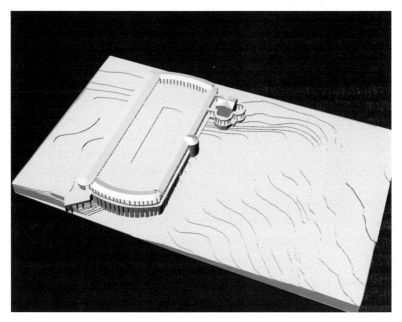

Fig. 6: Villa Adriana: la Torretta annessa alle Cento Camerelle.

stessi assi ortogonali del Pecile. Questo complesso architettonico, si arricchisce poi di un nuovo elemento (fig. 6): la Torretta semicircolare,

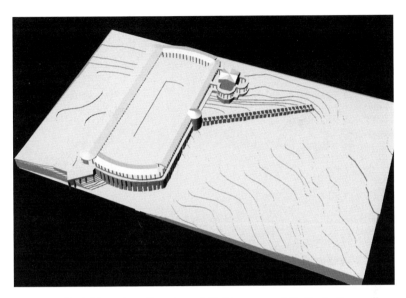

Fig. 7: Villa Adriana: la realizzazione dell'ultimo ramo delle Cento Camerelle.

posizionata in corrispondenza dell'asse trasversale del giardino, corrispondente all'ingresso situato nella mezzeria del Doppio Portico. Le
caratteristiche costruttive che contraddistinguono questa Torre, portano a stabilire che la sua realizzazione sia stata effettuata in una
fase successiva, forse anche in fase di cantiere, in quanto frutto di un
ripensamento. Infatti la sua realizzazione impone l'interruzione del
sistema a ballatoio che caratterizza il sistema distributivo dei livelli
delle Cento Camerelle, e viene ad essere addossata alle stesse Camerelle,
senza alcuna forma di ammorsatura e comportando anche la chiusura
dell'accesso di alcune di esse. La sua funzione può essere quella di una
sorta di terrazza belvedere, che si affaccia sul paesaggio come se
l'impianto della Villa dovesse terminare con lo stesso Pecile.

   In realtà la continuità della struttura delle Camerelle e del loro
sistema sostruttivo continua con un nuovo ramo, la cui realizzazione
si appoggia alla stessa Torretta, occludendone per metà il prospetto
simmetrico (fig. 7). Così la stessa Torretta diviene una sorta di cerniera,
attorno alla quale ruota e si determina l'asse di sviluppo della nuova
area della villa.

   Il nuovo ramo delle Cento Camerelle serve a sostenere la terrazza
prospiciente gli edifici termali (fig. 8), il cui orientamento risulta
ruotato rispetto a quello delle tre esedre, ma rappresenta anche il

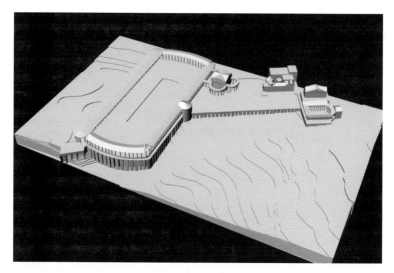

Fig. 8: Villa Adriana: gli edifici orientati secondo l'asse dell'ultimo ramo delle Cento
Camerelle.

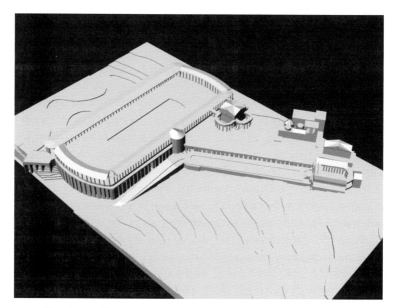

Fig. 9: Villa Adriana: l'anello stradale di accesso all'edificio del cosiddetto Vestibolo.

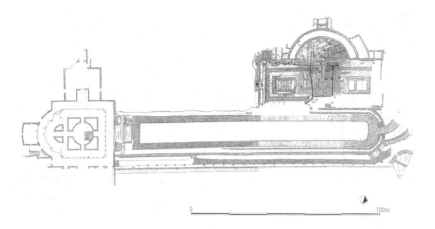

Fig. 10: Villa Adriana: planimetria dell'anello stradale, del c.d. Vestibolo e dell'area
di scavo dell'Antinoeion.

nuovo asse di sviluppo di tutta una serie di nuovi complessi. La
direzione assiale così determinata è evidentemente scelta in funzione
della conformazione orografica del terreno, il cui andamento corrisponde alla linea di minore pendenza. La continuità delle realizzazioni,
seguono con l'edificio del cosiddetto vestibolo, il cui orientamento è
parallelo a quello degli edifici termali e al nuovo ramo delle Cento
Camerelle. Tuttavia l'andamento della linea segmentata del perimetro
delle Cento Camerelle costituisce ancora il limite tra il costruito e il
paesaggio.

Bisogna infatti attendere la realizzazione di un nuovo percorso stradale (fig. 9), concluso con un anello a doppia percorrenza, per rendere
praticabile tutta l'area antistante il complesso delle Cento Camerelle,
e l'occasione è data dalla necessità di creare un nuovo accesso al
complesso del cosiddetto Vestibolo. Questa edificazione comporta
innanzitutto la realizzazione di un muro di sostegno che percorre
parallelamente tutto il ramo delle Cento Camerelle. Si realizza così un
nuovo ingresso alla villa, ma al tempo stesso si creano le premesse per
la costruzione di un nuovo complesso architettonico.

La planimetria generale (fig. 10) mostra l'estensione dello scavo
dell'area dell'Antinoeion collegata all'anello stradale che funge da
accesso al cosiddetto Vestibolo. Il complesso architettonico si svolge
quindi secondo l'asse del ramo estremo delle Cento Camerelle, ed è
costituito da un ambito rettangolare concluso da una doppia esedra

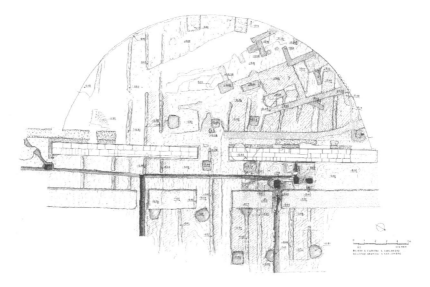

Fig. 11: Villa Adriana: pianta dell'area di scavo del banco di tufo dell'emiciclo
superiore.

semicircolare. La caratteristica più importante è data dal fatto che
tutto l'impianto si erge su un banco tufaceo, la cui conformazione
naturale è disposta secondo un lieve pendio.

Il banco di tufo su cui è costruito il complesso dell'Antinoeion, conserva le tracce e le testimonianze di gran parte delle lavorazioni dei
secoli precedenti la costruzione dell'Antinoeion, e sia di quelle poste-
riori, per arrivare fino a quelle di epoca moderna e contemporanea.
Infatti, come è possibile osservare in questo rilievo (fig. 11), relativo
alla zona dell'emiciclo superiore, si notano innanzitutto le canalizzazioni e le fosse orientate secondo una direzione obliqua rispetto all'asse
longitudinale del complesso, che mostra di proseguire al di sotto del
muro dell'esedra semicircolare.

Queste evidentemente appartengono ad una fase antecedente,
probabilmente relativa al fondo agricolo di una villa rustica tardorepub-
blicana situata nelle vicinanze. Ma proprio la natura stessa del banco
tufaceo, imponeva che tutte le coltivazioni di natura agricola richie-
dessero la realizzazione di solchi più o meno profondi. Così è possibile
individuare anche le tracce delle arature relative alle coltivazioni agri-
cole avvenute in epoca moderna, dall'andamento parallelo e orientato
perpendicolarmente rispetto al diametro dell'emiciclo. Sono poi indi-
viduabili le fosse irregolarmente circolari, che in maniera piuttosto

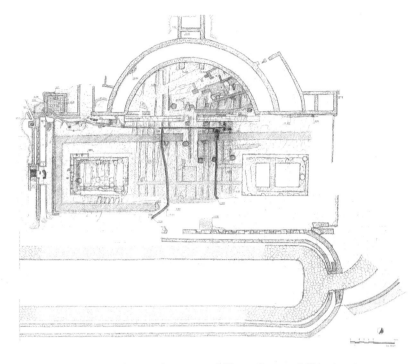

Fig. 12: Villa Adriana: planimetria dell'area di scavo dell'Antinoeion.

disordinata compaiono in più parti, e che servivano alla piantumazione di alberi da frutta, in epoca più recente.

Nel disegno dell'impianto generale il ruolo fondamentale è indubbiamente svolto dall'ampio raccordo semicircolare che fa da sfondo all'intera area monumentale (fig. 12). I due templi rettangolari collocati in primo piano in posizione simmetrica l'uno di fronte all'altro, perimetrati da una fascia di alberature, come testimonia l'ampia profondità della sezione della trincea dove è inserita la terra di piantumazione e la disposizione affiancata delle due vasche ornamentali, definiscono l'insieme architettonico che funge da preludio alla scenografica conclusione dall'andamento curvilineo. E a sottolineare che proprio l'esedra semicircolare è in qualche modo l'elemento qualificante dell'impianto architettonico, si rileva la presenza di un edificio a pianta rettangolare posizionato proprio lungo l'asse di simmetria della stessa esedra, ma in posizione dominante, così da segnare il punto focale dell'intero impianto planimetrico.

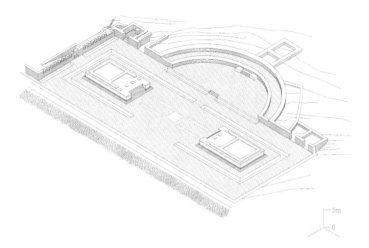

Fig. 13: Villa Adriana: assonometria dei principali elementi architettonici
dell'Antinoeion.

La figura 13 riporta nella visione assonometrica complessiva quelli
che sono gli elementi conosciuti allo stato dei fatti, riassumendoli
schematicamente: il primo livello su cui si ergono i due basamenti
relativi ai due tempi giustapposti frontalmente, il perimetro delle
trincee pertinenti alle alberature, le tracce degli incassi nel banco di
tufo di probabili aiuole disposte simmetricamente nello spazio compreso tra i due templi, le tracce di un basamento cementizio quadrato
collocato nel baricentro dell'area, la parete ninfeo con le vasche
antistanti, gli ambienti retrostanti il muro di fondo su cui si imposta
l'esedra semicircolare e le due vasche ornamentali che si svolgono
lungo la direzione longitudinale dello stesso muro e separano lo spazio
rettangolare da quello semicircolare; il livello superiore pari a + 30 cm
rispetto a quello rettangolare, perimetrato dall'esedra curvilinea,
contraddistinta da due muri circolari e paralleli che definiscono un
ambulacro di oltre tre metri di larghezza e la cui quota pavimentale è
a sua volta maggiore di ca. 60 cm rispetto a quella della spazio semicircolare; le strutture murarie che definiscono un ambiente a pianta rettangolare, posto in corrispondenza della mezzeria del semicerchio e a
cui fanno riscontro due plinti quadrati collocati sul muro perimetrale
curvilineo interno.

L'inclinazione naturale del banco di tufo viene modellata per rica-
vare il piano orizzontale e conseguentemente la parete del lato sud-est

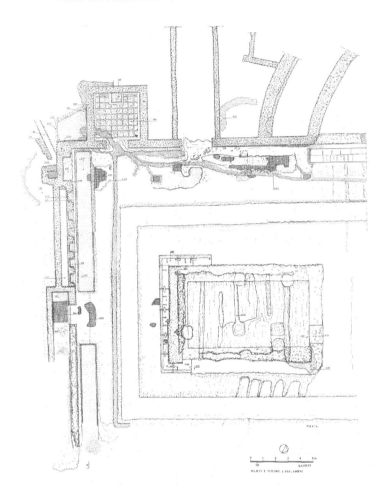

Fig. 14: Villa Adriana: pianta dell'area sud-est dell'area di scavo.

diventa una struttura di contenimento, particolarmente articolata, e arricchita da un sistema di fontane, che la possono far identificare con il termine di parete ninfeo.

La parete di contenimento è caratterizzata da una serie di nicchie rettangolari e da un passaggio posto in posizione intermedia (fig. 14). Molto probabilmente le nicchie erano presenti originariamente anche nella parte sinistra, in quanto la presenza delle due vasche, prospicienti la parete ninfeo, lascia supporre una conformazione simmetrica (fig. 15). Analizzando la parte retrostante, si può constatare che le due parti differiscono notevolmente: infatti nella parte destra, c'è un'inter-

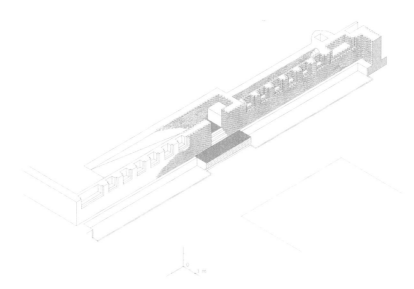

Fig. 15: Villa Adriana: assonometria della parete ninfeo.

capedine con copertura a cappuccina, mentre nella parte sinistra c'è una rampa scavata nel banco di tufo, attraverso la quale si accede al passaggio e quindi all'area dell'Antinoeion.

La presenza dell'intercapedine posta soltanto in corrispondenza della parte destra della parete ninfeo, esclude che questa servisse ad alloggiare le condutture di adduzione delle nicchie, anche perché numerosi elementi inducono a ritenere che l'alimentazione delle fontane a parete avvenisse tramite una fistula esterna alla muratura e inglobata comunque nello spessore del rivestimento.

Infatti, nonostante le condizioni molto degradate del paramento murario è possibile riconoscere in corrispondenza della parte sottostante le nicchie, degli incavi disposti in maniera piuttosto regolare, ciascuno per ogni fontana, che probabilmente servivano a contenere i perni di aggancio della conduttura, mentre alla base della parete ninfeo vi è un canale scavato nel tufo che ne percorre l'intera lunghezza. A questo proposito occorre ricordare che gli incavi nel paramento della muratura verticale sono presenti anche nella parte sinistra della parete, motivo per cui è possibile ipotizzare che anche in questo lato esistessero le nicchie.

Interessante è a questo punto constatare come l'alimentazione delle fontane avvenisse per effetto della maggiore altezza del livello

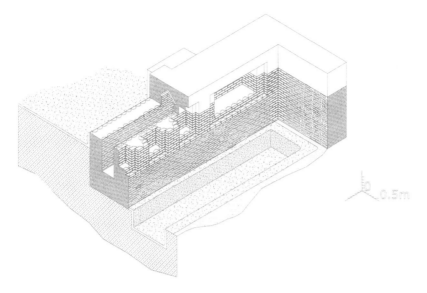

Fig. 16: Villa Adriana: particolare della sezione assonometrica della parete ninfeo.

dell'acqua delle vasche di contenimento poste alle spalle della parete ninfeo, la qualcosa consentiva anche di imprimere all'acqua delle fontane la spinta propulsiva necessaria per raggiungere le vasche entistanti. Queste ultime sono tra loro collegate da un canale interrato la cui funzione era duplice: quella di consentire che i due bacini, benché separati, mantenessero lo stesso livello superficiale e quella di permettere lo svuotamento della vasca di sinistra, visto che soltanto quella di destra era collegata al condotto di scarico.

Un'altra considerazione importante riguarda la sequenza delle nicchie che termina in prossimità dell'angolo con la realizzazione di una esedra rettangolare di maggiori dimensioni, pari ad oltre il doppio della larghezza delle altre (fig. 16). Si tratta di una soluzione che interessa anche l'intero spessore della struttura del ninfeo, infatti per effetto della maggiore profondità, l'ultima nicchia invade lo spazio dell'intercapedine retrostante, la cui sezione risulta murata nella parte superiore corrispondente alla parete di fondo dell'esedra.

Nella fig. 17 sono riportate le due sezioni relative alla parte destra della parete ninfeo: la prima è pertinente alla nicchia minore e può essere considerata la sezione tipo, in quanto è quella che si ripete più volte, la seconda è invece quella che rappresenta l'eccezione ed è ovviamente attinente a quella dell'esedra d'angolo. Dal confronto tra le due

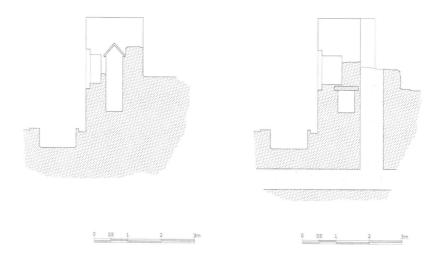

Fig. 17: Villa Adriana: parete-ninfeo, sezione tipo e sezione relativa all'esedra
maggiore.

immagini, nella seconda delle due si nota che in corrispondenza del
vano dell'intercapedine è stata inserita una lastra di travertino in senso
orizzontale per consentire la realizzazione della maggiore profondità
dell'esedra. Questa soluzione costruttiva sembra essere la conseguenza
di una sorta di compromesso tra l'esigenza di mantenere comunque il
canale di passaggio e l'esigenza di effettuare una modifica non prevista
in fase progettuale dovuta quindi ad un ripensamento in fase di cantiere. Bisogna innanzitutto considerare che la presenza di un pozzo di
collegamento alla canalizzazione del canale principale di scarico
dell'intera area monumentale, posto nella parte retrostante dell'esedra
d'angolo può avere indotto i costruttori a irrobustire, almeno par-
zialmente la parete del pozzo, in quanto qualora la stessa avesse
conservato le dimensioni di quella tipo, sarebbe stata esile e soggetta a
collassarsi per effetto dell'azione del cosiddetto carico di punta.
Riducendo di quasi due terzi l'altezza dell'intercapedine e adeguando
così il rapporto tra spessore e altezza della parete muraria che separa
il pozzo dall'intercapedine, si ottengono le condizioni necessarie alla
capacità di resistenza della struttura. Una volta che questa modifica
strutturale è stata realizzata si sono create le condizioni per realizzare
un'esedra con una maggiore profondità.

Un'ultima considerazione riguarda la ripartizione architettonica
della parete ninfeo, nella quale l'adozione dell'esedra d'angolo di

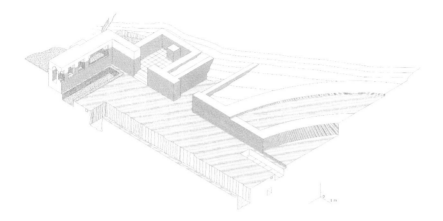

Fig. 18: Villa Adriana: sezione assonometrica con in evidenza la trincea per
piantumazioni di alberature.

maggiori dimensioni, si pone come soluzione di continuità alla modu-
larità delle nicchie minori, e rimanda allo stesso tempo, al vano di
passaggio centrale di dimensioni analoghe. In altre parole l'apertura di
un vano maggiore diventa un elemento di impostazione simmetrica
del disegno generale, per cui è anche ipotizzabile che ne esistesse un
altro in corrispondenza dell'angolo opposto (fig. 15). Sempre nell'ambito della conformazione architettonica va inoltre considerato che la
posizione della nicchia maggiore è posta in corrispondenza dello sviluppo longitudinale delle vasche che si trovano al centro dell'area
monumentale, e che in una visione prospettica questa viene ad assu-
mere il ruolo di fondale architettonico, come è possibile osservare
nello spaccato assonometrico della fig. 18, dove è riportata la zona
dell'angolo formato dalla parete ninfeo e dalla sequenza degli ambienti
posti lungo il muro d'imposta dell'esedra principale dell'Antinoeion.
   Sempre nella stessa fig. 18 è possibile individuare la trincea, posta
in primo piano, scavata direttamente nel banco di tufo e destinata
alla piantumazione di alberature, gli incassi relativi alle vasche ornamentali, l'ambiente quadrato con pavimentazione in opus sectile,
individuabile come sacello e la parete ninfeo rappresentata in sezione.
Proprio in corrispondenza della parte retrostante la parete ninfeo, è
stato riportato un ambiente con rivestimento in malta idraulica, di cui
non si conosce ancora la conformazione definitiva ma della cui
esistenza vi è traccia nella documentazione dei sondaggi effettuati, che

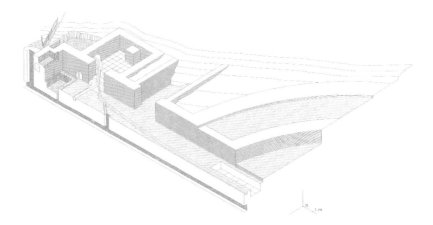

Fig. 19: Villa Adriana: sezione assonometrica con in evidenza il sistema di canalizzazioni.

hanno rilevato uno strato di rivestimento in cocciopesto sia nella muratura che nel piano pavimentale. La funzione di quest'ambiente era molto probabilmente quella di una conserva d'acqua, e in questo caso si spiega anche la conformazione del muro di contenimento della parete ninfeo, che si caratterizza per un doppio spessore murario, che assorbe adeguatamente la spinta provocata dall'ambiente retrostante, e per l'adozione dell'intercapedine che isola la struttura dalle probabili infiltrazioni di umidità. Secondo questa ipotesi, si spiega anche il motivo per cui l'altra parte della parete ninfeo è senza intercapedine, e il relativo spessore murario è costituito soltanto dalla parete con le nicchie, dietro la quale vi è la rampa di accesso scavata nel tufo.

La parte retrostante la parete ninfeo è anche la zona di servizio dove sono collocate le cisterne di approvvigionamento da cui partono i canali di collegamento che alimentano il ninfeo e le vasche ornamentali. Nella figura 19 è possibile individuare innanzitutto una vasca di smistamento, collocata proprio all'angolo dietro la parete perimetrale. Questa vasca è scavata nel tufo e si caratterizza per l'andamento irregolare delle pareti, lasciate sbozzate e prive di rifiniture. Il piano pavimentale di questa cisterna è ricoperto di malta idraulica ed è inclinato verso il canale di scolo posto alle spalle della nicchia maggiore. Da questo ambiente partivano rispettivamente due distinte canalizzazioni: la prima attraversando sotto traccia il pavimento dell'ambiente in opus sectile, si diramava in due tronchi, uno verso le vasche centrali e l'altro nella direzione che costeggia le trincee destinate alla piantumazione delle alberature; la seconda utilizzava il percorso del muro perimetrale e serviva ad alimentare il ninfeo, che tramite il getto delle proprie fontane riempiva il bacino delle vasche antistanti. Lungo il percorso le canalizzazioni avevano anche delle diramazioni la cui funzione era quella di regolamentare il flusso dell'acqua, attraverso un collegamento al canale di scarico, come è possibile individuare nello spaccato assonometrico della figura 19. Sempre nella stessa figura è possibile notare il percorso del canale di scarico principale, che attraversa in senso longitudinale tutta l'area monumentale, e al quale si collegano i pozzi di ispezione del canale quale quello retrostante la nicchia d'angolo, o i pozzetti di scarico quale quello delle vasche entistanti il ninfeo e quello intermedio con funzioni di regolamentazione del flusso di alimentazione.

Tutto il recinto rettangolare era prevalentemente pavimentato con mosaico a grandi tessere, e le zone a giardino erano identificabili prevalentemente con le trincee destinate ad ospitare la terra per le piantumazioni. Si trattava quindi di un giardino dal carattere molto geometrico, in cui le tracce del banco tufaceo disegnavano filari di alberi e nel caso di trincee meno profonde, aiuole e fioriere. Ma tutto questo necessitava, come abbiamo visto, di un sistema di irrigazione costituito da tubazioni in piombo alloggiate in canalette scavate nel tufo. Ma alcune questioni hanno riguardato anche la natura delle essenze arboree. In particolare sono state effettuate delle analisi sulle eventuali tracce biologiche presenti nell'area archeologica, con particolare riferimento alle trincee, e questi studi hanno accertato la presenza di fitoliti di specie arboree riferibili alla palma da datteri (*Phoenix dactylifera*) e al pino (*Pinus* sp.). L'analisi dei campioni di terra prelevati sul fondo della trincea ha quindi reso noto che le piante che più probabilmente erano presenti erano palme e pini (2).

Un altro aspetto relativo all'architettura dell'Antinoeion è lo studio di una serie di elementi architettonici marmorei, che dispersi prevalentemente nell'area di scavo della zona inferiore, sono stati analizzati e raggruppati in base alle tipologie del materiale e alle caratteristiche morfologiche. Questi blocchi marmorei, non erano ormai in sito, a causa dei danneggiamenti dei secoli scorsi, che avevano comportato la spoliazione dei conci di marmo o addirittura la distruzione degli stessi per ricavarne della calce. Tra tutti gli elementi selezionati, in ragione anche del non eccessivo grado di frammentarietà, sono state

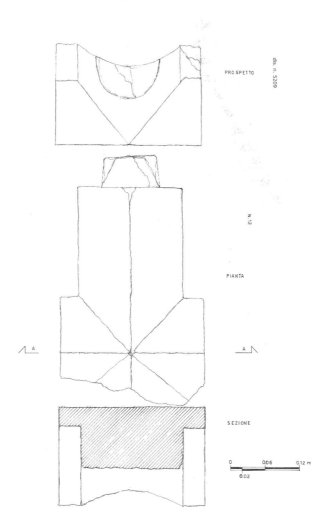

Fig. 20: Villa Adriana: particolare di un coppo in marmo relativo alla linea di colmo
del tetto.

individuate le seguenti tipologie: elementi di copertura, cornici, architravi con fregio, blocchi sagomati relativi alle pareti laterali, colonne e
basi.

Per quanto riguarda gli elementi della copertura, si tratta di tegole
e coppi in marmo, la cui raffinatezza esecutiva è testimoniata da un
coppo a bracci incrociati (fig. 20), la cui disposizione è relativa alla
linea di colmo del tetto. Le cornici, hanno tutte la stessa conformazione,

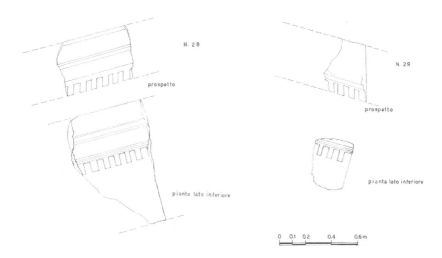

Fig. 21: Villa Adriana: particolare di frammenti della cornice relativi al frontone triangolare.

e si distinguono tra quelle appartenenti al frontone triangolare (fig. 21), pertinenti sia alla fascia inclinata che a quella orizzontale, e a quelle relative al muro laterale. Sia nelle prime che nelle seconde, il profilo è lo stesso, e si caratterizza per la sequenza dentelli, gocciolatoio e sima. La differenza riguarda soltanto il fatto che quelle appartenenti al muro laterale (fig. 22), sono dotate del canale di raccolta delle acque piovane e dei relativi fori con protome leonina.

I blocchi marmorei, relativi, agli architravi (fig. 23), formano un pezzo unico assieme al fregio. La caratteristica stilistica è data dal fatto che l'architrave è composto da due sole fasce piuttosto che tre, e inoltre che la parte del fregio presenta una superficie scabra, per consentire la collocazione di lastre decorative. Tutti gli elementi analizzati, relativi alla trabeazione, sembrerebbero concorrere ad individuare una stessa unità stilistica, identificabile con la conformazione tipica dell'ordine ionico.

Per quanto riguarda poi i blocchi marmorei identificabili con la struttura perimetrale in opera quadrata, le tipologie degli stessi, hanno comuni caratteristiche per quanto riguarda le dimensioni (fig. 24), (due bipedali di lunghezza e un sesquipedale di larghezza), e per quanto riguarda la decorazione della parete esterna, costituita da una fascia di ripartizione orizzontale e da un'altra verticale. Questa

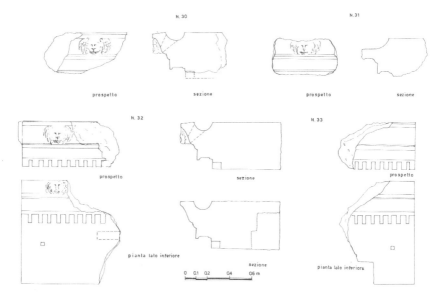

Fig. 22: Villa Adriana: particolari di frammenti della cornice relativi al muro laterale.

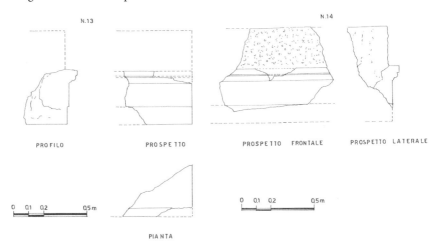

Fig. 23: Villa Adriana: particolari di frammenti dei blocchi degli architravi e del fregio.

ripartizione ha lo scopo di riprodurre la conformazione di un paramento isodomo; in realtà solo la fascia orizzontale corrisponde alla suddivisione effettiva tra un concio e l'altro, mentre quella verticale risulta fittizia, poiché non è posta in corrispondenza della fine del blocco ma in posizione centrale.

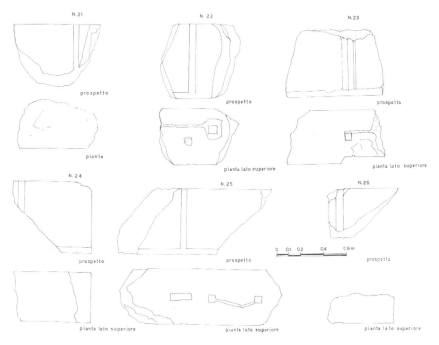

Fig. 24: Villa Adriana: particolari dei blocchi relativi alla struttura perimetrale

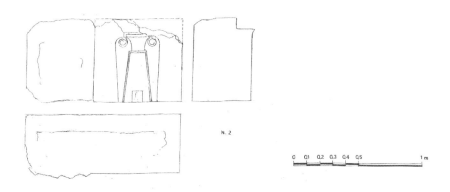

Fig. 25: Villa Adriana: rilievo del blocco con la raffigurazione del capitello.

Tra i blocchi del muro perimetrale vi è un elemento che ha sulla faccia opposta a quella con la modanatura, la raffigurazione di un *capitello hathorico* (fig. 25). Poiché la modanatura corrisponde al lato esterno e quella con il capitello a quello interno, si può ipotizzare che

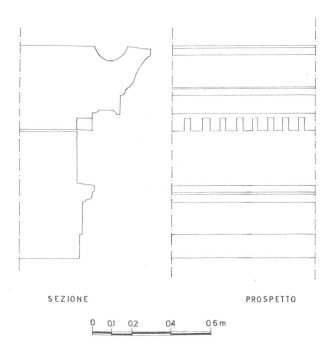

SEZIONE   PROSPETTO

0   0,1   0,2   0,4   0,6 m

Fig. 26: Villa Adriana: particolare della sezione ricostruita della trabeazione.

lo spessore del blocco corrisponda a quello dello stesso edificio, almeno
per ciò che concerne la zona superiore. Inoltre, osservando la pianta
del blocco stesso si nota, nella parte alla destra del capitello, una spor-
genza di c.a. 7 cm con un taglio angolare a 45 gradi, che costituisce
probabilmente il fattore di connessione con un altro elemento ortogo-
nale al primo. Queste considerazioni dimostrano che questo elemento
è un elemento d'angolo e che lo stesso capitello si trovava all'interno
nella parte estrema di sinistra.

Le caratteristiche degli elementi architettonici consentono di ipotizzare che si tratti di blocchi appartenenti ad una stessa unità architettonica, di cui è possibile ricostruire il frontone e la trabeazione laterale
(fig. 26), e il perimetro dei muri relativi alla parte superiore, costruiti
in opera quadrata isodoma con giunti reali e fittizi (fig. 27). Inoltre è
stata elaborata una collocazione nel contesto dell'area con riferimento
ai basamenti rettangolari prospicienti l'anello della strada basolata. In
particolare si è preso a modello quello a nord, poiché dei due è il più
completo e presenta le tracce del perimetro, della cella e del pronao.

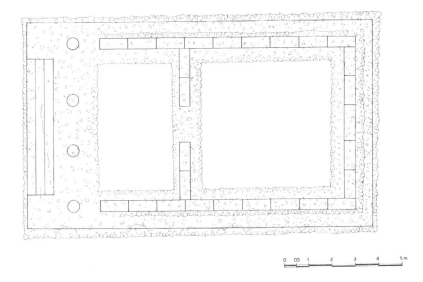

Fig. 27: Villa Adriana: ricostruzione ipotetica della pianta del tempio rispetto al basamento.

Fig. 28: Raffronto della struttura dell'Antinoeion con quella del Serapeo di Villa Adriana e con quella del Pantheon.

Quindi l'ipotesi ricostruttiva propone l'impianto planimetrico del perimetro della struttura in opera quadrata e della suddivisione interna del tempio.

Per quanto riguarda infine la definizione completa del disegno planimetrico dell'area monumentale, occorre porre l'attenzione sulla natura della struttura delle murature che concludono l'ambiente dell'emiciclo superiore. Considerando infatti i due muri omologhi dell'emiciclo, la prima notazione riguarda la mancanza di strutture di collegamento trasversale (fig. 28). Infatti le due murature fungono da struttura perimetrale di un ambulacro, così come dimostra il residuo

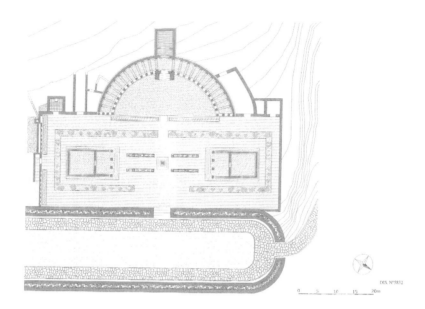

Fig. 29: Villa Adriana: ricostruzione planimetrica ipotetica dell'area dell'Antinoeion.

di piano di calpestio ritrovato in prossimità della zona superiore e inoltre sono staticamente indipendenti l'una dall'altra, e non esiste alcun elemento di raccordo che lasci supporre che le stesse facciano parte di una base di un'ipotetica costruzione a tutto spessore. Al fine di stabilire un'ipotesi ricostruttiva sulla base di quelle che sono le caratteristiche strutturali dell'emiciclo dell'Antinoeion, si è proposto un confronto con quelle di due edifici adrianei, il Serapeo di Villa Adriana e il Pantheon.

Il confronto tra il rapporto tra la larghezza complessiva delle due murature, compreso lo spazio intermedio, e la misura dell'emiciclo dell'Antinoeion con quello del Serapeo (fig. 28) o con quello del Pantheon (fig. 28), rileva che nonostante l'esistenza di una certa proporzionalità, è la diversa conformazione della struttura di base, a rendere notevolmente differenti le tipologia costruttive tra loro. Sia nel caso del Serapeo che in quello del Pantheon la struttura della fondazione è costituita da un unico spessore, seppure articolato da una serie di svuotamenti della massa muraria, quali nicchie rettangolari o semicircolari, che definiscono un adeguato elemento si sostegno alla copertura a cupola. Pertanto, non possiamo immaginare che la costruzione

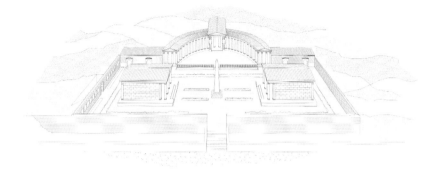

Fig. 30: Villa Adriana: ricostruzione prospettica ipotetica dell'area dell'Antinoeion.

dell'Antinoeion fosse conclusa da una struttura a cupola come nel caso dei confronti proposti, poiché non essendo i due muri semicircolari connessi tra loro, non costituiscono una premessa strutturale per supportare un qualsivoglia tipo di copertura a volta. È altresì verosimile che i due muri semicircolari delimitassero uno spazio percorribile, del quale molto probabilmente la struttura muraria interna costituiva la base di un colonnato.

La planimetria riportata nella fig. 29 propone quindi una ipotesi ricostruttiva dell'area dell'Antioeion, riassumendo sia i dati analizzati e riscontrati oggettivamente nell'area di scavo, e sia quelli scaturiti dall'analisi e dall'indagine archeologica di Mari: così si individua il perimetro dell'area definito a sud dalla parete ninfeo, ampiamente descritta precedentemente; i due templi gemelli a cui fanno da cornice i filari di alberi che seguono l'andamento delle apposite trincee; l'emiciclo superiore, leggermente rialzato e quindi il colonnato semicircolare che funge da scenografico sfondo allo spazio rettangolare antistante. Il punto focale di questa struttura prospettica (fig. 30) è poi segnato dal basamento quadrato nel quale viene ipotizzata la collocazione dell'obelisco di Antinoo, e in asse con questo, il terzo edificio a pianta rettangolare, collocato in corrispondenza della metà dell'emiciclo, in una posizione dominante l'intera area monumentale. La stessa ipotesi ricostruttiva viene proposta anche in sezione trasversale (fig. 31), con il collegamento alle altre strutture adiacenti, quali il c.d. Vestibolo e le c.d. Cento Camerelle, e infine in una ulteriore visione tridimensionale (fig. 32), in rapporto al contesto circostante.

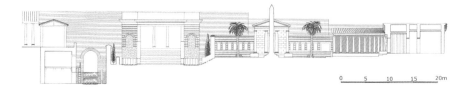

Fig. 31: Villa Adriana: ricostruzione ipotetica della sezione trasversale dell'area
dell'Antinoeion.

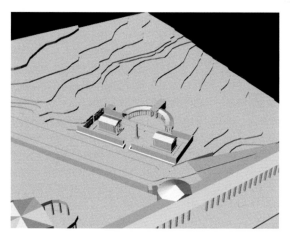

Fig. 32: Villa Adriana: visione tridimensionale dell'ipotesi ricostruttiva
dell'Antinoeion in rapporto al contesto.

1) Si riassumono brevemente le principali ipotesi della ricerca di Mari
che portano all'identificazione del sito con quello destinato al culto e
alla probabile sepoltura di Antinoo:

1. Il luogo dove stava l'obelisco era il luogo in cui era la tomba di
   Antinoo, perché l'iscrizione contiene un riferimento diretto
   all'Antinoeion: Antinoo riposa in questa tomba situata all'interno
   del giardino, proprietà del Principe di Roma (con il termine
   giardino, secondo l'ipotesi di Mari, si intende espressamente
   Villa Adriana, anche perché per dare sepoltura a un personaggio
   che non aveva ricoperto cariche pubbliche e il cui ruolo si era
   esaurito tutto nel rapporto privato con l'imperatore, la stessa villa
   suburbana era senz'altro il posto più adatto.)

2. L'obelisco si trovava nel '500 fuori Porta Maggiore, il ritrovamento decontestualizzato, lascia aperte le ipotesi di più possibili provenienze. Per esempio che provenga da Antinoopoli, la città dell'Egitto dedicata ad Antinoo, o che provenga dalla stessa città di Roma, in particolare dalla zona fuori Porta Maggiore o dal Palatino, o che infine provenga da Villa Adriana.
   Se si considerano le caratteristiche strutturali dell'obelisco (lastre montate su colonna centrale) ed anche lo stile dei geroglifici, si deduce che fu realizzato in Italia, e quindi si può escludere che provenga dall'Egitto. Se si considerano inoltre i Telamoni, dal '500 già conservati a Tivoli, e provenienti da Villa Adriana, strettamente collegati alla figura di Antinoo si può ragionevolmente ritenere che anche l'obelisco, dedicato ovviamente ad Antinoo, costituisse parte integrante di questo insieme di sculture e strutture celebrative destinate allo stesso luogo.

3. La posizione del complesso, all'interno di Villa Adriana rappresenta una collocazione periferica, e se si paragonano le Cento Camerelle al ruolo che in un contesto urbano hanno le mura, considerata anche la strada su cui sorge lo stesso complesso, si delinea un quadro che è perfettamente calzante con quello dei monumenti sepolcrali extraurbani e dei mausolei dinastici annessi alle grandi villae.

4. La conformazione dell'intero complesso architettonico è tale da suggerire il confronto con il Serapeo del Campo Marzio, oltre che per l'esistenza di un'esedra semicircolare, per la collocazione assiale di un basamento quadrato, identificabile con la posizione di un obelisco.

2) I risultati delle analisi sui campioni archeobotanici relativi all'area archeologica dell'Antinoeion, con particolare riferimento a quelli prelevati nel fondo delle trincee, sono stati resi noti in "Proceedings of the 1st Conference on Crop Fields and Gardens Archaeology" Barcelona 1–3 June 2006 e pubblicati in The Archaeology of Crop Field and Gardens. Bari 2006.

Tutta la documentazione grafica è dell'autore, ed è conservata presso l'archivio della Soprintendenza per i Beni Archeologici del Lazio. In particolare: le figg. 3, 10 (in parte modificata), 14 (in parte modificata), 15 (in parte modificata), 16 (in parte modificata), 11, 12 (in parte modificata), 13 (in parte modificata), sono state già pubblicate in *RAR* 76, 2003–2004. Le figg. 20, 21, 22, 23, 24, 25, 26, 27, sono state già pubblicate in *RAR* 75, 2002–2003. Le figg. 10, 30 (in parte modificata), 29, 12, 15 (in parte modificata), 13 (in parte modificata), 31, 19 sono state pubblicate in "The Antinoeion of Hadrian's Villa: Interpretation and Architectural Reconstruction". In *AJA* 111.1, 83–104.

Bibliografia

Alföldy-Rosenbaum, E. 1991. Hadrian and Antinous on the contorniates and the *Vita Hadriani*. In *Historiae Augustae Colloquium Parisinum. Atti del convegno internazionale, Paris, 2–4 giugno 1990*, eds. G. Bonamente, e N. Duval, 11–18. Macerata.

Baines, J. 2005. Ägyptische Hieroglyphen in der Kaiserstadt Rom. In *Ägypten Griechenland Rom. Abwehr und Berührung*, eds. H. Beck, P. C. Bol, e M. Bückling, 405–415. Tübingen.

Betori, A., e Z. Mari. 2006. Villa Adriana: novità da recenti scavi e considerazioni su significato e cronologia delle stesure musive omogenee a grandi tessere. In *AISCOM. Atti dell'XI Colloquio dell'Associazione Italiana per lo Studio e la Conservazione del Mosaico (Ancona, 16–19 febbraio 2005)*, 393–404. Tivoli.

Birley, A. 1997. *Hadrian, the restless emperor*. London.

Bommas, M. 2005. Sargfragment, sogenanntes Ariccia-Relief. In *Ägypten Griechenland Rom. Abwehr und Berührung*, eds. H. Beck, P. C. Bol, e M. Bückling, 640–641, n. 224. Tübingen.

Carettoni, G., A. M. Colini, L. Cozza, e G. Gatti. 1960. *La pianta marmorea di Roma antica. Forma Urbis Romae*. Roma.

Coarelli, F. 1986. (Porticus) Adonaea, Aedes Heliogabali, Aedes Iovis Ultoris. La tomba di Antinoo? In *La tombe d'Antinoüs à Rome*. MEFRA 98, eds. J.-C. Grenier, e F. Coarelli, 230–253. Paris.

———— 1996. Iseum et Serapeum in Campo Martio; Isis Campensis. In *Lexicon Topographicum Urbis Romae* 3, ed. M. Steinby, 107–109. Roma.

Ensoli, S. 1998. L'Iseo e Serapeo del Campo Marzio con Domiziano, Adriano e i Severi: l'assetto monumentale e il culto legato con l'ideologia e la politica imperiali. In *L'Egitto e l'Italia dall'antichità al medioevo. Atti del III Congresso Internazionale Italo-Egiziano, Roma-Pompei, 13–19 novembre 1995*, eds. N. Bonacasa et al., 407–438. Roma.

Ensoli Vittozzi, S. 1990. *Musei Capitolini. La collezione Egizia*, 47–50. Milano.

Equini Schneider, E. 1987. Sul "Tempio di Antinoo" a Bolu. In *Studi per Laura Breglia*. BollNum Suppl. 4, 111–117. Roma.

Fasolo, F., e G. Gullini. 1953. *Il santuario della Fortuna Primigenia a Palestrina*. Roma.

Gallo, P. 1997. Luoghi di culto e santuari isiaci in Italia. In *Iside il mito il mistero la magia*, ed. E. A. Arslan con F. Tiradritti, M. Abbiati Brida, A. Magni, 290–296. Milano.

Golvin, J.-C. 1994. L'architecture de l'Iseum de Pompei. In *Hommages à Jean Leclant* 3, eds. C. Berger, G. Clerc, e N. Grimal, 235–246. Le Caire.

Grenier, J.-C. 1986. L'emplacement de la tombe d'Antinoüs d'après les textes de l'obélisque Barberini. In *La tombe d'Antinoüs à Rome*. MEFRA 98, eds. J.-C. Grenier, e F. Coarelli, 217–229. Paris.

————1987. Les inscriptions hiéroglyphiques de l'obélisque Pamphili: un témoignage méconnu sur l'avènement de Domitien. *MEFRA* 99: 937–961.

—— 1989. La décoration statuaire du "Serapeum" du "Canope" de la Villa Adriana. Essai de reconstitution et d'interprétation. *Mélanges de l'École française de Rome, Antiquité* 101: 925–1019.

—— 1996. Obeliscus Domitiani. In *Lexicon Topographicum Urbis Romae* 3, ed. M. Steinby, 357–358. Roma.

Grimm, A., D. Kessler, H. Meyer (eds.). 1994. *Der Obelisk des Antinoos. Eine kommentierte Edition.* München.

Halfmann, H. 1986. *Itinera principum: Geschichte und Typologie der Kaiserreisen im römischen Reich.* Stuttgart.

Hannestad, N. 1982. Über das Grabmal des Antinoos. Topographische und thematische Studien im Canopus-Gebiet der Villa Adriana. *ARID* 11: 69–108.

Lambert, R. 1992. *Beloved and god: the story of Hadrian and Antinous.* 2nd ed. New York.

La Rocca, E. 2004. Templum Traiani et columna cochlis. *MDAIR* 11: 103–238.

Lembke, K. 1994. *Das Iseum Campense in Rom. Studie über den Isiskult unter Domitian.* Archäologie und Geschichte 3. Heidelberg.

—— 1995. Wo stand der Obelisk des Antinoos? *GM* 148: 109–112.

Levi, M. A. 1993. *Adriano Augusto. Studi e ricerche.* Roma.

MacDonald, L., e J. A. Pinto. 1997. *Villa Adriana. La costruzione e il mito da Adriano a Louis Kahn.* Milano.

Mambella, R. 1995. *Antinoo, l'ultimo mito dell'antichità nella storia e nell'arte.* Milano.

Mari, Z. 1983. *Tibur, pars tertia.* Forma Italiae I.17. Firenze.

—— 2002–2003. L'*Antinoeion* di Villa Adriana: risultati della prima campagna di scavo. *RAR* 75: 145–185.

—— 2003–2004. L'*Antinoeion* di Villa Adriana: risultati della seconda campagna di scavo. *RAR* 76: 263–314.

—— 2005. La tomba-tempio di Antinoo a Villa Adriana. *Forma Urbis* 10, 4: 4–16.

—— 2005. La tomba-tempio di Antinoo a Villa Adriana. *Atti Tib.* 78: 125–140.

——, A. M. Reggiani, e R. Righi. 2001. Grande Vestibolo presso le Cento Camerelle. Indagini e restauri. In *Archeologia e Giubileo. Gli interventi a Roma e nel Lazio per il Grande Giubileo del 2000* I, ed. F. Filippi, 478–483. Napoli.

——, A. M. Reggiani, e R. Righi. 2002. Il Grande Vestibolo di Villa Adriana. In *Villa Adriana. Paesaggio antico e ambiente moderno: elementi di novità e ricerche in corso. Atti del Convegno, Roma, Palazzo Massimo alle Terme, 23–24 giugno 2000,* ed. A. M. Reggiani, 16–29. Milano.

——, e S. Sgalambro 2006. Tivoli. Villa Adriana. Il complesso della Palestra. In *Lazio e Sabina* 3 *(Lavori e studi della Soprintendenza per i Beni Archeologici del Lazio* III, *Atti del Convegno: Terzo Incontro di studi sul Lazio e la Sabina, Roma, 18–20 novembre 2004),* ed. G. Ghini, 53–68. Roma.

——, e S. Sgalambro 2007. "The Antinoeion of Hadrian's villa: interpretation and architectural reconstruction". In *AJA* 111.1: 83–104.

Meneghini, R. 2002. Nuovi dati sulla funzione e le fasi costruttive delle "biblioteche" del Foro di Traiano. *Mélanges del l'École française de Rome, Antiquité* 114: 655–692.

Meyer, H. 1991. *Antinoos. Die archäologischen Denkmäler unter Einbeziehung des numismatischen und epigraphischen Materials sowie der literarischen Nachrichten. Ein Beitrag zur Kunst- und Kulturgeschichte der hadrianisch-frühantoninischen Zeit.* München.

Parlasca, K. 2005. Antinoos-Porträts. In *Ägypten Griechenland Rom. Abwehr und Berührung,* eds. H. Beck, P. C. Bol, e M. Bückling, 426–427. Tübingen.

Paterna, C. 1996. Il circo Variano a Roma. *MEFRA* 108: 817–853.

Reggiani, A. M. 2002–2003. Villa Adriana: progetti di indagini di scavo e nuove ricerche. *RAR* 75: 105–111.

Salza Prina Ricotti, E. 2002–2003. La ricerca della "tomba" di Antinoo a Villa Adriana. *RAR* 75: 113–144.

———2002–2003. I giardini delle tombe e quello della tomba di Antinoo. *RAR* 76: 231–261.

Scheid, J. 2004. Quand fut construit l'Iseum Campense?. In Orbis antiquus. Studia in honorem Ioannis Pisonis, eds. L. Ruscu, C. Ciongradi, R. Ardevan, C. Roman, e C. Găzdac, 308–311. Cluj-Napoca.

Sgalambro, S. 2002–2003. Gli elementi architettonici dell'edificio ad esedra di Villa Adriana: identificazione e ipotesi ricostruttive. *RAR* 75: 425–447.

———2003–2004. L'area monumentale dell'*Antinoeion* a Villa Adriana: osservazioni sul contesto e sulle tecniche costruttive e architettoniche. *RAR* 76: 315–343.

Sist, L. 1997. L'Iseo Serapeo Campense. In *Iside il mito il mistero la magia*, ed. E. A. Arslan con F. Tiradritti, M. Abbiati Brida, e A. Magni, 297–305. Milano.

Taliaferro Boatwright, M. 1987. *Hadrian and the city of Rome*. Princeton, New Jersey.

Tresserras, J. J. 2006. Analisi dei fitoliti. In Indagini archeobotaniche su alcuni materiali degli horti Luculliani (Roma) e di Villa Adriana (Tivoli). Proceedings of the 1st International Conference in Crop Fields and Garden Archaeology, eds. M. Giardini, G. Calderoni, V. Jolivet, Z. Mari, L. Sadori, F. Susanna, e J. J. Tresserras. Bari.

Vacca, F. 1741. Memorie di varie antichità trovate in diversi luoghi della città di Roma, scritte da Flaminio Vacca nell'anno 1594. In *Roma antica distinta per regioni, secondo l'esempio di Sesto Rufo, Vittore, e Nardini* I. Roma.

Vidman, L. 1969. *Sylloge Inscriptionum religionis Isiacae et Serapiacae*. Berlin.

Voisin, J. L. 1987. Apicata, Antinoüs et quelques autres. Notes d'épigraphie sur la mort volontaire à Rome. *MEFRA* 99, 1: 264–266.

Wild, R. A.1984. The known Isis-Sarapis sanctuaries from Roman period. *ANRW* II.17.4: 1739–1851.

Zanda, E. 1997. Il santuario isiaco di Industria. In *Iside il mito il mistero la magia*, ed. E. A. Arslan con F. Tiradritti, M. Abbiati Brida, e A. Magni, 352–357. Milano.

———, e A. Gaspani 2003. Industria e la "sapienza isiaca": osservazioni di astronomia e geometria. In *Faraoni come dei, Tolomei come faraoni. Atti del V Congresso Internazionale Italo-Egiziano, Torino, 8–12 dicembre 2001*, eds. N. Bonacasa, A. M. Donadoni Roveri, S. Aiosa, e P. Minà, 306–321. Torino.

WOMEN AND GENDER IN ROMAN EGYPT:
THE IMPACT OF ROMAN RULE

Katelijn Vandorpe
Sofie Waebens

"Cleopatra, riding at anchor behind the combatants, could not endure the long and anxious waiting until a decision could be reached, but true to her nature as a woman and an Egyptian, she was tortured by the agony of the long suspense (…) and so she suddenly turned to flight herself".[1] The historian Cassius Dio, led by Octavian's vicious anti-Cleopatra propaganda, disapproves of Cleopatra's actions in the battle of Actium which eventually led to the downfall of the queen and her beloved Marcus Antony. Cassius Dio put her weakness down to her nature as a woman, considering Cleopatra an Egyptian woman, though she was member of a Greco-Macedonian dynasty. The quote suggests the disdain of the ruling class for Egyptian women. We will confront this disdain with the information found in the Greek and Egyptian papyri.

The central question of this paper is the impact of Roman rule on women in Egypt. We will focus on the legal position of women (mainly the aspect of guardianship will be considered) and on their social mobility. The nature of the impact of Roman rule differs depending on the status of the inhabitants.

(1) Until AD 212 Roman citizens formed a minority in Roman Egypt.[2] These were higher officials, legionaries, to a lesser degree *negotiatores* and travelers. The city of Alexandria attracted Roman scholars like Strabo. There were also individual grants of citizenship to prominent families, often Alexandrians, whereas Egyptian soldiers of the auxiliary troops received Roman citizenship only after a military service of 25 years.[3] Roman women in Egypt were, like their colleagues in Italy, subject to the Augustan legislation that stimulated marriage and production of children, as shown by the Gnomon of the Idios Logos,

---

[1] Dio Cassius 50.33, translation by Cary and Foster 1961.
[2] Seidl 1973, 130–131; Legras 2004, 66–68.
[3] Rowlandson 2004, 153.

a set of rules from emperor Augustus, but revised afterwards and extant on papyrus.[4]

(2) The citizens of Alexandria and of the other Greek cities (Naucratis, Ptolemais and after its foundation in AD 130, Antinoopolis) were the *cives peregrini* or *astoi* and constituted, after the Roman citizens, the upper class of the population in Egypt.[5] They lived according to their own city bylaw, but there may have been a cross-fertilization between Alexandrian and Roman law vis-à-vis women.[6]

(3) The Ptolemaic rulers made a distinction between Greeks and native Egyptians and between Greek laws of the countryside and Egyptian law, a distinction that was, however, difficult to maintain in the later Ptolemaic period, due to mixed marriages and due to the creation of social mobility that brought several Egyptian people into the classes of the Greeks. For the Roman administration the culturally mixed population of Greco-Egyptian inhabitants of the countryside or *chora* were all considered 'Egyptians', *peregrini Aegyptii* or *Aigyptioi*.[7]

In our discussion of the impact of Roman rule on the women of Egypt, we will focus on the largest group, the Greco-Egyptian women of the countryside (*chora*), called 'Egyptian' women by the Romans.

1. *The Legal Position of Egyptian Women*

Egyptian women had, according to Pharaonic traditions, a strong legal position.[8] They could engage in business transactions without a guardian, they inherited from their father (even real estate), they had to give their consent to marriage, and during their marriage they retained full rights to their property. Greek women in the classical period had hardly any legal independence[9] and were under the control and protection of a guardian or *kyrios*: their father when they were young, their husband after marriage, or another relative when they had become a widow.

---

[4] BGU V; for the translations of §39, 46, 53, below, see Rowlandson 1998, no. 131.
[5] Legras 2004, 103–120; Delia 1991; Capponi 2005, 66–69.
[6] Bowman and Rathbone 1992, 115–116.
[7] Seidl 1973, 131; Lewis 1983, 18–19 and 31–32.
[8] Allam 1969, 155–159; Desroches Noblecourt 1986; Allam 1990, 1–34; Watterson 1991; El-Mosallamy 1997, 251–272.
[9] Schaps 1979; Gould 1980, 38–59; Cohen 1989, 3–15; Just 1989; Sealey 1990.

What happened when both traditions were confronted under Ptolemaic rule?[10] For Greek women, a range of possibilities for legal activity was opened up, impossible to imagine in the classical Greek city. But nevertheless, the guardianship for Greek women was maintained. On the other hand, the Ptolemies respected the Egyptian culture and traditions. They integrated the Egyptian administration into theirs. People, whether Greek or Egyptian, could choose between Greek and Demotic contracts and the Demotic contracts enjoyed the same recognition and validity as their Greek counterparts.[11] These Demotic contracts continued Egyptian traditions, so women did not need a guardian,[12] whereas Greek contracts continued Greek traditions according to which women had to be assisted by a male guardian.[13]

The Romans were faced with a different situation. Whereas the Ptolemies had to deal with one well-developed, Egyptian administration, the Romans were confronted with a complicated, bipartite and bilingual administration, at least on the lower administrative levels. As the dominion of the Greek language had already begun under Ptolemaic rule, the Romans chose to retain only the Greek administration on all levels. Two inscriptions from the precinct of the temple of Hathor at Dendara nicely illustrate the radical changeover.[14] The first inscription dating to 12 BC, is a trilingual dedication with the primary version in Demotic, whereas the second dedication dating to Augustus' birthday in AD 1, was written in Greek only. In the Julio-Claudian dynasty, Demotic is also replaced by Greek on statues carved in the Pharaonic tradition, even in the very Egyptian milieu of Soknopaiu Nesos (Dimeh) in the Fayyum.[15]

In exactly the same period, new Roman registration rules were introduced for private contracts which would lead to the disappearance of Demotic written contracts (between 12 BC and AD 2/4).[16] The Romans did not really prohibit, but discouraged the use of Demotic

---

[10] Préaux 1983, 127–175; Rowlandson 1995, 301–321; Rowlandson 1998.

[11] Demotic contracts had to be registered in a Greek registration office from about 145 BC onwards, see Pestman 1985, 17–25.

[12] However, husbands may have been involved in transactions by Egyptian women who went to the temple notary, see Pestman 1995, 79–87.

[13] Vandorpe 2002, 325–336.

[14] Bowman and Rathbone 1992, 107–127.

[15] Bingen 1998, 311–319.

[16] Lewis 1993, 276–281; Depauw 2003, 66–111.

for private contracts in favour of a purely Greek administration and registration. How did they discourage Demotic writing? The new Roman registration rules required that Demotic contracts were provided with an elaborate Greek subscription, to which sometimes an extra Greek summary was added in the register office, probably to be paid for. Demotic contracts without long Greek subscriptions or summaries did no longer enjoy recognition by the government. As a consequence, in the course of the first century Demotic notary contracts became increasingly rare, and persisted only for some time in priestly milieus. The new Roman policy led to the complete disappearance of Demotic as a forensic script in the third century AD, while Coptic has clearly undergone the pervasive impact of Greek in script and vocabulary.

With the disappearance of Demotic contracts, the Egyptian traditions were for a large part lost, at least in the written documentation. Mainly the Greek traditions of the Ptolemaic period were continued, though the Romans revised the contractual procedures and may have taken into account several Egyptian traditions, for instance when they established the dowry-types.[17]

Here, we will focus on guardianship. With the gradual disappearance of Demotic contracts, Egyptian women had to use Greek contracts and in these Greek contracts, Greek as well as Egyptian women from the countryside had to be assisted by a *kyrios* or guardian. A Greek acknowledgement of debt of AD 37 shows that one of the advantages of having a guardian, was that they could assist an illiterate woman:[18] "*Thamounis, daughter of Onnophris, (…), with her guardian Leon(?), son of Aperos(?), to my son Tryphon, greetings. I acknowledge that (…). I, Leon, son of Aperos, am registered as her guardian and I have written on her behalf because she does not know letters (…).*"[19]

For the first time, Egyptian women lost their preferential status in contracts which were recognized by the government. A nice case-study are the bilingual documents from first-century Soknopaiu Nesos.[20] In the Demotic sale contracts women act alone, as expected,

---

[17] In the early Roman period two new dowry categories are introduced alongside the *pherne* or dowry proper, one of them being the *parapherna*. The introduction of the latter category is thought to be due to Egyptian influence, see Burkhalter 1994, 155–174; Vandorpe 2006, 72–74; for a different view, see Yiftach-Firanko 2003, 133–140.

[18] On literacy of women in Roman Egypt, see Rowlandson 2004.

[19] SB X 10238 (with BL VII 217), for the translation, see Rowlandson 1998, no. 90.

[20] Schentuleit 2009, 192–212.

even in the Greek subscriptions. But some Demotic sale contracts are linked to a Greek loan contract; whereas in the Demotic sale, women act on their own, in the corresponding Greek contract they are obliged to be assisted by a *kyrios*. In some rare cases women surprisingly appear with a guardian in Demotic contracts: The archive of Kronion from the Fayyum town of Tebtunis, for instance, contains a contract in which a man assists his mother in the Greek as well as in the Demotic part (the guardian is called *ts sḥn* in Demotic).[21]

About AD 140, under the reign of Antoninus Pius, the procedures concerning guardianship for local women became more stringent than before, as shown by Pestman in a stimulating Dutch article.[22] Apparently these women now also needed a guardian in cases where previously no guardian was required, for instance when they handed in a petition concerning real estate or revenues.[23] It may be a coincidence, but from about AD 140 onwards, more applications are found for the assignment of a guardian, addressed to a regional official, the *strategos* of the nome or his deputy the royal scribe, or to a municipial official, the *exegetes*. Some of these women mention that the absence of a guardian (their father, grandfather, a brother or son) prevents them from transacting business in a legal way.[24] In such an application women suggest a male candidate who is willing to act as guardian for usually only one transaction: "*To Maximus, (…) exegetes in office, and councillor, from Tabesammon, daughter of Ammonios alias Cassius, of Oxyrhynchus, her mother being Diophantis, a citizen. As I am borrowing for my pressing needs a sum of money at interest, amounting to 6,000 drachmae, upon the security of property consisting of a piece of vine land (…), I make request through you, (…), that I may have assigned to me as my guardian for this transaction only, Amoitas, son of Ploution and Demetrous, of the aforesaid city of Oxyrhynchus, who is present and who gives his consent. I have paid the appointed tax for the making of such a request.*"[25]

---

[21] P.Mich. V 253 (AD 30); Pestman 1961, 151–152.

[22] Pestman 1969; see also Arjava 1996, 116; Capponi 2005, 58.

[23] P.Tebt. II 329 (AD 139), SB I 4415 (AD 144), P.Oxy. I 76 (AD 179), P.Oxy. VI 899, see l. 49 (AD 200), P.Oxy. III 488 (before AD 212), P.Münch. III 77 (third cent.).

[24] E.g., P.Mil.Vogl. II 71, l. 23–24.

[25] P.Oxy. I 56 (AD 211) with translation.

When in AD 212 all free women became Roman citizens, the local women in Egypt became subject to Roman law. Roman law expected the cooperation of a *tutor* or guardian, according to the *Lex Iulia et Titia* of Augustan date, to be appointed by the prefect or provincial governor if there was none provided by, for instance, a will.[26] Women had to petition in Latin for the assignment of a *tutor*.[27]

A *tutor*, called a "*kyrios* according to Roman law" in Greek texts, was needed in fewer cases than Greek custom required, that is only in case of transactions involving *res mancipi*, the most important resources of a family: real estate in Italy (thus, the provincial land in Egypt was not included) and slaves. In addition, a guardian's consent was required for some other legal acts such as the redaction of a will.[28] Contrary to the Greek *kyrios*, a Roman *tutor* was usually not a family member.

But the new Roman women of Egypt initially continued their old Greek habits and were assisted by a guardian even when it was not required by Roman law. From about AD 235 onwards,[29] when they had become acquainted with Roman law, they followed Roman rules more strictly and increasingly took advantage of the privilege of the *ius trium liberorum*,[30] a right which exempted freeborn Roman women from guardianship who had borne three children (freedwomen needed four children). It is striking that especially wealthy women, at that time part of the bouleutic class, enjoyed the *ius liberorum*.[31] Few women with an Egyptian cultural background made use of the privilege.[32] The *ius liberorum* was not an automatic right, women had to apply to an official and had to prove they had borne three children; all this undoubtedly involved expenses and probably especially wealthy women who regularly transacted business, applied for it. Many women were apparently proud of having the *ius liberorum*, as if having many

---

[26] Modrzejewski 1974, 263–292; Arjava 1996 and 1997; Rowlandson 1998, 190.

[27] E.g., Rowlandson 1998, no. 140.

[28] Arjava 1996, 112–113; Arjava 1997, 25; Evans Grubbs 2002, 24 and 28.

[29] Arjava 1997, 27.

[30] Sijpesteijn 1965, 173–189; Pestman 1969, 26; Arjava 1996, 114; Arjava 1997, 27; Evans Grubbs 2002, 24 and 38–39. The *ius liberorum* is already attested in Egypt for Roman women in the second century, see the list by Sijpesteijn and for an update, see Sheridan 1996, 117, n. 1.

[31] Sheridan 1996, 117–131.

[32] According to Sijpesteijn, Egyptian women reject the Roman practice of the *ius liberorum*, and he adds that "dieses Bedürfnis nur bei einigen Strebern oder Kollaborateuren bestanden hat" (Sijpesteijn 1965, 173–189, esp. 189).

children had become a status symbol 250 years after Augustus introduced it, although Augustus had undoubtedly other women in mind.
In the following example, Aurelia Thaisous alias Lolliane applies to the
prefect of Egypt for permission to conduct her affairs without a guardian, on the basis of the *ius liberorum*:"*Laws long ago have been made,
most eminent prefect, which empower women who are adorned with the
right of three children to be mistresses of themselves and act without a
guardian in whatever business they transact, especially those who know
to write*".[33] Her mentioning that she is literate, is legally irrelevant, but
will make it easier for her to conclude contracts without a male guardian.

But third-century Egypt shows a particularity: though women
increasingly followed Roman rules, at the same time they often continued their old Greek habits within legal boundaries: several documents mention that a woman is "without a guardian by the right of
children" according to Roman law, but at the same time they add that
they are "acting with mister X who is present"[34] and this Mister X is
usually their husband,[35] in accordance with Greek practice. Apparently
local women considered it better to be assisted by a male and
Constantine took measures which support this view.[36] Even when
guardianship faded away or was actually abolished,[37] Egyptian women
continued their habit of being assisted by their husband in legal transactions and could only act on their own, without the consent of their
husband, when they became a widow.

In conclusion: The favourable Roman guardianship was a strong
emancipating factor, but could not entirely convince the local women
of third-century Egypt. The Greek tradition of guardianship, which
entered Egypt under the Ptolemies and spread under Roman rule for
200 years since the disappearance of Demotic contracts and Egyptian
traditions, had become too strong. In the case of guardianship in

---

[33] P.Oxy. XII 1467 (AD 263). Translation from Rowlandson 1998, no. 142.

[34] For instance, P.Oxy VI 912: μετὰ συνεστῶτος.

[35] Arjava 1996 and 1997.

[36] Beaucamp 1992, 2: 264.

[37] Abolishment under Constantine or Diocletian: Kaser 1975, 222; abolishment in
the fourth century: Arjava 1996, 256 and Evans Grubbs 2002, 45–46: "the classical
Roman *tutela mulierum* may never have been actually abolished by law (...). Instead it
faded into desuetude by the end of the fourth century. The *ius liberorum* lasted longer,
but this was because of its importance in inheritance matters, not *tutela*: women with
the *ius liberorum* had improved succession rights to the property of their intestate
children (...)."

Roman Egypt, Roman policy has led to a stronger Hellenization and not to a stronger Romanization (in the strict sense of the word). This fits the general picture of the Roman impact in the Greek East, which "consisted primarily of an intensified Hellenization and urbanization of the province".[38]

2. Social Mobility for Women of the Countryside

We consider social mobility for women, the phenomenon that local women may obtain a higher status for themselves or for their children, by marrying a man of a higher status.

Under the Ptolemies, an Alexandrian had to be born from an Alexandrian mother and father. There may have been a second-rate citizenship consisting of children born out of mixed marriages.[39] Children from such mixed marriages became Alexandrians as well, but they were not inscribed in one of the demes of the city and apparently had an inferior status than the Alexandrian demesmen. Mixed marriages were already discouraged under the Ptolemies.

But in the *chora* of Ptolemaic Egypt, Greeks and Egyptians became mixed up, as Greek immigrants usually lived not in separate communities, but in smaller groups scattered among the local people, and, humanely, they often ended up by marrying Egyptian women. Social mobility for local women was a realistic option, resulting in numerous intermarriages and burdening modern researchers with worries whether their children were Greek or Egyptian.

Romans, on the other hand, always had clearly defined the various population groups and social orders, and wanted to keep them distinct. Social promotion for men was strictly regulated. The Republican *Lex Minicia*[40] discouraged intermarriages between Romans and non-Romans by prescribing that the child takes the status of the inferior parent. The law was also valid in Roman Egypt and as a consequence, *inter*marriages between the population classes of Egypt were discouraged from the beginning. This is reflected in the Gnomon of the Idios Logos, which states that "*The children of a Roman man or woman who*

---

[38] Rowlandson 2004, 153; see also Bowman and Rathbone 1992, 107–127; Woolf 1994, 116–143.

[39] Fraser 1972, I: 48–49; Willy Clarysse and Dorothy Thompson, in P.Count no. 4, l. 61–64 with comment.

[40] Cherry 1990, 244–266; Bagnall 1993, 25–28.

marries an Egyptian, follow the lower status (thus become Egyptian, § 39)". But a later, unnamed decree of Senate[41] legitimized certain types of marriage contracted by mistake, for instance, when a Roman man married a foreign woman in the believing that she was a Roman citizen. Such an exception is also found in the Gnomon of the Idios Logos: "*it has been granted to Roman men or astoi* [that are citizens of Greek cities] *who by ignorance marry Egyptian woman, to be exempt from liability and for the children to follow the paternal status* (and become Roman or an *astos*, § 46)". Thus, there are exceptions in case of a mistake made by the Romans or *astoi*.[42]

In general, the discouraging of intermarriages between local women of the *chora* on the one hand and Romans or *astoi* on the other hand, is not so different from Ptolemaic policy, which discouraged marriages between Alexandrians and non-Alexandrians as well.

But the Romans went further. Within the population group of the 'Egyptians' of the countryside, a distinct group who lived in the metropoleis, was marked off from the villagers, and became part of the *metropolitai*. The *metropolitai* were a fiscally privileged group.

Side by side with the metropolite group created after Roman social practice, a gymnasial group was created by the Greeks themselves and the gymnasium was the point of entry into the Greek community ("Greek" had no ethnic connotation). The gymnasial group was, for instance, constituted at Oxyrhynchos in AD 4/5.[43] Those of the gymnasium paid tax at a reduced rate, like the *metropolitai*. As argued convincingly by P. Van Minnen,[44] "those of the gymnasium" were not an elite within the elite of *metropolitai*, but both groups overlapped and represented the Greek population of the metropoleis. "The metropolite order was created after Roman social practice, the gymnasial order after Greek social practice".[45]

Initially, the metropolite group was compounded of Greek and Hellenized Egyptian residents of the metropoleis, whereas the gymnasial status could be accorded to all those with a father of the gymnasial

---

[41] Cherry 1990, 244–266; Bagnall 1993, 25–28.

[42] Compare the privilege by the emperor Hadrian granting the *conubium*-right for marriages between citizens of Antinoopolis and Egyptians (W.Chr. 27).

[43] Bowman and Rathbone 1992, 121.

[44] Van Minnen 2002; for a response on Van Minnen's suggestion that the women of the gymnasial order remained culturally more Egyptian than the men, see Rowlandson 2004.

[45] Geens (forthcoming), chapter 4.

class and a freeborn (Greek or Egyptian) mother. Thus, local, Egyptian women could become part of the metropolite and gymnasial milieus through intermarriages. This created problems for the Romans, as children of these mixed marriages were accorded the same privileges (becoming part of the metropolite or gymnasial order) as children of Greek parents.

New Roman rules around AD 50–75 (probably 72/73)[46] discouraged such intermarriages. Rules for admission into the privileged classes were tightened: for the metropolite order boys had to be entered in the metropolite registers at the age of 14 by an application attesting that both their father and maternal grandfather were of metropolite status. The gymnasium administration had to list both father's and mother's gymnasial status.[47] The metropolite and gymnasial groups had become exclusive orders.

From then on, a new phenomenon appears according to recent research by M. Depauw: when a person is presented in certain types of Greek documents, the name of his mother and the grandfather's name at mother's side are systematically added, a habit which was until now highly exceptional:[48] *"Agreement between Tryphon son of Dionysios, grandson of Tryphon, his mother being Thamounis, daughter of Onnophris, and Ptolemaeus, weaver, son of Pausirion, son of Ptolemaeus, his mother being Ophelous, daughter of Theon, both parties being inhabitants of the city of Oxyrhynchus."*[49] The social changes resulted in an "increased attention for one's pedigree".[50]

Thus, marriage with local women from outside the orders was quite disadvantageous for the status of the children and was as a consequence discouraged, thus putting an abrupt end to the social mobility for local, Egyptian village women, and thus adding to the compartmentalization of society, as Van Minnen calls it.

The prohibition resulted in more *intra*marriages within the Hellenic groups, and as there had never been enough Greek women and as landholding had become more important in these milieus, more and more brother-sister marriages are attested. Girls could inherit real estate and brother-sister marriages created the possibility to keep property within the family. In addition, Greek women were thinly

---

[46] Van Minnen 2002, 345.
[47] Van Minnen 2002.
[48] Depauw 2009, 120–139.
[49] P.Oxy II 275 (AD 66), with translation.
[50] Depauw 2009, 120–139.

sown. Recent research[51] seriously doubts the sibling marriages in Roman Egypt, suggesting that the brothers are in fact adopted and not biological sons. But S. Remijsen and W. Clarysse[52] clearly show that most of the sibling marriages in Egypt are really brother-sister marriages, that is between full brothers and sisters. It is conspicuous that these marriages are often between a brother and a younger sister. Thus, in Roman times there is a clear evolution from intermarriages to intramarriages.

Is there another way for local women to achieve social mobility? For the Ptolemaic period, recent research[53] has shown that natives, entering the Upper Egyptian army as soldiers serving for pay, were often enrolled into the class of the Persians. 'Persian' does not refer to their ethnic origin, but is a fictitious ethnic, referring to a specific class, like the class of the Greeks. Persians passed on their ethnic to their male and female children, thus one may consider this enrolment to be an example of social mobility on a large scale, since it was possible for Egyptian people and for the Persians to promote to the class of the Greeks. A well-known example is the case of Dionysios alias Pasas, originating from the Middle Egyptian town of Akoris, who became a Persian of the reserve troop. When he was recruited, he soon became a Macedonian (P.Dion.). In marrying these soldiers, local women could obtain a higher status, as is shown by the example of Apollonia alias Senmonthis, daughter of Ptolemaios alias Pamenos. She descended from a local Egyptian family, which had been promoted to the class of the Greeks, as the members wear the ethnic 'Cyrenaean'. Apollonia saw in her marriage to the Cretan Dryton, a colleague of her father, an opportunity to present herself to society as a Greek woman in every respect.[54]

Social mobility was much more regulated and limited in the Roman period. Enrolment in the Ptolemaic army had allowed Egyptian men to climb up the social ladder, but was this still possible in Roman Egypt? Soldiers did enjoy a rather privileged status[55] compared to the other population groups (e.g., the military will, the *castrense peculium*

---

[51] Huebner 2007, 21–49.
[52] Remijsen and Clarysse 2008, 53–61.
[53] Vandorpe 2008, 87–108.
[54] Vandorpe 2002, 325–336.
[55] Alston 1995; Dietze-Mager 2007, 111–116 and 119–120.

in service [private property of a son acquired by military service][56] and
the Roman citizenship after their discharge), but they were also since
the beginning of the Roman Empire legally not allowed to marry during their military service, thus during 20 (legionaries) or 25 (auxiliaries) years. Although the existence of this ban is nowhere attested in
its original form, allusions survive in the literary works of Greek and
Roman authors (especially Cassius Dio, Herodianus and Libanius), in
the juridical papyri from second-century Roman Egypt (e.g., the
Cattaoui papyrus)[57] and in the military diplomas.[58] It is generally
accepted that emperor Augustus issued the marriage ban when he
reorganised the length and terms of military service in 13 BC, probably in order to obtain a professional army,[59] which required lengthy
absences from home, often in remote areas of the Empire.

The marriage ban applied to all soldiers, as shown by the literary
and papyrological sources.[60] When discussing the impact of this ban
on the soldiers, we have to differentiate between the Roman citizen
and non-citizen soldiers, since the legal difficulties varied according to
the status of the people involved. Legionaries were usually recruited
among Roman citizens (there may be some exceptions)[61] and auxiliaries among non-citizens. Whatever the status of the mother and father,
children born from unofficial unions during service were always
illegitimate (*spurii*), so they had no claim on intestate succession.[62] If
the soldier were a Roman citizen who had married a citizen, their

---

[56] Campbell 1978, 157; Phang 2001, 89–90.

[57] A collection of excerpts or summaries of court proceedings before the prefect of
Egypt or his deputies (AD 114–142).

[58] According to Phang the most extensively discussed source on the soldiers' marriages, see Phang 2001, 53. Military diplomas were given to veterans of the Praetorian
Guard, the urban cohorts, the auxilia, the *equites singulares Augusti* and the praetorian fleets, but not to legionaries. This is confirmed by PSI IX 1026, *veterani ex legio-
nibus instrumentum accipere non solent.*

[59] Campbell 1978, 153–154; Wells 1998, 180–190; Phang 2001, 4.

[60] Phang 2001, 50.

[61] See, for instance, the archive of Lucius Pompeius Niger (AD 31–64), a veteran
from the Legio XXII Deiotariana. Most scholars regard him as extraordinary since he
was an Egyptian serving in the legion, a privilege considered to be the exclusive privilege of Roman citizens at the time. For a short description of the archive, see the
article of Smolders 2005. Legionaries were in fact, in limited number, recruited among
the local population to enlist in the Egyptian garrisons as early as the reign of emperor
Tiberius, especially among the Alexandrians and Hellenized Egyptians. When they
enlisted in the legion, they received the Roman citizenship and were inscribed in the
tribus Pollia. For more details, see Dietze-Mager 2007, 69–73, esp. 72.

[62] Phang 2001, 203.

offspring would be illegitimate, but on the other hand would still be Roman citizens. Their children could be left a legacy, but since soldiers could not enter their illegitimate children on the *album* of births, it would have been difficult for them to proof their identity for claims in a will. Most soldiers, however, probably lived together with women of peregrine status, so their children did not have the Roman citizenship and could not inherit from their father.[63]

Although Roman soldiers were unable to contract a legal marriage (*matrimonium iustum*), they were not expected to abstain from sexual relationships with women. The government and administration turned a blind eye to soldiers who ignored the marriage ban and engaged themselves to long-term relationships with women, whom they regarded as their wives. The papyri and military diplomas confirm that the existence of these unions during military service was accepted and that no punitive actions were taken against it. The epitaphs reveal that the soldiers and their wives took the relationship seriously, referred to each other as husband and wife and were disgruntled when denied the legal effects of marriage.[64] The consequences for local women and their children, when choosing to engage in a long-term relationship with a soldier during his military service, are attested most directly in the Cattaoui papyrus. Since they were not legally married, the children born during the soldier's service were illegitimate—expressed in the papyri with terms as ἀπάτωρ ('fatherless') and χρηματίζων μητρός ('officially described as son of', followed by the mother's name)[65]—and could not inherit from him. However, this simply means that he had no *legal* obligation to support his illegitimate children. *If* the father desired to do so, he was permitted to make the necessary arrangements to provide for his children.[66] Consequently, wills made by soldiers and veterans (until one year after their *honesta missio*)[67], in a document or orally, were always considered to be proper testaments—after the Flavians at least—even if the document itself did not meet the Roman formal requirements.[68] Probably from the reign

---

[63] Campbell 1978, 154.

[64] Phang 2001, 199–200.

[65] Youtie 1975, 732 and 737; Malouta 2007, 615 and 619.

[66] For a more detailed discussion of the legitimacy of soldiers' children, see Phang 2001, 306–313; for a narrower definition of the terms *spurius* and ἀπάτωρ, see Dietze-Mager 2007, 54–57.

[67] Africanus in *Digest* 29, 1, 21.

[68] See the Gnomon of the Idios Logos, § 34: "*Soldiers in service and after leaving service have been allowed to dispose of their property both by Roman and by Greek wills*

of Trajanus onwards, soldiers were also allowed to designate *peregrini* and Latins as heirs and legatees in their wills. Consequently, soldiers were now able to institute their 'wives', taken during military service and often of peregrine origin, and illegitimate children born in service as heirs[69] if they wished to do so.[70] Furthermore, Hadrianus granted to the illegitimate soldier's children the right to claim intestate inheritance from their father.[71]

Their wives' position was worse, since women were unable to reclaim their dowries after the break-up with or death of their men,[72] as shown by the following example: "*Chthinbois (lodged a suit) against Cassius Gemellus, a cavalryman of the Vocontians, in the presence of her father Orestouphi. Apollinarius the advocate said that since Gemellus owed 700 drachmas to Chthinbois according to a bank draft, he must hand them over according to it. But Alexander and Herakleides the advocates of the defense accused Chthinbois of wanting to demand back a dowry from him, as if she had married* [Gemellus], *which* [dowry] *she had given to him. They said that it was not possible for soldiers to take wives*" (AD 134).[73] Another well-known example of the bad position of the woman in Roman Egypt is the "Drusilla lawsuit". These documents belong to the archive of Gaius Iulius Agrippinus.[74] Tertia Drusilla, the widow of the soldier Valerius Apollinarius, was unable to reclaim the part of her husband's mortgaged property that belonged to her dowry and to her children's inheritance after his death (somewhere between AD 129/130 and 134/135). The other party argued that Drusilla was not the legal wife of Apollinarius since he had married her during his military service. The case was still unsettled in AD 147/148.

---

and to use what words they choose." Translation from Phang 2001, 217. See also Ulpianus in *Digest* 29, 1, 1. For more information, see Phang 2001, 217–221.

[69] With a few exceptions: slaves, for instance, had to be freed in order to be able to inherit from their former masters. The *lex Aelia Sentia* also required slaves to be older than 30 years in order for manumission. The soldier's wife could inherit from her man as long as she was an *honesta ingenua*. Hadrianus explicitly denied the "disreputable" women the right to inherit through a soldier's will, see *Digest* 29, 1, 41, 1.

[70] See, e.g., Pap.Lugd.Bat. XIII 14, the second-century will of the veteran Gaius Iulius Diogenes.

[71] Campbell 1978, 158–159; Phang 2001, 203.

[72] Ulpianus in *Digest* 23, 3, 3. See Phang 2001, 34–38, 204 and 223.

[73] BGU I 114, col. I, l. 16–25. Translation from Phang 2001, 399.

[74] For a short description of the "Drusilla lawsuit", see Phang 2001, 33–34 and Geens 2007.

The wife could only recover her dowry in case the husband left her a legacy in his will, but he was not required by law to do so. The loss of her dowry would have rendered the local woman unable to support herself as a widow or to remarry.

The Cattaoui papyrus shows clearly that soldiers and their wives tried to overrule these limitations by petitioning requests. The soldier Octavius Valens, for instance, who requested the acknowledgement of his son as his legitimate child and as an Alexandrian citizen, asked when denied this petition by the prefect: "*What wrong have the children committed?*"[75] The prefect replies (l. 22–26): "*I have been generous in explaining in many words what I could have said in a few words. You are reaching after impossible things; neither this son nor your other sons are Alexandrian citizens.*"[76] This court proceeding illustrates both the pressure, which imperial officials could experience when dealing with the problems of soldiers, and the frustration felt by the soldiers because of the marriage ban. In general the Roman army did not interfere in the soldiers' private lives, so they did nothing to prevent soldiers from forming unions during their service, although judges refused to acknowledge their marriages as legal ones in court. In the court proceeding concerning the return of a deposit of January 5, AD 117 the *praefectus Aegypti* Rutilius Lupus says: "*We recognise that deposits are dowries. For such reasons as these I cannot give a trial. For a soldier cannot marry. If you had demanded the dowry and I give a judge, I will seem to have been persuaded that the marriage is legal.*"[77] Thus, the legal advantages of a *matrimonium iustum* were denied to the soldiers and their families until their discharge from the army (*honesta missio*), when their union with their wives was legitimated.[78]

After an auxiliary soldier,[79] who was as a rule not a Roman citizen, was discharged from the army, that is after 25 years or longer, he did receive certain privileges such as the Roman citizenship for him and his children, and the right to marry (*ius conubium*) legally with the

---

[75] P.Cattaoui IV, l. 21–22.
[76] Translation from Phang 2001, 400.
[77] BGU I 114, col. I, l. 9–13. Translation from Phang 2001, 399.
[78] Campbell 1978, 154–155; Phang 2001, 199–202.
[79] Legionaries were only granted the Roman citizenship (which technically they already had upon their enlistment in the legion) after their discharge. With the exception of some extraordinary occasions, they probably did not receive the *civitas liberorum* and *conubium* granted to veterans of the praetorian and urban cohorts (who were already Roman citizens), and of the auxilia and fleets. Dietze-Mager 2007, 90.

local woman he had been living with.[80] The local woman herself, however, was not granted the Roman citizenship.[81] The Gnomon of the
Idios Logos even states that (§ 53): *"If Egyptian women married to discharged soldiers style themselves as Romans, the matter is subject to the
rule on usurpation of status."* The right to contract a valid legal marriage (*conubium*) was probably not extended to the veteran's children,
thus they would have had to marry other Roman citizens for *their*
children to be citizens. Children born before their discharge became
legitimated Roman citizens, but did not come under their father's
potestas, whereas children born after the union became legal, did. The
military diplomas of auxiliary veterans contain the following formula:[82]
"The emperor grants to them and to their children [=existing children]
and to their posterity [=children born after their discharge] *the Roman
citizenship and the right of marriage* (conubium) *with the 'wives',the
women whom they had when the citizenship was granted to them, or if
they were unmarried, with those whom they married afterwards, limited to one woman for each man."*[83] Thus the soldier could only marry
once with the full benefits of the law (*conubium*) and until the clause
si qui caelibes essent was dropped from the formula (see below), the
veteran was required to marry the woman he had been living with.[84]

In AD 140, during the reign of emperor Antoninus Pius, however,
the rules became more stringent and this benefit was partly withdrawn
in the case of the auxiliaries (the auxiliary centurions and decurions
excepted)[85]: any child born while still in military service did no longer
receive the Roman citizenship,[86] hence the new auxiliary formula: *"The
emperor grants* [to the veterans] *the Roman citizenship, to those who
did not have it, and the right of marriage* (conubium) *with their wives,
whom they had when the citizenship was granted to them, or with those
women whom they married afterwards, one woman for each man."*
Thus cohabitating with a legionary or auxiliary soldier became even
more disadvantageous for local women. This was not the only change

---

[80] For more information whether all soldiers received all these privileges, see
Phang 2001, 61–65 and 68–75. For a more detailed discussion about legionary veterans in Roman Egypt, see Dietze-Mager 2007, 73–91.
[81] Except in extraordinary edicts, Phang 2001, 58 n. 13.
[82] CIL XVI 55.
[83] Translation from Phang 2001, 54–55.
[84] Phang 2001, 60.
[85] CIL XVI 132 + Roxan 1978, 53.
[86] Campbell 1984, 443–444; Evans Grubbs 2002, 158–159; Dietze-Mager 2007,
96–103.

that took place in AD 140, hence Phang refers to this set of new rules and accompanying problems as the "change in 140".[87] The question remains why Antoninus Pius suddenly withdrew this privilege of the auxiliary veterans.

The problem was only gradually resolved by a series of measures taken by various emperors to improve the legal consequences for the soldiers who ignored the ban—without, however, removing the marriage ban itself.[88] The final date of the removal of the marriage ban is still under discussion, but most scholars[89] nowadays accept that it was lifted under Septimius Severus.[90]

When one sees the number of disadvantages local women faced when marrying a soldier in service, it is clear that social mobility through the army was no longer possible in the same degree as it was in the Ptolemaic period. Moreover, it seems improbable that local women would be interested in forming such a union with a soldier. According to Phang, soldiers therefore often entered an irregular marriage with women from within the military community, including other soldiers' sisters, daughters, freedwomen or even their own sisters.[91] Again we find endogamous marriages as a result of the lack of social mobility for local women.[92]

The conclusions of this brief survey are double, and show *Tradition* and at the same time *Transformation*.

Tradition. As for the legal position of local women, Roman policy led to the disappearance of Egyptian written contracts and Egyptian traditions, and to a stronger Hellenization, including the preservation

---

[87] Phang 2001, 76–80.

[88] Campbell 1978, 158–159.

[89] See, e.g., Campbell 1978, 153–166; Alston 1995, and Phang 2001, 133, 159. A minority of the scholars argued against this accepted view, see especially Garnsey 1970, 45–53.

[90] The latter probably did make this decisive change, but one has to keep in mind that he merely recognised a *fait accompli* by legalising an already existing situation.

[91] Phang 2001, 224–228.

[92] Phang also states that the soldier would have had to offer relative wealth and/or rank to persuade a local woman and her family to engage into a long-term relationship with him (Phang 2001, 227). One has to remember, however, the advantages of marrying a soldier or veteran: they enjoyed various allowances made by the emperors towards them to partly soften the hardships caused by the marriage ban, such as the military will and the privileges received upon discharge. Most sons of soldiers also found their way to the army, and having a former soldier as father could help them in their military career.

of the Greek guardianship. Although the Romans liked to keep close control of private arrangements in agreement with their urge for systematization, they respected to a large degree the existing, *in casu*, Greek traditions for private affairs. Ironically, the Romans called these traditions and laws 'Egyptian laws'.[93]

Transformation. The social mobility between classes is a different matter. Here, the Romans imposed their own rules on the elite groups and strongly discouraged marriages between different groups, though with some delay. Major changes occurred not only under Augustus, but also in the third quarter of the first century and around AD 140, under the reign of Antoninus Pius, who apparently introduced a whole set of new rules[94] which were in general more stringent.

Social mobility for women was no longer possible through intermarriages as was the case under the Ptolemies. Why did the Romans want to control the privileged, urban-based Hellenic elite of Egypt? Undoubtedly for the same reasons as they wanted to control upper classes in general: with the top layer of the Hellenic group, the Romans wanted to rule within the frame of a growing system of self-administration, as they did in other eastern provinces.[95] In such a context, social mobility is not a private affair, it is a state matter and local traditions and local women have to stand aside.

The same is true for soldiers. The general marriage ban of soldiers fits into the picture of the *disciplina militaris*. The military discipline aimed at separating the soldier from the civilians whom he subjected, the military discipline was cultivated as a "demonstration and expression" of the military Roman power, which could not be affected by femininity.[96] Military discipline was a state matter as well. Local women and even women in general, had to stand aside.

Tradition or transformation: in both cases the ancient Egyptian women who had in Pharaonic times a comfortable legal position, are the losers.

Bibliography

Allam, Sch. 1969. Zur Stellung der Frau im Alten Ägypten in der Zeit des Neues Reiches, 16.–10. Jh. v.u.Z. *BiOr* 26: 155–159.

---

[93] Mélèze-Modrzejewski 1988, 383–399.
[94] Weiss 2008, 1–44.
[95] Bowman and Rathbone 1992, 114.
[96] Phang 2001, 380–381.

———1990. Women as holders of rights in Ancient Egypt. *JESHO* 33: 1–34.

Alston, R. 1995. *Soldier and society in Roman Egypt. A social history*. London.

Arjava, A. 1996. *Women and law in Late Antiquity*. Oxford.

———1997. The guardianship of women in Roman Egypt. In *Akten des 21. Internationalen Papyrologenkongresses: Berlin, 13.–19.8.1995*. Vol. I. APF Beihefte 3, eds. B. Kramer, W. Luppe, H. Maehler, and G. Poethke, 25–30. Stuttgart.

Bagnall, R. S. 1993. Egypt and the lex Minicia. *JJP* 23: 25–28.

Beaucamp, J. 1992. *Le statut de la femme à Byzance (4e–7e siècle). 2: Les pratiques sociales*. TravMem (P) Monographies 6. Paris.

Bingen, J. 1998. Statuaire égyptienne et épigraphie grecque: le cas de I.Fay. I 78. In *Egyptian Religion. The Last Thousand Years. Studies Dedicated to the Memory of J. Quaegebeur*. Vol. I. OLA 84, eds. W. Clarysse and A. Schoors, 311–319. Leuven.

Bowman, A. and D. Rathbone. 1992. Cities and administration in Roman Egypt. *JRS* 82: 107–127.

Burkhalter, F. 1994. Contrôle officiel des échanges en Égypte gréco-romaine: συντίμησις et πρωτοπραξία. In *Économie antique. Les échanges dans l'Antiquité: le rôle de l'État*, eds. J. Andreau, A. Bresson, and P. Briant, 155–174. Saint-Bertrand-de-Comminges.

Campbell, B. 1978. The marriage of Roman soldiers under the Empire. *JRS* 68: 153–154.

———1984. *The emperor and the Roman army 31 BC–AD 235*. Oxford.

Capponi, L. 2005. *Augustan Egypt. The creation of a Roman province*. Studies in classics 13. New York.

Cary, E. and H. B. Foster. 1961. *Dio's Roman history*. Vol. V. The Loeb Classical Library. London.

Cherry, D. 1990. The Minician law: marriage and the Roman citizenship. *Phoenix* 44: 244–266.

Cohen, D. 1989. Seclusion, separation, and the status of women in Classical Athens. *Greece and Rome* 36.1: 3–15.

Delia, D. 1991. *Alexandrian citizenship during the Roman principate*. American Classical Studies 23. Atlanta.

Depauw, M. 2003. Autograph confirmation in Demotic private contracts. *CdE* 78: 66–111.

———2009. Do mothers matter? The emergence of matronymics in Early Roman Egypt. In *The Language of the Papyri. Proceedings of the Colloquium 'Buried linguistic treasure: the potential of papyri and related sources for the study of Greek and Latin', Christ Church, Oxford, 30 June–2 July 2006*, eds. T. V. Evans and D. D. Obbink, 120–139. Oxford.

Desroches Noblecourt, Chr. 1986. *La femme au temps des pharaons*. Paris.

Dietze-Mager, G. 2007. Der Erwerb römischen Bürgerrechts in Ägypten: Legionare und Veteranen. *JJP* 37: 31-123.

El-Mosallamy, A. H. 1997. The evolution of the position of the woman in Ancient Egypt. In *Akten des 21. Internationalen Papyrologenkongresses: Berlin, 13.–19.8.1995*. Vol. I. APF Beihefte 3, eds. B. Kramer, W. Luppe, H. Maehler, and G. Poethke, 251–272. Stuttgart.

Evans Grubbs, J. A. 2002. *Women and the law in the Roman empire*. London.

Fraser, P. M. 1972. *Ptolemaic Alexandria*. Oxford.

Garnsey, P. 1970. Septimius Severus and the marriage of soldiers. *CSCA* 3: 45–53.

Geens, K. 2007. *Archive of Gaius Iulius Agrippinus* [online publication: http://www.trismegistos.org/arch/detail.php?tm=91].

Geens, K. (forthcoming). *Panopolis, a nome capital in Egypt in the Roman and Byzantine period*. StudHell. Leuven.

Gould, J. 1980. Law, custom and myth: aspects of the social position of women in Classical Athens. *JHS* 100: 38–59.

Huebner, S. R. 2007. 'Brother-sister' marriage in Roman Egypt: a curiosity of humankind or a widespread family strategy? *JRS* 97: 21–49.

Just, R. 1989. *Women in Athenian law and life*. London.

Kaser, M. 1975. *Das römische Privatrecht*. Zweiter Abschnitt: *Die nachklassischen Entwicklungen*. HAW 10.3.3.2. Rechtsgeschichte des Altertums 3.3.2. München.

Legras, B. 2004. *L'Égypte grecque et romaine*. Paris.

Lewis, N. 1983. *Life in Egypt under Roman rule*. Oxford.

——1993. The demise of the Demotic document: when and why. *JEA* 79: 276–281.

Malouta, M. 2007. The terminology of fatherlessness in Roman Egypt: ἀπάτωρ and χρηματίζων μητρός. In *Proceedings of the 24th International Congress of Papyrology. Helsinki, 1–7 August, 2004*. Societas Scientiarum Fennica. Commentationes Humanarum Litterarum 122.2, eds. J. Frösén, T. Purola, and E. Salmenkivi, 615–624. Helsinki.

Mélèze-Modrzejewski, J. 1988. "La loi des Égyptiens": le droit grec dans l'Égypte romaine. In *Proceedings of the XVIII International Congress of Papyrology, Athens 25–31 May 1986*. Vol. II. Greek Papyrological Society, ed. B. G. Mandilaras, 383–399. Athens.

Modrzejewski, J. 1974. A propos de la tutelle dative des femmes dans l'Égypte romaine. In *Akten des XIII. Internationalen Papyrologenkongresses, Marburg/Lahn, 2–6 August 1971*. MBPF 66, eds. E. Kießling and H.-A. Rupprecht, 263–292. München.

Pestman, P. W. 1961. *Marriage and matrimonial property in Ancient Egypt: a contribution to establishing the legal position of the woman*. Pap.Lugd.Bat 9. Leiden.

—— 1969. *Over vrouwen en voogden in het oude Egypte*. Leiden.

—— 1985. Registration of Demotic contracts in Egypt. P.Par. 65; 2nd cent. BC. In *Satura Roberto Feenstra sexagesimum quintum annum aetatis complenti ab alumnis collegis amicis oblata*, eds. J. A. Ankum, J. E. Spruit, and F. B. J. Wubbe, 17–25. Fribourg.

—— 1995. Appearance and reality in written contracts: evidence from bilingual family archives. In *Legal documents of the Hellenistic world*, eds. M. J. Geller and H. Maehler, 79–87. London.

Phang, S. E. 2001. *The marriage of Roman soldiers (13 BC–AD 235): law and family in the imperial army*. Columbia studies in the Classical Tradition 24. Leiden.

Pomeroy, S. B. 1988. Women in Roman Egypt. A preliminary study based on papyri. *ANRW* II.10.1: 708–723.

Préaux, C. 1983. Le statut de la femme à l'époque hellénistique principalement en Égypte. In *Recueils de la Société J. Bodin pour l'histoire comparative des institutions*. Vol. XI: *La femme*, 127–175. Paris.

Remijsen, S. and W. Clarysse. 2008. Incest or adoption? Brother-sister marriage in Roman Egypt revisited. *JRS* 98: 53–61.

Rowlandson, J. 1995. Beyond the polis: women and economic opportunity in Early Ptolemaic Egypt. In *The Greek world*, ed. A. Powell, 301–321. London.

Rowlandson, J. (ed.). 1998. *Women and society in Greek and Roman Egypt: a sourcebook*. Cambridge.

Rowlandson, J. 2004. Gender and cultural identity in Roman Egypt. In *Women's influence on classical civilization*, eds. F. McHardy and E. Marshall, 151–166. London.

Roxan, M. M. 1978. *Roman Military Diplomas 1954–1977*. University of London, Institute of Archaeology. Occasional Papers 2. London.

Schaps, D. M. 1979. *Economic rights of women in Ancient Greece*. Edinburgh.

Schentuleit, M. 2009. Nicht ohne Vormund? Frauen in römerzeitlichen Urkunden aus Soknopaiu Nesos. In „... vor dem Papyrus sind alle gleich!". Papyrologische Beiträge zu Ehren von Bärbel Kramer (P.Kramer). APF Beihefte 27, eds. R. Eberhard, H. Kockelmann, St. Pfeiffer, and M. Schentuleit, 192–212. Stuttgart.
Sealey, R. 1990. Women and law in Classical Greece. Chapel Hill (N.C.).
Seidl, E. 1973. Rechtsgeschichte Ägyptens als römischer Provinz. Sankt Augustin.
Sheridan, J. A. 1996. Women without guardians: an updated list. BASP 33: 117–131.
Sijpesteijn, P. J. 1965. Die ΧΩΡΙΣ ΚΥΡΙΟΥ ΧΡΗΜΑΤΙΖΟΥΣΑΙ ΔΙΚΑΙΩ ΤΕΚΝΩΝ in den Papyri. Aegyptus 45: 171–189.
Smolders, R. 2005. Lucius Pompeius Niger [online publication: http://www.trismegistos.org/arch/detail.php?tm=195].
Vandorpe, K. 2002. Apollonia, a businesswoman in a multicultural society (Pathyris, 2nd–1st centuries BC). In Le rôle et le statut de la femme en Égypte hellénistique, romaine et byzantine. StudHell 37, eds. H. Melaerts and L. Mooren, 325–336. Leuven.
——— 2006. Inventories and private archives in Greco-Roman Egypt. In Archives and inventories in the Eastern Mediterranean (23–24 January 2004), eds. K. Vandorpe and W. Clarysse, 69–83. Brussels.
——— 2008. Persian soldiers and Persians of the epigone. Social mobility of soldiers-herdsmen in Upper Egypt. APF 54: 87–108.
Van Minnen, P. 2002. ΑΙ ΑΠΟ ΓΥΜΝΑΣΙΟΥ: 'Greek' women and the Greek 'elite' in the metropoleis of Roman Egypt. In Le rôle et le statut de la femme en Égypte hellénistique, romaine et byzantine. StudHell 37, eds. H. Melaerts and L. Mooren, 337–353. Leuven.
Watterson, B. 1991. Women in Ancient Egypt. New York.
Weiss, P. 2008. Die vorbildliche Kaiserehe. Zwei Senatsbeschlüsse beim Tod der älteren und der jüngeren Faustina, neue Paradigmen und die Herausbildung des <antoninischen> Prinzipats. Chiron 8: 1–44.
Wells, C. M. 1998. Celibate soldiers: Augustus and the army. AJAH 14: 180–190.
Woolf, G. 1994. Becoming Roman, staying Greek: culture, identity and the civilizing process in the Roman East. PCPS 40: 116–143.
Yiftach-Firanko, U. 2003. Marriage and marital arrangements: a history of the Greek marriage document in Egypt, 4th century BCE–4th century CE. MBPF 93. München.
Youtie, H. C. 1975. Ἀπάτωρες: law vs. custom in Roman Egypt. In Le monde grec. Pensée, littérature, histoire, documents. Hommage à Claire Préaux. Université Libre de Bruxelles. Faculté de Philosophie et Lettres 62, eds. J. Bingen, G. Cambier, and G. Nachtergael, 723–740. Bruxelles.

ARCHAEOLOGY AND PAPYROLOGY: DIGGING AND FILLING HOLES?

Peter van Minnen

The title of my paper perhaps suggests the futility of it all: archaeologists dig 'm; papyrologists fill 'm—no real progress is made. Of course, they are not the same holes: archaeologists dig trenches; papyrologists fill *lacunae*. But then they may not have anything in common. Archaeologists deal with the material evidence that survives from Antiquity; papyrologists, with the textual evidence. No matter how often archaeologists say they are "reading" the evidence—it is not a text; no matter how often papyrologists or historians of Graeco-Roman Egypt say they are studying the "archaeology" of an institution (in the sense Michel Foucault used the word)—it is not material evidence.

I am the first to admit that at a deeper level there is a connection. The material 'world' of an archaeological site is brimming with symbols that require interpretation. According to another Frenchman, Pierre Bourdieu, material 'objects' are meaningful in the sense that their users assign them a 'place' in their world. Even if time has eroded a large part of the world as it was experienced in Antiquity, modern-day archaeologists should try to reconstruct the place material 'objects' held in the past—be they artifacts, architecture, or entire 'landscapes'. 'Place' here is the place in the notional 'network' of relationships that gave each object its distinct meaning. An archaeology that takes this 'network' into account is essentially 'contextual'.

Likewise, texts are brimming with symbols. A single text, if properly interpreted, can help decode a large part of the world that produced it.

Of course, there are some differences. The technical expertise required to interpret even part of the archaeological record (say, a type of pottery) seldom occurs in combination with the technical expertise required to interpret a certain kind of texts (say, tax receipts). Growing specialization has undoubtedly given us a better grasp of the details, but we may no longer be able to see the wood for the trees. In what follows I will attempt to make some inroads into the archaeological record as a papyrologist and show how 'objects' and texts together can improve our grasp of the whole—what Graeco-Roman Egypt meant to those who lived it.

Naturally, archaeologists will also want to keep an eye on earlier phases of Egypt's material record and on developments after Antiquity. Much of what I will have to say about the potential cross-fertilization between archaeology and papyrology can also be applied to earlier or later periods of Egyptian history.[1]

Archaeology is concerned with the material world in the form of artifacts, architecture, and landscapes—including urban 'landscapes'. Admittedly, many artifacts have been removed from their original context, and typological studies are often the best we can do for museum pieces, but as the archaeology gets better, and the market in antiquities disappears,[2] we will improve our grasp of the contextual meaning of artifacts. In the case of architecture this is more straight-forward, as this is usually found *in situ*. To understand an urban 'land-scape' as a whole is more of a challenge, but much progress has been made here recently. For the landscape per se things do not look as bright, but we have certainly become more aware of the potential of surveys to improve our as yet impressionistic knowledge of regional ecologies, agriculture, and population histories, and especially the articulation of sites ('urbanization').

I begin with a brief history of the archaeology and papyrology of Graeco-Roman Egypt. As a matter of fact, they grew up in tandem. Papyri began to surface in large quantities just about the time that archaeology was becoming a serious academic discipline. Flinders Petrie became involved in excavation projects in Egypt in the late 1880s. The archaeology of Graeco-Roman Egypt owes him a great deal. He was also interested in objects of daily life, and given the cli-matic conditions in Egypt, which favors the preservation of organic materials, such objects turned up in large numbers. Other archaeolo-gists had unceremoniously removed layer upon layer of ordinary Graeco-Roman stuff to get at the pharaonic remains.

Papyrologists were no less picky. They preferred fragments of Greek literature. But what came to light were mainly documents in Egyptian, Greek, and Arabic. Philologists were interested in such texts, even if

---

[1] See, e.g., the papyri published in Posener-Kriéger et al. 2006, with the archaeo-logical context published in Verner 2006.

[2] See, e.g., American Society of Papyrologists 2007, 289–290.

only for their language, and historians were even more receptive. The end of the nineteenth century was the heydey of *Altertumswissenschaft*, and documentary papyri were 'created equal' at least for historians such as Ulrich Wilcken, who started publishing Greek papyri from about the same time as Petrie started digging in Egypt.

At the very end of that century, 'excavation' projects were undertaken with the distinct purpose of finding papyri. The Egypt Exploration Fund (now Society), which had enlisted Petrie to dig 'Egyptian' sites in Egypt, sent two papyrologists to Egypt to dig 'Graeco-Roman' sites: Bernard Grenfell and Arthur Hunt.[3] Of course, Petrie's 'Egyptian' sites included layers of evidence of the Graeco-Roman period, and Grenfell and Hunt's 'Graeco-Roman' sites were no less Egyptian, but the expectation was that Grenfell and Hunt would turn up little in the way of 'Egyptian' monuments (read: temples). They were by no means archaeological amateurs. They knew their stuff as well as could be expected at the end of the nineteenth century—it was just that the sheer volume of papyri they found at Oxyrhynchus overwhelmed them. Although they duly reported on their excavations to the EEF, they directed much of their energy to the editing of thousands of literary and documentary texts from Oxyrhynchus, the latter with translation and commentary, thereby laying the foundation for our historical knowledge of Roman and Later Roman Egypt.

Grenfell and Hunt also excavated at other sites, mostly under the aegis of the EEF (e.g., at Hibeh), occasionally under that of Phoebe Hearst, in her role as benefactor of the University of California (at Tebtynis). This incidentally allowed them to also lay the foundation of much of our historical knowledge of Ptolemaic Egypt. One of these missions brought Grenfell and Hunt to a series of sites in the Fayyum, which they reported on more responsibly from an archaeological point of view. They did this together with the archaeologist David G. Hogarth in *Fayum Towns and Their Papyri*, which they brought out already in 1900. In this volume (known as P.Fay.) they described the archaeology at some length, providing the first comprehensive descriptions of various sites in the Fayyum, and then edited a sample of documents (and a few literary texts) from each site. The illustrations in the volume cover both papyri and (other) archaeological 'objects': artifacts of daily life, temple architecture, and an inkling of 'landscapes'—

---

[3] See Turner 1982, 161–178; cf. Rathbone 2007a, 199–229.

photos of the *kom*s of the various villages they explored (P.Fay., Plate VII) and a map of the Fayyum.

It was this map (P.Fay., Plate XVIII) that triggered the interest of the leading philologist of the day, Ulrich von Wilamowitz-Moellendorff, who reviewed the volume in the *Göttingische Gelehrte Anzeigen*:[4]

> Weit von den Objecten entfernt ist man so sehr leicht in Versuchung die Papyri nur als tote Documente anzusehen, als Schutt, aus dem man Vocabeln oder Formen oder Informationen über dies und das holt. Nun wird man schon durch die Karte veranlasst, sich bei Theadelphia und Philadelphia etwas concretes zu denken.

Fayum Towns and Their Papyri indeed takes us beyond the historical topography of the Fayyum, even if it represents the first attempt at such a thing. It also provides us with enough concrete detail about the archaeological objects to whet our appetite. There are several composite photos of artifacts, as in Petrie's publications, and they show us, e.g., farming and other equipment (P.Fay., Plate XV, here Fig. 1), bringing home the essential agricultural nature of many of the settlements on the periphery of the Fayyum. The artifacts can be 'read' in combination with textual evidence that mentions farming and other equipment. Archaeologists do not have to 'make it up' as they have to elsewhere, but can invoke textual evidence from the same time and place to interpret their finds.

Likewise, papyrologists can read their 'objects' better with the help of the material evidence. This is obvious in the case of papyri that have no text on them at all, such as 'cartoons' for textile designs.[5] Without the abundant archaeological evidence for textiles with similar designs from Graeco-Roman Egypt[6] we would not have been able to identify such papyri as 'cartoons' for textile designs rather than, say, sketches for mosaics or wall paintings. Or what to make of an artist's rendering of a couple of Corinthian columns on a papyrus from Oxyrhynchus?[7] It has to be 'read' against the backdrop of the 'monumentalization' of

---

[4] Von Wilamowitz-Moellendorff 1901, 43.

[5] See most recently Stauffer 2008.

[6] Such textiles are also mentioned in papyrus documents, and it has been quite a sport to match textual references to textiles with actual examples found in Egypt. When I edited a long ecclesiastical inventory listing various textiles in 1991 (*P.Leid. Inst.* 13), I referred to many such examples but failed to illustrate any. Nowadays I would edit such a text with an abundant 'archaeological' illustration.

[7] Illustrated in Bowman et al. 2007, pl. XXX, and discussed by J. J. Coulton, ibid., 304–306.

Fig. 1: Farming and other equipment from the Fayyum (from P. Fay, Plate XV,
courtesy of the Egypt Exploration Society; permission granted by P. Spencer).

the city in the course of the Roman period,[8] when the public face of
Egyptian metropoleis was deliberately changed to look more 'Greek-
imperial' as part of the great 'civilizing process' that we used to call

---

[8] I dated this 'physical revolution' in Egyptian metropoleis to the second century
in van Minnen 2007a, 210. See now McKenzie 2007.

'Romanization'. The papyrological evidence for public monuments in Egyptian metropoleis has been collected by Adam Łukaszewicz.[9] As we shall see later on, the archaeological evidence for this is particularly good for Hermopolis.

When dealing with the material effects of 'Romanization' we do not have to limit ourselves to public monuments, and a more comprehensive view, including food production and consumption, is now offered by Dominic Rathbone in his chapter on Roman Egypt in the *Cambridge Economic History of the Graeco-Roman World*.[10] Archaeobotanists and to a lesser extent zooarchaeologists are now paying increased attention to the archaeological evidence for food in Graeco-Roman Egypt,[11] and it can often be successfully lined up with the textual evidence.[12] The replacement of emmer wheat by naked wheats already in the Hellenistic period can be documented by texts and sampling of actual botanical remains at Graeco-Roman sites in Egypt. The replacement of beer by wine can also be documented by texts and archaeological remains,[13] including wine presses and wine jars. In general, wine jars and other durable food containers can be used to reconstruct patterns of trade that are often only dimly visible in the textual record. The presence of imported pottery in fifth-century Karanis, discussed below, is a case in point.

The interest in the potential cross-fertilization between archaeology and papyrology dates from the 1960s. Geneviève Husson studied the domestic architecture of Graeco-Roman Egypt, mainly but not exclusively from papyri, and this culminated in the early 1980s with the publication of *Oikia*,[14] an illustrated lexicon of the Greek terminology used in papyrus documents for the domestic architecture of Graeco-Roman Egypt. The illustrations from various archaeological sites in

---

[9] Łukaszewicz 1986, with the review by Bowman (1992, 495–503). I discussed some of the problems with financing in van Minnen 2000.

[10] Rathbone 2007b. This chapter is a distinct improvement over Bagnall 1993, 40–44, entitled: "Material Culture: Food and Consumption", which does not contain a single reference to archaeological evidence, although every observation made in it about the "material culture" of Egypt in 'the long fourth century' could be illustrated from the archaeological evidence as well as from the texts.

[11] See. e.g., van der Veen 1998, and Cappers 2006.

[12] See, e.g., Wendrich et al. 2003, and, for an example from zooarchaeology, Van Neer et al. 2007.

[13] See, e.g., van Minnen 2001.

[14] Husson 1983. In the same year Herwig Maehler published a less analytical study of houses in villages in the Graeco-Roman Fayyum from texts and archaeology in Maehler 1983. See also Hobson 1985.

Egypt helped her visualize the technical terminology used in papyrus documents, and conversely papyrus documents helped her understand what the different features found in the actual remains of domestic architecture in Graeco-Roman Egypt were used for. Similarly, Simone Russo has more recently made much progress in understanding references to jewellery and shoes in papyrus texts by taking actual examples of jewellery and shoes surviving from the Graeco-Roman period into account, and these in their turn have become more intelligible thanks to the light thrown on them by the texts.

Apart from these primarily terminological studies, the main impetus for a sustained dialogue between archaeologists and papyrologists came in 1986 with the publication of *Egypt after the Pharaohs* by Alan Bowman,[15] who was taken to task for his handling of the archaeological evidence by Roger Bagnall.[16] The sheer volume of illustration in this widely disseminated account of Egypt in the Graeco-Roman period including Late Antiquity made it clear that papyrologists and historians stand to gain a lot from taking the material evidence into account, and Bagnall's insistence that this evidence should be better integrated with the textual evidence has been taken to heart ever since by those who produce historical accounts of Graeco-Roman Egypt.[17] In the past couple of decades some papyrologists and historians including Bagnall himself have even become 'militant' archaeologists themselves. The international papyrological congress in Copenhagen in 1992 devoted an important session to archaeology, featuring the 'usual suspects' Tomasz Derda (who is involved in the excavations at Naqlun), Claudio Gallazzi (who digs at Tebtynis), Heinz Heinen (who co-founded the Forschungszentrum Griechisch-Römisches Ägypten in Trier), and Dominic Rathbone (already mentioned). Archaeologists of Graeco-Roman Egypt have also become more aware of the importance of the textual evidence for the interpretation of their finds and usually rely on the participation of papyrologists willing to assist them in their work. A flurry of conference proceedings has come out in recent years (including this one) in which archaeologists and papyrologists appear side by side.[18]

---

[15] Bowman 1996. See now also Lembke 2004. There are also many exhibition catalogues with similar titles, too many to list here.

[16] Bagnall 1988.

[17] Bagnall has also produced the first overview of recent archaeological work on Graeco-Roman Egypt in Bagnall 2001. No sequel has yet appeared.

[18] See, e.g., Bailey 1996, and the special thematic section in Gagos, Gates, and Wilburn 2005. Conference proceedings limited to the Fayyum are Basile 1997; Lippert

My own 'conversion' to (armchair) archaeology dates from the
early 1990s, when I collaborated on an exhibition in the Kelsey
Museum of Archaeology in Ann Arbor on writing in the ancient
world. Some of the writing samples I described in the catalogue[19] had
a precise archaeological context. I subsequently 'listened in' on the
cataloguing of unpublished papyri from Karanis. This eventually led
to what I have called the "house-to-house" approach to the textual
(and other) evidence from this site. When I published about it in
1994,[20] I called it an interdisciplinary approach,[21] inviting archaeologists to join hands with papyrologists in the study of the uniquely
abundant material and textual evidence from Karanis.

Archaeological remains from the Graeco-Roman period are found
all over Egypt, and this is a major reason for papyrologists to be interested in archaeology. Their texts come from a more limited range of
places. On the other hand, their texts are often highly informative
about subjects archaeologists want or need to know about, and their
research too can profit from closer inspection of the textual material
from Egypt.

In what follows we will make a tour of Egypt, a thousand kilometers
down the Nile, from south to north, and then of one region in particular, the Fayyum, and highlight places where archaeology has been
especially helpful in answering or raising papyrological questions, or
where texts have provided archaeologists with a clue or a challenge for
interpreting the material evidence. I will avoid places that receive
ample treatment in other papers in this volume. Our first 'port of call'
is Philae. We shall make other 'stops' at Syene, Elkab, Thebes, Hermopolis, Oxyrhynchus, Abu Mina, and Alexandria.

The interpretation of P.Haun. II 26, a short letter from the sixth or
seventh century, required the concerted effort of three Adams. I quote
the whole text and italicize the three alternative translations offered by
them:

> After I had written the former letter *Philo the hermit arrived at the camp
> of the Moors nearby* (Adam Bülow-Jacobsen in P.Haun. II 26)/*the*

---

and Schentuleit 2005; Capasso and Davoli 2007, and Lippert and Schentuleit 2008.
Another conference on the Fayyum was held in 2009.

[19] Allen and Dix 1991.

[20] Van Minnen 1994, where full bibliographical details are provided.

[21] I was taken to task for the use of the term "interdisciplinary" by Scheidel 1996,
10, n. 7, which he would like to reserve for cross-fertilization between humanities and
science.

hermit arrived at the camp of the Moors near Philae (Adam Łukaszewicz)/ *the hermit arrived at the camp of the Nubians near Philae* (Adam Łajtar)[22] and he wrote to me that we should meet in a place in the middle and discuss what pleases the lord God.

By changing the accent in line 3 of the Greek text (from Φίλων to Φιλῶν) the second Adam turned it from a personal name into a top-onym. The third Adam changed the interpretation of the "Moors" from *Mauri* (a Roman army unit unattested at Philae) to Nubians. He also pinpointed the *kastron* (not an army camp but a fortified settle-ment) on an old map of the first cataract area where it was identified as an "alte arab. Festung" ("Arab. Fortress Ruins" on the map here, Fig. 2) immediately South of Philae. Prospection of the area confirmed the existence of substantial as yet unexplored remains of a Nubian settlement. It was located just beyond the border of the Roman Empire, which traditionally ended at Philae.

Just north of Philae is Syene, modern Aswan. This site has received some attention from archaeologists, but until quite recently they had no clue where the sixth-century papyri from Syene found in the early twentieth century belonging to the Patermouthis archive[23] were actu-ally found—some even believed they were from Elephantine. Recently 'museum archaeology' has been able to locate the findspot in Syene itself with some degree of precision.[24]

My next stop is at Elkab. Its main claim to fame—in my view—is the fact that it is the first site in Graeco-Roman Egypt where the textual evidence has been presented, not typologically (literary texts first, then official documents, then private documents, and finally 'miscella-neous'), but archaeologically by findspot. Jean Bingen published the Greek ostraca from Elkab in 1989 together with Willy Clarysse. The volume (O.Elkab) is organized by house. In house B two ostraca (O.Elkab 81–82) were found that fit like two contiguous pieces of a puzzle (here Fig. 3). They obviously came from the same piece of pottery, and they were significantly written on the same day in the reign of Hadrian. I suspect that the organization of the edition owes something to Bingen's background as an epigrapher: epigraphical

---

[22] Łajtar 1997; references to the earlier remarks of Łukaszewicz can be found in footnote 2 on p. 44.

[23] See, e.g., Husson 1990.

[24] Dijkstra 2007.

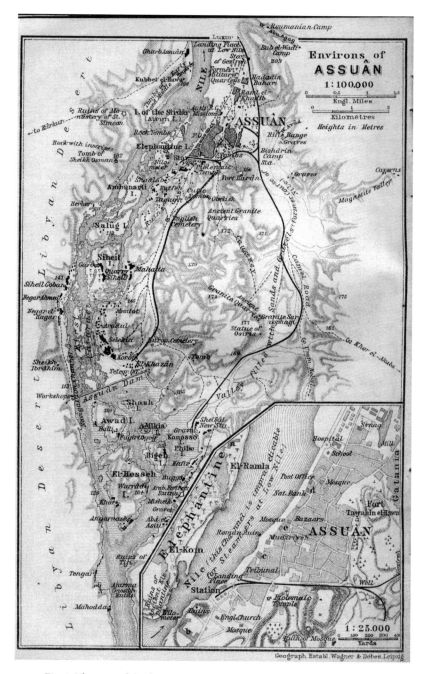

Fig. 2: The area of the first cataract (from Baedeker 1914, opposite 353).

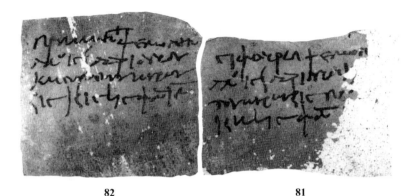

82   **81**

Fig. 3: O.Elkab 81–82 (from O.Elkab, Plate X, courtesy of the Comité des Fouilles Belges en Égypte/Association Égyptologique Reine Élisabeth; permission granted by L. Limme).

publications tend to be organized by place, even if not on such a small scale as here.[25]

Of course, some earlier editors were also aware of the importance of the findspot for the interpretation of texts. For this we move to Thebes. On the West Bank (see the map, Fig. 4) we find what is arguably the most important archaeological complex dating from the Pharaonic period: the Valley of the Kings. But Deir el-Bahri, the "colossus of Memnon" and its double, and the mortuary temple of Medinet Habu are perhaps more important for those interested in the Graeco-Roman period. Deir el-Bahri, Hatshepsut's funerary temple, was reused in Late Antiquity as a monastery: Deir el-Bahri, literally "the Northern Monastery" (of Phoebammon). The brick tower characteristic of Egyptian monasteries is still visible on an old photo (here Fig. 5). Édouard Naville unceremoniously removed it to 'clear' the pharaonic remains. Although literally thousands of Later Roman texts on potsherds were retrieved from this area, very few can be definitely assigned to Deir el-Bahri. A painted portrait on wood of a contemporary bishop of Hermonthis, Apa Abraham, an ascetic who actually resided in Thebes most of the time, was also found here somewhere.[26]

---

[25] I may have been unconsciously influenced by Bingen's presentation of the ostraca from Elkab when I subsequently wrote an article on the ostraca from Karanis, advocating a "house-to-house" approach. See van Minnen 1992. I may have also been influenced by the remarks about the ostraca from Thebes in Wilfong 1989.

[26] Illustrated in, e.g., *Agypten Schätze aus dem Wüstensand* 1996, 148 (cat.-no. 110).

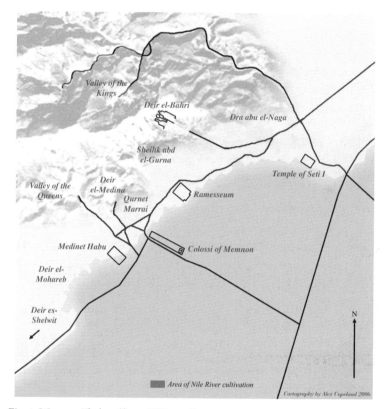

Fig. 4: Western Thebes (from O'Connell 2006, 137, reprinted with permission).

Much of his Coptic correspondence on ostraca is preserved, but a papyrus with his will in Greek (P.Lond. I 77) also survives.

The monastery of Epiphanius immediately to the South of Deir el-Bahri (located on the North side of what is called „Sheihk abd el-Gurna" on the map, Fig. 4) was also excavated before World War I. When the excavation report came out in 1926,[27] the bulk was devoted to the textual evidence, found during the excavations or otherwise available. The excavator, Herbert Winlock, therefore worked closely together with two 'textual' scholars, Walter Crum and Hugh Evelyn White. Because the monks had changed the layout of their monastery several times, the textual evidence had not remained in the place where it had originally been deposited. Several texts mention the building of the tower in Epiphanius' lifetime, and texts found in its foundation

---

[27] Winlock 1926, in two folio volumes.

Fig. 5: Deir el-Bahri in 1894 (from Bagnall and Rathbone 2004, 194, courtesy of the
Egypt Exploration Society; permission granted by P. Spencer).

had to date from the time of the original establishment of the monastery. And indeed, most of the texts addressed to Epiphanius himself
come from this part of the site. In addition, *The Monastery of
Epiphanius at Thebes*, in two folio volumes, also provides a rich visual
apparatus of archaeological 'objects'—in addition to texts and architecture, objects of the daily life of the monks such as baskets.

We make a brief stop at Medinet Habu to the South-West. This
mortuary temple was reused in Late Antiquity as a village. Many
Coptic ostraca were retrieved there between the two World Wars, and
a detailed recording of the archaeology allows a 'house-to-house'
approach to life in this village.[28] We can even imaginatively reconstruct an as yet unidentified house there, because its central area,

---

[28] See most recently Römer 2004–2005.

including the staircase, is the subject of a division between the two
women who shared it, Elisabeth and Abigaia. The papyrus with the
division was found elsewhere, presumably in the monastery of
Phoebammon—people liked to keep their most important papers in a
religious place, a church or a monastery, while they kept their less
important 'papers' (ostraca) at home. The elevation of the house does
not survive as such in the archaeological record, but can be reconstructed with the help of the detailed description in the papyrus and
the general layout found in excavated houses elsewhere in the village.[29]

After all this ordinary stuff, it is time to move on, to a site with
more promising 'Graeco-Roman' remains: Hermopolis. The Roemer-
und Pelizaeus-Museum excavated here between the two World Wars.
Subsequently the British Museum revisited the site, so that at least part
of it is now exceptionally well known. Early on, the site had been excavated for papyri by other German and Italian teams,[30] but they never
reported on the excavations *per se* in any detail; the German Otto
Rubensohn, later director of the Roemer- und Pelizaeus-Museum,
even called Hermopolis[31] "ein Drecknest" where he found "lauter
Schund." This did not deter Rubensohn's successor as director of the
Roemer-Pelizaeus Museum, Günther Roeder, from excavating in
Hermopolis from 1929 until 1939.[32] Naturally, he was most interested
in the pharaonic remains, but given the fact that Hermopolis had
undergone the same 'monumentalization' in the 'Greek-imperial' style
I mentioned earlier for Oxyrhynchus, some attention was paid to such
monuments as well. Particularly intriguing was a Ptolemaic temple
complex south of the 'Egyptian' temple area that had to wait until 1945
to be 'cleared' by others. This area was later rebuilt as the episcopal
church of Hermopolis. In the course of the Roman period, several
Greek-imperial monuments were added along the East-West axis that
runs between the 'Egyptian' temple area and the Ptolemaic temple
complex. With the help of a long papyrus from 264 detailing the pro-
jected repair of the buildings along this axis I was able to identify each
building or at least its location, incorporating suggestions made by the
British Museum archaeologists. The papyrus was first published in
1905 and then reinterpreted for Roeder in 1934, but it was not until

---

[29] For the reconstructed elevation see Wilfong 2002, 52.
[30] See van Minnen 2009a.
[31] For the following and similar quotations from his digging diary, see BGU XII,
pp. XIV–XIX.
[32] See the final publication of the results of the excavations in Roeder 1959.

the British Museum excavation of the pivotal area where the East-West axis meets the *dromos* of the temple[33] that the various pieces of the puzzle fell into place.[34]

Let us move on to Oxyrhynchus. We left Grenfell and Hunt with a mountain of papyri (half a million) but no comprehensive publication of the archaeology of the site. The plan they came up with in 1908 was not published until 1983 (P.Oxy. L, opposite VII, here Fig. 6). Apart

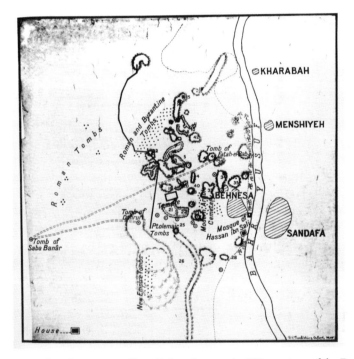

Fig. 6: Oxyrhynchus in 1908 (from P.Oxy. L, opposite VII, courtesy of the Egypt Exploration Society; permission granted by P. Spencer).

from the location of the modern town of Behnasa, there is little to go on. Three ancient cemeteries are identified, one New Kingdom, one Ptolemaic, and one Roman and Later Roman. And then there is a temple. In hindsight, one can see how useful this map would have been in 1908 to interpret some of the evidence for the material world of

---

[33] See foremost Bailey 1991.
[34] The papyrus was republished as *SB* X 10299. See especially van Minnen 2002, and in general my contribution on Hermopolis in Bagnall and Rathbone 2004, 162–167. Cf. now also Drew-Bear 2007.

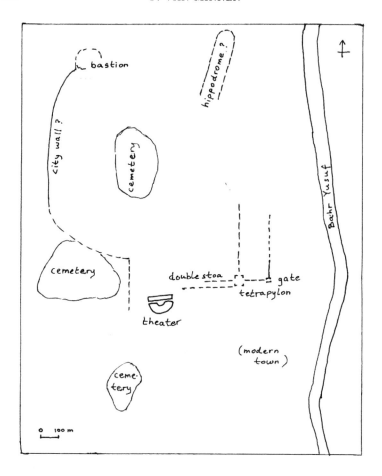

Fig. 7: Oxyrhynchus in 2006 (after Padró 2006, 99).

Oxyrhynchus as it appeared in the papyri. To the North-West, I am intrigued by the wall (?) that ends in a round monument, a gate (?). To the North-East, I think I see the outline of a hippodrome; the papyri mention a Hippodrome Quarter. The "temple" seems part of a larger complex that consists of a semi-circular structure, perhaps a theater. No doubt Petrie saw this plan, because he returned to Oxyrhynchus in 1922, more particularly to the site of what indeed turned out to be a theater. The first attempt at a comprehensive plan of Oxyrhynchus incorporating the archaeological findings of Petrie and the information of the papyri from 1990 looks still rather artificial.[35] A Catalan

---

[35] See the foldout in Krüger 1990, 373.

team has been exploring the site for over two decades now, especially the cemeteries. Thanks to them we have gained a better and more reliable though less detailed grasp of the site than in 1990.[36] My suggestive (hindsight) interpretations of the old plan earlier in this paragraph reflect the current understanding of the site, which is still somewhat sketchy (here, Fig. 7).

We continue our journey through Graeco-Roman Egypt and go quite a ways north from Oxyrhynchus, to Abu Mina to the south of Lake Mareotis. Abu Mina was a Christian pilgrimage center that focused on a martyr named Menas but also included the cult of Thecla. Excavations have taken place there since the early twentieth century. In 1986–1995, 1,443 Greek ostraca were found there in the so-called "Ostraca House", a deposit for the temporary records of a nearby winery. The ostraca date from just before the pilgrimage center was taken over from the Melkites by the Copts, which happened with the Arab conquest of Egypt. The texts, receipts for labor in vineyards and for delivery of donkey- or camel-loads (presumably of harvested grapes) or tickets that were exchanged for wine (presumably as payment for labor), make sense in the context of the winery.[37]

It is only a short distance to Alexandria. This, the capital of Graeco-Roman Egypt, was a huge site which is imperfectly known through archaeology; papyri would seem to be even less helpful—the Mediterranean climate does not allow the preservation of papyri, and no papyri were ever found in Alexandria. Various archaeological projects are ongoing there, but I want to concentrate on my own "project" (http://classics.uc.edu/~vanminnen)—not an archaeological project, but a papyrological one that is long overdue: the study of the Early Roman papyri from Alexandria retrieved from mummy cartonnage. These cartonnages were recovered in Abusir el-Melek (near Heracleopolis in Middle Egypt) in the early twentieth century. Some were taken apart soon after they were brought to Berlin, and their papyri, a kind of contracts from Augustan Alexandria, were published shortly after by Wilhelm Schubart (BGU IV 1050–1059 and 1098–1184). Although the cartonnages come from a cemetery in Middle Egypt, the papyri ultimately come from a government agency in Alexandria

---

[36] See also Bowman et al. 2007, 129–138. Add to the archaeological studies mentioned in that volume Fehérvári 2006, which I have not seen. For a recent overview of what is known about Roman Oxyrhynchus from the papyri, see Parsons 2007.

[37] See Litinas 2008a, with my review in van Minnen 2009c. Litinas provides an overview of, and essential bibliography on, the excavations from Carl Kaufmann to Peter Grossmann on pp. IX–XI and 321–324.

housed in the former Ptolemaic 'palace'. For all practical purposes, their 'archaeological' context is the cartonnage they were retrieved from, and the inventory in Berlin still allows us to reconstruct which papyri came from which cartonnage (sometimes together with contemporary Heracleopolite papyri).

BGU IV 1116 (13 BC) is a lease of a house. In the following partial translation I have italicized the parts of special interest to archaeologists; since the text had never been translated into English, it had gone by and large unnoticed.

> Since Sarapion has leased from Antonia Philemation for a period of two years from Pharmouthi of the present 17th year of Caesar (Augustus) *the house belonging to her in the Delta* (quarter), *along with the workshops on the street that come with it*, for a set rent each month of 60 Ptolemaic silver drachmas, which he will duly pay each (time) in full to Antonia Philemation, free from any deduction or expense … of each passing month at the latest on the 29th of the next month, *while the repairs and the … of the public … and the water-proofing of the cranks and the inlet, interruption, and outlet of the public water-conduits* are all the responsibility of Antonia Philemation—but the filth inside is the responsibility of Sarapion, who has received the house *furnished with doors and windows and locked* (with bolts) and cleared of filth (lines 5–16).

It is a substantial house, to judge from the rent: 60 drachmas a month. Workshops on the street mentioned in the first highlighted portion of the text are familiar from other cities. The next highlighted portion is concerned with the upkeep of some of the infrastructure of the water supply of Alexandria. At the end the wooden parts of the house are listed separately. This is not all. The text continues with further details on the payment of the rent and adds more extras that come with the house, items that were potentially removable and had to be returned in good shape at the end of the lease:

> (Sarapion agrees) that he will uphold the lease for the time agreed upon, and that he may take any profits that he makes as his own, having the permission to introduce and to let go whatever (tenant) he wishes, and to lease the (whole) house to others along with the workshops on the street, while it is not permitted to him to abandon the lease within the time, nor to postpone the monthly rent payment, but, when the time has passed, (he agrees) that he will hand over the house with the doors and windows and bolts in them and also the (other things) that are in the house: *a millstone and a wooden pulley and a wooden swing-beam attached to the wall and two toilet seats*, everything just as he received it, except for wear and decay (lines 16–26).

The last items are the most intriguing. Public toilets in the Roman world have long been known. Movable, individual toilet seats have only recently been recognized by archaeologists.[38] So far only two are definitely from a private domestic context; they are from the same house ("Maison de la Gorgone") at Thugga in North Africa and date from about two centuries after the papyrus from Alexandria. BGU IV 1116 is therefore important on two counts: it provides by far the earliest evidence for movable, individual toilet seats in a private context from the ancient world, and it is from the Greek East rather than the Roman West where all the other evidence for movable, individual toilet seats has been found.

Finally, let us move to the Fayyum. The map now generally used instead of the one in *Fayum Towns and Their Papyri* (Grenfell, Hunt, and Hogarth 1900) derives from Paola Davoli's monumental *L'archeologia urbana nel Fayyum*,[39] which is a storehouse of densely packed information on the archaeology of the Graeco-Roman Fayyum that conveniently condenses much of the older archaeological reports. The Fayyum is a depression fed by a canal that branches off the Nile in Middle Egypt, the so-called Joseph's Canal. It enters the Fayyum from the Heracleopolite nome at Lahun and branches out into several directions once it approaches the capital of the nome, known under various names but usually misnomed "Arsinoe" by scholars. I will deal with Naqlun, a monastic site in the *gebel* between the Heracleopolite and Arsinoite nomes, first, then move to Arsinoe itself, and finally go over a sampling of villages, starting with Dionysias and then proceeding counterclockwise with Theadelpheia, Narmouthis, Tebtynis, and Philadelpheia until we get to Karanis.

Naqlun is a monastic complex on the Arsinoite side of the *gebel* separating the Arsinoite and Heracleopite nomes. Recent excavations have brought textual evidence to light in many places. With the publication of some of these texts in P.Naqlun I–II we are gradually able to make better sense of the history of the use of the various parts of the complex from the late fifth century onwards.[40] On the other hand,

---

[38] Bouet and Saragoza 2007, 39–40.

[39] Davoli 1998, 33. See also Rathbone 1997. Refinements can be found in Mueller 2006. Not all of Mueller's identifications have found acceptance. For a critique of her approach see, e.g., Hoffman and Klin 2006.

[40] See my review of P.Naqlun II in van Minnen 2009b, for corrections of the dating of several of the texts and of the interpretation of some of the texts in light of the archaeology and *vice versa*. P.Naqlun II 21–22 would seem to show that the

without knowing the exact findspot we would never have been able to make sense of the rather fragmentary texts themselves. With the help of the exact findspot we are able to put such texts together and let them explain one another.

Arsinoe is even more of an archaeological disaster than Oxyrhynchus. Although it must have had a similar 'feel' as Hermopolis and Oxyrhynchus in the Graeco-Roman period, there is little more than texts to go on. The site was partially 'excavated' in the early nineteenth century by Jean-Jacques Rifaud, whose sketch of the mound he almost made disappear (along with a smaller one) is all that remains today.[41] When the geographer Schweinfurth visited the site toward the end of the century, he could still record several mounds on his, the only existing, plan of Arsinoe.[42] By the 1920s, only a few mounds were left, and they were quickly disappearing. The intensification of Egyptian agriculture toward the end of the nineteenth century required fertilizer, and instead of importing expensive fertilizer from elsewhere, 'progressive' Egyptian farmers used organic materials from ancient sites—this with the blessing of the Egyptian government.

Dionysias was a town founded in the early Ptolemaic period to provide controlled access to, and egress from, the Fayyum. It is mainly known for its well-preserved temple, but excavations in the middle of the twentieth century have shed some light on the site as a whole. The Roman camp to the West dates to the time of Diocletian. It is known to papyrologists as the camp where the protagonist of the Abinnaeus archive (P.Abinn.) spent many years of his active life. Although the texts belonging to his archive were not found in Dionysias, they do show how this somewhat isolated site interacted with the rest of the Fayyum in the middle of the fourth century.[43]

Moving to the South-East, we arrive at Theadelpheia. The site yielded several monuments having to do with the town's water supply such as a structure that directed the water to various end users and a double *tholos* bath, one of those end users. The water supply of towns

name Naqlun is derived from the original Greek name for the complex: ('Ὄρος) Κελλῶν.

[41] Rifaud 1829; the plan is also illustrated in Vercoutter 1998, 26.

[42] Schweinfurth 1887, Plate II, more conveniently available in *Papyrus Erzherzog Rainer* 1894, Plate I opposite p. XII.

[43] This paragraph is based on my contribution to the online Fayyum gazetteer available at http://www.trismegistos.org/fayum/, where detailed references can also be found. On the spotty textual evidence from the fourth-century Fayyum, see Rathbone 2008, 191–195.

in the Fayyum has recently received attention from the papyrological side as well: Wolfgang Habermann republished a long papyrus from Arsinoe detailing the cost of the water supply in this metropolis.[44] Another intriguing structure, excavated in Theadelpheia very early on in the twentieth century by Gustave Lefebvre, is a country residence for a big shot. One of the larger rooms, previously mistaken for a bath, has been reinterpreted by Dominic Rathbone as a winepress and has to be put in the context of the expanding role of viticulture in the Roman period, which is attested in papyri specifically from the Fayyum.[45]

Moving further to the South-East we arrive at Narmouthis, one of the larger sites in the Fayyum. The main temple has been excavated—twice, before World War II and when the excavations were resumed in the 1960s. The archaeologists have been able to make only a few 'pinpricks' in the site—the temple, the churches, a few residences to the East of the temple, and the Roman fort. But the most important result—for me—is the survey of the site as a whole. With the help of geomagnetic readings the excavators were able to create a map of the physical remains on the site—even the ones still covered by sand—that reveals a densely packed town with streets and hundreds and hundreds of houses. The published plan (here Fig. 8) is but a pale representation of the more detailed digital map available to the excavators that can be 'blown up' to reveal substantial detail.[46]

Further East from Narmouthis is Tebtynis, another huge site. The areas surveyed by Italian archaeologists since the 1930s are all in the South-Western, the oldest, part of the site: the Egyptian temple, the *dromos* that runs to the North of it for quite some distance, and various structures to the West of the *dromos*. The temple has been the subject of archaeological investigations[47] but is also known from many papyri, and in this general area Grenfell and Hunt retrieved the archives of various priestly families of the Roman period who lived here.[48] The area to the East and North-East of the temple (here Fig. 9),

---

[44] Habermann 2000.

[45] In Bagnall and Rathbone 2004, 142.

[46] See also Ferri 1989, and Bresciani et al. 2006, with my review in van Minnen 2007b.

[47] Rondot 2004.

[48] Published in P.Tebt. II. Many unpublished papyri from these archives remain at Berkeley, where many of the other objects retrieved by Grenfell and Hunt also remain. Many other papyri were retrieved in clandestine excavations in the area of the temple and entered other collections. I published such a text from the University of

Fig. 8: Narmouthis (from Brienza 2007, 10, courtesy of the Missione Archeologica
dell'Università di Pisa a Medinet Madi; permission granted by E. Bresciani).

used as a dump for whatever was removed from the temple by the earlier excavators, has been the focus of more recent excavations.[49] The
structure on the corner of the smaller area to the North-East of the
temple *temenos* looks too 'inviting' to be an ordinary house. Here several Demotic papyri which describe the neighbors of two structures in
Tebtynis help clarify the situation. I copy the French translation of the
relevant passages provided by the excavators:[50]

> (the neighbors of a shrine dedicated to Renenet:)
> • à l'ouest: le *ššt* du *dromos* de Sobeknebten, le grand dieu,

---

Michigan collection as P.Thomas 4, mentioning a *pastophorion* inside the *temenos*
wall of the temple.
  [49] See Gallazzi and Hadji-Minaglou 2000, with the forthcoming review of Nevett
2010.
  [50] Gallazzi and Hadji-Minaglou 2000, 62–63.

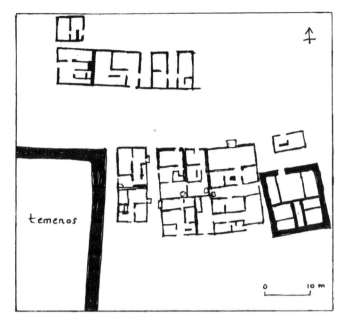

Fig. 9: Tebtynis, North-East corner of the temple of Soknebtynis at the intersection
of two *dromoi* (after the front cover of Hadji-Minaglou 2007).

- au sud: la voie divine du *ššt* du *dromos* de Tefresudj(ty?), le grand
  dieu,
- au nord: la maison de la femme Thermouthis, fille de Pakha...,
- à l'est: la maison de Nekao... (P.Cair.dem. II 30617a of 98/7 BC)

Being to the North-East of the intersection of two *dromoi*, the first of
which is that running North-South toward the main temple of Tebtynis,
the shrine of Renenet is likely the structure on the corner to the North-
East of that temple.

> (the neighbors of a house that is the object of a sale:)
> - au sud: la maison d'invocation de Renenet, la grande déesse...,
> - au nord: la maison de Sobekeus fils de Phatres et la maison de
>   Sobekeus fils de Psenamounis,
> - à l'est: ta maison,
> - à l'ouest: le *dromos* de Soknebtynis, le grand dieu (P.Cair.dem. II
>   30612 of 97/6 BC)

The house on the North-South *dromos* sold in this text is the house to
the North of the shrine ("maison d'invocation") of Renenet we just
earlier identified as the structure on the corner to the North-East of
the main temple.

Moving to the area to the immediate East of the temple we see more houses.[51] The excavators were able to trace the architectural history of the structures in this 'insula' in more detail than I have ever seen elsewhere in the Fayyum. They were also able to reconstruct what the 'insula' looked liked in the later and earlier Ptolemaic periods. 'Insula' is not the right word, but by the time we get to the Roman period, the structures encroached so much onto the open spaces between them that they coalesced into a 'block'.

In the early 1930s, many papyri were found in the temple area and just outside it in controlled excavations—perhaps even more in clandestine excavations.[52] Within the *temenos* wall of the temple, the Italians found two bins crammed with Roman-period Demotic and some Hieratic papyri, a kind of deposit of religious manuscripts that accumulated over time. The priests who lived in this area deposited the manuscripts they no longer needed here in the *temenos* of the temple rather than throwing them away in a regular dump. The same respect for copies of religious texts is on record for Jews, Eastern Christians, and Muslims alike.[53]

Many Greek papyri of the Ptolemaic period were found in Tebtynis in excavations undertaken at the site since 1988, but they have not yet been made public. What has been published so far are the notations on jars[54] and some of the ostraca with a date, a name, and a quantity of beer found in a banqueting hall. They seem to have been the tickets banqueters exchanged there for beer.[55]

Moving to the North-East we arrive at Philadelpheia. This site was excavated early on by a German team, but they never produced a

---

[51] Hadji-Minaglou 2007, with the forthcoming review of Nevett 2010. Note that the South of the area under investigation is at the top of the aerial shot on the cover of *Tebtynis IV* (Hadji-Minaglou 2007); the North, at the bottom.

[52] See the letter of Gilbert Bagnani quoted by Begg 1998, 189. This explains why similar materials turned up on the market at about the same time. But it is important to note that the bins that were cleared in controlled excavations did not contain ordinary Greek texts, except if their backs were reused for Demotic literary texts, and that they did not contain a whole lot of Demotic documents either. Clearly, what ended up in the bins were predominantly literary texts in Hieratic and Demotic.

[53] See van Minnen 1998, 168, disputed by Ryholt 2005. Ryholt suggests that some of the texts could have come from a temple library, but he does not explain why there are so many copies of the same texts, sometimes written on the back of reused Greek documents. Also, his suggestion applies to only some of the texts, whereas the presence of popular narratives and the like cannot be explained along his line of reasoning.

[54] Litinas 2008b.

[55] See Reiter 2005.

comprehensive report. The site had been looted for papyri before they arrived, and some of the most important archives in papyrology were in fact found here—somewhere. Viereck's sketch made on the ground nicely matches the aerial photo made soon afterwards, but that is about all one can say. The regular street pattern is perhaps an exaggeration of Viereck's, but we now have something similar in Narmouthis.

A much less regular street pattern emerged from Karanis, by far the largest village site in the Fayyum. The central part of the site, the Ptolemaic town, was completely removed by *sebakhin* in search of fertilizer. Immediately to the North and South of it are the remains of two Egyptian temples. Further to the West and East were the remains of fairly substantial mounds—shortly before the University of Michigan started digging at the site. To the further West and East more shallow parts of the sites 'stuck out'—these are Roman period additions to the older part of the site.

When the University of Michigan started digging at Karanis in 1924, they had no clue, although they hired some of Petrie's 'natives'. The recording of the early finds leaves much to be desired. The first areas probed were to the West of the center. After a few years, the excavators moved to the area immediately to the East of the center. By that time, they had developed much better recording skills. The excavators chose the 'hardest' parts of the site, close to the original center, not because they expected to find more papyri there than in the 'suburbs'—on the contrary: they were set on exploring a part of the site that presented the longest settlement history, from Early Ptolemaic until Late Antiquity. During the first years they had dug here and there to the West of the central 'gap'—but not down to bedrock. After a few years they realized that they needed to do just that. Unfortunately, they found an uneven occupation history to the East of the center. Whereas the South-East revealed levels from the Early Ptolemaic period to Late Antiquity, the North-East did not date from before the third century—AD. It appears that to the East, Karanis stopped at the Northern Gate, to the East of the North Temple, and that the addition to the North-East was not made until the third century. The excavators never realized this. In distinguishing the levels of the site, they ignored the difference in occupation levels and made the North-East older than it really was—against all the evidence that turned up. In addition, they reduced the occupation history of the North-East by ignoring the evidence that takes us down to the end of the fifth century.

Fig. 10: East Karanis, levels C (North-East) and B (South-East) (after Husselman 1979, Maps 11, 12, 15, and 16).

When I republished the only 'plan' of the site as a whole in 1994,[56] I had to draw in one of the areas excavated by the University of Michigan myself (Area G). This area in the Western part of the site was excavated early on, and the data are much more spotty than for other parts of the site. Yet for this area I pieced together the first assemblage of texts to illustrate what I have called the "house-to-house" approach.

---

[56] Van Minnen 1994, 238.

My curiosity was raised by the large number of chronologically and otherwise related texts found in B17, which I now regard as a dump for the rather more substantial house across the street, B2, for which a more detailed plan exists.[57] The papers found in B17 belonged to a money tax collecter and his heirs, who also gave us the largest Greek documentary papyri, the *Tax Rolls from Karanis*. I was able to identify the hand of the original money tax collector, Socrates, and explain his use of a rare word in Callimachus in the *Tax Rolls* with his actual ownership of a copy of Callimachus found in B2. His next-door neighbor across a narrow alley, Taesion, is known from a handful of papyrus letters found deposited in her house, B1. In one of the letters, the correspondent urges her to rely on her good neighbor Socrates for help.

Let us move on to East Karanis, where the archaeology is much better, and the published plans (here Fig. 10) allow some kind of spatial analysis of the textual finds. In the South, at the very edge where the excavated area borders on the central area of the site that was completely destroyed by *sebakhin*, the archaeologists found an undisturbed deposit, a set of papyri hidden underneath the threshold between two rooms of a house ((C)5026). One of the texts has been published (P.Mich. IX 551, here Fig. 11);[58] the other papyri remain curiously unpublished.

A little further South we find the house (C167) where the famous Latin letters addressed to Tiberianus by his son Terentianus were found. These letters have received monographic treatment three times, and only in the last treatment does the archaeological context play any role in the interpretation of the texts.[59] The letters were found, with other papyri from the second century, under the staircase, D, whereas papyri from the third century were found in the rest of the house.[60] The house is substantial (165 square meters), and high-quality stuff was found both under the staircase and in the rest of the house. It is not clear whether Terentianus stored his father's correspondence underneath the staircase when he settled in Karanis in 136 and whether the high-quality stuff actually belonged to him—the house being

---

[57] See my comments in van Minnen 1998, 133.

[58] Cuvigny 2009, 39, expresses doubt as to whether P.Mich. IX 551 was really one of the papyri found underneath the threshold, because "layer indications are contradictory." Not so, as house (C)5026 is in South-East Karanis, where the C level can be dated to approximately AD 80–180, which fits the date of P.Mich. IX 551 (AD 103).

[59] Pighi 1964; Adams 1977, and Strassi 2008.

[60] See Stephan and Verhoogt 2005.

Fig. 11: P.Mich. IX 551, courtesy of the Regents of the University of Michigan;
permission granted by T. Gagos (note that the prescript in lines 1–8 was written in a
different style from the body of the text).

substantial, I expect it to have been occupied by a series of well-to-do villagers throughout the second and third centuries.

In the North-East we find a house with dovecotes (C35/37). Such dovecotes were built smack in the middle of residential areas,[61] underscoring the essential agricultural nature of Karanis—pigeons produce fertilizer for gardens. The pots for the pigeons were sunk in the walls. This particular house incidentally also yielded the archive of Aurelius Isidorus—but most of it was removed by clandestine excavations before the University of Michigan got to it.

Recently, Gregg Schwendner has tried to come to grips with the various types of evidence for literacy in this part of Karanis.[62] He produced three plans of the area with the houses highlighted in which (a) Greek literary papyri, (b) writing exercises, and (c) texts in Egyptian were found. An interesting correlation between the distribution for Greek literature and writing exercises appears. The plan of the texts in Egyptian is more problematic. Before Egyptologists take notes about the use of Hieratic and Demotic in Karanis between 180 and 325, I have to point out that most of the texts were found below the floor level of the houses in this relatively late layer of the site. In other words, they belong to the immediately preceding period, either as the remains of a previous house or as a dump to allow for the construction of the house on the plan.

To the South a structure (B224, close to where BS230 and BS250 meet on the map, Fig. 10) with both Greek literary texts and texts in Hieratic and Demotic demands our attention. The excavators found that it was built over a *dromos* (CS190) and quickly removed it to expose the *dromos*. The odd thing is that the structure blocks the access to an older building (C178) to the East.[63] This building, the original focus of the *dromos*, was erroneously identified as a Mithraeum by the excavators. From the layout of the building, which looks just like structures near the South temple in Karanis to which the *dromos* originally led, I identify this as a kind of *dépendance* for its priests. But what happened when the structure with the Greek literary papyri and texts in Hieratic and Demotic was built on top of the *dromos*? Did it not block the priests' access to one of their buildings in town? Not if the structure built on top of the *dromos* was built by the priests

---

[61] See Husselman 1953. For a similar study of granaries see Husselman 1952.

[62] Schwendner 2007.

[63] See the detailed plan in Husselman 1979, Plan 16. Note that CS190 = BS230 and CS210 = BS250 on the map, Fig. 11.

themselves after they abandoned the other building for some reason. That priests indeed lived in the structure built on top of the *dromos* follows from the presence of texts in Hieratic and Demotic and can also be demonstrated with the help of Greek papyri found there.[64]

First a curious text recording the level of the Nile during inundation (P.Mich. inv. 5795).[65] I copy the translation of lines 1–8 only:

> Recession of the river. Phaophi 10–17, the river remained at the same level as on the 10th. 18–20, the river fell 1 digit (per day), so that the recession was 3 digits from the river's total rise of 16 cubits 22 digits. Last year's recession in the same period: up to the 17th, 4 digits (per day); 18–20, the river fell 3 digits (per day), so that the recession was 1 cubit 13 digits from the total rise in the *enthema* (reservoir) of 15 cubits 24 digits.

A total rise of over 16 cubits does not work at Karanis. To explain the presence of this text we need to draw on another text from the same structure (P.Mich. inv. 5794, unpublished). In it an uncle apparently requests permission to circumcise his nephew (obviously a member of a priestly family, as only Egyptian priests were by this time allowed to be circumcised and only with the special permission of the Roman government) and apparently presented the earlier request of the nephew's father, Anoubis son of Petechon, as conveyed by the local *strategos* as evidence (it may have been granted, but the death of the father may have prevented the execution of the grant):

> ..., the uncle on his father's side, who has requested that [his nephew] be circumcised, because the proofs of his (descent) have been submitted to the *strategos*, in accordance with the orders, and the letter of Apollonios, *strategos* of the Memphite nome, having been read verbatim as follows: "Apollonios, *strategos* of the Memphite nome to Flavidius Melas, the most noble (highpriest in Alexandria), greeting. Anoubis, son of Petechon, 'Nilometer' of the *Nilometreion* at Memphis, has submitted to me, sir, an application, desiring to circumcise the way it is done for priests his son Petechon, who was born to him by Aperous, daughter of Harthotes, depositing a copy of the house-to-house census for the 16th year of *divus* Hadrianus from the local office of public records ..." ...

In this text, from about 160, the father is identified as a "Nilometer"—a priest who specializes in recording the level of the Nile

---

[64] See my preliminary comments in van Minnen 1998, 133–135. The texts are also briefly mentioned in Gagos 2001, 524, n. 33.

[65] Pearl 1956.

during inundation. He did not do this in Karanis, but in a much more congenial place for this: Memphis. The role of the "Nilometer" is also illustrated in another text found on the *dromos* nearby (P.Mich. inv. 5984; SB VI 9245):

> List of [supplies] for the Semasia (festival):
> – by the poultry dealers:
> 50 chickens for 100 drachmas
> .. *mageirika* for 48 drachmas
> 16 roosters for 64 drachmas
> 300 eggs for 20 drachmas
> *baksheesh* 1 *keramion* (*of wine*)
> – by the beekeepers:
> 2 *keramia* of honey for 80 drachmas
> *baksheesh* 1 *keramion* (*of wine*)

The Semasia was a festival celebrated as soon as the Nile peaked during the inundation season.

I suggested above that the uncle was involved in the request for circumcision, because the father died before he could execute the permission to circumcise his son from the Roman authorities in Alexandria. That some such scenario is the case appears from the next text from the structure built on top of the *dromos* (P.Mich. inv. 5791; P.Mich. IX 532). In it a guardian, Asclepiades son of Petechon, defends his handling of the estate of an orphan:[66]

> And what is necessary for the orphans themselves and also useful for their hometowns should be done foremost, and those (orphans) whom it suits should get an education (*paideia*), while those of more modest means should learn a trade. For lack of education would bring shame on the wealthy, while those without the means are not [put to shame] by a more restricted life.
>
> Year 22 of Aurelius Commodus Antoninus [ ].
> Asclepiades son of Petechon [defending] the legality of his subsequent conduct as guardian.

It seems as if the guardian spent quite a bit on the education (*paideia*) of the minor—perhaps a reference to the Greek and Egyptian literary texts also found in the structure built on top of the *dromos*? Another

---

[66] I incorporate the suggestions made in the review by Parsons 1974, 148. The Greek is so polished that Youtie's suggestion in the edition that it is from a defence speech is likely to be correct against the recent suggestion of Bergamasco 2006, 56, n. 1, that it is "probabilmente una richiesta legale per la tutela."

text from the same structure (P.Mich. inv. 5792; unpublished) seems relevant here as well. In it someone records expenses for a minor (line 14: δαπάνης τοῦ ἀφήλικος [), his mother (lines 3–4: ὑπὲρ ὀνόμ(ατος) προκ( ) τῆς μ[η]|τρὸς τοῦ ἀφήλικος (ἀρταβ) [   ] (δραχμ) η), and priestly taxes (line 7: φόρων ἱερατικῶν).

A plausible scenario would be to have the father Anoubis die before his son is circumcised, and to have the uncle Asclepiades be the guardian of his nephew, doing what guardians are supposed to do: spend the minor's money and keep an account just in case his handling of the money is disputed later on, which may indeed have happened if we interpret P.Mich. IX 532 in that way.

To put the abundant material from Karanis to good use, we need a Geographic Information System. This would allow us to manipulate the data by place (down to the smallest niche) and time. So far, the Advanced Papyrological Information System has captured the excavation labels for both the published and unpublished papyri and ostraca from Karanis, both those that remain at Ann Arbor and those returned to Cairo in the 1950s. For the other objects found at Karanis the situation is less rosy, mainly because they are much more numerous (over 100,000 objects were recorded). Also a much smaller percentage of them have been published. The database made available online by the Kelsey Museum of Archaeology ("Kelsey Museum Artifacts Database" at http://www.lsa.umich.edu/kelsey/collections/searchcollections) contains records only for the objects in the museum itself, more than 40,000. Those left in Egypt, either in a museum or on the site, have only been recorded in the "record of objects", a crucial tool that should be made generally accessible. Only this multivolume set truly captures the broad sweep of what was excavated by the University of Michigan between 1924 and 1935. In combination with the architectural plans of those parts of the site that were excavated after the first couple of years of excavation (when few plans were drawn up), the information will indeed allow us to manipulate the vast amount of data and produce many more maps of the kind Gregg Schwendner produced for the evidence for literacy in East Karanis. One could take an area and call up the spread, by place and time, of whatever is deemed relevant to a particular problem.

The difficulties with dating the material are huge but not insurmountable. Most texts can be dated palaeographically, and many are exactly dated. For other objects this may not be so easy, but most coins and many types of pottery can also be dated.[67] The problem of 'secondary deposit' (when activity on the site preceding or even during the excavations displaced objects) can also be tackled as soon as the detailed architectural plans of the areas excavated by the University of Michigan are made more generally available. The problem spots are on the edge of mounds, where there are plenty of well-documented cases of chronological mix-ups. These are much less common on the more central parts of the mounds, where the evidence is so abundant that we can forego any information from the fringes.[68]

I have merely scratched the surface of Karanis. Better excavations that are taking place in the Fayyum will yield better data, but never in such quantities as the University of Michigan excavations at Karanis, because today's archaeologists work much slower, and sites on the edge of the Fayyum are constantly being eroded by agricultural development.[69] But the advantage of having two kinds of data, solid, slow, and few versus shaky, quick, and abundant, for villages at the outskirts of the Fayyum certainly makes a more comprehensive understanding possible of the material world of settlements in the best known part of Graeco-Roman Egypt—of Antiquity *tout court*.

Let me close with a quotation from a play about Grenfell and Hunt:[70]

---

[67] See, e.g., Pollard 1998. It has since been suggested that Karanis continued to prosper into the Arab period (so Keenan 2003, 129, ignoring the correction to the date of BGU II 608). Strictly speaking Pollard only documents imported pottery types through the fifth century. This is still remarkable, as the demise of Karanis had usually been put in the fourth century (but see my correction to this view already in van Minnen 1995, where the correct date of BGU II 608 is given in footnote 53 on p. 52). But there are serious problems with Pollard's presentation of the data. Although he claims that the evidence is decisive for all of Karanis, he does not actually review the findspots of the pottery he discusses. Unfortunately, of the pieces of pottery he mentions, only six have excavations labels that with the limited means at my disposal (mainly the online database of the Kelsey Museum of Archaeology) I can locate rather precisely in domestic contexts on a published map of Karanis; the others do not currently make sense to me. Significantly, all late antique pottery that can thus be located come from houses in a very small area (not more than 50 metres across) in North-East Karanis: E19, F26, C41, C42, C51, and C53—perhaps the only part of Karanis still in use at the time. In two of these domestic structures, E19 and F26, the late ancient pottery was supposedly found in very early levels, but there was probably some mix-up, as houses 19 and 26 were on the northern edge of the mound. No conclusion can be drawn from this evidence about the prosperity of all of Karanis in the fifth century until the other excavation labels have been located on generally accessible maps.

[68] The despair of Gagos 2001, 525, is unnecessary.

[69] See Gallazzi 1994.

[70] Harrison 1991, 79.

The past is rubbish till scholars take the pains
to sift and sort and interpret the remains.
This chaos is the past, mounds of heaped debris
just waiting to be organized into history.

With an occasional bit of poetic licence we too can let debris rhyme
with history.

Bibliography

Adams, J. N. 1977. *The vulgar Latin of the letters of Terentianus (P.Mich. VIII, 467–72)*. Manchester.

Ägypten, Schätze aus dem Wüstensand. Kunst und Kultur der Christen am Nil. Wiesbaden 1996.

Allen, M. L. and T. K. Dix (eds.). 1991. *The beginning of understanding: writing in the ancient world*. Ann Arbor.

American Society of Papyrologists. 2007. ASP resolution concerning the illicit trade in papyri. *BASP* 44: 289–290.

Baedeker, K. 1914. *Egypt and the Sûdân: handbook for travellers*. 7th ed. Leipzig.

Bagnall, R. S. 1988. Archaeology and papyrology. *JRA* 1: 197–202.

——— 1993. *Egypt in late antiquity*. Princeton.

——— 2001. Archaeological work on Hellenistic and Roman Egypt, 1995–2000. *AJA* 105: 227–243.

——— and D. W. Rathbone (eds.). 2004. *Egypt from Alexander to the Copts: an archaeological and historical guide*. London.

Bailey, D. M. 1991. *British Museum expedition to Middle Egypt: excavations at El-Ashmunein. IV: Hermopolis Magna: buildings of the Roman period*. London.

——— (ed.). 1996. *Archaeological research in Roman Egypt*. Ann Arbor.

Basile, C. (ed.). 1997. *Archeologia e papiri nel Fayyum. Storia della ricerca, problemi e prospettive*. Siracusa.

Begg, D. J. I. 1998. "It was wonderful, our return in the darkness with … the baskets of papyri!" Papyrus finds at Tebtunis from the Bagnani archives, 1931–1936. *BASP* 35: 185–210.

Bergamasco, M. 2006. Orfani e *didaskalikai*: il caso di SB XIV 11588. *Studi de Egittologia e di Papirologia* 3: 55–59.

Bouet, A. and F. Saragoza. 2007. Hygiène et thérapeutique dans l'Antiquité romaine. Réflexions sur quelques sièges de latrine. *MonPiot* 86: 31–35.

Bowman, A. K. 1992. Public buildings in Roman Egypt. *JRA* 5: 495–503.

——— 1996. *Egypt after the pharaohs*. Rev. ed. London.

———, R. A. Coles, N. Gonis, D. Obbink, and P. J. Parsons (eds.). 2007. *Oxyrhynchus: a city and its texts*. London.

Bresciani E., A. Giammarusti, R. Pintaudi, and F. Silvano (eds.). 2006. *Medinet Madi. Venti anni di esplorazione archeologica, 1984–2005*. Pisa.

Brienza, E. 2007. Impianti idraulici antichi rinvenuti a Medinet Madi. *EVO* 30: 9–21.

Capasso, M. and P. Davoli (eds.). 2007. *New archaeological and papyrological researches on the Fayyum. Proceedings of the International Meeting of Egyptology and Papyrology. Lecce, 8th–10th June 2005*. Galatina.

Cappers, R. T. J. 2006. *Roman foodprints at Berenike: archaeobotanical evidence of subsistence and trade in the eastern desert of Egypt*. Los Angeles.

Cuvigny, H. 2009. The finds of papyri: the archaeology of papyrology. In *The Oxford handbook of papyrology*, ed. R. S. Bagnall, 30–58. New York.

Davoli, P. 1998. *L'archeologia urbana nel Fayyum di età ellenistica e romana*. Napoli.

Dijkstra, J. H. F. 2007. New light on the Patermouthis archive from excavations at Aswan: when archaeology and papyrology meet. *BASP* 44: 179–209.

Drew-Bear, M. 2007. De la Porte du Soleil à la Porte de la Lune à Hermoupolis Magna. In *Akten des 23. internationalen Papyrologenkongresses*, ed. B. Palme, 199–202. Wien.

Fehérvári, G. (ed.). 2006. *The Kuwait excavations at Bahnasa/Oxyrhynchus (1985–1987)*. Kuwait.

Ferri, W. 1989. Rilievo topografico generale di Medinet Madi. *EVO* 12: 3–19.

Gagos, T. 2001. The University of Michigan Papyrus Collections: current trends and future perspectives. In *Atti del XXII Congresso Internazionale di Papirologia* I, eds. I. Andorlini, G. Bastianini, and M. Manfredi, 511–537. Firenze.

———, J. E. Gates, and A. T. Wilburn (eds.). 2005. Material culture and texts of Graeco-Roman Egypt: creating context, debating meaning. *BASP* 42: 167–272.

Gallazzi, C. 1994. Trouvera-t-on encore des papyrus en 2042? In *Proceedings of the 20th International Congress of Papyrologists*, ed. A. Bülow-Jacobsen, 131–135. Copenhagen.

——— and G. Hadji-Minaglou. 2000. *Tebtynis* I. *La reprise des fouilles et le quartier de la chapelle d'Isis-Thermouthis*. Le Caire.

Grenfell, B. P., A. S. Hunt, and D. G. Hogarth. 1900. *Fayum towns and their papyri*. London.

Habermann, W. 2000. *Zur Wasserversorgung einer Metropole im kaiserzeitlichen Ägypten*. München.

Hadji-Minaglou, G. 2007. *Tebtynis* IV. *Les habitations à l'est du temple de Soknebtynis*. Le Caire.

Harrison, T. 1991. *The trackers of Oxyrhynchus*. 2nd ed. London.

Hobson, D. 1985. House and household in Roman Egypt. *YCS* 28: 211–229.

Hoffman, P. and B. Klin. 2006. Careful with that computer: on creating maps by multidimensional scaling of papyri in Katja Mueller's recent studies of the topography of the Fayum. *JJP* 36: 67–90.

Husselman, E. M. 1952. The granaries of Karanis. *TAPA* 83: 56–73.

——— 1953. The dovecotes of Karanis. *TAPA* 84: 81–91.

——— 1979. *Karanis excavations of the University of Michigan in Egypt, 1928–1935: topography and architecture*. Ann Arbor.

Husson, G. 1983. *Oikia. Le vocabulaire de la maison privée en Égypte d'après les papyrus grecs*. Paris.

——— 1990. Houses in Syene in the Patermouthis archive. *BASP* 27: 123–137.

Keenan, J. G. 2003. Deserted villages: from the ancient to the medieval Fayyum. *BASP* 40: 119–139.

Krüger, J. 1990. *Oxyhrynchos in der Kaiserzeit. Studien zur Topographie und Literaturrezeption*. Frankfurt.

Łajtar, A. 1997. Τὸ κάστρον τῶν Μαύρων τὸ πλησίον Φιλῶν. Der dritte Adam über *P.Haun.* II 26. *JJP* 27: 43–54.

Lembke, K. 2004. *Ägyptens späte Blüte. Die Römer am Nil*. Mainz.

Lippert, S. L. and M. Schentuleit (eds.). 2005. *Tebtynis und Soknopaiu Nesos. Leben im römerzeitlichen Ägypten. Akten des Internationalen Symposions von 11. bis 13. Dezember 2003 in Sommerhausen bei Würzburg*. Wiesbaden.

——— (eds.). 2008. *Graeco-Roman Fayum: texts and archaeology. Proceedings of the Third International Fayum Symposion, Freudenstadt, May 29–June 1, 2007*. Wiesbaden.

Litinas, N. 2008a. *Greek Ostraca from Abu Mina* (O. Abu Mina*).* Berlin.
—— 2008b. *Tebtynis* III. *Vessels' notations from Tebtynis.* Le Caire.
Łukaszewicz, A. 1986. *Les édifices publics dans les villes de l'Égypte romaine. Problèmes administratifs et financières.* Warszawa.
Maehler, H. 1983. Häuser und ihre Bewohner im Fayûm in der Kaiserzeit. In *Das römisch-byzantinische Ägypten,* eds. G. Grimm, H. Heinen, and E. Winter, 119–137. Mainz.
McKenzie, J. 2007. *The architecture of Alexandria and Egypt, c. 300 BC to AD 700.* New Haven.
Mueller, K. 2006. *Settlements of the Ptolemies: city foundations and new settlement in the Hellenistic world.* Leuven.
Nevett, L. C. 2010. Review of Gallazzi and Hadji-Minaglou 2000 and Hadji-Minaglou 2007. *BASP* 47.
O'Connell, E. R. 2006. Ostraca from western Thebes: provenance and history of the collections at the Metropolitan Museum of Art and at Columbia University. *BASP* 43: 113–137.
Padró, J. 2006. *Oxyrhynchos* 1. *Fouilles archéologiques à el-Bahnasa (1982–2005).* Barcelona.
Papyrus Erzherzog Rainer. Führer durch die Ausstellung. Wien 1894.
Parsons, P. J. 1974. Review of E. M. Husselman. *Papyri from Karanis* (Cleveland 1971). *ClassRev* 24: 147–148.
—— 2007. *The City of the sharp-nosed fish: Greek lives in Roman Egypt.* London.
Pearl, O. M. 1956. The inundation in the second century AD. *TAPA* 87: 51–59.
Pighi, G. B. 1964. *Lettere latine d'un soldato di Traiano. PMich 467–472.* Bologna.
Pollard, N. 1998. The chronology and economic condition of Late Roman Karanis: an archaeological reassessment. *JARCE* 35: 147–162.
Posener-Kriéger, P., M. Verner, and H. Vymazalová. 2006. *Abusir* X. *The pyramid complex of Raneferef: the papyrus archive.* Prague.
Rathbone, D. 1997. Surface survey and the settlement history of the ancient Fayum. In *Archeologia e papiri nel Fayyum. Storia della ricerca, problemi e prospettive,* ed. C. Basile, 7–20. Siracusa.
—— 2007a. Grenfell and Hunt at Oxyrhynchus and in the Fayum. In *The Egypt Exploration Society: the early years,* ed. P. Spencer, 199–229. London.
—— 2007b. Roman Egypt. In *The Cambridge economic history of the Greco-Roman world,* eds. W. Scheidel, I. Morris, and R. Saller, 698–719. Cambridge.
—— 2008. Villages and patronage in fourth-century Egypt: the case of P. Ross. Georg. 3.8. *BASP* 45: 189–207.
Reiter, F. 2005. Symposia in Tebtynis. Zu den griechischen Ostraka aus den neuen Grabungen. In *Tebtynis und Soknopaiu Nesos. Leben im römerzeitlichen Ägypten. Akten des Internationalen Symposions von 11. bis 13. Dezember 2003 in Sommerhausen bei Würzburg,* eds. S. L. Lippert and M. Schentuleit, 131–140. Wiesbaden.
Rifaud, J.-J. 1829. Description des fouilles et des découvertes faites par M. Rifaud dans la partie est de la butte Koum-Medinet-el-Farès au Fayoum, accompagnée du dessin, des coupes et du plan des constructions inférieures. *Bulletin de la Société de Géographie* 12: 73–90.
Roeder, G. 1959. *Hermopolis 1929–1939. Ausgrabungen der deutschen Hermopolis-Expedition in Hermopolis, Ober-Ägypten.* Hildesheim.
Römer, M. 2004–2005. Strassen–Menschen–Häuser. Zur Topographie des koptischen Djeme. *Enchoria* 29: 79–105.
Rondot, V. 2004. *Tebtynis* II. *Le Temple de Soknebtynis et son dromos.* Le Caire.

Ryholt, K. 2005. On the contents and nature of the Tebtunis temple library: a status report. In *Tebtynis und Soknopaiu Nesos. Leben im römerzeitlichen Ägypten. Akten des Internationalen Symposions von 11. bis 13. Dezember 2003 in Sommerhausen bei Würzburg*, eds. S. L. Lippert and M. Schentuleit, 141–170. Wiesbaden.

Scheidel, W. 1996. *Measuring sex, age and death in the Roman Empire: explorations in ancient demography*. Ann Arbor.

Schweinfurth, G. 1887. Zur Topographie der Ruinenstätte des alten Schet (Krokodilopolis-Arsinoe). *ZGE* 22: 54–88.

Schwendner, G. 2007. Literature and literacy at Roman Karanis: maps of reading. In *Proceedings of the 24th International Congress of Papyrology* II, eds. J. Frösén, T. Purola, and E. Salmenkivi, 991–1006. Helsinki.

Stauffer, A. 2008. *Antike Musterblätter. Wirkkartons aus dem spätantiken und frühbyzantinischen Ägypten*. Wiesbaden.

Stephan, R. P. and A. Verhoogt. 2005. Text and context in the archive of Tiberianus (Karanis, Egypt; 2nd Century AD). *BASP* 42: 189–201.

Strassi, S. 2008. *L'archivio di Claudius Tiberianus da Karanis*. Berlin.

Turner, E. G. 1982. The Graeco-Roman branch. In *Excavating in Egypt: The Egypt Exploration Society, 1882–1982*, ed. T. G. H. James, 161–178. London.

van der Veen, M. 1998. A life of luxury in the desert? The food and fodder supply to Mons Claudianus. *JRA* 11: 101–116.

van Minnen, P. 1992. A closer look at O.Mich. I 126. *BASP* 29: 169–171.

―――― 1994. House-to-house enquiries: an interdisciplinary approach to Roman Karanis. *ZPE* 100: 227–251.

―――― 1995. Deserted villages: two late antique town sites in Egypt. *BASP* 32: 41–56.

―――― 1998. Boorish or bookish? Literature in Egyptian villages in the Fayum in the Graeco-Roman period. *JJP* 28: 99–184.

―――― 2000. Euergetism in Graeco-Roman Egypt. In *Politics, administration and society in the Hellenistic and Roman world*, ed. L. Mooren, 437–469. Leuven.

―――― 2001. Dietary hellenization or ecological transformation? Beer, wine and oil in later Roman Egypt. In *Atti del XXII Congresso Internazionale di Papirologia* II, eds. I. Andorlini, G. Bastianini, and M. Manfredi, 1265–1280. Firenze.

―――― 2002. Hermopolis in the crisis of the Roman empire. In *After the past: essays in ancient history in honour of H. W. Pleket*, eds. W. Jongman and M. Kleijwegt, 285–304. Leiden.

―――― 2007a. The other cities in later Roman Egypt. In *Egypt in the Byzantine world, 300–700*, ed. R. S. Bagnall. Cambridge, 207–225.

―――― 2007b. Review of Bresciani, Giammarusti, Pintaudi, and Silvano 2006. *BASP* 44: 267–268.

―――― 2009a. Hermopolis and its papyri. In *100 anni di istituzioni fiorentine per la papirologia*, ed. G. Bastianini and A. Casanova, 1–15. Firenze.

―――― 2009b. Review of T. Derda. *Deir el-Naqlun: The Greek Papyri*. Vol. 2 (Warszawa 2008). *BASP* 46: 219–223.

―――― 2009c. Review of Litinas 2008a. *BASP* 46: 225–228.

Van Neer, W., W. Wouters, M.-H. Rutschowscaya, A. Delattre, D. Dixneuf, K. Desender, and J. Poblome. 2007. Salted fish products from the Coptic monastery at Bawit, Egypt: evidence from the bones and texts. In *The role of fish in ancient time*, ed. H. Hüster Plogmann, 147–159. Rahden/Westfalen.

Vercoutter, J. 1998. *À la recherche de l'Égypte oubliée*. Paris.

Verner, M. 2006. *Abusir IX. The pyramid complex of Raneferef: the archaeology*. Prague.

Wendrich, W. Z., R. S. Tomber, S. E. Sidebotham, J. A. Harrell, R. T. J. Cappers, and R. S. Bagnall. 2003. Berenike crossroads: the integration of information. *JESHO* 46: 46–87.

von Wilamowitz-Moellendorff, U. 1901. Review of Grenfell, Hunt, and Hogarth 1900. *GGA* 163: 30–45.

Wilfong, T. G. 1989. Western Thebes in the seventh and eighth centuries: a biblio-graphic survey of Jême and its surroundings. *BASP* 26: 89–145.

——— 2002. *Women of Jeme: lives in a Coptic town in late antique Egypt.* Ann Arbor.

Winlock, H. E. 1926. *The monastery of Epiphanius at Thebes.* New York.

INDICES

PLACES

PERSONAL NAMES AND DIVINITIES PERSONS

SOURCES

AE 1929, 125 117
AE 1931, 116 119
AE 1954, 163 114, 117
AE 1958, 156 118
AE 1969/70, 633 119
AE 1993, 1667 123
AE 1993, 1671b 123
AE 1993, 1673 123
AE 2001, 2031a 123
AE 2004, 1643 116
Amm. XVII 4,51 279
Arr. an. II 5,7 279
Augustus, Res Gestae 26,5 289

Baillet 1926, IV, No 1009 262
Baillet 1926, IV, No 1072 261
Baillet 1926, IV, No 1078b 261
Baillet 1926, IV, No 1105 258
Baillet 1926, IV, No 1247 259
Baillet 1926, IV, No 1248 261
Baillet 1926, IV, No 1249 259
Baillet 1926, IV, No 1264 258
Baillet 1926, IV, No 1265 257
Baillet 1926, IV, No 1278 261
Baillet 1926, IV, No 1282 259
Baillet 1926, IV, No 1294 259
Baillet 1926, IV, No 1402 269
Baillet 1926, IV, No 1405 260
Baillet 1926, IV, No 1429 258
Baillet 1926, IV, No 1440 258
Baillet 1926, IV, No 1612 262
Baillet 1926, IV, No 1671 262
Baillet 1926, IV, No 1851 261
BCH XI 1887, 306, no.1,7 283
BE 1961, 750 175
Berlin, ÄMP 12708 142
BGU II 423 124, 127
BGU II 580 376
BGU II 608 469
BGU III 910 376
BGU III 911 376
BGU IV 1050–1059 453
BGU IV 1098–1184 453
BGU IV 1116 454–455
BGU IV 1199 208
BGU V 1201,227f. 167

BGU V 1210,221ff. § 100 164
BGU V 1210,221ff. § 100 169
BGU V 30, § 74–76 207
BGU V 32, § 85 213
BGU XIII 2215 212, 225
BGU XIII 2215, Kol. II, 12–14 214
BGU XIII 2215, Kol. II, 6–9 212
BGU XIII 2215, Kol. III, 1–4 213
BGU XIII 2337 379
Book of the Dead 125 347
Book of the Dead 144 316
Book of the Dead 145 316
Book of the Fayyum 308, 317
Book of the Fayyum l. 915-942 317

Caes. bell. civ. III 103,3 286
Cass. Dio L 33 415
Cass. Dio LI 15,1 283
Cass. Dio LI 17,1 279
Cass. Dio LI 17,4 282
Cass. Dio LI 17,6–7 283
Cass. Dio LI 7,4 282
Cass. Dio LII 23,5-7 280
Cass. Dio LIII 23,5–7 265
Cass. Dio LIII 25,1 290
Cass. Dio LIV 4-5 290
Cass. Dio LIV 5,4-6 289
Cass. Dio LVI 3,2-3 291
Cass. Dio LXIV 14,3 128
Cic. fam. II 17,1 118
Cic. fam. II 19,2 118
Cic. fam. X 21,2 118
Cic. fin. 3,4,15 152
Cic. opt. gen. 14 152
Cic. orat. 114 152
CIG III 4957 187
CIL III 4369 119
CIL III 4379 119
CIL III 6627 119
CIL III 6809 117
CIL III 6950 119
CIL III 13587 128
CIL XVI 184 120, 430
CIL XVI 29 120
CPR I 224,1–2 283
CPR XV 2,3–4 163

PLATES

Plate I: Rekonstruktion der Westseite von Bett 1 (erstellt von P. Brose).

Plate II: Giebelkonstruktion, Kopfteil (Foto: E. Griesbeck).

Plate III: 1. Schranke, Westseite (Foto: E. Griesbeck).

Plate IV: 2. Schranke, Westseite (Foto: E. Griesbeck).

Plate V: 3. Schranke, Westseite (Foto: E. Griesbeck).

Plate VI: 4. Schranke, Ostseite (Foto: E. Griesbeck).

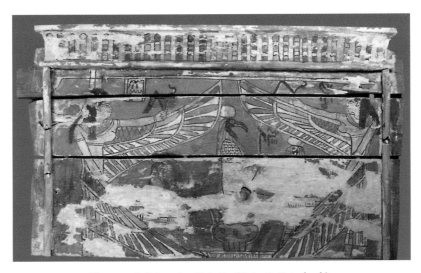

Plate VII: 5. Schranke, Ostseite (Foto: E. Griesbeck).

Plate VIII: 6. Schranke, Ostseite (Foto: E. Griesbeck).

Plate IX: 7. Schranke, Fußteil (Foto: E. Griesbeck).

Plate x: 1. Paneelfolge und 1. Brett, Westseite (während der Restaurierung;
Foto: E. Griesbeck).

Plate xi: 2. Paneelfolge und 2. Brett, Westseite (während der Restaurierung;
Foto: E. Griesbeck).

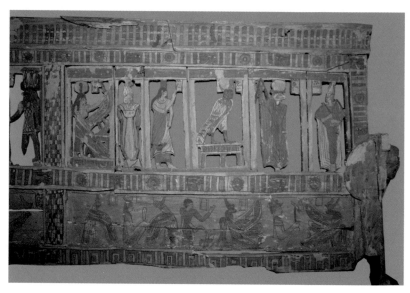

Plate XII: 3. Paneelfolge und 3. Brett, Ostseite (im unrestaurierten Zustand;
Foto: E. Griesbeck).

Plate XIII: 4. Paneelfolge und 4. Brett, Ostseite (im unrestaurierten Zustand;
Foto: E. Griesbeck).

Plate XIV: 5. Paneelgolge, Kopfteil (Foto: E. Griesbeck).

Plate XV: 6. Paneelgolge und 6. Brett, Fußteil (im unrestaurierten Zustand;
Foto: E. Griesbeck).

502 PLATES

Plate xvi: 5. Brett, Kopfteil (im unrestaurierten Zustand;
Foto: E. Griesbeck).

Plate xvii: Glaseinlagen, Hinterkopf von Mumie 1, rechte Seite
(Foto: M. Flossmann).

Plate xviii: Statue TG 6341   Plate xix: Statue TG 6342
(Foto: E. Griesbeck).   (Foto: E. Griesbeck).

Plate xx: Überblick der Amuletttypen (Foto: E. Griesbeck).

Plate XXI: Rekonstruktion von Bett 2 (erstellt von P. Brose).

Plate XXII: Glaseinlagen, Hinterkopf von Mumie 2 (Foto: E. Griesbeck).

Plate XXIII: Maske von Mumie 4 (Foto: E. Griesbeck).

Plate XXIV: Arcosolium in GB 25 (Foto: K. Lembke).

Plate xxv: Decoration with representations of Isis and Osiris in GB 42 (M 18)
(Foto: K. Lembke).

Plate xxvi: Baldachin in GB 12 (M 5) (Foto: K. Lembke).

Plate xxvii: Geomagnetic map of the Petosiris-Necropolis (2008) with the indication of the three processional ways (photo: University of Kiel, Institute of Geophysics, Dr. Harald Stümpel).